딥러닝 개념과 활용

Concepts and Applications of Deep Learning

딥러닝 개념과 활용

Concepts and Applications of Deep Learning

초판발행 2021년 04월 16일

지은이 | 김의중
엮은이 | 홍수화, 디자인 | 이예린, 표지디자인 | 홍수화
펴낸이 | 홍수화, 김의중

펴낸곳 | 미리어드 스페이스 (아이덴티파이)
주소 경기도 성남시 수정구 창업로 42 920호
전화 031-757-0717 팩스 031-757-0715
등록번호 제25100-2021-000052호 등록일자 2021년 03월 08일
전자우편 myriadspace@gmail.com
예제 코드 및 정오표: www.github.com/MyriadSpace

가격 35,000원
페이지 577
책규격 188mm x 240mm
ISBN 979-11-974206-0-3 (93000)

딥러닝 개념과 활용

Concepts and Applications of Deep Learning

김의중 지음

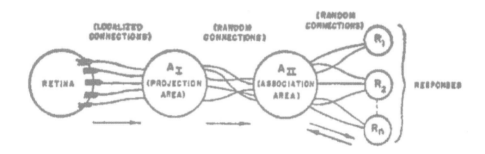

FIG. 1. Organization of a perceptron.

미리어드
스페이스
Myriad Space

저자 소개

김의중

서울대학교를 졸업하고 시스템공학연구소 (현, 전자통신연구소)에서 병렬 컴퓨팅 버전의 범용 수치해석 프로그램 개발에 주도적으로 참여하였다. 시스템공학연구소를 퇴사하고 카네기멜론 대학교에서 최적화 분야 병렬 컴퓨팅 알고리즘으로 컴퓨터공학 박사학위를 받았다. 박사 후 과정으로 카네기멜론 대학교에서 미국 국립과학재단 그랜드 챌린지 과제인 'Quake' 프로젝트에서 핵심 연구원으로 참여하면서 미국 캘리포니아 부근에서 실제 일어난 지진을 수치해석으로 비교하는 연구를 진행했다. 이 연구에서 당시 최대 미지수를 가지는 문제를 3000대 서버가 연결된 세계 2위 슈퍼컴퓨터에서 분석한 후 가장 정확한 결과를 예측한 논문을 발표했다. 이 연구의 공로로 2003년 슈퍼컴퓨터 분야의 오스카상인 고든벨 어워드 Gordon Bell Awards를 수상하였다. 이후 듀크 대학교에서 리서치 펠로우를 역임하면서 듀크 대학교내 확장형 분산 컴퓨팅 시스템 구축과 미국 샌디아 국립 연구소와 공동으로 공학 분야의 대규모 시뮬레이션 프로젝트를 수행했다. 한국에서는 10여년 동안 IT 기업에서 수석 연구원 및 CTO로 근무하다가 최근 실리콘밸리의 인공지능 업체와 공동으로 설립한 아이덴티파이 (aidentify) 대표를 맡고 있다.

저서: 알고리즘으로 배우는 인공지능, 머신러닝, 딥러닝 입문

차례

서문

불과 5년전인 2016년 알파고 사건 이전만 하더라도 우리나라는 인공지능의 무풍지대였다고 해도 과언은 아니다. 인공지능은 일부 학계나 공상과학 영화에서나 다루어지는 주제였다. 알파고 사건 이후 기술적 관점에서 무관심의 대상이었던 인공지능이 지금은 일반 대중은 물론이고 모든 기업, 연구소, 학계 그리고 관공서 등에서 가장 뜨거운 핵심어가 되었다. 더욱이 놀라운 점은 상당히 많은 사람들이 추상적인 개념의 인공지능이 아닌 매우 구체적이고 실무적인 관점에서 인공지능을 이해하고 있다는 사실이다.

우리에게 인공지능의 세계를 열어주었던 알파고 사건을 계기로 기계학습 또는 머신러닝이라는 분야가 새삼 관심을 받게 되었다. 인공지능 분야 중에 하나인 머신러닝은 사실 국내에서도 지금까지 꾸준하게 연구되고 활용되었던 분야이지만 알파고 사건을 목격하면서 여기에 적용된 강화학습과 딥러닝 기술에 특히 주목하게 되었다.

사람의 신경망을 모사했다는 딥러닝 모델은 충분히 많은 학습변수와 여러 층으로 이루어진 구조를 가지고 있어서 입력된 데이터의 특성을 추출하고 표현하는데 독보적이다. 이것은 수많은 경우의 수를 표현할 수 있는 인공신경망의 독특한 구조적 성질 덕분이다. 여기에 딥러닝 모델의 학습방법인 '에러의 역전파'라는 기법은 그동안 풀지 못했던 여러 층으로 쌓인 다층 신경망 모델의 학습방법을 해결하였고 추가로 개발된 다양한 기술들 (예, 활성화 함수, skip connection, 사전학습 등)은 딥러닝 모델을 더욱 깊게 구현할 수 있게 했다. 특히 텐서플로우나 파이토치같은 딥러닝 프레임워크는 최적화나 역전파 계산 등과 같이 자주 사용되는 연산과정이 안정적으로 수행될 수 있도록 지원해줌으로써 실무자들이 새로운 알고리즘 개발에 더욱 집중하도록 도와준다.

최근 2~3년 사이에 벌어진 인공지능에서의 성과들을 보면 그 기술발전의 속도를 체감하게 해준다. 그런데 국내에서는 불행하게도 이러한 창의적인 시도들이 거의 없었다는 것이 가슴 아프다. 인공지능은 우리의 생활에 필요한 의·식·주 모든 분야에 걸쳐서 우리에게 새로운 경험을 안겨줄 기술임에 틀림없다. 이러한 이유로 모든 기업과 국가는 예외 없이 인공지능 기술개발 및 확보에 사활을 걸고 있다. 인공지능은 다른 기술 분야보다 특히 기술 집약적이어서 그 진입 장벽이 매우 높다. 예를 들면 구글 딥마인드가 개발한 알파고나 알파고 제로보다 뛰어난 프로그램을 다른 기업에서는 아직까지 만들지 못하고 있다.

인공지능은 태생적으로 사람을 대체하는 것이 목표이기 때문에 국가의 기간 사업이라고 정의해도 무방하다. 왜냐하면 궁극적으로 인공지능이 모든 산업에 사람대신 투입되어 국가 총 생산을 담당할 것이기 때문이다. 인공지능은 사람의 역할을 대신할 컴퓨터 하드웨어와 결합된 프로그램이다. 즉 인공지능은 상품 또는 서비스로 거래될 것이며 당연히 동일한 과업을 수행하는 인공지능이 다양한 수준의 품질과 가격을 가지고 시장에 나올 것이다. 결국 인공지능 기술은 고품질의 상품 또는 서비스를 상대적으로 저렴하게 제공해주는 역량이라 볼 수 있다.

지금까지는 우리가 서있는 위치를 확인하는 시간이었다면 이제는 거인의 어깨위에 올라설 때가 된 듯하다.

* * *

* * *

"재능있는 사람은 빌리고, 천재는 훔친다" 오스카 와일드

"어설픈 시인은 흉내 내고, 노련한 시인은 훔친다" T.S 엘리엇

"좋은 예술가는 따라하고, 훌륭한 예술가는 훔친다" 파블로 피카소

인공지능 분야에서는 남의 것을 따라하는 것만으로는 의미가 없다. 남의 것을 훔쳐서 우리 것으로 만들어야 살아남는다. 필자는 그동안 학교나 관공서 그리고 정부출연연구소와 기업을 대상으로 인공지능 관련 수업과 세미나를 진행해 왔다. 돌이켜 보면 그동안 접했던 다양한 분야의 인공지능 실무자들이 모방의 수준에서 안주하려는 느낌을 종종 받곤 했다. 가끔 몇몇 사람들은 남의 것을 훔쳐서 내 것으로 만들고자 하는 의지는 매우 강했으나 몇 가지 기술적 허들을 넘지 못하는 어려움을 고백하면서 어떻게 해결해야할 지 난감해하는 상황도 여러 번 목격했다. 결국 훌륭한 예술가가 되는 것은 말처럼 쉬운 게 아니다.

이 책을 집필하고자 했던 의도도 사실 이러한 고민에서 시작이 되었다. 앞에서 주제넘게 인공지능의 현황과 현안들을 거창하게 늘어놓고 있지만 이러한 문제의식을 가능하면 여러 사람과 함께 공유할 수 있었으면 하는 바램으로 이해해줬으면 한다. 자료조사를 위해 도서관에 들러 여러가지 관련 서적을 살펴보았다. 대부분 전문적인 지식과 실용적인 내용이 가득한 매우 훌륭한 책들이었다. 그런데 한가지 아쉬웠던 것은 인공지능 특히 딥러닝 기술에 내포된 기본적인 아이디어나 개념들을 쉽게 설명해주는 책을 찾아보기 어려웠다는 점이다. 그동안 필자가 수행했던 여러 가지 협업 프로젝트와 수업 및 세미나 등을 통해 실무자들이 일반적으로 가지고 있는 고민들을 곰곰 생각해 보면 결국 기본적인 원리를 이해하는 것에 대한 갈증으로 귀결된다.

이 책의 작은 목표는 그러한 기본의 중심으로 모든 독자들이 시행착오 없이 조금 더 쉽고 빠르게 접근할 수 있도록 도와주는 것이다. 만약 독자들이 이 책에 적혀 있는 한 구절 또는 한 쪽의 내용이 그 동안 비워져 있던 지식의 한 조각을 채워줘 인공지능 기술을 이해하는데 조금이나마

도움이 되었다면 정말 대만족이다. 모쪼록 이 책을 지렛대 삼아 거인의 어깨위에 올라서서 곳곳
에 숨겨져 있는 좋은 아이디어들을 마음껏 훔칠 수 있는 기회가 되길 기원해 본다.

2021년 3월, 판교 테크노밸리에서

김 의 중

01

인공지능과 머신러닝

1.1 인공지능

1.1.1 지능 (Natural Intelligence)

인공지능을 설명하기 전에 먼저 우리의 지능(Human Intelligence, Natural Intelligence)은 과연 어떤 것인지를 이해할 필요가 있다. 지능은 연구분야와 학자에 따라 조금씩 다르게 설명되고 있는데, 국립국어원 표준국어사전에는 지능을 다음과 같이 정의한다.

> ● "새로운 사물 현상에 부딪쳐 그 의미를 이해하고 처리 방법을 알아내는 지적 활동의 능력" (국립국어원 표준국어사전)

영어 'intelligence'는 '이해하다'라는 라틴어 *'intelligentia'*에서 유래되었는데 여러가지 문헌마다 조금씩 다른 정의를 내리고 있다.[1]

> ● "사물에 대해 학습하고, 이해하고, 생각하는 능력 (The ability to learn, understand, and think about things)" (롱맨 사전)
>
> ● "지식이나 기술을 획득하고 적용하는 능력 (The ability to acquire and apply knowledge and skills)" (옥스포드 사전)
>
> ● "지식을 획득하고 적용하는 능력 (The capacity to acquire and apply knowledge)" (아메리칸 헤리티지 사전)

학문 분야에서는 전통적으로 교육학이나 심리학에서 지능에 대한 연구가 많이 진행되어 왔다.

---

[1] 이대열, 지능의 탄생, 바다출판사, 2017

- "문제를 정의하는 능력과 그러한 문제들을 해결하는 기술들의 집합 (a set of skills of problem solving and the potential for finding or creating problem)" (미국의 발달심리학자인 하워드 가드너(Howard Gardner)

- "경험을 통해 배우거나 이익을 취하는 능력 (The capacity to learn or to profit by experience)" (미국의 교육학자이자 심리학자인 월터 디어본(Walter Dearborn)

또 다른 전문가들은 지능에 대한 정의를 다음과 같이 설명하고 있다.

- "진실이나 사실 관점에서 좋은 반응을 보여주는 힘 (the power of good responses from the point of view of truth or fact)" (미국 심리학계의 선구자인 에드워드 손다이크(Edward L. Thorndike)

- "환경에 적응하는 법을 배우거나 배울 수 있는 능력 (having learned or the ability to learn to adjust oneself to the environment)" (미국의 교육심리학자인 콜빈(S. S. Colvin)

- "생존 환경의 비교적 새로운 상황에 적절하게 적용할 수 있는 능력 (the ability to adapt oneself adequately to relatively new situation in life)" (미국의 생의학분야 학자인 로버트 핀터(Robert Pinter)

이처럼 여러 분야의 전문가들이 오랜 동안 관찰하고 연구한 끝에 도출한 지능의 정의를 공통적으로 종합해 보면 **'지능 (Natural Intelligence)'**을 다음과 같이 정리할 수 있을 듯하다.

'지식과 경험을 배우고 적용하여 어떤 상황에서 문제를 해결하는 능력'

자 그러면 이렇게 정의된 지능은 도대체 어떻게 동작하는가? 라는 의문이 생긴다. 지능의 동작 방식에 대한 궁금증은 '지능이란 무엇인가?' 라는 궁금증 보다 더 컸으리라 생각된다. 그러나 조물주가 창조한 인간의 지능을 인간 스스로가 이해하기 위해서는 엄청난 시간과 노력이 필요함에는 틀림없다. 이러한 추측의 근거는 우리가 시각 인지 Visual Perception 의 동작 원리를 조금씩 이해하기 시작한 것은 1960년대에 들어서야 비로서 가능했을 정도이기 때문이다. 신경생리학자 neurophysiologist 인 미국의 데이비드 허블 David Hubel 과 스웨덴의 토르스텐 비셀 Torsten Wiesel 은 고양이 뇌에 침습 센서를 설치하여 어떻게 고양이가 사물을 인지하는지를 실험을 통해 밝혔는데 그들은 이러한 연구 업적을 인정받아 1981년 노벨 생리학상을 받았다.

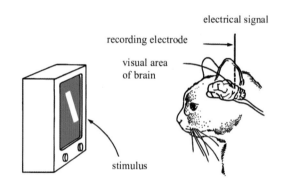

그림 1.1 시각인지 동작원리를 설명하는 데이비드 허블과 토르스텐 비셀의 고양이 실험

최근에는 f-MRI functional Magnetic Resonance Imaging 기술을 이용하여 사람의 뇌가 어떻게 동작하는지를 이해하는 연구가 활발하다. 뼈와 근육의 구조를 분석하는 것과는 달리 지능이 구현되는 뇌를 관찰하기 위해서는 정상적인 상황에서 뇌의 내부를 측정하는 것이 필요하다. 따라서 이러한 시도들은 여러가지 상황에 대해 실시간으로 사람의 뇌가 어떻게 반응하는지를 시각적으로 분석할 수 있기 때문에 지능을 연구하는데 중요한 수단이라 할 수 있다. 최근 의학, 심리학, 생리학 등 다양한 분야에서의 연구들은 그동안 베일에 쌓여 있던 지능의 비밀을 밝혀내는데 중요한 역할을 하고 있으며 이러한 연구결과는 인공지능 분야에도 핵심적인 기여를 할 것으로 기대하고 있다.

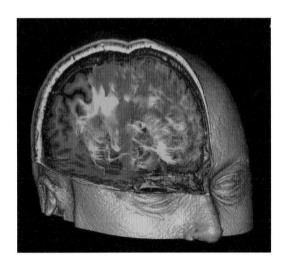

그림 1.2 f-MRI 를 이용하여 뇌의 동작을 이해하는 연구 (출처: Singapore Institute for Neurotechnology)

1.1.2 인공지능 (Artificial Intelligence)

앞에서 정의한 바와 같이 지능이란 '지식과 경험을 배우고 적용하여 어떤 상황에서 문제를 해결하는 능력'이라고 한다면 인공지능은 이러한 능력을 컴퓨터가 발휘하는 것일 것이다. 즉 인공지능이란 지능의 주체가 컴퓨터가 되는 것이다. 그러므로 인공지능 연구원들은 이러한 능력을 컴퓨터에게 부여하는 일을 연구하는 사람들이다. 많은 전문가들이 각각 다양한 관점에서 인공지능을 정의하고 있는데 여기서는 인공지능을 '지식과 경험을 배우고 적용하여 어떤 상황에서 문제를 해결하는 능력이 컴퓨터에 구현된 것' 또는 '컴퓨터가 지식과 경험을 배우고 적용하여 어떤 상황에서 문제를 해결하는 능력'이라고 정의하기로 하겠다.

만약 우리가 조물주가 만들어 놓은 지능의 동작방식을 훤히 알고 있다면 인공지능의 구현은 그리 어렵지 않을 것이다. 하지만 불행하게도 우리는 지능의 동작원리를 모르기 때문에 마치 블랙박스처럼 작동하는 지능을 관찰하고 여러 가지 실험을 하면서 우리가 쌓아온 다양한 학문적인 지식, 예를 들면 컴퓨터과학, 수학, 통계학, 물리학, 전자공학, 철학, 심리학, 의학, 언어학 등을 모두 동원하여 인공지능을 구현하고자 하는 것이다.

그러면 '우리는 왜 인공지능을 구현하려고 하는가?'

이 질문에 대한 답변은 의외로 간단할 수도 있고 한편으로는 매우 심오할 수도 있겠다. 막연한 지적 호기심 때문만은 아닐 것이다. 이 문제에 대해서는 모든 독자들이 나름대로의 해답을 충분히 찾을 수 있을 거라 믿기 때문에 여기서는 독자의 몫으로 남기고자 한다.

1.1.3 '인공지능'이란 용어의 등장

인공지능^{Artificial Intelligence}이라는 말은 1956년 여름 존 매카시^{John McCarthy}와 그의 동료들이 다트머스^{Dartmouth} 대학에서 개최했던 컨퍼런스에서 처음 사용됐다. 존 매카시는 프린스턴 대학에서 박사학위를 받고 다트머스 대학에서 교수로 재직하고 있던 중 마빈 민스키^{Marvin Minsky}, 정보이론^{Information Theory}의 창시자 클로드 섀넌^{Claude Shannon}, IBM 701[2]을 설계한 나다니엘 로체스터^{Nathaniel Rochester}등과 공동으로 이 컨퍼런스를 주최하였는데, 다수의 프린스턴 대학 동문들과, IBM의 아서 사무엘^{Arthur Samuel}, MIT의 레이 솔로모노프^{Ray Solomonoff}, 올리버 셀프리지^{Oliver Selfridge}, 그리고 카네기멜론^{Carnegie Mellon} 대학의 허버트 사이먼^{Herbert Simon}과 앨런 뉴웰^{Allen Newell}등이 참여했다. 사실 이 컨퍼런스에서의 별다른 연구결과는 발표되지 않았고 인공지능이라는 용어의 탄생으로 그 의미가 있다고 할 수 있다. 이 컨퍼런스를 통해 주목할 만한 결과물을 볼 수 없었던 것은 사실이지만 한편으로는 당대의 인공지능 구루^{guru}들이 약 8주간 모여 자신들의 연구내용을 발표하고 토론하면서 향후 인공지능의 발전에 큰 밑거름이 되었을 것이라고 추측해 볼 뿐이다.

이후 존 매카시는 다트머스 대학에서 MIT로 자리를 옮긴 후 계속 인공지능 연구를 진행한다. 그는 MIT에서 인공지능 분야에서 사용되는 LISP를 개발하였다. LISP는 고급 프로그램 언어로 매카시가 1958년에 개발하여 1960년에 발표한 것이다. 이는 FORTRAN 보다 약 2년 후에 만들어진 것으로 알려지고 있는데 지금까지도 사용되고 있는 고급 프로그래밍 언어다.

---

[2] IBM 701은 최초로 대량 생산된 과학계산용 컴퓨터다. 폰 노이만 구조를 가지고 있고 1952년에 출시되었다

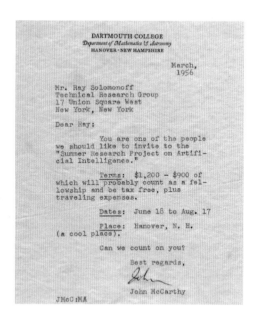

1956 Dartmouth Conference:
The Founding Fathers of AI

John MacCarthy

Marvin Minsky

Claude Shannon

Ray Solomonoff

Alan Newell

Herbert Simon

Arthur Samuel

Oliver Selfridge

Nathaniel Rochester

Trenchard More

그림 1.3 (위 왼쪽) 컨퍼런스를 기획했던 존 매카시가 1955년 록펠러 재단에 제안했던 제안서. (위 오른쪽) 존 매카시가 레이 솔로모노프에게 보냈던 다트머스 컨퍼런스 초대장. 여기에 인공지능 'artificial intelligence' 라는 문구가 보인다. (아래) 다트머스 컨퍼런스에 참가한 인공지능의 선구자들 (출처: 다트머스 칼리지, scienceabc.com)

다트머스 컨퍼런스에 참여했던 마빈 민스키 박사도 1958년 MIT에 합류하게 된다. 민스키 교수는 1959년 매카시와 공동으로 MIT내에 AI 랩을 만들면서 인공지능의 중심이 프린스턴 대학에서 MIT로 이동하게 된다. 민스키 교수는 지속적으로 어떻게 하면 컴퓨터가 사람처럼 지각하고 사고하는지에 대해 연구를 하였으며, 그 결과로 1969년 컴퓨터과학 분야의 노벨상이라고 하는 튜링 어워드^{Turing Awards}를 수상하게 된다 (2년후인 1971년에는 존 매카시가 수상한다). 또한 그는 1985년에 MIT에서 미디어 랩을 설립하기도 하였다. 현대 인공지능의 선구자인 마빈 민스키는 2016년 1월, 88세의 일기로 수많은 인공지능 업적을 남긴 채 생을 마감한다.

1.1.4 인공지능 분야

스튜어트 러셀^{Stuart Russel}과 피터 노빅^{Peter Norvig}은 그들의 저서 <인공지능: 현대적 접근방법 Artificial Intelligence: A Modern Approach>에서 인공지능을 다음과 같이 4가지 영역으로 정의하고 있다.

- 인간처럼 생각하는 시스템
- 인간처럼 행동하는 시스템
- 이성적으로 생각하는 시스템
- 이성적으로 행동하는 시스템

이 분류에서 기준이 되는 것은 **'인간처럼'**과 **'이성적으로'** 그리고 **'생각하는'**과 **'행동하는'** 이다. 여기서 시스템이란 컴퓨터로 동작되는 일체의 구성요소를 말한다.

'인간처럼'은 말그대로 사람이 연구대상이며, 만약 사람을 완벽히 따라하는 시스템을 만든다면 100% 성공이다. '이성적으로'의 접근 방법은 다소 도전적이다. 이유는 사람도 이성적이지 않다라는 의미가 내포되어 있기 때문이다. 따라서 '이성적으로'의 접근 방법은 인간의 관점 이상의 외연적 방법으로 사물을 분석하는 것으로 다분히 철학적이다.

'생각하는'의 접근방법은 인지, 추론 등과 같은 '생각'의 과정이 원천적으로 어떻게 작동되는지를 연구하기 때문에 논리학과 심리학 분야 연구가 중심이 된다. 최근엔 이러한 '생각하는' 인공지능 연구와 실험적인 심리학 그리고 신경과학neuroscience 분야가 합쳐져 인지과학cognitive science 이라는 새로운 학문 분야가 생기기도 했다. '생각하는' 방법의 인공지능 연구 중 대표적인 예가 카네기멜론 대학의 알렌 뉴웰 교수와 허버트 사이먼 교수의 논리이론기LT: Logic Theorist나 범용해석기GPS: General Problem Solver다. 논리이론기는 알프레드 노스 화이트헤드Alfred North Whitehead와 버트랜드 러셀Bertrand Russell의 저서 <수학 원리 Principia Mathematica>에 나오는 정리theorem들을 자동적으로 증명하는 프로그램이다. 범용해석기는 논리이론기를 일반화한 프로그램으로 임의의 문제를 해결하는 엔진이다. 범용해석기는 간단한 문제는 해결할 수 있으나 현실적인 복잡한 문제에서는 그 경우의 수가 기하급수적으로 증가하면서 적용하기 어렵다는 것이 밝혀졌다. 뉴웰과 사이먼은 이를 극복하기 위해 수단-목표 분석MEA: Means-End Analysis 기반의 체험적 방법heuristic을 통해 경우의 수를 줄이는 방법을 제시했다. 이 모델은 이후 카네기멜론 대학을 중심으로 컴퓨터 인지 심리학 기반의 인공지능이라는 독특한 학문 분야로 발전하게 된다.

'행동하는'의 방법은 가장 직관적이다. 구현하고자 하는 시스템의 연구 대상이 관찰이 가능한 행동이기 때문이다. 인공지능의 정의를 '행동하는' 방법으로 접근한 대표적인 예가 바로 튜링 테스트Turing test다. 튜링 테스트는 기존의 이론적이거나 추상적인 인공지능의 기준을 정하는 대신에 사람이 하는 행동을 컴퓨터가 얼마나 유사하게 **모방** imitation하느냐로 정의한 것이다. 놀랍게도 컴퓨터가 없던 시대에 제안된 인공지능 테스트인 튜링 테스트는 지금까지도 사용되고 있다. 이처럼 사람들이 이해하고, 추론하고, 표현하는 '행동'을 컴퓨터가 똑같이 모방하는 것이 '행동하는'의 인공지능 구현 접근방법이다.

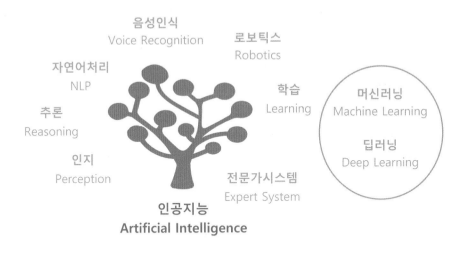

그림 1.4 인공지능 연구분야

현재 인공지능의 연구개발 지향점은 **'인간처럼 행동하는 시스템'**이다. 컴퓨터가 사람의 언어를 이해하는 방법을 찾는 자연어 처리^{NLP: Natural Language Processing}, 여러가지 확인된 사실과 경험을 통해 새로운 논리적 결과를 도출하는 추론^{reasoning}, 사람의 음성을 텍스트로 변환하는 음성인식^{voice recognition}, 사람의 다섯가지 감각 (시각, 청각, 촉각, 후각, 미각)을 컴퓨터가 발휘하는 인지^{perception}, 두발로 걷거나 물체를 손으로 쥐고 조작하는 로보틱스^{robotics} 분야가 바로 인공지능 연구분야다. 전문가 시스템^{expert system}은 1980년대에 인공지능을 대표했던 분야인데, 이것은 전문가의 경험을 데이터베이스^{Database}로 만들어 초보자도 전문가 시스템 데이터베이스를 활용해 전문가처럼 일을 처리할 수 있게 해주는 것을 말한다.

인공지능 연구분야엔 머신러닝^{Machine Learning}이 있다. 기계학습으로 번역되는데 여기서 기계^{machine}란 컴퓨터를 의미한다. 컴퓨터가 학습을 하는 머신러닝은 인공지능의 가장 핵심적인 분야라 여겨진다. 그 이유는 인공지능의 모든 분야, 예를 들면 자연어처리, 음성인식, 인지, 추론, 로보틱스까지 모든 분야가 머신러닝이 개입되기 때문이다. 최근 인공신경망^{Artificial Neural Network}을 기반으로 하는 딥러닝^{Deep Learning}이라는 학습모델은 분석결과의 정확도 및 다양한 활용성 등의 장점으로 머신러닝의 중심으로 부상하고 있다.

1.2 머신러닝

1.2.1 인공지능을 떠받치는 머신러닝

인공지능의 용어가 탄생된 1956년 다트머스 컨퍼런스 이후 IBM 인공지능 연구원이었던 아서 사무엘^{Arthur Samuel}은 1959년 그의 논문 <Studies in Machine Learning Using the Game of Checkers>[3]에서 처음으로 '머신러닝'이라는 용어를 사용했다. 이 논문은 컴퓨터가 강화학습 방식으로 체커^{checkers} 라는 보드게임을 배워나가는 방법을 연구한 것이다.

제이미 카보넬^{Jaime Carbonell}과 그의 동료들이 1983년에 발표한 논문[4]에서 머신러닝은 지금까지 3가지 접근방법으로 연구가 진행되어 왔다고 설명하고 있다.

첫번째가 신경 모형 패러다임^{Neural Model Paradigm}이다. 신경 모형은 워런 매컬럭^{Warren McCulloch}과 월터 피츠^{Walter Pitts}가 제안한 임계값 논리연산자^{Threshold Logic Unit (TLU)} 로부터 시작한다. 이것은 가장 간단한 인공신경망 모델로 임계치에 따라 논리합^{OR}과 논리곱^{AND} 연산을 수행하는 모델이다. 이후 캐나다의 생리학자인 도널드 올딩 헵^{Donald Olding Hebb}은 그의 연구[5]에서 "신경망 (이를 시냅스 synapse라고 한다)에서 신호가 자주 그리고 반복적으로 전달될 경우 그 연결이 더욱 강화되는데 이를 학습 또는 기억의 과정이다"라는 헵스 이론^{Hebbian theory}을 발표하였다.

미국 코넬^{Cornell} 대학의 컴퓨터과학 및 심리학자인 프랭크 로센블래트^{Frank Rosenblatt}는 앞서 연구되었던 TLU와 헵스 이론을 결합하여 퍼셉트론^{Perceptron} 모델을 설계하였다. 로센블래트는 실제로 퍼셉트론이 동작하는 장치를 만들어 ▲, ■, ● 모양의 도형을 인식하는 것을 시연하였다. 신

---

[3] IBM Journal of Research and Development (Volume:3, Issue: 3), 1959

[4] Jaime G. Carbonell, Ryszard S. michalski, Tom M. Mitchell, Machine Learning: A Historical and Methodological Analysis, The AI Magazine, 1983

[5] Organization of Behavior, 1949

경망 개념을 가지는 퍼셉트론은 연결주의론^{connectionism}이라고 하는 머신러닝 패러다임 중 하나이며 이것이 바로 딥러닝^{deep learning}의 원조가 된다.

신경 모형 패러다임은 초창기 열악한 컴퓨터 기술로 인해 이론 위주의 연구가 진행되다 이후 자체적인 특수목적의 장치들을 고안하면서 인공신경망을 구현하게 된다. 1차 인공지능의 겨울[6]이 시작되면서 신경 모형 패러다임은 몇몇 학자들에 의해서 그 명맥이 근근이 이어져 갔다. 예를 들면 캐나다 토론토 대학의 제프리 힌튼^{Geoffrey Hinton} 교수나 몬트리올 대학의 요슈아 벤지오^{Yoshua Bengio} 교수가 그들이다. 이들이 신경망 기반 인공지능 연구를 지속적으로 수행할 수 있었던 이유 중에 하나는 캐나다 정부의 아낌없는 지원이었다. 이러한 지원 덕분에 현재 토론토 대학과 몬트리올 대학은 인공지능의 중심이 되었고 이곳을 졸업한 인공지능 전문가들은 세계 곳곳의 대학교, 연구소, 기업체로 퍼져 나가 지금은 인공지능 분야를 주도하고 있다.

한편 하버드 대학교 박사과정이었던 폴 워보스^{Paul Werbos}는 1974년 그의 박사논문[7]에서 최초로 다층 신경망의 학습 알고리즘으로 역전파^{backpropagation}이론을 적용할 수 있음을 보인다. 이 논문은 현재의 딥러닝이 가치를 발휘할 수 있게 하는 역사적인 논문이었지만 그 당시에는 연결주의론에 대한 학계의 냉냉한 분위기 때문에 그는 1982년까지 그의 연구결과를 대중에 발표하지 않았다. 폴 워보스의 논문은 1985년 토론토 대학교의 데이비드 파커^{David B. Parker}와 프랑스의 얀 르쿤^{Yann LeCunn}에 의해 재발견되면서 연결주의론 머신러닝 패러다임의 대표인 신경망 모델은 새로운 국면을 맞이하게 된다.

신경 모형 패러다임은 2000년대 들어서면서 심층신뢰망^{Deep Belief Network}, 컨볼루션 신경망^{Convolution Neural Network} 등 획기적인 새로운 알고리즘의 등장과 범용 그래픽 프로세서 ^{GPGPU: General Purpose Graphical Processing Unit}를 이용한 컴퓨터 성능의 개선으로 깊은 신경망 구조를 가지는

---

[6] 1차 인공지능의 겨울은 1970년대부터 1980년대 초까지 이어진 인공지능 분야의 침체기를 말한다. 인공지능의 실효성에 문제를 제기하고 정부로부터 연구비가 지원되지 않아 인공지능 연구가 거의 중단되었다.

[7] P. Werbos. Beyond Regression: New Tools for Prediction and Analysis in the Behavioral Sciences. PhD thesis, Harvard University, Cambridge, MA, 1974

딥러닝으로 발전하게 된다. 딥러닝 모델은 충분이 많은 학습변수와 여러 층이 쌓여 있는 비선형 구조를 가지는 모델이므로 매우 복잡한 문제를 풀 수 있다. 여기에 수학적 이론으로 탄탄하게 검증된 에러의 역전파 기술이 적용되어 강건한 학습과정을 제공하고 있어서 지금은 대부분의 머신러닝 알고리즘은 딥러닝으로 대체되고 있는 추세다.

두번째는 심볼 개념의 학습 패러다임 Symbolic Concept-Acquisition Paradigm 이다. 이 패러다임은 서두에서 애기했던 스튜어트 러셀과 피터 노빅의 인공지능 분류에서 '인간처럼 생각하는' 영역과 유사하다. 1960년에 시작되었던 이 패러다임은 헌트 Hunt 와 그의 동료가 발표한 논문 <Programming a Model of Human Concept Formation>에서 그 기원을 찾을 수 있다. 이 패러다임은 숫자나 통계이론 대신에 논리학이나 그래프 구조를 사용하는 것으로 1970년대 중반부터 1980년대 후반까지 인공지능의 핵심적인 접근방법이었다. 여기서 심볼릭 symbolic 이라는 것은 컴퓨터 보다는 사람이 읽을 수 있는 human-readable 것으로 해석하면 된다. 카네기멜론 대학의 허버트 사이먼 교수와 앨런 뉴웰 교수가 이 패러다임의 대표적인 학자다. 이 패러다임은 나중에 전문가 시스템에 많은 영향을 미친다.

세번째는 현대지식의 집약적 패러다임 Modern Knowledge-Intensive Paradigm 이다. 현대지식의 집약적 패러다임은 1970년대 중반부터 시작되었다. 이 패러다임이 등장한 배경은 인지과학에서 사용하는 *'tabular rasa'*라는 말처럼 아무런 지식도 없는 백지상태에서 학습을 시작하는 신경 모형을 지양하고 이미 학습된 지식은 재활용해야 한다는 이론이 대두되면서 시작이 되었다. 또한 그동안 머신러닝의 중심이 되었던 심볼 개념의 학습 패러다임에서 그 영역을 확장하고자 하는 움직임이 현대지식의 집약적 패러다임이 탄생하게 된 또다른 동기였다.

이 패러다임의 대표적인 경우가 1983년 로스 퀸란 Ross Quinlan 이 제안한 디시즌 트리 Decision Tree 알고리즘이다. 디시즌 트리 알고리즘은 블랙박스 back box 형태의 다른 머신러닝 알고리즘과는 달리 소위 화이트 박스 white box 알고리즘이어서 사용자가 그 진행 프로세스를 직관적으로 확인할 수 있다. 여기서 블랙박스란 진행과정이 숨겨진 형태를 말한다. 디시즌 트리는 노이즈 noise 데이터의 처리에 매우 강점을 보이면서 실무적으로 많이 사용되고 있다.

1990년대에 들어서면서 머신러닝은 새로운 전환기를 맞는다. 그동안 머신러닝은 인공지능의 연구분야 중 하나로 주로 컴퓨터의 학습 방법론에 치중을 했는데, 이때부터 실생활에서 필요한 문제를 해결할 수 있는 실용적인 머신러닝 연구 분위기가 새롭게 형성된 것이다. 즉 90년대의 머신러닝 패러다임은 컴퓨터를 이용한 통계학에 가까웠다. 통계학 관점에서 데이터를 분석하는 데이터 마이닝과 이론적으로 많은 부분을 공유하고 있다. 또한 보다 향상된 컴퓨터의 보급 및 인터넷의 확산으로 대용량의 디지털 데이터의 확보도 이러한 움직임에 많은 영향을 주었다.

러시아의 통계학자인 블라드미르 배프니크^{Vladimir Vapnik}는 1963년에 발표한 서포트 벡터 머신^{Support Vector Machine} 이론을 일반화한 소프트 마진^{soft margin} 서포트 벡터 머신을 그의 동료와 함께 공동연구로 1995년에 발표한다. 서포트 벡터 머신은 1990년대와 2000년대 초반까지 머신러닝의 핵심적인 알고리즘으로 사용되었다.

1.2.2 머신러닝의 정의

머신러닝은 컴퓨터가 학습을 하는 것이다. 학습이라는 것을 국립국어원 표준국어사전에서는 다음가 같이 정의한다. 즉 학습이란,

> "경험의 결과로 나타나는, 비교적 지속적인 행동의 변화나 그 잠재력의 변화. 또는 지식을 습득하는 과정" (국립국어원 표준국어사전)

이것을 정리해보면 **'경험을 통해 행동의 변화 또는 잠재력의 변화를 만드는 것'**으로 요약할 수 있을 것 같다. 여기서 행동의 변화 또는 잠재력의 변화는 어떤 임무^{mission} 또는 과업^{task}을 해결하는 역량의 습득과정으로 해석하면 전체적인 학습의 정의를 조금 더 명확히 할 수 있을 듯하다.

카네기멜론 대학교의 톰 미첼^{Tom Mitchell} 교수는 자신의 저서 『머신러닝^{Machine Learning}』에서 기계학습을 다음과 같이 정의하였다.

> "만약 컴퓨터 프로그램이 특정한 과업 T를 수행할 때 경험 E를 통해 성능 P만큼 개선
> 되었다면 그 컴퓨터 프로그램은 과업 T와 성능 P에 대해 경험 E를 통해 학습했다라고
> 할 수 있다 (A computer program is said to learn from experience E with
> respect to some class of tasks T and performance measure P, if its
> performance at tasks in T, as measured by P, improves with experience
> E)".

예를 들어, 컴퓨터에 필기체를 인식하는 학습을 시킨다고 했을 때 다음과 같이 학습을 정의한다.

- 과업 T: 필기체를 인식하고 분류하는 것

- 성능 P: 필기체를 정확히 구분한 확률

- 학습 경험 E: 필기체 분류 모델에 있는 학습변수 업데이트

컴퓨터가 새롭게 입력된 필기체를 분류할 때(T), 미리 만들어진 데이터셋으로 학습한 경험을 통해(E) 정의된 확률 수준으로 필기체를 인식하면(P) 컴퓨터는 '학습을 했다'라고 말할 수 있다.

학습의 정의를 이해할 때 관심있게 봐야할 부분은 경험을 통해 **성능이 개선**되어야 한다는 부분이다. 즉 필기체를 인식하는 컴퓨터 프로그램을 만들 때 (학습시킬 때) 점점 필기체를 인식하는 정확도가 높아지게 해야 학습이 이루어졌다라고 얘기할 수 있다.

한편, 실무적인 관점에서 러닝learning 즉 학습의 정의[8]는 다음과 같이 설명할 수 있다.

---

[8] A Few Useful things to Know about Machine Learning, Pedro Domingos. CACM, 2012

> 학습(learning) = 표현(representation) + 평가(evaluation) + 최적화(optimization)

표현은 어떤 과업을 수행하는 에이전트^{컴퓨터 프로그램}가 여러가지 형태의 입력값을 처리하여 가능하면 적은 양의 숫자로 **입력값을 설명할 수 있는 정량적인 결괏값 또는 대푯값**을 말한다. 즉 표현은 스칼라^{scalar}값이 될 수도 있고 벡터^{vector}나 이미지^{image}의 픽셀^{pixel}들이 될 수도 있다. 이러한 대푯값을 추출하는 방법을 머신러닝 모델이라고 한다. 예를 들면 동물 사진을 분류하는 과업에서 $N \times N$ 픽셀 크기의 강아지 사진을 디지털 이미지로 입력 받은 컴퓨터는 CNN^{Convolutional Neural Network} 모델을 통해 추출한 최종 n개의 실수벡터를 표현이라고 하고 n개의 숫자를 추출한 CNN 알고리즘은 머신러닝 모델이 된다. 이때 강아지를 정확히 분류할 수 있는 n개의 실수벡터는 좋은 표현이며 이러한 결과벡터를 만드는 모델은 좋은 머신러닝 모델이 된다.

평가는 에이전트가 얼만큼 과업을 잘 수행했는지 정량적으로 측정하는 방법을 말하며 정량화된 평가를 목적함수^{objective function}라고 한다. 목적함수는 지도학습인 경우 정량화된 표현값과 실제값과의 차이가 될 수 있고 (이를 비용함수^{cost function} 또는 손실함수^{loss function}라고 한다), 비지도학습의 경우 표현값이 제대로 생성될 정도값을 나타내는 가능도^{likelihood}일 수도 있다. 강화학습인 경우 에이전트가 취한 행동에 따라 처해진 상태의 가치^{state value} 또는 에이전트가 취한 행동의 가치^{action value}일수도 있다.

최적화는 평가에서 설정한 학습목표기준 즉 목적함수를 최대화 또는 최소화하는 모델을 구성하고 있는 변수^{variables} 또는 파라메터^{parameters}를 찾는 것이다. 이때 모델의 변수 또는 파라메터를 학습변수^{learnable variables/learnable parameters}라고 한다. 학습변수는 반복되는 학습과정에서 매번 업데이트된다. 머신러닝에서 가장 보편적으로 사용하는 최적화 기법은 경사하강법^{gradient descent} (목적함수를 최소화할 때) 또는 경사상승법^{gradient ascent} (목적함수를 최대화할 때)이다. 최적화 과정을 통해 목적함수를 최적화하게 되면 머신러닝 모델을 구성하는 학습변수를 구하게 되고 학습이 완료된다. 학습이 완료된 후, 새로운 데이터에 대해 임무를 수행하는 것을 **일반화**^{generalization} 또는 **추론**^{inference} 이라고 한다.

머신러닝의 산출물은 어떤 임무 또는 과업을 수행하는 컴퓨터 프로그램이다. 머신러닝을 통해 학습된 프로그램^{에이전트}은 CCTV와 연동하여 특정한 물체를 찾기도 하고 자동차에 탑재되어 자율 주행을 하기도 한다. MRI로 촬영된 폐사진을 분석하여 환부여부를 의사에게 알려주기도 하고 사람대신 식당예약 전화를 받고 매니저에게 알려주기도 한다. 그림 1.5에서처럼 머신러닝 개발 자는 어떤 과업을 수행하는 모델을 설계하고 데이터 또는 환경을 통해 모델을 학습시킨 후 실 환경에 투입하여 과업을 수행하도록 하는 것이 머신러닝의 개략적인 개발 및 적용 과정이라 할 수 있다.

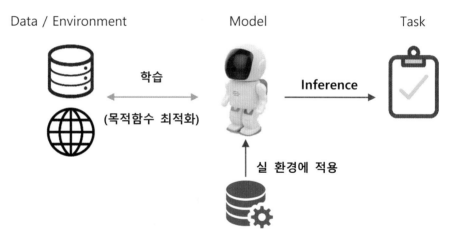

그림 1.5 머신러닝 학습과 활용

1.2.3 머신러닝에서 자주 사용되는 핵심용어 정리

<스칼라 scalar, 벡터 vector, 행렬 matrix, 텐서 tensor>

스칼라는 실수^(R, real number)나 자연수^(N, natural number)와 같은 단일 숫자를 말한다. **벡터**는 숫자가 배열^{array} 형태로 표현된 것을 말하는데 좌푯값^{coordinate value} 개념으로 이해하면 좋다. 만약 n개 의 숫자로 이루어진 벡터, x가 있다고 하면 $x \in \mathcal{R}^n$ 라고 표현하며 우리는 벡터, x를 n차원 공

간 V에 표시할 수 있다. **행렬**은 숫자가 2차원 배열로 정의된 것을 말하며 $A \in \mathcal{R}^{m \times n}$ 으로 표현한다. 이때 행렬 A는 m개의 행^{row}이 있고 n개의 열^{column}을 가진다. 일반적으로 i번째 행과 j번째 열 요소를 A_{ij}로 표현한다. **텐서**는 일반적으로 수학에서 사용되는 용어로 다음과 같이 공간^{space} V에 있는 벡터 v를 선형 변환^{linear transformation} 하는 연산자 S를 텐서라고 한다.

$$u = Sv, \quad (u, v \in V) \tag{1.1}$$

딥러닝 모델에서 사용되는 텐서는 다차원 배열로 이해하면 된다. 즉 텐서 A가 3차원 배열이라고 하면 $A \in \mathcal{R}^{l \times m \times n}$ 으로 표현할 수 있다. 넓은 의미로 스칼라, 벡터, 행렬을 각각 0차원, 1차원, 2차원 텐서라고도 볼 수 있다. 딥러닝 모델에서 3차원의 텐서가 사용되는 경우는 2차원 텐서가 배치^{batch}로 묶여 있는 경우에 해당한다.

〈놈 norm〉

스칼라의 크기는 간단히 절대값을 취한다거나 제곱을 취해서 측정할 수 있다. 벡터의 크기를 알기 위해서는 놈을 사용한다. 즉 놈은 다음과 같은 공식을 이용하여 벡터의 크기를 측정한 값이다.

$$\|x\|_n = \left(\sum_i |x_i|^n \right)^{\frac{1}{n}} \tag{1.2}$$

여기서 x는 벡터이고 n은 $n \geq 1$인 자연수다.

만약 $n = 1$일경우 L^1 놈이라고 하며 맨하탄 거리^{Manhattan distance}라고도 한다. 즉 x 벡터의 모든 요소에 절대값을 취한 후 합한 값이다.

만약 $n = 2$일 경우에는 L^2 놈이라고 하며 유클리드 거리^{Euclidean distance}라고도 한다. 즉 x 벡터의 모든 요소를 제곱한 후 더한 값이다.

이밖에 L^0, L^∞ 놈이 있는데 L^0 놈은 x 벡터 요소 중에서 0이 아닌 요소의 총 개수다. L^∞ 놈은 x 벡터 요소 중에서 가장 큰 요소가 놈이 된다. 예를 들면 $x = [0, -1, 4]$ 라고 한다면 $L^0 = 2$, $L^1 = 5$, $L^2 = 17$, $L^\infty = 4$ 가 된다.

\<임의변수 random variable\>

임의변수는 확률로 측정할 수 있는 변수를 말한다. 예를 들면 100명이 학생이 있는 교실에서 학생들의 생월이 1월달, 2월달, …, 12월달인 학생수를 측정한 것을 X라고 한다면 X는 임의변수가 된다. 또는 학생의 체중을 측정하는 것을 Y라고 한다면 Y도 임의변수다. 이때 X는 이산 임의변수 discrete random variable 라고 하고 Y는 연속 임의변수 continuous random variable 라고 한다.

\<확률 probability, 확률 분포 probability distribution, 기댓값 expectation\>

확률이란 어떤 사건이 일어날 가능성을 말한다. 확률은 두가지 관점에서 정의할 수 있는데 첫번째는 빈도론자 관점의 확률 frequentist probability 이다. 빈도론 frequentism 에서 말하는 확률은 여러가지 사건들이 반복적으로 발생되는 상황에서 전체 사건의 발생 횟수 중에서 어떤 특정한 사건이 발생되는 빈도수를 의미한다. 예를 들면 주사위를 600번 던졌을 때 1이 나온 횟수가 107이라면 주사위를 던졌을 때 1이 나올 확률은 107/600이 된다. 만약 사건이 충분히 큰 횟수로 반복적으로 발생되지 않은 경우에는 빈도론자의 확률개념을 적용할 수 없다. 예를 들면 운동경기에서 A 팀이 우승할 확률 또는 비 흡연자가 폐암에 걸릴 확률 등이 여기에 해당한다. 이러한 경우에는 베이지안 확률 Bayesian probability 개념을 적용한다. 베이지안 확률은 곧 믿음의 정도 degree of belief 라고 정의할 수 있으며 주관주의 Subjectivism 관점 확률이라고도 한다.

만약 사건 X가 일어날 가능성을 수학적인 확률 기호로는 $\mathcal{P}(X)$로 표현한다. 사건 X가 불연속으로 발생하면 이러한 가능성의 분포를 이산 확률 분포 discrete probability distribution 라고 하고 이러한 분포를 함수로 정의한 것을 확률 질량 함수 probability mass function 라고 한다. 식 (1.3)과 같이 확률 질량 함수 $\mathcal{P}(X = x_i)$를 모든 경우에 대해 합하면 1이 되야 한다.

$$\sum_i \mathcal{P}(X = x_i) = 1 \tag{1.3}$$

사건 X가 연속으로 발생하면 이러한 가능성의 분포를 연속 확률 분포 continuous probability distribution라고 하고 이러한 분포를 함수로 정의한 것을 확률 밀도 함수probability density function라고 한다. 식 (1.4)와 같이 확률 밀도함수 $\mathcal{P}(X = x)$를 모든 경우에 대해 적분하면 1이 되어야 한다.

$$\int \mathcal{P}(X = x)dx = 1 \tag{1.4}$$

확률 질량 함수 $\mathcal{P}(X = x_i)$를 가지는 이산 임의변수 X에 대한 기댓값은 다음과 같이 구한다.

$$\mathbb{E}(X) = \sum_i \mathcal{P}(X = x_i)\,x_i \tag{1.5}$$

만약 연속 임의변수 X가 가질 확률 밀도 함수가 $\mathcal{P}(X = x_i)$를 가진다면 연속 임의변수 X에 대한 기댓값은 다음과 같다.

$$\mathbb{E}(X) = \int x\,\mathcal{P}(X = x)dx \tag{1.6}$$

<가우스 분포 Gaussian Distribution>

연속확률분포 함수로 가장 많이 활용되고 있는 가우스 분포는 다른 말로 정규분포normal distribution라고도 한다. 정규분포의 표현식은 식 (1.7)과 같다.

$$\mathcal{N}(x;\mu,\sigma^2) = \frac{1}{\sqrt{2\pi\sigma^2}}\exp\left(-\frac{(x-\mu)^2}{2\sigma^2}\right) \tag{1.7}$$

여기서 μ는 임의변수 X의 평균값 또는 기댓값이고 σ^2는 분산값이다. 특히 $\mu = 0$, $\sigma^2 = 1$인 경우를 표준정규분포standard normal distribution라고 한다.

표준정규분포에서 표준편차가 $-1 \leq \sigma \leq 1$인 경우 누적확률은 0.682이고 표준편차가 $-2 \leq \sigma \leq 2$인 경우 누적확률은 0.954이며 표준편차가 $-3 \leq \sigma \leq 3$인 경우 누적확률은 0.997이 된다.

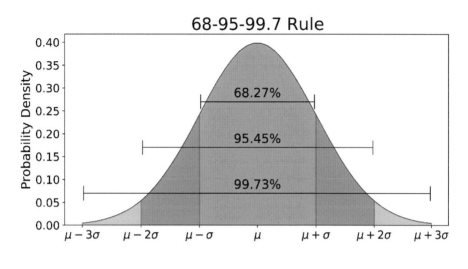

그림 1.6 표준정규분포

⟨조건부 확률 conditional probability, 결합확률 joint probability, 베이즈 룰 Bayes Rule⟩

조건부 확률이란 어떤 사건이 일어났다는 것을 가정하고 다른 사건이 일어날 확률을 말한다. 즉 사건 X가 일어난 것을 전제로 사건 Y가 일어나는 조건부 확률은 다음과 표현한다.

$$\mathcal{P}(Y|X) = \frac{\mathcal{P}(X \cap Y)}{\mathcal{P}(X)} \tag{1.8}$$

결합확률은 두개의 사건이 동시에 일어날 확률을 의미한다. 만약 사건 X와 사건 Y가 독립이고 동시에 일어나는 결합확률은 다음과 표현한다.

$$\mathcal{P}(X, Y) = \mathcal{P}(X \cap Y) = \mathcal{P}(X)\mathcal{P}(Y) \tag{1.9}$$

만약 사건 X와 사건 Y가 종속이고 동시에 일어나는 결합확률은 다음과 표현한다.

$$\mathcal{P}(X, Y) = \mathcal{P}(X \cap Y) = \mathcal{P}(X|Y)\mathcal{P}(Y) = \mathcal{P}(Y|X)\mathcal{P}(X) \tag{1.10}$$

베이즈 룰은 다음과 같이 두개의 사건이 독립이 아닐 때 동시에 일어나는 결합확률을 변형한 것이다.

$$\mathcal{P}(X|Y)\mathcal{P}(Y) = \mathcal{P}(Y|X)\mathcal{P}(X) \rightarrow \mathcal{P}(X|Y) = \frac{\mathcal{P}(Y|X)\mathcal{P}(X)}{\mathcal{P}(Y)}, \mathcal{P}(Y|X) = \frac{\mathcal{P}(X|Y)\mathcal{P}(Y)}{\mathcal{P}(X)}$$

<편향 bias, 분산 variance>

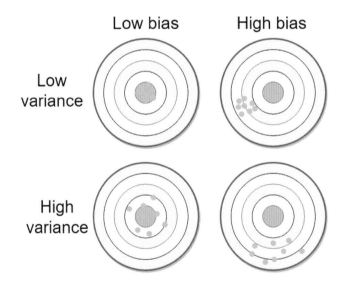

그림 1.7 편향과 분산 비교

편향은 모델의 예측값과 실제 정답과의 차이로 에러와 같은 의미다. 즉 편향은 다음과 같이 표현된다.

$$bias = (\mathbb{E}[\tilde{y}] - y)^2 \tag{1.11}$$

여기서 $\tilde{y}$ 는 모델의 예측값이고 y 는 정답이다. 머신러닝에서 편향값^{bias}은 학습변수^{learnable} ^{parameters}이고 학습을 통해 업데이트 된다.

분산은 모델의 예측값과 예측값의 평균과의 차이를 기댓값으로 표현한 것이다. 분산값이 크다는 얘기는 예측값이 넓게 분포되어 있다는 의미이고 반대로 분산값이 작다는 얘기는 예측값이 몰려 있다는 말이 된다. 일반적으로 분산이 큰 모델은 과대적합 또는 오버피팅^{overfitting}을 유발한다.

$$variance = \mathbb{E}(\tilde{y} - \mathbb{E}[\tilde{y}])^2 \tag{1.12}$$

<소프트맥스 함수 softmax function, 소프트플러스 함수 softplus function>

소프트맥스 함수는 N개의 요소값을 가지는 벡터에서 각 요소간 상대적인 확률을 구하고자 할 때 적용하는 함수다. 다음은 소프트맥스 함수를 정의하고 있다.

$$softmax(x_j) = \frac{e^{x_j}}{\sum_{i=1}^{N} e^{x_i}} \tag{1.13}$$

만약 N개의 개체^{class}를 각각 분류하는 모델이 있다고 할 때 N개의 요소값을 가지는 최종 출력 값 벡터에서 모든 요소, $x_{i,(i=1 \sim N)}$를 기준으로 특정한 출력값, x_j의 비율 표현한 것이다. 소프트맥스 함수는 분류 모델에서 최종 출력층의 활성화 함수^{activation function}로 사용한다.

소프트플러스 함수는 활성화 함수^{activation function} 중에 하나다. 활성화 함수는 신경망에서 정보를 전달할 때 희소성^{sparsity}을 증가시키기 위해서 사용된다. 희소성이란 의미 있는 정보는 1에 가깝게 하고 무의미한 정보는 0에 가깝게 하는 것을 말하는데 강화된 희소성은 학습성능을 향상시킨다. 활성화 함수 중 tanh 함수는 1과 −1로 양극화하는 함수다.

식 (1.14)는 소프트플러스 함수식이며 그림 1.8은 소프트플러스 함수의 형태를 보여준다.

$$softplus(x) = \log_e(1 + e^x) \tag{1.14}$$

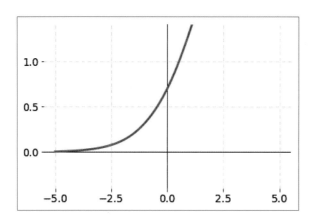

그림 1.8 소프트플러스 함수

참고로 소프트플러스 함수는 시그모이드 ^{sigmoid} 함수 ($\frac{1}{1+e^x}$)를 적분한 함수다.

<특성 feature>

사물이나 현상을 분석하기 위해 수집된 데이터는 그러한 사물이나 현상의 본질을 모두 가지고 있다고 볼 수 없다. 예를 들면 강아지 사진은 특정한 시간에 특정한 장소에서 특정한 각도로 촬영한 것이어서 그러한 특정한 상황에서의 강아지 정보만을 가지고 있다. 하지만 단지 강아지를 구별하는 목적의 머신러닝 모델을 만들 때 사용되는 학습데이터로는 크게 문제는 없다.

실제 강아지를 설명하는 데이터는 무한대에 가깝지만 (예, DNA, 견종, 성별, 키, 체중, 털 색깔, 귀 모양, …) 일단 사진에 저장된 데이터, $n \times n$ (컬러 이미지일 경우는 $n \times n \times 3$) 픽셀로 강아지를 표현한다. 즉 강아지 사진은 실제 강아지의 제한된 정보를 표현한 데이터라 할 수 있다.

만약에 1000 × 1000 이미지에 있는 사물을 분류하는 머신러닝 모델을 만든다고 한다면 컴퓨터는 1,000,000 (1000 × 1000)개의 데이터를 분석하여 이미지가 강아지인지 또는 고양이인지를 분류해야 하는데 너무 비효율적일 뿐만 아니라 계산량도 만만치 않다. 때로는 정확도까지 떨어지기도 한다.

이러한 이유로 전통적인 머신러닝 분야에서는 데이터 분석의 효율성을 위해 데이터의 본질을 대표할 수 있는 함축된 데이터를 추출하는데 이것을 특성 ^{feature} 이라고 한다. 즉 **특성은 데이터의 본질을 대표할 수 있는 함축된 데이터다.** 특성 선정 또는 추출은 머신러닝 정확도에 밀접하게 영향을 주기 때문에 전통적인 머신러닝에서는 특성 추출을 매우 중요하게 생각한다. 이러한 이유로 머신러닝에서는 특성추출 방법을 집중적으로 연구하는 분야가 있는데 이것을 특성공학 ^{feature engineering}이라고 한다.

특성이라는 개념과 거의 같은 의미로 사용되는 것이 표현 ^{representation}, 잠재변수 ^{latent}, 매니폴드 ^{manifold}, 노이즈 ^{noise} 등이 있다. 잠재변수, 노이즈 등의 개념은 나중에 설명할 생성모델에서 사용되는데 이때 조금 더 구체적으로 논의하기로 하겠다.

〈특성의 차원 feature dimension, 데이터의 차원 dataset dimension〉

우리는 d개의 특성을 가지는 데이터 x를 정의할 때 $x \in \mathcal{R}^d$ 이라고 표현한다. 데이터 x를 특성 d개로 표현할 수 있는데 이를 벡터 형태로 표현한 것이다. 즉 데이터 x는 d차원의 실수($\mathcal{R}$) 벡터 집합의 원소라는 뜻이다. 이러한 이유로 d개의 실수를 원소로 가지는 데이터를 d차원 데이터라고 하고 다음과 같이 벡터로 표현할 수 있다.

$$x = \begin{bmatrix} x_1 \\ \vdots \\ x_d \end{bmatrix} \tag{1.15}$$

d차원의 데이터 x는 d개의 좌푯값을 가지고 있다고 말할 수 있으므로, d차원 공간 (예를 들면 d 차원 유클리드 공간^{Euclidean space})에 위치시킬 수 있다. 우리는 이것을 데이터의 임베딩 ^{embedding}이라고 한다. 이러한 이유로 많은 머신러닝 모델들이 d차원 공간에서 기하학적인 방법으로 데이터를 분석하는 사례를 볼 수 있다.

<목적함수 objective function, 손실함수 loss function, 비용함수 cost function>

머신러닝의 학습과정은 최적화 문제다. 즉 컴퓨터가 과업을 달성하기 위해 정의한 목표 또는 목적을 최적화하는 것이다. 이때 머신러닝 모델에서 학습목표의 기준을 정량화한 것을 목적함수, 손실함수, 비용함수라고 한다. 이들은 같은 의미로 사용되며 손실함수 및 비용함수는 일반적으로 예측값과 레이블을 비교하여 크 차이를 최소화하는 의미가 있어 주로 지도학습에 사용된다. 비지도학습인 경우는 일반적으로 가능도를 목적함수로 사용하고 강화학습에서는 가치함수^{value} ^{function}를 목적함수로 사용한다. 이때 가치함수를 효용함수$^{utility\ function}$라고도 한다. 정리하면 목적함수는 머신러닝 모델이 주어진 과업을 얼만큼 잘 수행했는지를 정량적으로 수식화한 것이다.

머신러닝 모델을 설계할 때 가장 중요한 부분이 바로 목적함수를 정의하는 것이다. 마치 우리가 어떤 수학문제의 해답을 찾고자 할 때 여러가지 미지수와 대수 이론을 기반으로 방정식을 만들어 풀 듯이 새로운 머신러닝 모델을 설계할 때에도 정의된 목적함수가 머신러닝 모델이 주어진 과업을 수행하는 학습여부를 정량적으로 판단할 수 있는지를 확인해봐야 한다. 또한 목적함수를 최적화하면 성능이 향상되는 학습효과를 낼 수 있는지 여부와 최적화가 가능한지도 판단해야 한다. 예를 들면 최적화 방법을 경사하강법으로 사용한다면 목적함수의 미분 가능 여부 등이다.

머신러닝 분야에서 많이 사용되는 목적함수는 에러제곱평균법$^{MSE:\ Mean\ Square\ Error}$, 쿨백-라이블러 발산$^{KLD:\ Kullback-Leibler\ Divergence}$, 가능도^{likelihood}, 로그-가능도$^{log-likelihood}$, 크로스 엔트로피$^{cross\ entropy}$, 이진 크로스 엔트로피$^{binary\ cross\ entropy}$ 등이 있다. 일반적으로 목적함수는 스칼라 실수값을 출력하는 함수다.

<정확도 accuracy, 정밀도 precision, 재현율 recall, F1 점수 F1 score>

머신러닝 모델을 구현하고 학습한 후 실제로 적용하기 전에 새로운 검증 데이터셋을 기반으로 검증 작업을 한다. 구현한 머신러닝 모델의 예측값에 대한 신뢰성을 정량적으로 측정하는 방법에는 정확도, 정밀도, 재현율, F1 점수 등이 있다. 이러한 측정방법을 평가지수^{metric}라고 한다. 이들은 다음과 같은 혼동행렬$^{confusion\ matrix}$을 기반으로 평가지수 정의를 한다.

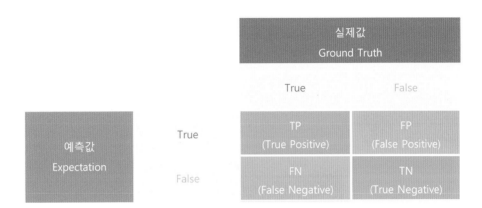

그림 1.9 혼동 행렬 confusion matrix

- **True Positive** (TP): True 레이블을 가진 데이터를 True라고 예측한 경우
- **False Positive** (FP): False 레이블을 가진 데이터를 True라고 예측한 경우
- **True Negative** (TN): False 레이블을 가진 데이터를 False라고 예측한 경우
- **False Negative** (FN): True 레이블을 가진 데이터를 False라고 예측한 경우

■ 정밀도 precision

그림 1.10 정밀도 계산을 위한 사례

$$precision = \frac{TP}{TP + FP} \tag{1.16}$$

정밀도를 표현한 식 (1.16)과 같이 정밀도 ^{precision}는 FP $^{False\ Positive}$가 작아질수록 높아진다. 즉 정밀도는 모델이 **예측한 결과를 기준으로** 얼만큼 정확히 예측했는가를 판단하는 평가지수 ^{metric}로 예측한 값 중에서 잘못 예측한 것을 최소화해야 정밀도는 높아진다. 예를 들면 두 마리의 강아지가 있는 그림 속에서 강아지를 모두 찾는 머신러닝 모델을 만들 때 한 마리만 정확히 찾았다면 다른 한 마리를 찾지 못하더라도 정밀도는 100%가 된다. 이유는 정밀도는 모델이 예측한 값을 기준으로 예측한 것 중에서 얼만큼 정확한지를 보는 것이기 때문이다.

■   재현율 recall

$$recall = \frac{TP}{TP + FN} \tag{1.17}$$

재현율 ^{recall}은 FN $^{False\ Negative}$가 작을수록 높아진다. 즉 **실제 존재하는 실제값을 기준으로** 모델이 얼만큼 정확히 예측했는가를 판단하는 측정값이다. 그러므로 실제 존재하는 실제값을 찾지 못하고 놓치게 되면 FN이 증가하여 결국 재현율은 낮아지게 된다. 위에서 제시한 예를 가지고 재현율은 구하면 이미지 안에 실재하는 두 마리 강아지 중 한 마리만 찾았기 때문에 재현율은 50%가 된다. 만약 그림 1.11 과 같이 실재 존재하는 두 마리 강아지를 정확히 예측한 상태에서 추가로 존재하지 않은 네 마리 강아지를 잘못 예측하게 되더라도 재현율은 100%가 된다.

실제값   예측값

그림 1.11 잘못된 예측에도 재현율은 증가하는 경우

재현율은 통계학에서는 민감도^{sensitivity}, 적중률$^{hit\ rate}$이라고도 한다.

■   정확도 accuracy

$$accuracy = \frac{TP + TN}{TP + FP + FN + TN} \qquad (1.18)$$

정확도^{accuracy}는 true와 false를 포함한 모든 실제값을 모든 예측값으로 나눈 것으로 TP와 TN을 얼만큼 잘 찾는지를 중요시하는 측정값이다. F1 점수$^{F1\ score}$와 같이 정밀도와 재현율에서 보여준 장단점을 보완한 전반적인 측정값의 신뢰도를 산정하는 방법이다.

■   F1 점수 F1 score

$$F1\ score = 2 \times \frac{1}{\frac{1}{precision} + \frac{1}{recall}} = 2 \times \frac{precision \times recall}{precision + recall} \qquad (1.19)$$

F1 점수는 정밀도와 재현율의 조화평균이다. 정밀도와 재현율이 각각 관점이 다르나 예측의 신

뢰성을 정량적으로 계산하기 위해 두개의 조화평균으로 측정한다. 조화평균의 장점은 작은 평균값에 가중치를 두어 가능하면 과도하게 크게 측정된 것을 억제하는 효과가 있다.

\<변수 Variables, 파라메터 Parameters\>

머신러닝 모델의 구조^{architecture}를 구성하는 것이 변수 또는 파라메터다 (변수와 파라메터는 같은 의미다). 예를 들면 선형회귀식 모델, $y^k = w_1 x_1^k + w_2 x_2^k + \cdots w_n x_n^k$에서 (x_i^k, y^k)는 데이터이고 w_i가 파라메터다. 이때 MSE ^{Mean Square Error}를 목적함수로 사용하게 되면 다음과 같다.

$$\mathcal{L}(w) = \frac{1}{K} \sum_{k=1}^{K} (y^k - w_1 x_1^k + w_2 x_2^k + \cdots w_n x_n^k)^2 \tag{1.20}$$

목적함수 $\mathcal{L}(w)$의 최적화 과정에서 w_i를 업데이트^{update}하는 것이 학습과정이다. 그래서 변수 또는 파라메터를 학습변수^{learnable variables} 또는 학습 파라메터^{learnable parameters}라고 한다. 파라메터에서 하이퍼파라메터^{hyperparameter}라는 것이 있는데 이것은 사용자가 모델을 설계할 때 주관적을 정의하는 계수를 말한다. 예들 들면 목적함수의 최적화 과정에서 반복횟수, 학습데이터 선정 시 배치^{batch} 크기 (batch gradient 사용시), 경사하강법에서 학습률^{learning rate}, 신경망에서 신경망의 깊이^{층수} 및 각 신경층에서 노드의 개수 등이 하이퍼파라메터다. 최적의 하이퍼파라메터를 결정하는 것은 아직까지 모든 인공지능 연구원들의 숙제인데 최근 AutoML^{Automatic Machine Learning} 또는 NAS^{Neural Network Search} 알고리즘 등이 이러한 문제를 해결하려고 시도하고 있다. AutoML, NAS는 매우 중요한 개념이어서 다음 세션에서 좀더 자세히 다루도록 하겠다.

\<경사하강법 gradient descent, 경사상승법 gradient ascent\>

머신러닝에서 목적함수의 최적화 ^{optimization} 문제를 해결하는 방법 중 가장 보편적으로 사용되는 방법이 경사하강법 또는 경사상승법이다. 경사하강법은 목적함수를 최소화할 때 사용되고 경사상승법은 목적함수의 최대값을 구할 때 사용된다.

경사하강법을 사용할 때는 목적함수가 아래로 볼록한 ^{convex}한 경우여서 목적함수를 최소로 만들어 주는 학습변수 또는 파라메터를 찾는다. 반대로 경사상승법을 사용할 때는 위로 볼록한 ^{concave}한 형태의 목적함수를 최대로 하는 학습변수 또는 파라메터를 찾는다.

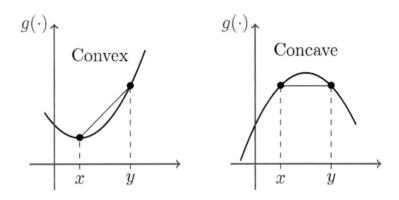

그림 1.12 아래로 볼록한 (convex) 목적함수와 위로 볼록한 (concave) 목적함수

경사하강법과 경사상승법은 기본적으로 같은 이론이며 단지 목적함수의 최소값을 찾는지 또는 목적함수의 최대값을 찾는지 만 다를 뿐이다. 여기서는 대표적으로 경사하강법을 예를 들어 설명하는 경우가 많아 이점 참고하기 바란다. 참고로 로스^{loss}나 비용^{cost}함수인 경우에는 경사하강법을 사용하고 가능도^{likelihood}나 가치함수^{value function}인 경우에는 경사상승법을 사용한다.

스칼라값을 출력하는 목적함수를 각 변수에 대해 미분을 하면 벡터가 되는데 이를 목적함수의 기울기 또는 경사도^{gradient}라고 한다. 이 기울기는 가장 가파르고^{steepest} 방향은 위쪽을 가리키는 벡터가 된다.

$$\nabla \mathcal{L}(w) = \frac{\partial \mathcal{L}}{\partial w} = \begin{bmatrix} \dfrac{\partial \mathcal{L}}{\partial w_1} \\ \vdots \\ \dfrac{\partial \mathcal{L}}{\partial w_k} \end{bmatrix} \tag{1.21}$$

목적함수의 최솟점을 만드는 변수를 찾기 위해서는 먼저 목적함수의 임의의 위치에서 시작을 한다. 위치 w에서 기울기, $\nabla\mathcal{L}(w)$를 구하면 이 기울기는 목적함수의 최소점과 방향이 반대인 벡터가 된다. 따라서 목적함수의 최소점을 지향할 수 있도록 기울기에 (–)를 곱해 방향을 최소점으로 향하게 하고 일정한 상수, α (이를 학습률 learning rate 이라고 한다)를 곱해서 현재의 위치에 더하게 되면 조금씩 목적함수의 최솟값으로 접근하게 된다.

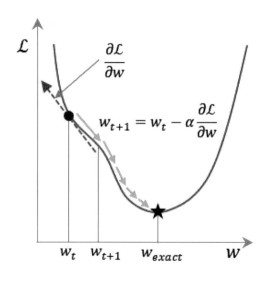

그림 1.13 2차원에서의 경사하강법

$$w_{t+1} = w_t - \alpha\,\nabla\mathcal{L}(w_t) \qquad (1.22)$$

식 (1.22) 과정을 반복하다가 학습변수 w_{t+1}이 수렴되면 종료한다. 즉 학습이 완료된 것이다. 수렴 여부는 이전 시간단계의 학습변수와 현재 시간단계의 학습변수를 비교하여 $w_{t+1} \cong w_t$인 경우로 판단하나 매 반복마다 수렴여부를 계산하려면 추가적인 계산과정이 필요하기 때문에 일반적으로 적당한 반복횟수를 지정한 후 손실함수나 비용함수를 이용하여 사용자가 판단하기에 유의미한 손실값 loss 또는 비용값 cost 이 되면 학습을 종료한다.

1.2.4 머신러닝의 분류

머신러닝에서 컴퓨터 알고리즘이 학습을 할 때 교재를 가지고 학습을 하는 경우와 환경으로부터 학습을 하는 경우 두 가지가 있다. 사람도 책을 보고 무언가를 배우는 경우가 있고 자전거 타기를 배울 때처럼 직접 행동을 하면서 배우는 경우가 있는 것과 마찬가지다.

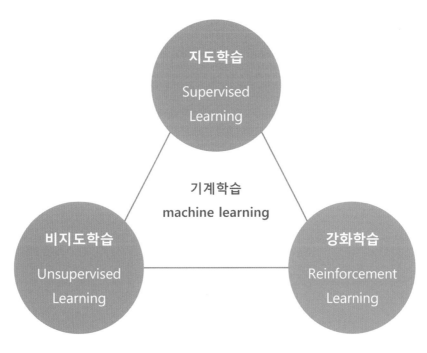

그림 1.14 머신러닝 분류

교재를 가지고 학습을 하는 경우는 다시 **지도학습** supervised learning 과 **비지도학습** unsupervised learning 으로 구분한다. 이때 컴퓨터의 학습교재는 컴퓨터에 입력할 수 있는 디지털 데이터다. 예를 들면 디지털 이미지나 텍스트 파일 그리고 시간에 따라 실숫값으로 저장된 음성 데이터나 각종 신호 데이터들이 컴퓨터의 학습교재가 된다.

강화학습 reinforcement learning 은 컴퓨터가 학습을 할 때 디지털 데이터라는 학습교재 없이 학습하는 방식이다. 컴퓨터 (또는 에이전트)는 컴퓨터가 관찰할 수 있는 영역 (이것을 환경이라고 한다) 내에서 여러가지 행동을 했을 때 환경으로 받는 피드백을 정량화하여 누적된 피드백 값이 가장 좋은 행동을 기억하는 학습방식이다. 학습 후 컴퓨터 에이전트는 어떤 상태에 직면하게 되면 가장 좋은 피드백을 받았던 행동을 취하는 것이다.

딥러닝 Deep Learning 은 인공신경망 Artificial Neural Network 이라는 모델을 이용한 머신러닝 기술이다. 따라서 딥러닝 방식은 머신러닝의 분야인 지도학습, 비지도학습, 강화학습 분야에 모두 적용될 수 있다. 딥러닝은 신경망이라는 구조를 활용하기 때문에 충분히 많은 학습변수를 사용할 수 있으며 여러 층으로 구성된 신경망 구조 덕분에 비선형의 복잡한 문제를 다룰 수 있는 장점이 있다. 여기에 에러의 역전파 backpropagation of error 라는 수학적으로 검증된 학습 기법으로 매우 안정적으로 학습할 수 있다. 이러한 이유로 딥러닝은 현재 머신러닝의 중심으로 자리잡고 있으며 향후에도 인공지능의 핵심기술로 중요한 역할을 할 것이라고 여겨진다. 이 책에서는 딥러닝을 이해하는데 필요한 이론과 개념 그리고 간단한 예제들을 가능하면 모두 다룰 예정이며 특히 최근에 관심을 받고 있는 핵심적인 기술과 동향을 중심으로 기술할 예정이다. 참고로 이 책에서는 인공신경망을 간단히 신경망이라고 표현하는 경우도 있는데 같은 의미로 이해하면 된다. 그리고 '딥 Deep' 이라는 용어가 사용된 경우는 인공신경망 모델이 사용되었다는 의미다.

1.3 지도학습 Supervised Learning

지도학습은 데이터와 데이터를 설명하는 레이블 label 또는 주석 annotation 이 짝 pair 으로 묶여져 있는 데이터셋으로 학습하는 경우를 말한다. 데이터를 설명하는 레이블이 바로 '지도한다'라는 개념으로 사용되고 있다. 예를 들어, 우리 주변에 있는 사물들을 찍은 사진 속에서, 어떤 사물들이 있는지를 구별하는 과업 task 이 있다고 하면 가지고 있는 사진들을 학습 데이터라고 하고 사진 속에 있는 사물을 '컵', '책상', '자전거', '고양이'라고 미리 정의해 놓는 것을 레이블이라고 한다. 지도학습은 입력된 데이터와 그 레이블이 서로 맞도록 fitting 모델 변수를 업데이트하는 과정이다.

데이터			
레이블	'강아지'	Bounding Box	Segmented Area

그림 1.15 레이블의 종류: (a) 분류를 위한 분류명 레이블 (b) 객체추출을 위한 bunding box 레이블 (c) 픽셀 단위의 이미지 분할을 위한 세그먼트 레이블

레이블이 있는 학습 데이터로 학습하는 지도학습은 **예측**^{prediction}을 하거나 **분류**^{classification}를 하기 위해 사용된다.

> 지도학습의 목적
> - 예측 (Prediction), 회귀 (Regression)
> - 분류 (Classification)

1.3.1 지도학습: 예측 (Prediction), 회귀 (Regression)

예측^{prediction}은 회귀^{regression}라고도 한다. 회귀는 선형회귀^{linear regression}, 로지스틱 회귀^{logistic regression}, 단계별 회귀^{stepwise regression} 등으로 나뉜다. 선형회귀는 선형 예측식을 찾는 방법이며 로지스틱 회귀는 'YES or NO', '1 or 0', 'Good or Bad', 'Pass or Fail' 등의 이진 예측을 할 때 사용된다. 단계별 회귀는 고려해야할 입력데이디 항목이 많을 때 점차적으로 항목을 고려해 나가다 일정한 항목 이상에서도 크게 정확도가 개선되지 않을 때 중단하고 그때까지 고려한 항목의 데이터 만을 가지고 예측식을 찾는 방법이다.

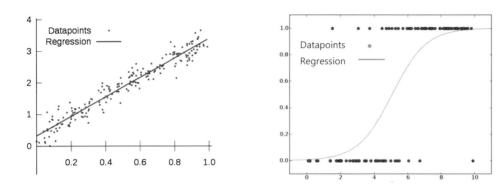

그림 1.16 (왼쪽) 선형회귀 (오른쪽) 로지스틱 회귀

1.3.2 지도학습: 분류 (Classification)

지도학습 중 다른 한가지는 분류classification 모델이 있다. 분류모델은 N개의 개체class로 레이블된 데이터를 학습하여 새롭게 입력된 데이터가 어느 개체에 속하는지를 찾는 모델이다. 예를 들면, 강아지라고 표시된 강아지 사진과 고양이라고 표시된 고양이사진 그리고 코끼리라고 표시된 코끼리 사진 등 3종류3classes 데이터를 가지고 에이전트를 학습시킨 후 새롭게 입력된 사진이 강아지인지 고양이인지 또는 코끼리인지를 맞히는 것을 목표로 하는 모델이다.

지도학습의 분류모델에는 k NNk Nearest Neighbor, 서포트 벡터 머신SVM: Support Vector Machine, 디시즌 트리Decision Tree 모델 등이 있다.

k NN 모델

k NN 모델은 입력된 학습 데이터의 특성을 미리 추출한 후 d차원 공간에 각 데이터를 위치시킨다. 이때 학습데이터 특성의 개수와 동일하게 차원 d값이 결정된다. 새롭게 데이터가 입력되면 d차원 공간에 위치시킨 후 가장 가까이에 있는 이웃nearest neighbor k개를 선정하여 이중 가장 많은 레이블을 새롭게 입력된 데이터의 레이블로 정하는 분류모델이다.

서포트 벡터 머신 (SVM: Support Vector Machine)

서포트 벡터 머신은 이진선형분류^{binary linear classification} 모델이다. 즉 2개의 그룹을 직선 또는 면과 같은 **선형분류기**^{linear classifier}로 분류하는 모델이다. SVM은 학습 데이터의 특성을 미리 추출하여 d차원 공간에 각 데이터를 위치시킨 후 두개의 개체 그룹을 가장 멀리 떨어뜨려서 분리하는 **선형판별식**을 찾는 모델이다. 이것을 두 그룹간 마진^{margin}을 최대화한다고 하는데, 예를 들면 그림 1.17에서 오른쪽 그림과 같이 마진을 최대로 하는 선형 판별자를 찾는 것이 SVM이다.

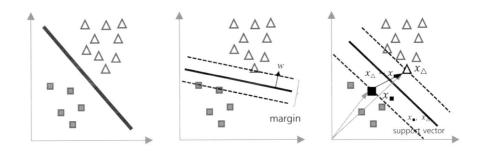

그림 1.17 2차원 SVM (왼쪽) 임의의 SVM 판별식, (중간) 두 그룹이 가장 근접한 경우, (오른쪽) 두 그룹이 가장 멀리 떨어져 있는 경우

디시즌 트리 (Decision Tree)

디시즌 트리는 우리가 어려서 했던 스무고개와 유사한 개념의 분류 모델이다. 스무고개를 할 때 적은 질문으로 답을 맞히기 위해서는 전략적으로 2분법을 잘 사용해야 한다. 즉 스무고개에서 식물-동물, 살아 있는 것-죽어 있는 것, 동양-서양 이런 식으로 질문하게 되면 그 다음 질문의 대상은 절반으로 줄어들게 되어 20번의 질문으로 왠만한 답은 찾을 수 있다. 이것을 디시즌 트리에 적용하게 되면 데이터의 특성에 따라 트리구조의 분류모델을 만들 수 있게 된다. 이것을 정식화하기^{formularization} 위해 클로드 섀넌^{Claude Shannon}이 제안한 정보 이론^{Information Theory}에 나오는 정보량이라는 개념을 사용한다. 정보량, $I(x)$이란 어떤 사건, x가 일어날 확률 $p(x)$의 역수에 로그를 취한 것으로 사건이 일어날 확률이 높을 수록 정보량이 작아진다.

$$I(x) = \log \frac{1}{p(x)} \qquad (1.23)$$

예를 들면 '내일은 태양이 떠오른다'라는 사건의 확률은 '1'이다. 그러므로 이 사건의 정보량은 $\log 1 = 0$ 이다. 즉 100% 확률로 벌어질 사건에 대해서는 굳이 질문할 필요가 없다는 뜻이다. 참고로 정보량의 단위는 e를 밑으로 하는 자연로그를 사용할 때는 **nat**라고 하고 2를 밑으로 하는 로그를 사용하게 되면 단위는 **bit**가 된다.

의미 있는 디시즌 트리 모델의 구성은 각 특성의 정보량이 가장 작은 것부터 묻기 시작하는 트리구조를 만든다. 정보량이 작은 것을 먼저 질문하도록 트리구조를 설계한다는 것은 스무고개에서 2분법을 써서 필요 없는 분야를 빨리 제외시키는 효과와 동일하다. 이 분류모델 이름에서 알 수 있듯이 본 모델은 의사결정을 할 때 많이 활용된다. 특히 기업에서 다양한 분야의 의사결정을 할 때 의사결정 트리 모델을 사용하는데 그 이유는 최종 결정된 분류결과가 어떻게 결정이 됐는지를 과정을 명시적으로 알 수가 있기 때문이다. 이것을 '설명력 explainability 이 있다'라고 한다.

지도학습에서 예측(회귀)과 **분류**의 차이점은 예측은 그 결과값이 데이터셋의 범위 내 어떠한 값도 가능하다는 것이고 (즉 연속적이다) 분류는 그 결과값이 분류하고자 하는 클래스 중에 하나로 고정되어 있다. 즉, 예측의 결과값은 학습 데이터셋으로 결정된 예측식(회귀식)으로 계산한 임의의 값이고 분류의 결과값은 학습 데이터셋에 포함된 레이블 중 하나다.

1.4 비지도학습 Unsupervised Learning

비지도학습은 레이블이 없는 데이터만 가지고 학습을 하는 경우다. 그렇기 때문에 레이블을 예측하거나 분류하는 임무는 수행할 수 없고 데이터의 특성을 추출하여 유의미한 결과를 도출하거나 데이터 분포를 기반으로 새로운 데이터셋을 생성하는 생성모델이 여기에 해당한다. 많은 전문가들은 머신러닝의 꽃은 비지도학습이라고 말한다. 그 이유는 세상에 존재하는 대부분의 디지털 데이터는 레이블이 없는 데이터여서 레이블 없이 학습하는 비지도학습의 역할이 더욱 중요해 질 것이라고 판단하기 때문일 것이다. 특히 데이터를 기반으로 진화되는 머신러닝의 근본적인 구조를 본다면 더 많은 데이터를 사용할 수 기회를 가지는 비지도학습이 지보학습보다 더 큰 잠재력을 가지고 있다고 할 수 있다.

비지도학습의 목적
- 군집 (Clustering)
- 차원축소 (Dimensionality Reduction)
- 생성모델 (Generative Model)

1.4.1 비지도학습: 군집 (Clustering)

비지도학습 모델 중 첫번째는 **군집**^{clustering} **모델**이 있다. 군집모델은 입력된 데이터들이 어떤 형태로 그룹을 형성하는지가 관심사다. 즉, 레이블 없이 확보된 데이터의 특성을 분석해서 서로 유사한 특성을 가진 데이터끼리 그룹화하는 것이 군집모델의 학습 목표다.

군집모델이 적용되는 분야는 매우 다양하다. 예를 들면, 전화기에서 통화 음질을 개선하기 위해 사람 목소리와 노이즈를 구별하는 디노이즈^{denoise} 기능이나 의학 분야에서 임상실험을 할 때 정상군과 환자군을 구별하는 것도 군집모델이다. 마케팅 분야에서는 고객을 세분화할 때도 군집모델이 사용된다. 신용카드 회사에서는 타인이 도난 또는 분실된 카드로 사용할 경우 비정상 사용 패턴을 분석하여 카드사용을 중단하는데 이때 활용되는 부정 탐지^{fraud detection} 기술도 바로 군집모델이다.

군집모델은 군집화 알고리즘 관점에서 크게 2가지 모델로 나눌 수 있다. 첫 번째가 평할^{flat} 또는 분할 기반의 군집^{partition-based clustering} 기법이고, 두 번째가 계층적 군집^{hierarchical clustering} 모델 방법이다. 분할 기반 군집 모델에는 k-means/k-medoids, DBSCAN, GMM^{Gaussian Mixture} ^{Model}이 대표적이다. 계층적 군집은 병합적 군집^{agglomerative clustering}과 분할적 군집^{divisive clustering} 으로 구별된다.

k-means/k-medoids

k-means/k-medoids는 k개의 그룹으로 군집하는 모델이다. 이 모델은 학습 데이터의 특성 이 d개일 경우 d차원 공간에 학습 데이터를 위치시킨 후 k개 그룹의 임의의 중심점^{centroid} 으로 부터 가장 가까이 있는 데이터들을 묶어 주는 방법이다. 여기서 d차원의 공간은 유클리드 공간 ^{Euclidean space}을 의미하며 따라서 거리 측정도 유클리드 거리^{Euclidean distance}를 기반한다. 이때 k-means와 k-medoids 차이점은 k-means는 d차원 공간상 임의의 지점에 각 클러스터의 중심으로 정하는 방법을 사용하고, k-medoids는 데이터 중 하나를 클러스터의 중심으로 사용 한다는 것만 다르고 그 이외의 학습 방법은 동일하다. 다음은 k-means를 구현하는 절차다.

---

① 클러스터의 개수 k는 사용자가 결정

② d차원 공간상 임의의 위치에 k개의 중심^{centroid 또는 means}을 설정

③ 모든 데이터를 순회하면서 각 데이터가 어느 중심에 가까운지 결정

④ 각 클러스터 중심에 속한 데이터를 가지고 다시 중심을 계산

⑤ ②~④ 반복

⑥ 만약 각 데이터의 소속 그룹이 바뀌지 않으면 중단

DBSCAN (Density-Based Spatial Clustering of Applications with Noise)

DBSCAN은 d차원 공간에 위치한 데이터들이 사용자가 정의한 밀도^{density}를 유지한 채 이웃하

고 있으면 같은 그룹으로 정하는 방법이다. DBSCAN의 특징은 클러스터의 개수를 사용자가 정
의하지 않고 클러스터링이 종료되면 최종 클러스터의 개수로 결정된다. 다음은 DBSCAN 구현
알고리즘이다.

---

① 하이퍼파라메터인 밀도반지름 ε, 최소데이터 개수 P를 사용자가 정의

② 모든 데이터를 순회하면서 core, border, noise 결정

- core = 자신 위치를 중심으로 ε 영역내에 P 만큼 데이터를 포함하고
있는 데이터

- border = 자신은 core는 아닌데 다른 core에 속하는 데이터

- noise = core 또는 border 도 아닌 데이터 (noise는 군집에서 제외함)

③ 모든 core를 방문

- 다른 core에 속하면 속하는 core의 클러스터 ID 설정

- 다른 core에 속하지 않으면 새로운 클러스터 ID 설정

④ 모든 border 방문

- 자신이 속하는 core의 클러스터 ID 설정

GMM (Gaussian Mixture Model)

GMM은 k-means와 유사한 클러스터링 모델이다. k-means는 클러스터링 할 때 모든 데이
터는 무조건 하나의 그룹에 속해야 한다. 이를 하드 클러스터링 hard clustering 모델이라고 하는데
하드 클러스터링의 단점은 한 그룹에 속하는 두개의 데이터가 있을 때, 그룹 중심에 가까이 있는
데이터나 그룹의 중심으로부터 멀리 있는 데이터가 모두 같은 그룹에 속하는 사실만 알 뿐이고
어떤 데이터가 더 높은 확률로 클러스터에 속하는지는 모른다. 경우에 따라 우리는 어느 정도의
확률로 특정 그룹에 속하는지를 알고자 할 때가 있는데 이 경우에 바로 GMM을 사용한다. 이러
한 의미로 GMM은 소프트 클러스터링 soft clustering 방식의 클러스터링 모델이다. 예를 들면 데이

터 x가 첫번째 클러스터에 속하는 확률은 $\mathcal{N}_1(x|\mu_1, \Sigma_1) = 0.21\%$ 이고 두번째 클러스터에 속하는 확률은 $\mathcal{N}_2(x|\mu_2, \Sigma_2) = 0.15\%$ 라고 할 때 x는 첫번째 그룹에 속하는 확률이 높기 때문에 첫번째 그룹으로 클러스터링하는 방식이다. 여기서 μ_i는 가우시안^{Gaussian} $\mathcal{N}_i$ (정규분포)의 평균 벡터이고, Σ_i는 공분산 행렬이다. 만약 데이터 x가 특성이 하나일 경우 (즉 1차원 공간에 표시될 경우) μ 와 Σ 는 스칼라 값을 갖는다. k 개의 가우시안을 사용하여 데이터의 분포를 나타내는 GMM에 k-means 기법에 해당하는 EM^{Expectation-Maximization} 알고리즘을 이용하여 소프트 클러스터링을 한다. 다음은 GMM-EM 방식의 클러스터링 구현 방법을 설명하고 있다.

---

① 클러스터의 개수 k를 사용자가 결정

② d 공간에 위치하는 임의의 k 개 가우시안 $\mathcal{N}_i$ 설정: d 차원 평균 벡터 μ_i, d 차원 공분산 행렬 $(d \times d)$ Σ_i, k 개의 가우시안 웨이트 π_i 초기화

③ E-step (Expectation): 현재까지 계산된 (μ_i, Σ_i)를 가지는 가우시안 $\mathcal{N}_i$를 기반으로 모든 데이터를 순회하면서 각 데이터가 어느 가우시안에 속하는지 결정. 이를 각 데이터의 responsibility, $\gamma_k^n(x)$ 라고 한다. 즉 γ_k^n 는 n번째 데이터가 k번째 클러스터 가우시안에 대한 responsibility이다.

$$\gamma_k^n(x) = \frac{\pi_k \mathcal{N}(x_n|\mu_k, \Sigma_k)}{\sum_i^K \pi_i \mathcal{N}(x_n|\mu_i, \Sigma_i)} \tag{1.24}$$

N개의 모든 데이터와 k개의 클러스터에 대한 responsibility, $\gamma_k^n(x)$는 $N \times K$ 행렬이 된다. 즉 각각의 데이터는 k 개의 responsibility 값이 있는 것이다. 예를 들면 $k = 3$개의 클러스터가 있다면 각각의 클러스터를 대표하는 3개의 가우시안이 있을 것이다. 이때 i번째 데이터가 첫번째 가우시안에 속하는 확률은 0.1, 두번째 가우시안에 속하는 확률은 0.3, 세번째 가우시안에 속하는 확률은 0.6이라 한다면 i번째 데이터의 responsibility는 다음과 같다.

$$r^i = [0.1\ 0.3\ 0.6]$$

이때 각 데이터당 각 클러스터에 대한 모든 responsibility의 합은 1이다. 여기서는

$$r^i = r_1^i + r_2^i + r_3^i = 0.1 + 0.3 + 0.6 = 1$$

④ M-step (Maximization): Expectation으로 클러스터링 된 데이터를 기반으로 혼합모델 가능도를 구하고 이를 최대화하는 μ_i, Σ_i, π_i를 구한다. 데이터의 개수를 N 이라고 하고, 모든 데이터를 순회하면서 $\gamma_k^n(x)$ responsibility 합을 구한 것을 $N_k = \sum_{i=1}^{N} \gamma_k^i$ 이라고 하면 새롭게 정의된 가우시안 웨이트, π_k는 다음과 같이 구할 수 있다 (그림 1.18).

$$\pi_k = \frac{N_k}{N} \qquad (1.25)$$

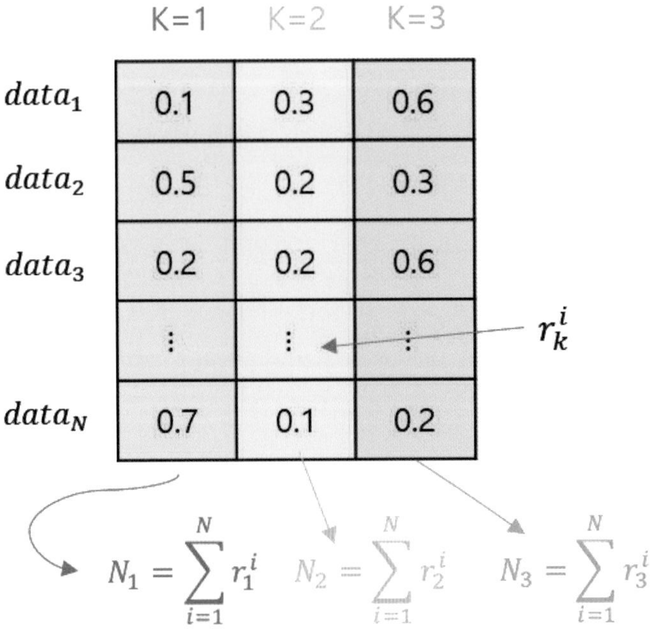

그림 1.18 가우시안 웨이트, π_k 계산

그리고 로그-가능도 _{log-likelihood} 를 최적화하는 μ_i, Σ_i 를 구한다 (여기서 가능도에 로그를 취하는 이유는 단순한 수학적인 편의성과 안정성 때문이다)

$$\ln \mathcal{P}(X|\pi,\mu,\Sigma) = \sum_{n=1}^{N} \ln \sum_{k=1}^{K} \pi_k \mathcal{N}(x^n|\mu_k,\Sigma_k) \qquad (1.26)$$

$$\frac{\partial \ln \mathcal{P}(X|\pi,\mu,\Sigma)}{\partial \mu_k} = 0 \;\rightarrow\; \mu_k = \frac{1}{N_k}\sum_{i=1}^{N}\gamma_k^i x^i \qquad (1.27)$$

$$\frac{\partial \ln \mathcal{P}(X|\pi,\mu,\Sigma)}{\partial \Sigma_k} = 0 \;\rightarrow\; \Sigma_k = \frac{1}{N_k}\sum_{i=1}^{N}\gamma_k^i\big(x^i-\mu_k\big)\big(x^i-\mu_k\big)^T \qquad (1.28)$$

⑤ 혼합모델의 가능도가 수렴할 때까지 ③ ~ ④를 반복

1.4.2 비지도학습: 차원축소 (Dimensionality Reduction)

다양한 특성공학 _{feature engineering} 기법을 이용하여 추출한 데이터 특성셋을 가지고 어떤 분석을 할 때 여전히 특성의 차원이 클 때가 있다. 특성의 차원이 크면 데이터 분석과정을 직관적으로 가능하기도 어려울뿐더러 컴퓨팅 자원도 많이 소요된다. 예를 들면 10차원 공간에 있는 데이터 분포를 표현하는 것은 불가능 하다. 또한 10차원 데이터셋 보다 3차원 데이터셋을 계산하는 것이 훨씬 메모리 사용이나 계산시간 관점에서 유리할 것이다. 차원축소를 하는 중요한 이유 중에 하나가 n차원으로 추출한 특성값 중에서 몇몇 요소들은 데이터의 본질을 설명하는데 큰 영향을 미치지 않을 수도 있다. 따라서 데이터의 본질을 판별하는데 영향을 주지 않는 특성이 섞여 있으면 데이터 분석 결과의 정확도를 낮추는 결과를 가져오기도 한다. 차원축소는 이러한 문제를 해결하기 위한 방법이다.

PCA (Principal Component Analysis)

PCA는 d개의 특성을 가지는 데이터가 N개 있으면 d차원의 공간에 N개의 데이터를 분포시킬 수 있다. 이렇게 분포된 데이터의 모양을 공분산 행렬^{covariance matrix}, $\sum$ 로 알 수 있는데 그림 1.19와 같이 데이터 분포와 공분산 행렬의 관계를 볼 수 있다.

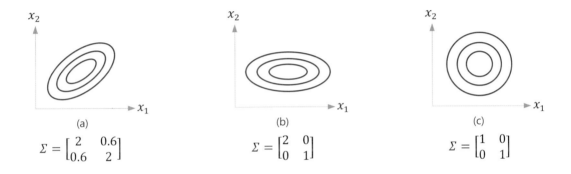

그림 1.19 공분산 행렬과 데이터 분포와의 관계

그림 1.19 (a)와 같이 비대각^{off-diagonal} 원소에 0이 아닌 숫자가 있을 때 데이터의 분포는 기울어진 모습을 볼 수 있고 (b)처럼 비대각 요소는 없지만 대각요소에 서로 다른 크기의 숫자가 있을 때는 수의 크기만큼 팽창된 모습으로 분포된 모양을 볼 수 있다. 만약 공분산 행렬이 (c)와 대각요소가 모두 같다면 데이터의 분포가 원형을 이룬다.

공분산 행렬은 다음과 같이 구한다. 여기서 x_n와 μ는 d개의 특성을 가지고 있으므로 d차원 벡터다. 여기서 μ는 식 (1.30)과 같이 N개의 데이터에 대한 각 특성의 평균값을 의미한다.

$$\Sigma = \begin{bmatrix} \sigma_{11} & \cdots & \sigma_{1d} \\ \vdots & \sigma_{ij} & \vdots \\ \sigma_{d1} & \cdots & \sigma_{dd} \end{bmatrix} \tag{1.29}$$

$$\mu = \frac{1}{N} \sum_{n=1}^{N} x_n \tag{1.30}$$

$$\Sigma = \frac{1}{N} \sum_{n=1}^{N} (x_n - \mu)^T (x_n - \mu) \qquad (1.31)$$

이렇게 정의된 공분산 행렬의 고유벡터 $^{eigen\ vector}$를 구한 후 차원축소 하고자 하는 차원 수만큼 가장 큰 고웃값$^{eigen\ value}$부터 차례로 고유벡터를 선정하고 선정된 고유벡터 기반의 공간에 원래 데이터를 투사^{projection}하면 PCA가 완성된다. 여기서 고유벡터 및 고웃값을 계산하는 방법은 다음과 같다.

$$\Sigma v = \lambda v \qquad (1.32)$$

여기서 v는 고유벡터이고 λ는 고웃값이다. 이때 고웃값은 다음과 같이 구한다.

$$\det(\Sigma - \lambda I) \qquad (1.33)$$

여기서 I는 d차원의 단위행렬이다.

그림 1.20은 $x1$, $x2$로 구성된 원래의 2차원 특성공간에서 (파란색) 고유벡터 $v1$, $v2$로 이루어지는 공간상 $v1$에 투사하여 1차원으로 차원축소하는 (노란색) 과정을 보여준다.

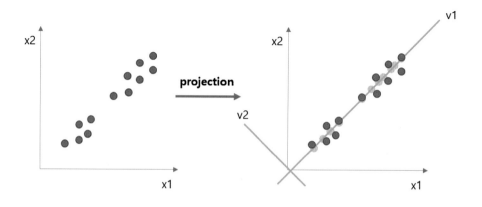

그림 1.20 2차원 (특성이 두개일 때)에서 1차원으로 차원축소된 예

고유벡터끼리는 서로 직교하기 ^{orthogonal} 때문에 고유벡터 공간인 직교좌표계로 투사되면 종속적인 부분이 제거되고 독립적인 요소로 표현할 수 있다. 데이터를 구성하는 모든 성분을 직교좌표계에 (즉 고유벡터로 만들어진 좌표계) 표시한다는 것은 각 성분끼리 영향을 주지 않는 독립적인 성분으로 분석한다는 의미이므로 이를 주성분 분석 ^{principal component analysis}이라고 한다. 여기에 고유벡터 공간에서 주성분 분석을 하되 가장 큰 고윳값부터 축소하고자 하는 차원까지의 고유벡터만을 고려하게 되면 차원축소가 되는 것이다.

참고로 $d \times d$ 크기의 공분산 행렬에 d개의 고윳값이 존재하지 않을 수도 있다. 즉 고윳값 중에서 중복되는 것이 존재할 수 있기 때문이다. 이경우에는 d보다 작은 개수의 고유벡터로 직교좌표계를 만든 후 주성분 분석을 수행한다. 만약 $d \times d$ 차원의 공분산 행렬에서 k개의 서로 다른 고윳값이 존재한다면 (이때 $d > k$) k를 공분산 행렬 $\sum$ 의 랭크 rank 라고 하며 이 랭크값이 실질적인 차원^{dimension} 이 된다.

t-SNE (t-distributed Stochastic Neighbor Embedding)

t-SNE는 최근에 제안된 차원축소 알고리즘으로 차원축소와 함께 군집^{clustering} 기능까지 제공되어 많이 활용되고 있다. https://projector.tensorflow.org/에 차원축소를 하고자 하는 데이터를 업로드하고 나서 t-SNE를 실행시키면 최적화되는 반복계산과정에서 차원축소 과정을 관찰할 수 있다. t-SNE의 기본적인 개념은 고차원의 원래 특성분포와 차원축소된 저차원의 공간에서의 특성분포를 가능하면 유사하게 한다는 것이다.

두개의 확률분포 유사성을 판별할 때 쿨백-라이블러 발산 ^{KLD: Kullback–Leibler Divergence}이라는 공식을 사용한다. KLD는 머신러닝의 목적함수를 정의할 때 많이 사용되는 개념이니 꼭 기억해 둘 필요가 있다.

즉, 두개의 확률분포 $p(x)$, $q(x)$가 있을 때 KLD는 다음과 같이 정의한다.

$$KLD(p(x)||q(x)) = \int p(x)log\frac{p(x)}{q(x)}dx \tag{1.34}$$

KLD 값은 항상 $KLD \geq 0$을 만족하는 실수인데 0에 가까울수록 확률분포 $p(x)$와 $q(x)$가 유사하다고 말할 수 있다.

그림 1.21은 KLD값에 따라 두개의 확률분포 유사성을 보여주는데 KLD가 커질수록 두 확률분포의 유사성이 낮아지는 것을 알 수 있다.

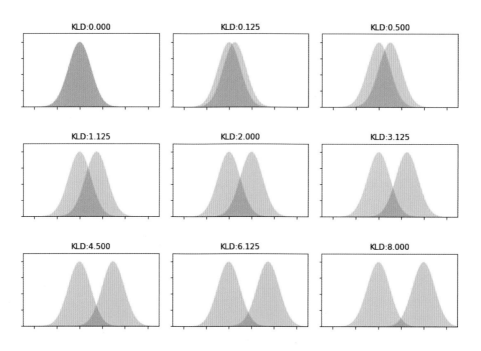

그림 1.21 두개의 확률분포 유사성과 KLD 값의 관계

다시 차원축소 문제로 돌아와서 t-SNE 개념을 설명해 보기로 하자. KLD 공식을 적용하기 위해서는 두개의 확률분포가 필요한데 t-SNE에서는 두개의 확률분포를 다음과 같이 정의한다.

$$p_{j|i} = \frac{e^{-\frac{|x_i-x_j|^2}{2\sigma_i^2}}}{\sum_{k=1}^{N} e^{-\frac{|x_i-x_k|^2}{2\sigma_i^2}}}, \qquad q_{j|i} = \frac{e^{|y_i-y_j|^2}}{\sum_{k=1}^{N} e^{|y_i-y_k|^2}} \tag{1.35}$$

여기서 $p_{j|i}$ 는 차원축소를 하기 전 고차원의 데이터 확률분포이고, $q_{j|i}$ 는 저차원으로 차원축소된 확률분포이다. 여기서 x_i 는 i 번째 데이터의 특성값을 의미하고 y_i 는 같은 i 번째 데이터의 차원축소된 특성값을 의미한다. 즉 x_i 가 차원이 축소되면 y_i 로 맵핑된다. σ_i 는 perplexity 계수로 분포의 밀도가 조밀하면 작은 수로 결정하는 일종의 하이퍼파라메터 hyperparameter 다. $|x_i - x_j|$ 는 고차원 유클리드 공간 Euclidean space 에서 x_i 와 x_j 간 유클리드 거리이며 마찬가지로 $|y_i - y_j|$ 는 저차원 유클리드 공간에서 y_i 와 y_j 간 유클리드 거리이다.

따라서 $p_{j|i}$ 는 i 번째 데이터를 기준으로 j 번째 데이터에 대한 조건부 확률인데 x_i 와 x_j 의 거리를 모든 데이터의 거리의 합으로 정규화 normalization 함으로써 확률의 의미를 갖는다. 마찬가지로 $q_{j|i}$ 도 차원축소된 y_i 와 y_j 간 거리를 다른 모든 데이터의 거리의 합으로 정규화하여 확률분포를 만든다. 우리는 고차원 공간에서의 데이터 분포와 차원축소를 통해 축소된 저차원 공간에서의 데이터 분포가 가능하면 유사해지기를 원한다. 그렇게 된다면 특성의 성질이 사라지지 않고 차원이 축소된다고 믿기 때문이다. 따라서 차원축소 전 데이터 분포와 차원축소 후 데이터의 분포를 유사하게 하기 위해 KLD 공식에 두개의 확률 분포 $p_{j|i}$, $q_{j|i}$ 를 대입한 후 KLD 값을 최소화하면 된다. 이것이 t-SNE의 목적함수가 된다. 여기서는 데이터의 개수가 N개인 이산화된 discrete 문제이므로 다음과 같이 표현할 수 있다.

$$KLD(p||q) = \sum_{i=1}^{N} \sum_{j=1}^{N} p_{ij} log \frac{p_{ij}}{q_{ij}} \tag{1.36}$$

목적함수인 KLD를 최소화하는 y_i 를 구하면 차원축소가 완성된다.

SVD (Singular Value Decomposition)

SVD는 이미지 압축이나 추천 서비스 등에 많이 활용되고 있는 알고리즘이다. 만약 d개의 특성을 가지고 있는 N개의 데이터로 이루어진 데이터셋이 있다고 하면 데이터셋을 다음과 같이 행렬로 표현할 수 있다.

$$A_{N \times d} \tag{1.37}$$

이 행렬을 특이값^{singular value}을 기반으로 다음과 같이 분리하는 것을 SVD^{Singular Value Decomposition}이라고 한다.

$$A_{N \times d} = U_{N \times N} \, \Sigma_{N \times d} \, V_{d \times d}^{T} \tag{1.38}$$

여기서 $U_{N \times N}$는 왼쪽 특이벡터 ^{left singular vectors}, $\Sigma_{N \times d}$는 대각 특이행렬 ^{singular matrix}, $V_{d \times d}^{T}$는 오른쪽 특이벡터 ^{right singular vectors}라고 한다. 행렬 형태의 $U_{N \times N}$와 $V_{d \times d}^{T}$를 특이벡터라고 하는 이유는 $U_{N \times N}$의 열 ^{columns}들 그리고 $V_{d \times d}^{T}$의 행 ^{rows} 들이 각각 특이벡터이기 때문이다. 특이벡터를 구하는 방법은 다음과 같다.

$$AA^{T}u = \lambda u \tag{1.39}$$

$$A^{T}Av = \lambda v \tag{1.40}$$

AA^{T}의 고유벡터를 $U_{N \times N}$ 열 ^{column}에 저장하고, $A^{T}A$의 고유벡터를 $V_{d \times d}$의 열 ^{column}에 저장하면 된다 (여기서 특이벡터와 고유벡터가 잠시 혼용되고 있는데 특이값 ^{singular value}과 고윳값 ^{eigen value}의 차이는 제곱과 제곱근 관계이기 때문에 큰 의미적 차이는 없다). $U_{N \times N}$와 $V_{d \times d}$는 각각 직교 ^{orthogonal}하는 성질을 가진다.

$$U_{N \times N} U_{N \times N}^{T} = I_{N \times N} \tag{1.41}$$

$$V_{d \times d} V_{d \times d}^T = I_{d \times d} \tag{1.42}$$

$\Sigma_{N \times d}$를 구하는 방법은 $A^T A$ 또는 AA^T에서 구한 고윳값에 제곱근을 적용한 것이다. 즉

$$AA^T = (U\Sigma V^T)(U\Sigma V^T)^T = U\Sigma V^T V\Sigma^T U^T = U\Sigma^2 U^T \tag{1.43}$$

이므로 Σ^2는 고윳값이 된다. 따라서 Σ는 다음과 같이 표현할 수 있다.

$$\Sigma = \begin{bmatrix} \sqrt{\lambda_1} & 0 \\ 0 & \sqrt{\lambda_2} \\ 0 & 0 \end{bmatrix} \tag{1.44}$$

특이값 또는 고윳값의 개수는 Rank(AA^T) 또는 Rank($A^T A$)에 결정되며 0으로 되는 고윳값 또는 특이값은 널 스페이스^{null space} 라고 한다. 특이행렬을 구성할 때 특이값의 순서는 내림차순으로 큰 숫자부터 위치시킨다. 숫자 크기의 순서는 특성에 영향을 미치는 순서와 같다. 즉 특이값이 크다는 애기는 표현에 크게 반영된다는 뜻이다.

위와 같이 우리는 데이터 행렬 A를 특이값을 기반으로 분해하였는데 이것이 차원축소에 활용되는 방법은 매우 간단하다. 특이값의 크기순으로 데이터 특성에 반영되기 때문에 차원을 축소하고자 할 때는 특이행렬^{singular matrix}에서 축소하고자 하는 차원의 수만큼을 남겨놓고 나머지 특이값을 제거하면 된다. 물론 이때 제거되는 대상은 크기가 작은 특이값부터 선정을 한다.

다음 그림 1.24에서는 이 과정을 조금 더 직관적으로 설명하고 있다. 즉 그림 1.24에서 설명하고 있는 것처럼 먼저 Rank (A)를 고려한 SVD를 수행하고 나서, t만큼 차원축소된 행렬 U*를 계산하면 SVD 과정이 완료된다. 최종적으로 행렬 U*에서 각 행^{row}은 t만큼 차원이 축소된 데이터의 특성이 된다.

● 전체 특이값 분해 (Full SVD)

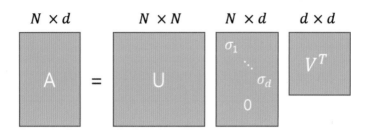

그림 1.22 전체 특이값 분해

● r=Rank (A)를 고려한 SVD

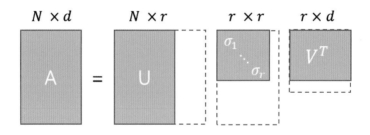

그림 1.23 행렬 A 랭크를 고려한 SVD

● t만큼 차원축소 U*. 이때 A′는 축소된 특성으로 재현한 reconstruct 결과물

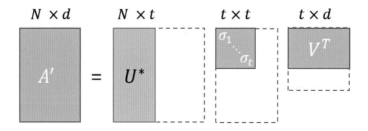

그림 1.24 크기 t 만큼 차원 축소된 SVD

1.4.3 비지도학습: 생성모델 (Generative Model)

레이블을 가지고 있는 데이터로 학습을 하는 지도학습을 판별모델discriminative model이라고 한다. 판별모델의 목표는 $p(c|x)$를 찾는 것이다. 여기서 $p(\cdot)$는 확률을 의미하고 x는 학습데이터, c는 레이블을 의미한다. 즉 지도학습의 판별모델은 학습데이터 x에 대해 레이블 c를 판별하는 조건부확률을 구하는 모델이다. 이에 반해 생성모델은 레이블 c의 특성을 가지는 x를 생성하는 결합확률 $p(x, c)$를 찾는 것이다.

판별모델과 생성모델의 차이를 조금 더 쉽게 다음과 같이 접근해 보기로 하자.

판별모델 : 생성모델 = 객관식 : 주관식

판별모델은 마치 객관식 문제와 같다. 4지선다형 객관식 문제는 주어진 지문에 해당하는 답을 4개의 항목 중 가장 적당한 하나를 선택하는 것처럼 판별모델에서도 주어진 데이터를 분석하여 데이터의 특성을 가장 잘 표현하는 클래스 후보자 중에서 하나를 선택한다. 생성모델은 주관식과 같은데 주어진 질문에 대해 정답이라고 하는 내용을 서술하는 것처럼 생성모델은 주어진 데이터를 기반으로 이를 가장 잘 표현할 수 있는 결과물을 생성한다.

그림 1.25 판별모델과 생성모델

예를 들면 판별모델 방식으로 동물에 대해 배운 유치원생 아이에게 코끼리를 그려보라고 하면 그릴 수가 없고 여러가지 사진을 보여주고 코끼리를 고르라고 하면 코끼리 사진을 가리킬 수 있다. 반면에 생성모델 방식으로 동물에 대해 학습한 아이에게 코끼리를 그려보라고 하면 코끼리를 그려낸다. 하지만 생성모델 방식으로 학습한 모델은 분류와 같은 판별을 할 수는 없다. 즉 생성모델로 학습한 아이에게 여러가지 사진 중 코끼리를 찾아보라고 하면 찾을 수가 없다. 이는 모델들이 어떤 특정한 과업을 수행할 수 있도록 학습되었기 때문이다.

노이즈^{noise}나 힌트^{hint}라고 설명하는 초기 잠재변수^{latent}를 기반으로 현실적인^{realistic} 이미지와 같은 결과물을 표현해 내는 생성모델은 마치 컴퓨터가 창작을 하기 시작한 것과 같은 의미가 있다. 최근 인공지능 분야에서 생성모델에 대한 연구가 급격히 늘어나고 있는 추세이고 많은 창의적인 방법들이 시도되고 있다. 인공신경망 기술을 기반으로 발표된 생성모델 중 GAN^{Generative} $^{Adversarial\ Network}$과 VAE$^{Variational\ AutoEncoder}$ 모델은 다음 **'9장 감성을 지닌 컴퓨터: 생성모델'**에서 조금 더 심층적으로 다루고자 한다.

1.5 강화학습 Reinforcement Learning

인공지능 바둑 프로그램인 알파고^{AlphaGo}가 바둑을 학습했던 방식은 머신러닝의 학습 모델 중 하나인 강화학습이다. 머신러닝의 분류 기준으로 볼 때 강화학습은 경우에 따라 지도학습 중 하나로 분류되기도 하고, 또는 독립적으로 세번째 머신러닝 모델로 분류되기도 한다.

강화학습을 지도학습으로 분류하는 이유는 에이전트가 취한 행동에 따라 환경은 각각 다른 상태를 보여주는데 이때 사람이 개입하여 각 상태에 대한 보상과 벌칙을 정의하기 때문이다. 강화학습 에이전트는 각 상태에 따라 설정된 보상함수를 기준으로 학습을 한다. 결국 컴퓨터 에이전트의 학습 목표는 사람이 정의한 임무 또는 과업을 성공적으로 수행하는 것이기 때문에 에이전트의 행동에 대한 보상 및 벌칙은 당연히 사람의 관점에서 행동결과의 성공여부에 따라 결정된다. 에이전트의 보상값과 벌칙이 사람이 지도하듯이 결정되기 때문에 지도학습으로 분류되는 이유다.

그러나 강화학습은 앞서 설명한 전형적인 지도학습처럼 사전에 사람이 정의한 레이블과 데이터

간의 상관관계를 찾기 위해 학습하지 않는다. 데이터를 기반으로 학습하는 지도학습과 비지도학습과는 달리 강화학습은 에이전트가 스스로 취한 행동에 대한 보상 또는 벌칙을 환경으로부터 피드백 받는 '시행착오'를 통해 학습하는 독특한 학습방식 때문에 세번째 머신러닝 분야로 분류하는 것이 일반적이다. 물론 강화학습은 앞서 설명한 바와 같이 사람이 정의한 보상함수를 기준으로 학습하기 때문에 사람으로부터 '지도를 받는다'는 의미는 여전히 가지고 있다.

강화학습을 발전시킨 학문분야는 여러가지가 있는데, 그 중에서 특히 행동 심리학^{behavioral psychology}과 제어 이론^{control theory}이 가장 큰 영향을 주었다. 행동심리학에서 말하는 '시행착오'라는 사람과 동물이 학습하는 원리를 머신러닝에 적용한 경우다. 에이전트는 모든 행동에 대한 보상과 벌칙을 기억해서 최선의 결정을 내리도록 학습한다.

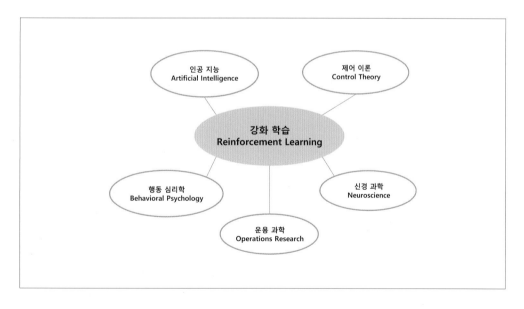

그림 1.26 강화학습과 관련된 학문분야

강화학습에 중요한 영향을 준 또 하나의 연구 분야는 최적 제어^{optimal control}다. 최적 제어는 1950년대 말에 등장한 이론으로 동적 시스템^{dynamic system}의 효율성을 최적화하는 조작장치 설계를 위해 시작됐다. 동적시스템 최적화 문제는 시간의 흐름에 따라 각 과정별 최적의 의사결정을 하는 것인데 미국의 수학자인 리처드 벨만 Richard Bellman 은 이산적인 시간 문제에 대해 마코프 디시즌 프로세스 MDP: Markov Decision Process 모델을 도입해 이 문제를 해결했다. 강화학습은 이처럼 사건이 전개되면서 환경으로부터 받는 피드백을 통해 학습하기 때문에 순차적 사건 sequential event 에 대한 최적의 의사결정이 필요한 경우에 주로 사용된다.

최근 인공신경망 기술과 강화학습 모델을 결합하는 연구가 매우 활발하다. 즉 강화학습 에이전트를 딥러닝 모델로 구현한 것인데 이것을 심층강화학습 DRL: Deep Reinforcement Learning 이라고 한다. 혹자는 심층강화학습을 진정한 인공지능 모델이라고 말하기도 한다. 그 이유는 사람의 신경망인 시냅스 synapse 구조를 모방한 딥러닝 모델 기반으로 사람의 행동심리학 관점의 학습 방식인 강화학습으로 학습하기 때문이다. 강화학습은 인공지능 분야에서 매우 중요한 분야이므로 '8장 신경망 기반 강화학습'에서 좀더 자세히 다룰 예정이다.

02

인공지능의 중심 딥러닝

2.1 딥러닝 개요

2.1.1 인공신경망 (Artificial Neural Network)

약 1.5킬로그램의 무게와 1.3리터의 부피에 달하는 사람의 뇌는 크게 뇌간, 소뇌, 대뇌로 구분된다. 뇌간은 척추가 끝나는 부분에 위치하면서 사람의 생명유지에 관련된 자율신경계통을 관장한다. 소뇌는 뇌간의 뒤쪽에 좌우 한 쌍으로 돼 있는데 평형 감각과 운동을 담당한다. 또한 소뇌는 조건 반사나 간단한 학습 및 기억 기능도 가지고 있다.

진화발생생물학적^{Evolutionary Developmental Biology}으로 보면 가장 늦게 발달한 대뇌는 포유류에 특히 발달돼 있고 다른 동물에서는 그 기능이 매우 미미하다. 사람의 대뇌는 뇌 전체의 80%를 차지하는데, 이 비율은 영장류를 포함한 다른 포유류에 비해서도 월등히 높다.

회백색을 띠고 있는 대뇌의 표면을 대뇌피질^{cerebral cortex}이라 한다. 대뇌피질에는 신경세포들이 집중적으로 분포돼 있는데, 사람의 경우 약 1,000억 개의 신경세포를 가지고 있다. 이 신경세포를 뉴런^{neuron}이라고 한다.

뉴런은 세포핵을 포함한 신경세포체^{soma}, 수상돌기^{dendrite}, 축색돌기^{axon}, 축색종말^{axon terminal}로 구성돼 있으며, 전기적인 또는 화학적인 신호를 처리하고 전달하는 기능을 한다. 수상돌기는 마치 나뭇가지 모양을 하고 있는데, 나뭇가지처럼 돌출된 부분에서 화학적인 신호를 받는다. 여러 줄기의 수상돌기에서 받은 신호를 신경세포체는 모두 합친 후 일정 크기 이상의 강도, 즉 임계치^{threshold}가 되면 이것을 전기 신호로 발사^{fire}한다. 발사된 전기신호는 축색돌기를 통해 전달되며 축색종말에서 다음 뉴런의 수상돌기로 화학물질로 전달한다. A뉴런의 축색종말과 B뉴런의 수상돌기가 연결되는 것을 시냅스^{synapse}라고 한다. 사람의 대뇌에 있는 뉴런은 한 개당 약 7,000개 정도의 시냅스를 가지고 있다.

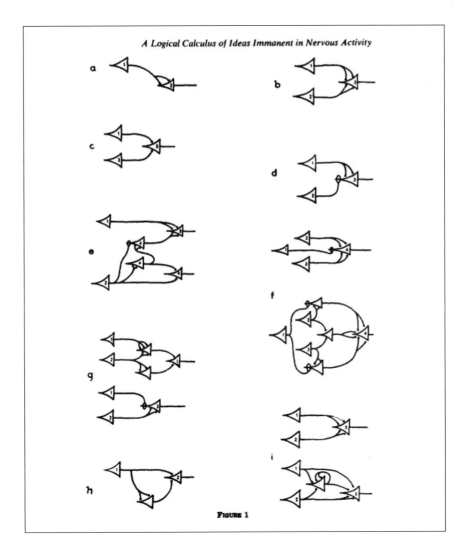

그림 2.1 매컬록과 피츠의 논문에서 표현한 임계값 논리연산자 (TLU)

뉴런의 개수는 태어나기 전에 이미 완성되지만 뉴런을 연결하는 시냅스 기능은 전무하다. 시냅스의 개수는 출생 후 본격적으로 증가한다. 평균적으로 생후 3년째가 되면 가장 많은 1,000조 개의 연결을 유지하다가 이후 필요 없는 시냅스를 제거하는 프루닝pruning 과정을 거치면서 성인이 되면 약 100조에서 500조 개로 줄어든다. 이후 시냅스의 개수는 지속적으로 서서히 감소하는 경향을 보인다.

1943년 워렌 맥컬럭 Warren McCulloch과 월터 피츠 Walter Pitts는 논문[1]을 통해 생물학적인 신경망 이론을 단순화해서 논리, 산술, 기호 연산 기능을 구현할 수 있는 인공신경망 Artificial Neural Network 모델을 제시했다. 그들이 이 논문을 통해 보이려고 했던 인공신경망 모델은 오늘날 우리가 사용하고 있는 디지털 회로의 논리 게이트 logic gate와 유사하다. 그들은 이것을 임계값 논리연산자 TLU: Threshold Logic Unit라고 정의했다 (그림 2.1).

맥컬럭과 피츠는 이 논문에서 사람의 신경세포인 뉴런이 어떻게 작동하는지를 이해하고 이를 인공적으로 구현하는 데 초점을 맞췄기 때문에 그들의 TLU는 생물학적 뉴런의 동작 메커니즘과 많이 닮아 있다. 매컬럭과 피츠는 그림 2.1에서와 같이 여러 가지 모양의 TLU를 통해 사람의 뉴런을 표현하고자 했다.

TLU의 신호는 0 또는 1을 가지며, 두 가지 형태의 신호줄기 edge가 있다. 신호줄기는 신호가 전달되는 통로다. 첫 번째 형태는 흥분줄기 excitatory edge인데, 그림 2.1에서처럼 줄기말단이 ●로 표현된 것이 흥분줄기다. 두 번째는 억제줄기 inhibitory edge인데 말단 부분이 ○로 표현돼 있다. 억제줄기 중 하나라도 1이라는 신호를 가지면 그 TLU는 0이 된다. 만약 억제줄기가 없거나 1을 가지지 않을 때는 TLU 값은 흥분줄기의 값을 모두 더해 임계치, θ를 넘으면 1이라는 값을 갖는다. TLU의 동작 개념을 AND와 OR라는 논리 연산에 적용하면 그림 2.2와 같다.

그림 2.2 예제에서는 만약 억제줄기가 있을 경우 무의미한 문제가 되기 때문에 흥분줄기만을 고려했다. AND 논리 연산인 경우에는 흥분줄기의 값의 합이 임계치인 2보다 크거나 같으면 1이고 그렇지 않으면 0이 된다. OR 논리 연산인 경우에는 마찬가지로 흥분줄기의 합이 임계치 1보다 작으면 0이고 크거나 같으면 1이 된다.

맥컬럭과 피츠의 TLU에는 아직까지 신호줄기 edge에 가중치의 개념이 적용되지 않았다. 만약 TLU에서 가중치의 입력이 필요하면 그림 2.1의 (a)나 (b)와 같이 흥분줄기 말단에 여러 가닥의 입력단자를 표현해 가중치의 역할을 대신했다. TLU에서 또 한가지 흥미로운 것은 그림 2.1의 (i)

---

[1] A Logical Calculus of Ideas Immanent in Nervous Activity, Bulletin of Mathematical Biophysics, 1943

와 같이 뉴런 자신에게 신호를 보내는 순환신경망^{RNN}의 개념도 보여준다는 것이다. 나중에 설명할 RNN 모델 중에 하나인 LSTM^{Long Short Term Memory} 모델을 보면 TLU의 구조가 있음을 알 수 있다.

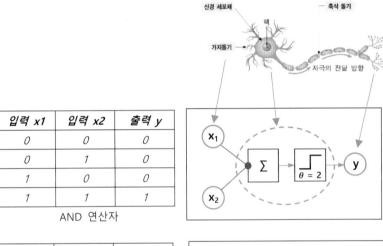

AND 연산자

입력 x1	입력 x2	출력 y
0	0	0
0	1	0
1	0	0
1	1	1

OR 연산자

입력 x1	입력 x2	출력 y
0	0	0
0	1	1
1	0	1
1	1	1

그림 2.2 AND와 OR 논리 연산에 적용한 TLU 예

2.1.2 헵스 법칙: 신경망의 학습

1949년 캐나다의 신경생리학자인 도널드 올딩 헵^{Donald Olding Hebb}은 자신의 책 『The Organization of Behavior』에서 학습 또는 경험이 우리의 신경망 안에서 구체적으로 어떻게 이루어지는지를 보였다. 헵은 생물학적 신경망에서 뉴런 A에서 엑손^{axon}을 따라 뉴런 B로 신호가 전달될 때 신호전달의 효율성 또는 다른 어떤 목적을 위해 반복적으로 또는 지속적으로 신호가 자극됨

을 주시했다. 이 결과로 그는 뉴런 A에서 뉴런 B로 가는 경로, 즉 시냅스 ^{synapse} 연결이 강화된다는 사실을 발견했다. 그는 이를 신경 레벨에서 발생하는 일종의 학습 또는 기억의 과정이라고 설명하고 있는데 인공신경망에서는 가중치라는 개념으로 사용한다. 그는 이러한 현상을 헵스 규칙 $^{Hebb's\ Rule}$ 또는 헵스 학습 $^{Hebb's\ learning}$ 이라고 불렀다.

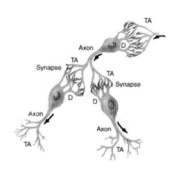

그림 2.3 도널드 올딩 헵과 헵스 이론

헵스 규칙은 사람이 학습을 하고 나면 그 경험이 뉴런과 뉴런을 연결하는 시냅스에 가중치로 저장이 되는 것을 말한다. 헵스 규칙을 기반으로 시냅스에 해당하는 가중치 ^{학습변수} 와 뉴런에 해당하는 신호 취합 및 활성화 기능을 구현한 것이 인공신경망 모델이 된다.

2.1.3 최초의 딥러닝 모델: 퍼셉트론 (Perceptron)

미국의 심리학자인 프랭크 로센블래트 $^{Frank\ Rosenblatt}$ 는 1958년 맥컬럭과 피츠의 TLU 이론과 헵의 행동학적 신경 모델 연구를 바탕으로 퍼셉트론 이론을 발표한다[2]. 퍼셉트론은 인공신경망 이론을 설명한 최초의 알고리즘이다. 그의 연구 결과는 당시 뉴욕타임즈에 "전자 '두뇌'가 스스로 배운다(Electronic 'Brain' Teaches Itself)"라는 헤드라인으로 소개되기도 했다.

---

[2] Frank Rosenblatt, The Perceptron: A Probabilistic Model for Information Storage and Organization in the Brain, Cornell Aeronautical Laboratory, Psychological Review, 1958

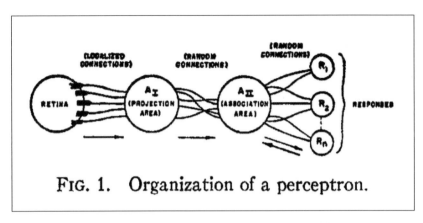

그림 2.4 로센블래트가 논문에서 설명한 퍼셉트론 개념

로센블래트는 사람의 시각 인지 과정에 영감을 얻어 이것을 인공적으로 구현하는 데 퍼셉트론 이론을 적용했다. 그의 목표는 사람의 시각 인지 과정과 같이 실제로 어떤 물체를 시각적으로 인지하는 물리적인 장치를 만드는 것이었다. 예를 들면, 여러 가지 단순한 이미지를 시각적으로 감지하고 그것들을 삼각형 ▲, 사각형 ■, 동그라미 ● 등과 같은 몇 개의 카테고리로 구분하는 장치 같은 것이다. 사람의 홍채 역할을 하는 $20 \times 20 = 400$ 여 개의 빛을 감지하는 장치와 이것들을 증폭시키는 512개의 방아쇠trigger 기능을 하는 부품, 그리고 이를 제어하기 위한 40개의 모터와 다이얼 스위치를 사용했다. 이렇게 복잡한 장치는 고작 8개의 뉴런을 시뮬레이션simulation 하기 위해 사용되었다.

1950년대 당시의 컴퓨터 과학 기술 수준으로 매우 원시적인 인공 시각 장치를 만드는 데 그쳤지만 로센블래트는 향후 충분한 하드웨어 성능과 기능만 갖춰진다면 자신의 퍼셉트론 이론은 어떠한 물체도 인지할 수 있는 시스템으로 발전할 것이라고 확신했다.

2.2 단층 퍼셉트론 Single Layer Perceptron (SLP)

로센블래트가 제안한 퍼셉트론 모델 가운데 가장 간단한 것이 입력층과 출력층으로만 구성돼 있는 단층 퍼셉트론^{SLP: Single Layer Perceptron}이다. 그림 2.5와 같이 SLP는 맥컬럭과 피츠의 TLU 개념에 헵의 가중치 이론이 더해진 것이다. 여기서 x_1, x_2는 입력값이고 ω_1, ω_2는 각 입력값에 대한 가중치다. 출력층은 가중치를 갖는 입력값을 선형적으로 합하는 함수와 임계치 θ를 가지는 활성화 함수^{activation function}로 돼 있다.

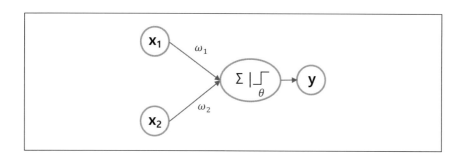

그림 2.5 단층 퍼셉트론의 예

여기서는 활성화 함수를 계단함수^{Heaviside function, step function}를 사용했는데, 최근 사용되고 있는 활성화 함수는 시그모이드^{sigmoid} 함수나 tanh 함수 또는 ReLU 함수 등이 있다. ReLU는 Rectified Linear Unit의 약자로 교정된 직선식이라는 의미다. 즉 입력값, x가 0보다 크면 직선식 $y = x$가 되고, x가 0보다 작으면 $y = 0$이 되는 활성화함수다.

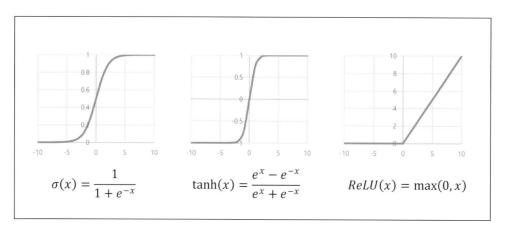

그림 2.6 (1) sigmoid 함수 (2) tanh 함수 (3) ReLU 함수

활성화 함수의 역할은 생물학적 뉴런이 일정한 크기 이상의 신호만을 발사하는 것과 유사한데 유의미한 정보는 증폭하여 전달하고 의미가 없는 정보는 약화시켜 전달한다. 이를 머신러닝에서는 희소성^{sparsity}을 증가시킨다고 하는데 여기서 희소성이란 '0'과 '1' 두 값으로 양극화하는 것을 의미한다. 데이터가 양극화되면 분석 알고리즘이 더욱 효과적인 계산이 가능하다.

다시 AND나 OR 문제에 대해 맥컬럭과 피츠의 TLU를 SLP로 설명해 보기로 하자. AND 연산용 SLP는 x_1 엣지의 가중치인 ω_1을 1 그리고 x_2 엣지의 가중치인 ω_2를 1로 각각 고정하고 임계치 θ를 1.5로 하는 계단형 활성화 함수를 적용하면 다음과 같이 구할 수 있다.

$$\text{AND 연산 SLP, } y = \begin{cases} 1 & if\ 1.0x_1 + 1.0x_2 \geq \theta, \qquad \theta = 1.5 \\ 0 & if\ 1.0x_1 + 1.0x_2 < \theta, \qquad \theta = 1.5 \end{cases}$$

이렇게 하면 두 입력값이 모두 1일 때 그 합인 $\omega_1 x_1 + \omega_2 x_2$가 2가 되기 때문에 임계치인 1.5보다 커지게 되고, 두 입력값이 동시에 1이 아닐 때는 임계치인 1.5보다 작게 되어 그림 2.2에서와 같이 AND 논리연산의 결과를 얻을 수 있다.

같은 방법으로 OR 논리연산의 경우에도 x_1과 x_2 엣지의 가중치를 모두 1로 고정하고 임계치를 0.5로 하는 계단함수를 활성화 함수로 취하면 된다. 이를 수식으로 표현하면 다음과 같다.

$$\text{OR 연산 SLP, } y = \begin{cases} 1 & if\ 1.0x_1 + 1.0x_2 \geq 0.5 \\ 0 & if\ 1.0x_1 + 1.0x_2 < 0.5 \end{cases}$$

여기서 각 입력값에 대한 가중치를 모두 1로 했을 경우의 SLP는 TLU와 정확히 일치한다. 왜나하면 가중치가 1이라는 것은 가중치 관점에서 변수로서 역할이 없다는 의미이기 때문이다. 만약 AND 연산 SLP와 OR 연산 SLP 모두 임의의 임계치를 가지는 활성화 함수를 적용하면 각 문제에 따라 다른 가중치가 필요하다. 즉, SLP를 좀 더 일반화한 것으로 이때부터 가중치를 알아내는 학습이 필요하게 된다.

예를 들면, 활성화 함수 임계치를 모두 1로 했을 때 AND 연산 SLP인 경우에는 가중치가 0.6
정도가 되고, OR 연산 SLP인 경우에는 1.2 정도가 된다. 이를 수식으로 표현하면 다음과 같다.

$$\text{AND 연산 SLP, } y = \begin{cases} 1 & if\ 0.6x_1 + 0.6x_2 \geq 1.0 \\ 0 & if\ 0.6x_1 + 0.6x_2 < 1.0 \end{cases}$$

$$\text{OR 연산 SLP, } y = \begin{cases} 1 & if\ 1.2x_1 + 1.2x_2 \geq 1.0 \\ 0 & if\ 1.2x_1 + 1.2x_2 < 1.0 \end{cases}$$

여기서 가중치가 0.6 정도, 1.2 정도라고 한 이유는 활성화 함수가 임계치를 경계로 0과 1을 결
정하는 부등식이므로 이 부등식 영역 안에 있는 적당한 실수값은 모두 가중치가 될 수 있기 때
문이다. 여기서는 AND 연산 SLP와 OR 연산 SLP 모델을 만들기 위해 가중치를 간단한 추정을
통해 설정하였지만 임의의 퍼셉트론 모델에서는 수학적인 학습 모델을 통해 일반화하여야 한다.

앞에서 보여준 퍼셉트론 모델은 입력값이 2개이고 출력값이 하나인 가장 단순한 SLP다. SLP
를 일반화했을 때 학습모델은 다음과 같이 설명할 수 있다.

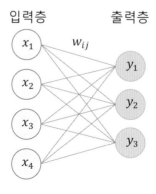

그림 2.7 단층 퍼셉트론

퍼셉트론의 입력층 노드 ^{node} 또는 뉴런 ^{neuron} 개수는 입력 데이터의 차원과 같아야 하며 출력층의 노드 개수는 분류모델일 경우 분류하고자 하는 클래스의 수와 같아야 한다. 그림 2.7과 같이 입력 데이터의 개수가 4개이고 분류하고자 하는 클래스의 개수가 3개이면 입력층의 노드 수는 4이고 출력층의 노드 수는 3이 되야 한다. SLP의 구조가 설정이 되면 학습목표인 목적함수를 정의해야 한다. 이 경우에는 클래스가 3개인 지도학습의 분류모델이므로 레이블을 y_i^* 라고 한다면 목적함수는 다음과 같다.

$$\mathcal{L}(w) = \sum_{n=1}^{N} \sum_{k=1}^{3} \mathcal{L}(y_k, y_k^*) \tag{2.1}$$

$$score_1 = w_{11}x_1 + w_{12}x_2 + w_{13}x_3 + w_{14}x_4 \tag{2.2a}$$

$$score_2 = w_{21}x_1 + w_{22}x_2 + w_{23}x_3 + w_{24}x_4 \tag{2.2b}$$

$$score_3 = w_{31}x_1 + w_{32}x_2 + w_{33}x_3 + w_{34}x_4 \tag{2.2c}$$

스코어를 이용하여 최종 출력값은 소프트맥스 ^{softmax} 함수를 사용하여 다음과 같이 표현된다. 분류모델에서 소프트맥스 함수를 분류기 ^{classifier} 라고 한다.

$$y_1 = \frac{e^{score_1}}{e^{score_1} + e^{score_2} + e^{score_3}} \tag{2.3a}$$

$$y_2 = \frac{e^{score_2}}{e^{score_1} + e^{score_2} + e^{score_3}} \tag{2.3b}$$

$$y_3 = \frac{e^{score_3}}{e^{score_1} + e^{score_2} + e^{score_3}} \tag{2.3c}$$

여기서 w_{ij}는 SLP 모델의 학습변수를 의미하며 w_{ij}에서 첨자 i는 데이터가 전달되는 타겟 ^{target}

노드 번호 (여기서는 출력층 노드)이고 j는 데이터를 전달하는 소스^{source} 노드 (여기서는 입력층 노드) 번호다. 그리고 y_k 는 출력층의 k 번째 노드에 저장된 예측값이다. 이것을 우리는 스코어^{score}라고 한다. 스코어는 실숫값이다. 그리고 N은 학습데이터 개수를 의미한다.

지도학습 분류문제에서 레이블은 벡터형태로 표현된다. 예를 들면 강아지, 고양이, 코끼리 이렇게 3개의 클래스를 분류하는 경우라면 강아지의 레이블은 $[1\ 0\ 0]^T$ 고양이의 레이블은 $[0\ 1\ 0]^T$ 그리고 코끼리의 레이블은 $[0\ 0\ 1]^T$ 으로 표현한다. 즉 컴퓨터는 '강아지'라는 것을 3개의 요소가 있는 벡터에서 첫번째 요소가 0이 아닌 숫자 또는 1을 갖게 되면 강아지로 인식한다. 이러한 표현 방식을 '원 핫 인코딩^{one hot encoding}' 벡터라고 한다. 여기서 y_i^* 는 원 핫 인코딩 벡터의 i 번째 요소다. 다음 세션에서 자세히 다루겠지만 소프트맥스 함수와 원 핫 인코딩으로 레이블된 지도학습 모델에서는 크로스 엔트로피라는 목적함수를 사용한다.

확보하고 있는 N개의 학습데이터를 이용하여 다음과 같이 경사하강법을 적용하면 SLP 모델의 파라메터^{학습변수} w_{ij} 를 구할 수 있다.

$$w_{ij} = w_{ij} - \alpha \frac{\partial \mathcal{L}(w)}{\partial w_{ij}} \tag{2.4}$$

경사하강법을 구현하는 방법은 나중에 설명할 **'3장 다양한 최적화 기법'** 세션에서 구체적으로 다루기로 하겠다.

프랭크 로센블래트가 제안한 퍼셉트론은 단층 퍼셉트론^{SLP} 수준까지라고 할 수 있다.

2.3 다층 퍼셉트론 Multi Layer Perceptron (MLP)

2.3.1 단층 퍼셉트론의 한계

1962년 로센블래트는 자신의 퍼셉트론 이론을 보완하고 정리해서 『신경 역학의 법칙

(Principles of Neurodynamics)』이라는 책을 출간한다. 여기서 그의 퍼셉트론 기본 구조는 3개의 유닛^{unit}으로 구성돼 있는데, 첫 번째 단계는 센서^(S, sensory) 유닛이고, 두 번째 단계는 연계^(A, association) 유닛이다. 마지막 단계는 결과 출력에 해당하는 반응^(R, response) 유닛이다. 로센블래트 퍼셉트론의 동작 순서는 S→A→R로 이뤄진다. 로센블래트의 유닛의 개념은 신경망에서 층의 개념과 동일하다.

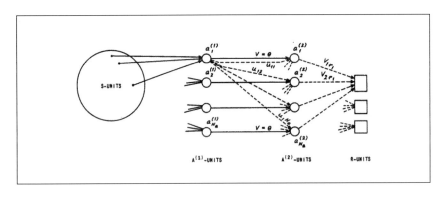

그림 2.8 로센블래트가 제안한 다층 퍼셉트론 개념

그림 2.8에서는 센서 유닛(S)과 첫 번째 연계 유닛(A1)은 하나로 묶어 입력층으로 볼 수 있겠다. 따라서 로센블래트가 그림 2.8에서 예시된 일종의 다층 퍼셉트론^{MLP: Multi-Layer Perceptron}은 은닉층^{hidden layer}이 A2 하나인 2층 퍼셉트론이라고 할 수 있다. 그런데 로센블래트가 본 예제를 통해 전달하려고 했던 것은 퍼셉트론의 층 수 개념보다는 정보가 센서 유닛에서부터 어떻게 반응 유닛까지 전달되는지에 대한 흐름이었다. 그는 이러한 구조를 가지는 퍼셉트론을 전방향 연결 퍼셉트론^{series-coupled perceptron}이라고 정의했다.

그는 또한 이 책에서 전방향 연결 퍼셉트론과 같이 신호가 앞으로만 전달되는 피드포워드 신경망^{feedforward neural network} 뿐만이 아니라 같은 단계에 있는 뉴런 사이에서도 신호가 옆으로 전달되는 횡방향 연결 퍼셉트론^{cross-coupled perceptron}과 반응 유닛에서 연계 유닛으로 신호가 역으로 전달되는 역방향 연결 퍼셉트론^{back-coupled perceptron}을 소개하기도 했다 (그림 2.9).

그러나 이 책에서 로센블래트가 제시한 모델, 즉 은닉층이 존재하는 다층 퍼셉트론[MLP]과 횡방향 및 역방향 연결이 가능한 퍼셉트론 모델은 수학적인 학습방법을 제시하지 못한 채 아이디어 수준에 머물러 있었다.

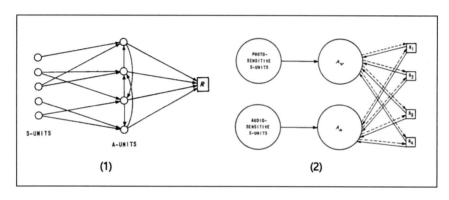

그림 2.9 (1) 교차 연결 퍼셉트론 (2) 역방향 연결 퍼셉트론

1969년 마빈 민스키[Marvin Minsky]는 동료인 시모어 페퍼트[Seymour Papert]와 공동으로 집필한 책 『Perceptrons: An Introduction to Computational Geometry』를 통해 SLP의 한계를 지적하는 내용을 발표한다. 그들은 이 책에서 로센블래트의 퍼셉트론 이론은 매우 제한적인 용도로만 사용될 수 있을 뿐, 일반적인 문제에서는 적용하기 어렵다라고 말하고 있다. 예를 들어, 그림 2.10과 같이 AND 연산과 OR 연산과 같은 선형적인 판별식에 로센블래트의 퍼셉트론을 적용하는 것은 가능하지만 XOR 연산같은 간단한 비선형 문제는 입력값을 판별할 수 없다는 것이다.

XOR은 'eXclusive OR'을 뜻하는 논리 연산자로, 입력값 중 한 쪽만 1일 때만 1이고 둘 다 같은 값이면 0이 된다. 직선과 같은 선형식으로는 (0,1)과 (1,0)을 같은 그룹으로 하고 (0,0)과 (1,1)을 같은 그룹으로 분리하는 것은 불가능 하다. 이때 시그모이드나 *tanh*와 같은 비선형 활성화 함수를 사용한다 할지라도 단층 퍼셉트론[SLP] 구조는 선형 모델이기 때문에 여전히 XOR 문제를 풀 수 없다.

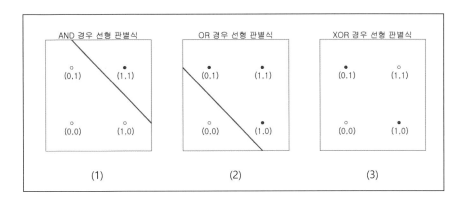

그림 2.10 (1) AND 판별식 가능 (2) OR 판별식 가능 (3) XOR 판별식 불가능

이처럼 민스키와 페퍼트가 주장한 바와 같이 XOR 문제는 어떠한 비선형 활성화 함수를 사용하더라도 그리고 무수히 많은 노드(node)와 엣지(edge)를 가지는 신경망 모델을 만든다 할 지라도 여전히 SLP로는 해결할 수 없다. 이유는 SLP는 선형 판별식만을 만들기 때문이다. 민스키와 페퍼트가 발표한 '단층 퍼셉트론의 한계'는 1970년대 시작된 '1차 인공지능 겨울'에 큰 영향을 미쳤으며 이로 인해 신경망을 기반으로 하는 연결주의론 머신러닝은 한때 자취를 감췄다.

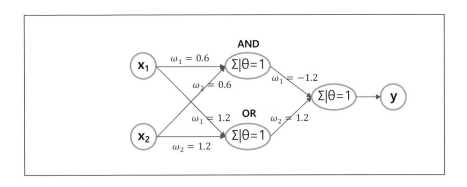

그림 2.11 2층 퍼셉트론을 이용한 XOR 판별식

그러나 XOR 문제는 사실 입력층과 출력층 사이에 은닉층을 하나만 추가하여 2층 퍼셉트론(2 layer perceptron)만 만들어도 쉽게 해결할 수 있다. 그림 2.11과 같이 2층 퍼셉트론을 만들고 몇 번

의 시행착오를 통해 파라메터를 조정해 보면 XOR 문제를 해결할 수 있음을 할 수 있다. 즉 복잡한 비선형 문제를 해결하기 위해서는 은닉층이 여러 개 있는 다층 퍼셉트론^{MLP}이 필요하다는 생각은 매우 직관적이고 자연스럽다.

그렇다면 여러 개의 은닉층과 노드가 있는 일반적인 MLP에서는 모든 엣지의 파라메터^{학습반수}는 어떻게 구할까? 이 문제의 해결방안은 민스키와 페퍼트를 포함한 그 당시 퍼셉트론을 연구했던 모든 사람들의 고민이었으리라 생각된다. 앞서 설명한 바와 같이 SLP 형태의 신경망은 목적함수를 정의하고 경사하강법을 사용하여 모든 엣지의 파라메터를 구하면 되는데 중간에 은닉층이 존재하면서 이것이 어려워진다. 결국 이 문제를 해결하지 못해 연결주의론 머신러닝의 진화는 한동안 정체되었다.

2.3.2 다층 퍼셉트론 (MLP: Multi Layer Perceptron)

단지 한개의 은닉층을 추가하는 매우 간단한 개념 확장으로 XOR과 같은 복잡한 문제를 풀 수 있다. 그러므로 당연히 민스키와 페퍼트도 다층 퍼셉트론^{MLP}을 이용하면 복잡한 비선형 문제를 풀 수 있다는 사실을 인지하고 있었을 것이라 예상할 수 있다. 그러나 공식적으로는 그들은 MLP의 구현 가능성에 대해 부정적이었다. 그 이유는 MLP를 학습시킬 수학적으로 정의된 일반화된 모델이 없다는 것이 그들의 주장이었다.

MLP에서 명확한 수학적인 학습모델을 찾는 데는 많은 시간이 걸렸지만 MLP가 SLP의 문제를 해결할 수 있다는 사실은 계속해서 설득력을 가지고 있었다. 그림 2.12는 신경망의 층 수에 따라 해결할 수 있는 문제의 복잡도를 개념적으로 보여준다. 여기서 MLP는 SLP가 다루지 못하는 문제를 해결할 수 있다는 사실을 명확히 설명할 수 있는 원리는 바로 입력층과 출력층 사이에 몇 개의 은닉층을 두는 구조^{topology}다. 그림 2.12는 MLP의 신경망 층수가 늘어날수록 데이터의 특성을 매우 효과적으로 추출할 수 있으며 더욱 많은 경우의 수를 만들어 내어 그 표현력이 더욱 디테일^{detail}해진다는 것을 설명하고 있다.

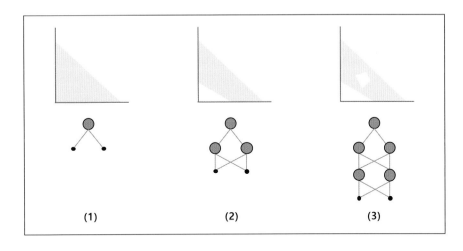

그림 2.12 퍼셉트론 비교 (1) 단층 퍼셉트론 (2) 2층 퍼셉트론 (3) 3층 퍼셉트론

은닉층의 역할은 앞 단계의 신경층에서 전달받은 데이터 (또는 신호)를 취합하고 활성화하여 다음 단계의 층으로 전달하는 것이다. 이것을 피드포워드 feedforward 과정이라고 하는데 이과정을 통해 비선형 성질이 강화되어 좀더 복잡한 문제를 표현할 수 있게 해준다. 피드포워드는 순전파 forward propagation 라고도 한다. 이론적으로는 은닉층의 개수와 각 층마다의 노드 수가 늘어나면 더욱 복잡한 문제를 표현할 수 있는데 동시에 연산량도 늘어난다. 일반적으로 은닉층의 수와 노드 수의 증가는 신경망 모델의 성능과 정비례하지 않아 적절한 모델 구조 architecture 선정에 어려움이 있다. 신경망 모델에서 구조를 정의하는 하이퍼파라메터 hyperparameters 중에 하나인 은닉층의 개수와 각 은닉층마다 노드의 개수를 최적으로 정하는 문제는 정해진 기준과 법칙이 있는 것이 아니다. 따라서 이러한 하이퍼파라메터의 선정은 대부분 퍼셉트론 모델 설계자의 직감과 경험 그리고 벤치마킹테스트 benchmarking test 와 같은 시행착오 방법에 의존한다.

참고로 동일한 학습변수를 기준으로 모델 성능을 최적화하기 위해서는 노드 수를 늘리는 것보다는 신경망의 층 수를 늘리는 것이 정확도 관점에서 효과적이라는 연구결과가 있다.

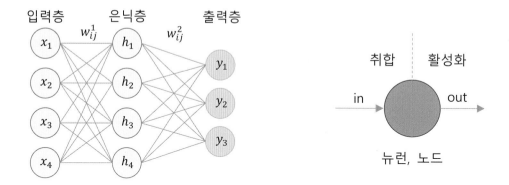

그림 2.13 간단한 MLP와 노드의 역할

은닉층의 각 노드hidden neuron는 두 가지 역할을 수행한다. 첫 번째는 앞 층에서 전달받은 데이터에 가중치 또는 학습변수를 사용하여 선형적으로 합산한다. 이것을 i번째 은닉층 노드의 input, h_i^{in} 이라고 정의하면 다음과 같이 표현할 수 있다. 즉 노드에서는 학습변수를 저장하지 않고 합산과 활성화와 같은 연산만 수행한다. 이것은 사람의 뉴런과 그 기능이 정확히 일치한다.

$$h_i^{in} = \sum_{j=1}^{4} w_{ij}^1 x_j \qquad (2.5)$$

두 번째는 합산된 값을 활성화 함수에 적용하여 다음 층의 뉴런으로 전달하는 순전파 과정을 수행한다. 이때 활성화 함수를 시그모이드sigm(moid) 함수로 사용할 경우 i 번째 은닉층 노드의 output, h_i^{out} 은 다음과 같이 표현할 수 있다.

$$h_i^{out} = sigm(h_i^{in}) = \frac{1}{1 + e^{-h_i^{in}}} \qquad (2.6)$$

이것을 행렬로 표현하면 다음과 같다.

$$
\begin{bmatrix} h_1^{in} \\ h_2^{in} \\ h_3^{in} \\ h_4^{in} \end{bmatrix} = \begin{bmatrix} \omega_{11}^1 & \omega_{12}^1 & \omega_{13}^1 & \omega_{14}^1 \\ \omega_{21}^1 & \omega_{22}^1 & \omega_{23}^1 & \omega_{24}^1 \\ \omega_{31}^1 & \omega_{32}^1 & \omega_{33}^1 & \omega_{34}^1 \\ \omega_{41}^1 & \omega_{42}^1 & \omega_{43}^1 & \omega_{44}^1 \end{bmatrix} \begin{bmatrix} x_1 \\ x_2 \\ x_3 \\ x_4 \end{bmatrix} = Wx \tag{2.7}
$$

$$
\begin{bmatrix} h_1^{out} \\ h_2^{out} \\ h_3^{out} \\ h_4^{out} \end{bmatrix} = \begin{bmatrix} sigm(h_1^{in}) \\ sigm(h_2^{in}) \\ sigm(h_3^{in}) \\ sigm(h_4^{in}) \end{bmatrix} = \begin{bmatrix} \dfrac{1}{1+e^{-h_1^{in}}} \\ \dfrac{1}{1+e^{-h_2^{in}}} \\ \dfrac{1}{1+e^{-h_3^{in}}} \\ \dfrac{1}{1+e^{-h_4^{in}}} \end{bmatrix} = sigm(Wx) \tag{2.8}
$$

은닉층에서 사용되는 활성화 함수의 주요 역할은 희소성 sparsity 을 증가시켜 뉴런으로 모아진 신호를 좀 더 변별력 있는 상태로 전환하는 것이다. 또한 경사하강법을 이용하여 학습을 할 때 목적함수에 활성화 함수가 포함되어 있기 때문에 목적함수의 기울기를 구하기 위해서는 활성화 함수가 미분가능해야 하고 특히 학습이 진행되기 위해서는 목적함수의 기울기 gradient 즉 원하는 학습변수에 대한 미분값, $\frac{\partial \mathcal{L}(w)}{\partial w_{ij}}$ 이 '0'이 되면 안 된다.

$$
w_{ij} = w_{ij} - \alpha \frac{\partial \mathcal{L}(w)}{\partial w_{ij}} \tag{2.9}
$$

만약 목적함수의 미분값, $\frac{\partial \mathcal{L}(w)}{\partial w_{ij}}$ 이 '0' 이 되면 경사하강법에서 학습변수, w_{ij} 가 업데이트 되지 않기 때문에 학습이 되질 않는다. 이러한 경우를 경사소멸 gradient vanishing 이라고 한다. 경사소멸은 딥러닝에서 매우 중요한 사안이므로 이 책에서 지속적으로 다루도록 하겠다.

따라서 좋은 활성화 함수를 선정하기 위해서는 다음과 같은 조건을 만족해야 한다.

> 1) 희소성^{sparsity}을 증가시켜 데이터의 변별력을 높이는 함수
>
> 2) 학습변수^{파라메터} 전구간에서 미분 가능한 함수
>
> 3) 각 학습변수^{파라메터}로 미분할 때 가능하면 모든 영역에서 '0'이 되지 않는 함수

각 은닉층에서 각 노드는 앞단에서 전달하는 데이터를 취합하고 다시 활성화시킨 후 이를 다음 층으로 전달한다. 그리고 다음 은닉층도 같은 기능을 반복적으로 수행하면서 최종적으로 출력층 의 노드로 전달한다. 이를 간간히 수식으로 표현하면 다음과 같다.

$$y = sigm(\Sigma w_k \cdot sigm\ (\ \Sigma w_{k-1} \cdot sigm(... \Sigma w_2 \cdot sigm(\Sigma w_1 \cdot x + b_1) + b_2)\ ... + b_{k-1}) + b_k)$$

여기서 $sigm$는 시그모이드 활성화 함수이고, x는 입력값이다. w_i는 각 신경망 층간 노드를 연 결하는 엣지의 학습변수이며 b_i는 편향값^{bias}이다. 신경망 모델에서 이렇게 취합 → 활성화 → 취 합 → 활성화 → ⋯ → 출력 형태로 데이터가 순전파되는 과정에서 중요한 점이 두가지가 있다.

첫번째는 앞서 간단히 애기한 비선형 성질의 증가다. 즉 인공신경망은 순전파 과정을 통해 더욱 복잡한 문제를 표현할 수 있게 하는 능력을 발휘하게 한다. 이것이 다른 머신러닝 모델과 비교해 서 상대적으로 우위에 있는 딥러닝의 장점 중에 하나라고 할 수 있다.

두번째는 학습변수의 종속성 문제의 발생이다. 즉 출력값을 가지고 목적함수를 계산한 후 경사 하강법을 적용할 때 출력층 전에 있던 학습변수는 그 앞 단에 있는 은닉층의 학습변수에 영향을 받고 다시 그 앞 단에 있는 은닉층의 학습변수 역시 그 전에 있던 은닉층의 학습변수에 영향을 받는다. 이러한 학습변수의 종속성이 없는 SLP는 목적함수를 모든 학습변수에 대해 독립적으로 미분을 구해서 경사하강법을 적용하면 되지만 학습변수의 종속성이 있는 MLP 경우에는 학습과 정이 수학적으로 어렵다. 이러한 이유로 민스키와 페퍼트는 MLP의 수학적 학습방법을 제시하 지 못했다.

종속성 문제를 극복하는 MLP의 학습방법은 1974년 하버드 대학교 박사과정 학생이었던 폴 워보스Paul Werbos의 박사논문에서 해결되었다. 그러나 그의 역사적인 박사논문이 발표된 시점이 바로 1차 인공지능의 겨울이 한참이었던 70년대 시기라서 크게 주목받지 못했다. 그의 논문이 1980년대 중반이 되어서야 비로서 연결주의론자 커뮤니티에 알려지게 되면서 본격적으로 인공신경망 모델에 적용되기 시작했다. 이 역사적인 연구가 바로 인공신경망을 기반으로 하는 연결주의론 머신러닝을 부활시킨 에러의 역전파backpropagation of error다. 현재의 딥러닝을 존재하게 한 역사적인 이론이라 할 수 있다.

2.4 에러의 역전파 Backpropagation of Error

2.4.1 에러의 역전파 이론의 배경

신경망에서 사용된 에러의 역전파는 항공공학의 동적 최적화Dynamic Optimization 문제에서 파생되었다. 아서 브라이슨Arthur E. Bryson과 유치 호Yu-Chi Ho는 그들의 연구[3]에서 연쇄법칙chain rule에 의해 정보가 상위층에서 하위층으로 전달되는, 즉 역전파되는 메커니즘을 이용하여 동적 최적화 문제 (시간에 따라 종속적인 다이나믹 문제)를 해결할 수 있음을 보였다.

폴 워보스는 항공공학에서 연구되었던 동적문제의 역전파 개념을 신경망에 적용하여 1974년 하버드 대학교 박사논문으로 발표한다. 그러나 그가 졸업할 당시가 바로 첫 번째 인공지능의 겨울 시기여서 그는 자신의 박사논문을 대중에 공개하지 않고 있다가, 1981년에서야 비로소 컨퍼런스에서 발표하게 된다[4].

---

[3] Bryson, A. and Ho, Y. (1969). Applied optimal control: optimization, estimation, and control. Blaisdell Pub. Co.

[4] Werbos, P.J. (1981). Applications of advances in nonlinear sensitivity analysis. In Proceedings of the 10th IFIP Conference, 31.8 - 4.9, NYC, pages 762–770.

워보스의 논문은 데이비드 파커David Parker[5]와 얀 르쿤Yann LeCun[6]에 의해 재발견된다. 파커와 르쿤의 연구는 거의 같은 시기에 독립적으로 이뤄졌으며 르쿤은 1985년에 완성한 자신의 박사논문을 1986년에 저널을 통해 공개한다[7]. 그러나 파커와 르쿤의 연구는 당시 인공신경망 분야에서 크게 주목받지 못했다. 역전파 학습모델이 인공신경망 학계에 본격적으로 알려진 것은 1986년 데이비드 러멜하트David Rumelhart, 제프리 힌튼Geoffrey Hinton, 로날드 윌리엄스Ronald Williams가 『Learning representations by back-propagating errors』 라는 논문을 네이처Nature에 발표하면서부터다. 깊은 구조를 가진 다층 신경망에서 효과적인 학습모델을 찾지 못하고 정체 상태에 있던 인공신경망 연구는 그들의 논문을 기점으로 다시 활기를 띄기 시작한다.

2.4.2 에러의 역전파 동작 개념

역전파는 레이블이 있는 데이터를 가지고 학습을 하던지 또는 레이블이 없는 데이터로 학습을 하던지 모두 신경망 모델에 적용 가능하다. 레이블이 있는 데이터로 학습하는 지도학습인 경우에는 일반적으로 목적함수로 에러제곱평균MSE: Mean Square Error 또는 크로스 엔트로피cross entropy 등을 사용하고 레이블이 없는 데이터로 학습하는 생성모델과 같은 비지도 학습에는 가능도likelihood를 목적함수로 사용한다.

순전파 과정을 통해 입력층에서부터 데이터 전달이 시작되어 여러 개의 은닉층을 거치고 출력층을 통과한 후 예측값이 나오면 이를 기반으로 목적함수를 계산한다. 목적함수가 계산되면 출력층에 연결된 엣지의 파라메터하습반영를 경사하강법 또는 경사상승법을 이용하여 업데이트하고 이것이 완료되면 그 전 은닉층으로 이동 즉 역전파하면서 같은 계산을 반복한다. 목적함수를 각 층

[5] Parker, D. B. (1985). Learning-logic. Technical Report TR-47, Center for Comp. Research in Economics and Management Sci., MIT.

[6] LeCun, Y. (1985). Une proc´edure d'apprentissage pour r´eseau `a seuil asym´etrique. Proceedings of Cognitiva 85, Paris, pages 599–604.

[7] Yann Le Cun, Learning Processes in a Asymmetric Threshold Network, Disordered Systems and Biological Organization, 1986

마다 정의된 학습변수^{파라메터}로 미분하기 위해서 (즉 각 파라메터에 대한 기울기를 구하기 위해서)
연쇄법칙^{chain rule}이 사용된다. 연쇄법칙은 역전파 이론의 핵심적인 원리로서 다음과 같이 설명할
수 있다.

$$\frac{\partial a}{\partial e} = \frac{\partial a}{\partial b}\frac{\partial b}{\partial c}\frac{\partial c}{\partial d}\frac{\partial d}{\partial e} \tag{2.10}$$

식 (2.10)에서 $\frac{\partial a}{\partial e}$는 매개변수 b, c, d를 이용하여 각 변수의 미분의 곱으로 표시할 수 있는데 이
렇게 되면 우변^{right-hand side}의 $\partial b, \partial c, \partial d$가 서로 상쇄되어 식 (2.10)의 좌변^{left-hand side}과 동일하
게 된다.

다음은 간단한 MLP에서 역전파를 이용한 방법을 설명한다. 여기서 목적함수, $\mathcal{L}(w)$는 MSE를
사용하였다.

$$\mathcal{L}(w) = (y_1 - y_1^*)^2 + (y_2 - y_2^*)^2 + (y_3 - y_3^*)^2 \tag{2.11}$$

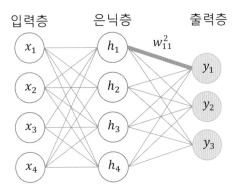

그림 2.14 w_{ij}^2 역전파 예시

목적함수 $\mathcal{L}(w)$에서 y_i는 예측값 벡터의 i번째 요소, y_1^*는 실제값^{레이블} 벡터의 i번째 요소다. 예
측값 y_i는 다음과 같이 표현할 수 있다.

$$y_1 = \sum_{j=1}^{4} w_{1j}^2 \cdot h_j^{out} = \sum_{j=1}^{4} w_{1j}^2 \cdot sigm(h_j^{in})$$

$$= w_{11}^2 \frac{1}{1+e^{-h_1^{in}}} + w_{12}^2 \frac{1}{1+e^{-h_2^{in}}} + w_{13}^2 \frac{1}{1+e^{-h_3^{in}}} + w_{14}^2 \frac{1}{1+e^{-h_4^{in}}} \quad (2.12)$$

$$y_2 = \sum_{j=1}^{4} w_{2j}^2 \cdot h_j^{out} = \sum_{j=1}^{4} w_{2j}^2 \cdot sigm(h_j^{in})$$

$$= w_{21}^2 \frac{1}{1+e^{-h_1^{in}}} + w_{22}^2 \frac{1}{1+e^{-h_2^{in}}} + w_{23}^2 \frac{1}{1+e^{-h_3^{in}}} + w_{24}^2 \frac{1}{1+e^{-h_4^{in}}} \quad (2.13)$$

$$y_3 = \sum_{j=1}^{4} w_{3j}^2 \cdot h_j^{out} = \sum_{j=1}^{4} w_{3j}^2 \cdot sigm(h_j^{in})$$

$$= w_{31}^2 \frac{1}{1+e^{-h_1^{in}}} + w_{32}^2 \frac{1}{1+e^{-h_2^{in}}} + w_{33}^2 \frac{1}{1+e^{-h_3^{in}}} + w_{34}^2 \frac{1}{1+e^{-h_4^{in}}} \quad (2.14)$$

여기서는 위 MLP 모델의 학습변수 _{파라메터} 중 w_{11}^1과 w_{11}^2를 대표적으로 구해보기로 하자.

먼저 w_{11}^2를 구하기 위해 경사하강법을 적용하면 다음과 같다.

$$w_{11}^2 = w_{11}^2 - \alpha \frac{\partial \mathcal{L}(w)}{\partial w_{11}^2} \quad (2.15)$$

여기서, 목적함수 $\mathcal{L}(w)$의 w_{11}^2에 대한 기울기는 y_1을 매개변수로 하는 연쇄법칙을 이용하여 다음과 같이 구할 수 있다. y_1을 매개변수로 선택하는 이유는 w_{11}^2와 엣지로 연결되어 영향을 받았기 때문이다.

$$\frac{\partial \mathcal{L}(w)}{\partial w_{11}^2} = \frac{\partial((y_1 - y_1^*)^2 + (y_2 - y_2^*)^2 + (y_3 - y_3^*)^2)}{\partial y_1} \frac{\partial y_1}{\partial w_{11}^2}$$

$$= 2\left(w_{11}^2 \frac{1}{1 + e^{-h_1^{in}}} + w_{12}^2 \frac{1}{1 + e^{-h_2^{in}}} + w_{13}^2 \frac{1}{1 + e^{-h_3^{in}}} + w_{14}^2 \frac{1}{1 + e^{-h_4^{in}}} - y_1^*\right) \frac{1}{1 + e^{-h_1^{in}}} \ (2.16)$$

여기서 y_1과 w_{11}^2 이외의 변수는 y_1과 w_{11}^2에 대해서 상수로 고려되기 때문에 y_1과 w_{11}^2에 대한 미분값은 각각 0이 되므로 $\frac{\partial \mathcal{L}(w)}{\partial w_{11}^2}$에서는 표현되지 않았다.

식 (2.16)에서 $w_{11}^2, w_{12}^2, w_{13}^2, w_{14}^2$는 바로 이전 반복과정iteration 학습단계에서 계산된 값이고 $\frac{1}{1+e^{-h_1^{in}}}$는 이번 학습단계에서 순전파된 값이다.

목적함수 $\mathcal{L}(w)$에 w_{11}^2에 대한 기울기 $\frac{\partial \mathcal{L}(w)}{\partial w_{11}^2}$를 계산했으므로 학습률 α를 적용하여 경사하강법 식 (2.15)에 따라 $\mathbf{w_{11}^2}$를 업데이트하면 된다. 위와 같은 방법으로 다른 w_{ij}^2도 각각 구할 수 있다.

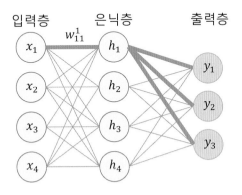

입력층　　은닉층　　출력층

그림 2.15 w_{ij}^1 역전파 예시

다음은 한층 앞에 있는 파라메터 w_{11}^1의 값을 구하는 방법을 알아보기로 한다. 이때 연쇄법칙의 매개변수를 어떻게 선정하는지를 알아볼 필요가 있다. w_{11}^1는 굵게 표시된 엣지로 데이터가 역전파하여 전달되므로 이 엣지에 연결된 노드의 입력값과 출력값을 매개변수로 선정한다. 즉 지도학습인 경우에 데이터가 순전파되어 최종 예측값이 결정되면 실제값과의 차이인 오차^{에러 error}가 발생이 된다. 이 오차를 기반으로 정의된 목적함수를 최소화하기 위해 데이터가 전달된 반대 방향으로 역전파하면서 학습변수^{파라메터}, w가 수정되는 것이다. 만약 비지도학습인 경우에는 가능도^{likelihood}나 쿨백-라이블러 발산^{Kullback-Leibler Divergence}와 같은 목적함수를 최적화하도록 역전파된다.

w_{11}^1를 경사하강법에 적용하면 식 (2.17)이 된다.

$$w_{11}^1 = w_{11}^1 - \alpha \frac{\partial \mathcal{L}(w)}{\partial w_{11}^1} \tag{2.17}$$

먼저 목적함수 $\mathcal{L}(w)$에 w_{11}^1에 대한 기울기 $\frac{\partial \mathcal{L}(w)}{\partial w_{11}^1}$를 구하면 다음과 같다.

$$\frac{\partial \mathcal{L}(w)}{\partial w_{11}^1} = \frac{\partial (y_1 - y_1^*)^2}{\partial w_{11}^1} + \frac{\partial (y_2 - y_2^*)^2}{\partial w_{11}^1} + \frac{\partial (y_3 - y_3^*)^2}{\partial w_{11}^1} \tag{2.18}$$

식 (2.18)의 각 항을 분리하여 표현하면 다음과 같다.

$$\frac{\partial (y_1 - y_1^*)^2}{\partial w_{11}^1} =$$

$$\frac{\partial \left(w_{11}^2 \frac{1}{1+e^{-h_1^{in}}} + w_{12}^2 \frac{1}{1+e^{-h_2^{in}}} + w_{13}^2 \frac{1}{1+e^{-h_3^{in}}} + w_{14}^2 \frac{1}{1+e^{-h_4^{in}}} - y_1^* \right)^2}{\partial w_{11}^1} \tag{2.19}$$

$$\frac{\partial (y_2 - y_2^*)^2}{\partial w_{11}^1} =$$

$$\frac{\partial \left(w_{21}^2 \dfrac{1}{1 + e^{-h_1^{in}}} + w_{22}^2 \dfrac{1}{1 + e^{-h_2^{in}}} + w_{23}^2 \dfrac{1}{1 + e^{-h_3^{in}}} + w_{24}^2 \dfrac{1}{1 + e^{-h_4^{in}}} - y_2^* \right)^2}{\partial w_{11}^1} \quad (2.20)$$

$$\frac{\partial (y_3 - y_3^*)^2}{\partial w_{11}^1} =$$

$$\frac{\partial \left(w_{31}^2 \dfrac{1}{1 + e^{-h_1^{in}}} + w_{32}^2 \dfrac{1}{1 + e^{-h_2^{in}}} + w_{33}^2 \dfrac{1}{1 + e^{-h_3^{in}}} + w_{34}^2 \dfrac{1}{1 + e^{-h_4^{in}}} - y_3^* \right)^2}{\partial w_{11}^1} \quad (2.21)$$

여기서 식 (2.19), (2.20), (2.21) 모두 변수 w_{11}^1가 보이지 않아 미분이 불가능하다. 이것을 해결하기 위해 매개변수 y_1, y_2, y_3와 h_1^{in}을 이용하여 연쇄법칙을 적용하면 다음과 같이 정리할 수 있다.

$$\frac{\partial (y_1 - y_1^*)^2}{\partial w_{11}^1} = \frac{\partial (y_1 - y_1^*)^2}{\partial y_1} \frac{\partial y_1}{\partial h_1^{in}} \frac{\partial h_1^{in}}{\partial w_{11}^1}$$

$$= \frac{\partial (y_1 - y_1^*)^2}{\partial y_1} \times \frac{\partial \left(w_{11}^2 \dfrac{1}{1 + e^{-h_1^{in}}} + w_{12}^2 \dfrac{1}{1 + e^{-h_2^{in}}} + w_{13}^2 \dfrac{1}{1 + e^{-h_3^{in}}} + w_{14}^2 \dfrac{1}{1 + e^{-h_4^{in}}} \right)}{\partial h_1^{in}}$$

$$\times \frac{\partial (w_{11}^1 x_1 + w_{12}^1 x_2 + w_{13}^1 x_3 + w_{14}^1 x_4)}{\partial w_{11}^1}$$

$$= 2 (y_1 - y_1^*) \left(w_{11}^2 \frac{1}{1 + e^{-h_1^{in}}} \frac{e^{-h_1^{in}}}{1 + e^{-h_1^{in}}} \right) x_1 \quad (2.22)$$

두번째, 세번째 항에서도 같은 방법으로 계산을 하면 다음과 같다.

$$\frac{\partial(y_2 - y_2^*)^2}{\partial w_{11}^1} = \frac{\partial(y_2 - y_2^*)^2}{\partial y_2} \frac{\partial y_2}{\partial h_1^{in}} \frac{\partial h_1^{in}}{\partial w_{11}^1}$$

$$= \frac{\partial(y_2 - y_2^*)^2}{\partial y_2} \times \frac{\partial\left(w_{21}^2 \frac{1}{1+e^{-h_1^{in}}} + w_{22}^2 \frac{1}{1+e^{-h_2^{in}}} + w_{23}^2 \frac{1}{1+e^{-h_3^{in}}} + w_{24}^2 \frac{1}{1+e^{-h_4^{in}}}\right)}{\partial h_1^{in}}$$

$$\times \frac{\partial(w_{11}^1 x_1 + w_{12}^1 x_2 + w_{13}^1 x_3 + w_{14}^1 x_4)}{\partial w_{11}^1}$$

$$= 2(y_2 - y_2^*)\left(w_{21}^2 \frac{1}{1+e^{-h_1^{in}}} \frac{e^{-h_1^{in}}}{1+e^{-h_1^{in}}}\right) x_1 \qquad (2.23)$$

$$\frac{\partial(y_3 - y_3^*)^2}{\partial w_{11}^1} = \frac{\partial(y_3 - y_3^*)^2}{\partial y_3} \frac{\partial y_3}{\partial h_1^{in}} \frac{\partial h_1^{in}}{\partial w_{11}^1}$$

$$= \frac{\partial(y_3 - y_3^*)^2}{\partial y_3} \times \frac{\partial\left(w_{31}^2 \frac{1}{1+e^{-h_1^{in}}} + w_{32}^2 \frac{1}{1+e^{-h_2^{in}}} + w_{33}^2 \frac{1}{1+e^{-h_3^{in}}} + w_{34}^2 \frac{1}{1+e^{-h_4^{in}}}\right)}{\partial h_1^{in}}$$

$$\times \frac{\partial(w_{11}^1 x_1 + w_{12}^1 x_2 + w_{13}^1 x_3 + w_{14}^1 x_4)}{\partial w_{11}^1}$$

$$= 2(y_3 - y_3^*)\left(w_{31}^2 \frac{1}{1+e^{-h_1^{in}}} \frac{e^{-h_1^{in}}}{1+e^{-h_1^{in}}}\right) x_1 \qquad (2.24)$$

그러므로 이를 다시 정리하면 다음과 같다.

$$\frac{\partial \mathcal{L}(w)}{\partial w_{11}^1} = 2(w_{11}^2(y_1 - y_1^*) + w_{21}^2(y_2 - y_2^*) + w_{31}^2(y_3 - y_3^*))\frac{1}{1+e^{-h_1^{in}}} \frac{e^{-h_1^{in}}}{1+e^{-h_1^{in}}} x_1 \quad (2.25)$$

여기서 $w_{11}^2, w_{21}^2, w_{31}^2$는 앞서 진행된 에러의 역전파 과정에서 계산된 값이고, y_1, y_2, y_3는 예측값 벡터의 각 성분이며 y_1^*, y_2^*, y_3^*는 실제값 벡터의 각 성분이다. h_1^{in}는 순전파 과정에서 계산된 은닉층 1번 노드의 취합된 값이며 x_1는 최초 입력값이다. 여기서 계산된 기울기, $\frac{\partial L(w)}{\partial w_{11}^1}$를 경사하강법, 식 (2.17)에 적용하면 w_{11}^1를 업데이트 할 수 있다. 다른 w_{ij}^1도 같은 방법으로 구할 수 있다.

에러의 역전파 과정을 일반화된 알고리즘으로 설명하기 위해 먼저 피드포워드 또는 순전파 forward propagation 알고리즘에 대해 알아보도록 하자. 다음에 박스로 설명된 알고리즘은 순전파의 처리 과정을 보여준다.

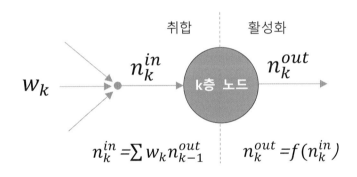

그림 2.16 k번째 노드에서 데이터의 입력과 출력

박스로 표시된 부분에서 설명된 **'일반적인 인공신경망에서의 순전파 알고리즘'**을 기반으로 다음과 같이 역전파 알고리즘을 정의할 수 있다.

그림 2.16에서처럼 k 번째 층에서 파라메터 W_k 에 대한 목적함수의 기울기를 구하기 위해서는 W_k에 연결된 k층 노드의 입력값 n_k^{in}, 출력값 n_k^{out}을 매개변수로 하여 앞층에서 역전파로 전달된 기울기에 연쇄법칙을 적용하면 된다. 다음 박스에서 가상코드 pseudo code 로 표기된 역전파 알고리즘은 이러한 개념을 설명한 것이다.

일반적인 인공신경망에서 순전파 알고리즘

하이퍼파라메터 및 학습변수 정의

네트워크의 깊이 $\equiv l$

엣지 학습변수 (행렬) $\equiv W$

편향값 학습변수 (벡터) $\equiv b$

입력값 데이터 (벡터) $\equiv x$

실제값 데이터 (벡터) $\equiv y^*$

예측값 (벡터) $\equiv y$

활성화 함수 $\equiv f(\cdot)$

목적함수 (스칼라) $\equiv \mathcal{L}_w$

k 층 노드에서 취합 후 입력값 (벡터) $\equiv n_k^{in}$

k 층 노드에서 다음 층 노드로 전달되는 출력값 (벡터) $\equiv n_k^{out}$

입력층 노드의 출력값은 입력값으로 초기화

$n_0^{out} = x$

for k=1, 2, 3,..., l-1, l LOOP

$$n_k^{in} = W_k n_{k-1}^{out} + b_k$$
$$n_k^{out} = f(n_k^{in})$$

end for

$y = n_l^{out}$

$\mathcal{L}_w = \mathcal{L}_w(y, y^*)$

일반적인 인공신경망에서 역전파 알고리즘

하이퍼파라메터 및 학습변수는 순전파 네트워크와 동일

정의된 학습데이터셋 (x, y)로 순전파 후 목적함수, $\mathcal{L}_\mathrm{w}$가 계산되고 역전파 시작

$\mathcal{L}_\mathrm{w} \equiv \mathcal{L}_\mathrm{w}(y, y^*)$

$g \equiv \nabla_y \mathcal{L}_\mathrm{w}(y, y^*)$

for k= l, l -1,..., 2, 1 LOOP

$$g \leftarrow \nabla_{n_k^{in}} \mathcal{L}_\mathrm{w}(y, y^*) = g \odot \frac{\partial n_k^{out}}{\partial n_k^{in}}$$

$$\nabla_{b_k} \mathcal{L}_\mathrm{w}(y, y^*) = g$$

$$b_k = b_k - \alpha \nabla_{b_k} \mathcal{L}_\mathrm{w}(y, y^*)$$

$$\nabla_{W_k} \mathcal{L}_\mathrm{w}(y, y^*) = g\, n_{k-1}^{out\ T}$$

$$W_k = W_k - \alpha \nabla_{W_k} \mathcal{L}_\mathrm{w}(y, y^*)$$

$$g \leftarrow \nabla_{n_{k-1}^{out}} \mathcal{L}_\mathrm{w}(y, y^*) = W_k^T g$$

end for

여기서 $\odot$는 요소끼리 element-wise 연산하는 연산자이고 ∇_x는 파라메터 x에 대한 미분값 gradient 을 의미하는 부호이다. 위 알고리즘에서 보듯이 $k + 1$ 층에서 계산된 각 노드의 기울기, g를 역전파하여 전달받아 k 층 노드의 입력값과 출력값을 매개변수로 하여 k층 각 노드의 기울기, g를 업데이트한 후 경사하강법에 의하여 각 파라메터, b_k 와 W_k를 구하는 것을 알 수 있다.

역전파 처리 과정은 신경망 모델에서 필수적이고 반복적으로 사용되는 루틴 routine 이므로 대부분의 딥러닝 프레임워크 deep learning framework 에서는 역전파 라이브러리를 필수적으로 제공하고 있다. 최근 딥러닝 프레임워크 분야에서 가장 큰 사용자 커뮤니티를 형성하고 있는 텐서플로우

TensorFlow 나 파이토치^{PyTorch} 프레임워크도 역전파 라이브러리를 기본적으로 제공하고 있어 이를 사용하면 손쉽게 역전파를 구현할 수 있다.

이 책에서는 역전파 계산과정이 포함된 여러가지 신경망 모델 예제를 구현할 때 두개의 프레임 워크 (텐서플로우와 파이토치)를 기반으로 구현된 코드를 첨부하였다. 이를 통해 각각의 장단점 을 독자 스스로 판단할 수 있는 기회가 될 수 있기를 바란다.

2.5 딥러닝 Deep Learning

2.5.1 왜 딥러닝이 머신러닝의 핵심인가?

인공지능의 중심은 머신러닝이라고 앞서 설명한 바 있다. 특히 머신러닝 모델 중에서 인공신경 망을 기반으로 하고 있는 딥러닝 모델은 최근 머신러닝의 핵심으로 자리잡고 있다.

딥러닝이 머신러닝의 핵심으로 자리매김하고 있는 가장 큰 이유는 아마도 특성 추출을 딥러닝 모델 스스로 하는 장점을 가지고 있기 때문일 것이다. 이것을 다른 말로 전과정^{End-to-End} 학습모 델이라고도 한다. 즉 전통적인 머신러닝에서는 원시^{raw} 학습 데이터에서 특성을 추출하는 업무 를 데이터 분석 전문가가 수행을 하는 반면에 딥러닝은 원시 학습 데이터를 모델에 입력하게 되 면 학습 과정에서 딥러닝 모델 스스로 특성을 추출한다. 또한 전과정^{End-to-End} 학습모델에서는 목적함수가 정의되면 역전파 과정을 통해 최적의 학습변수를 찾아가기 시작한다.

또다른 딥러닝의 장점은 XOR 논리연산 문제에서 보았듯이 신경망의 깊이가 늘어날수록 비선형 성질이 강화되어 더욱 복잡한 문제를 해결하는 능력이다. 여기서 추가적으로 각 층마다 노드의 개수가 늘어나면 데이터를 전달하는 경로가 다양해지고 여기에 충분히 많은 학습변수와 결합이 되어 조합되는 경우의 수가 급격히 증가되므로 예측값을 표현하는 능력이 우수해진다. 참고로 미국 OpenAI가 2020년 5월에 발표한 GPT-3라는 언어모델^{LM: Language Model}은 약 1,750억개 의 학습변수^{파라메터}를 가지고 있는 인공신경망 모델이다. 언어모델이란 자연어처리^{NLP: natural}

language processing 분야에 최적화된 머신러닝 모델이다.

컴퓨터의 성능발전과 함께 더욱 정교한 딥러닝 모델을 만들기 위해 나날이 신경망의 깊이와 노드 수가 증가되고 있는 추세다. 기존의 전통적인 머신러닝 모델은 고성능 컴퓨터를 사용할 수 있는 여건이 된다 할지라도 구조적인 단순함 때문에 인공신경망 수준의 성능을 내는 모델을 만드는 것에 한계가 있다고 볼 수 있다. 결론적으로 전통적인 머신러닝 방식은 데이터의 수가 늘어나고 컴퓨터의 성능이 향상되어 더 많은 반복학습을 할 수 있다 하더라도 모델의 scale-up 한계성으로 정확도가 일정한 수준으로 정체되는 경향이 있다. 반면에 딥러닝 모델은 컴퓨터의 성능과 학습 데이터가 증가하면 이에 비례해서 지속적으로 성능이 개선되는 모델이라 할 수 있다.

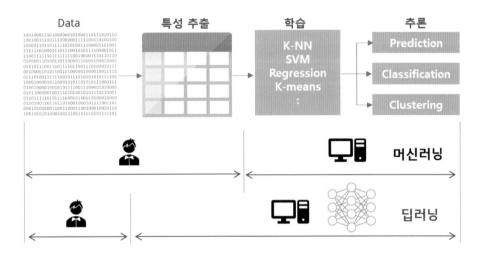

그림 2.17 전통적인 머신러닝과 딥러닝의 차이점

그리고 딥러닝은 다양한 데이터 포맷과 분석하는 방법에 따라 다층 퍼셉트론MLP: Multi Layer Perceptron, 컨볼루션 신경망CNN: Convolutional Neural Network, 순환신경망RNN: Recurrent Neural Network, 장단기 메모리LSTM: Long Short Term Memory 등의 모델로 모듈화 되어 손쉽게 학습모델 구조를 설계하고 구현할 수 있는 장점이 있다. 이러한 모듈들은 텐서플로우TensorFlow 나 파이토치PyTorch 같은 프레임워크에서 간단한 '가져오기import' 기능을 이용하여 손쉽게 구현할 수 있다.

MLP 모델에서 순전파나 역전파 과정에서 발생되는 반복적인 행렬연산이나 CNN 모델 에서의 커널 필터링^{kernel filtering} (컨볼루션 과정) 연산 등은 데이터 간 종속성이 없기 때문에 병렬처리^{parallel processing}가 가능하여 GPGPU^{General Purpose Graphic Processing Unit} 사용을 통해 획기적인 연산 시간 단축이 가능하게 됐다. GPGPU란 컴퓨터 게임 소프트웨어에서 3차원 모델링 및 렌더링을 가속화하기 위해 개발된 보조 프로세서인 GPU를 과학계산용으로 만든 것으로, GPGPU 칩셋^{chipset} 안에 4,000 ~ 5,000개의 코어^{core}가 집약되어 있어 병렬처리를 통해 연산을 가속화한다.

최근에는 이러한 인공신경망에 최적화된 프로세서를 개발하는 연구가 매우 활발하게 진행되고 있는데 구글은 이미 TPU^{Tensor Processing Unit}라는 신공신경망에 최적화된 프로세서를 개발하여 사용 중에 있다. 인공신경망 전용 프로세서를 개발하는 이유는 인텔^{Intel}이나 AMD, ARM과 같은 범용 CPU를 기반으로 OS를 설치한 후 소프트웨어 적으로 구현한 인공신경망 모델을 구동하는 것보다 인공신경망에 최적화된 전용 프로세서에 인공신경망 모델을 하드웨어 레벨로 실행함으로써 처리속도를 증가시키고 전력사용을 절감할 수 있기 때문이다.

2.5.2 다양한 딥러닝 모델

딥러닝 모델은 시계열 신호 데이터^{time-series signal}, 텍스트 데이터, 이미지 데이터 등과 같은 학습 데이터의 형태에 따라 또는 데이터의 순차성^{sequence} 유무에 따라 MLP, CNN, RNN, LSTM 등의 모델 중 적당한 모델을 선정하여 사용할 수 있다.

MLP는 앞서 설명한 그림 2.13과 같은 모델로 딥러닝 모델의 가장 기본이 되는 구조다. 벡터 ($x \in \mathcal{R}^n$) 형태의 데이터를 입력 받아 각 신경층에 있는 노드에서 정보를 처리 (앞층에서 전달된 데이터를 합산하고 활성화)한 후 다음 층으로 전송하는 순전파 과정을 통해 결과를 예측하는 모델이다.

CNN은 이미지와 같은 2차원 데이터 (컬러 이미지처럼 RGB 3채널을 가지는 경우나 Voxel형태의 3차원 데이터도 적용 가능함)를 분석하는데 매우 효과적인 모델이다. 그림 2.18에서 보여주는 것과 같이, 일종의 필터^{filter} 역할을 하는 $n \times n$ 크기의 커널^{kernel}이 목표 이미지에 오버랩^{overlap}되어 요소단위로 컨볼루션^{convolution} 계산 후 합산된 한 개의 실숫값을 특성^{feature} 이미지에 픽셀값으로 저장한다. 이와 같은 과정을 컨볼루션 또는 필터링이라고 한다. CNN 모델은 반복적이 컨볼루션 과정을 통해 최종 특성셋$^{feature\ set}$을 추출하는데 이미지와 같은 데이터의 특성추출에 매우 탁월하다. MLP에서는 학습이 진행되면 엣지에 학습변수가 업데이트되는데 CNN에서는 컨볼루션 커널의 각 요소가 학습변수가 되어 학습이 진행되면서 업데이트 된다.

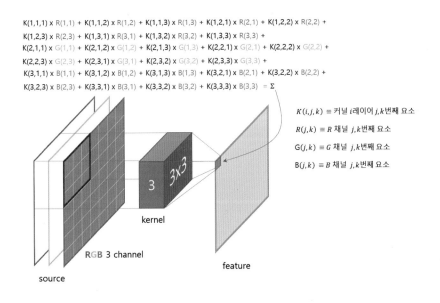

그림 2.18 RGB 3채널 이미지 데이터의 컨볼루션 계산 예시

MLP와 CNN 모델 중 어떤 모델을 선택하느냐 하는 문제는 결국 입력데이터의 성격에 따라 보다 효율적으로 특성을 추출하는데$^{(또는\ 표현하는데)}$ 적당한 모델이 무엇인지가 기준이 된다.

RNN과 **LSTM**은 모두 반복신경망인데 순차적인 데이터셋을 분석하는데 매우 효과적이다. 예를 들면 음성데이터를 텍스트로 변환해주는 음성인식이나 (이를 Speech-to-Text, STT라고 한다), 또는 반대로 텍스트를 음성으로 변환시켜주는 Text-to-Speech^{TTS}, 시간에 따라 변화하는 시계열 신호^{time-series signal}예측 그리고 우리가 사용하는 언어 즉 자연어 처리 등에 적합하다.
LSTM은 RNN 모델 중에 하나로 기본적인 RNN 모델의 단점을 개선한 모델이다. 최근 사용
되는 반복신경망 모델은 대부분 LSTM을 적용하고 있다. RNN 또는 LSTM은 MLP 모델 또
는 CNN 모델이 시간에 따라 반복적으로 연결되어 있는 형태를 보인다. 따라서 벡터형태의 데
이터를 다루기 위해서는 일반적으로 MLP 구조를 시간의 흐름에 따라 전개한 모델을 사용하면
되고 이미지 분석을 하기 위해서는 CNN 모델을 반복적을 연결해서 사용하면 된다. 그림 2.19
는 일반적인 RNN 모델을 보여준다. 각 시간단계 t에서 입력층 → 은닉층 → 출력층으로 구성
된 MLP 또는 CNN 구조가 시간이 전개되면서 반복적으로 연동되는 모델이 RNN이다.

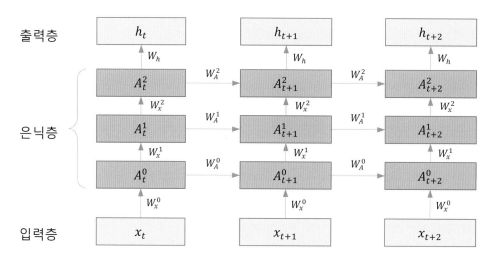

그림 2.19 일반적인 RNN 모델

딥러닝 모델을 구현할 때 데이터의 포맷 또는 순차성^{sequence}에 따라 적당한 모델을 선정하면 되
는데 이때 굳이 MLP 또는 CNN 한 개의 모델만을 고집할 필요는 없다. 즉 데이터의 특성을 보
다 효과적으로 추출하고 표현할 수 있다면 MLP와 CNN을 한 모델에 적절히 혼용해서 사용하
면 된다. 그림 2.20과 같이 실제 활용되고 있는 CNN 모델을 보게 되면 마지막 출력층에는 전
체 연결된 신경망^{FC: fully-connected layer}과 같은 MLP 구조도 포함되어 있는 것이 일반적이다.
MLP로 계산된 최종 벡터나 스칼라 값이 2D 이미지 보다는 목적함수를 정의하는데 편리하다.

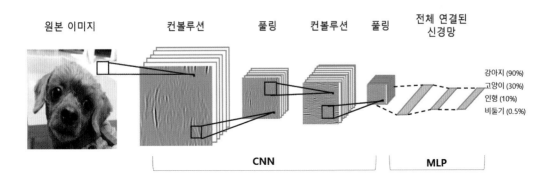

그림 2.20 CNN 모델에 전체 연결된 신경망 (FC: Fully Connected layer)이 MLP에 해당한다

2.6 딥러닝 프레임워크 Deep Learning Frameworks

2.6.1 다양한 딥러닝 프레임워크

오픈소스로 공개되는 딥러닝 프레임워크는 딥러닝의 발전에 매우 중요한 한 축을 담당하고 있다. 이미 검증된 딥러닝 프레임워크의 다양한 라이브러리library와 사전 학습된 알고리즘들은 아이디어에서 구현까지 소요되는 시간과 다른 기회비용을 상당 부분 줄여준다. 또한 개발자들로 하여금 문제 해결에 필요한 핵심 알고리즘 개발에 집중할 수 있게 하고 중복으로 사용되는 기능들을 다시 개발하는 소모적인 작업에서 해방시킨다. 프레임워크 관점에서도 개발자들로부터 받는 피드백은 프레임워크 자체가 발전하는 데 도움을 주고 이는 다시 많은 개발자들이 이용할 수 있게 하는 선순환 구조를 이룬다.

딥러닝 프레임워크는 그림 2.21과 같이 각종 하드웨어 및 소프트웨어 플랫폼 위에 설치되며, 응용 프로그램을 만들기 위한 여러 가지 소프트웨어 모듈이나 라이브러리, API Application Programming Interface를 효율적으로 사용할 수 있게 묶어 놓은 패키지다.

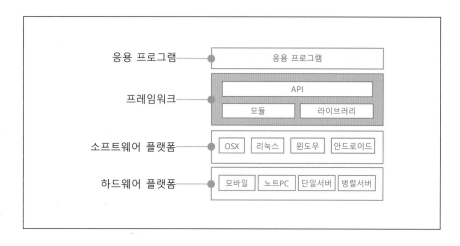

그림 2.21 플랫폼과 프레임워크

프레임워크를 활용하면 딥러닝 모델 구조 architecture 설정이나 역전파 문제 해결, 경사하강법과 같은 최적화 계산 그리고 학습과정 및 예측결과의 가시화까지 모든 것들을 쉽게 구현할 수 있다. 예를 들면 MLP 신경망을 만들고자 한다면 사용자는 각 신경층의 노드 수와 몇 개의 신경층으로 구성되어 있는 지만 정의하면 된다. 이렇게 사용자는 모델 구성에 필요한 하이퍼파라메터 hyperparameters를 정의하면 딥러닝 프레임워크는 자동으로 MLP 모델을 만들어 준다. 그리고 최종적으로 목적함수를 설정해주면 딥러닝 프레임워크는 역시 자동으로 각 학습변수의 기울기를 구해주며 역전파를 통해 학습변수를 업데이트 해준다. 이러한 이유로 딥러닝 개발자한테는 프레임워크의 사용은 필수적이라 할 수 있다. 따라서 자신의 프로젝트에 적당한 프레임워크를 선정하는 것은 매우 중요하다. 다음은 내게 맞는 딥러닝 프레임워크를 선정할 때 살펴봐야할 기본적인 체크 리스트인데 한번은 참고해 볼 필요가 있다.

첫 번째는 개발환경인데 사용자가 선호하는 OS나 개발언어를 지원하는지를 점검한다. 즉 OS 환경은 Windows, 리눅스, MacOS가 있고 개발언어는 파이썬, 자바, C/C++ 등이 대표적이다. 그런데 대부분의 프레임워크는 이러한 개발환경을 기본적으로 지원하고 있다.

두 번째는 최근 딥러닝의 사실상의 표준 하드웨어 플랫폼으로 자리잡고 있는 GPU의 호환성 및 최적화 지원여부다. NVIDIA 사가 자신들이 개발한 GPU를 사용할 수 있도록 CUDA^{Compute} 라는 라이브러리를 지원하고 있는데 결국 프레임워크가 GPU를 활용하기 Unified Device Architecture 위해서는 CUDA를 지원하는지를 살펴봐야한다. 최근에는 NVIDIA가 신경망 모델에 최적화된 CUDA 라이브러리인 cuDNN을 제공하고 있는데 마찬가지로 프레임워크가 cuDNN를 지원하고 있는지 살펴봐야 한다. 요즘 출시되는 컴퓨터 하드웨어는 GPU를 2개이상 설치할 수 있도록 되어있다. 따라서 프레임워크가 멀티 GPU를 지원하는지도 확인해 봐야한다.

세 번째는 분산형 병렬컴퓨팅^{distributed parallel computing} 환경 지원 여부다. 최근 빅데이터 추세에 따라 디지털 데이터가 급격히 늘어나고 있고 또한 의미 있는 수준 이상의 정확도를 가진 예측 모델이 요구되면서 신경망의 학습변수 개수가 지속적으로 증가하고 있다. 참고로 최근 발표된 언어모델인 GPT-3 라는 모델은 1,750억개의 학습변수를 가지고 있다. 이러한 모델을 의미 있는 시간내에 학습시키기 위해서는 단일 서버로는 불가능하다. 그러므로 대규모 딥러닝 모델을 학습시키기 위해서는 확장형 병렬 컴퓨팅 환경이 필요하다. 확장형^{scale-out} 이란 단일 서버의 사양을 높여 전체 성능을 높이는 것이 아니라 보통의 성능을 가진 여러 개의 서버를 네트워크로 연결해서 전체 성능을 높이는 것을 말한다. 프레임워크가 확장형 병렬 컴퓨팅 환경을 지원하기 위해서는 물리적으로 분리되어 있는 서버를 전용 네트워크로 연결하여 다른 서버의 메모리에 저장되어 있는 데이터를 자유자재로 사용할 수 있도록 하여 마치 하나의 단일 서버와 같은 환경을 만들어 줘야한다. 참고로 분산된 각 서버의 메모리에 저장되어 있는 데이터를 주고받게 해주기 위해 MPI^{Message Passing Interface}나 RPC^{Remote Procedure Call} 같은 API를 사용한다.

네 번째는 프로젝트의 성격이다. 간단한 개념 증명을 위한 것인지 아니면 대학교 수업이나 프로젝트에 사용할 것인지 또는 실제 서비스에 적용할 목적인지 등의 기준을 먼저 정하는 것이 좋다. 왜냐하면 개발하고자 하는 응용 프로그램의 필요조건이 계산 시간과 같은 성능이나 다른 소프트웨어와의 연동 문제 또는 프로그래밍 언어의 학습 및 활용 난이도 등 조건에 따라 적절한 프레임워크를 선정할 수 있기 때문이다.

마지막 다섯 번째로는 딥러닝 모델이 다루고 있는 데이터 성격과 과업[task]에 따라 적절한 프레임워크를 선정할 수 있다. 예를 들면 해결하고자 하는 문제가 이미지 분석인지, 음성인식이나 자연어 처리인지, 시계열 신호 분석이나 강화학습을 이용한 제어분야 인지를 정하고 이러한 분야에 특화된 라이브러리나 모듈 또는 사전 학습된 모델을 효율적으로 지원해 줄 수 있는 프레임워크를 선택해야 할 것이다.

현재 10여 종 이상의 딥러닝 프레임워크가 산업계, 대학교, 스타트업, 개발자 커뮤니티를 중심으로 사용되고 있다. 불과 3-4년 전까지 딥러닝 연구는 대학교를 중심으로 전개되어 왔기 때문에 최근까지도 딥러닝 프레임워크는 대학교를 중심으로 개발되고 배포되어 왔다. 지금은 구글이나 AWS[Amazon Web Service] 같은 클라우드 서비스를 제공하고 있는 IT 기업으로 이전되고 있는 추세다.

시아노 Theano

시아노는 최초의 딥러닝 프레임워크로 캐나다 몬트리올 대학에서 개발했다. 2007년에 처음으로 공개된 이후 많은 개발자들에게 딥러닝 모델 연구에 큰 도움을 주었으며 나중에 개발된 다른 다양한 프레임워크 설계에도 많은 영향을 주었다. 2017년 11월부로 몬트리올 대학교는 더 이상 시아노를 유지보수 하지 않는다고 발표했다.

카페 Caffe

카페는 미국 캘리포니아 버클리 대학에서 개발한 프레임워크로 주로 이미지 분석 분야에 많이 사용되고 있다. 카페의 핵심 개발자가 페이스북[Facebook]에 입사하면서 페이스북이 카페를 공식 후원하고 있다. 페이스북은 반복신경망[RNN] 기능을 강화한 카페2를 2017년에 발표하였고 지금은 카페2를 파이토치[PyTorch]에 흡수 통합하여 운영하고 있다.

토치 Torch

토치는 뉴욕대학교에서 개발한 프레임워크로 일반적인 과학계산용까지 지원한다. 과학계산에 빈번히 사용되는 것이 행렬과 벡터의 연산인데 토치는 BLAS[Basic Linear Algebra Subprograms]라는 하드웨어와 OS에 최적화된 하위레벨^{low-level} 라이브러리를 적용하여 다른 프레임워크보다 계산성능이 뛰어나다. 그러나 토치는 C/C++ 그리고 루아^{Lua}라는 스크립트 언어만을 지원하기 때문에 사용자 커뮤니티 확산에 제한적이었다. 뉴욕대학교의 인공지능 구루^{guru}인 얀 르쿤^{Yann Lecun} 교수가 페이스북 인공지능연구소 소장으로 합류하면서 페이스북이 파이썬을 지원하는 토치를 개발하여 배포하게 되는데 이것이 **파이토치**^{PyTorch}다.

파이토치 PyTorch

파이토치는 토치의 뛰어난 연산 능력을 그대로 물려받았고 여기에 GPU 최적화 기능까지 더해져 연산성능 면에서는 프레임워크 중에서는 가장 뛰어나다. 파이토치의 또다른 장점은 파이썬에서 사용되는 넘파이^{numpy} 모듈을 그대로 사용할 수 있어 넘파이 사용에 익숙한 사람은 추가적인 문법을 배울 필요없이 딥러닝 모델을 무리 없이 구현할 수 있다. 그리고 코딩된 라인마다 실행결과를 알 수 있어 디버깅이 용이하며 딥러닝 모델 설계가 매우 직관적이어서 초보자도 쉽게 적응할 수 있다. 최근 파이토치 개발자 커뮤니티가 대학교나 연구소를 중심으로 빠르게 확산되고 있다. 구글이 개발·배포하고 있는 텐서플로우와 최근 사용자 확보차원에서 치열하게 경쟁하고 있다.

텐서플로우 TensorFlow

텐서플로우는 구글의 브레인 프로젝트 팀이 디스트빌리프^{DistBelief}라는 구글의 초기 버전 딥러닝 프레임워크를 보강해서 2015년 말에 공개한 딥러닝 프레임워크다. 텐서플로우는 아파치 오픈소스 라이선스를 가지며, C/C++로 개발된 엔진 위에 파이썬을 지원하는 구조로 되어있다. 구글 연구원이 개발한 캐라스^{Keras}라는 상위레벨^{high-level} 프레임워크를 통합하고 빈번히 활용되는 개발자 커뮤니티에서 제안한 다양한 모듈 (예, contrib 모듈)을 보완하여 2019년 9월에 텐서플로우 2.0을 발표하였다. 텐서플로우 1.0 버전과 2.0 버전은 서로 호환되지 않는 기능들이 다수 포함되어 있어 텐서플로우 1.0 사용자가 텐서플로우 2.0으로 전환하는 데는 어느정도 적응기간이 필요해 보인다. 텐서플로우의 가장 큰 장점은 세계적인 IT기업 구글이 지원한다는 것일 것이다. 현재 텐서플로우를 중심으로 가장 큰 개발자 커뮤니티를 형성하고 있다는 것이 이를 증명한다. 개발자 커뮤니티가 크다는 것은 유사한 프로젝트를 참조할 수 있는 레퍼런스가 많다는 의미이므로 텐서플로우 커뮤니티 확장에 선순환 요소가 된다. 텐서플로우의 또 다른 장점은 서빙모델 ^{serving} ^{model} 기능을 제공한다. 서빙모델은 일종의 실행파일과 유사한 포맷으로 모든 디버깅이 완료되면 안정적으로 서비스가 가능하도록 딥러닝 모델을 신경망 구조와 학습된 파라메터를 묶어 바이너리 형태로 만들어진 것이다.

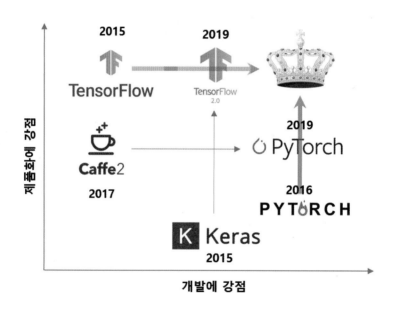

그림 2.22 텐서플로우와 파이토치 발전 방향

그림 2.22는 딥러닝 프레임워크의 주도권을 차지하기 위한 구글의 텐서플로우와 페이스북의 파이토치의 현재 상황을 설명해주고 있다. 텐서플로우는 그동안 제품화에 장점이 있었으나 디버깅이나 딥러닝 모델 구현이 복잡했는데 즉시실행 ^{eager execution} 이라는 기능과 케라스를 통합한 텐서플로우 2.0을 발표하면서 개발에 용이하도록 변모하고 있다. 한편 파이토치는 개발의 편의성 때문에 최근 커뮤니티의 규모가 급격히 증가하고 있는데 그동안 제품화 기능에 단점이 있었던 것을 카페2 ^{caffe2} 를 통합하면서 점차 보강해 나가고 있다.

딥러닝 프레임워크의 개발 및 배포의 주체는 대학교에서 기업체로 넘어갔고 특히 클라우드 컴퓨팅 서비스^{cloud computing service} 업체가 중심이 되어 딥러닝 프레임워크를 개발을 이끌고 있다. 클라우드 컴퓨팅 서비스 업체가 딥러닝 프레임워크 개발에 투자하고 있는 이유는 자신들의 클라우드 서비스를 활성화하는데 목적이 있을 것이라 판단된다. 왜냐하면 딥러닝의 학습과정은 상당한 컴퓨팅 자원이 필요하기 때문에 대용량 전산 자원을 자유롭게 사용할 수 있는 클라우드 서비스가 매우 유용하기 때문이다. 그러므로 효율적인 딥러닝 프레임워크를 클라우드에서 제공하게 되면 자신들의 클라우드 서비스 이용자가 늘어나게 되면서 클라우드 서비스 사업도 동시에 성장할 것이라는 직관적인 예상이 가능하다.

이러한 이유로 마이크로소프트^{Microsoft}도 CNTK라는 프레임워크를 클라우드에서 서비스하고 있으며, 아마존 웹서비스^{AWS}는 엠엑스넷^{MXnet}과 세이지메이커^{SageMaker}라는 프레임워크를 역시 클라우드에서 플랫폼 형태로 제공하고 있다.

이 책에서는 딥러닝 모델을 설명하기 위해서 예제로 제시한 코드를 가능하면 최근 가장 많이 활용되고 있는 텐서플로우와 파이토치 두개의 프레임워크를 이용하여 구현해보려고 한다. 두개의 프레임워크는 사용방법이 거의 유사하지만 (특히 케라스^{Keras}기반의 텐서플로우는 파이토치 사용법과 유사하다) 몇 가지 차이점이 있어 각 개인마다 선호하는 프레임워크를 찾기를 기대한다.

2.6.2 파이토치 프레임워크를 이용한 딥러닝 모델 구현 방법

다음은 파이썬을 이용해서 딥러닝 모델을 구현할 때 기본적으로 제공하는 파이토치 라이브러리들을 설명하고 있는데 아래 기능들만 사용해도 어느정도 간단한 딥러닝 모델을 구현할 수 있을 것이라 믿는다. 파이토치는 사용자가 모델을 정의하면 자동적으로 학습변수를 인지하고 있어 역전파 및 경사하강법을 이용한 학습변수 업데이트가 매우 편리하다. 사용자는 학습데이터를 파이토치 텐서^{tensor} 형으로 전환하기만 하면 나머지 과정은 다음에서 설명할 기본적인 순서에 크게 벗어나지 않기 때문에 개별적인 모델 구현에 큰 어려움은 없을 것이라 판단된다.

● 파이토치: 라이브러리 가져오기 (**import**)

```
import torch # 기본적인 파이토치 라이브러리 가져오기
import torch.nn as nn # neural network 관련 라이브러리
import torch.nn.functional as F # 함수 관련 라이브러리 (예, 활성화 함수)
import torch.optim as optim # 경사하강법 관련 최적화 라이브러리
import numpy # 데이터 처리를 위한 넘파이 라이브러리
```

● 파이썬 리스트list 및 넘파이 배열array을 파이토치 텐서로 변환하기

파이썬을 이용해서 머신러닝 모델을 만들 때 행렬 및 벡터연산에 최적화된 넘파이 라이브러리를 사용하고 있지만 넘파이는 아직 GPU 및 BLAS에 최적화되어 있지 않다. 파이토치의 텐서tensor (일종의 array)로 변환시켜주면 넘파이 사용법을 유지하면서 BLASBasic Linear Algebra Subprograms와 GPU에 최적화되어 성능을 개선시킬 수 있다.

```
x = [1,2,3,4]
y = numpy.array([[1,2,3],[4,5,6]])
t_x = torch.FloatTensor(x)
t_y = torch.FloatTensor(y)
print(t_x, t_y)
output:
tensor([1., 2., 3., 4.]) tensor([[1., 2., 3.],[4., 5., 6.]])
```

● 파이토치: 딥러닝 모델 만들기

분석하고자 하는 데이터의 형태에 따라 MLP, CNN, RNN 구조architecture를 사용할 수 있다. 딥러닝 구조를 설계할 때 신경망 종류 및 활성화 함수 그리고 최종 스코어를 만드는 함수를 정의한다.

- · 신경망 종류: MLP, CNN, RNN, LSTM 등
- · 활성화 함수: ReLU, sigmoid, tanh 등
- · 스코어 함수: softmax, log_softmax 등

아래 예제에서는 ReLU 활성화 함수를 가지는 MLP구조를 정의하였다. 파이토치에서는 텐서플로우와 다르게 신경망 모델의 변수 또는 파라메터를 따로 정의하지 않는다 (텐서플로우 2.0에 통합된 케라스^Keras 모듈을 사용하게 되면 파이토치 문법과 거의 동일하다).

```python
class Net(nn.Module):
    # neural network 구조 정의 (예, MLP, CNN, RNN, LSTM)
    def __init__(self):
        super(Net, self).__init__()
        # 입력차원: 100, 출력차원:50인 퍼셉트론
        self.fc1 = nn.Linear(100, 50)
        # 입력차원: 50, 출력차원:10인 퍼셉트론
        self.fc2 = nn.Linear(50, 10)

    # 예측값을 만드는 순전파 forward propagation 정의
    def forward(self, x):
        x = x.float()
        # 입력값을 100차원 벡터로 정의 (flatten)
        x = x.view(-1, 100)
        # self.fc1(x)로 취합된 값을 F.relu 활성화
        x = F.relu(self.fc1(x))
        # self.fc2(x)로 취합된 값을 F.relu 활성화
        x = F.relu(self.fc2(x))
        # softmax 함수로 최종 출력값을 스코어로 계산
        x = F.softmax(x, dim=1)

        return x
```

nn.Linear(100, 50)는 **nn(neural network)** 모델 중 그림 2.7과 같은 두개의 층으로 연결된 퍼셉트론 모델이다. 즉 앞 층에는 100개의 노드가 있고 뒤 층에는 50개의 노드가 연결되어 있는 신경망 모델이다. 사용자가 **nn.Linear(100, 50)**를 정의하게 되면 50×100 크기의 학습변수 행렬이 자동적으로 파이토치 내부에서 정의된다. 이때 행렬의 크기가 100×50이 아닌 50×100 임을 주목하기 바란다. 즉 뒤 층에 있는 50 개의 노드값은 앞 층에서 전달된 100 개의 노드값을 취합하기 때문에 행렬의 크기는 50×100 이다.

참고로 학습 변수를 저장하고 있는 이 행렬은 생물학적 신경망에서 시냅스에 해당하며 경험이 기억되는 저장소라는 점을 다시한번 상기해 보자. 즉 딥러닝 모델에서의 학습 경험은 노드와 노드를 연결하는 엣지에 학습변수로 저장되어 있다.

나중에 학습을 시킬 때 최적화 함수 (아래 예제에서는 **optim.SGD**를 사용하였음)를 선정하고 경사하강법을 적용할 때 **model.parameters()**로 입력해주면 **nn.Linear(100, 50)**에서 내부적으로 정의된 각 학습변수에 대한 기울기를 구하고 경사하강법으로 업데이트 된다.

여기서 **super(Net, self).__init__()**은 메서드 상속시 우선순위를 정해진 규칙을 기반으로 하겠다는 정의다.

● 파이토치: 딥러닝 모델 선언 및 최적화 함수 선정

앞에서 정의한 신경망 모델을 가지는 객체를 선언한다. 이때 device를 CPU를 사용할 지 또는 GPU를 사용할 지를 결정하는데 만약 컴퓨터에 GPU가 설치되어 있으면 "cuda" 라는 옵션을 정의하여 GPU를 사용할 수 있다. 그리고 파이토치에서 제공하고 있는 여러가지 최적화 함수 중 문제의 상황에 적합한 최적화 함수를 정의하면 된다. 이때 최적화 함수에 따라 학습률 및 여러가지 계수 등을 사용자가 정의할 수 있는데 특별한 정의가 없으면 파이토치 내부에 정의된 기본값이 자동적으로 사용된다. 앞서 설명한 바와 같이 파이토치의 특징은 따로 학습변수를 정의하지 않고 모델 구조를 설계하면 자동적으로 내부에서 학습변수가 결정되므로 **model.parameters()**라는 것을 이용하여 최적화 대상인 학습변수를 파이토치에 알려준다.

```
# GPU 기반의 Net 구조를 가지는 모델 객체 선언
model = Net().to("cuda")

# 경사하강법 최적화 함수로 SGD 선정
optimizer = optim.SGD(model.parameters(), lr=0.01)
```

● 파이토치: 딥러닝 모델 학습시키기

딥러닝 모델과 최적화 함수가 정의되면 마지막으로 학습을 시작한다. 손실^{loss} 또는 비용^{cost} 이 수렴되면 학습을 종료하는데 매 반복학습시 마다 손실과 비용을 비교하는 것이 추가적인 계산과 정이 필요하기 때문에 일반적으로 학습 반복 횟수를 **total_iteration**과 같이 정의한다. **total_iteration** 정도가 반복학습되면 충분히 학습이 될 거라고 예상하는 것이다.

```
# total_iteration 까지 반복학습
for iter in range(total_iteration):
    # 모든 파라메터 기울기 초기화
    optimizer.zero_grad()
    # 배치 크기로 준비된 입력데이터(data)로 예측값 계산
    pred = model(data)
    # 예측값(pred) 실제값(true)으로 MSE 손실 계산
    loss = F.mse_loss(pred, true)
    # 역전파로 각 파라메터 기울기 계산
    loss.backward()
    # 경사하강법으로 파라메터 업데이트
    optimizer.step()
```

2.6.3 텐서플로우 프레임워크를 이용한 딥러닝 모델 구현 방법

다음은 파이썬과 텐서플로우 2.0 라이브러리들을 이용해서 딥러닝 모델을 구현하는 기본적인 순서를 설명한다. 참고로 텐서플로우 2.0을 기반으로 같은 목적의 딥러닝 모델을 설계하는 방법은 여러가지가 있다. 예를 들면 **tensorflow** 하위에 있는 모듈 중 **tensorflow.nn**^(nn은 neural network을 의미함)을 사용할 수 도 있고 **tensorflow.keras** 를 사용할 수도 있다. 만약 케라스^{keras} 모듈을 사용하게 되면 파이토치와 매우 유사하게 구현됨을 확인할 수 있다. 텐서플로우는 케라스 모듈을 사용할 경우 학습데이터를 넘파이 배열 형태를 그대로 사용할 수 있고 케라스 모듈을 사용하지 않을 경우에는 **tf.Variable()** 메서드를 이용하여 학습변수를 정의해야 한다. 아래 예제에서는 케라스 모듈을 사용하였다.

● 　텐서플로우 라이브러리 가져오기 (**import**)

```
import tensorflow as tf
from tensorflow.keras import Model, layers
import numpy
```

● 　넘파이를 이용한 텐서플로우 학습데이터 정의

텐서플로우에서는 데이터를 넘파이 라이브러리를 사용하여 정의한다.

```
x = numpy.array([1,2,3,4])
y = numpy.array([[1,2,3],[4,5,6]])
```

● 　텐서플로우: 딥러닝 모델 만들기

텐서플로우 2.0에서 케라스 모듈을 사용할 경우 파이토치와 구현 방법이 매우 유사하다. 텐서플로우의 MLP 형태의 신경망을 구현하기 위해서는 **layers.Dense**를 사용하는데 여기서는 출력값의 차원만을 정의한다. 그리고 동시에 활성화 함수도 같이 정의해 준다. 최종 출력층에서의 값을 기반으로 스코어를 계산하는 방식은 파이토치와 동일하다.

```
class Net(Model):
    # neural network 구조 정의 (예, MLP, CNN, RNN, LSTM)
    def __init__(self):
        super(Net, self).__init__()
        # 출력차원: 50, 활성화 함수 정의: relu
        self.fc1 = layers.Dense(50, activation=tf.nn.relu)
        # 출력차원: 10, 활성화 함수 정의: relu
        self.fc2 = layers.Dense(10, activation=tf.nn.relu)

    # 예측값을 만드는 순전파 forward propagation 정의
    def forward(self, x, is_training=False):
        x = self.fc1(x)
        x = self.fc2(x)
        # 학습단계인 경우 softmax 함수로 최종 출력값을 스코어로 계산
        if not is_training:
            x = tf.nn.softmax(x)

        return x
```

● 텐서플로우: 딥러닝 모델 선언 및 최적화 함수 선정

model이라는 **Net** 객체를 만든다. 파이토치와 마찬가지로 최적화 함수로 SGD를 선정하였다. 물론 나중에 최적화 기법 세션에서 설명하겠지만 여러가지 다양한 최적화 함수 (예, Adagrad, RMSprop, ADAM 등)들을 선정할 수 있다.

```
# Net 구조를 가지는 모델 객체 선언
model = Net()

# 경사하강법 최적화 함수로 SGD 선정하고 학습률은 0.01로 정의
optimizer = tf.optimizers.SGD(learning_rate=0.01)
```

● 텐서플로우: 딥러닝 모델 학습시키기

딥러닝 모델과 최적화 함수가 정의되면 마지막으로 학습을 시작한다. 텐서플로우에서 특이한 것은 **tf.GradientTape()** 이라는 메서드다. **tf.GradientTape()** 는 Tape과 같은 성질로 각 학습변수의 기울기를 추적하면서 자동으로 기울기를 구해주는 메서드다. 다음과 같은 순서로 매 반복학습단계마다 경사하강법을 통해 학습변수를 업데이트한다.

① 모델에서 학습변수 추출: **model.trainable_variables**

② 각 학습변수에 대한 손실함수 기울기 계산: **g.gradient**

③ 경사하강법을 적용하여 각 학습변수 업데이트: **optimizer.apply_gradients**

```
# total_iteration 까지 반복학습

for iter in range(total_iteration):
    # 자동 기울기 계산 메서드를 가져와 g 로 정의
    with tf.GradientTape() as g:
            # 배치 크기로 준비된 입력데이터(data)로 예측값 계산
            pred = model(data, is_training=True)
            # 예측값(pred) 실제값(true)으로 MSE 손실 계산
            loss = tf.keras.losses.MSE(pred, true)
            # model에 정의된 학습변수를 추출
            model_params = model.trainable_variables
            # 각 학습변수에 대한 손실함수 기울기 계산
            gradients = g.gradient(loss, model_params)
            # 경사하강법으로 학습변수 업데이트
            optimizer.apply_gradients(zip(gradients, model_params))
```

03

다양한 최적화 기법

3.1 경사하강법 개요

3.1.1 경사하강법 이해하기

손실함수loss function 및 비용함수cost function는 목적함수objective function와 같은 의미로 사용된다. 목적함수는 일반적으로 최댓값 또는 최솟값 모두를 포함하는 최적값을 찾는 함수를 의미하는 반면에 손실함수 및 비용함수는 손실과 비용이라는 의미에서 알 수 있듯이 최솟값을 찾는 함수다. 즉 손실함수와 비용함수는 아래로 볼록한convex 함수를 갖는다. 반면에 가능도likelihood, 효용함수utility function 그리고 가치함수value function 등의 목적함수는 최댓값을 찾아야 한다. 그러므로 가능도와 효용함수는 위로 볼록한concave 모양을 갖는다. 최솟값을 찾는 방법은 경사하강법gradient descent을 사용하고 최댓값을 찾는 경우는 경사상승법gradient ascent을 사용한다. 두가지 방법 모두 함수의 경사도 또는 기울기를 이용하여 최적값을 찾는다.

경사하강법 또는 경사상승법은 딥러닝에서 기본적으로 사용하고 있는 최적화 기법인데 그 원리는 매우 간단하다. 예를 들면 우리가 산 정상에서 평지까지 가장 빨리 내려오기 위한 방법은 현재 있는 지점에서 가장 가파른 방향을 선정하고 그 방향으로 한 걸음 내려간 다음 다시 이동한 지점에서 가장 가파른 방향을 선정하고 그 방향으로 한 걸음 내려가는 것을 반복하면 가장 빨리 평지로 내려올 수 있다는 개념이다. 여기서 가장 가파른 방향이 기울기gradient이고 한걸음 보폭 크기가 학습률learning rate이다. 이러한 이유로 경사하강법은 최급하강법steepest descent이라고도 한다.

경사하강법의 수학적인 배경은 다음과 같다. 테일러 급수Taylor series를 이용하면 모든 함수는 다음과 같이 표현할 수 있다.

$$f(x + \Delta x) = f(x) + \frac{f(x)'}{1!}\Delta x + \frac{f(x)''}{2!}\Delta x^2 + \frac{f(x)'''}{3!}\Delta x^3 + \frac{f(x)''''}{4!}\Delta x^4 + \cdots \quad (3.1)$$

여기서 x가 다변수^{multivariate}를 가지는 벡터형태라고 한다면, 다변수 벡터 X에 대한 테일러 시리즈는 다음과 같이 표현할 수 있다.

$$f(X + \Delta X) = f(X) + \nabla f(X)^T \Delta X + \frac{1}{2!}\Delta X^T \nabla^2 f(X) \Delta X + \mathcal{R}(\Delta X^3)$$

$$= f(X) + G^T \Delta X + \frac{1}{2!}\Delta X^T H \Delta X + \mathcal{R}(\Delta X^3) \tag{3.2}$$

여기서 G는 기울기인 그레디언트^{gradient}이고 다음과 같이 표현한다.

$$G = \nabla f(X) = \begin{bmatrix} \dfrac{\partial f}{\partial x_1} \\ \dfrac{\partial f}{\partial x_2} \\ \vdots \\ \dfrac{\partial f}{\partial x_n} \end{bmatrix} \tag{3.3}$$

그리고 H는 헤시안^{Hessian} 행렬이라고 하고 다음과 같이 표현한다.

$$H = \nabla^2 f(X) = \begin{bmatrix} \dfrac{\partial f}{\partial x_1}\dfrac{\partial f}{\partial x_1} & \cdots & \dfrac{\partial f}{\partial x_1}\dfrac{\partial f}{\partial x_n} \\ \vdots & \ddots & \vdots \\ \dfrac{\partial f}{\partial x_n}\dfrac{\partial f}{\partial x_1} & \cdots & \dfrac{\partial f}{\partial x_n}\dfrac{\partial f}{\partial x_n} \end{bmatrix} \tag{3.4}$$

ΔX가 작아지면 $\mathcal{R}(\Delta X^3)$ 항은 무시할 수 있다고 가정하면 식 (3.2)는 다음과 같이 정의할 수 있다.

$$f(X + \Delta X) = f(X) + G^T \Delta X + \frac{1}{2!}\Delta X^T H \Delta X \tag{3.5}$$

식 (3.5)에서 ΔX에 대해 최적값을 갖기 위해서는 ΔX에 대한 미분값이 0이 되어야 한다.

$$G + H\Delta X = 0 \tag{3.6}$$

그리고 식 (3.6)을 다음과 같이 표현할 수 있다.

$$\Delta X = -H^{-1}G$$
$$= -H^{-1}\nabla f(X) \tag{3.7}$$

그러므로 식 (3.7)을 이용하여 다음과 같이 경사하강법을 유도할 수 있다.

$$X_{k+1} = X_k + \Delta X = X_k - H^{-1}\nabla f(X) \tag{3.8}$$

이때 헤시안 역행렬inverse matrix H^{-1}를 구하게 되면 매우 빠르게 수렴하여 X_{k+1}값을 찾을 수 있다. 이것을 뉴턴 방법Newton method 이라고 한다. 그러나 목적함수의 이차 미분인2nd derivative 헤시안 행렬의 계산과 여기에 헤시안의 역행렬까지 구하는 것은 많은 연산량이 요구되기 때문에 수렴속도 관점에서 결과적으로 큰 이득이 없을 수 있다. 이를 간략히 하기 위해 H^{-1}대신 학습률 α를 적용한 것이 딥러닝에서 가장 일반적으로 사용하는 최적화 기법인 경사하강법이다.

3.1.2 경사하강법 적용 예제

경사하강법 구현방법을 간단한 회귀regression 문제를 통해 설명해 보기로 하자. 먼저 $y = 3x + 2$ 이라는 회귀식을 예측해 보기 위해 이 선형식 주변에 분포하고 있는 데이터셋을 인위적으로 생성한다. 실제 프로젝트에서는 확보된 데이터셋을 가장 잘 대표하는 회귀식 또는 예측식을 찾는 것이 목적이나 여기서는 회귀식을 얼만큼 잘 찾는 지를 역으로 알아보는 것이기 때문에 사전에 정해진 회귀식을 만족하는 데이터셋을 랜덤random 함수를 이용해서 생성하였다.

아래 예제에서 넘파이는 행렬 및 벡터 형태의 데이터를 연산하는데 편리한 함수들 (메서드[method]라고 한다)을 사전에 모듈화한 라이브러리이고 **matplotlib**은 가시화를 위한 파이썬 라이브러리다. 평균값 0과 표준편차 1을 가지는 표준정규분포함수 **np.random.randn(1)**를 이용하여 임의로 실숫값을 생성한 후 10을 곱해 x 데이터를 만든 후 이것을 $y = 3x + 2 + 10 \times randn(1)$ 선형식에 대입하여 y 값을 만들어 데이터셋을 생성하였다. 그림 3.1은 데이터셋의 분포를 보여준다.

```python
import numpy as np
import matplotlib.pyplot as plt

# dataset generation
data = np.zeros((100,2))

for i in range(len(data)):
  data[i][0] = 10*np.random.randn(1)
  data[i][1] = 3*data[i,0] + 2 + 10*np.random.randn(1)

plt.scatter(data[:,0], data[:,1])
plt.show()

output:
```

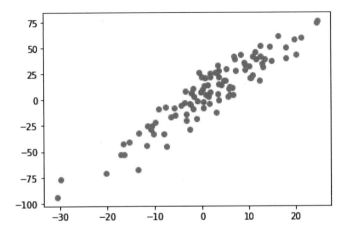

그림 3.1 $y = 3x + 2$ 회귀 문제를 위한 데이터셋 생성

이러한 데이터셋을 가지고 회귀식을 찾아보기로 하자. 우리는 이미 $y = 3x + 2$라는 정답을 알고 있는 상태에서 얼만큼 정답에 가까운 $y = wx + b$를 찾는 지 알아보기로 한다.

먼저 데이터의 분포를 보고 $y = wx + b$ 라고 회귀식을 추정한다 (회귀식을 정의하는 것은 다분히 주관적이다. 왜냐하면 어떤 사람은 삼각함수를 회귀식으로 사용할 수도 있고 또는 다항식을 회귀식으로 사용할 수도 있기 때문이다). 이제는 주어진 데이터셋을 만족하는 회귀식의 학습변수 w와 b를 찾으면 되는데 여기서는 손실함수는 MSE$^{Mean\ Square\ Error}$를 사용하기로 한다. 따라서 손실함수는 다음과 같다.

$$loss\ function = \sum_{i=1}^{N}(true - pred)^2 = \sum_{i=1}^{N}(y - wx - b)^2 \qquad (3.9)$$

여기서 N은 전체 데이터 개수이고 x는 데이터이며 y는 x에 대한 레이블이다. 즉 y는 실제값, $true$ 이고 $wx + b$는 예측값, $pred$ 가 된다.

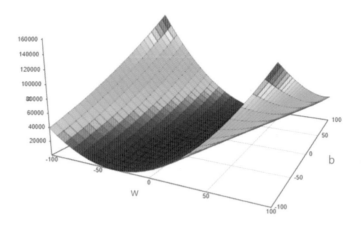

그림 3.2 $y = wx + b$ 회귀식의 손실함수 모양

경사하강법을 적용하기 위해 손실함수를 학습변수 w와 b에 대해 기울기를 구하면 다음과 같다.

$$\frac{\partial \; loss \; function}{\partial w} = \sum_{i=1}^{N} 2(y - wx - b)(-x) \qquad (3.10)$$

$$\frac{\partial \; loss \; function}{\partial b} = \sum_{i=1}^{N} 2(y - wx - b)(-1) \qquad (3.11)$$

가 학습변수에 대한 기울기를 구했으면 경사하강법을 적용하여 가 학습변수를 다음과 같이 업데이트하면 된다.

$$w = w - \alpha \; \frac{\partial \; loss \; function}{\partial w} \qquad (3.12)$$

$$b = b - \alpha \; \frac{\partial \; loss \; function}{\partial b} \qquad (3.13)$$

여기서 α는 학습률이다. 이것을 파이썬으로 구현한 것이 다음 예제 코드다. 이때 학습 데이터셋은 앞서 생성된 넘파이 배열^{numpy array} 인 **data** 를 사용한다.

```python
# y = wx + b 선형 회귀식 구하기
# 학습변수별 직접 기울기를 구하고 경사하강법 적용하기
# MSE 손실함수
def loss_function (w,b):
    return sum((y-w*x-b)**2 for x, y in data)/len(data)

# 학습변수 w 에 대한 기울기: dL/dw
def w_grad_loss(w,b):
    return sum(2*(y-w*x-b)*(-x) for x,y in data )/len(data)

# 학습변수 b 에 대한 기울기: dL/db
def b_grad_loss(w,b):
    return sum(2*(y-w*x-b)*(-1) for x,y in data)/len(data)

# 각 학습변수 초기화
w = 20.00001
b = 20.00001
```

```
# 학습률 정의
lr= 0.001

# 10001 번 반복하면서 학습
for i in range(10000+1):

# w,b 경사하강법
  w = w - lr*w_grad_loss(w,b)
  b = b - lr*b_grad_loss(w,b)

# 1000 회 반복마다 손실값 및 w, b 출력
  if i%1000 == 0:
    print('iteration:',i,'loss=',loss_function(w,b),'w=',w, 'b=', b)

# 결과 출력
x_coor = []
y_coor = []

iter=0
for i in range(-30,30,1):
  x_coor.append (i)
  y_coor.append (w*x_coor[iter] + b)
  iter+=1

plt.plot(x_coor, y_coor, 'r')
plt.scatter(data[:,0], data[:,1])
plt.show()

output:

iteration: 0 loss= 20904.544091126187 w= 16.042738068157252 b= 19.91894695083195
iteration: 1000 loss= 135.81507369113856 w= 2.872946865916225 b= 4.688153900648042
iteration: 2000 loss= 129.83862838290287 w= 2.905805304913262 b= 2.541673269673624
iteration: 3000 loss= 129.71742049942023 w= 2.9104847126275004 b= 2.2359905187690203
iteration: 4000 loss= 129.714962290525 w= 2.911151112408636 b= 2.192457890124611
iteration: 5000 loss= 129.71491243575647 w= 2.911246015160313 b= 2.186258358907743
iteration: 6000 loss= 129.7149114246553 w= 2.911259530369247 b= 2.185375476607601
iteration: 7000 loss= 129.71491140414918 w= 2.9112614550855413 b= 2.1852497443338765
iteration: 8000 loss= 129.7149114037334 w= 2.9112617291865805 b= 2.185231838657605
iteration: 9000 loss= 129.71491140372495 w= 2.9112617682216215 b= 2.1852292886898566
iteration: 10000 loss= 129.7149114037247 w= 2.911261773780646 b= 2.185228925546045
```

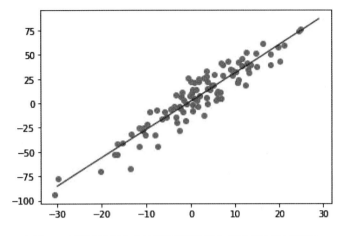

그림 3.3 기울기를 직접 구한 경사하강법 결과 (적색 선형식이 회귀식)

이 예제에서는 학습변수가 w 와 b 단 두개지만 만약 학습변수파라메터가 수백개 또는 수천개가 되면 일일이 모든 학습변수에 대한 미분을 계산하고 각 학습변수에 대한 기울기를 구하는 것은 불가능하다. 이러한 문제는 다음과 같은 유한차분법 finite difference method 이라고 하는 수치해석기법으로 해결이 가능하다. 즉 유한차분법을 적용하여 일반적인 기울기 함수를 만든다.

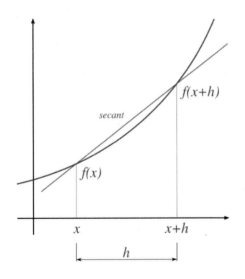

그림 3.4 유한차분법을 이용한 기울기 계산

$$f(x)' = \frac{\partial f}{\partial x} = \frac{f(x+h) - f(x)}{h} \tag{3.14}$$

또는 다음과 같이 표현할 수 있다.

$$f(x)' = \frac{\partial f}{\partial x} = \frac{f(x+h) - f(x-h)}{2h} \tag{3.15}$$

여기서 $f(x)$는 손실함수이고 h는 미분계수로 0에 가까운 충분히 작은 수다. 식 (3.14) 또는 식 (3.15)를 이용하여 학습변수 w와 b에 대한 기울기를 구하면 다음과 같다.

$$\frac{\partial \, loss \, function}{\partial w} = \sum_{i=1}^{N} \frac{loss(w+h, b) - loss(w, b)}{h}$$

$$= \sum_{i=1}^{N} \frac{(y - wx - hx - b)^2 - (y - wx - b)^2}{h} \tag{3.16}$$

$$\frac{\partial \, loss \, function}{\partial b} = \sum_{i=1}^{N} \frac{loss(w, b+h) - loss(w, b)}{h}$$

$$= \sum_{i=1}^{N} \frac{(y - wx - b - h)^2 - (y - wx - b)^2}{h} \tag{3.17}$$

위 식을 이용하여 기울기 함수를 만들면 각 학습변수에 대한 기울기를 직접 미분하여 구하지 않더라도 손실함수를 이용하여 학습변수에 대한 기울기를 쉽게 구할 수 있다. 이 같은 방식을 적용한 예제코드는 다음과 같다. 이때 학습 데이터셋은 앞서 생성된 넘파이 배열인 **data**를 동일하게 사용한다.

```python
# y = wx + b 선형 회귀식 구하기
# 유한차분법 함수를 정의해서 기울기를 구하고 경사하강법 적용하기
# MSE 손실함수 = (true - pred)**2
# len(data)는 전체 학습데이터 개수로 평균값 계산에 사용
def loss_function (w,b):
    return sum((y-w*x-b)**2 for x, y in data)/len(data)

# 유한차분법을 이용한 기울기 함수
def grad_loss(w,b, w_h, b_h):
    return (loss_function(w+w_h,b+b_h) - loss_function(w,b))/h

# 학습변수 초기화
w = 20.00001
b = 20.00001

# 학습률 정의
lr= 0.001

# 미분계수 정의
h = 0.001

# 10001 번 반복하면서 학습
for i in range(10000+1):
    # w,b 경사하강법
    w = w - lr*grad_loss(w, b, h, 0)
    b = b - lr*grad_loss(w, b, 0, h)

    # 1000 회 반복마다 손실값 및 w, b 출력
    if i%1000 == 0:
        print('iteration:', i, 'loss=', loss_function(w,b), 'w=', w, 'b=', b)

# 결과 출력
x_coor = []
y_coor = []
iter=0
for i in range(-30,30,1):
    x_coor.append (i)
    y_coor.append (w*x_coor[iter] + b)
    iter+=1
```

```
plt.plot(x_coor, y_coor, 'r')
plt.scatter(data[:,0], data[:,1])
plt.show()

output:

iteration: 0 loss= 20904.195841756195 w= 16.042624085701643 b= 19.918946345202382
iteration: 1000 loss= 135.81670281626398 w= 2.872442005621931 b= 4.688474601256441
iteration: 2000 loss= 129.83891715747018 w= 2.905299734217376 b= 2.542040377348169
iteration: 3000 loss= 129.7174868323034 w= 2.9099790407626323 b= 2.2363642353254782
iteration: 4000 loss= 129.7149963051517 w= 2.9106454261359964 b= 2.1928325478609985
iteration: 5000 loss= 129.71494183492197 w= 2.910740326835704 b= 2.186633150678656
iteration: 6000 loss= 129.71494016626448 w= 2.9107538417524346 b= 2.185750287466984
iteration: 7000 loss= 129.71494005210963 w= 2.9107557664271972 b= 2.1856245579102414
iteration: 8000 loss= 129.71494003835704 w= 2.910756040522326 b= 2.185606652620944
iteration: 9000 loss= 129.7149400364493 w= 2.910756079556645 b= 2.1856041027093305
iteration: 10000 loss= 129.71494003617866 w= 2.910756085115448 b= 2.185603739572027
```

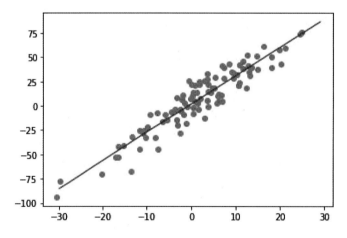

그림 3.5 유한차분법의 기울기 함수를 이용한 경사하강법 결과 (적색 선형식이 회귀식)

3.1.3 딥러닝 프레임워크를 이용한 최적화

기울기를 기반으로 하는 경사하강법은 딥러닝에서 핵심적으로 사용되는 루틴routine 이기 때문에 텐서플로우나 파이토치 같은 프레임워크는 이 기능을 기본적으로 제공하고 있다. 다음 예제 코드에서는 텐서플로우와 파이토치 프레임워크를 사용하여 구현한 것이다. 여기에서도 학습 데이터셋은 앞서 생성된 넘파이 배열^{numpy array}인 **data**를 동일하게 사용한다.

■   다음은 **텐서플로우**^{TensorFlow} 2.2 을 이용한 선형 회귀식 학습 예제다.

```
# y = wx + b 선형 회귀식 구하기
# 텐서플로우를 이용한 회귀식 문제
import tensorflow as tf

# w,b 변수 설정 및 초기화
w = tf.Variable(initial_value=20.001)
b = tf.Variable(initial_value=20.001)

x = data[:,0]
y = data[:,1]

# 손실함수 정의: MSE
def loss_function(x,y):
  pred = w*x+b
  return tf.reduce_mean(tf.math.square(y - pred))

# 최적화 함수 정의: 기본적인 SGD 선정
# 학습률 = 0.001 로 정의
optimizer = tf.optimizers.SGD(0.001)

# 학습모델 정의
def train():
# tf.GradientTape 은 기울기를 기록하는 메소드임
  with tf.GradientTape() as g:
    loss = loss_function(x,y)
# tensorflow 에 내장된 유한차분법 함수를 사용하여 기울기 계산
  gradients = g.gradient(loss, [w,b])

# SGD 를 이용하여 각 학습변수 업데이트
  optimizer.apply_gradients(zip(gradients, [w,b]))
```

```
for i in range(10000+1):
  x = data[:,0]
  y = data[:,1]
# 학습
  train()
  # 1000회 반복마다 손실값 및 w, b 출력
  if i%1000 == 0:
    loss = loss_function(x,y)
    print('iteration: ', i, 'loss=', loss, 'w=', w.numpy(), 'b=', b.numpy())

# 결과 출력
x_coor = []
y_coor = []
w = w.numpy()
b = b.numpy()
iter=0
for i in range(-30,30,1):
  x_coor.append (i)
  y_coor.append (w*x_coor[iter] + b)
  iter+=1

plt.plot(x_coor, y_coor, 'r')
plt.scatter(data[:,0], data[:,1])
plt.show()
```

output:

```
iteration: 0 loss= tf.Tensor(20905.84, shape=(), dtype=float32) w= 16.043499 b= 19.906239
iteration: 1000 loss= tf.Tensor(135.77515, shape=(), dtype=float32) w= 2.8730724 b= 4.6799507
iteration: 2000 loss= tf.Tensor(129.83783, shape=(), dtype=float32) w= 2.9058225 b= 2.5405428
iteration: 3000 loss= tf.Tensor(129.7174, shape=(), dtype=float32) w= 2.910487 b= 2.2358358
iteration: 4000 loss= tf.Tensor(129.71497, shape=(), dtype=float32) w= 2.9111516 b= 2.1924365
iteration: 5000 loss= tf.Tensor(129.7149, shape=(), dtype=float32) w= 2.9112458 b= 2.1862555
iteration: 6000 loss= tf.Tensor(129.7149, shape=(), dtype=float32) w= 2.911259 b= 2.185383
iteration: 7000 loss= tf.Tensor(129.7149, shape=(), dtype=float32) w= 2.9112604 b= 2.1852908
iteration: 8000 loss= tf.Tensor(129.7149, shape=(), dtype=float32) w= 2.9112604 b= 2.1852908
iteration: 9000 loss= tf.Tensor(129.7149, shape=(), dtype=float32) w= 2.9112604 b= 2.1852908
iteration: 10000 loss= tf.Tensor(129.7149, shape=(), dtype=float32) w= 2.9112604 b= 2.1852908
```

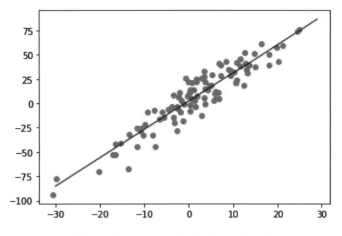

그림 3.6 텐서플로우를 이용한 경사하강법 결과 (적색 선형식이 회귀식)

■ 다음은 **파이토치** ^{PyTorch} 1.5 를 이용한 선형 회귀식 학습 예제다.

```python
# y = wx + b 선형 회귀식 구하기
# 파이토치를 이용한 회귀식 문제
import torch
import torch.nn as nn
import torch.nn.functional as F

# 학습모델 정의
class Linear_Regression(nn.Module):
    def __init__(self):
        super().__init__()
# 단변수 (univariate) 선형 회귀이므로 input_dim=1 for x, output_dim=1 for y
        self.linear = nn.Linear(1, 1)
# 순전파 함수 (여기에서는 입력층 출력층 각 층에 노드가 한 개인 SLP 구조)
    def forward(self, x):
        return self.linear(x)

x = data[:,0].reshape(-1,1)
y = data[:,1].reshape(-1,1)
```

```
# 파이토치 포맷으로 변환
in_x = torch.FloatTensor(x)
in_y = torch.FloatTensor(y)

# 회귀 모델 선언
model = Linear_Regression()
# 최적화 함수: 기본적인 SGD 를 선정하고 Nesterov 모멘텀 사용. lr 은 학습률
optimizer = torch.optim.SGD(model.parameters(), lr=0.001, momentum=0.01, ne
sterov=True)
weight = []

for i in range(10000+1):
  pred = model(in_x)
  loss = F.mse_loss(pred, in_y)

  # 최적화 함수 초기화
  optimizer.zero_grad()
  # torch 에 내장된 유한차분법 함수를 사용하여 기울기 계산
  loss.backward()
  # 학습변수 업데이트
  optimizer.step()

  # 1000 회 반복마다 손실값 및 w, b 출력
  if i%1000 == 0:
    for param in model.parameters():
      weight.append (param.data)
    print('iteration:', i, 'loss=', loss, 'param=', weight[0], weight[1])

# 결과 출력
x_coor = []
y_coor = []
a = weight[0]
c = weight[1]
iter=0
for i in range(-30,30):
  x_coor.append (i)
  y_coor.append (a*x_coor[iter] + c)
  iter+=1
```

```
plt.plot(x_coor, y_coor, 'r')
plt.scatter(data[:,0], data[:,1])
plt.show()
```

output:

iteration: 0 loss= tensor(707.0531, grad_fn=<MseLossBackward>) param= tensor([[1.1992]])
tensor([0.9960])
iteration: 1000 loss= tensor(129.7407, grad_fn=<MseLossBackward>) param= tensor([[2.9137]])
tensor([2.0229])
iteration: 2000 loss= tensor(129.7154, grad_fn=<MseLossBackward>) param= tensor([[2.9116]])
tensor([2.1626])
iteration: 3000 loss= tensor(129.7149, grad_fn=<MseLossBackward>) param= tensor([[2.9113]])
tensor([2.1821])
iteration: 4000 loss= tensor(129.7149, grad_fn=<MseLossBackward>) param= tensor([[2.9113]])
tensor([2.1848])
iteration: 5000 loss= tensor(129.7149, grad_fn=<MseLossBackward>) param= tensor([[2.9113]])
tensor([2.1852])
iteration: 6000 loss= tensor(129.7149, grad_fn=<MseLossBackward>) param= tensor([[2.9113]])
tensor([2.1852])
iteration: 7000 loss= tensor(129.7149, grad_fn=<MseLossBackward>) param= tensor([[2.9113]])
tensor([2.1852])
iteration: 8000 loss= tensor(129.7149, grad_fn=<MseLossBackward>) param= tensor([[2.9113]])
tensor([2.1852])
iteration: 9000 loss= tensor(129.7149, grad_fn=<MseLossBackward>) param= tensor([[2.9113]])
tensor([2.1852])
iteration: 10000 loss= tensor(129.7149, grad_fn=<MseLossBackward>) param= tensor([[2.9113]])
tensor([2.1852])

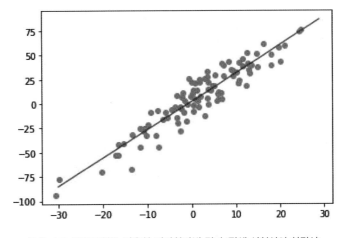

그림 3.7 파이토치를 이용한 경사하강법 결과 (적색 선형식이 회귀식)

3.2 경사하강법 적용시 학습데이터 크기 결정

3.2.1 배치 경사하강법 (BGD: Batch Gradient Descent)

딥러닝 모델을 학습시킨다는 것은 딥러닝 모델의 목적함수에 우리가 확보하고 있는 N개의 학습데이터를 모두 대입했을 때 최적으로 만들어주는 학습변수를 찾는 것이다. 이때 확보된 학습데이터 N개를 반복 학습시마다 모두 사용하는 경우를 배치 경사하강법^{BGD: Batch Gradient Descent}이라고 한다. 반복 학습이라는 의미는 'iteration for learning'이라고 하며 한번 반복^{iteration}하는 것은 다음을 의미한다.

---

① 학습데이터 입력

② 예측값을 기반으로 목적함수와 기울기 계산

③ 경사하강법을 적용하여 학습변수 업데이트

여기서 우리가 기억할 것은 한번 반복학습^{iteration이라고 표현함} 할 때마다 학습변수가 업데이트된다는 점이다. BGD는 학습데이터를 매 반복학습때마다 모두 사용하기 때문에 그림 3.8과 같이 빠르게 최적의 학습변수로 수렴된다. 이때 빠르게 최적값에 수렴한다는 의미는 모든 확보된 데이터를 만족하는 유일한 목적함수를 최적화하기 위해 **'일관성 있게'** 반복학습하여 최적값을 찾는다는 뜻이다. 즉 데이터를 한 개 또는 몇 개의 데이터를 배치로 추출하여 학습하는 확률적 경사하강법^{stochastic gradient descent}과 미니배치 경사하강법^{mini batch gradient descent}보다 빠르다는 뜻이다. 왜냐하면 확률적 경사하강법과 미니배치 경사하강법에서의 목적함수는 입력된 데이터에 따라 그 미분값인 기울기의 방향이 조금씩 다르기 때문에 최적값에 일관성 있게 수렴하지 않는다. 그러나 BGD는 컴퓨터 메모리 용량에 제한을 받으며 중복되는 데이터가 많을 경우 결괏값이 왜곡되는 단점이 있다. 자세한 내용은 나중에 설명할 배치 정규화^{batch normalization}를 참고하기 바란다.

3.2.2 확률적 경사하강법 (SGD: Stochastic Gradient Descent)

확률적 경사하강법SGD: Stochastic Gradient Descent 은 온라인 경사하강법on-line gradient descent 이라고도 하는데 목적함수에 대입하는 데이터를 전체 데이터 N 개 중에서 확률적으로 하나씩 순서대로 on-line 선택한다. N 개의 데이터 중 한번 사용된 데이터는 다음 반복 학습에서는 제외되고 나머지 데이터에서 확률적으로 한 개의 입력 데이터를 선정한다. 따라서 N번의 반복학습이 완료되면 모든 N 개의 데이터를 다 사용했기 때문에 다시 N 개의 데이터를 섞은 후 SGD를 반복 수행한다. 참고로 반복 학습 시 확보된 N 개의 모든 데이터셋을 다 사용한 것을 에폭epoch 이라고 한다. 따라서 SGD를 사용할 경우 반복학습때마다 한 개의 데이터를 사용하므로 N번을 반복 학습하면 1 에폭이 경과되는 것이다.

SGD를 사용하는 이유는 일반적으로 컴퓨터 메모리 용량이 작거나 학습결과를 빠르게 확인해 보기 위해서 사용된다.

반면 SGD는 매 반복학습 시마다 한 개의 데이터를 사용하기 때문에 최적의 학습변수파라메터로 수렴되는 경로는 보면 지그재그zig-zag 형상을 가진다. 이로 인해 최적의 파라메터로 수렴하는데 더 디게 진행되는 단점이 있다. 또한 학습데이터를 매 반복학습 단계에서 한 개만 사용하기 때문에 GPU 같은 병렬컴퓨팅 자원을 이용하는데 한계가 있어 성능 개선에 제한이 있다.

3.2.3 미니배치 경사하강법 (MBGD: Mini Batch Gradient Descent)

미니배치 경사하강법MBGD: Mini Batch Gradient Descent 는 BGD와 SGD의 단점을 보완하고 장점을 취한 방법이라고 할 수 있다. MBGD는 N 개의 전체 데이터셋 중에서 p 개의 데이터를 선택한 후 반복 학습을 수행하는 방법이다. 여기서 p를 미니배치 크기라고 한다. 반복 학습 시 한 개의 데이터를 선택하는 SGD와 비교해서 MBGD의 차이점은 복수의 데이터 p개를 선택하는 것이 다를 뿐이다. 일반적으로 기본적인 경사하강법을 정의할 때 SGD라고 표현하는데 이것은 MBGD와 SGD를 모두 의미한다고 보면 된다. 예를 들면 텐서플로우나 파이토치 같은 딥러닝 프레임워크에서 경사하강법을 사용할 때 최적화 함수로 가장 기본적인 SGD를 사용할 수 있는데 입력데이터를 한 개를 입력하면 확률적 경사하강법인 SGD 개념으로 사용하는 것이 되고 복수개의 데이터를 입력하면 미니배치 경사하강법인 MBGD를 사용하는 의미가 된다.

만약 전체 학습데이터 N 개 중에서 p 개만큼 선택해서 MBGD를 수행한다고 했을 때, $\frac{N}{p}$ 번만큼 반복 학습하게 되면 확보된 모든 N 개의 데이터를 다 사용한 상태가 되므로 1 에폭이 경과된 셈이다. 이때 N 개의 데이터 중 p 개를 선택하는 과정에서 학습의 효율성을 개선하기 위해 데이터를 잘 섞은 후 무작위로 선택하는 셔플링shuffling 기법을 권장한다. 셔플링을 통해 지역최솟값local minima을 회피한다거나 최적의 학습변수로 빠르게 수렴하는 효과를 얻을 수 있다.

적당한 미니배치 크기를 선정하는 것은 하이퍼파라메터를 결정하는 일이어서 딥러닝 모델 설계자의 주관적 결정이 필요하다. 일반적으로 적당한 미니배치 크기는 컴퓨터 메모리 용량과 병렬컴퓨팅을 위한 GPU 성능을 고려하여 결정한다. 이때 전체 데이터를 사용하는 BGD의 빠른 수렴효과와 단일 데이터를 사용하는 SGD의 효율적인 연산 효과를 비교한 결과도 매우 중요한 결정요인이 된다. 결국 미니배치 크기의 결정은 다른 하이퍼파라메터와 마찬가지로 사용자의 경험에 의존할 수밖에 없다. 실무적으로는 몇번의 벤치마킹테스트를 통해 '분할 정복divide-and-conquer' 기법으로 수행한 벤치마킹 테스트 결과 중 최선의 미니배치 크기를 정하는 방법이 있다. 이러한 벤치마킹 방법을 교차검증cross validation이라고 한다.

그림 3.8은 목적함수의 최적값을 찾아가는 과정에서 BGD는 일관성 있게 최적값에 접근하고 있는데 MBGD와 SGD는 지그재그 모양으로 최적값에 접근하는 모양을 보여준다. 앞에서 설명한 것을 다시 상기해 보면, 전체 데이터를 사용하는 BGD는 목적함수에 대입되는 데이터가 항상 일정하기 때문에 최적값으로 지향하는 목적함수의 기울기 방향이 일관적이지만 SGD와 MBGD는 그때 그때 목적함수에 입력되는 데이터가 달라지기 때문에 이를 만족하는 목적함수의 기울기 방향이 조금씩 달라진다. 이러한 이유로 최적값으로 수렴하는 과정이 그림 3.8과 같이 달라짐을 확인할 수 있다.

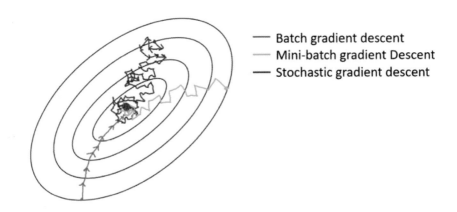

그림 3.8 BGD, MBGD, SGD 최적값 수렴 비교 (출처: towardsdatascience.com)

3.3 기본 경사하강법 Basic Gradient Descent

가장 기본적인 경사하강법은 식 (3.18)과 같이 반복학습 단계, t 시점에서 목적함수, $\mathcal{L}$의 기울기를 구하고 여기에 학습률 α를 적용하여 파라메터를 업데이트하는 방법이다.

$$\omega_{t+1} = \omega_t + \Delta\omega_t$$

$$= \omega_t - \alpha\frac{\partial\mathcal{L}(\omega_t)}{\partial\omega_t} \tag{3.18}$$

이 방법은 기울기가 가파르거나 또는 완만한 형태를 가지는 목적함수에서 각 상황과 관계없이 매 시점마다 동일한 학습률 α만큼의 크기로 이동하는 것이다. 이것을 은유적으로 표현하면 기본적인 경사하강법은 그림 3.9와 같이 눈 덮인 산을 주변 기울기 정도에 관계없이 한 발짝 씩 똑같은 보폭으로 터벅터벅 내려가는 모양과 흡사하다고 할 수 있다. 학습률은 학습 초기부터 완료 시점까지 변화하지 않기 때문에 초기에 학습률 선정에 따라 최종 성능에 매우 민감하게 영향을 받는다. 이처럼 전 학습과정에 적용되는 학습률이 고정되어 있다면 당연히 더딘 수렴성능을 보여주기 때문에 텐서플로우나 파이토치는 학습률을 조정하는 옵션을 제공한다. 다음과 같이 학습률을 조정하는 스케줄 함수를 개인적으로 정의하거나 또는 텐서플로우나 파이토치에서 제공하는 함수를 사용하여 반복 단계마다 학습률을 조정하여 최적화 함수에 대입하여 사용할 수 있다. 다음은 학습률 조정기법을 사용하여 SGD 최적화 함수를 적용하는 간단한 예시를 보여준다.

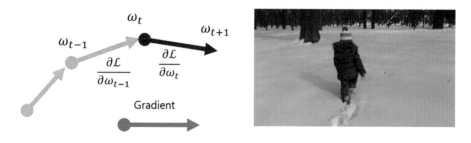

그림 3.9 기본적인 경사하강법 (SGD)

```
lr_schedule = learning_rate_schedule()

# 텐서플로우
tf.keras.optimizers.SGD(learning_rate=lr_schedule)

# 파이토치
torch.optim.SGD(lr= lr_schedule)
```

3.4 관성을 이용한 경사하강법 Momentum Gradient Descent

3.4.1 모멘텀 경사하강법 (Momentum Gradient Descent)

목적함수의 형태를 고려하지 않고 매 지점마다 학습률 α만큼 업데이트 되는 기본 경사하강법인 SGD의 단점을 극복하기 위해 관성momentum이라는 개념을 도입한 것이 모멘텀 경사하강법

Momentum Gradient Descent이다. 이방법은 식 (3.19)와 같이 기본 경사하강법 SGD에 관성 항 $\varepsilon\Delta\omega_{t-1}$을 포함한 것이다. 즉 앞에서 계산되었던 학습변수의 증가분 $\Delta\omega_{t-1}$에 적당한 관성계수, ε을 적용하여 현재 기울기 $\alpha\frac{\partial \mathcal{L}}{\partial \omega_t}$에 합산하는 방법이다. 이것은 앞 학습단계에서 계산된 변화율을 관성처럼 적용하는 것인데 그림 3.10과 같이 마치 눈 덮인 산을 썰매를 타고 내려오듯이 관성을 이용하여 학습변수 수렴을 촉진한다.

$$\omega_{t+1} = \omega_t + \varepsilon\Delta\omega_{t-1} - \alpha\frac{\partial \mathcal{L}(\omega_t)}{\partial \omega_t} \qquad (3.19)$$

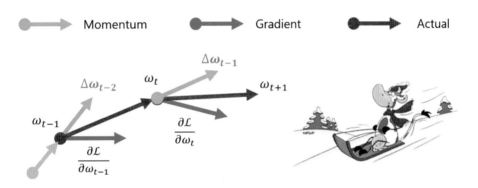

그림 3.10 모멘텀 경사하강법

모멘텀 방법을 딥러닝 프레임워크에서 사용하기 위해서는 다음과 같이 SGD 메소드에 관성계수, ε (momentum=0.01)을 정의해주면 된다.

```python
# 텐서플로우: momentum SGD with nesterov=False, 학습률=0.01
import tensorflow as tf
optimizer = tf.optimizers.SGD(0.01, momentum=0.01, nesterov=False)

# 파이토치: momentum SGD with nesterov=False, 학습률=0.01
import torch
optimizer = torch.optim.SGD(model.parameters(), lr=0.01, momentum=0.01,
nesterov=False)
```

3.4.2 NAG (Nesterov Accelerated Gradient)

NAG는 관성을 이용하는 것은 모멘텀 경사하강법과 동일하나 목적함수의 기울기를 구하는 시점이 서로 다르다. 식 (3.20)에서처럼 NAG는 목적함수의 기울기를 관성에 의해 $\varepsilon\Delta\omega_{t-1}$ 만큼 전진한 시점에서의 기울기를 구한다. 직관적으로 설명하면 관성에 의해 전진한 지점에서의 기울기를 구함으로써 향후에 벌어질 환경을 보다 적극적으로 반영하겠다는 의미다. 이것을 그림 3.11에서처럼 앞에서 썰매를 끌어주는 강아지가 있다면 강아지가 앞선 상황을 반영해서 방향을 설정한다는 의미다.

$$\omega_{t+1} = \omega_t + \varepsilon\Delta\omega_{t-1} - \alpha\frac{\partial\mathcal{L}(\omega_t + \varepsilon\Delta\omega_{t-1})}{\partial\omega_t} \tag{3.20}$$

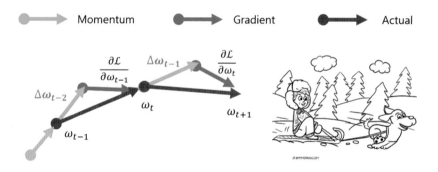

그림 3.11 네스테로프 경사하강법 (NAG)

NAG 방법을 딥러닝 프레임워크에서 사용하기 위해서는 다음과 같이 SGD 메소드에 관성계수, ε (momentum=0.01)을 정의해 주고 **nesterov=True** 로 정의하면 된다.

```
# 텐서플로우: momentum SGD with nesterov=True, 학습률=0.01
import tensorflow as tf
optimizer = tf.optimizers.SGD(0.01, momentum=0.01, nesterov=True)
```

```
# 파이토치: momentum SGD with nesterov=True, 학습률=0.01
import torch
optimizer = torch.optim.SGD(model.parameters(), lr=0.01, momentum=0.01,
nesterov=True)
```

3.5 적응형 경사하강법 Adaptive Gradient Descent

여러 개의 학습변수로 이루어진 목적함수 (최근 대규모 딥러닝 모델은 몇 백억개의 학습변수로 구성되어 있음)의 기울기 성분의 크기는 각 학습변수마다 다르다. 그림 3.2와 같이 학습변수 w 와 b로 이루어진 목적함수의 형상이 w에 대해서는 가파르나 b에 대해서는 완만하다. 이 것은 학습변수 w와 b가 각 성분별 수렴정도가 다르기 때문에 상대적으로 기울기가 완만한 b에 영향을 받아 결국 최적값으로 최종 수렴하기 위해 많은 반복 계산이 필요하다. 이러한 문제점을 극복하기 위해 각 학습변수 성분 중에 완만한 기울기는 가속화하여 전체적으로 수렴속도를 개선하는 적응형adaptive 최적화 기법이 개발되었다. 다음은 매 학습단계마다 목적함수의 상황에 적응하여 각 파라메터 성분별 완급조절을 통해 수렴을 가속화하는 방법에 대해 알아보기로 한다.

3.5.1 AdaGrad (Adaptive Gradient Descent)

식 (3.21)과 같이 기본 경사하강법과 Adagrad[1]의 차이점은 $\frac{1}{\sqrt{G_{t,i}+\mu}}$ 항이다. 여기서 μ는 0으로 나누어 지는 것을 방지하기 위한 작은 상숫값이다. 식 (3.22)에서 $G_{t,i}$는 기울기의 제곱square 항으로 시점, $t-1$ 학습단계까지 누적 계산된 기울기 제곱과 현재 시점, t 학습단계에서의 기울기 제곱항의 합이다. 이것을 제곱근square root에 적용하면 결국 기울기가 된다. 이것을 분모항에 대입

---

[1] Duchi et al., Adaptive Subgradient Methods for Online Learning and Stochastic Optimization. Journal of Machine Learning Research, 2011

함으로써 이전 단계 학습 시 기울기가 크게 된 것은 줄이고 작게 계산된 기울기는 증가시켜 각 성분 별 기울기를 균형을 맞추어 수렴속도가 향상된다. Adagrad 최적화 기법은 텐서플로우나 파이토치 모두 제공이 되며 다음과 같이 사용하면 된다. 이때 μ값은 각 프레임워크마다 기본값 default으로 정의가 되어 있는데 사용자가 변경할 수도 있다. 그리고 `lr`은 학습률이다.

$$\omega_{t+1,i} = \omega_{t,i} - \alpha \frac{1}{\sqrt{G_{t,i} + \mu}} \cdot \frac{\partial \mathcal{L}(\omega_{t,i})}{\partial \omega_i} \tag{3.21}$$

$$G_{t,i} = G_{t-1,i} + \left(\frac{\partial \mathcal{L}(\omega_{t,i})}{\partial \omega_i} \right)^2 \tag{3.22}$$

```
# 텐서플로우: Adagrad
# mu = 1e-07 (기본값)
import tensorflow as tf
optimizer = tf.optimizers.Adagrad(lr=0.01)


# 파이토치: Adagrad
# mu = 1e-10 (기본값)
import torch
optimizer = torch.optim.Adagrad(model.parameters(), lr=0.01)
```

3.5.2 RMSprop

RMSprop은 Adagrad와 정확히 같은 개념인데 식 (3.24)와 같이 성분 별 누적된 기울기의 제곱항 $G_{t,i}$를 구할 때 γ 라는 가중치를 적용하는 것이 차이가 있다. 즉 Adagrad는 시점 $t-1$ 학습단계까지 누적된 기울기의 제곱항과 현재 시점 t 학습단계에서의 기울기 제곱항을 동등하게 고려하는 반면에 RMSprop에서는 가중치 γ 를 이용하여 중요도를 차별화한다. 여러가지 벤치마킹테스트에 의하면 누적된 기울기의 제곱항에 가중치를 크게 하는 것이 좋은 수렴결과를 보여준다. RMSprop도 텐서플로우와 파이토치에서 제공하며 각각 가중치 계수를 기본값으로 제공하고 있다.

$$\omega_{t+1,i} = \omega_{t,i} - \alpha \frac{1}{\sqrt{G_{t,i} + \mu}} \cdot \frac{\partial \mathcal{L}(\omega_{t,i})}{\partial \omega_i} \qquad (3.23)$$

$$G_{t,i} = \gamma G_{t-1,i} + (1 - \gamma)\left(\frac{\partial E(\omega_{t,i})}{\partial \omega_i}\right)^2 \qquad (3.24)$$

```
# 텐서플로우: RMSprop
# gamma=0.9, mu=1e-07 (기본값)
import tensorflow as tf
optimizer = tf.optimizers.RMSprop(lr=0.01)

# 파이토치: RMSprop
# gamma=0.99, mu=1e-08 (기본값)
import torch
optimizer = torch.optim.RMSprop(model.parameters(), lr=0.01)
```

3.5.3 AdaDelta (Adaptive Delta Gradient)

Adadelta[2]는 RMSprop과 거의 동일한 개념이다. Adadelta에서 제안한 것은 경사하강법에서 사용되는 학습률이라는 것이 단위가 없는 단순한 상수이므로 학습률에 해당하는 부분을 단위가 없도록 보정하는 것이다. 식 (3.25)에서 보듯이 학습률 대신 $\sqrt{d_{t,i} + \mu_1}$ 를 적용하므로

---

[2] Zeiler, ADADELTA: An Adaptive Learning Rate Method, 2012

써 단위가 없는 보정된 기울기 계수를 얻는다. Adadelta 역시 텐서플로우와 파이토치에서 라이브러리로 제공하고 있으며 가중치 계수도 기본값으로 제공한다.

$$\omega_{t+1,i} = \omega_{t,i} - \frac{\sqrt{d_{t,i} + \mu_1}}{\sqrt{G_{t,i} + \mu_2}} \cdot \frac{\partial E(\omega_{t,i})}{\partial \omega_i} \tag{3.25}$$

$$G_{t,i} = \gamma G_{t-1,i} + (1-\gamma)\left(\frac{\partial E(\omega_{t,i})}{\partial \omega_i}\right)^2 \tag{3.26}$$

$$d_{t,i} = \gamma d_{t-1,i} + (1-\gamma)\left(\Delta\omega_{t,i}\right)^2 \tag{3.27}$$

```
# 텐서플로우: Adadelta
# gamma=0.95, mu=1e-07 (기본값)
import tensorflow as tf
optimizer = tf.optimizers.Adadelta(0.1, initial_accumulator_value=0.01)

# 파이토치: Adadelta
# gamma=0.9, mu=1e-06 (기본값)
import torch
optimizer = torch.optim.Adadelta(model.parameters(), lr=0.01)
```

3.6 혼합형 경사하강법

3.6.1 ADAM (Adaptive Gradient and Momentum)

ADAM[3]은 RMSprop에 모멘텀momentum 개념을 혼합한 개념이다. 먼저 모멘텀 개념은 식 (3.29)

---

[3] Kingma & Ba, Adam: a Method for Stochastic Optimization. ICLR, 2015

와 같이 이전 시점에서의 기울기 $m_{t-1,i}$ 를 관성개념으로 현재 시점의 기울기 $\frac{\partial E(\omega_{t,i})}{\partial \omega_i}$ 에 더한 개념이다. 이때 가중치 β_1 을 적용하여 이전 단계와 현재 단계의 기울기를 조정한다. 그리고 RMSprop에서 성분별로 기울기를 보정하는 항은 식 (3.30)과 같이 가중치 β_2 로 합산한다. 이때 학습이 진행되면서 학습률을 $1-\beta_1^t$, $1-\beta_2^t$ 만큼 점차적으로 보정한다. 여기서 β_1^t 와 β_2^t 는 β_1 과 β_2 의 t 제곱을 의미하는데 β_1 과 β_2 가 1보다 작은 수이면 학습이 진행되면서 t 가 커질수록 $1-\beta_1^t$ 과 $1-\beta_2^t$ 는 1에 가까워져서 학습률을 보정하는 효과가 있다.

$$\omega_{t+1,i} = \omega_{t,i} - \alpha \frac{1}{\sqrt{\hat{G}_{t,i} + \mu}} \cdot \hat{m}_{t,i} \qquad (3.28)$$

$$m_{t,i} = \beta_1 m_{t-1,i} + (1-\beta_1)\frac{\partial E(\omega_{t,i})}{\partial \omega_i} \rightarrow \hat{m}_{t,i} = \frac{m_{t,i}}{1-\beta_1^t} \qquad (3.29)$$

$$G_{t,i} = \beta_2 G_{t-1,i} + (1-\beta_2)\left(\frac{\partial E(\omega_{t,i})}{\partial \omega_i}\right)^2 \rightarrow \hat{G}_{t,i} = \frac{G_{t,i}}{1-\beta_2^t} \qquad (3.30)$$

```
# 텐서플로우: Adam
# beta_1=0.9, beta_2=0.999, mu=1e-07 (기본값)
import tensorflow as tf
optimizer = tf.optimizers.Adam(lr=0.01)

# 파이토치: Adam
# beta_1=0.9, beta_2=0.999, mu=1e-08 (기본값)
import torch
optimizer = torch.optim.Adam(model.parameters(), lr=0.01)
```

3.6.2 NADAM (Nesterov Adaptive Gradient and Momentum)

NADAM[4]은 ADAM 알고리즘에 네스테로프^{Nesterov} 개념을 혼합한 방법이다. ADAM에서는 모멘텀 값을 이전 학습 단계 시점에서의 기울기를 사용하는데 NADAM은 모멘텀을 현재 시점을 사용한다. 엄밀히 말하면 NADAM은 NAG에서처럼 모멘텀이 작용한 예상 이동지점에서 기울기를 구하지는 않고 모멘텀 값을 이전 단계의 기울기와 현재의 기울기를 합한 값을 모멘텀으로 사용한다. 식 (3.31)과 식 (3.32)는 아직까지 ADAM 알고리즘 공식이다. 식 (3.31)에 식 (3.32)를 대입하고 정리하면 식 (3.33)이 된다.

$$\omega_{t+1,i} = \omega_{t,i} - \alpha \frac{1}{\sqrt{\hat{G}_{t,i}} + \mu} \cdot \hat{m}_{t,i} \tag{3.31}$$

$$m_{t,i} = \beta_1 m_{t-1,i} + (1 - \beta_1) \frac{\partial E(\omega_{t,i})}{\partial \omega_i} \rightarrow \hat{m}_{t,i} = \frac{m_{t,i}}{1 - \beta_1^t} \tag{3.32}$$

$$\omega_{t+1,i} = \omega_{t,i} - \alpha \frac{1}{\sqrt{\hat{G}_{t,i}} + \mu} \cdot \left(\frac{\beta_1}{1 - \beta_1^t} m_{t-1,i} + \frac{(1 - \beta_1)}{1 - \beta_1^t} \frac{\partial E(\omega_{t,i})}{\partial \omega_i} \right)$$

$$= \omega_{t,i} - \alpha \frac{1}{\sqrt{\hat{G}_{t,i}} + \mu} \cdot \left(\beta_1 \hat{m}_{t-1,i} + \frac{(1 - \beta_1)}{1 - \beta_1^t} \frac{\partial E(\omega_{t,i})}{\partial \omega_i} \right) \tag{3.33}$$

NADAM 알고리즘 공식은 ADAM 공식인 식 (3.33)에서 $\hat{m}_{t-1,i}$ 대신에 $\hat{m}_{t,i}$ 를 대입한 식 (3.34)가 된다.

---

[4] Timothy Dozat, INCORPORATING NESTEROV MOMENTUM INTO ADAM, ICLR 2016

$$\omega_{t+1,i} = \omega_{t,i} - \alpha \frac{1}{\sqrt{\hat{G}_{t,i}} + \mu} \cdot \left(\beta_1 \hat{m}_{t,i} + \frac{(1 - \beta_1)}{1 - \beta_1^t} \frac{\partial E(\omega_{t,i})}{\partial \omega_i} \right) \tag{3.34}$$

```
# 텐서플로우: Nadam
# beta_1=0.9, beta_2=0.999, mu=1e-07 (기본값)
import tensorflow as tf
optimizer = tf.optimizers.Nadam(lr=0.01)


# 파이토치: Nadam
# beta_1=0.975, beta_2=0.999, mu=1e-08 (기본값)
import torch
optimizer = torch.optim.Nadam(model.parameters(), lr=0.01)
```

최근 발표된 연구에 의하면 실용적인 딥러닝 모델에 사용되는 학습변수의 개수는 몇 천개에서 몇 백억개까지 이르고 있어 그림 3.2와 같은 단순한 모델에서 몇 개의 학습변수의 크기를 조절해서 빠르게 수렴하도록 성능을 향상시키는 경우는 많지 않다. 지금까지 보고된 벤치마킹테스트 연구결과에 따르면 모멘텀이나 네스테로프Nesterov 방법을 추가적으로 사용하는 방법이 상대적으로 우수한 수렴성능을 보여주고 있다고 알려져 있다. 따라서 학습변수가 많은 경우 (예를 들면 수백만개 이상) SGD+ momentum, SGD+ Nesterov, ADAM 등을 최적화 라이브러리로 선정하는 것은 효과적인 최적화 전략이라고 판단된다. 그러나 여전히 학습률이나 모멘텀 계수 그리고 가중치 비율의 선정은 하이퍼파라메터 의사결정으로 남아 있다.

3.7 배치 정규화 Batch Normalization

전체 학습데이터 중에서 일정한 크기만큼 데이터를 추출해서 경사하강법에 적용하는 방법을 미니배치 경사하강법MBGD이라고 한다. MBGD에서 매 학습시마다 미니배치 크기만큼 추출된 학습

데이터셋을 만족하는 목적함수는 그 형태가 달라지기 때문에 이를 최적화하는 학습변수는 미니배치 데이터셋에 따라 조금씩 다를 수밖에 없다.

그림 3.12와 같은 선형회귀 문제에서 왼쪽 그림과 같이 빨간색의 모든 학습 데이터 중에서 초록색의 미니배치 데이터를 추출하고 이를 만족하는 선형회귀식은 그림과 초록색 직선으로 표현될 것이다. 한편 오른쪽 그림과 같이 새롭게 파란색 미니배치 데이터를 추출한 후 이를 만족하는 선형회귀식은 그림에서 보여주는 파란색 직선식이 될 것이다. 이러한 이유로 확률적 경사하강법이나 미니배치 경사하강법을 사용할 경우 목적함수를 최적화하는 과정이 지그재그 모양을 보인다 (그림 3.8 참조).

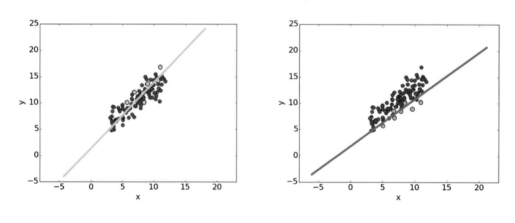

그림 3.12 미니배치 데이터 선택에 따른 최적 파라메터의 변화

즉 한 개 또는 미니배치 크기만큼 추출된 데이터에 따라서 이를 만족하는 목적함수의 최적화 지향점이 그때 그때 조금씩 다르기 때문에 반복학습 단계마다 업데이트되는 학습변수의 수렴 방향이 조금씩 바뀐다.

전체 데이터로 학습된 목적함수를 만족하는 데이터의 분포와 미니배치 크기만큼의 데이터로 학습된 목적함수를 만족하는 데이터의 분포가 다를 때 이러한 문제를 일종의 공변량 이동

shift5이라고 말할 수 있다.

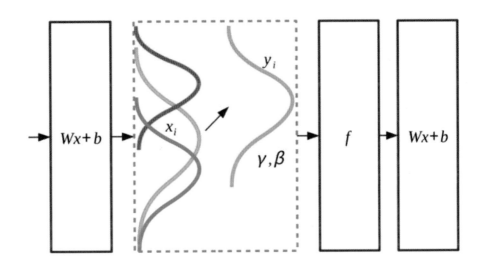

그림 3.13 공변량 이동을 정규화하는 배치 정규화 개념도

미니배치로 입력된 x가 $Wx + b$로 순전파하게 되면 그 분포가 그림 3.13에서 보듯이 빨간색, 초록색, 파란색 등으로 공변량 이동이 발생되는데 정규화를 통해 노란색과 같은 일관된 공변량 분포결과를 만들 수 있다.

딥러닝 모델이서는 이러한 미니배치로 추출된 데이터가 입력이 되어 여러 심층 신경망을 거치는 동안 비선형 계산이 개입되면서 공변량 이동이 악화된다. 이를 내부 공변량 이동internal covariate shift6 이라고 하고 이를 해결하는 방법이 배치 정규다. 배치정규화를 구현하는 방법은 다음과 같다.

---

5 Shimodaira, Hidetoshi. Improving predictive inference under covariate shift by weighting the log-likelihood function. Journal of Statistical Planning and Inference, 90(2):227–244, October 2000.

6 Sergey Ioffe, Christian Szegedy, Batch Normalization: Accelerating Deep Network Training by Reducing Internal Covariate Shift, ICML 2015

① 미니배치 데이터를 추출한다 $\mathcal{B} = \{x_1, \cdots, x_m\}$

② 미니배치의 평균값을 구한다

$$\mu_B = \frac{1}{m}\sum_{i=1}^{m} x_i \tag{3.35}$$

③ 미니배치의 분산을 구한다

$$\sigma_B^2 = \frac{1}{m}\sum_{i=1}^{m} (x_i - \mu_B)^2 \tag{3.36}$$

④ 미니배치 데이터의 정규화를 실행한다

$$\widehat{x_i} = \frac{x_i - \mu_B}{\sqrt{\sigma_B^2 + \varepsilon}} \tag{3.37}$$

⑤ 정규화된 값에 적당한 배율 및 이동변환을 한다

$$y_i = \gamma\widehat{x_i} + \beta \equiv BN_{\gamma,\beta}(x_i) \tag{3.38}$$

⑥ 배율 및 이동 변환된 값을 활성화 함수에 대입 후 다음 신경층으로 전달한다

$$\bar{x}_j = \sum_{i=1}^{m} w_{ji}f(y_i) \tag{3.39}$$

여기서 w_{ji} 는 두개의 신경망을 연결하는 엣지의 파라메터다

⑦ ① ~ ⑥ 과정을 원하는 신경망에 적용하면 배치 정규화를 구현할 수 있다.

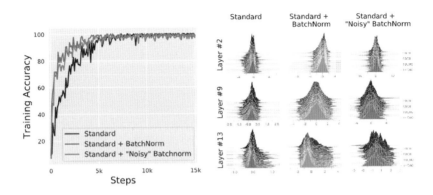

그림 3.14 배치 정규화 적용 여부에 따른 결과 비교 (출처: Santurkar 외. 2018 NIPS)

발표된 연구[7]에 의하면 배치 정규화를 적용하게 되면 학습변수 _{파라미터}의 초기화 및 활성화 함수 선정에 크게 영향을 받지 않을뿐더러 뛰어난 수렴 성능을 보여준다. 그림 3.14는 배치 정규화를 사용한 경우와 그렇지 않은 경우의 성능 비교를 보여주고 있다.

배치 정규화는 활성화 함수에도 크게 영향을 받지 않기 때문에 매우 유용한 최적화 기법으로 알려져 있다. 배치 정규화는 딥러닝 모델을 구현하고 학습하는 과정에서 빈번하게 사용되는 데이터 처리 기법이어서 딥러닝 프레임워크에서는 배치 정규화 메소드를 제공한다. 다음은 텐서플로우와 파이토치에서 배치 정규화를 사용하는 예를 보여준다.

```
# 텐서플로우 option #1: 케라스 모듈 배치 정규화
import tensorflow as tf
output = tf.keras.layer.BatchNormalization()(input)

# 텐서플로우 option #2: nn(neural network) 모듈 배치 정규화
# scale = γ, offset = β
import tensorflow as tf
output = tf.nn.batch_normalization(input, mean, variance, offset, scale)
```

---

[7] Sergey Ioffe, Christian Szegedy, Batch Normalization: Accelerating Deep Network Training by Reducing Internal Covariate Shift, ICML, 2015

```
# 파이토치: 배치 정규화
# 1 차원 데이터: 1d, 2 차원 데이터: 2d, 3 차원 데이터: 3d
import torch
output = torch.nn.BatchNorm1d(input)
output = torch.nn.BatchNorm2d(input)
output = torch.nn.BatchNorm3d(input)
```

3.8 파라메터 초기화 Parameters Initialization

딥러닝 모델에서 모든 학습변수의 초깃값이 **0**이면 어떻게 될까? 각 신경층마다 취합되는 과정에서 초깃값이 **0**인 학습변수가 곱해지고 다시 활성화를 통해 다음 층으로 전달되기 때문에 최종 출력값은 입력값과 관계없이 동일한 값을 갖게 된다. 결국 입력값이 다르더라도 출력값이 같아지기 때문에 학습이 이루어 지지 않는다. 반대로 학습변수 ^{파라메터}의 초깃값이 지나치게 크면 각 은닉층와 출력층의 값들이 **0**을 중심으로 +/− 양쪽 값으로 양극화되는 현상이 발생되어 이것이 활성화 미분 함수 ^{기울기 gradient}에 대입되면 그 결과값이 **0**에 가까워진다. 당연한 얘기지만 결국 학습변수의 초깃값은 적당한 영역내에 있는 실숫값을 선정해야 한다.

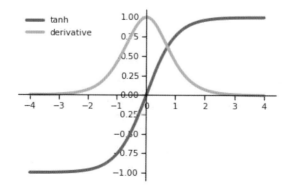

그림 3.15 활성화 함수 $tanh(x)$와 그의 미분 함수. $tanh(x)$의 미분값은 x가 0에서 멀어질수록 0에 수렴한다. 이것을 기울기 소실 (gradient vanishing)이라고 한다

그림 3.15에서와 같이 $tanh(x)$ 활성화 함수를 사용할 경우 활성화 함수의 기울기^{gradient}는 x 값이 0에서 멀어질 경우 0에 수렴함을 볼 수 있다. 이것을 기울기 소실$^{gradient\ vanishing}$이라고 하는데 활성화 함수의 기울기가 0에 가깝다는 것은 경사하강법에서 학습률을 곱하더라도 업데이트 되는 것이 없기 때문에 학습이 이루어지지 않는다.

학습변수 초기화에 따른 은닉층과 출력층의 변화를 실제 예제를 통해 알아보기 위해 그림 3.16 과 같이 5개의 은닉층과 한 개의 출력층으로 이루어진 신경망 모델을 예로 들어 보기로 하자. 여기서 각 층마다의 노드 수는 $n = 4096$ 개로 설정하였다. 그러므로 각 층을 연결하는 엣지 학습변수는 $w_{ij}^k = [4096 \times 4096]$ 크기의 텐서^{tensor}가 된다. 그리고 입력값은 식 (3.40)과 같이 표준정규분포에 따라 추출된 값을 선정하였다.

$$x_k \sim \mathcal{N}(0,1) \tag{3.40}$$

식 (3.40)을 파이썬에서는 다음과 같이 구현할 수 있다.

```
X = numpy.random.randn(4096)
```

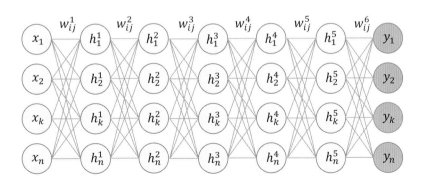

그림 3.16 학습변수 초기화 벤치마킹 모델

- w_{ji}^k 초기화를 0에 가까운 수로 할 경우

```
import numpy
numpy.random.randn(4096,4096)*0.01
```

각 층의 학습변수 텐서 w_{ij}^k = [4096 × 4096]에 평균, μ는 0이고 표준편차, σ는 1인 표준정규 분포에서 랜덤하게 추출한 실숫값에 0.01를 곱해서 초기화를 하였다. 입력값도 역시 표준정규 분포에서 랜덤하게 추출한 실숫값을 적용하였다. 이렇게 입력된 값이 0에 가까운 학습변수에 곱 해져서 순전파forward propagation 과정을 통해 다음 신경층으로 전달되면 각 층의 노드에서는 그림 3.17과 같이 대부분 0의 값을 갖는다. 즉 초기 학습변수가 0에 가까운 수를 갖게 되면 입력값에 관계없이 모든 신경층에서의 노드값이 0이 되므로 입력값에 따라 학습변수가 업데이트되야 하 는 변별력이 사라지게 되므로 학습이 되지 않는다. 그림 3.17에서 layer 1 ~ layer 5는 은닉층이 며 layer 6은 출력층을 의미한다.

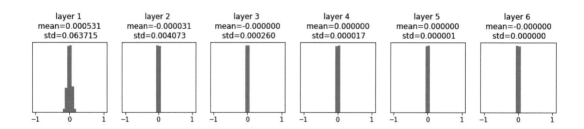

그림 3.17 학습변수 초기값을 0에 가까운 수로 했을 경우 각 은닉층 및 출력층의 에서의 노드 값 분포

- w_{ji}^k 초기화를 큰 수로 할 경우

```
import numpy
numpy.random.randn(4096,4096)*0.1
```

이 경우에는 마찬가지로 넘파이 라이브러리를 사용하여 표준정규분포에서 랜덤하게 실숫값을 추출하고 여기에 **0.1**를 곱해서 초기화를 하였다. 이를 각 층의 학습변수 텐서 $w_{ij}^k = [4096 \times 4096]$에 할당하였다. 이후 역시 랜덤함수를 이용하여 임의로 추출한 실수값을 입력값으로 하여 순전파를 하게 되면 각 층의 노드에서는 그림 3.18과 같은 값을 갖는다. 이는 그림 3.18에서와 같이 활성화 함수의 기울기 분포를 보여주듯이 입력값이 **0**에서부터 멀어지면서 매우 커지거나 매우 작아지게 되면 기울기는 **0**에 수렴함을 알 수 있다. 따라서 기울기가 **0**이 되므로 여기에 **0** 보다 작은 학습률을 곱하게 되면 각 학습변수^{파라메터}에 업데이트 되는 증가분이 발생하지 않아 학습이 이루어지지 않는다. 즉 기울기 소실^{gradient vanishing}이 발생되는 것이다. 결국 각 학습변수^{파라메터}의 초깃값을 비교적 큰 수로 정의하게 되면 초기 학습에 어려움이 발생한다.

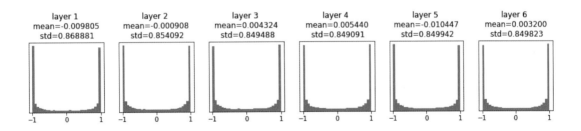

그림 3.18 학습변수 초깃값을 비교적 큰 수로 했을 경우 각 은닉층 및 출력층의 에서의 노드 값 분포

■ w_{ji}^k 초기화를 Xavier 기법을 사용할 경우 (적당한 초깃값 영역 설정)

```
import numpy
numpy.random.randn(4096,4096)/sqrt(4096)
```

앞에서 예시한 바와 같이 학습변수의 초깃값이 너무 작으면 순전파 과정에서 변별력이 사라지고 반대로 너무 크면 역전파 과정에서 기울기가 소멸되는 현상이 발생된다. 적당한 학습변수의 초깃값은 순전파 후 생성된 결괏값의 분포가 정규분포 형태가 되도록 해주는 값이라 할 수 있다.

Glorot Xavier와 그 동료들[8] 그리고 Kaiming He와 그 동료들[9]은 그들의 연구에서 각 층의 파라메터를 초기화할 때 표준정규분포에서 랜덤하게 추출한 실숫값에 앞에 있는 신경층의 노드 수 (n)에 제곱근 `sqrt(n)` 을 취한 후 나누어 주면 그림 3.19와 같은 결과가 생성됨을 보였다. 즉 Xavier나 He 기법을 이용하여 학습변수 파라메터를 초기화하게 되면 다양한 입력값에 따라 각 층의 노드값이 적절하게 분포되어 경사하강법을 통한 학습이 매우 효율적으로 진행된다.

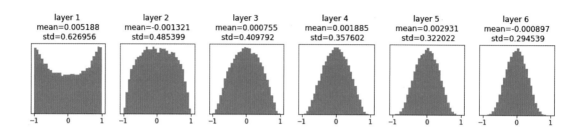

그림 3.19 Xavier 또는 He 기법을 이용하여 학습변수를 초기화한 경우 각 은닉층 및 출력층의 에서의 노드 값 분포

Xavier와 He 방법은 분산 variance 을 조정하는 수학적인 근거와 실험을 통해 학습변수의 초깃값을 너무 작지도 않고 너무 크지도 않은 적당한 값을 정해주는 방법이다. 그들은 분산을 조정하는 방법을 다음과 같이 설명하고 있다.

$$Var(Y) = Var(W_1 x_1 + W_2 x_2 + \cdots + W_n x_n) = nVar(W_i)Var(x_i) \qquad (3.41)$$

식 (3.41)은 n개의 입력 노드가 있는 신경망에서 x_i는 i번째 노드에 입력되는 데이터고 W_i는 i번째 노드에 연결된 엣지의 학습변수다. Xavier와 He 방법에 의하면 입력값, x_i의 분산과 출력값, Y의 분산이 같아지도록 학습변수를 초기화한다. 즉 식 (3.41)에서 $nVar(W_i) = 1$ 을 만족하는 W_i가 적당한 크기의 초깃값이라 할 수 있다.

[8] Glorot Xavier and Yoshua Bengio, Understanding the difficulty of training deep feedforward neural networks, (AISTATS) 2010

[9] Kaiming He, et al., Delving Deep into Rectifiers: Surpassing Human-Level Performance on ImageNet Classification, ICCV 2015

$$Var(W_i) = \frac{1}{n} \tag{3.42}$$

역전파_{backpropagation} 과정에도 같은 기준을 적용한다. 최종 학습변수의 초기화 기준은 순전파와 역전파 두가지 경우를 모두 고려하므로, 학습변수 초깃값 영역 기준에 입력 노드 수, n_{input} 와 출력 노드 수, n_{output} 가 포함되어 있다 (표 3.1).

활성화 함수	Uniform Distribution $W \sim U[-r, r]$	Normal Distribution $W \sim N(0, \sigma)$
시그모이드	$r = \sqrt{\dfrac{6}{n_{input} + n_{output}}}$	$\sigma = \sqrt{\dfrac{2}{n_{input} + n_{output}}}$
tanh	$r = \sqrt[4]{\dfrac{6}{n_{input} + n_{output}}}$	$\sigma = \sqrt[4]{\dfrac{2}{n_{input} + n_{output}}}$
ReLU	$r = \sqrt[\sqrt{2}]{\dfrac{6}{n_{input} + n_{output}}}$	$\sigma = \sqrt[\sqrt{2}]{\dfrac{2}{n_{input} + n_{output}}}$

표 3.1 활성화 함수에 따른 학습변수 초기화 기준

여기서 Uniform Distribution을 사용할 경우에는 파라메터의 초깃값을 $[-r, r]$ 범위에 있는 임의의 실숫값을 선택한다. 만약 Normal Distribution 옵션을 사용할 경우는 표준편차 σ 를 가지는 정규분포에서 임의로 표본을 추출하여 학습변수를 초기화한다.

학습변수_{파라메터}의 초기화는 목적함수의 수렴성능과 최종 정확도에 큰 영향을 주기 때문에 그 중 요성을 간과해서는 안 된다. 그림 3.20은 나쁜 초기화를 한 경우 초기 손실함수의 수렴정도가 더디게 되고 정확도의 개선도 한계를 가진다. 반대로 초기 학습변수 설정을 잘하게 되면 학습단계 초기부터 양호한 수렴 양상을 보여주며 따라서 정확도도 전체적으로 개선된다.

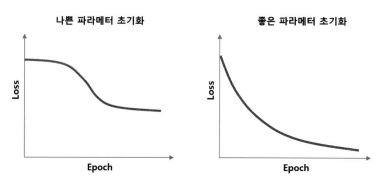

그림 3.20 파라메터 초기화에 따른 손실함수 수렴 정도

다음은 딥러닝 프레임워크에서 학습변수 ^{파라메터} 초기화 방법을 설명하고 있다.

```
# 텐서플로우 2.0 이상 학습변수 초기화
import tensorflow as tf
# Xavier
tf.keras.initializers.GlorotNormal()
tf.keras.initializers.GlorotUniform()
# He
tf.keras.initializers.HeNormal()
tf.keras.initializers.HeUniform()


# 파이토치 학습변수 초기화
import torch
# Xevier
torch.nn.init.xavier_normal_()
torch.nn.init.xavier_uniform_()
# He
torch.nn.init.kaiming_normal_()
torch.nn.init.kaiming_uniform_()
```

딥러닝 프레임워크에서 Glorot Xavier 방법이나 Kaiming He 방법이외에도 여러가지 학습변수 초기화 라이브러리를 제공하고 있다.

오버피팅의 해결방안 - 규제화

4.1 언더피팅, 노멀피팅, 오버피팅

머신러닝과 딥러닝은 디지털 형태로 확보된 데이터를 기반으로 학습을 하는데 데이터의 품질 (예, 데이터의 수량, 노이즈^{noise} 데이터의 포함률, 아웃라이어^{outlier} 데이터의 분포 등)에 따라 그리고 모델구조의 적합성에 따라 언더피팅^{underfitting}, 노멀피팅^{normalfitting}, 오버피팅^{overfittng}이 발생된다. 그림 4.1은 언더피팅, 노멀피팅, 오버피팅의 예를 보여준다. 그림에서 표시된 파란색 점들은 관찰된 데이터를 나타낸 것이고 주황색 선은 그러한 데이터를 정확히 표현하는 실제분포를 나타내고 있다. 파란색 선은 예측모델이 학습을 통해 얻게 된 예측 분포선이다.

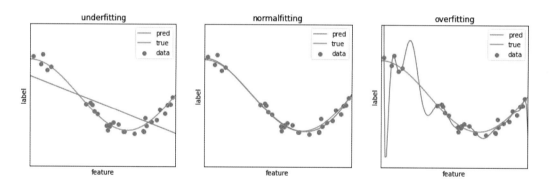

그림 4.1 언더피팅, 노멀피팅 오버피팅 예시

언더피팅은 그림 4.1과 같이 학습을 진행할 때에도 부정확한 예측값을 보인다. 언더피팅의 경우에는 학습을 할 때부터 정확도가 낮기 때문에 테스트 또는 검증을 할 때에는 당연히 만족스러운 성능을 보여주지 못한다. 이런 경우에는 일반적으로 모델을 잘못 정의하였거나 학습 데이터의 수가 부족할 때 발생한다.

노멀피팅은 그림 4.1에서 보는 것과 같이 학습할 때나 테스트할 때 모두 정확한 예측값을 보여준다. 학습 데이터의 수량과 품질 그리고 학습 모델이 적절하게 구현된 경우다.

오버피팅의 경우에는 학습할 때에는 정확도가 높게 나타나다가 테스트나 검증을 할 때에는 정확도가 떨어지는 경우를 말한다. 오버피팅이 발생되는 경우는 그림 4.1에서 보는 것과 같이 학습 데이터에 노이즈나 아웃라이어가 섞여 있을 때 학습 모델이 이러한 데이터도 정상인 것으로 인지하고 학습할 때 발생된다. 즉 학습 모델은 노이즈와 아웃라이어 데이터가 비 정상적인 데이터라는 사실을 모르기 때문에 이러한 데이터까지 과도하게 피팅 fitting 하면서 학습하게 되면 왜곡된 모델이 만들어져 실제 정상적인 데이터를 입력받아 예측할 때는 잘못된 결과가 출력된다.

빅데이터 big data 를 다루는 환경에서 노이즈나 아웃라이어의 존재는 불가피하기 때문에 오버피팅의 문제는 머신러닝/딥러닝에서 매우 빈번하게 발생된다. 또한 빅데이터 환경에서는 데이터의 정상/비정상 유무를 확인하기 위해 모든 데이터를 일일이 확인할 수 없기 때문에 이러한 오버피팅 문제를 해결하기 위해서는 일반화된 해결방안이 필요하다. 우리는 오버피팅을 극복하는 일반화된 방법론을 규제화 regularization 라고 한다. 다음에서는 오버피팅을 방지하는 규제화 기법에 대해 논의하기로 한다.

4.2 L^2 규제화

규제화를 위한 접근법으로 가장 일반적으로 사용되는 것이 목적함수에 구속조건을 적용하는 방법이다. 예를 들면, 에러제곱평균법 MSE 을 이용한 목적함수 $E(\omega)$가 있을 때 학습변수 ω에 대한 구속함수, $\mathcal{R}(\omega)$를 추가로 고려해 노이즈나 아웃라이어의 영향을 경감시키는 방법이다. 즉, 구속함수 $\mathcal{R}(\omega)$을 이용해 목적함수 $E(\omega)$를 규제화하는 것이다. 이를 다음과 같이 표현할 수 있다.

$$\mathcal{R}(\omega) \leq C \text{ 를 만족하는 } \min_{\omega} E(\omega) \tag{4.1}$$

이때 구속조건 $\mathcal{R}(\omega) \leq C$을 목적함수에 포함시켜 하나의 수식으로 만들기 위해 다음과 같이 페널티 방법 penalty method 을 사용한다.

$$\min_{\omega}[E(\omega) + \lambda \mathcal{R}(\omega)] \tag{4.2}$$

여기서 λ를 페널티 상수 또는 규제화 상수라고 한다. 만약 $\lambda = 0$이면 규제화 효과가 없기 때문에 오버피팅이 해결되지 않고 최초 목적함수 결과와 동일하다. 또한 $\lambda = \infty$ 이면 구속조건이 규제화된 목적함수를 지배하게 되므로 구속조건이 최소가 되는 즉 구속함수 $\mathcal{R}(\omega)$의 원점인 $\omega = 0$이 되므로 무의미하다. 최적의 λ를 결정하는 것은 경험적^{heuristic} 접근법이 필요하며 이러한 이유로 페널티 방법이라고 한다.

구속함수 $\mathcal{R}(\omega)$를 정할 때 가장 일반적인 방법이 L^2 놈^{norm}을 적용하는 경우다.

$$\mathcal{R}(\omega) = \frac{1}{2}\|\omega\|_2^2 \qquad (4.3)$$

이를 L^2 규제화라고 하고 가중치 감쇠^{weight decay} 규제화, 티코노프^{Tikhonov} 규제화 또는 리지^{ridge} 페널티 규제화라고도 한다. 그림 4.2는 L^2 놈을 구속함수로 사용했을 때 규제화하는 방법을 개념적으로 보여준다.

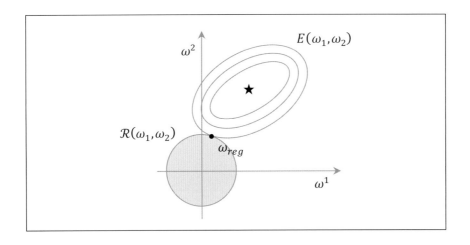

그림 4.2 L^2 규제화

그림 4.2에서 보는 것처럼 기하학 관점에서는 구속함수 $\mathcal{R}(\omega)$와 목적함수 $E(\omega)$가 접하는 점이

바로 규제화를 통해 구하고자 하는 정확해 ω_{reg}가 된다. 바로 ω_{reg} 지점이 오버피팅이 발생되는
★ 지점을 규제화한 최종 학습변수가 된다. 이를 학습 데이터를 가지고 수치적으로 구하기 위해
서는 경사감소법 등을 적용해 반복적인 계산을 통해 정확해에 접근하는 근사해를 구한다. 이를
위해 먼저 페널티 방법을 이용해 구속조건을 목적함수에 포함시킨다.

$$\bar{E}(\omega) = E(\omega) + \frac{1}{2}\lambda\omega \cdot \omega \qquad (4.4)$$

규제화가 적용된 목적함수를 학습변수인 ω에 대해 미분을 취해 $\bar{E}(\omega)$의 변화율인 기울기를 구
한다.

$$\Delta_\omega \bar{E}(\omega) = \Delta_\omega E(\omega) + \lambda\omega \qquad (4.5)$$

여기에 학습률 α를 적용해 ω값을 갱신하고 ω값이 수렴할 때까지 반복한다.

$$\omega^{t+1} = \omega^t - \alpha(\Delta_\omega E(\omega) + \lambda\omega) \qquad (4.6)$$

4.3 L^1 규제화

목적함수를 이용한 규제화 방법 중에서 다른 하나는 L^1 규제화다. L^1 규제화는 라소LASSO; Least
Absolute Shrinkage and Selection Operator 규제화라고도 한다. 라소 알고리즘은 캐나다의 통계학자인 로
버트 티브시라니Robert Tibshirani가 1996년에 발표한 논문[1]에서 처음 소개됐다.

이 논문에서 '라소'라는 용어를 이 알고리즘 명칭으로 처음 사용했는데 라소LASSO는 최소 절댓값
least absolute을 갖는 규제화 매개변수가 원점에 가까워지면서shrinkage 무의미한 매개변수를 제거하
고 중요한 특성만을 선택하는selections 의미의 줄임말이다. 카우보이들이 사용하는 올가미 로프의

---

[1] R. Tibshirani, Regression shrinkage and selection via the lasso, J. R. Statist. Soc. B, 1996

뜻을 가지고 있어 구속함수의 의미를 은유적으로도 표현하고 있다.

L^1 규제화에서는 구속함수로 L^1 놈을 사용하는데, L^1 놈 $\|\omega\|_1$는 절대값 ω의 합을 말한다.

$$\mathcal{R}(\omega) = \|\omega\|_1$$

$$= \sum_i |\omega_i| \tag{4.7}$$

L^2 규제화와 마찬가지로 L^1 구속조건을 페널티 방법을 이용해 목적함수에 포함시키면 다음과 같다.

$$\bar{E}(\omega) = E(\omega) + \lambda\|\omega\|_1 \tag{4.8}$$

여기에 경사감소법을 적용하기 위해 규제화된 목적함수를 ω로 미분한다. 그러나 $\|\omega\|_1$는 $\omega = 0$에서 수학적으로 미분이 불가능하므로 일단 g 벡터를 $\|\omega\|_1$ 미분항으로 대체하면 다음과 같다.

$$\Delta_\omega \bar{E}(\omega) = \Delta_\omega E(\omega) + \lambda g \tag{4.9}$$

이때 $\|\omega\|_1$의 미분 벡터 g는 ω의 값에 따라 다음과 같이 표현할 수 있다.

$$g_i = \begin{cases} sign(\omega_i) = \dfrac{\omega_i}{|\omega_i|} & for\ \omega_i \neq 0 \\[3mm] [-1, 1] & for\ \omega_i = 0 \end{cases} \tag{4.10}$$

여기서 $sign(\cdot)$는 입력값의 부호를 판별하는 부호함수다.

절대값 함수 $f(x) = |x|$와 같이 미분이 불가능한 목적함수를 가지는 최적화 문제에서는 경사감소법의 일종인 하위경사법subgradient을 이용한다. 하위경사법은 경사감소법과 거의 유사하며 단지 $\omega = 0$에서의 경사를 계산할 때만 차이가 있다.

$$\omega^{t+1} = \omega^t - \alpha(\Delta_\omega E(\omega) + \lambda) \quad for \; x > 0 \tag{4.11}$$

$$\omega^{t+1} = \omega^t - \alpha(\Delta_\omega E(\omega) - \lambda) \quad for \; x < 0 \tag{4.12}$$

$$\omega^{t+1} = \omega^t - \alpha(\Delta_\omega E(\omega) + \varepsilon\lambda) \quad for \; x = 0 \;\; \varepsilon = [-1,1] \tag{4.13}$$

L^1 규제화에서는 그림 4.3에서 보여지는 것처럼 ω_{reg}가 구속함수 모서리에 존재할 확률이 높다. 그 이유는 ω_{reg}는 목적함수 $E(\omega)$를 최소화하면서 동시에 구속조건을 만족해야 하므로 ω_{reg}는 구속함수의 최댓값인 경계선에 존재하는데 이것이 $E(\omega)$의 동일한 값을 가지는 등고선^{contour}과 만나기 위해서는 확률적으로 모서리가 될 가능성이 높기 때문이다. 만약 ω_{reg}가 모서리에 위치하게 된다면 ω_{reg} 벡터의 많은 성분들이 0이 된다.

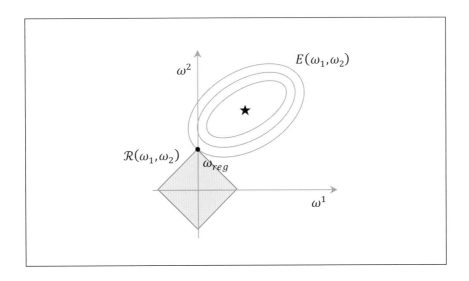

그림 4.3 L^1 규제화

그림 4.3에서 예를 들어 보면 $\omega_{reg} = \begin{bmatrix} 0 & \lambda \end{bmatrix}^T$이 이러한 경우다. 이처럼 벡터 또는 행렬에 0 성분이 다수 존재하는 경우를 희소^{sparse}하다라고 한다. 이러한 특성으로 LASSO에서

'shrinkage and selection'이라는 말을 사용하는 이유다. 희소성^{sparsity}은 실제 문제에서 입력값의 특성 중에서 영향도가 작은(주로 노이즈 또는 아웃라이어에 의한) 특성을 규제화 과정에서 제거함으로써 좀 더 중요한 특성을 더욱 강조할 수 있게 해주는 의미가 있다.

4.4 드롭아웃 Dropout과 드롭커넥트 Dropconnect

딥러닝에서 사용되고 있는 규제화 중에서 또 다른 접근법으로 드롭아웃[2]과 드롭커넥트 알고리즘이 있다. 드롭커넥트[3]는 드롭아웃의 알고리즘이 잘 작동하는 것을 확인하고 이후에 제안된 알고리즘이다.

드롭아웃과 드롭커넥트의 알고리즘은 경험적^{heuristic}으로 개발되었다. 즉 수학적으로 근거와 이론을 제시하고 평가와 검증을 통해 그 효과를 입증하는 방법이 아니라 직관적으로 아이디어를 먼저 제시하고 실험을 통해 효과를 입증하는 방법으로 알고리즘을 개발한 것이다.

드롭아웃과 드롭커넥트의 기본적인 아이디어는 입력 데이터에 노이즈나 무의미한 데이터가 섞여 있을 때 이러한 것들이 순전파하면서 복잡한 상호작용 또는 공동적응$^{complex\ co-adaptation}$을 통해 예측값을 왜곡한다고 보고 이를 임의적^{random}으로 제거함으로써 정확도를 향상시키는 것이다. 참고로 공동적응은 여러 분야에서 사용되고 있는 용어인데, 드롭아웃이나 드롭커넥트 알고리즘 관점에서는 노이즈에서 발생한 잘못된 특성이 모든 노드에 전파되면서 의미 있는 특성을 선별하는 데 부정적인 영향을 미치는 상태를 말한다.

4.4.1 드롭아웃 (Dropout)

드롭아웃의 기본적인 개념은 입력층과 은닉층에 있는 노드를 확률 p를 기준으로 임의로 선택해

---

2 G. E. Hinton et al., Improving neural networks by preventing co-adaptation of feature detectors, 2012
3 Li Wan et al., Regularization of Neural Networks using DropConnect, ICML 2013

서 제거하고 나서 축소된 신경망을 가지고 학습한다. 이때 제거되는 노드의 선택은 각 층마다 그리고 반복 학습 시점 마다 독립적으로 결정된다. 이렇게 임의로 노드가 제거된 상태에서 학습을 완료한 후 실제 테스트를 할 때는 제거됐던 노드를 다시 복원하고 각 노드마다 가지고 있는 가중치에 확률 p를 곱해서 확률 p로 드롭아웃된 노드로 학습한 결과를 보상해준다.

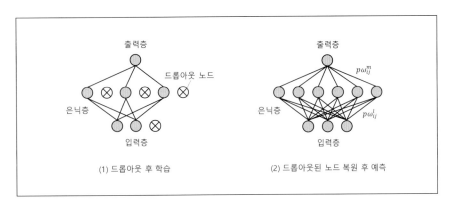

그림 4.4 드롭아웃을 이용한 규제화 개념

그림 4.4는 드롭아웃 알고리즘을 이용한 규제화 과정을 개념적으로 설명해준다. 좀 더 구체적으로 설명하면 드롭아웃하기 전에 온전한 순전파 신경망에서의 각 노드는 다음과 같이 표현할 수 있다.

$$z^{l+1} = W^{l+1} \cdot y^l + b^{l+1} \tag{4.14}$$

$$y^{l+1} = f(z^{l+1}) \tag{4.15}$$

여기서 y^l은 은닉층 (l)에서 출력값을 나타내는 벡터이고, z^{l+1}과 W^{l+1} 그리고 b^{l+1}는 은닉층 $(l+1)$에서 각각 입력값, 학습변수 그리고 편향값을 나타낸다. 이때 z^{l+1}, W^{l+1}은 각각 벡터와 텐서이고 b^{l+1}는 벡터 값을 갖는다. 그리고 y^{l+1}은 은닉층 $(l+1)$에서 출력값을 나타내고 함수 $f(\cdot)$는 활성화 함수다. 여기에 드롭아웃을 적용하면 다음과 같다.

$$r^l \sim \mathcal{B}(p) \tag{4.16}$$

$$\bar{y}^l = r^l * y^l \tag{4.17}$$

$$z^{l+1} = W^{l+1} \cdot \bar{y}^l + b^{l+1} \tag{4.18}$$

$$y^{l+1} = f(z^{l+1}) \tag{4.19}$$

여기서 $\mathcal{B}(p)$는 확률 p에 따라 1과 0을 갖는 베르누이^{Bernoulli} 분포 함수다. 그리고 연산자 $*$는 요소간 곱$^{element-wise\ multiplication}$을 의미한다. $\mathcal{B}(p)$에서 확률 p는 반복 학습과정마다 변경될 수 있다.

드롭아웃된 축소된 신경망을 가지고 일반적인 신경망과 똑같이 역전파를 이용해 학습을 진행한다. 만약 미니배치 경사감소법^{MBGD}을 사용한다면 배치 데이터셋을 사용하는 반복과정 동안엔 동일한 $\mathcal{B}(p)$를 유지한다. 즉 미니배치 데이터로 순전파 및 역전파 과정에서 드롭아웃된 신경망 모델은 동일하다. 다음 반복학습 단계에서는 각 신경층마다 $\mathcal{B}(p)$ 기준으로 다른 노드가 제거된다.

이렇게 학습하고 난 후에는 드롭아웃 된 노드가 모두 복원된 온전한 신경망에서 학습변수 벡터 $\omega^l_{prediction}$은 다음과 같이 복원된다.

$$\omega^l_{prediction} = p\omega^l \tag{4.20}$$

드롭아웃 규제화로 학습이 완료되면 복원된 학습변수 벡터 $\omega^l_{prediction}$을 가지고 테스트나 검증을 위해 새롭게 입력된 데이터에 적용한다.

4.4.2 드롭커넥트 (Dropconnect)

드롭커넥트는 드롭아웃의 개념을 조금 더 일반화한 것으로 다음과 같이 설명할 수 있다. 먼저 드롭커넥트 하기 전에 신경망에서 순전파되는 수식은 드롭아웃과 마찬가지로 다음과 같이 표현된다.

$$z^{l+1} = W^{l+1} \cdot y^l + b^{l+1} \tag{4.21}$$

$$y^{l+1} = f\left(z^{l+1}\right) \tag{4.22}$$

신경층에서 노드를 제거하는 드롭아웃과 달리 드롭커넥트는 신경층의 노드는 그대로 두고 노드 간 연결되는 엣지만을 $\mathcal{B}(p)$ 기준으로 제거하기 때문에 간단한 요소간 행렬 곱 element-wise matrix multiplication 으로 처리할 수 있다. 즉 신경망 l번째에서 적용되는 행렬 드롭커넥트 행렬 R^l을 다음 과 같이 정의한다. 이를 마스킹 masking 이라고 표현한다.

$$R^l \sim \mathcal{B}(p) \tag{4.23}$$

이때 드롭커넥트 행렬 R^l은 웨이트 텐서 W^{l+1}과 같은 크기를 가지며 성분 R^l_{ij} 값은 베르누이 분포 $\mathcal{B}(p)$에 따라 0 또는 1의 값을 갖는다. 예를 들면 다음과 같은 행렬처럼 정의된다.

$$R^l = \begin{bmatrix} 1 & 0 & 1 & 1 & 0 & 1 & 1 & 0 & 1 \\ 0 & 1 & 0 & 0 & 1 & 0 & 0 & 1 & 0 \\ 1 & 1 & 0 & 1 & 1 & 0 & 1 & 1 & 0 \\ 1 & 0 & 1 & 1 & 0 & 1 & 1 & 0 & 1 \\ 0 & 1 & 0 & 0 & 1 & 0 & 0 & 1 & 0 \\ 1 & 1 & 0 & 1 & 1 & 0 & 1 & 1 & 0 \\ 1 & 0 & 1 & 1 & 0 & 1 & 1 & 0 & 1 \\ 0 & 1 & 0 & 0 & 1 & 0 & 0 & 1 & 0 \\ 1 & 1 & 0 & 1 & 1 & 0 & 1 & 1 & 0 \end{bmatrix} \tag{4.24}$$

드롭커넥트 행렬 R^l_{ij}을 웨이트 텐서 W^{l+1}에 요소간 곱 element-wise multiplication 하고 이후 순전파 과정은 기존 방법을 따르게 되면 드롭커넥트가 구현된 것이다. 즉 이과정은 다음과 같다.

$$z^{l+1} = \left(R^l \otimes W^{l+1}\right) \cdot y^l + b^{l+1} \tag{4.25}$$

여기서 연산자 $\otimes$는 요소간 곱 element-wise multiplication 을 의미한다. 이후 과정은 드롭커넥트를 적 용하지 않은 과정과 동일하게 진행하면 된다. 즉 $R^l \otimes W^{l+1}$ 연산이 각 노드에서 전달되는 정보를 베르누이 확률에 기반하여 선택적으로 제거하는 기능을 하게 된다.

neuron	model	error(%) 5 network	voting error(%)
relu	No-Drop	1.62 ± 0.037	1.40
	Dropout	1.28 ± 0.040	1.20
	DropConnect	1.20 ± 0.034	**1.12**
sigmoid	No-Drop	1.78 ± 0.037	1.74
	Dropout	1.38 ± 0.039	**1.36**
	DropConnect	1.55 ± 0.046	1.48
tanh	No-Drop	1.65 ± 0.026	1.49
	Dropout	1.58 ± 0.053	1.55
	DropConnect	1.36 ± 0.054	**1.35**

표 4.1 활성화 함수에 따른 드롭아웃과 드롭커넥트의 성능 비교 (출처: Regularization of Neural Networks using DropConnect)

표 4.1은 MNIST 데이터셋을 가지고 필기체 숫자를 분류하는 문제에서 활성화 함수를 변경하면서 각각의 활성화 함수에 대한 드롭아웃과 드롭커넥트의 성능을 비교한 것이다. 활성화 함수 시그모이드 sigmoid 에 대해서는 드롭아웃이 드롭커넥트보다 다소 우위에 있음을 알 수 있는데 전반적으로는 드롭커넥트가 더 나은 성능을 보여준다.

만약 신경망 모델에서 그 규모가 크지 않은 경우에는 (예를 들면 신경망의 층수나 각 신경망에서의 노드 수가 많지 않은 경우) 드롭커넥트가 드롭아웃보다 좋은 성능 지표를 보여준다. 그림 4.5에서 보듯이 신경망의 규모가 증가하면서 드롭아웃과 드롭커넥트의 성능이 서로 수렴함을 볼 수 있다. 그러나 규모가 작은 신경망 모델에서는 드롭아웃을 적용하게 되면 노이즈가 순전파하면서 공동적응 co-adaptation 을 억제하는 효과를 보기전에 데이터의 특성을 추출하는 기능을 상실하게 되면서 정확도가 낮아지는 부작용을 보여준다. 그림 4.5의 첫번째 그래프에서 은닉 노드의 개수가 약 300개 보다 작아지면 드롭아웃을 사용하는 경우가 드롭아웃을 사용하지 않은 경우보다 에러가 큼을 알 수 있나.

그러나 드롭커넥트를 사용하게 되면 신경망의 규모에 관계없이 모두 양호한 성능을 보여줌을 확인할 수 있다.

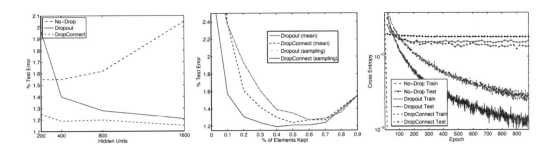

그림 4.5 신경망의 노드 규모에 따른 드롭아웃과 드롭커넥트의 성능 비교 (출처: Regularization of Neural Networks using DropConnect)

4.5 조기 종료 Early Stopping

데이터셋이 확보되면 우선 학습 데이터셋train dataset 과 검증 데이터셋validation dataset 그리고 테스트 데이터셋test dataset 으로 나눈다. 그 비율은 사용자에 따라 다르지만 일반적으로 8:1:1 또는 7:2:1 정도가 보편적이다.

검증 데이터셋은 학습을 진행하면서 모델의 적절성 여부를 판단할 때 사용되며 테스트 데이터셋은 모델 학습이 완료되면 최종 성능 평가를 위해 사용된다. 예를 들어 학습 데이터셋으로 학습을 진행하면서 일정한 에폭epoch 또는 반복iteration 횟수마다 학습 시 계산된 에러error 와 지금까지 학습된 모델에 검증 데이터를 대입하여 계산한 에러를 동시에 측정하여 오버피팅overfitting 여부를 확인할 수 있다. 즉 검증 데이터를 활용하는 이유는 학습 과정에서 경험하지 못한 데이터를 사용하여 현재까지 학습된 모델을 평가해 봄으로써 학습이 완료된 후 모델의 성능을 사전에 점검해 보는 의미가 있다. 참고로 경험하지 못한 데이터란 학습변수를 업데이트하는데 전혀 사용되지 않은 데이터를 말한다.

그림 4.6에서처럼 학습이 진행되면서 학습 데이터에 대한 에러는 지속적으로 감소되나 검증 데이터로 계산한 에러는 감소되다가 다시 증가되는 현상을 발견할 수 있는데 이 시점을 최적 포인트라고 하고 이 시점 이후 오버피팅이 발생된다.

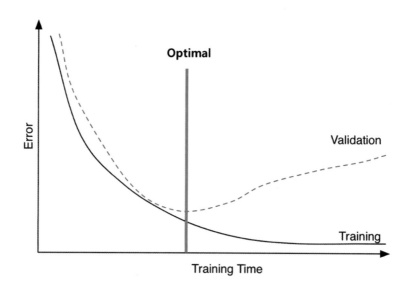

그림 4.6 학습 데이터와 검증 데이터의 에러 비교

이처럼 우리가 검증 데이터셋을 이용하여 학습 과정에서 오버피팅이 발생되는 시점을 알 수 있다면 수동적인 방법으로 규제화를 적용해 볼 수 있다. 즉 일정한 에폭마다 검증 데이터로 계산한 에러를 기준으로 이전 단계에서의 에러보다 현 단계에서의 에러가 작다면 모든 학습변수 즉 신경망의 웨이트를 저장해 나간다. 학습이 진행되면서 최적점 시점이 확인되면 학습을 조기 종료하게 된다. 즉 이때의 학습변수가 최종 학습변수가 된다.

앞에서 수동적이라고 표현한 이유는 오버피팅을 개선하기 위해 데이터셋을 보강한다거나 신경망 층 수나 노드 수를 변경한다거나 드롭아웃/드롭커넥트와 같이 모델을 수정하거나 변경하지 않고 단지 검증 결과의 에러를 관측함으로써 오버피팅을 최소화하는 방법이기 때문이다.

05

벡터형 데이터 학습 모델 - MLP

5.1 벡터형 데이터 개요

5.1.1 학습 데이터 종류

머신러닝에서 다루는 데이터 형태는 다음과 같은 범위를 크게 벗어나지 않는다.

- 2차원의 컬러 또는 그레이^{gray} 이미지: JPEG, PNG, BMP

- 웹페이지나 문서파일 등의 형태로 저장된 텍스트: HTML, XML, DOC, TXT, JSON

- 콤마^{comma}, 탭^{tab} 또는 스페이스^{space}로 구분된 숫자: CSV, TSV, SSV

일반적으로 우리는 이미지와 같은 2D 데이터를 다룰 때는 컨볼루션 신경망$^{CNN:\ Convolutional\ Neural}$ ^{Network} 구조를 가지는 모델을 사용하고, 텍스트나 CSV, TSV, SSV 포맷으로 저장된 벡터형 데이터는 다층 퍼셉트론$^{MLP:\ Multi\ Layered\ Perceptron}$ 구조를 가지는 신경망 모델을 사용한다. 만약 이미지나 텍스트 또는 CSV 형태의 데이터가 순차적으로 진행될 때는 순환신경망$^{RNN:\ Recurrent}$ $^{Neural\ Network}$을 사용한다.

처음 머신러닝 모델을 설계할 때 우리는 가장 먼저 다음과 같은 문제에 직면한다.

- 모델이 다루는 데이터는 어떤 형태인가?
- 주어진 과업을 수행하기 위해 모델은 그러한 데이터를 어떻게 처리해야 하는가?

즉 우리는 신경망 모델을 포함한 머신러닝 모델 중에서 '어떤 모델이 주어진 포맷의 데이터셋을 다루는데 적합할까?'라는 문제를 고민한다. 이것은 결국 '주어진 데이터의 특성을 어떤 모델이

더 잘 추출하고 표현할까?'라는 문제에서 답을 찾는 것과 같다. 이러한 이유로 이미지 데이터를 다루는 경우에는 CNN 모델을 주로 사용한다. 왜냐하면 CNN 모델이 MLP 모델 보다 이미지 데이터의 특성을 더 잘 추출하고 표현할 수 있기 때문이다. 만약 벡터형 데이터를 다룰 경우에는 MLP 구조의 모델을 일반적으로 사용한다. 그 이유는 마찬가지로 CNN 모델 보다 MLP 구조의 모델이 벡터형 데이터의 특성을 보다 효과적으로 추출할 수 있다고 보기 때문이다. 이러한 접근 방법은 다분히 일반적인 관점에서 설명한 것이고 결국 좋은 딥러닝 모델이란 데이터의 특성을 잘 추출하고 표현하는 모델이라 할 수 있다.

여기서 벡터형 데이터라는 의미는 단일 데이터가 여러 개의 실숫값의 요소를 가지는 벡터형으로 표현되어 있는 것을 말한다. 예를 들면 전자상거래 업체가 가지고 있는 고객 정보를 [이름, 주소, 성별, 나이] 형태로 기록한 데이터나 word2vec[1] 이라는 알고리즘을 통해 텍스트의 단어를 d 차원의 공간에 표현된 것 그리고 제조설비에 설치된 여러 센서에서 측정한 시계열 데이터 등이 여기에 해당한다.

특히 CSV, TSV, SSV 포맷으로 저장된 데이터셋은 전형적인 벡터형 데이터다. 즉 각 행^{row}은 단일 데이터$_{객체}$를 의미하고 각 열^{column}은 단일 객체의 특성을 의미하는 데이터셋이다. 예를 들면 지금까지 발표된 영화를 객체라고 한다면 '*영화$_i$*'라는 객체는 제목, 장르, 제작연도, 감독, 주연배우, 상영시간 등의 속성 또는 특성을 가지는 벡터형 데이터로 다음과 같이 표현할 수 있다.

$$영화_i = [\textit{제목, 장르, 제작연도, 감독, 주연배우, 상영시간...}]$$

이러한 형태의 데이터를 사용하여 분석을 하기 위해서는 각 벡터의 성분인 속성 또는 특성을 정량화하고 정규화^{normalization} 한다. 이때 정규화하는 것은 각 특성을 같은 스케일로 맞추는 과정이다. 참고로 벡터형 데이터셋에서 각 성분의 순서를 일괄적으로 바꾸어도 분석결과에는 영향을

---

[1] 자연어처리 (NLP: Natural Language Processing)에 사용되는 신경망 모델로 자연어 데이터를 기반으로 어휘의 유사성을 분석하여 각 어휘를 d개의 특성을 가지는 벡터로 변환하여 d차원 공간에 표현하는 알고리즘

주지 않는다. 예를 들면 위 영화 데이터셋에서 제목과 장르 성분의 열 위치를 바꾸더라도 결과에
는 영향을 주지 않는다.

표 5.1은 케글 Kaggle 사이트에 있는 독일의 예나 Jena, Germany 지역의 기후 데이터인데 전형적인 벡
터형 데이터셋을 보여준다. 이 데이터셋은 독일 막스 플랑크 연구소 Max Planck Institute for
Biogeochemistry 에서 연구를 위해 케글에 제공한 것으로 매 10분 마다 독일의 예나 지역에서 측정
한 기압, 온도, 습도, 풍향 등의 기상 데이터다.

Date Time	p (mbar)	T (degC)	Tpot (K)	Tdew (degC)	Rh (%)	VPmax (mbar)	VPact (mbar)	VPdef (mbar)	Sh (g/kg)	H2OC (mmol/mol)	Rho (g/m**3)	Wv (m/s)	max. wv (m/s)	Wd (deg)
01.01.200 9 00:10:00	996.52	-8.02	265.4	-8.9	93.3	3.33	3.11	0.22	1.94	3.12	1307.75	1.03	1.75	152.3
01.01.200 9 00:20:00	996.57	-8.41	265.01	-9.28	93.4	3.23	3.02	0.21	1.89	3.03	1309.8	0.72	1.5	136.1
01.01.200 9 00:30:00	996.53	-8.51	264.91	-9.31	93.9	3.21	3.01	0.2	1.88	3.02	1310.24	0.19	0.63	171.6
01.01.200 9 00:40:00	996.51	-8.31	265.12	-9.07	94.2	3.26	3.07	0.19	1.92	3.08	1309.19	0.34	0.5	198
01.01.200 9 00:50:00	996.51	-8.27	265.15	-9.04	94.1	3.27	3.08	0.19	1.92	3.09	1309	0.32	0.63	214.3
01.01.200 9 01:00:00	996.5	-8.05	265.38	-8.78	94.4	3.33	3.14	0.19	1.96	3.15	1307.86	0.21	0.63	192.7
01.01.200 9 01:10:00	996.5	-7.62	265.81	-8.3	94.8	3.44	3.26	0.18	2.04	3.27	1305.68	0.18	0.63	166.5
01.01.2009 01:20:00	996.5	-7.62	265.81	-8.36	94.4	3.44	3.25	0.19	2.03	3.26	1305.69	0.19	0.5	118.6
01.01.2009 01:30:00	996.5	-7.91	265.52	-8.73	93.8	3.36	3.15	0.21	1.97	3.16	1307.17	0.28	0.75	188.5
01.01.2009 01:40:00	996.53	-8.43	264.99	-9.34	93.1	3.23	3	0.22	1.88	3.02	1309.85	0.59	0.88	185
01.01.2009 01:50:00	996.62	-8.76	264.66	-9.66	93.1	3.14	2.93	0.22	1.83	2.94	1311.64	0.45	0.88	183.2
01.01.2009 02:00:00	996.62	-8.88	264.54	-9.77	93.2	3.12	2.9	0.21	1.81	2.91	1312.25	0.25	0.63	190.3
01.01.2009 02:10:00	996.63	-8.85	264.57	-9.7	93.5	3.12	2.92	0.2	1.82	2.93	1312.11	0.16	0.5	158.3
01.01.2009 02:20:00	996.74	-8.83	264.58	-9.68	93.5	3.13	2.92	0.2	1.83	2.93	1312.15	0.36	0.63	184.8

(출처:https://www.kaggle.com/stytch16/jena-climate-2009-2016?select=jena_climate_2009_2016.csv)

표 5.1 독일 예나 지역의 기후 데이터

5.1.2 벡터형 학습 데이터 정제하기

CSV, TSV, SSV 포맷의 데이터셋을 입력하기 위해서는 파이썬^{python}의 판다스^{pandas} 라는 라이 브러리를 이용하면 편리하다. 판다스는 다양한 포맷의 데이터를 편리하게 처리해주는 라이브러 리로서 HTML, EXCEL, JSON, PDF 등의 포맷 자료도 처리 가능하다.

앞에서 예시한 독일 예나 지역의 기상 데이터셋 (jena_climate_2009_2016.csv)을 이용하 여 데이터를 어떻게 정제하는지 간단히 살펴보기로 하자.

```python
import pandas as pd

# dataset input
df = pd.read_csv(jena_climate_2009_2016.csv)
df.head(5)
```

	Date Time	p (mbar)	T (degC)	Tpot (K)	Tdew (degC)	rh (%)	VPmax (mbar)	VPact (mbar)	VPdef (mbar)	sh (g/kg)	H2OC (mmol/mol)	rho (g/m**3)	wv (m/s)	max. wv (m/s)	wd (deg)
0	01.01.2009 00:10:00	996.52	-8.02	265.40	-8.90	93.3	3.33	3.11	0.22	1.94	3.12	1307.75	1.03	1.75	152.3
1	01.01.2009 00:20:00	996.57	-8.41	265.01	-9.28	93.4	3.23	3.02	0.21	1.89	3.03	1309.80	0.72	1.50	136.1
2	01.01.2009 00:30:00	996.53	-8.51	264.91	-9.31	93.9	3.21	3.01	0.20	1.88	3.02	1310.24	0.19	0.63	171.6
3	01.01.2009 00:40:00	996.51	-8.31	265.12	-9.07	94.2	3.26	3.07	0.19	1.92	3.08	1309.19	0.34	0.50	198.0
4	01.01.2009 00:50:00	996.51	-8.27	265.15	-9.04	94.1	3.27	3.08	0.19	1.92	3.09	1309.00	0.32	0.63	214.3

```python
df.tail(5)
```

	Date Time	p (mbar)	T (degC)	Tpot (K)	Tdew (degC)	rh (%)	VPmax (mbar)	VPact (mbar)	VPdef (mbar)	sh (g/kg)	H2OC (mmol/mol)	rho (g/m**3)	wv (m/s)	max. wv (m/s)	wd (deg)
420546	31.12.2016 23:20:00	1000.07	-4.05	269.10	-8.13	73.10	4.52	3.30	1.22	2.06	3.30	1292.98	0.67	1.52	240.0
420547	31.12.2016 23:30:00	999.93	-3.35	269.81	-8.06	69.71	4.77	3.32	1.44	2.07	3.32	1289.44	1.14	1.92	234.3
420548	31.12.2016 23:40:00	999.82	-3.16	270.01	-8.21	67.91	4.84	3.28	1.55	2.05	3.28	1288.39	1.08	2.00	215.2
420549	31.12.2016 23:50:00	999.81	-4.23	268.94	-8.53	71.80	4.46	3.20	1.26	1.99	3.20	1293.56	1.49	2.16	225.8
420550	01.01.2017 00:00:00	999.82	-4.82	268.36	-8.42	75.70	4.27	3.23	1.04	2.01	3.23	1296.38	1.23	1.96	184.9

먼저 파이썬에서 불러오기 **import**를 통해 **pandas**라이브러리를 불러들이고 CSV 형태의 파 일을 **pandas**의 **read_csv** 메서드^{method}를 사용하여 읽어 들인 후 **pandas** 객체 **df**에 할당한 다. 이 과정은 **read_csv**가 **pandas**의 **DataFrame**이라는 자료구조로 CSV 입력값을 반환한다 는 의미다.

pandas DataFrame의 메서드인 **df.head(5)**를 이용하여 첫 5줄의 head 라인을 출력하고 **df.tail(5)**을 이용해서 데이터셋 맨 마지막 5줄 데이터를 출력해서 확인해 볼 수 있다. 위 예에서 **df.tail(5)**로 마지막 라인 수 420,550임을 확인하여 데이터의 개수를 알 수 있다. 출력된 결과에서 보듯이 각 10분 간격마다의 시간, Date_Time (여기서 Date_Time은 사건 또는 객체 ID가 된다)은 14개의 특성을 가지고 있는 14차원의 벡터형 데이터임을 알 수 있다.

이후 14개의 특성 중에서 다음과 같은 방법으로 관심있는 특성만을 추출할 수 있다. 아래 예에서는 3개의 특성을 추출했기 때문에 추출된 데이터는 3차원의 벡터형 데이터가 되고 정규화를 통해 3차원 공간에 표현^{embedding} 할 수 있다.

```
features_selected = ['p (mbar)', 'T (degC)', 'rho (g/m**3)']
features = df[features_selected]
features.head()
```

	p (mbar)	T (degC)	rho (g/m**3)
0	996.52	-8.02	1307.75
1	996.57	-8.41	1309.80
2	996.53	-8.51	1310.24
3	996.51	-8.31	1309.19
4	996.51	-8.27	1309.00

다음은 3개의 관심있는 특성으로만 구성된 데이터셋에서 **features.values** 메서드를 이용하여 각 특성의 항목명을 제외한 순수한 자료값만을 추출한다. 이때 메서드 **features.values**가 반환하는 값은 넘파이^{numpy} 라이브러리의 배열^{array} 자료구조를 갖는다. 각 특성은 각각의 단위가 있기 때문에 같은 스케일로 정규화가 필요하다.

features.values가 반환하는 값은 넘파이 라이브러리의 배열 자료구조를 가지므로 이후 데이터의 처리는 넘파이 라이브러리를 이용한다. 즉 데이터셋의 각 특성을 정규화하기 위해서 넘파이에서 제공하는 평균 (**dataset.mean**)과 표준편차 (**dataset.std**) 메서드를 이용하여 각 특성의 항목별 평균과 표준편차를 구한 후 정규화한다. 여기서 **axis=0**는 열^{column} 방향으로의 평균값과 표준편차를 구하라는 의미다.

```
# 항목명을 제외한 데이터만 추출
dataset = features.values

# 학습 데이터 크기만큼 추출
data_mean = dataset.mean(axis=0)
data_std = dataset.std(axis=0)

# 정규화
dataset = (dataset-data_mean)/data_std
print(dataset)

array([[ 0.95547359, -1.99766294,  2.2350791 ],
       [ 0.96154485, -2.04281897,  2.28524007],
       [ 0.95668784, -2.05439744,  2.29600633],
       ...,
       [ 1.35617678, -1.43494935,  1.76136375],
       [ 1.35496252, -1.55883897,  1.88786728],
       [ 1.35617678, -1.62715193,  1.95686921]])
```

위의 간단한 예에서 보듯이 판다스는 파일 형태의 데이터 입출력을 지원하는 라이브러리다. 이 외에 판다스 라이브러리는 데이터셋을 처리하는 데에 많은 유용한 메서드를 제공하고 있는데 본 장에서는 생략하기로 한다.

판다스 라이브러리가 다루는 자료구조는 **DataFrame**으로 데이터 변경, 삭제, 추가 등의 처리를 주로 하고 **DataFrame.value**가 반환한 데이터의 자료구조는 넘파이 배열^{numpy array} 이 되는데 넘파이는 배열구조를 기반으로 행렬 벡터 연산이나 정렬^{sortting}, 최댓값, 최솟값, 평균 등의 연산을 수행한다.

머신러닝을 구현하기 위해서는 다양한 데이터셋을 다루는 것은 필수적일뿐더러 매우 중요한 역량이기 때문에 판다스와 넘파이 라이브러리를 자유자재로 사용할 수 있도록 틈틈이 연습해 보는 것이 필요하다.

5.2 MLP를 이용한 벡터형 데이터 분석

5.2.1 MLP 모델

MLP 모델은 신경망 모델에서 가장 기본적이고 많이 활용되고 있는 모델이다. 이 모델은 신경망의 개념이 처음 도입된 워런 매컬럭^{Warren McCulloch}과 월터 피츠^{Walter Pitts}의 TLU^{Threshold Logic Unit}에 헵스 법칙^{Hebb's Rule}이 더해져서 프랭크 로젠블래트^{Frank Rosenblatt}가 제안한 퍼셉트론^{Perceptron} 모델이 지속적으로 발전된 것이다.

프랭크 로젠블래트의 초기 퍼셉트론 모델은 입력층과 출력층만 있는 단일층 퍼셉트론^{SLP: Single Layered Perceptron}인데 여기에 여러 개의 은닉층이 추가된 모델이 MLP다. 그림 5.1은 MLP 모델에 벡터형 데이터를 적용하는 것을 보여주고 있다

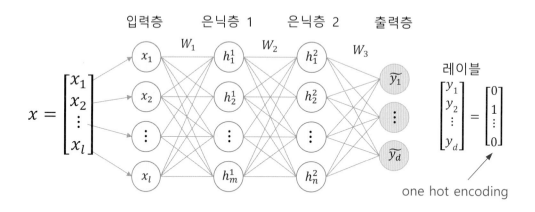

그림 5.1 벡터형 데이터의 MLP모델 적용 예시

벡터형 데이터를 분석하는 MLP 모델에서 입력층의 노드 수는 입력 데이터 벡터 크기와 같아야 한다. 즉 그림 5.1에서 입력 데이터, 벡터 x의 크기가 l이면 입력층의 노드 수도 l이 되어야 한다. 은닉층의 노드 수는 일종의 하이퍼파라메터로 사용자가 정한다. 그림 5.1에서는 예시적으로 은닉층 1의 노드 수는 m이라고 했고 은닉층 2의 노드 수는 n이라고 설정하였다. 마지막 출력층의

노드 수는 MLP를 분류모델로 정의한다면 분류하는 개체 수와 동일해야 한다. 이 예시에서는 d 개의 개체를 분류하는 모델로 설정하였으므로 출력층의 노드 수는 d개가 된다. 만약 MLP 모델을 회귀모델과 같이 예측모델로 사용하고자 한다면 출력층의 노드 수 d는 1이 될 것이다.

마지막 출력층의 값은 예측값으로 $\hat{y}_i$라고 정의하였다. 분류 classification 문제에서 가장 일반적으로 사용되는 레이블링 방법은 '원 핫 인코딩 one hot encoding' 방식이다. 만약 d개의 개체를 분류하는 문제라고 한다면 각 개체의 id를 0부터 $d-1$로 정하고 개체 id에 해당하는 인덱스에 1을 저장하고 나머지는 모두 0으로 저장한 벡터표현 방식을 '원 핫 인코딩'이라고 한다. 예를 들면 [강아지, 고양이, 원숭이] 3개의 개체를 분류하는 문제에서 원 핫 인코딩 레이블 벡터는 강아지를 [1, 0, 0] 이라고 하고 고양이를 [0, 1, 0] 그리고 원숭이를 [0, 0, 1]이라고 약속하는 방법이다.

앞 장에서 설명한 바와 같이 벡터 형태로 입력된 데이터는 신경망 학습변수 행렬 또는 텐서 W_i 에 곱해져서 순전파하고 다음 은닉층 노드는 이를 합산하고 활성화를 거쳐 다음 신경층으로 전달한다. 그림 5.1에서 신경망 학습변수 텐서의 크기는 다음과 같다.

$$size\,(W_1) = m \times l$$
$$size\,(W_2) = n \times m$$
$$size\,(W_3) = d \times n$$

5.2.2 MLP 모델에서 행렬 및 텐서 연산: numpy, TensorFlow, PyTorch

MLP 모델에서 정보가 은닉층을 거쳐 출력층으로 전달되는 순전파 또는 피드포워드 feedforward 과정은 텐서 (또는 행렬)와 벡터의 곱 그리고 활성화 함수 적용의 연속이다. 그러므로 MLP 모델을 설계하는 것은 대부분 텐서와 벡터의 곱셈 과정을 정의하는 것이고 여기에 추가적으로 목적함수를 정의하면 큰 부분은 완성이 된다고 볼 수 있다.

MLP에서 순전파되는 과정 중에 하나인 간단한 텐서 연산들이 넘파이^{numpy}, 텐서플로우 ^{TensorFlow}, 파이토치^{PyTorch}에서는 어떻게 실행되는지 한번 살펴보기로 하자.

파이썬을 지원하는 넘파이는 명칭이 NUMerical PYthon을 뜻하는 것처럼 최초 오픈소스 소프트 웨어$^{OSS:\ open\ source\ software}$ 프로젝트로 시작할 때부터 자연과학 분야에서 사용되는 수치해석 $^{numerical\ analysis}$ 용 라이브러리를 목표로 개발되었다. 현재 넘파이는 파이썬을 사용한 수치해석 프로젝트에 매우 중요한 라이브러리로 활용되고 있다.

넘파이는 여러가지 차원의 배열 또는 행렬 형태의 자료구조$^{ndarray\ object}$를 기반으로 수치해석에서 요구되는 다양한 행렬연산 및 데이터 처리를 지원하는 메서드를 제공하며 활성화 함수나 다른 목적에 필요한 대부분의 함수들을 내장하고 있다. 그리고 넘파이는 BLAS$^{Basic\ Linear\ Algebra\ Subprograms}$라는 하드웨어에 최적화된 행렬연산 모듈을 연동한 라이브러리이기 때문에 컴퓨터 메모리 사용과 계산시간 등에 우수한 성능을 보여준다.

넘파이를 이용한 행렬 연산

다음은 파이썬에서 넘파이를 불러들인 후 넘파이에서 행렬 연산을 어떻게 진행하는지 보여준다. 여기서 **numpy.dot**과 **numpy.matmul**은 모두 행렬과 행렬 그리고 행렬과 벡터의 연산관련 메서드이나 표준화 관점에서 **numpy.matmul** 사용을 추천한다.

```
# numpy 를 이용한 행렬 연산 예
import numpy as np
mat1 = np.ones((3,3))
mat1

array([[1., 1., 1.],
       [1., 1., 1.],
       [1., 1., 1.]])
```

```
# 행렬과 행렬 연산 예제를 위한 요소값이 다른 행렬 생성
cnt = 1.0
mat2 = np.zeros((3,3))
for i in range(3):
  for j in range(3):
    mat2[i,j] = mat1[i,j]*cnt
    cnt = cnt + 1
mat2

array([[1., 2., 3.],
       [4., 5., 6.],
       [7., 8., 9.]])

# 요소간 연산 (element-wise computation) +, -, *, /
mat3 = (mat1 + mat2)*mat2 - mat1*mat2
mat3

array([[ 1.      , 5.5      , 11.66666667],
       [19.75    , 29.8     , 41.83333333],
       [55.85714286, 71.875  , 89.88888889]])

# 행렬 x 행렬 연산 numpy.dot 과 numpy.matmul 비교
mat4 = np.dot(mat2, mat3)
mat4

array([[ 1.92857143, 1.275   , 1.      ],
       [ 6.10714286, 3.75    , 2.83333333],
       [10.28571429, 6.225   , 4.66666667]])

mat5 = np.matmul(mat2, mat3)
mat5

array([[ 1.92857143, 1.275   , 1.      ],
       [ 6.10714286, 3.75    , 2.83333333],
       [10.28571429, 6.225   , 4.66666667]])
```

```
# 행렬 x 벡터 연산 예제를 위한 벡터 생성
vec = np.array([1,2,3])
vec

array([1, 2, 3])

# 행렬 x 벡터 연산 numpy.dot 과 numpy.matmul 비교
mat6 = np.dot(mat2, vec)
mat6

array([14., 32., 50.])

mat7 = np.matmul(mat2, vec)
mat7

array([14., 32., 50.])
```

텐서플로우를 이용한 텐서 연산

텐서플로우에서 제공하는 텐서 연산은 거의 넘파이의 행렬 연산과 유사하나 딥러닝 모델에서 빈번하게 적용되는 역전파와 경사하강법과 같은 최적화 라이브러리 그리고 GPU 등과 같은 하드웨어를 보다 잘 활용할 수 있도록 설계되었다. 다음은 텐서플로우에서의 텐서 연산 예를 보여준다.

```
# TensorFlow 를 이용한 텐서 연산 예
import tensorflow as tf
mat1 = tf.Variable(tf.ones([3, 3], tf.float32))
mat1

<tf.Tensor: shape=(3, 3), dtype=float32, numpy=
array([[1., 1., 1.],
       [1., 1., 1.],
       [1., 1., 1.]], dtype=float32)>
```

텐서플로우에서는 텐서를 변수형 (**tf.Variable**)이나 상수형 (**tf.Constant**)으로 지정할 수 있는데 변수형은 계산과정에서 갱신이 가능하고 상수형은 불가능 한 것이 다르다. 그러므로 텐서플로우로 신경망 모델을 구현할 때 학습변수는 모두 변수형으로 지정해야 한다.

```
# 행렬과 행렬 연산 예제를 위한 요소값이 다른 행렬 생성
cnt = 1
mat2 = tf.Variable(tf.zeros((3,3), tf.float32))
for i in range(3):
  for j in range(3):
    mat2[i,j] = mat1[i,j]*cnt
    cnt = cnt + 1
mat2


TypeError                         Traceback (most recent call last)
<ipython-input-6-82042f1c402e> in <module>()
    3 for i in range(3):
    4  for j in range(3):
----> 5    mat2[i,j] = mat1[i,j]*cnt
    6    cnt = cnt + 1
    7 mat2

TypeError: 'ResourceVariable' object does not support item assignment
```

위 예에서 보듯이 텐서플로우에서는 텐서를 각 요소 단위로 갱신하면 에러가 발생한다. 텐서플로우에서 넘파이와 같은 방법으로 텐서의 요소별 갱신을 위해서는 **tf.Scatter** 같은 메서드를 사용하면 되는데 매우 복잡하다.

텐서플로우에서는 수치해석을 위한 라이브러리인 넘파이에서처럼 행렬 또는 텐서의 요소별 element-wise 계산에 필요한 장치들이 편리하게 제공되지 않는다. 그 이유는 신경망에서의 학습변수인 텐서는 학습변수 초기화를 비롯하여 대부분의 연산이 일괄적으로 텐서간 연산으로 진행되기 때문이다.

본 예제에서는 다음과 같은 방법으로 텐서를 만들어 사용하기로 하자. 넘파이로 1 차원 배열을 만들고 **tf.reshape** 이라는 메서드를 이용하여 의도적으로 **[3,3]** 텐서를 만들었다.

```
# tf.reshape 을 이용하여 행렬과 행렬 연산 예제를 위한 텐서 만들기
import numpy as np
mat_temp = np.array([1,2,3,4,5,6,7,8,9])
mat2 = tf.reshape(mat_temp, [3,3])
mat2 = tf.cast(mat2, tf.float32)
mat2

<tf.Tensor: shape=(3, 3), dtype=float32, numpy=
array([[1., 2., 3.],
       [4., 5., 6.],
       [7., 8., 9.]], dtype=float32)>


# 요소간 연산 (element-wise computation) +, -, *, /
mat3 = (mat1 + mat2)*mat2 - mat1*mat2
mat3

<tf.Tensor: shape=(3, 3), dtype=float32, numpy=
array([[ 1.     , 5.5    , 11.666667],
       [19.75   , 29.8   , 41.833332],
       [55.857143, 71.875 , 89.888885]], dtype=float32)>

# 행렬 x 행렬 연산 np.dot 과 np.matmul 비교
mat4 = tf.dot(mat2, mat3)
mat4

AttributeError                      Traceback (most recent call last)
<ipython-input-36-e67943422888> in <module>()
----> 1 mat4 = tf.dot(mat2, mat3)
      2 mat4

AttributeError: module 'tensorflow' has no attribute 'dot'
```

그런데 텐서플로우는 **tf.dot** 메서드를 지원하지 않는다. 대신에 텐서플로우에서 모든 텐서 연산은 **tf.matmul** 메서드를 사용한다.

```
mat5 = tf.matmul(mat2, mat3)
mat5

<tf.Tensor: shape=(3, 3), dtype=float32, numpy=
array([[ 208.07143, 280.725  , 365.    ],
       [ 437.89285, 602.25   , 795.1666 ],
       [ 667.7143 , 923.775  , 1225.3333 ]], dtype=float32)>
```

다음은 텐서플로우에서 행렬 곱하기 벡터 연산을 실행해 보자. 이를 위해 먼저 텐서플로우에서 벡터형 데이터를 만든다.

```
# 행렬 x 벡터 연산 예제를 위한 벡터 생성
vec = tf.Variable([1,2,3], dtype=tf.float32)
vec

<tf.Variable 'Variable:0' shape=(3,) dtype=float32, numpy=array([1., 2.,
3.], dtype=float32)>
```

여기서 변수 **vec** 을 텐서플로우의 1 차원 벡터형으로 명시적인 변환이 필요하다. 다음과 같이 **tf.reshape** 를 사용하여 **vec** 의 차원을 **[3,1]** 으로 만들어 준다.

```
vec = tf.reshape(vec, (3,1))
```

이제 텐서플로우에서 행렬과 벡터의 연산을 해보도록 하자.

```
# 행렬 x 벡터 연산 tf.dot 과 tf.matmul 비교
mat6 = tf.dot(mat2, vec)
mat6

AttributeError                          Traceback (most recent call last)
<ipython-input-42-09685c3a9425> in <module>()
----> 1 mat6 = tf.dot(mat2, vec)
      2 mat6

AttributeError: module 'tensorflow' has no attribute 'dot'
```

역시 행렬과 벡터 연산에서도 텐서플로우는 **tf.dot** 메서드를 지원하지 않는다. 다음과 같이 텐서플로우에서 텐서 연산은 **tf.matmul** 을 사용한다.

```
# 행렬 x 벡터 연산 tf.dot 과 tf.matmul 비교
mat7 = tf.matmul(mat2, vec)
mat7

<tf.Tensor: shape=(3, 1), dtype=float32, numpy=
array([[14.],
       [32.],
       [50.]], dtype=float32)>
```

파이토치를 이용한 텐서 연산

파이토치에서 제공하는 텐서 연산 라이브러리의 개념도 텐서플로우와 목적이 동일하다. 그러나 텐서플로우와 차이점이 있다면 파이토치는 수치해석 분야의 많은 개발자들이 익숙한 넘파이의 속성을 가능하면 파이토치 텐서 연산 라이브러리에서 그대로 승계하려고 하고 있다. 이러한 점들이 최근 파이토치 개발자 커뮤니티가 빠른 속도로 확산되는 이유 중에 하나다.

다음은 파이토치에서 텐서 연산을 하는 예시를 보여준다.

```
# PyTorch 를 이용한 텐서 연산 예
import torch as th
mat1 = th.ones([3, 3], dtype=th.float32)
mat1

tensor([[1., 1., 1.],
        [1., 1., 1.],
        [1., 1., 1.]])

# 예제를 위한 요소값이 다른 행렬 생성
cnt = 1.0
mat2 = th.zeros([3,3], dtype=th.float32)

for i in range(3):
  for j in range(3):
    mat2[i,j] = mat1[i,j]*cnt
    cnt = cnt + 1
mat2

tensor([[1., 2., 3.],
        [4., 5., 6.],
        [7., 8., 9.]])
```

위 예제에서 보듯이 파이토치에서도 넘파이와 동일한 방법으로 배열의 각 요소를 인덱스를 이용하여 처리하는 것을 볼 수 있다. 유일한 차이점은 넘파이에서는 넘파이 배열numpy array이라는 자료구조를 가지고 연산을 하며 파이토치는 파이토치 텐서의 자료구조를 가진다.

파이토치나 텐서플로우 모두 넘파이의 배열 자료구조와 동일한 개념으로 텐서라는 자료구조를 사용한다. 이때 파이토치는 텐서를 처리할 때 넘파이와 거의 동일한 속성attribute을 사용하고 텐서플로우는 넘파이 속성과 대부분이 호환되지 않고 자체 속성을 제공한다.

```
# 요소간 연산 (element-wise computation) +, -, *, /

mat3 = (mat1 + mat2)*mat2 - mat1*mat2

mat3


tensor([[ 1.0000,  5.5000, 11.6667],
        [19.7500, 29.8000, 41.8333],
        [55.8571, 71.8750, 89.8889]])
```

위 예제와 같이 텐서의 요소간$^{element-wise}$ 연산은 +, -, *, / 연산을 텐서를 변수로 보고 바로 사용하면 된다.

```
# 행렬 x 행렬 연산 torch.dot 과 torch.matmul 비교

mat4 = th.dot(mat2, mat3)

mat4

RuntimeError                         Traceback (most recent call last)
<ipython-input-21-68b560d01715> in <module>()
----> 1 mat4 = th.dot(mat2, mat3)
      2 mat4
RuntimeError: 1D tensors expected, got 2D, 2D tensors at
/pytorch/aten/src/TH/generic/THTensorEvenMoreMath.cpp:83

# 행렬 x 행렬 연산 torch.dot 과 torch.matmul 비교

mat5 = th.matmul(mat2, mat3)
mat5


tensor([[ 208.0714,  280.7250,  365.0000],
        [ 437.8929,  602.2500,  795.1666],
        [ 667.7143,  923.7750, 1225.3333]])
```

파이토치에서는 **th.dot** 연산을 1차원 벡터간 사용에 한정된다. 따라서 다양한 차원의 행렬 또는 텐서의 연산은 아래와 같이 **th.matmul** 사용이 요구된다.

```
# 행렬 x 벡터 연산 예제를 위한 벡터 생성
vec = th.tensor([1,2,3], dtype=th.float32)
vec

tensor([1., 2., 3.])

# 행렬 x 벡터 연산을 위한 torch.dot 과 torch.matmul 비교

mat6 = th.dot(mat2, vec)
mat6

RuntimeError                    Traceback (most recent call last)
<ipython-input-30-c5a07f806def> in <module>()
----> 1 mat6 = th.dot(mat2, vec)
      2 mat6
RuntimeError: 1D tensors expected, got 2D, 1D tensors at
/pytorch/aten/src/TH/generic/THTensorEvenMoreMath.cpp:83

# 행렬 x 벡터 연산을 위한 torch.dot 과 torch.matmul 비교

mat7 = th.matmul(mat2, vec)
mat7

tensor([14., 32., 50.])
```

5.2.3 스코어와 분류기 (Score & Classifier)

모든 인공신경망은 실수$^{real\ number}$로 표현된 정보를 다룬다. 음성, 이미지, 시그널, 텍스트 등의 실제 데이터는 숫자로 정량화되어 인공신경망 모델에 입력된다. 이렇게 입력된 데이터는 다양한 구조의 인공신경망을 통해 순전파되면서 데이터를 가장 잘 표현하는 특성으로 압축되고 출력층의 각 노드에 저장된다. 이렇게 신경망의 최종 출력층 노드에 저장된 실숫값을 스코어^{score}라고 한다.

만약 신경망 모델을 구현하는 개발자가 스코어를 0과 1사이의 값으로 만들고 싶으면 시그모이드^{sigmoid} 활성화 함수를 사용하면 되고, -1과 1사이의 값으로 만들고 싶으면 $tanh$ 활성화 함수를 사용한다. 만약 확률의 의미를 가지게 하려면 소프트맥스^{softmax} 활성화 함수를 적용한다.

이때 신경망 모델의 과업^{task}이 n개의 객체를 분류하는 것이라면 여기서 사용된 소프트맥스^{softmax} 함수를 분류기^{classifier}라고도 한다. 소프트맥스 함수를 이용하여 스코어를 확률개념으로 환산해 놓으면 원 핫 인코딩$^{\text{one hot encoding}}$ 형태로 된 레이블과 크로스 엔트로피$^{\text{cross entropy}}$ 로스^{loss}를 계산하여 신경망 모델을 학습시킨다.

예를 들면 다음에서 다룰 MNIST에 저장된 필기체 숫자 분류 문제에서 그림 5.6은 10개의 개체를 분류하는 간단한 신경망 모델을 보여준다. 이때 분류기를 소프트맥스를 사용한다면 최종 출력층에 있는 10개의 각 노드에는 소프트맥스로 계산된 확률값이 저장되고 크기가 10인 최종 출력 벡터를 만든다. 이렇게 계산된 출력 벡터는 그림 5.2와 같이 확률질량함수$^{\text{PMS: Probability Mass Function}}$인 $p(x)$로 볼 수 있고, 입력 데이터에 대한 원 핫 인코딩으로 표현된 레이블도 역시 확률질량함수인 $q(x)$라고 할 수 있다.

예측값 벡터와 레이블 벡터 두개의 확률 분포가 유사할수록 예측을 잘한 결과가 되기 때문에 $p(x)$와 $q(x)$에 대한 쿨백-라이블러 발산$^{\text{KLD: Kullback-Leibler Divergence}}$ 값을 최소화하는 것을 이 분류 모델의 목적함수로 정의할 수 있다.

$$
\begin{aligned}
KLD(q(x)\|p(x)) &= \sum_{i=0}^{9} q(x) \log \frac{q(x)}{p(x)} \\
&= \sum_{i=0}^{9} q(x) \log q(x) - q(x) \log p(x) \\
&= -\sum_{i=0}^{9} q(x) \log p(x)
\end{aligned}
\tag{5.1}
$$

여기서 $q(x) \log q(x) = 0$이 되기 때문에 $-\sum_{i=0}^{9} q(x) \log p(x)$이 바로 크로스 엔트로피인 목

적함수가 된다. 즉 소프트맥스를 분류기로 사용하면 일반적으로 크로스 엔트로피를 목적함수로
사용한다.

참고로 만약 $q(x) = p(x)$ 이면 $-p(x)\log p(x)$ 가 되어 우리가 알고 있는 정보이론[Information Theory]에 나오는 엔트로피[entropy] 공식이 되는데 두개의 확률분포가 다르기 때문에 크로스 엔트로피라고 한다.

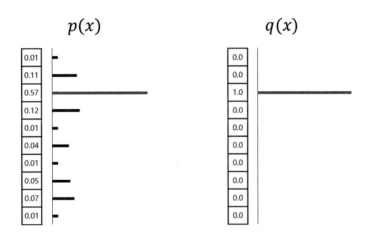

그림 5.2 소프트맥스를 이용한 예측벡터와 원-핫 인코딩 레이블의 확률질량함수

분류기로 많이 사용되는 방법 중에 다른 하나가 서포트 벡터 머신[SVM: Support Vector Machine]이다. 머신러닝에서 분류모델로 사용되는 SVM 기법을 분류기로 활용하는 경우다. 머신러닝의 분류모델에서 SVM 성질을 다시한번 상기해 보면 SVM은 이진[binary] 분류이고 선형[linear] 분류다. 즉 2개의 그룹을 분류하되 두개의 그룹 사이의 거리인 마진[margin]을 최대화하는 선형 분리자를 찾는 것이다. 이러한 SVM의 성질을 이용하여 다중 개체 분류기로 다음과 같은 함수를 사용한다.

$$\text{SVM 분류기}, \boldsymbol{E_i} = \sum_{y_j \neq y_i} max\left(0, s_{y_j} - s_{y_i} + 1\right) \tag{5.2}$$

여기서 $max(0, x)$ 함수는 $(0, x)$ 두개의 값 중 최대를 반환하는 함수로 힌지 함수 hinge function 라고 한다. 그리고 s_{y_i} 는 출력층 i 번째 노드에 저장된 스코어를 의미하고 '1'은 SVM에서 사용되는 그룹 간의 거리인 마진의 개념이다.

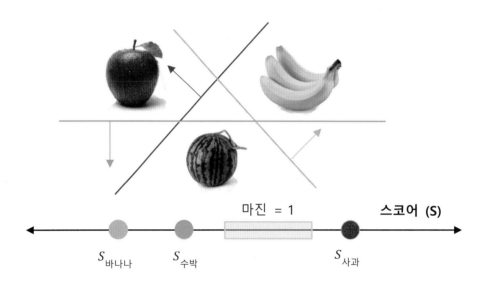

그림 5.3 사과, 바나나, 수박 3개체 분류를 위한 SVM 분류기 적용 예시

그림 5.3은 사과, 바나나, 수박 3가지 개체를 분류하는 문제에 SVM을 적용한 경우를 보여준다. 최종 출력층에 저장된 스코어가 각각 $S_{사과}$, $S_{바나나}$, $S_{수박}$ 이라고 한다면 사과 데이터를 입력했을 때 사과의 스코어가 가장 오른쪽 즉 가장 큰 값이 되도록 학습하는 방법이다. 만약 사과를 입력했을 때 출력층의 각 스코어가 다음과 같다고 가정해 보자.

$$S_{사과} = 5, S_{바나나} = -2, S_{수박} = 1$$

그러면 SVM 분류기는 다음과 같은 결과를 보여준다.

$$E_{사과} = \sum_{y_j \neq y_i} max\left(0, s_{y_j} - s_{y_i} + 1\right)$$

$$= max(0, -1 - 5 + 1) + max(0, 1 - 5 + 1)$$

$$= 0$$

$$E_{바나나} = max(0, 5 + 2 + 1) + max(0, 1 + 2 + 1)$$

$$= 12$$

$$E_{수박} = max(0, 5 - 1 + 1) + max(0, -2 - 1 + 1)$$

$$= 5$$

SVM의 분류기는 가장 작은 숫자가 나오는 경우를 입력된 이미지의 개체^{class}라고 분류하기 때문에 사과에 대한 숫자가 가장 작으므로 SVM 분류기는 사과라고 분류한다. SVM 분류기를 사용하게 되면 다음과 같은 힌지 로스^{hinge loss} 함수를 목적함수로 사용한다.

$$\mathcal{L}_{SVM} = \frac{1}{N} \sum_{k=1}^{N} \sum_{y_j \neq y_i} max\left(0, s_{y_j} - s_{y_i} + 1\right) + \lambda R(w) \tag{5.3}$$

여기서 N은 전체 학습 데이터 개수이고 $\lambda R(w)$는 규제화^{regularization}를 위한 항이다. 이때 λ는 페널티 계수이고 $R(w)$는 학습변수 w를 가지는 구속함수를 의미한다. 힌지함수와 규제화 함수를 포함한 목적함수는 아래로 볼록한 모양을 가지므로 경사하강법을 이용하여 최적화된 학습변수를 구할 수 있다.

5.2.4 MLP 모델을 이용한 MNIST 필기체 숫자 분류

MNIST 데이터셋이란 MNIST^{Modified National Institute of Standards and Technology database}에 저장된 손

으로 쓴 필기체 숫자 이미지들로 이루어진 대형 데이터베이스를 말한다. MNIST는 최초 NIST가 구축했던 필기체 숫자와 알파벳 등의 오리지널 데이터셋을 보완하여 필기체 숫자만을 저장한 데 이터셋이다.

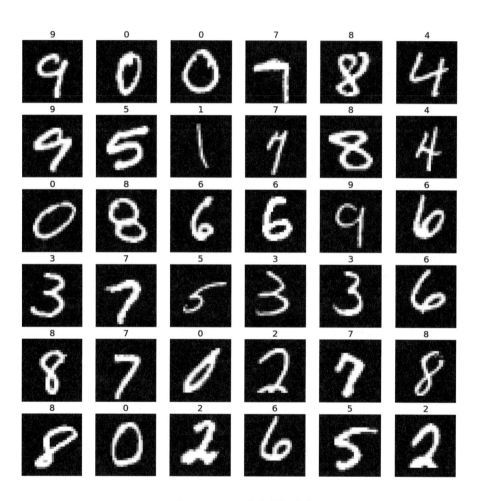

그림 5.4 MNIST 데이터셋 예시

MNIST는 여러 사람들이 실제로 필기한 0~9까지 숫자를 스캔하여 **28 × 28** 크기의 그레이^{gray} 스케일 이미지로 저장하고 있는데 학습용 데이터는 60,000개가 있고 테스트용으로는 10,000개의 데이터를 가지고 있다. 머신러닝 개발자들은 새로운 모델을 개발할 때 여러가지 성능 평가를 하기 위해 MNIST 데이터셋을 벤치마킹 테스트용으로 사용하고 있다.

MNIST는 이미지와 레이블 데이터셋을 가지고 있는데 그림 5.4는 MNIST에 저장된 이미지와 레이블을 보여주고 있다.

그림 5.5 MNIST 데이터 (이미지) 자료구조

MNIST에서 28 × 28 크기의 그레이 스케일 이미지는 원래 0~255 사이의 픽셀값을 0~1사이 값으로 정규화한 것이다. 그림 5.5에서처럼 0의 픽셀값을 가지면 검은색이 되고 1의 픽셀값을 가지면 흰색이 된다. 0과 1사이의 픽셀값은 그 크기에 맞는 그레이 톤을 갖는다.

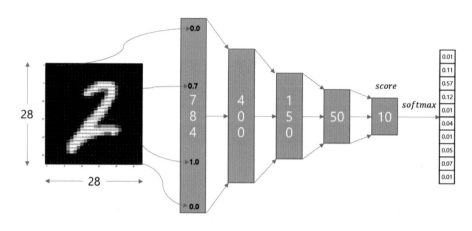

그림 5.6 MNIST 분석을 위한 MLP 모델 예시

그림 5.6과 같이 28 × 28 크기를 가지는 MNIST 데이터를 784개의 벡터로 변환하여 분류하는 MLP 모델 구조를 보여준다. 784개의 노드를 가지는 입력층과 400개의 노드를 가지는 첫번째 은닉층, 그리고 150개와 40개의 노드를 가지는 두번째 세번째 은닉층이 있고 마지막으로는 분류하고자 하는 개체class 수만큼의 노드를 가지는 출력층이 있다. 앞에서 설명한 바와 같이 은닉층의 개수와 각 은닉층에서의 노드 수는 임의로 정의한 것이다. 여기서는 필기체 숫자인 10개의 개체를 분류하므로 출력층의 노드 수는 10개가 된다. 마지막으로 출력층 노드에 입력된 스코어를 소프트맥스 분류기에 통과시키면 각 출력층의 최종 노드에는 각 개체에 해당하는 확률이 저장된다. 최종 저장된 확률 벡터와 원 핫 인코딩one hot encoding으로 되어 있는 레이블을 크로스 엔트로피cross entropy 계산을 통해 목적함수를 만든다.

60,000개의 학습 데이터를 사용자가 정한 배치 크기만큼 묶어 순전파한 후 계산된 크로스 엔트로피 목적함수를 최소화하도록 반복 학습하게 되면 필기체를 분류하는 모델이 완성된다.

다음은 파이토치 프레임워크를 이용하여 위에서 설명한 28×28 MNIST 데이터를 784차원의 벡터형으로 변환한 후 0~9까지의 필기체를 분류하는 MLP 모델을 구현한 것이다.

```
## 파이토치를 이용한 MNIST MLP 분류 모델
import torch
import torch.nn as nn
import torch.nn.functional as F
import torch.optim as optim
from torchvision import datasets, transforms
import matplotlib.pyplot as plt

## 하이퍼파라미터 설정
batch_size = 64
test_batch_size = 1000
epochs = 50
lr = 0.001
momentum = 0.01
gpu_use = True
log_interval = 200

## GPU 가 설치되어 있고 사용예정이라면 True
cuda_use = gpu_use and torch.cuda.is_available()
device = torch.device("cuda" if cuda_use else "cpu")
print(cuda_use)  # 만약 GPU 가 설치되어 있으면 True
print("set hyperparameters done")

## 모든 데이터 자료구조를 tensor 로 변환
transform = transforms.Compose([transforms.ToTensor()])

## torch.util.data 리스트에 저장된 URL 을 통해 MNIST 데이터 입력
train_loader = torch.utils.data.DataLoader(
   datasets.MNIST('../data',train=True,download=True,transform=transform),
               batch_size = batch_size, shuffle=True)

test_loader = torch.utils.data.DataLoader(
   datasets.MNIST('../data', train=False, download=True,transform=transform),
               batch_size=test_batch_size, shuffle=True)
```

```
print(len(train_loader.dataset))
print(len(test_loader.dataset))
print('data loading done')

## MLP 모델 설계하기
class Net(nn.Module):
    def __init__(self):
        super(Net, self).__init__()
        self.fc1 = nn.Linear(784, 400)
        self.fc2 = nn.Linear(400, 150)
        self.fc3 = nn.Linear(150, 50)
        self.fc4 = nn.Linear(50, 10)

    def forward(self, x):
        x = x.float()
        x = x.view(-1, 784)
        x = F.relu(self.fc1(x))
        x = F.relu(self.fc2(x))
        x = F.relu(self.fc3(x))
        x = F.relu(self.fc4(x))
        x = F.log_softmax(x, dim=1)
        return x
print('model design done')

## Net 으로 정의된 MLP 학습 모델을 model 로 객체화
## 모델이 실행될 GPU 또는 CPU 에 할당
model = Net().to(device)

## 최적화 라이브러리 SGD 선정
optimizer = optim.SGD(model.parameters(), lr=lr, momentum=momentum)
print(model)

## MLP 모델 학습 루틴 정의
## 목적함수 := NLL (negative log likelihood) → cross entropy 와 같은 목적함수임
def train(log_interval, model, device, train_loader, optimizer, epoch):
    model.train()
    for batch_idx, (data, target) in enumerate(train_loader):
        data, target = data.to(device), target.to(device)
```

```
        optimizer.zero_grad()
        output = model(data)
        loss = F.nll_loss(output, target)
        loss.backward()
        optimizer.step()
        if batch_idx % log_interval == 0:
            print('Train Epoch: {} [{}/{} ({:.0f}%)]\tLoss: {:.6f}'.format(
                epoch, batch_idx * len(data), len(train_loader.dataset),
                100. * batch_idx / len(train_loader), loss.item()))


## MLP 모델 검증 루틴 정의
def test(log_interval, model, device, test_loader):
    model.eval()
    test_loss = 0
    correct = 0
    with torch.no_grad():
        for data, target in test_loader:
            data, target = data.to(device), target.to(device)
            output = model(data)
            test_loss += F.nll_loss(output, target, reduction='sum').item()

            pred = output.argmax(dim=1, keepdim=True)
            correct += pred.eq(target.view_as(pred)).sum().item()

    test_loss /= len(test_loader.dataset)

    print('\nTest set: Average loss: {:.4f}, Accuracy: {}/{} ({:.0f}%)\n'.format
        (test_loss, correct, len(test_loader.dataset),
            100. * correct / len(test_loader.dataset)))


## MLP 모델 학습시키기
for epoch in range(1, epochs):
    train(log_interval, model, device, train_loader, optimizer, epoch)
    test(log_interval, model, device, test_loader)
torch.save(model, './model.pt')
```

```
## Test 데이터셋에서 배치크기만큼 이미지 추출
dataiter = iter(test_loader)
images, labels = dataiter.next()

## 학습된 MLP 모델을 통해 예측값 출력
output = model(images)
## 10 개의 성분을 가지는 예측값 벡터에서 최대의 확률을 가지는 인덱스를 예측값으로 반환
_, preds = torch.max(output, 1)

## 이미지 plot 을 위해 텐서에서 numpy 자료구조로 변환
images = images.numpy()

## 이미지 plot: 레이블과 예측값이 다르면 적색으로 표시 () 안이 레이블
fig = plt.figure(figsize=(16, 16))
for idx in np.arange(36):
  ax = fig.add_subplot(6, 6, idx+1, xticks=[], yticks=[])
  ax.imshow(np.squeeze(images[idx]), cmap='gray')
  ax.set_title("{}({})".format(str(preds[idx].item()),str(labels[idx].item())),
  color=("green" if preds[idx]==labels[idx] else "red"))
```

위 코드를 실행시키면 정해진 에폭 (epochs = 50) 만큼 학습을 하고 테스트 데이터셋에 저장된 데이터를 가지고 검증을 한다. 그림 5.7 은 테스트 데이터셋으로 검증한 결과를 보여준다. 36 개의 MNIST 이미지를 랜덤하게 입력해서 0 부터 9 까지의 숫자를 분류한 것인데 각 이미지의 상단에 있는 숫자가 모델이 예측한 값이고 괄호안에 있는 숫자가 레이블인 정답이다. 녹색으로 표시된 것은 예측값과 정답이 일치한 경우이고 붉은색으로 표시된 것은 잘못 예측된 것을 알려준다. 1,000 개의 테스트 데이터로 검증을 해보면 분류 정확도가 약 92%가 나오는데 그림 5.7 에서 잘못 분류된 것이 8%에 속하는 데이터다.

그림 5.7 의 테스트 결과를 보면 1 을 0 으로, 1 을 3 으로, 9 를 5 로, 그리고 1 을 0 으로 잘 못 분류한 것을 볼 수 있다. 언뜻 보면 명백하게 다른 숫자인데 왜 잘못 분류할까 이해가 되지 않는다.

MLP 모델의 신경망을 더 깊고 노드 수를 늘려도 이미지를 벡터 형태로 변환하고 분류를 하면 성능이 그렇게 크게 개선되지 않는다.

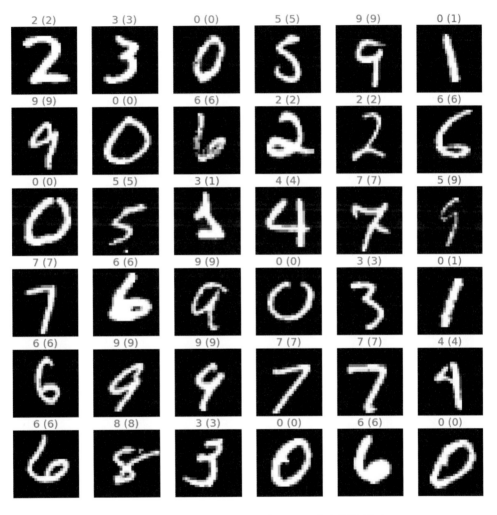

그림 5.7 MNIST 데이터로 학습 후 MLP모델의 분류 결과

그 이유는 2차원 이미지를 1차원으로 변형하게 되면 전후좌우 인접된 픽셀과의 정보가 사라져 버리기 때문이다. 이미지 데이터를 다루는 경우에는 2차원 필터를 사용하여 이미지 데이터의 특성을 추출하는 CNN 모델이 적합하다. CNN 모델 다음 장에서 자세히 다루도록 하겠다.

5.3 활성화 함수 Activation Function

5.3.1 활성화 함수의 필요성

동물의 대뇌피질에 있는 신경세포들은 서로 화학물질을 전달함으로써 신경세포 또는 뉴런^{neuron} 간 정보를 교환한다. 각 신경세포들은 이렇게 전달받은 정보들을 취합한 후 신경세포의 세포체^{cell body, soma}에서는 화학적으로 전달받은 정보를 활성화^{activation}라는 과정을 통해 전기신호로 전환한 후 신경세포 말단으로 전달한다. 전기신호로 신경세포 말단으로 전달된 정보는 다시 화학물질로 전환되어 다음 신경세포로 전달된다. 이때 신경세포의 세포체는 여러가지 복잡한 생물학적 규칙에 따라 신호를 보내거나 또는 보내지 않거나 하며 신호의 강도를 조절하고 신경망 연결을 강화하거나 약화시킨다. 참고로 신경세포의 세포체는 초당 5개 ~ 50개의 전기신호를 내보내고 있다고 밝혀져 있다. 이처럼 생물학적 신경망에서 활성화는 학습과정에서 매우 중요한 역할을 한다.

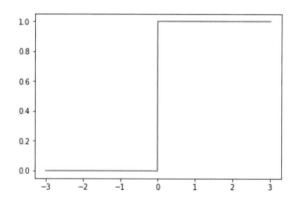

그림 5.8 히비사이드 계단함수 (단위 계단함수)

생물학적 신경망을 모방한 인공신경망은 생물학적 신경망처럼 신호가 전달되는 어떤 규칙을 설명하는 수학적인 모델이 필요하다. 이러한 신호전달 역할을 하는 수학적인 모델이 바로 활성화 함수 ^activation function 이다. 인공신경망의 원조인 TLU^Threshold Logic Unit 나 퍼셉트론^Percep-tron 에서 는 그림 5.8 과 같이 0과 1 두가지 강도를 가지는 히비사이드 계단함수 ^Heaviside step function 또는 단위 계단함수 ^unit step function 를 사용하였는데 신호전달이 같은 강도로 두가지 ^binary 형태로 발생되 는 것 보다는 여러가지 강도로 연속적으로 보내는 것이 타당하다고 판단되어 시그모이드 ^sigmoid 나 $tanh$ 같은 연속적이고 미분 가능한 함수가 활성화 함수로 사용되기 시작했다.

인공신경망은 최초 SLP^Single Layered Perceptron 형태에서 보다 복잡한 문제를 풀 수 있는 MLP^Multi Layered Perceptron 구조로 진화하면서 MLP 모델을 학습시킬 수 있는 에러의 역전파 ^Back Propagation of Error 알고리즘이 개발되었고 역전파에 적합한 활성화 함수가 도입되었다. 역전파 과 정은 사실 생물학적 신경망에서는 발생되는 않는 인공신경망에서 필요한 수학적인 학습 방식이 라고 할 수 있다.

경사법 ^Gradient Method 을 이용하여 역전파를 통해 인공신경망 모델을 학습시키는 과정을 한번 살펴 보자. 데이터가 입력되면 학습변수 텐서에 곱해져서 활성화 함수에 적용된다. 이런 과정이 여러 단계의 신경층을 통해 순전파하면서 예측값을 만든다. 예측값을 기반으로 목적함수를 계산하고 이 목적함수를 각 신경층 단계별로 연쇄법칙 ^chain rule 을 적용하여 역전파하면서 원하는 학습변수 에 대한 기울기 ^gradient 를 구한다. 이 기울기에 학습률을 곱해 각 학습변수를 업데이트한다. 이때 활성화 함수가 포함된 목적함수의 기울기가 0이 되면 학습이 되지 않는다. 따라서 순전파를 통 해 목적함수에 포함될 활성화 함수는 학습 변수가 존재할 대부분의 범위에서 그 미분값이 0이 아닌 것이 좋다. 이러한 사항들을 정리하면 인공신경망에서의 활성화 함수는 다음과 같은 기능 을 수행해야 한다.

● **정보의 희소성**^sparsity **강화**

인공신경망에서 순전파 할 때 활성화 함수는 의미 있는 정보는 증폭하고 의미 없는 정 보는 소멸시킨다. 즉 이러한 정보의 양극화를 희소성 ^sparsity 라고 하는데 수학모델을 기반으로 하는 인공신경망은 이러한 희소한 데이터로 분석하는 것이 정확도나 수렴속도 향상에 도움이 된다. 예를 들면 그림 5.9와 같이 각 신경망에서 정보가 전달될 때 활성화 함수를 통해 정보가 희소해지면 (어떤 노드는 1을 가지고 어떤 노드는 0을 갖는) 좀더 변별력 있는 결괏값을 찾을 수 있고 수렴속도도 빠르다.

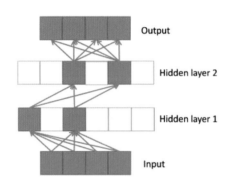

그림 5.9 순전파를 통해 정보가 전달될 때 활성화 함수를 통한 희소성 강화 예시 (출처: Xavier Glorot et al., Deep Sparse Rectifier Neural Networks, 2011)

● **경사소멸**gradient vanishing **의 최소화**

인공신경망에서 학습과정은 목적함수의 역전파를 통해 각 학습변수를 갱신하는 것이다. 학습변수를 갱신하는 방법 중 가장 보편적인 경사법gradient method을 사용한다면 각 학습변수는 경사도 또는 기울기를 통해 구해진다. 따라서 목적함수에 포함될 활성화 함수의 미분인 도함수 또는 미분함수derivative가 각 학습변수의 모든 영역에서 0이 아닌 것이 좋다. 활성화 함수가 포함된 목적함수를 학습변수로 미분한 값이 0일 때 이런 상황을 경사소멸이라고 하며 갱신할 값이 0이기 때문에 학습이 이루어 지지 않는다.

5.3.2 활성화 함수의 종류

적절한 활성화 함수의 선정은 인공신경망 모델의 성능과 매우 밀접하게 연결되어 있다. 이러한 이유로 단위 계단함수^unit step function 와 같은 초기 활성화 함수를 시작으로 지속적으로 인공신경망 모델 성능을 개선하기 위해 활성화 함수 개발도 병행되었다. 이렇게 지금까지 개발된 활성화 함수는 텐서플로우나 파이토치같은 딥러닝 프레임워크에서 라이브러리로 제공되기 때문에 각 문제에 맞는 적절한 활성화 함수를 선정하여 사용할 수 있다.

다음은 인공신경망에서 사용되는 대표적인 활성화 함수를 설명하고 있다. 다양한 활성화 함수에 대해 그 동작원리를 간단하게 살펴보고 각각의 장단점 등을 비교해 보기로 한다.

1. 시그모이드^Sigmoid

시그모이드 함수는 계단함수를 부드럽게 만든 함수라고 볼 수 있다. 여기서 부드럽다는 의미는 모든 영역에서 미분 가능하다는 뜻이다. 시그모이드 함수는 그림 5.10과 같이 $(-\infty, +\infty)$ 의 값을 입력하면 [0,1]의 실수값으로 압축해준다. 시그모이드 함수는 계단함수 이후 가장 많이 사용되었던 활성화 함수였으나 경사소멸 문제나 수렴속도의 저하로 최근에는 출력값을 [0,1]로 맞추는 것이 필요한 경우가 아니라면 잘 사용되지 않는다.

다음은 시그모이드 함수와 그것의 미분함수 식이고 이것을 그래프로 가시화한 것이 그림 5.10이다.

$$sigmoid(x) = \frac{1}{1 + e^{-x}} \tag{5.4}$$

$$\frac{\partial sigmoid(x)}{\partial x} = sigmoid(x)\big(1 - sigmoid(x)\big)$$

$$= \frac{1}{1 + e^{-x}}\Big(1 - \frac{1}{1 + e^{-x}}\Big) \tag{5.5}$$

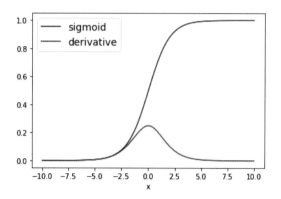

그림 5.10 시그모이드 활성화 함수와 미분함수 (derivative)

장점	단점
• 비선형 함수 • 결괏값을 [0,1] 범위로 압축하므로 이 범위 밖의 값으로 확대되는 경우 없음 • 부드러운 활성화 함수와 1차 미분 가능 함수	• 0을 중심으로 x 값이 시그모이드 양끝으로 멀어지게 되면 0과 1로 수렴하게 되어 변별력이 없어짐 • x 값이 0에서 멀어지면서 경사소멸 현상 발생. • 결괏값이 [0,1]이므로 중간값이 0이 아니기 때문에 수렴속도가 느림

표 5.2 sigmoid 활성화 함수의 장단점

2. $tanh$ ^{Hyperbolic Tangent}

$tanh$ 함수는 시그모이드 함수와 유사한 함수다. 시그모이드 함수는 $(-\infty, +\infty)$의 값을 입력하면 [0,1]의 실수값으로 압축해주는데 반해 $tanh$ 함수는 [$-1,1$]의 실수값으로 압축을 한다.

다음은 $tanh$ 함수와 그것의 미분함수 식이고 이것을 그래프로 가시화한 것이 그림 5.11이 된다.

$$tanh(x) = \frac{2}{1+e^{-2x}} - 1 = \frac{1-e^{-2x}}{1+e^{-2x}} = 2sigmoid(2x) - 1 \qquad (5.6)$$

$$\frac{\partial tanh(x)}{\partial x} = 1 - \left(\frac{1 - e^{-2x}}{1 + e^{-2x}}\right)^2$$

$$= 1 - (tanh(x))^2 \tag{5.7}$$

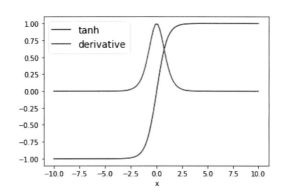

그림 5.11 tanh 활성화 함수와 미분함수 (derivative)

장점	단점
• 비선형 함수 • 결괏값을 [-1,1] 범위로 압축하므로 이 범위 밖의 값으로 확대되는 경우 없음 • 부드러운 활성화와 1차 미분가능 함수 • 중간값이 0이므로 수렴속도에 유리	• 0을 중심으로 x 값이 tanh 양끝으로 멀어지게 되면 0과 1로 수렴하게 되어 변별력이 없어짐 • x 값이 0에서 멀어지면서 경사소멸 현상 발생

표 5.3 tanh 활성화 함수의 장단점

3. ReLU Rectified Linear Unit

ReLU 함수는 x값이 0보다 크면 자기 자신값을 갖는 선형함수가 되고 x가 0보다 작거나 같으면 0이 되는 함수다. 시그모이드 함수나 $tanh$ 함수 보다는 순전파 과정에서 활성화 연산이 매우 간단하다. 그리고 가장 중요한 ReLU 함수의 장점은 미분함수값이 x가 0 보다 큰 영역에서는 항상 1이 되기 때문에 경사소멸 현상이 상당히 개선된다는 점이다.

다음은 ReLU 함수와 그것의 미분함수 식이고 이것을 그래프로 가시화한 것이 그림 5.12가 된다.

$$ReLU(x) = max(0, x) \tag{5.8}$$

$$\frac{\partial ReLU(x)}{\partial x} = \begin{cases} 1 \; if \; x > 0 \\ 0 \; if \; x < 0 \end{cases} \tag{5.9}$$

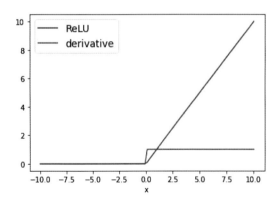

그림 5.12 ReLU 활성화 함수와 미분함수 (derivative)

장점	단점
• 간편한 활성화 함수 연산 • 경사소멸 문제 개선 • 미분값 계산 효율성	• 은닉층에서만 사용가능 • $x < 0$ 인 지점에서 경사소멸 현상 발생 (dying ReLU 라고 표현함)

표 5.4 ReLU 활성화 함수의 장단점

4. LeakyReLU

ReLU 함수는 시그모이드 함수나 $tanh$ 함수에서 나타났던 경사소멸 현상을 상당히 개선하였지만 $x < 0$ 인 영역에서는 여전히 경사소멸 현상이 존재한다. 이러한 ReLU 함수의 단점을 개선하기 위해 도입된 것이 LeakyReLU 함수다. 즉 $x < 0$인 영역에서 함수값을 0이 아닌 $\boldsymbol{\alpha x}$ (여기서 $\boldsymbol{\alpha}$는 작은 실수값)를 취하여 그 미분값이 0이 아닌 $\boldsymbol{\alpha}$를 갖도록 하여 경사소멸을 개선하였다. 여기서 $\boldsymbol{\alpha}$는 변수가 아닌 상수임을 명심하자 ($\boldsymbol{\alpha}$가 변수인 경우는 다음에 설명할 PReLU 함수다).

다음은 ReLU 함수와 그것의 미분함수 식이고 이것을 그래프로 가시화한 것이 그림 5.13이 된다.

$$LeakyReLU(x) = max(\alpha x, x) \tag{5.10}$$

$$\frac{\partial LeakyReLU(x)}{\partial x} = \begin{cases} 1 \; if \; x > 0 \\ \alpha \; if \; x < 0 \end{cases} \tag{5.11}$$

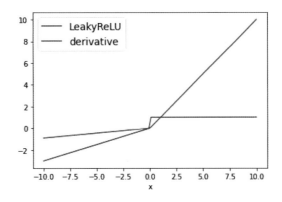

그림 5.13 LeakyReLU 활성화 함수와 미분함수 (derivative)

장점	단점
• ReLU 함수의 장점을 승계 • x < 0 인 영역에서도 경사 소멸 문제 해결 (dying ReLU 문제 해결)	• ReLU 함수의 단점을 유지 • α값은 일종의 하이퍼파라메터로 설정시 주관적 판단 필요

표 5.5 LeakyReLU 활성화 함수의 장단점

ReLU의 장점을 승계하고 ReLU의 단점인 $x < 0$ 인 영역에서 경사소멸 문제를 개선한 LeakyReLU는 $x < 0$ 인 영역에서 작은 실수인 상수값 α를 설정하는데 주관적인 판단이 필요하다.

PReLU (Parametric ReLU) 활성화 함수는 LeakyReLU와 동일한데 α값을 상수가 아닌 학습변수로 정의하고 학습을 통해 최적의 값이 산출되도록 하는 것이 다르다.

ReLU 타입의 활성화 함수는 다음과 같이 정리할 수 있다

$$max(\alpha x, x) \longrightarrow \begin{cases} ReLU & if\ \alpha = 0 \\ LeakyReLU & if\ \alpha = 상수 \\ PReLU & if\ \alpha = 변수 \end{cases} \tag{5.12}$$

5. ELU ^{Exponential Linear Unit}

ELU 함수는 LeakyReLU나 PReLU와 유사한 활성화 함수다. 즉 순전파시 정보의 희소성을 강화하고 역전파시 경사소멸 문제를 해결한다. 연구결과에 의하면 ReLU 타입의 활성화 함수보다 수렴속도가 빠르고 보다 정확한 결괏값을 유도한다. 그러나 지수함수^{exponential function}의 계산으로 ReLU 대비 보다 많은 연산량을 요구한다.

다음은 ELU 함수와 그것의 미분함수 식이고 이것을 그래프로 가시화한 것이 그림 5.14가 된다.

$$ELU(x) = \begin{cases} x & if\ x \geq 0 \\ exp(x) - 1 & if\ x < 0 \end{cases} \tag{5.13}$$

$$\frac{\partial ELU(x)}{\partial x} = \begin{cases} 1 & if\ x \geq 0 \\ ELU(x) + 1 & if\ x < 0 \end{cases} \tag{5.14}$$

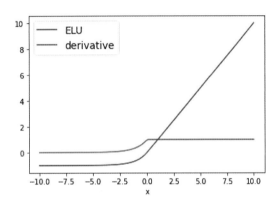

그림 5.14 ELU 활성화 함수와 미분함수 (derivative)

장점	단점
 • 모든 영역에서 부드럽고 (미분가능) 연속 • x < 0인 영역에서도 경사 소멸 문제 해결 • 학습속도가 빠르고 결괏값이 정확	 • ReLU 대비 활성화 함수값 및 미분함수값의 계산량이 많음

표 5.6 ELU 활성화 함수의 장단점

ReLU를 변형한 LeakyReLU와 같이 ELU를 변형한 것이 SELU^{Scaled Exponential Linear Unit}이
다. SELU는 사전에 학습한 스케일 상수를 도입하여 ELU 보다 개선된 기능을 제안한다.

$$SELU(x) = \lambda \begin{cases} x & if \ x \geq 0 \\ \alpha * (exp(x) - 1) & if \ x < 0 \end{cases} \qquad (5.15)$$

$$\frac{\partial SELU(x)}{\partial x} = \lambda \begin{cases} 1 & if \ x \geq 0 \\ SELU(x) + \alpha & if \ x < 0 \end{cases} \qquad (5.16)$$

6.   소프트플러스 ^{SoftPlus}

소프트플러스 함수는 시그모이드^{sigmoid} 함수를 적분한 함수로 그 모양은 ReLU 함수와 유사하다. 따라서 소프트플러스 함수는 ReLU 함수의 장단점을 그대로 가지고 있으나 $x = 0$인 지점에서 미분이 불가능한 ReLU와는 다르게 소프트플러스는 모든 영역에서 연속이고 미분 가능하다. 다음은 소프트플러스 함수와 그것의 미분함수 식이고 이것을 그래프로 가시화한 것이 그림 5.15가 된다.

$$softplus(x) = ln(1 + e^x) \qquad (5.17)$$

$$\frac{\partial softplus(x)}{\partial x} = sigmoid(x)$$

$$= \frac{1}{1 + e^{-x}} \qquad (5.18)$$

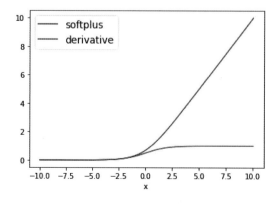

그림 5.15 소프트플러스 활성화 함수와 미분함수 (derivative)

장점	단점
• 모든 영역에서 부드럽고 (미분가능) 연속 • 경사소멸 문제 개선	• ReLU 대비 활성화 함수값 및 미분함수값 계산량이 많음 • x 값이 0에서 음의 방향으로 멀어지면서 경사 소멸 문제 발생

표 5.7 SoftPlus 활성화 함수의 장단점

5.3.3 좋은 활성화 함수란

인공신경망에서 활성화 함수 선정은 다음과 같은 이유로 매우 중요하다. 바꾸어 얘기하면 좋은 활성화 함수를 찾는다는 것은 다음에서 정의한 문제들을 어느정도 만족하는지를 평가해서 판단하는 것이라고 볼 수 있다.

● 순전파 진행시 희소성 강화

● 역전파 계산 시 경사소멸 최소화

● 비선형 함수로서 복잡한 complex 문제 해결 가능성 제고

● 활성화 함수 및 미분함수 계산 시 연산의 효율성

● 활성화 값이 중간값에 수렴하는 정도

● 하이퍼파라메터 설정 시 직관적이거나 학습변수 활용 가능성

● 모든 영역에서 미분 가능하고 연속인 함수

지금까지 제안된 활성화 함수는 이러한 요구조건을 해결하기 위해 개발되었다고 볼 수 있다. 그림 5.16은 앞에서 예시로 설명한 모든 활성화 함수의 미분함수를 비교한 것인데 각 활성화 함수의 미분함수의 연속성과 경사소멸의 가능성 등을 검토하는데 참고가 될 듯하다.

그림 5.16에서는 모든 활성화 함수가 가지고 있는 연산의 복잡성 즉 연산량은 표현할 수 없지만 전 영역에서의 모든 활성화 함수의 미분값이 0에 근접하는 정도를 한눈에 확인해 볼 수 있다. 그러므로 각 활성화 함수마다 경사소멸 문제를 어느정도 개선할 수 있는지를 판단하는 관점에서 도움이 되는 정보라고 할 수 있다.

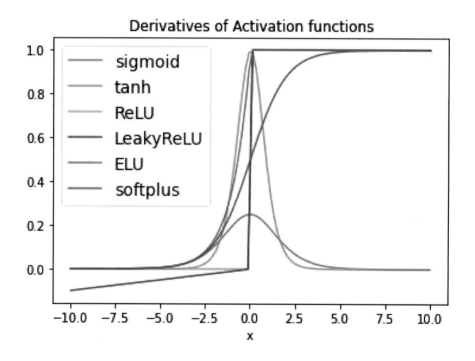

그림 5.16 각 활성화 함수의 미분함수 비교

06

이미지 데이터 학습 모델 - CNN

6.1 이미지 데이터 분석

이미지 데이터를 분석하는 과업은 그림 6.1 과 같이 ① 분류^{Classification} ② 단일객체 추출 및 분류^{Classification + Localization} ③ 다중객체 추출^{Multi objects detection} ④ 분할^{Segmentation} 등을 수행하는 것이다. 이러한 종류의 이미지 데이터 분석처리를 하려면 이미지 데이터의 특성을 잘 추출하고 표현할 수 있는 학습모델 구조^{architecture} 선정이 필요하고 이러한 모델을 학습시키기 위해 각 과업 목적에 맞게 레이블^{labeled} 된 데이터를 확보해야 한다. 이처럼 이미지 데이터 분석 학습모델 개발은 주어진 레이블을 맞히는 전형적인 지도학습^{supervised learning} 분야다.

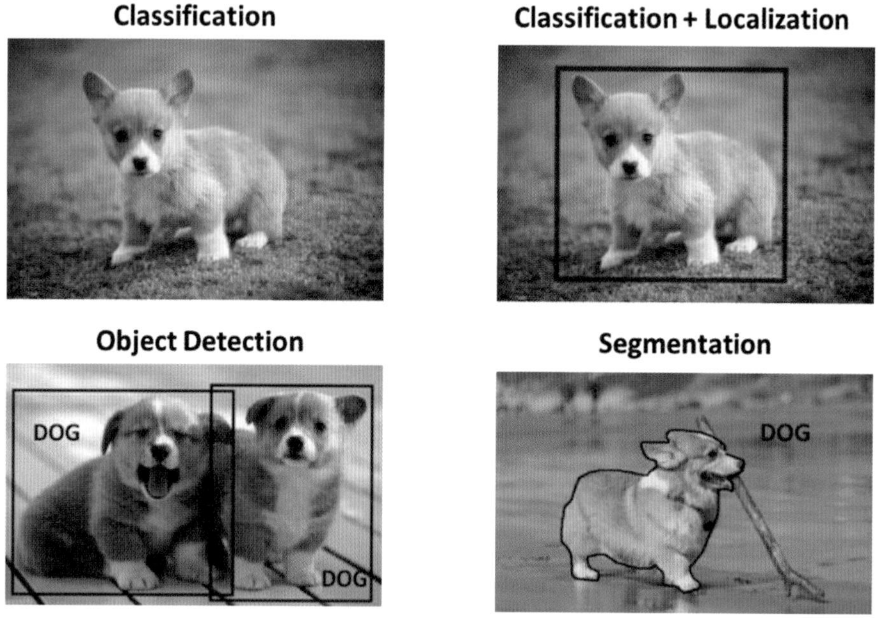

그림 6.1 이미지 데이터 처리 과업의 예

① 분류는 머신러닝 알고리즘이 이미지를 입력 받으면 이미지에 있는 단일 객체를 판별하는 과업을 수행한다. 분류 과업을 수행하는 알고리즘을 학습시키기 위해서는 이미지와 이미지의 클래스 이름을 저장해 놓은 데이터셋이 필요하다. 분류를 위한 이미지 데이터셋을 준비

하는 일반적인 방법은 클래스의 이름으로 폴더^{folder}나 디렉토리^{directory}를 만들고 여기에 각 클래스에 해당하는 이미지 데이터를 파일로 저장해 놓는 방법이 있다. 또는 하나의 폴더 또는 디렉토리에 파일명을 클래스 이름을 사용하여 저장하는 방법도 가능하다. 예를 들면 강아지_1.jpg, 강아지_2.jpg, 고양이_12.jpg 이런 식이다. 분류를 위한 학습은 이미지 분석 알고리즘 학습에서 가장 기본적인 것이며 각 클래스당 데이터의 수량이 충분히 확보되어 있으면 매우 정확하게 분류할 수 있다.

② **단일객체 추출 및 분류**는 이미지에 있는 목표객체^{object}를 바운딩 박스^{bounding box 또는 BBox}라고 하는 사각형 영역으로 특정하여 목표객체를 추출하고 이렇게 추출된 이미지를 다시 분류한다. 이러한 이미지 데이터 처리를 하는 모델을 학습시키기 위해서는 이미지안에 있는 목표객체에 바운딩 박스로 표시된 데이터셋 준비가 필요하다.

위와 같은 목적의 과업을 수행하도록 학습시키기 위해 사용되는 이미지 데이터셋은 PASCAL VOC, ImageNet, MS COCO, Places, Open Images 등이 있는데 데이터와 주석^{annotation} 방식에 있어서 대표적으로 다음과 같이 두가지를 표준적으로 사용한다.

첫번째는 PASCAL VOC^{Pattern Analysis, Statistical modeling and Computational Learning Visual Object Classes} 방식이다. PASCAL VOC 방식은 영국 옥스포드 대학교^{University of Oxford}, 캠브리지 대학교^{University of Cambridge}, 에든버러 대학교^{University of Edinburgh}, 리즈 대학교^{University of Leeds}, 스위스 취리히 연방공과대학교^{ETHZ, Zürich} 등 유럽을 중심으로 이미지 데이터 형식을 표준화한 것이다.

PASCAL VOC 주석은 XML^{eXtensible Markup Language} 포맷으로 표현하는데 각 이미지는 한개씩 자신의 XML 주석 파일을 가지고 있다. XML로 정의된 주석 파일에서 바운딩 박스 정보는 <object> 요소 아래에 <bndbox>로 정의하는데 바운딩 박스의 위치정보는 바운딩 박스의 왼쪽 위 좌푯값과 오른쪽 아래 좌푯값으로 정의한다.

```
<object>
    <name>fig</name>
    <pose>Unspecified</pose>
    <truncated>0</truncated>
    <difficult>0</difficult>
    <bndbox>
        <xmin>256</xmin>
        <ymin>27</ymin>
        <xmax>381</xmax>
        <ymax>192</ymax>
    </bndbox>
</object>
```

두번째는 마이크로소프트와 페이스북 등이 후원하고 있는 cocodataset.org 에서 표준화하고 있는 COCO^{Common Objects in Context} 주석 방식이다. COCO 방식에서는 JSON^{JavaScript Object Notation} 포맷을 사용하는데 크게 "image", "category", "annotation"으로 구분하고 있다. 이미지에 있는 목표객체의 클래스는 id 로 정의하고 각 id 에 해당하는 바운딩 박스 정보는 "annotation"에서 "bbox" :[x_min, y_min, width, height] 로 정의한다. 바운딩 박스를 정의하는 방법에서 COCO 방식은 PASCAL VOC 와 다르게 바운딩 박스의 최소 x, y (왼쪽 위 모서리)를 정의하고 박스의 가로, 세로 길이인 너비 ^{width} 와 높이 ^{height} 로 정의한다.

```
{
  "type": "instances",
  "images": [
    {
      "file_name": "0.jpg",
      "height": 600,
      "width": 800,
      "id": 0
    }
  ],
```

```json
        "categories": [
          {
            "supercategory": "none",
            "name": "date",
            "id": 0
          },
        ],
        "annotations": [
          {
            "id": 0,
            "bbox": [
              100,
              116,
              140,
              170
            ],
            "image_id": 0,
            "segmentation": [],
            "ignore": 0,
            "area": 23800,
            "iscrowd": 0,
            "category_id": 0
          }
        ]
      }
```

그림 6.2 와 같은 이미지에서 고양이 객체를 BBox 주석을 만들기 위해서는 PASCAL VOC 포맷에서는 다음과 같이 정의한다. 이때 이미지의 원점은 최 좌상단에 위치하고 있다는 점을 꼭 기억하자.

```xml
      <bndbox>
          <xmin>98</xmin>
          <ymin>345</ymin>
          <xmax>420</xmax>
          <ymax>462</ymax>
      </bndbox>
```

COCO 포맷에서는 그림 6.2 의 고양이 객체를 특정하는 BBox 를 다음과 같은 주석으로 표현한다.

```
"bbox": [
    93,
    345,
    322,
    117
],
```

그림 6.2 BBox 표현 방법

③ **다중객체 추출**은 이미지 안에 여러 개의 목표객체가 존재할 때 각 목표객체를 바운딩 박스로 특정하고 분류하는 것이다. 이러한 과업을 학습모델이 수행하기 위해서는 이미지 안에 있는 모든 목표 객체에 주석을 기록한 학습 데이터가 필요하다. 단일 객체 추출과 마찬가지

로 PASCAL VOC나 COCO 방식을 사용하여 주석 파일을 만들 수 있다. 다음은 COCO 방식을 이용한 다중객체 추출의 예를 보여준다.

그림 6.3 다중 객체 BBox 주석 예시

④ 분할은 이미지 안에 있는 목표객체를 바운딩 박스처럼 객체와 배경이 포함된 박스 영역으로 추출하는 것이 아니라 목표객체의 외곽선을 따라 정확히 객체만을 추출하는 방법을 말한다.

(a) 원본 이미지   (b) 시맨틱 분할   (c) 인스턴스 분할

그림 6.4 분할 방법에 다른 예시

분할에는 그림 6.4와 같이 의자로 구분되는 모든 객체를 같은 객체로 분할하는 시맨틱 분할 semantic segmentation 방법과 각각의 의자를 다른 객체로 분할하는 인스턴스 분할 instance segmentation 방법이 있다.

분할은 자율주행 자동차 self-driving car 에서 객체를 인지하거나 모바일 기기에서 소프트웨어 기반의 이미지 화질 개선 등에 핵심적으로 사용되고 있으며 이미지 편집 등에도 매우 주요하게 사용된다. 예를 들면 화상회의 시 배경 이미지를 흐리게 하거나 다른 장면으로 바꾸어 주는 기능을 제공한다거나 스마트 거울처럼 거울에 비친 자기 모습에 여러가지 옷들을 자동으로 바꾸어 가며 보여주는 애플리케이션에 적용된다.

그림 6.5 분할 기능을 강화한 구글 픽셀2 왼쪽 사진은 분할기능을 사용하지 않아 건물 밖의 장면이 흐리게 표현되었다

6.1.1 이미지 데이터 처리

이미지 데이터의 가장 보편적인 포맷은 jpg JPEG , png 형태다. 파일명에 jpg나 png의 확장자로 표현한다. 즉 my_dog.jpg, your_cat.png 이런 방식으로 파일을 정의한다. 이렇게 정의된 이미지 데이터를 처리할 때 파이썬에서는 여러가지 방법으로 이미지 데이터를 다룰 수 있도록 지원하는데 크게 다음과 같은 3가지 방식이 있다.

1. OpenCV 라이브러리를 사용하는 경우 (버전이 바뀌면서 CV2로 명명되었음)

```python
# OpenCV (CV2) 라이브러리를 이용한 이미지 처리
import cv2

# 이미지 데이터 읽기
img_jpg = cv2.imread('my_dog.jpg')
img_png = cv2.imread('my_cat.png')

# 이미지 데이터 보기
cv2.imshow('image my dog', cv2.resize(img_jpg, dsize=(400,400)))
cv2.imshow('image my cat', cv2.resize(img_png, dsize=(400,400)))

# 외부 키 처리 명령 전까지 이미지 보기 유지
cv2.waitKey(0)

# 이미지 보기 지우기
cv2.destroyAllWindows()
```

(a) JPG 형태 이미지

(b) PNG 형태의 이미지

그림 6.6 OpenCV (CV2) 라이브러리를 이용한 JPG 형태와 PNG 형태의 이미지 파일 처리하기 예시

여기서 JPG 포맷은 (너비 픽셀수 × 높이 픽셀수 × 채널수)로 입력이 되는데 my_dog.jpg 인 경우에는 이렇게 입력된 이미지의 데이터는 (519 × 536 × 3)의 크기를 가지는 배열 데 이터다. 여기서 채널 수 ^(channel 또는 값이 depth 라고도 한다)는 컬러 이미지인 경우 BGR 값인 3이 입력 되는데 BGR 이란 빛의 삼원색인 B^{Blue}, G^{Green}, R^{Red} 을 의미한다. 모든 픽셀은 BGR 순서 대로 0 ~ 256 사이의 정수로 표현된다.

```
print(img_jpg.shape)

(519, 536, 3)


print(img_jpg)

[[[146 163 172]
  [146 163 172]
  [146 163 172]
  ...
  [181 192 166]
  [168 177 151]
  [152 161 135]]

 [[153 170 179]
  [153 170 179]
  [152 169 178]
  ...
 [[151 140 136]
  [151 140 136]
  [151 140 136]
  ...
  [ 56  72 109]
  [ 58  74 111]
  [ 59  75 112]]

 [[151 140 136]
  [151 140 136]
  [151 140 136]
  ...
  [ 53  69 106]
  [ 55  71 108]
  [ 56  72 109]]]
```

```
[[151 140 136]
 [151 140 136]
 [151 140 136]
 ...
 [ 49  66 105]
 [ 51  68 107]
 [ 52  69 108]]]
```

PNG 포맷은 JPG와 유사하나 여기에 투명도^{transparency}가 추가된다. 즉 PNG 포맷으로 입력된 데이터는 (너비 픽셀수 × 높이 픽셀수 × BGRA)로 저장이 되는데 my_cat.png인 경우에는 이렇게 입력된 이미지의 데이터는 (720 × 720 × 4)의 크기를 가지는 배열 데이터다. PNG 포맷에서의 모든 픽셀은 BGRA 순서대로 0 ~ 1 사이의 실수로 정규화된 값을 갖는다.

```
print(img_png.shape)

(720, 720, 4)

print(img_png)

[[[0.35686275 0.44313726 0.10980392 1.        ]
  [0.35686275 0.44313726 0.11764706 1.        ]
  [0.3529412  0.4392157  0.11372549 1.        ]
  ...
  [0.10196079 0.12156863 0.04313726 1.        ]
  [0.09803922 0.11764706 0.03921569 1.        ]
  [0.08627451 0.11764706 0.03529412 1.        ]]

 [[0.35686275 0.44313726 0.10980392 1.        ]
  [[0.3529412  0.4392157  0.11372549 1.        ]
  [0.34901962 0.43529412 0.10980392 1.        ]
  ...
  [0.09411765 0.11372549 0.03529412 1.        ]
  [0.09019608 0.10980392 0.03137255 1.        ]
  [0.07843138 0.10980392 0.02745098 1.        ]]
```

```
[[0.34901962 0.43529412 0.10196079 1.       ]
 [0.34901962 0.43529412 0.10980392 1.       ]
 [0.34509805 0.43137255 0.10588235 1.       ]
 ...
 [0.09411765 0.11372549 0.03529412 1.       ]
 [0.09019608 0.10980392 0.03137255 1.       ]
 [0.07843138 0.10980392 0.02745098 1.       ]]

...

[[0.40784314 0.5803922  0.2784314  1.       ]
 [0.41568628 0.5882353  0.29411766 1.       ]
 [0.42352942 0.59607846 0.3019608  1.       ]
 ...
 [0.3764706  0.5882353  0.2509804  1.      ]
 [0.37254903 0.58431375 0.24705882 1.      ]
 [0.37254903 0.58431375 0.24705882 1.      ]]

[[0.4        0.57254905 0.27058825 1.      ]
 [0.40392157 0.5764706  0.27450982 1.      ]
 [0.4117647  0.58431375 0.2901961  1.      ]
 ...
 [0.37254903 0.58431375 0.24705882 1.      ]
 [0.37254903 0.58431375 0.24705882 1.      ]
 [0.36862746 0.5803922  0.24313726 1.      ]]

[[0.39215687 0.5647059  0.2627451  1.      ]
 [0.39607844 0.5686275  0.26666668 1.      ]
 [0.40784314 0.5803922  0.2784314  1.      ]
 ...
 [0.37254903 0.58431375 0.24705882 1.      ]
 [0.36862746 0.5803922  0.24313726 1.      ]
 [0.36862746 0.5803922  0.24313726 1.      ]]]
```

2. matplotlib 라이브러리를 사용하는 경우

```
# matplotlib 라이브러리를 이용한 이미지 처리
import matplotlib.image as mpimg
import matplotlib.pyplot as plt
```

```
# 이미지 데이터 읽기
img_jpg = mpimg.imread('my_dog.jpg')
img_png = mpimg.imread('my_cat.png')

# 이미지 데이터 보기
plt.imshow(img_jpg)
plt.imshow(img_png)
```

matplotlib 라이브러리를 이용하여 저장한 img_jpg, img_png는 OpenCV 라이브
러리를 사용한 것과 동일하나 각 픽셀의 BGR 순서가 RGB 순서로 바뀐 것이 다르다.

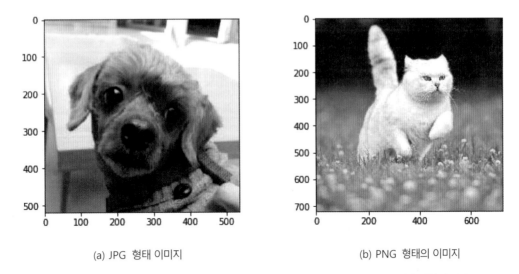

(a) JPG 형태 이미지   (b) PNG 형태의 이미지

그림 6.7 matplotlib 라이브러리를 이용한 JPG 형태와 PNG 형태의 이미지 파일 처리하기 예시

3. **PIL** 라이브러리를 사용하는 경우

```
# PIL 라이브러리를 이용한 이미지 처리
from PIL import Image
```

```
# 이미지 데이터 읽기
img_jpg = Image.open('my_dog.jpg')
img_png = Image.open('my_cat.png')

# JPG 이미지 데이터 포맷 출력
print(img_jpg.format, img_jpg.mode)

# PNG 이미지 데이터 포맷 출력
print(img_png.format, img_png.mode)

# 이미지 데이터 보기
img_jpg
img_png

JPEG RGB
PNG RGBA
```

(a) JPG 형태 이미지

(b) PNG 형태의 이미지

그림 6.8 PIL 라이브러리를 이용한 JPG 형태와 PNG 형태의 이미지 파일 처리하기 예시

PIL 라이브러리를 이용하여 저장한 `img_jpg`, `img_png`는 **matplotlib** 라이브러리

를 사용한 것처럼 동일한 RGB 순서를 가지는 배열형태의 데이터다.

이처럼 3가지 방식으로 이미지 데이터를 읽어 들인 후 필요에 따라 회전[rotate]과 크기변경[resize]이 가능하므로 학습 모델의 과업[task]에 맞추어 이미지 데이터를 처리하면 된다.

6.1.2 컨볼루션 신경망의 시작

1979 년 쿠니히코 후쿠시마[Kunihiko Fukushima] 는 최초로 인공신경망에 신경생리학 이론을 적용한 네오코그니트론[Neocognitron] 모델을 발표하였다. 네오코그니트론 모델은 신경생리학분야에서 노벨상을 수상한 데이비드 허블[David Hubel] 과 토르스텐 비셀[Torsten Wiesel] 의 연구에 직접적인 영향을 받은 모델이다. 앞장에서 설명한 바와 같이 허블과 비셀의 연구는 고양이의 시각인지 과정에서 뇌의 시각 피질의 동작 구조를 밝힌 것이다. 후쿠시마의 네오코그니트론 모델은 컨볼루션 신경망[CNN: Convolutional Neural Network] 의 실질적인 시작점이 된다.

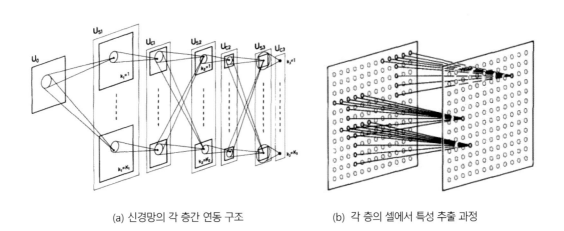

(a) 신경망의 각 층간 연동 구조   (b) 각 층의 셀에서 특성 추출 과정

그림 6.9 네오코그니트론의 개념도 (출처: Kunihiko Fukushima, Neocognitron: A Self-organizing Neural Network Model for a Mechanism of Pattern Recognition Unaffected by Shift in Position, Biological Cybernetics, 1980)[1].

---

[1] Fukushima, K. (1979). Neural network model for a mechanism of pattern recognition unaffected by shift in

다양한 형태의 데이터에서 그 특성을 추출하는 데 우수한 성능을 보여주는 컨볼루션 기술은
TCN ^{Temporal Convolutional Network} 모델이나 WaveNet 모델과 같이 신호 처리나 음성인식 분야 등
여러 분야에서 두루 활용되고 있다. 특히 사람의 시각인지 과정과 유사한 동작 과정을 가지고 있
는 컨볼루션 신경망은 컴퓨터 비전 분야에서 매우 탁월한 성능을 보여주고 있으며 독보적인 모
델로 자리잡고 있다.

뉴욕대 ^{New York University} 교수이면서 페이스북 인공지능연구소를 이끌고 있는 얀 르쿤 ^{Yann LeCun}
교수는 1998 년에 최초로 필기체 글자를 인식하는 컨볼루션 신경망 모델 LeNet-5 를 발표하였
다 (그림 6.10). 그는 LeNet-5 알고리즘을 개발할 때 후쿠시마의 네오코그니트론에 많은 영감
을 얻었다고 설명하고 있다. 그가 개발한 필기체 인식 컨볼루션 신경망은 실제로 현금인출기에
프로그램으로 탑재되어 수표에 쓰인 필기체 숫자를 인식하는 데 사용되었다.

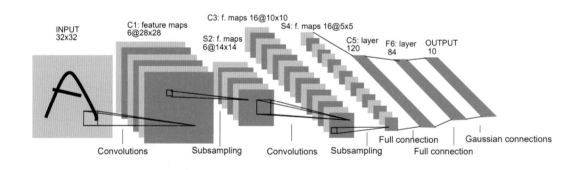

그림 6.10 최초의 CNN 모델 LeNet-5 (출처: LeCun et al., Gradient-Based Learning Applied to Document.
Recognition, 1998)

컨볼루션 신경망 ^{CNN: Convolutional Neural Network} 은 크게 컨볼루션 필터링 ^{convolutional filtering}, 풀링
^{pooling}, 평탄화 ^{flattening} 그리고 최종 목적함수를 만드는 과정이 있는데 각 과정에 대한 자세한 설
명을 다음 세션에서 자세히 다루기로 한다.

---

position - Neocognitron. Trans. IECE, J62-A(10):658–665.

6.1.3 컨볼루션 (Convolution)

컨볼루션은 원래 수학에서 사용되는 용어로 다음과 같이 두개의 함수 연산을 말한다.

$$c(x) = (f * g)(x)$$

$$= \int_{-\infty}^{\infty} f(a)g(x-a)\, da \qquad (6.1)$$

일반적으로 컨볼루션 연산에서는 연산기호 *를 사용한다. 예를 들면, 그림 6.11 과 같이 단위 길이의 폭을 가지고 크기가 1 인 펄스^{pulse} 형태의 함수 $f(a)$와 $g(x-a)$가 있을 때, $f(a)$가 오른쪽으로 이동하면서 $g(x-a)$와 겹치는 부분의 면적이 컨볼루션이다.

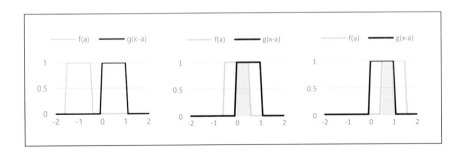

그림 6.11 수학적 개념의 컨볼루션 계산 예

즉, 이 경우 컨볼루션 $c(x) = (f * g)(x)$의 결과는 다음과 같이 표현할 수 있다.

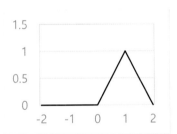

$$c(\mathrm{x}) = \begin{cases} 0, & if & x < 0 \\ x, & if & 0 \le x < 1 \\ 2-x, & if & 1 \le x < 2 \\ 0, & if & x \ge 2 \end{cases}$$

만약 컨볼루션을 이산화된^{discretized} 공간에서 적용할 경우에는 다음과 같이 표현할 수 있다.

$$c[i] = (f * g)[i]$$

$$= \sum_{a=-\infty}^{+\infty} f[a]g[i-a] \tag{6.2}$$

1 차원상에서 표현된 컨볼루션을 2 차원으로 확대하면 다음과 같다. 여기서는 편의상 이산화된 공간에서의 예를 들었다.

$$C[i][j] = (F * G)[i, j]$$

$$= \sum_m \sum_n F[m, n]G[i-m][j-n] \tag{6.3}$$

이미지 처리나 신호 분석 분야에서 컨볼루션 기법을 사용하는 이유는 원본 이미지나 음파 시그널과 같은 데이터의 본질을 표현하는 특성을 보다 잘 분리하고 추출하는 데 있다. 이를 위해 필터 커널^{filter kernel} 이라는 것을 이용한다. 즉 컨볼루션 과정은 필터 커널을 이용하여 특성을 추출하는 과정이라 할 수 있다.

예를 들면, 디지털 이미지에서 어떤 물체의 경계선 중 수직 성분의 에지^{edge} 나 같은 톤으로 이뤄진 배경 등을 추출하고자 할 때 각각 수직선 에지 필터 커널이나 블롭^{blob} 필터 커널을 사용한다. 이렇게 필터 커널을 사용해 원본 이미지에 컨볼루션을 취하면 필터의 특성에 맞게 강조된 이미지를 얻을 수 있다.

그림 6.12 는 2 차원 이미지의 컨볼루션을 이용한 필터링 개념을 보여준다. 'O' 모양의 형태를 가진 10×10 픽셀 크기의 그레이 스케일 이미지가 있다. 여기에서 입력된 이미지의 각 픽셀은 0 부터 10 까지의 크기를 갖는다고 정의했다. 이 이미지에서 수평 방향의 특성을 추출하고자 할 때는 수평 성분 필터 커널을 사용한다. 즉, 커널의 수평 성분에는 0 이 아닌 실수값을 할당하고 다

른 성분은 0 으로 하는 필터다. 이 경우 3×3 크기의 필터 커널 F_{ij} 를 사용했고 $F_{2j} = 1, j = 1,2,3$을 부여했다. 이때 나머지 성분은 $F_{ij} = 0, if\ i \neq 2$으로 설정했다. 이때 필터의 높이와 너비는 각각 3 이다. 일반적으로 필터는 원본 이미지 크기보다 작은 $n \times n$ 정방행렬을 사용하지만 $p \times q$ 비정방행렬이어도 상관은 없다.

필터는 원본 이미지의 왼쪽 구석부터 시작해서 정해진 칸 수만큼 오른쪽으로 이동하면서 컨볼루션을 계산한다. 이때 이동하는 칸수를 이동폭 stride 이라고 한다. 2차원 컨볼루션 공식을 이용하면 그림 6.12 상단에 있는 컨볼루션은 다음과 같이 구할 수 있다.

$$\begin{aligned}
C[2][3] &= F(1,1)G(2,3) + F(1,2)G(2,4) + F(1,3)G(2,5) + \\
&\quad F(2,1)G(3,3) + F(2,2)G(3,4) + F(2,3)G(3,5) + \\
&\quad F(3,1)G(4,3) + F(3,2)G(4,4) + F(3,3)G(4,5) \\
&= 0 \times 0 + 0 \times 0 + 0 \times 0 + \\
&\quad 1 \times 0 + 1 \times 3 + 1 \times 3 + \\
&\quad 0 \times 3 + 0 \times 0 + 0 \times 0 \\
&= 6
\end{aligned}$$

같은 방법으로 $C[7][6]$는 다음과 같다.

$$\begin{aligned}
C[7][6] &= F(1,1)G(7,6) + F(1,2)G(7,7) + F(1,3)G(7,8) + \\
&\quad F(2,1)G(8,6) + F(2,2)G(8,7) + F(2,3)G(8,8) + \\
&\quad F(3,1)G(9,6) + F(3,2)G(9,7) + F(3,3)G(9,8) \\
&= 0 \times 0 + 0 \times 3 + 0 \times 0 + \\
&\quad 1 \times 3 + 1 \times 0 + 1 \times 0 + \\
&\quad 0 \times 0 + 0 \times 0 + 0 \times 0 \\
&= 3
\end{aligned}$$

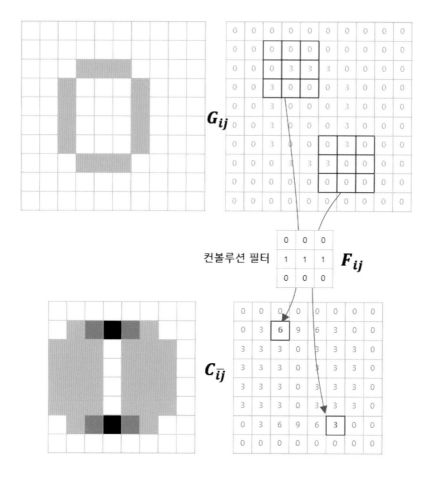

그림 6.12 컨볼루션 방법을 이용한 이미지 필터링 개념

위와 같이 수평 에지를 가지는 필터를 오른쪽으로 8 칸, 아래쪽으로 8 칸을 이동하면서 컨볼루션을 계산하면 수평 에지의 특성이 강조된 이미지가 생성된다. 즉 'O'의 모양을 하고 있는 이미지의 위 부분과 아래 부분에 있는 수평 성분이 강조된 컨볼루션 이미지를 볼 수 있다. 이렇게 생성된 이미지, $C_{\overline{ij}}$ 를 특성지도 feature map 라고 한다.

실제 컴퓨터가 다루는 컨볼루션 신경망은 $n \times n$ 크기의 G_{ij}, $C_{\overline{ij}}$ 를 텐서 tensor 형태로 처리하며 그림 6.12 에서 그려진 이미지는 이해를 돕기 위해 가시화한 것이다. 나중에 다시 언급하겠지만 컨볼루션 과정이 진행되면 특성지도가 점점 사람 관점에서는 이해하기 어려운 형태로 변해감을 알 수 있다. 그러나 컴퓨터는 컨볼루션 과정을 진행하면서 점점 입력된 이미지의 특성을 컴퓨터가 이해할 수 있는 최종 특성으로 압축하고 있다고 볼 수 있다.

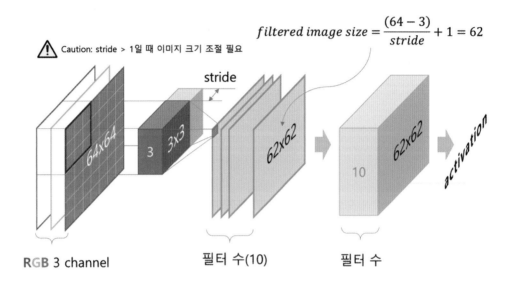

그림 6.13 CNN에서 컨볼루션 필터링 과정 예시

만약 원본 이미지의 크기가 $m \times m$이고 필터 커널의 크기가 $n \times n$이면 이것을 필터링한 특성지도는 높이와 너비가 각각 $\frac{(m-n)}{s} + 1$인 이미지가 된다. 여기서 s 는 필터 커널이 이동하는 이동폭 stride 크기다. 즉, 커널이 한칸씩 이동하면 s 는 1 이 되고 두칸씩 이동하면 s 는 2 가 된다. 그림 6.13 과 같이 타겟 이미지의 크기가 64×64이고 필터 커널을 3×3을 사용하며 이동폭을 1 로 하게 되면 $\frac{(64-3)}{1} + 1 = 62$가 되어 62×62의 특성지도가 생성된다.

이때 주의해야 할 것은 이동폭이 2 이상일 경우 최종 이동한 필터 커널의 일정부분이 타겟 이미지 밖으로 나가게 되면 에러가 발생된다. 따라서 이동하면서 마지막 필터링 할 위치가 이미지 오른쪽 경계에 정확히 위치할 수 있도록 타겟 이미지 크기와 필터 커널의 크기 그리고 이동폭을 사전에 조정해야 한다.

원본 이미지의 각 픽셀은 원시 입력변수 또는 원시 특성이 된다. 64×64 크기의 원본 이미지로 예를 든다면, 입력층에는 $64 \times 64 = 4,096$개의 픽셀값이 입력층의 각 뉴런으로 입력이 되므로 이미지의 각 픽셀은 신경망에서 뉴런 또는 노드가 되는 셈이다.

컨볼루션 처리할 타겟 이미지가 C 만큼의 채널 channel 수 (또는 깊이 depth 라고도 함)를 가지는 경우, 필터 커널의 크기는 n × n × C가 된다. 그림 6.13 의 경우 입력 이미지가 64×64 크기의 RGB 컬러 이미지이므로 3 만큼의 채널 수를 가지는 $64 \times 64 \times 3$ 크기의 이미지가 된다. 이러한 크기를 가지는 이미지를 3×3 크기로 컨볼루션 하기 위해서는 (너비× 높이× 채널)인 $3 \times 3 \times 3$ 필터 커널이 필요하다. 이러한 크기의 필터를 적용하게 되면 한번 컨볼루션 할 때마다 27 번의 곱셈과 27 번의 덧셈으로 계산된 스칼라 값이 생기는데 이 스칼라 값은 특성지도의 한 픽셀 값으로 저장된다. 이렇게 옆으로 61 번 그리고 아래로 61 번의 이동 stride 을 통해 컨볼루션 계산을 하면서 62×62 크기의 특성지도를 만든다. 특성지도의 각 픽셀도 역시 CNN 신경망에서 뉴런 또는 노드 역할을 한다.

앞서 설명한 바와 같이 필터 커널은 타겟 이미지의 특성을 추출하는 수단이라고 정의한 것처럼 다른 관점의 특성을 추출하기 위해서는 여러가지 필터 커널을 사용하는 것이 필요하다. 만약 서로 다른 필터 커널 10 개를 사용하게 되면 62×62 크기의 특성지도가 10 개가 생기게 된다. 이렇게 만들어진 62×62 크기의 특성지도 10 개를 컨볼루션하기 위해서는 10 개의 채널 수를 갖는 필터 커널이 필요하다. 만약 3×3 크기로 앞서 계산된 특성지도를 컨볼루션하려고 한다면 $3 \times 3 \times 10$ 크기의 필터 커널을 사용하게 된다.

이렇게 채널 크기만큼의 깊이가 있는 필터 커널을 이용하여 컨볼루션하는 이유는 각 깊이에 해당하는 레이어의 특성들을 조합하는 효과가 있다. 예를 들면 10 개의 $3 \times 3 \times 3$ (너비× 높이 ×RGB) 크기의 필터 커널을 이용하여 특성지도를 만들면 특성지도는 10 개의 채널 수를 갖게 되는데 $3 \times 3 \times 10$ 크기를 가지는 필터 커널로 컨볼루션하게 되면 10 개의 서로 다른 특성지도를 조합하여 다음 단계의 특성지도를 만들게 된다. 그러므로 깊이를 가지는 컨볼루션 depthwise concolution 처리는 여러 개의 특성지도를 조합하는 역할을 한다고 이해하면 된다.

	S1	S2	S3	S4	S5	S6
C1	X	X	X			
C2		X	X	X		
C3			X	X	X	
C4				X	X	X
C5	X				X	X
C6	X	X				X
C7	X	X	X	X		
C8		X	X	X	X	
C9			X	X	X	X
C10	X			X	X	X
C11	X	X			X	X
C12	X	X	X			X
C13	X	X		X	X	
C14		X	X		X	X
C15	X		X	X		X
C16	X	X	X	X	X	X

표 6.1 컨볼루션을 위한 조합 행렬 (출처: 얀 르쿤의 논문, 1998[2])

표 6.1은 얀 르쿤이 발표한 최초의 컨볼루션 신경망 모델 LeNet-5에서 사용한 컨볼루션의 조합 방법이다. 여기서는 S1 ~ S6의 특성지도에 깊이 3, 4, 6으로 변경하면서 컨볼루션 한 경우를 보여준다. 최근에 사용되는 일반적인 컨볼루션 신경망에서는 필터 커널의 채널 수 C로 정의하고 컨볼루션을 한다. 학습 과정에서 입력 이미지의 특성을 가장 잘 추출하는 최적의 조합이 될 수 있도록 필터 커널의 변수들이 업데이트 된다.

컨볼루션 신경망에서는 특성지도 이미지의 각 픽셀이 노드 또는 뉴런에 해당되고 필터 커널의 각 요소값이 신경망 웨이트에 해당된다. 즉 정보는 $n \times n \times C$ 필터 커널을 통해 계산된 한 개의 스칼라 값은 다음 층의 특성지도의 한개의 픽셀로 전달되는데 되는데 이때 필터 커널을 통해 전

[2] Yann LeCun, Leon Bottou, Yoshua Bengio, Patrick Haffner. Gradient-Based Learning Applied to Document Recognition, Proc. Of IEEE, 1998

달받은 특성지도의 한 개의 픽셀 역시 노드 또는 뉴런이 된다.

필터 커널을 이용해 컨볼루션 계산이 완료되면 각 픽셀에 있는 데이터를 활성화 함수에 적용하여 희소성을 강화시켜줌으로써 좀 더 판별력 있게 만든다. 활성화 함수의 적용 여부와 어떠한 활성화 함수를 사용할지는 사용자의 판단에 따른다. 최근에 이미지 분석 분야에서 가장 많이 사용되는 활성화 함수는 ReLU다. 발표된 연구에 의하면 ReLU는 입력 데이터를 적절히 활성화하고 1차 미분이 상수값이기 때문에 연산량이 많이 줄어들고 경사소멸^{Gradient Vanishing}이 개선되어 학습 속도가 매우 빠르다는 장점이 있다.

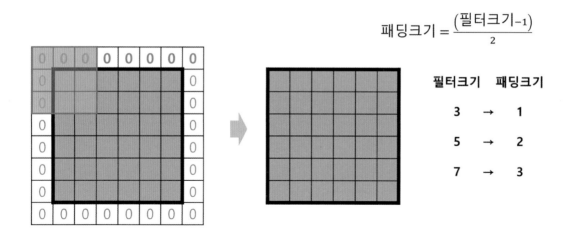

$$패딩크기 = \frac{(필터크기 - 1)}{2}$$

필터크기		패딩크기
3	→	1
5	→	2
7	→	3

그림 6.14 패딩 크기를 계산하는 방법

컨볼루션을 하고 나면 특성지도의 크기가 필터 커널의 크기와 이동폭에 따라 줄어드는데 만약 특성지도 이미지의 크기를 컨볼루션 이전 타겟 이미지와 같게 하고 싶다면 타겟 이미지에 패딩^{padding}을 해준다. 패딩이란 이미지 둘레에 더미^{dummy} 픽셀을 더해주는 것을 말한다. 이때 패딩의 크기는 그림 6.14 와 같은 방법으로 정의하면 된다.

그림 6.15 는 여러가지 컨볼루션 기법을 보여주고 있다. 그림 6.15 의 (a)에서 보여주는 것과 같이 타겟 이미지의 점선까지 패딩을 해주게 되면 특성지도의 크기가 타겟 이미지의 크기와 같게 됨을 볼 수 있다.

그림 6.15 의 (b)의 경우는 패딩을 하지 않고 이동폭을 2 만큼 한 것을 보여주는데, 이 경우는 앞서 설명한 $\frac{(m-n)}{s}+1$ 공식에 따라 특성지도의 크기가 $\frac{(5-3)}{2}+1=2$ 로 줄어듦을 볼 수 있다.

그림 6.15 의 (c)의 컨볼루션 기법은 최근 많이 사용되고 있는 확장형 ^{dilated} 컨볼루션이다. 확장형 컨볼루션은 타겟 이미지에 일정한 간격을 두고 필터 커널을 적용하여 컨볼루션하는 방법인데 이미지의 특성을 조금 더 확대된 영역에서 추출하는 효과가 있다. 은유적으로 표현하자면 '나무보다 숲을 보는 방식'이라고 할 수 있겠다. 확장형 컨볼루션 방법은 특히 고화질 이미지 분석에 매우 효과적인 성능을 보여준다.

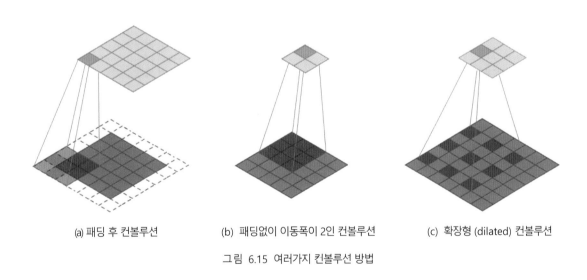

(a) 패딩 후 컨볼루션   (b) 패딩없이 이동폭이 2인 컨볼루션   (c) 확장형 (dilated) 컨볼루션

그림 6.15 여러가지 컨볼루션 방법

그림 6.16은 컨볼루션으로 필터된 이미지에 활성화 함수가 적용된 특성지도를 보여준다. 활성화된 특성지도는 컴퓨터 관점에서 입력된 원시 이미지를 판별하는데 더 구체적인 정보로 전환하는 과정이라 볼 수 있다.

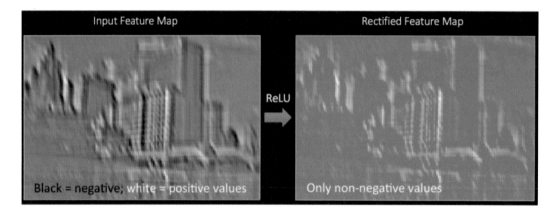

그림 6.16 컨볼루션을 통해 만들어진 특성지도와 활성화 함수 적용 후 이미지 (출처: Rob Fergus, NYU, 2015)

6.1.4 풀링 (Pooling)

컨볼루션 과정을 거치고 나서 활성화가 이루어지고 나면 다음 단계는 풀링^{pooling} 또는 서브-샘플링 ^{sub-sampling} 이라는 과정이 적용된다. 풀링은 컨볼루션으로 입력 데이터의 특성을 추출하고 나면 이웃하고 있는 데이터 간 대비율^{contrast} 을 높이고 데이터 크기를 줄이는 역할을 한다.

풀링을 하기 위해서는 먼저 풀링 커널의 크기와 이동폭 ^{stride} 을 정한다. 만약 풀링 커널의 크기를 $n \times n$, 이동폭 크기를 k 라고 한다면 $n \times n$ 크기 안에 들어오는 입력 데이터 중 하나만을 대푯값으로 정한다. 이를 이동폭 k 만큼 이동하면서 반복 수행한다. 만약 풀링 크기를 2×2 로 하고 2 단계씩 이동하면서 풀링하게 되면 앞 단계에서 필터링된 특성지도를 정확히 1/2 로 압축한 결과가 된다.

풀링 방법에는 최대 풀링^{max pooling}, 평균 풀링^{mean pooling} 그리고 확률적 풀링^{stochastic pooling} 이 있다. 최대 풀링은 $n \times n$ 크기 내에 있는 컨볼루션 데이터에서 가장 큰 것을 대푯값으로 취하는 것인데, 직관적이고 계산의 편의성이 있지만 최대로 선택된 값이 노이즈일 때 오버피팅을 유발할 수 있다는 단점이 있다.

평균 풀링은 모든 값의 평균을 취하는 방법으로 평균값이 $n \times n$ 내의 픽셀값을 대표한다고 보는 것이다. 이것 역시 직관적이고 간편하나 낮게 활성화된 성분값이 평균에 포함되면서 풀링 결과의 대비율을 떨어뜨릴 수 있다. 이러한 최대 풀링과 평균 풀링의 단점을 극복하고자 제안된 것이 확률적 풀링이다.

확률적 풀링은 풀링 커널 안에 있는 필터링된 데이터를 임의의 확률로 한 개를 선정하는 것이다. 확률적 풀링의 실행 방법은 매우 단순하지만 풀링 크기 내에 있는 모든 값을 고려할 수 있다는 장점이 있다. 그리고 풀링 범위 내에 동일한 값이 여러 게 있다면 확률적으로 선택될 가능성이 높아 풀링의 대푯값으로 정하는 데 타당하다 볼 수 있다. 확률적 풀링에 적용된 이러한 과정은 최대 풀링에서 발생하는 오버피팅의 문제를 해결해줌으로써 규제화에 큰 도움이 된다. 사실 규제화에 장점이 있는 것이 확률적 풀링을 사용하는 가장 큰 이유다.

참고로 컨볼루션과 풀링 과정은 같은 입력 데이터에 대해 동일한 명령 처리 instruction 를 반복적으로 수행하는 형태이기 때문에 데이터 병렬처리가 가능한 부분이다. 최근에는 컨볼루션 및 풀링 과정은 GPU를 이용한 데이터 병렬처리를 적용하기 때문에 계산 시간이 획기적으로 줄었다.

이처럼 풀링은 커널 내의 픽셀값 중 최댓값을 취하거나 평균을 구하거나 확률적으로 선택하기 때문에 학습변수가 아니다. 그러므로 풀링 층은 신경망 구조에서 층수에 포함되지 않는다.

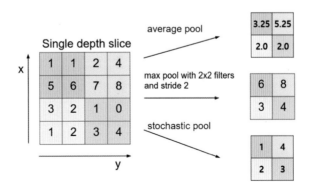

그림 6.17 풀링 pooling 방법 예시

그림 6.18 은 컨볼루션과 활성화를 거친 특성지도를 풀링한 결과다. 여기에서는 최대 풀링과 평균 풀링 (sum 은 평균값과 같은 의미를 가진다)의 결과를 보여주고 있는데 점차 컴퓨터가 입력된 원시 이미지를 이해할 수 있도록 정보가 변환되고 있음을 알 수 있다. 풀링된 이미지를 보면 사람의 관점에서는 이해하기 어렵다. 그러나 컴퓨터 관점에서는 입력된 이미지 데이터를 판별할 수 있도록 데이터에 포함된 핵심적인 특성들이 압축되어 추출되고 있는 과정이라 볼 수 있다.

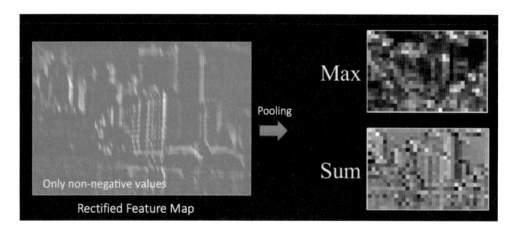

그림 6.18 풀링 적용 후 이미지 (출처: Rob Fergus, NYU, 2015)

6.1.5 평탄화 (Flattening)

컨볼루션 과정에서 마지막 풀링이 끝나면 $n \times n$ 크기의 특성지도가 필터 수만큼 남는다. 일반적으로 최종 풀링의 결과로 1×1 크기의 특성지도가 필터 수만큼 되도록 하나 그렇지 않은 경우 평탄화 과정이 필요하다. 즉 $n \times n$ 크기의 특성지도를 n^2 크기의 벡터로 변환하고 이를 특성지도 개수만큼 반복하여 ($n^2 \times$ 특성지도 개수) 크기의 벡터로 변환한다. 이렇게 평탄화된 최종 풀링은 MLP Multi Layer Perceptron 형태의 전체 연결 신경망 FC layer: Fully-Connected layer 으로 전달된다. 그림 6.20에서 보여주는 것처럼 평탄화가 완료되면 **previous layer**가 평탄화된 특성지도에 해당된다.

최종 풀링된 결과인 텐서를 평탄화하고 FC 신경망으로 전환하는 이유는 컴퓨터는 2, 3 차원의 텐서 형태보다 스칼라 또는 벡터 형태의 데이터가 논리적인 판단에 더 유리하기 때문이다.

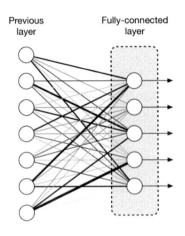

그림 6.19 평탄화 및 Fully Connected Layer 기본 구조

6.1.6 목적함수와 학습 (Objective Function & Training)

이미지 데이터를 분석하는 과업은 앞서 설명한 바와 같이 이미지를 분류하거나 ^{classification} 바운 딩 박스로 이미지 객체를 추출하거나 ^{object detection} 이미지의 경계선으로 이미지 객체를 분할 ^{segmentation} 하는 것이다.

따라서 학습모델이 이러한 과업 ^{task} 을 수행하기 위해서는 각 과업에 따른 적절한 목적함수를 정 의해야 한다. 이미지 분류 과업에서는 가장 일반적으로 사용되는 목적함수는 크로스 엔트로피 ^{Cross Entropy} 다. 즉 분류 모델에서는 분류기로 처리된 마지막 FC 층의 노드에 있는 실수와 원 핫 인코딩^{one hot encoding} 으로 표현된 레이블간 KLD ^{Kullback-Leibler Divergence} 를 적용하게 되면 크로스 엔트로피 값이 나오는데 이것을 최소화하도록 FC 층의 학습변수와 컨볼루션 필터 커널의 학습 변수를 역전파를 통해 구한다.

만약 이미지에서 객체를 추출하거나 분할하고자 할 때에는 IoU ^{Intersection over Union} 라는 목적함수를 사용한다 (그림 6.20). 예를 들면 바운딩 박스로 객체를 추출할 경우 PASCAL VOC 방식 또는 COCO 방식의 형태로 레이블된 바운딩 박스와 예측값의 바운딩 박스의 Union 과 Intersection 을 계산하여 IoU 를 최대화하도록 학습시킨다.

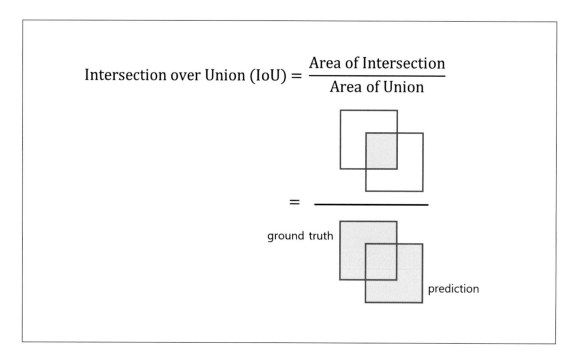

그림 6.20 IoU 개념

만약 분할 방식으로 객체를 추출할 경우 각 픽셀단위로 Intersection 과 Union 을 계산한다. 즉 예측한 픽셀과 레이블로 표현된 픽셀 값이 일치할 때마다 intersection 픽셀 수를 하나씩 증가시켜 다음을 계산한다. 예측값과 레이블의 전체 픽셀수를 계산할 때는 중복 픽셀은 하나만 고려한다.

$$\text{IoU in segmentation} = \frac{\text{예측값과 레이블이 일치하는 픽셀 수}}{\text{예측값과 레이블의 전체 픽셀 수}}$$

이렇게 각 과업에 맞게 목적함수가 정의되면 목적함수를 최대화하거나 최소화하도록 역전파 과정을 거쳐 학습을 진행한다. 그림 6.21 은 전체적인 컨볼루션 신경망의 구조를 보여준다. 분류를 위한 신경망 모델인 경우에는 최종 신경층의 노드 수는 분류하고자 하는 개체 수와 동일해야 한다. 예측 들면 100 개의 사물을 분류하는 모델에서는 최종 신경층의 노드는 100 개가 되어야 하고 필기체 숫자 10 개를 분류하는 모델 같은 경우에는 10 이 되야 한다.

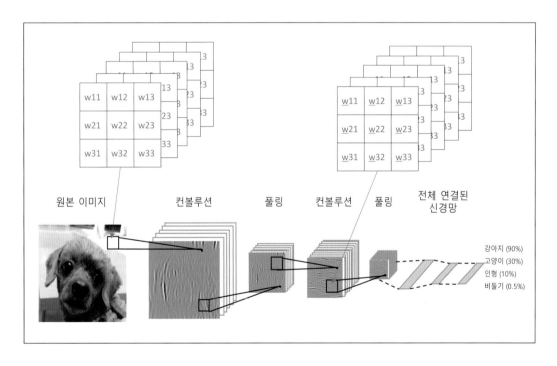

그림 6.21 컨볼루션 신경망을 이용한 이미지 인식 과정

6.2 CNN 모델의 발전

6.2.1 LeNet-5, AlexNet, VGGNet

얀 르쿤 ^{Yann LeCun} 은 1998 년 후쿠시마의 네오코그니트론이라는 모델에 영감을 얻어 최초의 컨볼루션 신경망인 LeNet-5 를 발표하였다 (그림 6.10). LeNet-5 는 2 개의 컨볼루션 층과 3 개의 FC 층으로 이루어져 있다. 2 개의 풀링 층은 학습변수가 없으므로 신경망 층수에 포함되지 않는다. 그는 LeNet-5 모델을 통해 필터 커널 기법을 이용한 컨볼루션이 2 차원 이미지의 특성을 매우 효과적으로 추출하는 방법임을 증명하였고 이후 컨볼루션 신경망은 이미지 분석 분야에서 디팩토 ^{de facto} 신경망 모델로 자리잡게 하는 계기를 마련하였다.

스탠포드 대학교, 프린스턴 대학교, 구글 그리고 아마존이 후원하는 비영리 프로젝트인 이미지넷 ^{ImageNet} 은 2010 년부터 매년 이미지 분석 알고리즘의 정확도를 경쟁하는 ILSVC ^{ImageNet Large Scale Visual Recognition Challenge} 를 개최하고 있다. ILSVRC 는 이미지넷이 제공하고 있는 1,000 가지 종류의 이미지 데이터셋을 활용하여 학습시키고 1,000 개의 이미지 객체를 분류하는 알고리즘의 정확도를 겨루는 대회다. 2010 년과 2011 년에는 전통적인 이미지 분석 기법을 기반으로 하는 알고리즘이 최고의 정확도를 보이며 우승하였는데 2012 년부터는 컨볼루션 신경망 ^{CNN: Convolutional Neural Network} 이 이미지 분석에 탁월한 성능을 보이며 최고의 알고리즘으로 등장하면서 이미지 분석에는 컨볼루션 신경망이라는 공식을 만들기 시작했다.

2012 년 ILSVRC 에서 우승한 CNN 모델인 AlexNet 은 토론토 대학의 제프리 힌튼 교수팀이 개발한 모델로서 그림 6.22 와 같은 구조를 가진다. AlexNet 는 5 개의 컨볼루션 층과 3 개의 FC 층으로 구성되어 있다. 당연히 1,000 개의 객체를 분류하는 모델이므로 마지막 층의 노드수는 1,000 개가 된다.

모델에 입력되는 이미지의 크기는 $224 \times 224 \times 3$ 이며 AlexNet 의 첫번째 컨볼루션 필터 커널의 크기는 $11 \times 11 \times 3$ 이고 이러한 커널을 96 개 사용하였다. 이때 96 개를 48 개씩 둘로 나

누고 이동폭을 4 칸씩하여 이동하면서 컨볼루션을 수행하여 55 × 55 × 48 크기의 특성지도 2
개를 만든다. 다음에 오는 두번째 컨볼루션 필터 커널은 5 × 5 × 48 크기를 가지며 128 × 2 개
를 사용하였다. 세번째 컨볼루션 층에서는 3 × 3 × 128 크기의 필터 커널을 192 × 2개 사용하
였고 역시 두개로 나누어 필터링을 수행하였다. 이후 네번째 컨볼루션 커널은 3 × 3 × 192 크
기로 사용하였고 개수는 192 × 2개를 사용하였다. 최종 컨볼루션 필터 커널은 3 × 3 × 192 크
기의 128 × 2개를 사용하여 평탄화하였다. 평탄화된 픽셀값은 다음 단계의 FC 2048 × 2개의
노드에 전달한다.

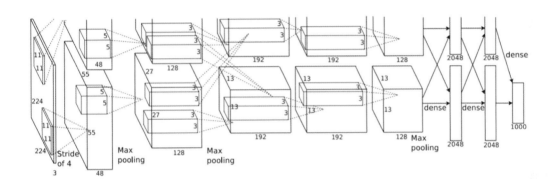

그림 6.22 AlexNet 모델의 구조 (출처: Krizhevsky et al., ImageNet Classification with Deep Convolutional Neural
Networks, NIPS 2012)

이러한 구조를 가지는 AlexNet는 2012년 ILSVRC에서 16.4%의 최소 에러율을 기록하였다.
AlexNet의 또다른 기여는 ReLU라는 활성화 함수의 발견과 GPU를 활용한 CNN 학습 방법
을 제시한 것이다. ReLU 활성화 함수는 이미지 분석을 위한 알고리즘은 물론이고 기타 다른 분
야의 신경망에 자주 활용되는 활성화 함수다.

VGGNet 은 옥스포드 대학교 앤드류 지저만 Andrew Zisserman 교수 연구팀인 VGG Visual Geometry
Group 에서 개발한 CNN 모델이다. 앤드류 지저만 교수가 이끄는 VGG 연구팀은 컴퓨터 비젼 및
패턴 분석 분야에서 세계적으로 선도적인 역할을 담당하고 있는 리더 그룹이다.

VGGNet 은 2014 년 ILSVRC 에서 분류 분야에서는 구글의 GoogLeNet 에 이어 근소한 차이로 2 위를 하였으나 객체 추출 분야에서는 우승을 차지하였다. 그림 6.23 은 VGGNet-19 모델의 구조를 보여준다. 여기서 VGGNet-19 라는 것은 학습변수를 가지는 19 개의 층으로 구성되었다는 의미이다.

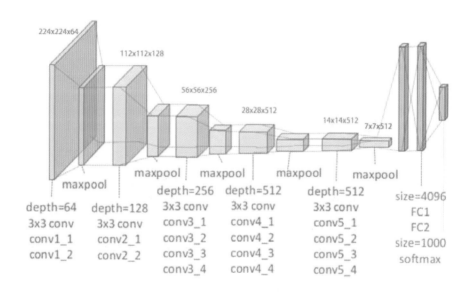

그림 6.23 VGGNet-19 모델 구조 (출처: Clifford K. Yang, University of Connecticut | UConn · Department of Diagnostic Imaging and Therapeutics)

VGGNet-19 에서는 주로 **3 × 3** 필터 커널을 사용하였으며 **2 × 2** 크기의 풀링 커널을 기반으로 이동폭을 2 칸씩 이동하며 풀링을 하기 때문에 매 풀링 때마다 이미지 크기는 반으로 줄어든다. 표 6.2는 기본적인 VGGNet 모델에 여러가지 구성을 달리한 것을 도표화한 것이다. 이처럼 구성요소를 달리하면서 최적의 CNN 모델을 찾는 것은 아직까지 일반적인 방법으로 여겨지고 있으나 최근 NAS Neural Architecture Search 기법으로 최적의 CNN 모델은 찾는 방안이 시도되고 있다 (NAS 는 '**10 장 AGI 로 가는 길**'에서 자세히 다루기로 한다).

VGGNet 모델은 구조가 매우 직관적이고 단순하지만 매우 우수한 성능을 보여주기 때문에 다른 목적의 용도에 맞추어 손쉽게 변형하여 사용할 수 있는 장점이 있다. 이러한 이유로 VGGNet 모델은 다양한 이미지 분석 프로젝트에 참조 모델 backbone network 로 활용되고 있다.

ConvNet Configuration					
A	A-LRN	B	C	D	E
11 weight layers	11 weight layers	13 weight layers	16 weight layers	16 weight layers	19 weight layers
input (224 × 224 RGB image)					
conv3-64	conv3-64 **LRN**	conv3-64 **conv3-64**	conv3-64 conv3-64	conv3-64 conv3-64	conv3-64 conv3-64
maxpool					
conv3-128	conv3-128	conv3-128 **conv3-128**	conv3-128 conv3-128	conv3-128 conv3-128	conv3-128 conv3-128
maxpool					
conv3-256 conv3-256	conv3-256 conv3-256	conv3-256 conv3-256	conv3-256 conv3-256 **conv1-256**	conv3-256 conv3-256 **conv3-256**	conv3-256 conv3-256 conv3-256 **conv3-256**
maxpool					
conv3-512 conv3-512	conv3-512 conv3-512	conv3-512 conv3-512	conv3-512 conv3-512 **conv1-512**	conv3-512 conv3-512 **conv3-512**	conv3-512 conv3-512 conv3-512 **conv3-512**
maxpool					
conv3-512 conv3-512	conv3-512 conv3-512	conv3-512 conv3-512	conv3-512 conv3-512 **conv1-512**	conv3-512 conv3-512 **conv3-512**	conv3-512 conv3-512 conv3-512 **conv3-512**
maxpool					
FC-4096					
FC-4096					
FC-1000					
soft-max					

표 6.2 VGGNet 여러가지 구성 (출처: Karen Simonyan & Andrew Zisserman, VERY DEEP CONVOLUTIONAL NETWORKS FOR LARGE-SCALE IMAGE RECOGNITION, ICLR, 2015)

6.2.2 GoogLeNet (Inception-V1)

2014 년 ILSVRC 에서 우승한 CNN 모델인 GoogLeNet 은 Inception-V1 라고도 한다. 최초의 CNN 모델인 LeNet 을 기리기 위해 GoogLeNet 의 끝 부분을 LeNet 이라고 표기하고 있다. 인셉션 Inception 이라는 별명 코드네임은 CNN 의 신경망이 깊어질수록 정확도가 높아진다는 것을 착안하여 헐리우드 영화인 인셉션 Inception[3]에서 따왔다. GoogLeNet 이 2014 년 ILSVRC 에서 기록한 에러는 6.8% 였다. 2012 년 ILSRVC 에서 우승한 AlexNet 보다 학습변수가 12 배 작다. 참고로 GoogLeNet 의 학습 변수는 약 6 백 8 십만개를 가진다.

초기 GoogLeNet 은 Inception-V1 모듈을 기반으로 하고 있으나 지속적으로 개선되면서 Inception-V2 모델과 Inception-V3 에 이어 최근에는 Inception-V4 모델까지 나왔다. 인셉션 모델을 개발한 구글 연구원들은 2015 년 ILSRVC 에서 우승한 모델인 ResNet 의 아이디어를 반영하여 Inception-ResNet 모델을 발표하였다. 참고로 Inception-ResNet-V1 은 Inception-V3 에 ResNet 개념이 반영된 것이고 Inception-ResNet-V2 는 Inception-V4 모델에 ResNet 개념이 사용된 것이다. 여기에서 다루고 있는 GoogLeNet 은 Inception-V1 모듈을 기반으로 하고 있다 (그림 6.24).

그림 6.24 는 GoogLeNet 구조를 시각적으로 이해하기 편하게 표현하고 있다. 그림에서 파란색 박스는 컨볼루션을 의미하고 빨간색 박스는 풀링 과정이다. 그리고 초록색 박스는 여러 개의 특성지도 feature map 가 깊이방향으로 쌓이는 과정을 의미한다. GoogLeNet 구조에서 중간중간 노란색 박스로 표시된 소프트맥스 과정은 기울기 소멸을 방지하기 위한 장치다. 즉 일정한 중간 과정마다 목적함수를 구해 역전파함으로써 최소한의 기울기를 확보하여 어느 정도의 학습을 보장하는 효과가 있다[4].

---

[3] 영화 인셉션은 약물을 이용하여 깊은 꿈을 꾸면서 사람의 잠재의식 속으로 해킹하는 내용으로 주인공의 대사 중에 "We need to go deeper" 라는 말이 나온다

[4] Szegedy et al., Going deeper with convolutions, NIPS, 2014

GoogLeNet 의 핵심은 인셉션 모듈이다. 그림 6.24 에서 확대하여 박스로 시각화된 인셉션 모듈은 일종의 네트워크-인-네트워크 ^Network-in-Network 개념이 사용된 예다 (Inception-V1 의 구조). 여기서 네트워크-인-네트워크란 풀링 ^pooling 과 채널통합 ^depth concatenation 사이에 1×1 컨볼루션 → 3×3 컨볼루션, 1×1 컨볼루션 → 5×5 컨볼루션 등과 같은 미니 네트워크 ^Mini Network 가 있다는 뜻이다. GoogLeNet 은 이러한 미니 네트워크인 Inception-V1 모듈이 여러 번 쌓인 구조를 갖는다.

일반적인 CNN 에서는 단일 크기의 필터 커널을 이용하여 컨볼루션을 처리하나 네트워크-인-네트워크의 개념이 적용된 인셉션에서는 여러 종류의 필터 커널을 이용하여 동시에 컨볼루션 한 결과를 채널 ^(또는 깊이) 방향으로 쌓아가는 ^depth concatenation 방법을 취한다. 즉 다양한 필터 커널을 한 층에서 동시에 사용함으로써 이미지의 특성을 보다 효과적으로 추출할 수 있게 한다. 여기에 추가적으로 인셉션 모듈이 가지는 특징 중에 하나가 1×1 컨볼루션을 먼저 실행하고 각각 3×3 컨볼루션과 5×5 컨볼루션을 적용하는 것이다.

1×1 필터 커널을 이용하여 컨볼루션한다는 것은 한 픽셀에 대해 C 만큼의 깊이를 가지는 특성지도를 컨볼루션하기 때문에 정확히 $1 \times 1 \times C$ 크기를 가지는 필터 커널를 사용한다는 의미다. 따라서 $1 \times 1 \times C$ 필터 커널로 컨볼루션하게되면 C 개의 특성지도가 깊이 방향으로 조합을 이루어 최종 1 개 층의 특성지도를 만든다. 이때 이미지 크기는 1×1로 컨볼루션했기 때문에 변함없이 동일하다.

이렇게 1개층으로 만들어진 특성지도에 3×3 또는 5×5 컨볼루션을 적용하면 C만큼의 깊이를 계산하는 과정이 생략되기 때문에 계산량이 크게 줄어든다. 그리고 깊이에 대한 조합 ^depth convolution 과 평면 특성지도의 컨볼루션 ^spatial convolution 이 분리되기 때문에 효과적인 특성추출을 가능하게 한다.

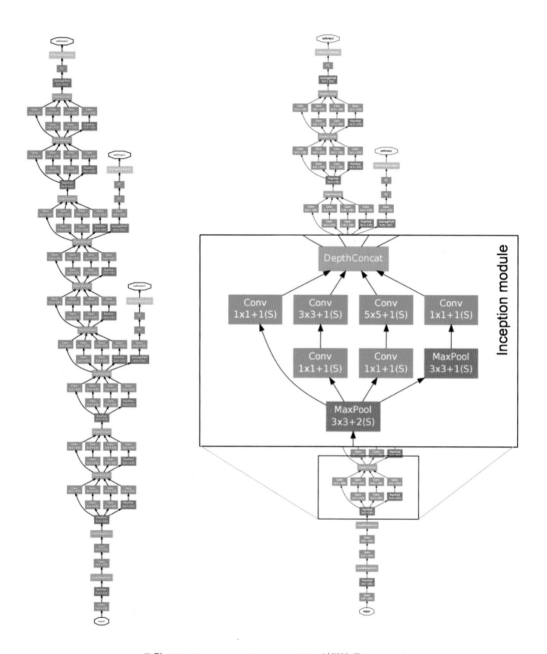

그림 6.24 GoogLeNet (Inception-V1) 신경망 구조

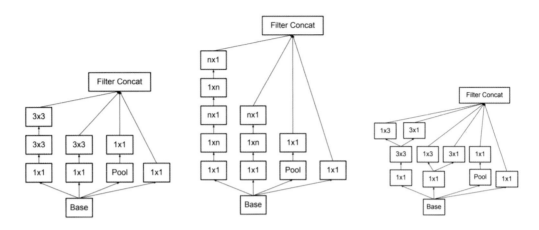

(a) 3 × 3 커널 사용   (b) 1 × n, n × 1 비대칭 커널로 factorization   (c) 비대칭 커널과 3 × 3 커널 혼합

그림 6.25 Inception-V2 미니 네트워크 최적화 (출처: Szegedy et al., Rethinking the Inception Architecture for Computer Vision, 2015)

GoogLeNet 이후에 개발된 Inception-V2는 미니 네트워크를 최적화하면서 개선된 모델이다. 이를 위해 그림 6.25와 같이 필터 커널을 여러가지로 변경해 가면서 성능 테스트를 하였다. 이렇게 성능 테스트를 거친 후 설계된 것이 표 6.3과 같은 구조를 가지는 Inception-V2다.

type	patch size/stride or remarks	input size
conv	$3 \times 3 / 2$	$299 \times 299 \times 3$
conv	$3 \times 3 / 1$	$149 \times 149 \times 32$
conv padded	$3 \times 3 / 1$	$147 \times 147 \times 32$
pool	$3 \times 3 / 2$	$147 \times 147 \times 64$
conv	$3 \times 3 / 1$	$73 \times 73 \times 64$
conv	$3 \times 3 / 2$	$71 \times 71 \times 80$
conv	$3 \times 3 / 1$	$35 \times 35 \times 192$
$3 \times$ Inception	As in figure 5	$35 \times 35 \times 288$
$5 \times$ Inception	As in figure 6	$17 \times 17 \times 768$
$2 \times$ Inception	As in figure 7	$8 \times 8 \times 1280$
pool	8×8	$8 \times 8 \times 2048$
linear	logits	$1 \times 1 \times 2048$
softmax	classifier	$1 \times 1 \times 1000$

표 6.3 미니 네트워크 최적화 후 설계된 Inception-V2 구조 (출처: Szegedy et al., Rethinking the Inception Architecture for Computer Vision, 2015)

표 6.3 에서 보든 것과 같이 일반적인 CNN 에서처럼 여러 번의 컨볼루션 과정을 거친 후에 그림 6.25 의 (a) 타입 미니 네트워크가 3 번 반복되고, (b) 타입 미니 네트워크가 5 번 그리고 (c) 타입 미니 네트워크가 2 번 반복된 후 FC 신경망을 거쳐 최종 분류하는 모델이다.

Inception-V3 는 Inception-V2 관련 논문을 발표하면서 같이 소개한 것으로 모델 구조는 Inception-V2 를 그대로 승계하였고 여러가지 하이퍼파라메터 스터디를 하고 나서 성능을 개선한 모델이다. 따라서 Inception-V3 는 Inception-V2 와 같은 모델이라고 해도 무방하다. Inception-V3 에서 수행한 성능 개선 작업은 다음과 같다.

- RMSprop 최적화 라이브러리 사용
- LSR $^{Label Smoothing Regularization}$ 을 사용한 규제화 적용
- **7 × 7 Factorization** 적용 (참조: 그림 6.25 (b))
- BN $^{Batch Normalization}$ 기법 적용

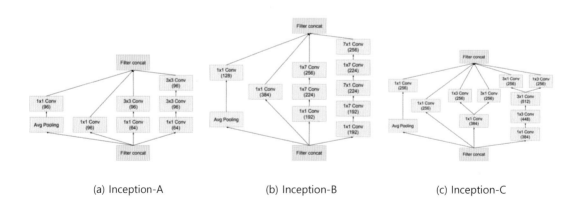

(a) Inception-A   (b) Inception-B   (c) Inception-C

그림 6.26 Inception-V4 미니 네트워크 최적화 (출처: Szegedy et al., Inception-v4, Inception-ResNet and the Impact of Residual Connections on Learning, 2016)

Inception-V4 는 Inception-ResNet 모델을 발표하면서 같이 소개한 모델이다. 이 모델은 앞선 모델 Inception-V3 가 미니 네트워크를 최적화하는 방식을 그대로 사용하면서 다양한 시도가 적용된 모델이다. 그림 6.26 과 같이 여러가지 미니 네트워크를 적용해 가면서 최종 Inception-V4 를 구현하였다 (그림 6.27)

Inception-ResNet 모델은 Inception 모델과 ResNet 모델을 결합한 것으로 그림 6.28 과 그림 6.29 와 같은 구조를 가진다. 컨볼루션 과정은 ResNet 의 개념을 적용하여 Inception-ResNet-A, B, C 형태로 다양하게 만들고 이를 전체 구조에 적절히 배치했다. Inception-ResNet-A, B, C 컨볼루션 과정이 완료될 때마다 Reduction 과정을 배치하여 이미지를 압축하였다.

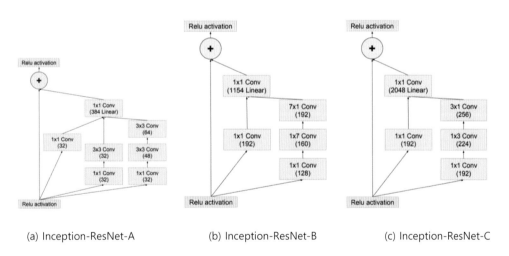

(a) Inception-ResNet-A   (b) Inception-ResNet-B   (c) Inception-ResNet-C

그림 6.28 Inception-ResNet-V2 미니 네트워크 최적화 (출처: Szegedy et al., Inception-v4, Inception-ResNet and the Impact of Residual Connections on Learning, 2016)

기본적으로 Inception-ResNet-V1 과 Inception-ResNet-V2 의 구조는 그림 6.30 과 같은 구조를 가지며 차이점은 Inception 의 미니배치 구조가 다르다. 즉 Inception-ResNet-V1 는 Inception-V3 의 인셉션 구조를 가져왔고 Inception-ResNet-V2 는 Inception-V3 의 인셉션 구조를 사용한다.

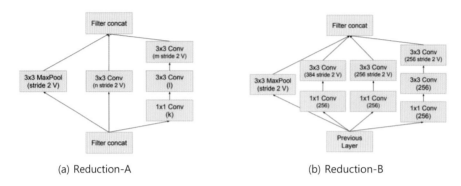

(a) Reduction-A   (b) Reduction-B

그림 6.29 풀링 미니 네트워크 구조 (출처: Szegedy et al., Inception-v4, Inception-ResNet and the Impact of Residual Connections on Learning, 2016)

6.2.3 ResNet

2015년 ILSRVC에서 우승한 ResNet은 마이크로소프트 베이징 연구소$^{Microsoft\ Research\ Lab\ in}$ $_{Beijing}$에서 개발한 모델이다. ResNet는 이 대회에서 에러율 3.57%라는 경이적인 성능을 보여주면서 이미지 분류 분야에서 사람의 능력을 앞서는 역사적인 시대를 열었다. 사람은 이미지를 판별할 때 평균적으로 5.0% 정도의 에러율을 보인다.

ResNet의 혁신성은 에러율이 사람보다 앞서게 했다는 점도 있지만 이를 구현하기 위해 만든 신경망 구조가 무려 152개의 층으로 구성되었다는 점이다. 매우 깊은 신경망 구조를 가진다는 것이 혁신적이라는 이유는 신경망의 층이 깊어지면 일반적으로 성능이 개선되기는 하지만 기울기 소멸$^{Gradient\ Vanishing}$이라는 문제로 좀처럼 학습이 되지 않는 어려움이 있었기 때문이다.

ResNet 모델이 소개된 논문[5] 에 의하면 신경망의 층수를 각각 34, 50, 101, 152 개를 사용하면서 성능 평가를 하였는데 34층을 사용한 ResNet의 성능이 152 층의 ResNet 결과와 비교해도 그렇게 큰 차이가 없음을 밝히고 있다. 그림 6.31은 34층으로 이루어진 ResNet을 VGGNet 모델과 비교하면서 전체적인 구조를 보여주고 있다.

---

5 He et al., Deep Residual Learning for Image Recognition, CVPR, 2016

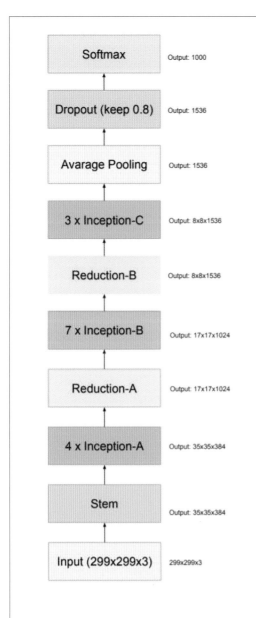

그림 6.27 Inception-V4 전체 구조 (출처: Szegedy et al., Inception-v4, Inception-ResNet and the Impact of Residual Connections on Learning, 2016)

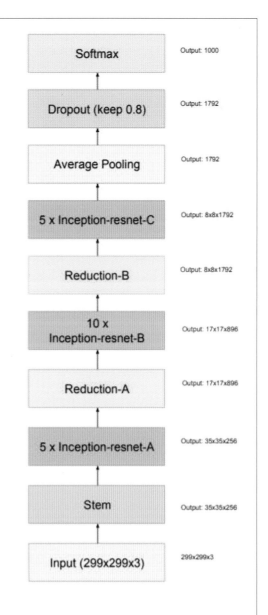

그림 6.30 Inception-ResNet-V1과 Inception-ResNet-V2의 전체 구조 (출처: Szegedy et al., Inception-v4, Inception-ResNet and the Impact of Residual Connections on Learning, 2016)

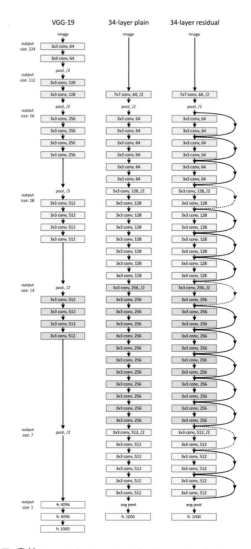

그림 6.31 ResNet 신경망 구조 (출처: He et al., Deep Residual Learning for Image Recognition, CVPR, 2016)

그림 6.32에서 보여주는 것처럼 ResNet이 매우 깊은 신경망을 쌓으면서 중간중간에 두 단계를 건너뛰는 스킵 커넥션 skip connection 과정이 있다. 즉 34개 층 모두를 통과하면서 순전파 feedforward 하는 동시에 중간중간 스킵 커넥션으로 건너뛰는 신경망이 공존한다. 이렇게 34개 층을 모두 통과하는 정보와 스킵 커넥션을 거쳐 두단계를 건너뛰고 순전파되는 정보는 3단계 마다 요소별 합

(⊕, element-wise addition)을 구하고 이러한 과정을 반복한다. 학습시에는 에러가 34개층으로 역전파하는 동시에 스킵 커넥션의 통로[path]로도 역전파되면서 학습한다. 결론적으로 스킵 커넥션은 1/3 정도로 줄어든 신경층으로 학습이 되기 때문에 기울기 소멸 방지를 어느정도 보장해주는 효과가 있다.

ResNet 은 신경망 입력부에 7 × 7 크기의 필터 커널을 사용한 것을 제외하고 모든 신경층은 3 × 3 필터 커널을 사용하고 있어 VGGNet 과 유사하다. 즉 기울기 소멸이 최소화된다면 신경망의 깊이가 늘어날수록 정확도가 개선된다는 점은 밝혀진 셈이다.

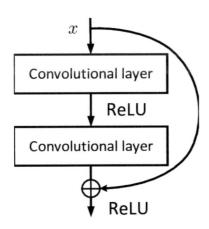

그림 6.32 ResNet의 스킵 커넥션 구조

6.2.4 Xception

Xception은 인셉션[Inception] V-Series 모델에서 시도한 1 × 1 point-wise 컨볼루션 효과에 주목하고 있다. Xception이 소개된 논문[6] 에서는 다음과 같은 질문을 던진다. "채널방향 (또는 깊이방향) 특성의 상관성과 너비 × 높이 방향 특성의 상관성이 분리되어 합성될 수 있을까? (cross-channel correlations and spatial correlations can be mapped completely

[6] François Chollet, Xception: Deep Learning with Depthwise Separable Convolutions, 2017

separately?)"

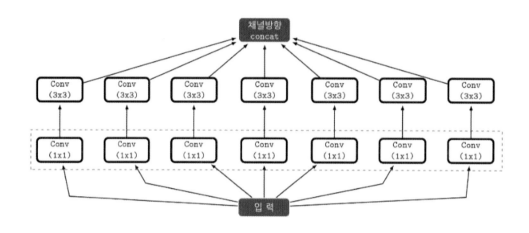

그림 6.33 Xception의 Depthwise Separable Convolutions 아키텍처

Xception 은 이러한 문제를 여러가지 방법으로 검증한 후 '깊이 방향으로 분리된 컨볼루션 (depthwise separable convolution)' 모델을 제시하였다 (그림 6.33). 깊이 방향으로 분리된 컨볼루션은 1×1 point-wise 컨볼루션 후에 너비×높이 방향으로 컨볼루션 한다는 의미이다 (논문 인용: a depthwise convolution followed by a pointwise convolution). 참고로 1×1 point-wise 컨볼루션과 depthwise 컨볼루션은 같은 의미다. 따라서 '깊이 방향으로 분리된 컨볼루션 depthwise separable convolution' 이란 앞 단계에서 (너비×높이×깊이) 로 생성된 특성지도를 $(1 \times 1 \times$ 깊이$)$ 크기를 가지는 여러 개의 서로 다른 필터 커널을 이용하여 깊이 방향의 컨볼루션을 먼저 수행하여 깊이 방향의 상관성을 먼저 조합하고 이렇게 만들어진 깊이가 1 인 (너비×높이×1) 특성지도를 3×3 필터 커널을 이용하여 컨볼루션을 한다는 뜻이다. 이때 3×3 컨볼루션을 다른 말로 공간 컨볼루션 spatial convolution 이라고도 한다.

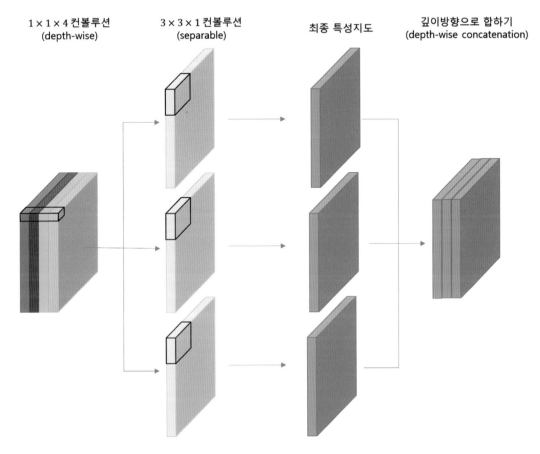

그림 6.34 Depthwise Separable Convolution 처리 과정 예시

그림 6.34 는 이러한 '깊이 방향으로 분리된 컨볼루션 depthwise separable convolution'의 처리 과정을 보여준다. 그림 6.34 의 예시처럼 앞 단계에서 전달되는 특성지도가 (너비×높이×4) 크기를 갖는다면 (1 × 1 × 4)의 크기를 가지는 N 개의 서로 다른 separable 필터 커널을 이용하여 깊이 방향으로 컨볼루션하여 3 개의 서로 다른 (너비 × 높이 × 1) 인 특성지도를 만들고 이를 각각 (3 × 3) 크기의 필터 커널을 이용하여 깊이가 1 인 최종 특성지도를 만든다. 이렇게 만들어진 특성지도를 깊이 방향으로 쌓고 depthwise concatenation 같은 처리과정을 반복한다.

6.2.5 CNN 모델 비교

컴퓨터 비전 computer vision 기술은 지금까지 제조, 보안 및 치안, 물류, 교통, 국방, 의료 등 모든 산업 분야를 망라해서 매우 중요한 역할을 해왔다. 이러한 이유로 컴퓨터 비전에 관한 연구는 오랜 동안 많은 관심과 투자가 이루어진 분야라 할 수 있다. 컴퓨터 비전 기술은 그동안 꾸준한 연구와 다양한 시도들을 통해 지속적으로 발전되어 왔으며 이와 더불어 이루어 낸 성과들은 그야말로 눈부시다. 1958 년 프랭크 로센블래트가 발명한 퍼셉트론은 400 (20 × 20)개의 광학 센서를 이용하여 삼각형 ▲, 사각형 ■, 동그라미 ● 등과 같은 도형을 알아 맞히는 수준이었는데 지금은 사람의 얼굴 표정으로 감정을 분석하고 빠르게 제조되는 공정에서 제품의 결함을 이미지 분석을 통해 찾아낸다.

인공지능 분야에서도 시각 인지 visual perception 에 대한 연구는 다른 분야와 비교했을 때 상대적으로 활발해 보인다. 1998 년 뉴욕대학교 얀 르쿤 교수가 최초의 컨볼루션 신경망인 LeNet-5[7]를 발표한 이후 (논문을 발표할 당시 얀 르쿤 교수는 ATT&T Bell Lab 연구원이었다) 20 여년이 지난 지금 컨볼루션 신경망 CNN: Convolutional Neural Network 은 그리드 grid 형태의 데이터를 분석하는 데 가장 탁월한 모델로 자리잡았다. 이미지는 대표적인 그리드 형태의 데이터다.

그림 6.35 는 최근까지 개발되어 발표된 CNN 모델을 비교 분석한 자료다 (2018 년 기준). 가로축은 연산횟수를 의미하며 세로축은 정확도를 의미한다. 그리고 각 원의 지름은 각 모델이 가지고 있는 학습변수의 개수를 뜻한다. 즉 가장 좋은 모델은 연산횟수가 적은 가로축 가장 왼쪽에 있고 정확도가 높은 세로축 맨 윗쪽에 위치하며 원의 지름이 작은 모델이다.

여기서 우리는 그림 6.35 결과를 도출한 시점에서 가장 정확도가 높은 NASNet-A-Large 모델을 주목할 필요가 있다. NASNet-A-Large 모델은 NAS Network Architecture Search 라는 기법을 사용하여 컴퓨터 알고리즘이 만들어낸 CNN 모델이다. NAS 라는 것은 이 책의 다음 세션에서 자

---

[7] LeCun et al., Gradient Based Learning Applied to Document Recognition, Proc. Of the IEEE, 1998

세히 다루기로 하겠지만 CNN 에서 사용되는 기본적인 모듈 (예, 맥스 풀링, 3 × 3 필터 커널, 1 × 1 depth-wise 필터 커널 등)을 가지고 인셉션, ResNet 등의 구조 등을 참조하여 컴퓨터가 스스로 CNN 모델을 설계하는 기법이다. 이제 인공지능이 스스로 CNN 모델을 설계하는 시대가 시작된 셈이다.

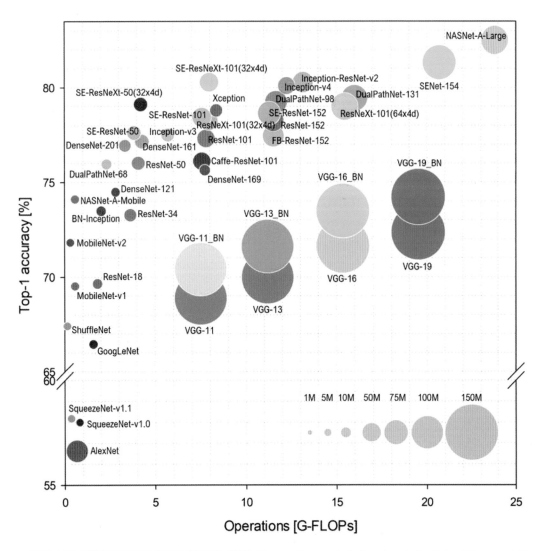

그림 6.35 현재까지 개발된 CNN 모델 비교 (출처: Simone Bianco et al., Benchmark Analysis of Representative Deep Neural Network Architectures, 2018)

6.3 이미지 분류

이미지 분류는 입력된 이미지 데이터가 속하는 클래스^{class}를 예측하는 문제로 CNN 모델을 이용한 이미지 분석 중에서 가장 기본적인 분야라 할 수 있다. 예를 들면 그림 6.36과 같이 이미지를 입력 받으면 5개의 클래스 중 어디에 속하는지를 판별하는 문제다.

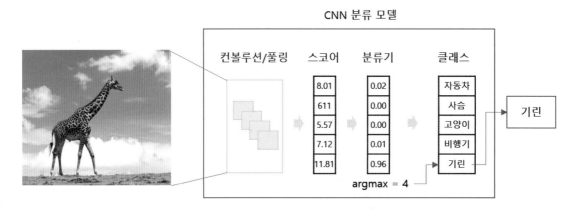

그림 6.36 이미지 분류를 위한 CNN 모델 개요

이미지 분류를 위한 CNN 모델은 처음 이미지를 입력 받으면 컨볼루션과 풀링 과정을 통해 이미지의 특성을 2차원 관점에서 추출하고 평탄화^{flattening} 과정의 FC 신경망을 통과하면 최종 스코어가 계산된다. 이때 스코어가 저장되는 FC 층의 노드 개수는 전체 분류하고자 하는 클래스의 개수와 일치해야 한다. 이후 스코어는 분류기^{classifier}에 입력되어 분류를 판단하는 최종 정량적인 데이터를 제공한다. 만약 분류기를 소프트맥스^{softmax}를 사용하였다면 argmax 함수를 이용하여 가장 큰 값을 가지는 인덱스를 찾아 이 인덱스에 저장되어 있는 클래스 이름을 출력한다.

나중에 자세히 설명하겠지만 분류기로는 위에서 예시한 소프트맥스를 사용할 수 있고 SVM$^{Support\ Vector\ Machine}$과 같은 다른 분류기를 사용할 수 있다. 이때 각 분류기마다 적당한 목적함수를 선정하여 학습을 진행한다.

6.3.1 이미지 분류를 위한 데이터셋

이러한 과업을 수행하는 CNN 모델을 학습시키기 위해서는 이미지 데이터와 이미지 클래스를 정의하는 레이블 데이터가 필요하다. 그림 6.37 은 CIFAR 에서 제공하는 CIFAR-10 데이터셋 중 몇 가지 표본을 보여주고 있다.

그림 6.37 이미지 분류를 위한 데이터셋: CIFAR-10 (출처: https://www.cs.toronto.edu/~kriz/cifar.html)

CIFAR^{Canadian Institute For Advanced Research} 는 캐나다를 기반으로 하고 있는 연구기관으로 이미지 분석을 위한 다양한 이미지 데이터셋을 제공하고 있다. CIFAR-10은 CIFAR 가 제공하고 있는 데이터셋 중 [비행기, 자동차, 새, 고양이, 사슴, 강아지, 개구리, 말, 배, 트럭] 10 종류의 클래스를 선정하고 각 클래스당 6,000 개의 이미지를 저장한 데이터셋이다. CIFAR-10 의 전체 데이터의 개수는 60,000 개가 된다. 각각의 컬러 이미지는 $32 \times 32 \times 3$ 크기를 가진다.

6.3.2 분류기와 목적함수

평탄화 ^{flattening} 과정의 FC 신경망을 통과하면 마지막 출력층에 스코어가 계산된다. 분류모델은 이 스코어를 분류기 ^{classifier} 에 적용하여 분류 판정에 사용한다. 이미지 분류를 위한 학습 모델인 CNN 에서도 일반적으로 사용되는 분류기는 MLP 모델에서와 마찬가지로 SVM$^{\text{Support Vector Machine}}$ 과 소프트맥스 ^{Softmax} 를 사용한다.

앞장에서 설명한 바와 같이 소프트맥스 분류기는 일반적으로 크로스 엔트로피$^{\text{cross entropy}}$ 목적함수와 쌍을 이루어 학습모델에 적용된다. CNN 모델에서 입력된 이미지가 컨볼루션과 풀링 그리고 최종 FC 신경망을 통과하게 되면 마지막 출력층에는 스코어가 저장된다. 스코어를 소프트맥스 활성화 함수에 대입하게 되면 출력층의 각 노드에는 확률적 의미의 실숫값이 저장된다. 이때 출력층의 노드 개수는 분류하고자 하는 개체^{class} 수와 동일하다. 이렇게 확률적으로 계산된 개체 수만큼의 요소를 가지는 출력 벡터는 원 핫 인코딩$^{\text{one hot encoding}}$ 으로 레이블된 정답과 크로스 엔트로피를 계산하여 이를 최소화하도록 역전파 과정을 통해 학습한다.

만약 SVM 분류기를 이용한다면 MLP 모델에서와 마찬가지로 목적함수는 힌지 로스$^{\text{hinge loss}}$ 를 사용한다. 앞장에서 설명한 SVM 분류기 방식의 학습과정을 복습해보면 다음과 같다. 식 (6.4) 는 SVM 분류기를 정의한다. 힌지 함수 $^{\text{hinge function}}$ $max(0, x)$는 $x < 0$ 인 영역에서는 0 이고 $x > 0$ 영역에서는 기울기가 1 인 직선식이다. 여기서 s_{y_i} 는 y_i 클래스에 대한 스코어다. 식 (6.4) 에서 1 은 SVM 에서 사용되는 마진^{margin} 이 된다. 즉 마진이 1 이라는 것은 1 정도의 여유 공간을 가지고 예측하고자 하는 스코어 s_{y_i} 와 다른 클래스의 스코어, s_{y_j} 의 차이를 판별하겠다는 의미다.

$$\mathcal{L}_i = \sum_{y_j \neq y_i} max\left(0, s_{y_j} - s_{y_i} + 1\right) \tag{6.4}$$

5 장에서 예시한 그림 5.3 을 참조하면서 SVM 분류기를 이용한 다중개체 분류 방법을 다시한번 상기해 보자. 그림 5.3 에서와 같이 [사과, 바나나, 수박] 3 개의 다중개체를 분류하는 문제에서 각 해당하는 이미지를 입력하면 이에 대한 스코어, s_{y_i} 가 다른 객체의 스코어, s_{y_j} 보다 오른쪽에 있다면 힌지 함수는 항상 0 이 될 것이다. 따라서 SVM 분류기를 이용하여 분류할 경우 SVM 분류기에 적용된 값이 가장 최소인 위치^{인덱스index} 를 찾아 클래스 리스트 ^{list} 에서 찾는^{query} 방법으로 분류 예측을 하게 된다.

SVM 을 분류기로 사용하게 되면 목적함수는 힌지 로스를 사용한다. 식 (6.5)는 힌지 로스다. 힌지 함수를 그대로 로스 함수에 적용하며 오버피팅을 개선하기 위해 규제화 ^{regularization} 항인 $\lambda R(W)$을 추가 반영하였다. 여기서 λ는 벌칙계수^{penalty number} 다.

$$L = \frac{1}{N}\sum_{i=1}^{N} \mathcal{L}_i + \lambda R(W) \tag{6.5}$$

식 (6.5)에서 규제화 항, $\lambda R(W)$을 L^2 놈을 사용하면 전형적인 아래로 볼록한 목적함수가 되지만 다른 규제화 함수를 사용하더라도 힌지 로스는 넓은 의미의 아래로 볼록한^{convex} 모양을 가지기 때문에 경사하강법^{gradient descent} 을 사용하여 학습을 진행하면 된다.

그림 6.38 은 일반적인 목적함수인 MSE^{Mean Squared Error}(squared 로 표기)와 힌지 로스 (hinge 로 표기)의 형태를 가시화한 것이다. 두개 모두 아래로 볼록한 형태를 가지므로 경사하강법을 이용한 학습변수를 찾는 것에 큰 문제는 없다.

SVM 분류기를 이용하여 학습을 하게 되면 힌지 로스를 목적함수로 사용하고 소프트맥스를 분류기로 사용하면 크로스 엔트로피를 목적함수로 사용하는데 그럼 어느 쪽이 과연 좋은 방법일까?

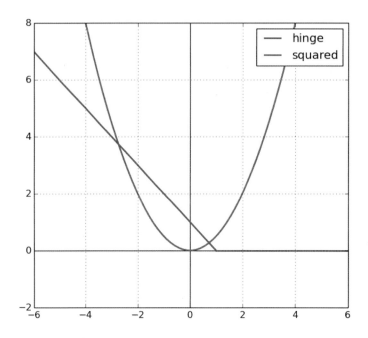

그림 6.38 힌지 로스와 MSE (Mean Squared Error) 로스의 Convexity

그림 6.39 는 이러한 궁금증을 설명해주는 연구결과를 간략히 보여주고 있다. 그림 6.39 는 위에서 애기한 두가지 분류기와 목적함수 모델을 가지고 8 가지 다른 문제에 대한 평균적인 예측 정확도를 상호검증 cross validation 한 결과다. 여기서 수평축의 'Weight Updates'는 반복학습 횟수를 의미하며 수직축 'Error'는 정규화된 예측 오류를 의미한다.

데이터의 속성, 크기, 수량 등 문제마다 다소 차이는 있겠지만 이 연구결과에서는 전반적으로는 SVM 분류기과 힌지 로스를 목적함수로 사용하는 경우와 소프트맥스 분류기와 크로스 엔트로피를 목적함수로 사용하는 경우 큰 차이는 없어 보인다. 다만 그림 6.39 결과만을 본다면 소프트맥스 분류기와 크로스 엔트로피 목적함수를 사용한 경우에 초반 학습이 빠르다는 것을 관찰할 수 있고 궁극적으로는 SVM 분류기와 힌지 로스 모델이 다소 우수하다고 설명하고 있다.

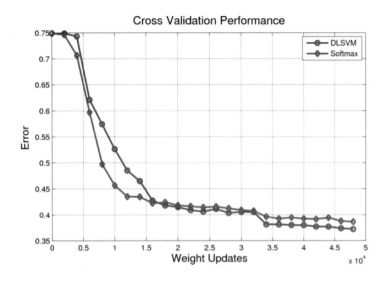

그림 6.39 SVM 분류기 (힌지 로스)와 소프트맥스 분류기 (크로스 엔트로피 로스)에 대한 학습 벤치마킹 (출처: Yichuan Tang, Deep Learning using Support Vector Machines, 2013)

6.3.3 MNIST 필기체 숫자 분류 예제

그림 6.40 은 MNIST 예제를 통해 필기체 숫자 분류를 위한 CNN 모델 구조를 보여준다. LeNet-5 모델 수준의 간단한 CNN 모델을 파이토치 프레임워크를 사용하여 구현하였다. 두 개의 컨볼루션 층과 한 개의 풀링 층 그리고 두 개의 FC 층으로 구성되어 있다. 컨볼루션 필터 커널은 3×3 크기를 사용하였고 첫번째 컨볼루션 층에서는 32 개의 필터 커널을, 두번째 컨볼루션 층에서는 64 개의 필터 커널을 사용하였다. 활성화 함수는 ReLU 를 사용하였고 분류기와 목적함수는 각각 소프트맥스와 크로스 엔트로피를 사용하였다.

참고로 이 모델에서 사용한 총 학습변수의 개수는 다음과 같이 계산할 수 있다.

$$(3 \times 3 \times 32) + (3 \times 3 \times 64) + (12 \times 12 \times 64 \times 128) + (128 \times 10) = 1,181,792 \text{ 개}$$

(1차 컨볼루션 커널)　(2차 컨볼루션 커널)　　　　(FC1 텐서)　　　　　(FC2 텐서)

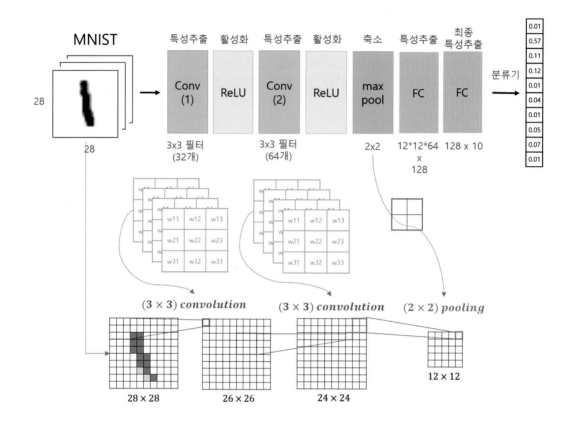

그림 6.40 MNIST 분류를 위한 CNN 모델

```
## 파이토치를 이용한 MNIST CNN 분류 모델
import torch
import torch.nn as nn
import torch.nn.functional as F
import torch.optim as optim
from torchvision import datasets, transforms
import matplotlib.pyplot as plt
import numpy as np

## 하이퍼파라미터 설정
batch_size = 64
```

```
test_batch_size = 1000
epochs = 50
lr = 0.001
momentum = 0.01
gpu_use = True
log_interval = 200


## GPU 가 설치되어 있고 사용예정이라면 True
cuda_use = gpu_use and torch.cuda.is_available()
device = torch.device("cuda" if cuda_use else "cpu")
print(cuda_use)
print("set hyperparameters done")
## 모든 데이터 자료구조를 tensor 로 변환
transform = transforms.Compose([transforms.ToTensor()])


## torch.util.data 리스트에 저장된 URL 을 통해 MNIST 데이터 입력
train_loader = torch.utils.data.DataLoader(
  datasets.MNIST('../data', train=True, download=True,
                transform=transform),
    batch_size = batch_size, shuffle=True) #, **kwargs)

test_loader = torch.utils.data.DataLoader(
        datasets.MNIST('../data', train=False, download=True,
                transform=transform),
    batch_size=test_batch_size, shuffle=True) #, **kwargs)

print('data loading done')

## CNN 모델 설계하기
class Net(nn.Module):
    def __init__(self):
        super(Net, self).__init__()
        self.conv1 = nn.Conv2d(1, 32, 3, 1)
        self.conv2 = nn.Conv2d(32, 64, 3, 1)
        self.fc1 = nn.Linear(9216, 128)
        self.fc2 = nn.Linear(128, 10)
```

```
    def forward(self, x):
        x = self.conv1(x)
        x = F.relu(x)
        x = self.conv2(x)
        x = F.relu(x)
        x = F.max_pool2d(x, 2)
        x = torch.flatten(x, 1)
        x = self.fc1(x)
        x = F.relu(x)
        x = self.fc2(x)
        output = F.log_softmax(x, dim=1)
        return output


## Net 으로 정의된 CNN 학습 모델을 model 로 객체화
## 모델이 실행될 GPU 또는 CPU 에 할당
model = Net().to(device)


## 최적화 라이브러리 RMSprop 선정
optimizer = optim.RMSprop(model.parameters(), lr=lr) #, momentum=momentum)
print(model)


## CNN 모델 학습 루틴 정의
## 목적함수 := NLL (negative log likelihood) → cross entropy 와 같은 목적함수임
def train(log_interval, model, device, train_loader, optimizer, epoch):
    model.train()
    for batch_idx, (data, target) in enumerate(train_loader):
        data, target = data.to(device), target.to(device)
        optimizer.zero_grad()
        output = model(data)
        loss = F.nll_loss(output, target)
        loss.backward()
        optimizer.step()
        if batch_idx % log_interval == 0:
            print('Train Epoch: {} [{}/{} ({:.0f}%)]\tLoss: {:.6f}'.format(
                epoch, batch_idx * len(data), len(train_loader.dataset),
                100. * batch_idx / len(train_loader), loss.item()))
```

```
## CNN 모델 검증 루틴 정의
def test(log_interval, model, device, test_loader):
    model.eval()
    test_loss = 0
    correct = 0
    with torch.no_grad():
        for data, target in test_loader:
            data, target = data.to(device), target.to(device)
            output = model(data)
            test_loss += F.nll_loss(output, target, reduction='sum').item()
            pred = output.argmax(dim=1, keepdim=True)
            correct += pred.eq(target.view_as(pred)).sum().item()

    test_loss /= len(test_loader.dataset)

    print('\nTest set: Average loss: {:.4f}, Accuracy: {}/{} ({:.0f}%)\n'.fo
rmat
        (test_loss, correct, len(test_loader.dataset),
      100. * correct / len(test_loader.dataset)))


## CNN 모델 학습시키기
for epoch in range(1, epochs):
    train(log_interval, model, device, train_loader, optimizer, epoch)
    test(log_interval, model, device, test_loader)

torch.save(model, './model.pt')

print('train is done')

## Test 데이터셋에서 배치크기만큼 이미지 추출
dataiter = iter(test_loader)
images, labels = dataiter.next()

## 학습된 CNN 모델을 통해 예측값 출력
images = images.to(device)
output = model(images)
```

```
## 10 개의 성분을 가지는 예측값 벡터에서 최대의 확률을 가지는 인덱스를 예측값으로 반환
_, preds = torch.max(output, 1)

## 이미지 plot 을 위해 텐서에서 numpy 자료구조로 변환
images = images.to(torch.device("cpu"))
images = images.numpy()

## 이미지 plot: 레이블과 예측값이 다르면 적색으로 표시 () 안이 레이블
fig = plt.figure(figsize=(16, 16))
for idx in np.arange(36):
    ax = fig.add_subplot(6, 6, idx+1, xticks=[], yticks=[])
    ax.imshow(np.squeeze(images[idx]), cmap='gray')
    ax.set_title("{} ({})".format(str(preds[idx].item()), str(labels[idx].item())),
                 color=("green" if preds[idx]==labels[idx] else "red"))
```

위 코드를 실행시키면 정해진 에폭 (epochs = 50) 만큼 학습을 하고 테스트 데이터셋에 저장된 데이터를 가지고 검증을 한다. 그림 6.41 은 테스트 데이터셋으로 검증한 결과를 보여준다. MLP 예제와 마찬가지로 36 개의 MNIST 이미지를 랜덤하게 입력해서 0 부터 9 까지의 숫자를 분류한 것인데 여기에서도 각 이미지의 상단에 있는 숫자가 모델이 예측한 값이고 괄호안에 있는 숫자가 레이블인 정답을 의미한다. CNN 모델을 사용한 경우 36 개 표본 테스트에서 모두 정답을 맞힌 결과를 보여준다.

MLP 모델에서는 1,000 개의 테스트 데이터를 가지고 검증했을 때 정확도가 약 92% 정도가 나왔는데 CNN 모델의 정확도는 약 98%가 나온다. 단순 비교이긴 하지만 이러한 사실은 이미지 분석에서는 2D 로 특성을 추출하는 CNN 모델이 벡터형태로 특성을 추출하는 MLP 보다 우월하다는 점을 말해 준다. 즉 2 차원으로 구성된 이미지를 MLP 모델로 분석하기 위해 1 차원 벡터형으로 풀어버리는 순간 각 픽셀의 주변에 있는 정보들이 사라지게 되므로 결국 정확도가 떨어지게 된다. 그러므로 초기 원시 데이터가 2 차원 그리드 형태로 이루어진 경우라면 $n \times n$ 커널로 컨볼루션하는 것이 효과적인 특성 추출 방법이며 따라서 정확도 역시 개선됨을 알 수 있다.

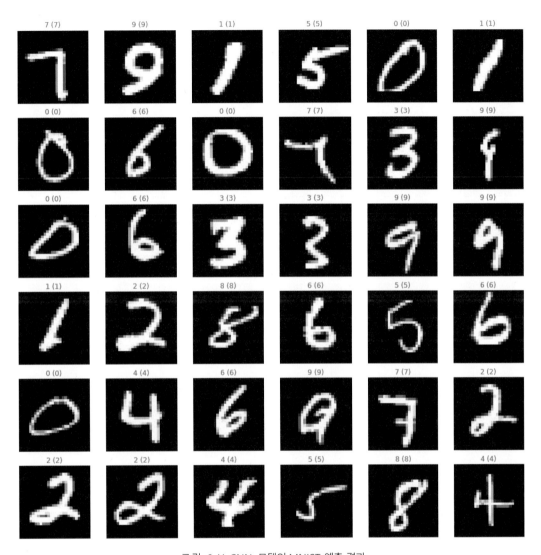

그림 6.41 CNN 모델의 MNIST 예측 결과

6.4 이미지 객체 추출

이미지 객체 추출^{Object Detection}은 이미지 안에 있는 객체의 위치를 특정하고 객체를 분류하는 것을 말한다. 이미지 안에 있는 한 개의 객체를 추출할 수도 있지만 일반적으로 이미지 내에 다중 객체를 추출한다. 이미지 객체 추출은 컴퓨터 비전 분야에서 오랜 동안 핵심적인 연구분야로 자리매김하고 있었으며 앞으로도 더욱 중요한 역할을 할 분야라고 여겨진다. 이미지 객체 추출이 사용되는 분야는 매우 다양하다. CCTV를 사용하는 물리보안 분야, 제조 및 유통 등의 산업 분야, 로보틱스 비전^{robotics vision}, 의료 이미지 분석 분야 그리고 최근에는 자율주행 자동차에서도 핵심적인 기술로 활용되고 있다.

앞서 설명한 CNN 모델을 이용한 이미지 분류 문제인 경우에는 이미지 레이블과 유사성을 가지도록^{fitting} 컨볼루션 과정과 풀링 과정을 거쳐 이미지의 특성들을 잘 추출하는 모델 구조를 설계하면 되므로 비교적 단순하고 직관적이다. 그러나 이미지 객체 추출에서는 이미지가 있는 위치를 특정해야 하는 복잡한 문제를 해결해야 한다. 이미지 분석 분야에서 이미지 위치를 찾는 문제를 영역선정^{Regional Proposal}[8] 이라고 한다. 즉 이미지 객체 추출 모델은 분류 기능과 영역선정 기능을 동시에 수행한다.

CNN 모델이 등장하기 이전에도 컴퓨터 비전 분야에서 이미지 객체 추출은 매우 중요한 연구 분야였다. 그동안 어떠한 기술들이 이미지 객체 추출을 위해 사용되었는지 먼저 살펴보고 최근 등장한 CNN 모델은 과거의 기술들과 어떤 차이가 있는지 비교해 볼 필요가 있다.

다음은 컴퓨터 비전 패턴 인식 분야에서 이미지 객체 추출을 위해 지금까지 사용된 대표적인 알고리즘들을 설명하고 있다.

---

[8] Regional Proposal은 영역제안으로 번역되나 의미전달을 위해 영역선정이라고 표현하기로 함

6.4.1 SIFT (Scale Invariant Feature Transform)

SIFT 는 1999 년 브리티시 컬럼비아 대학 University of British Columbia 의 데이비드 로우 David G. Lowe 교수가 개발한[9] 알고리즘으로 이미지의 크기, 회전, 이동, 밝기 등에 관계없이 이미지 고유의 특성을 추출해준다. 기본적인 SIFT 아이디어는 좀더 보강되어 2004 년에 'Distinctive Image Features from Scale-Invariant Keypoints, ICCV, 2004' 논문으로 발표되었다.

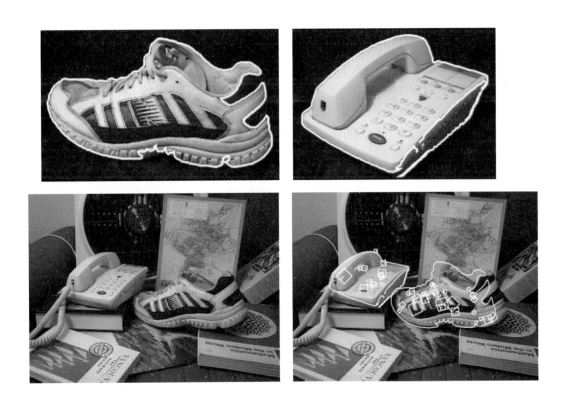

그림 6.42 위 사진에서 운동화와 전화기의 키포인트 Keypoint 학습 후 아래 사진에서 운동화 및 전화기 객체 및 매칭 포인트 추출

---

[9] David. G. Lowe, Object Recognition from Local Scale-Invariant Features, ICCV, 1999

그림 6.42 에서 보여주는 것처럼 최초 SIFT 알고리즘은 이미지 객체 추출에 사용되었다. '운동화'와 '전화기' 사진을 사전에 SIFT 알고리즘으로 학습을 하여 각 객체의 특성인자 키포인트 _{keypoints} 를 추출한다. 이후 '운동화'와 '전화기' 객체가 포함된 이미지를 입력하면 사전에 학습한 '운동화'와 '전화기'의 특성 _{키포인트}을 기반으로 객체를 인식한다. SIFT 는 객체의 위치, 회전, 밝기, 기울기 등에 관계없이 특성을 기억하고 있기 때문에 객체가 이미지에 어떤 형태로 표현되어 있던지 관계없이 _{Scale-Invariant} 객체의 특성을 정확히 추출할 수 있다.

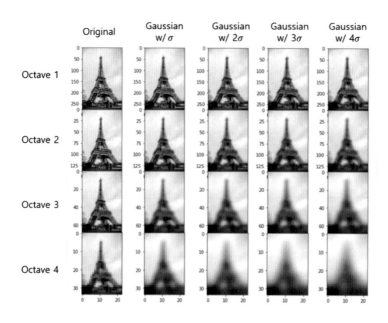

그림 6.43 Keypoints 추출을 위한 Scale-Space 구현 과정 (출처: https://www.analyticsvidhya.com)

SIFT 알고리즘에서 키포인트를 정의하는 과정은 다음과 같다.

● Scale-Space 만들기: 그림 6.43 과 같이 가우시안 ^{Gaussian} 표준편차를 증가시키면서 가우시안 컨볼루션 ^{Gaussian Convolution} 을 적용하여 흐릿 ^{blur} 한 이미지를 만든다 (오른쪽 방향). 흐릿한 이미지를 만드는 이유는 이미지에 섞여 있는 노이즈를 제거하는 효과가 있기 때문이다. 다음 단계에서는 이미지의 크기를 줄여서 ^{down-sampling} 다시 이를 가우시안 컨볼루션

을 적용한다. 이미지의 크기를 줄인 단계를 옥타브^{Octave} 라고 한다. 그리고 각 옥타브에서 가우시안 표준편차가 다른 것끼리 차이를 구한다 (그림 6.44). 이것을 DoG^{Difference of Gaussian} 라고 하며 특성을 더욱 명확하게 하는 효과가 있다. 이렇게 만들어진 것을 Scale-Space 라고 한다.

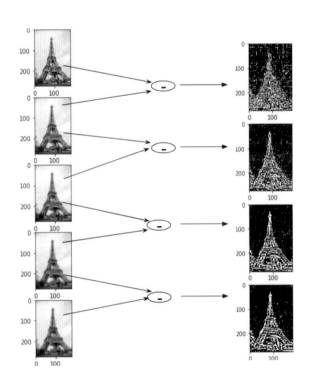

그림 6.44 DoG (Difference of Gaussian) 예시 (출처: https://www.analyticsvidhya.com)

● 키포인트 찾기: 각 옥타브마다 4 개의 DoG 를 구하고 나면 3 × 3 커널을 정의하고 가우시안 표준편차가 하나 작은 레이어와 하나 큰 레이어를 비교하여 가장 큰 픽셀값^{maxima} 또는 가장 작은 픽셀값^{minima} 을 찾는다 (그림 6.45). 만약 maxima 또는 minima 를 찾지 못하면 3 × 3 커널에서는 키포인트는 존재하지 않는다. 그림 6.45 에서 x 로 표현된 점이 이렇게 구해진 maxima 또는 minima 로 판정되어 키포인트가 되는 예시를 보여준다.

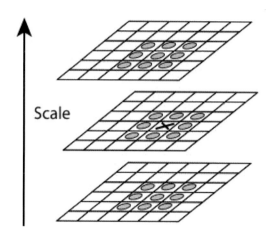

그림 6.45 DoG에서 3x3 커널을 이용하여 최대, 최소 픽셀 찾기 (출처: Distinctive Image Features from Scale-Invariant Keypoints, ICCV, 2004)

● 키포인트 방향 설정하기: 키포인트가 결정되면 키포인트의 scale로 원본 이미지를 다시 가우시안 컨볼루션을 적용하고 여기에 16×16 또는 8×8의 커널 위에 키포인트를 중심으로 기울기gradient를 구한다. 이렇게 구해진 각 픽셀의 기울기에 키포인트로부터 가까운 픽셀에는 가중치를 준다. 즉 키포인트에 가까이 있는 픽셀을 더 중요하게 고려한다는 의미다. 그리고 모든 방향을 표현하는 360°를 10° 단위로 나누어 36개 영역으로 표시하면 기울기 히스토그램이 된다. 이때 10° 단위로 나누어진 각 영역을 bin이라고 한다. 각 영역bin에서 가장 큰 값을 키포인트의 방향으로 선정한다. 만약 최대 방향대비 80% 크기 이상의 기울기가 있다면 또다른 키포인트가 된다. 즉 한점에 여러 개의 키포인트가 존재한다는 의미다.

● 키포인트 설명자Keypoints Descriptor 정의하기: 지금까지 키포인트의 위치와 방향을 찾았다. 이제는 키포인트의 고유한 특성을 정의할 차례다. 이것을 키포인트 설명자Keypoints Descriptor라고 하며 마치 지문fingerprint과 같은 역할을 한다. 그림 6.46은 키포인트 설명자를 정의하는 방법을 보여준다. 그림 6.46에서 8×8 커널 속의 중심인 붉은 점이 키포인트라고 한다면 4×4 커널마다 8개의 기울기를 정의하여 4개의 성분을 가지는 지문을 완성한다. 이것을

키포인트 설명자라고 하며 이러한 지문을 가지는 이미지의 객체를 매칭하는 것에 사용한다.

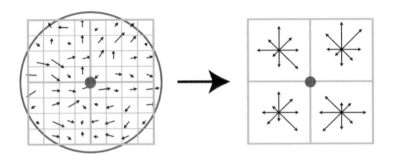

그림 6.46 키포인트 설명자 예시 (출처: Distinctive Image Features from Scale-Invariant Keypoints, ICCV, 2004)

그림 6.47 SIFT 알고리즘을 이용한 키포인트 매칭 예시 (출처: http://www.robots.ox.ac.uk)

그림 6.47은 SIFT 키포인트 설명자를 이용한 키포인트 매칭 사례를 보여준다. DoG를 이용하여 크기에 관계없고, 기울기 히스토그램을 이용하여 회전에 관계없는 키포인트를 찾아낸다. 최종 키포인트 설명자의 지문 정보를 가지고 위치, 크기, 회전에 관계없이 키포인트의 매칭을 구현할 수 있다.

6.4.2 HOG (Histogram of Oriented Gradient)

HOG[10]는 컴퓨터 비전 분야에서 객체 추출에 사용되는 특성 설명자 feature descriptor 기법 중에 하나다. 이 방법은 이미지 내에 있는 각 객체의 경계선을 추출하는데 매우 탁월한 성능을 보여준다. HOG 는 이미지를 구성하는 각 픽셀의 방향을 가지는 기울기 oriented gradient 를 기반으로 픽셀이 객체의 경계인지 아닌지를 판별한다.

HOG 에서는 SIFT 와 다르게 기울기의 벡터 방향이 아닌 기울어진 형태를 고려하기 때문에 표현되는 기울기는 180°이다. 즉 30°와 210°는 같은 기울기 형태를 가진다라고 할 수 있다. 따라서 HOG 에서의 기울기 히스토그램은 180°를 n 등분 한다. 예를 들어 만약 180°를 9 등분한다면 20°가 bin 의 크기가 될 것이다.

다음은 HOG 알고리즘을 구현하는 과정을 설명한다.

● 각 픽셀별 기울기 gradient: 이미지의 각 픽셀별 x축 방향으로 기울기 크기 (G_x), y축 방향으로 기울기 크기 (G_y) 그리고 최종 기울기 크기 G 를 구한다. 기울기 크기 magnitude of gradient 를 구하기 위해 가장 보편적으로 사용되는 커널이 다음과 같은 Sobel 커널이다.

$$k_x = [+1, 0, +1], \; k_y = \begin{bmatrix} +1 \\ 0 \\ -1 \end{bmatrix}$$

Sobel 커널을 $I_x = 1 \times 3$ 또는 $I_y = 3 \times 1$ 크기의 이미지에 컨볼루션하게 되면 각 축으로 기울기 크기를 구할 수 있다. 즉 다음과 같이 표현할 수 있다.

$$G_x = k_x * I_x, \quad G_y = k_y * I_y$$

---

10 Navneet Dalal and Bill Triggs , Histograms of Oriented Gradients for Human Detection, 2005

여기서 *는 컨볼루션 연산을 의미한다. 이 연산의 결과는 수식에서 보는 것처럼 해당 픽셀의 x 축방향으로는 좌우 픽셀값, y축 방향으로는 위 아래 픽셀값의 차이를 구하는 것이므로 각 방향으로의 기울기 크기가 된다.

만약 3×3 크기의 Sobel 커널을 사용하게 되면 각 축방향으로의 커널은 다음과 같다.

$$k_x = \begin{bmatrix} +1 & 0 & -1 \\ +2 & 0 & -2 \\ +1 & 0 & -1 \end{bmatrix}, k_y = \begin{bmatrix} +1 & +2 & -1 \\ 0 & 0 & 0 \\ -1 & -2 & -1 \end{bmatrix}$$

이때 이미지의 크기는 $I_x = I_y = 3 \times 3$이 된다. 위 커널에서 보는 것처럼 중앙값의 차이가 +2, -2를 설정한 것은 중앙값에 더 큰 가중치를 주는 의도다.

이렇게 각 축방향으로 기울기 크기를 구하면 최종 픽셀의 기울기 크기는 다음과 같다.

$$G = \sqrt{G_x^2 + G_y^2} \tag{6.6}$$

그리고 각 픽셀의 기울기는 다음과 같이 $arctan(tan^{-1})$ 함수를 이용해서 구한다.

$$\theta = tan^{-1} \frac{G_y}{G_x} \tag{6.7}$$

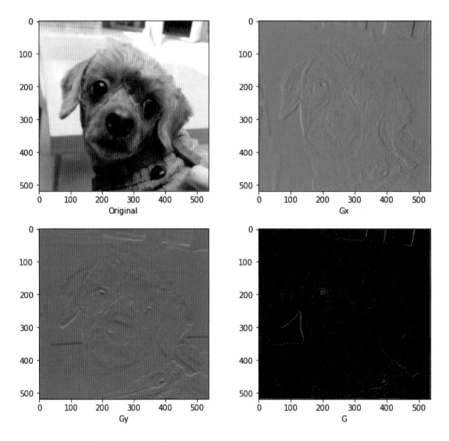

그림 6.48 3 × 3 Sobel 커널을 이용한 기울기 크기 계산

● 셀 방향 히스토그램$^{\text{Cell Orientation Histogram}}$: 가로, 세로 각 C개의 픽셀로 이뤄진 것을 셀^{Cell}이 라고 정의한다. 각 셀은 서로 중첩되지 않게 설정한다. $C \times C$ 픽셀로 이루어진 셀에서 각 픽셀마다 기울기, θ가 $180°$를 n등분한 bin 중에서 어디에 속하는지 확인한 후 기울기 크기 $^{\text{magnitude of gradient}}$를 해딩하는 bin에 축적해 나가는데 이때 공정한 배분을 위해 다음과 같은 선형 보간법$^{\text{linear interpolation}}$을 사용한다. 그림 6.49와 같이 $180°$를 9등분한 경우라면 기울 기가 $77°$인 경우 선형 보간법을 이용하여 이 픽셀의 기울기 크기를 3번 bin과 4번 bin에 비례적으로 배분된다.

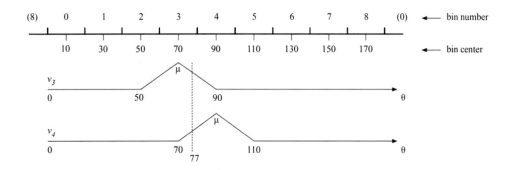

그림 6.49 선형 보간법을 이용한 기울기 배분 예시 (출처: Carlo Tomasi, Histograms of Oriented Gradients)

- 블록 정규화[Block Normalization]: 2×2 셀로 구성된 것을 블록[block]이라고 하며 일정 구간 (예를 들면 셀 크기만큼) 중첩하여 이동하면서 각 셀의 기울기 히스토그램을 정규화한다. 블록안에 있는 모든 셀의 히스토그램의 L^2 놈을 구하고 이를 기준으로 정규화한다.

$$B = \frac{B}{\sqrt{\|B\|^2 + \varepsilon}} \tag{6.8}$$

여기서 ε 는 0으로 나누어지는 것을 방지하는 매우 작은 실수다. 블록 정규화를 하는 이유는 이미지의 각 블록마다 빛의 밝기에 대한 민감도를 억제하기 위해서다.

- HOG 특성[HOG Feature]: 일정구간 이동하면서 계산된 블록 정규화가 끝나면 이것들을 합산[Concatenation]한 후 다시 전체 이미지를 대상으로 정규화를 한다. 이를 수식으로 표현하면 다음과 같다.

$$H = \frac{H}{\sqrt{\|H\|^2 + \varepsilon}} \tag{6.9}$$

전체 이미지에 정규화가 완료되면 일정한 임계값, τ를 정하여 이보다 작은 값은 필터링하여 제거한 후 최종 HOG를 구한다 (그림 6.50)

그림 6.50 최종 HOG 설명자 구현 예시

6.4.3 SURF (Speeded-Up Robust Features)

앞서 설명한 SIFT 는 크기, 회전, 위치에 관계없이 이미지 내 객체의 키포인트를 찾아내는데 매우 우수한 성능을 보여준다. 그런데 SIFT 가 가지고 있는 한가지 단점은 이러한 키포인트를 찾아내고 설명자를 계산하는 과정에 있어 연산량이 매우 많다는 점이다. 최근 고화질 이미지를 다루는 상황이 많아 지면서 이처럼 많은 연산량으로 인한 성능 저하 문제는 이미지 분석 분야에서는 필수적으로 개선되어야 할 주요한 요인으로 지적되고 있다. 참고로 SIFT 에서 연산시간이 집중되어 있는 부분은 가우시안 컨볼루션을 통해 Scale-Space 를 생성하는 과정과 기울기 히스토그램을 구하는 과정이다.

SURF[11]는 이러한 SIFT 의 연산 속도 단점을 개선하기 위해 개발된 알고리즘으로 기본적으로는 SIFT 의 개념을 그대로 계승하고 있다. SURF 는 SIFT 와 마찬가지로 키포인트를 찾기 위해 DoG$^{Difference of Gradient}$ 개념과 유사한 DoH$^{Difference of Hessian}$ 기법을 사용하며 DoH 계산을 빠르게 하기 위해 근사법^{approximation} 을 사용한다.

---

[11] Bay et al., Speeded-Up Robust Features (SURF), 2006

다음은 SURF 알고리즘을 구현하는 과정을 설명한다.

● 관심점 찾기[Interest Point Detection]: 관심점 (SURF에서는 키포인트를 관심점이라고 정의함)을 찾기 위한 SIFT 방법인 DoG[Difference of Gaussian] 기반의 LoG[Laplacian of Gaussian]는 매우 효과적인 방법임을 입증되었다. LoG는 가우시안의 이차 미분값인 헤시안[Hessian]의 대각성분을 합한 것으로 헤시안의 트레이스[trace]다.

$$LoG = tr(H) = \frac{\partial^2 G}{\partial x^2} + \frac{\partial^2 G}{\partial y^2} \tag{6.10}$$

$$H(x,y,\sigma) = \begin{bmatrix} \dfrac{\partial^2 G(x,y,\sigma)}{\partial x^2} & \dfrac{\partial^2 G(x,y,\sigma)}{\partial x \partial y} \\ \dfrac{\partial^2 G(x,y,\sigma)}{\partial x \partial y} & \dfrac{\partial^2 G(x,y,\sigma)}{\partial y^2} \end{bmatrix} \tag{6.11}$$

여기서 $G(x,y,\sigma)$는 픽셀 (x,y)에서 표준편차 σ에 대한 가우시안 컨볼루션값이다. SURF에서 최종 사용한 관심점 탐지기[detector]는 다음과 같은 DoH[Determinant of Hessian]를 사용한다.

$$DoH = \frac{G_{xx}(x,y,\sigma) \cdot G_{xx}(x,y,\sigma) - G_{xy}(x,y,\sigma)^2}{\sigma^2} \tag{6.12}$$

$$G_{ij}(x,y,\sigma) = \frac{\partial N(0,\sigma)}{\partial i \cdot \partial j} * image(x,y) \tag{6.13}$$

여기서 $N(0,\sigma)$는 평균이 0 이고 표준편차가 σ인 정규분포 가우시안을 의미한다.

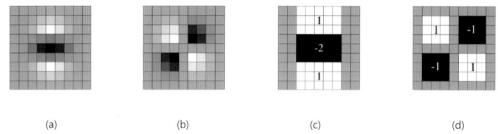

(a)　　　　　　(b)　　　　　　(c)　　　　　　(d)

그림 6.51 이미지 적분법을 이용한 헤시안 근사법 (출처: Bay et al., Speeded-Up Robust Features (SURF), 2006)

표준편차 σ를 변경하면서 scale 이미지를 구하고 한단계 위아래 scale 이미지와 비교하여 maxima, minima를 가지는 관심점을 찾는 것은 SIFT와 동일하다. 이때 SURF에서 연산속도를 개선한 방법이 그림 6.51과 같다.

그림 6.51 (a), (b)에서 y축과 xy축으로 각각 미분을 구하는 예시인데 SURF에서는 (c), (d)와 같은 근사법을 사용한다. 여기서 1, −2, −1에 해당하는 박스에 있는 픽셀값은 그림 6.52와 같이 이미지 적분법을 사용하여 연산속도를 개선하였다. 이미지 적분은 이미지의 왼쪽 모서리를 원점이라고 설정하고 원점부터 각 픽셀마다 모든 픽셀값을 합한 것을 말하는데 이미지 적분을 사전에 계산한 후 저장하고 있다가 그림 6.52와 같이 관심 영역 (ABCD)를 구하고자 한다면 네 번의 이미지 적분값 연산으로 빠르게 구할 수 있다. 즉

$$Area\,(ABCD) = I_D - I_B - I_C + I_A \tag{6.14}$$

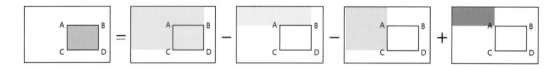

그림 6.52 이미지 적분법을 이용한 근사적인 관심 영역 연산

SIFT는 이미지 내에 있는 객체의 경계선 관심점을 찾는데 강점이 있는 반면에 SURF는 객체의 영역의 관심점을 찾는데 매우 탁월하다.

● 관심점 설명자와 매칭^{Interest Point Descriptor and Matching} : DoH를 이용하여 이미지 내 관심점을 찾은 다음 각 관심점마다 설명자^{descriptor}를 구해야 한다. 먼저 관심점을 중심으로 블록으로 정의하고 이를 4 × 4 서브 영역으로 나눈다. 16개의 각 서브영역은 5 × 5 픽셀을 포함하도록 한다.

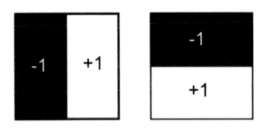

그림 6.53 수평방향 및 수직방향 Haar wavelet 필터 커널

각 서브 영역에 그림 6.53과 같이 Haar wavelet 필터 커널을 적용하여 설명자를 계산한다 (그림 6.54)

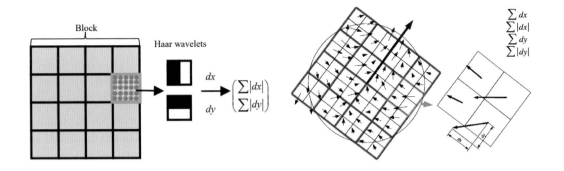

그림 6.54 각 서브 영역마다 Haar wavelet 커널을 적용하여 설명자를 계산

4 × 4 각 서브 영역은 설명자 벡터 $v = (d_x, d_y, |d_x|, |d_y|)$ 를 구한다. 4차원 크기를 가지는 각 서브 영역의 설명자 벡터를 4 × 4 16개 모든 영역으로 합하게 되면 관심점마다 64

개의 특성을 가지는 설명자를 가지게 된다.

참고로 SIFT와 SURF는 특허가 걸려있는 알고리즘이어서 OpenCV 4.0 버전 이후에는 사용에 제한이 있다.

6.4.4 CNN 기반의 이미지 객체 추출

전통적으로 사용되었던 SIFT, HOG, SURF 와 같은 블록 단위의 특성 히스토그램 방식에서 탈피해서 신경망 기반 CNN 방법이 2012 년부터 컴퓨터 비전 및 이미지 분석 분야의 중심으로 자리잡기 시작했다. 그림 6.55 에서 보여주는 것처럼 여러가지 방식의 CNN 기반 이미지 객체 추출 알고리즘이 발표되었는데 R-CNN^{Regions with CNN}, YOLO^{You Only Look Once}, SSD^{Single Shot Multibox Detection} 방식이 대표적이다.

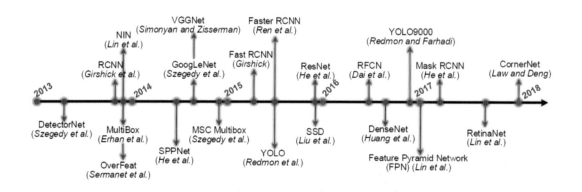

그림 6.55 CNN 기반 이미지 객체추출 모델의 개발 역사 (출처: Liu et al., Deep Learning for Generic Object Detection: A Survey, 2018)

이미지 객체 추출 CNN 알고리즘은 이미지 위치를 찾는 영역선정^{Regional Proposal} 방식에 따라 구분되며 객체의 위치를 특정하고^{localization} 난 후 이미지의 객체를 분류하는 알고리즘은 VGG, Inception, ResNet 등과 같은 알고리즘을 사용한다. 이미지 객체 영역 선정 알고리즘을 제외한 이미지 특성 추출 부분을 백본 네트워크^{backbone network} 라고 한다.

2012년 ILSVRC 대회에서 CNN 기반의 이미지 분석 알고리즘이 두각을 나타내면서 본격적인 신경망 기반의 이미지 객체 추출 연구가 시작되었다. DetectorNet[12]은 이미지 객체 추출분야에 신경망 구조를 처음으로 적용한 DNN^{Deep Neural Network} 모델이다. DetectorNet은 필터 커널을 이용하여 컨볼루션을 통해 이미지 특성을 추출하는 방식을 사용하지 않았다. DetectorNet은 픽셀단위로 객체가 존재할 영역^{RoI: Region of Interest}를 정의하고 레이블로 정해진 바운딩 박스와 IoU^{Intersection over Union}를 계산하여 객체의 위치를 찾는 방법을 사용하였다.

이미지 객체 추출의 정확성을 측정하는 단위는 mAP^{mean Average Precision}를 적용하는데 mAP 는 2010 년 PASCAL VOC 대회에서부터 사용되기 시작했다. mAP 의 개념은 여러 장의 이미지 내에 객체를 추출할 때 재현율^{Recall} 대비 평균 정밀도^{Precision}를 말한다.

mAP 를 구하는 과정은 먼저 추출된 객체의 정밀도와 재현율의 관계를 표현하는 PR 곡선^{Precision x Recall Curve} 을 구하고 이를 11 단계로 나누어 보간법^{interpolation} 으로 평균을 구한다. PR 곡선은 그림 6.56 과 같이 가로축을 재현율, 세로축을 정밀도로 하여 각 객체 추출 경우마다 정밀도와 재현율의 관계를 표현한 것이다.

그림 6.56 (a)에서 붉은 점선이 재현율 대비 정밀도의 보간값을 보여준다. 이렇게 보간법으로 계산된 재현율 대비 정밀도 면적을 구한 것이 mAP 다. 즉 그림 6.56 (b)에서 다음과 같이 표현된다.

$$mAP = A_1 + A_2 + A_3 + A_4 \tag{6.15}$$

---

[12] Szegedy at al., Deep Neural Networks for Object Detection, NIPS, 2013

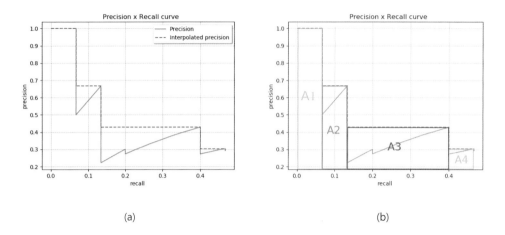

그림 6.56 mAP 계산 예시 (출처: Everingham ·et al., The PASCAL Visual Object Classes (VOC) Challenge)

6.4.5 R-CNN, Fast R-CNN, Faster R-CNN, Mask R-CNN 알고리즘

R-CNN

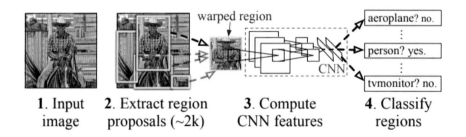

그림 6.57 R-CNN 기반 이미지 객체 추출 처리 과정 예시 (출처: Girshick et al., Rich feature hierarchies for accurate object detection and semantic segmentation, CVPR, 2014)

R-CNN 은 CNN 기반으로 이미지 내의 객체를 추출하는 알고리즘으로 영역선정 부분과 객체 분류 부분으로 나뉘어져 있다. 영역선정 부분은 그림 6.57 에서 2 번 과정으로 2,000 개의 후보 자 영역을 선정하는 과정이다. 이를 1 단계^{stage 1} 신경망이라고 한다. 영역이 선정되면 그림 6.57 에서 3 번 과정인 CNN 에 적용하여 특성을 추출한다. 특성이 추출되면 최종 분류과정인 4 번 과

정을 거쳐 입력된 이미지내에 있는 각 개체를 분류한다. 그림 6.57 의 3 번 과정과 4 번 과정의 객체분류 부분을 Classification Network 이라고 하며 2 단계 ^{stage 2} 신경망이 된다. 이처럼 R-CNN 은 영역선정과 객체분류 두개의 네트워크가 분리되어 있어 2-단계 ^{2-stage} 모델이라고 한다.

R-CNN 은 그림 6.57 에서 보여주는 것처럼 먼저 이미지 내에서 각 객체의 영역을 선정하고 각 영역마다 CNN 을 통해 분류 과업을 처리하는 과정으로 구성되어 있는데 단계별 구현되는 과정은 다음과 같다.

① 객체 영역 선정: 이미지를 입력 받으면 그림 6.58과 같이 선택적 탐색 ^{selective search} 기법을 이용하여 2,000개의 후보 영역을 선정한다. 선택적 탐색은 기존의 특정 크기 영역 ^{window} 을 이동해 가면서 객체를 찾는 슬라이딩 윈도우 ^{sliding window} 방법이 많은 연산량으로 인해 매우 느리다는 단점을 극복하기 위해 제안된 방법이다. 픽셀단위로 영역분할 ^{segmentation} 을 하고 나서 유사한 영역을 계층적으로 그룹화하여 객체 후보영역을 선정한다.

그림 6.58 선택적 탐색 기법을 이용한 영역선정 과정 (출처: Uijlings et al., Selective Search for Object Recognition, IJCV, 2012)

② 객체 분류: 영역이 선정되면 각 영역을 227×227 크기로 조정하고 (이를 warped region이라고 함) CNN 모델을 적용하여 특성을 추출한 후 분류를 한다. R-CNN에서 사용한 분류기는 SVM을 이용하였다. 따라서 R-CNN에서의 분류 목적함수는 힌지 로스가 된다.

③ 바운딩 박스 보정: 선택적 탐색 Selective Search 기법으로 선정된 영역은 레이블로 정의된 실제값 Ground Truth 의 바운딩 박스와 오차가 존재한다. 이를 개선하기 위해 최종 바운딩 박스 리그레션 Bounding Box Regression 과정을 적용한다.

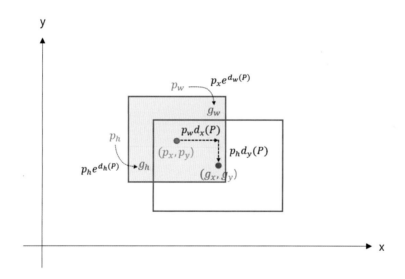

그림 6.59 바운딩 박스 리그레션 예시

그림 6.59와 같이 선택적 탐색으로 예측된 객체 영역 (P)과 실제값 (G)의 바운딩 박스를 다음과 같이 표현할 수 있다.

$$P = (p_x, p_y, p_w, p_h)$$
$$G = (g_x, g_y, g_w, g_h)$$

여기서 (p_x, p_y) 와 (g_x, g_y) 는 각각 예측값과 실제값의 중심좌표이고 (p_w, p_h) 와 (g_w, g_h)는 예측값과 실제값의 가로, 세로 길이를 의미한다.

예측된 바운딩 박스 $P = (p_x, p_y, p_w, p_h)$의 각 성분을 좌표평면에서 변환시켜주는 함수를 다음과 같이 정의한다.

$$d_i(P) \quad i \in \{x, y, w, h\}$$

변환함수 $d_i(P)$를 적용하면 초기 선택적 탐색으로 예측된 바운딩 박스는 다음과 같이 실제값에 근사하게 변환된다.

$$\overline{p_x} = p_w d_x(P) + p_x \tag{6.16}$$

$$\overline{p_y} = p_h d_y(P) + p_y \tag{6.17}$$

$$\overline{p_w} = p_w e^{d_w(P)} \tag{6.18}$$

$$\overline{p_h} = p_h e^{d_h(P)} \tag{6.19}$$

변환된 바운딩 박스 $\overline{P} = (\overline{p_x}, \overline{p_y}, \overline{p_w}, \overline{p_h})$ 와 실제값의 바운딩 박스 $G = (g_x, g_y, g_w, g_h)$의 차이를 최소화하면 된다. R-CNN을 발표한 논문에서는 이를 간략화하기 위해 다음과 같이 $d_i(P)$를 중심으로 하는 목적함수를 사용하였다.

$$t_x = \frac{(g_x - p_x)}{p_w} \tag{6.20}$$

$$t_y = \frac{(g_y - p_y)}{p_h} \tag{6.21}$$

$$t_w = \log(g_w/p_w) \tag{6.22}$$

$$t_h = \log(g_h/p_h) \tag{6.23}$$

$$\mathcal{L}_{box\_reg} = \sum_{i \in \{x,y,w,h\}} (t_i - d_i(P))^2 + \lambda \|w\|^2 \tag{6.24}$$

여기서 $\lambda\|w\|^2$는 L^2 놈을 이용한 규제화^{regularization} 항이다. λ는 벌칙계수^{penalty number}이고 w 는 CNN 신경망에서의 학습변수다.

R-CNN에서는 최종 바운딩 박스 리그레션을 하기 전에 NMP^{Non-Maximum Suppression}이라는 과정을 사용하는데 이것은 선택적 탐색으로 선정된 여러 개의 영역이 이미지 내 동일한 객체를 중복해서 할당하는 경우 가장 큰 IoU^{Intersection over Union}를 가지는 영역 하나만을 선정하는 과정이다. 즉 이과정을 통해 연산의 효율성을 높일뿐더러 일관적인 객체 추출을 가능하게 한다.

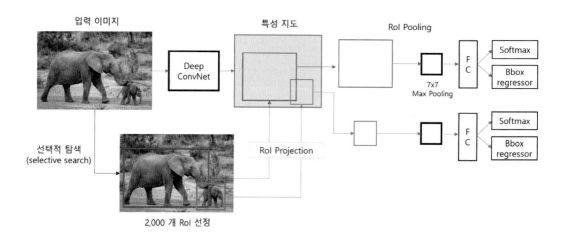

그림 6.60 Fast R-CNN의 End-to-End 처리 과정

Fast R-CNN

Fast R-CNN은 R-CNN이 가지고 있는 영역선정의 부정확성과 늦은 계산 속도를 개선하는데 중점을 두고 있다. Fast R-CNN과 R-CNN의 가장 큰 차이점은 R-CNN 에서는 선택적 탐색

기법을 통해 선정된 2,000개의 영역이 각각 객체 분류까지 이어지는데 Fast R-CNN은 이미지 특성 지도는 CNN을 통해서 하고 영역선정은 따로 분리하여 진행한다. 그림 6.60은 Fast R-CNN의 전체 처리과정을 보여준다.

Fast R-CNN은 이미지를 입력 받으면 CNN은 특성지도를 만들고 이와 병행해서 선택적 탐색을 통해 2,000개의 RoI^{Region of Interest}를 선정한다. 선택적 탐색으로 선정된 RoI는 Deep ConvNet으로 추출된 특성지도에 투영되고 이후과정은 R-CNN 과정과 동일하다. Fast R-CNN 에서는 R-CNN에서 사용하였던 SVM 분류기 대신에 소프트맥스^{Softmax} 분류기를 사용한다.

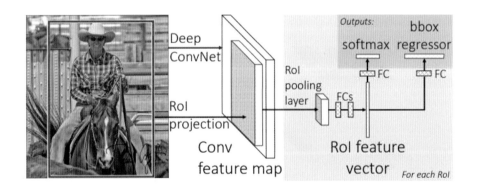

그림 6.61 Fast R-CNN 구조 (출처: Ross Girshick, Fast R-CNN, ICCV, 2015)

그림 6.61은 CNN으로 만들어진 특성지도에 선택적 탐색으로 선정된 RoI가 투영되고 이후 RoI 풀링이 이루어지는 과정을 구체적으로 보여주고 있다. FC^{Fully Connected} 과정을 통해 만들어진 특성 벡터를 가지고 분류 및 바운딩 박스 위치를 최종 보정한다. 참고로 Fast R-CNN에서 CNN 백본 네트워크는 VGGNet-16을 사용했다.

Faster R-CNN

Faster R-CNN은 R-CNN과 Fast R-CNN에서 사용한 영역 선정 기법인 선택적 탐색^{Selective Search} 방법 대신에 RPN^{Region Proposal Network}이라는 방법을 제안하였다. 먼저 그림 6.62 (a)에서

보여주는 것처럼 입력된 이미지에 CNN을 적용하여 특성 지도^{feature map}를 만든다. RPN은 이렇게 만들어진 특성지도의 각 픽셀마다 그림 6.62 (b)와 같은 9개의 앵커박스^{anchor box}를 적용하여 영역을 선정한다. 이때 특성지도의 크기는 대략 가로×세로 ~2,400 정도가 된다. 9개의 앵커박스는 각각 128×128, 256×256, 512×512 픽셀크기의 윈도우를 가지며 가로:세로 비율을 각 윈도우 마다 1:1, 1:2, 2:1로 정했다.

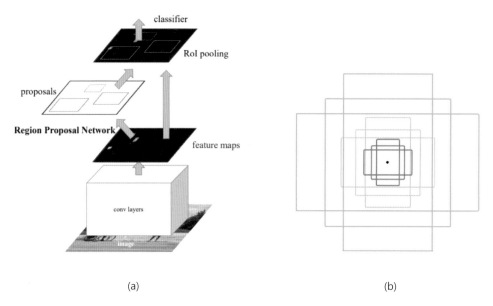

(a)   (b)

그림 6.62 (a) Faster R-CNN 구조와 (b) RoI 선정에 사용된 9개의 앵커 예시 (출처: Ren et al., Faster R-CNN: Towards Real-Time Object Detection with Region Proposal Networks, 2016)

RPN으로 선정된 영역은 CNN으로 추출된 특성 지도에 투영되어 Fast R-CNN 방법과 마찬가지로 RoI 풀링과 FC^{Fully Connected} 과정을 통해서 만들어진 특성 벡터를 가지고 분류 및 바운딩 박스 위치를 최종 보정한다.

Faster R-CNN에서는 백본 네트워크로 2013년 ILSVRC에서 우승한 ZFNet을 사용하였고 여러가지 벤치마킹 테스트를 위해 R-CNN과 Fast R-CNN에서 사용되었던 VGGNet-16도 동시에 사용하였다. 영역선정과 객체분류를 위한 특성추출 전과정이 CNN을 기반으로 이루어진

Faster R-CNN에서는 GPU가 용이하게 활용될 수 있기 때문에 학습과 활용과정 모두 전체적인 계산시간을 크게 단축할 수 있었다.

Mask R-CNN

Mask R-CNN은 Faster R-CNN 구조와 동일한 구조를 가지며 여기에 이미지 내에 있는 객체의 인스턴스 분할instance segmentation 기능이 추가되었다. Mask R-CNN에서는 이미지 내에 객체를 바운딩 박스로 추출하기도 하고 동시에 인스턴스 별로 분할하기도 한다. 그림 6.63은 Mask R-CNN 처리 과정을 보여준다. 그림에서처럼 Mask R-CNN은 Faster R-CNN 구조를 그대로 계승하여 객체의 영역region과 분류class를 수행하며 동시에 인스턴스 분할을 추가적으로 수행한다.

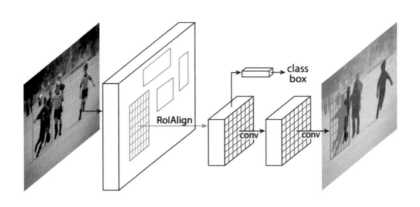

그림 6.63 mask R-CNN 구조 (출처: He et al., Mask R-CNN, 2018)

Fast R-CNN 또는 Faster R-CNN에서 사용되었던 이미지 내의 객체 RoI를 바운딩 박스로 추출하는 과정은 RoI 풀링 방식으로도 충분하다. 즉 7 × 7 크기의 Max 풀링으로 이미지를 압축하더라도 바운딩 박스의 크기와 비율 그리고 위치는 크게 변하지 않기 때문이다. 그러나 Mask R-CNN에서 지원하고 있는 인스턴스 분할은 이미지가 압축되더라도 픽셀단위의 마스크mask 위치가 보존되어야 한다. 이러한 이유로 Mask R-CNN에서는 RoI 풀링 방법 대신에 RoI Align이라는 방법이 제안되었다.

그림 6.64는 Mask R-CNN에서 사용된 RoI Align 방식을 보여준다. 그림에서 파란색 점선은 특성지도이고 검은색 실선은 RoI를 의미한다. 여기에서는 RoI를 2×2 bin을 가지는 것으로 예시하였다. Bin 이란 특성을 가지고 있는 저장소라고 이해하면 된다. 각 Bin은 4개의 특성을 포함한다. 그림 6.65는 특성지도와 RoI를 중첩했을 때 특성지도의 4개의 특성값을 이중선형보간 bilinear interpolation 을 이용하여 RoI bin에 있는 한 개의 특성점으로 할당되는 것을 보여주고 있다.

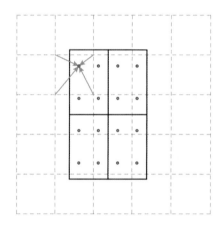

그림 6.64 픽셀단위의 인스턴스 분할을 위한 RoI Align 처리 과정 (출처: He et al., Mask R-CNN, 2018)

Mask R-CNN에서는 ResNet-101과 FPN^{Feature Pyramid Network} 두개의 CNN 알고리즘을 백본 네트워크로 사용하고 있다 (그림 6.65). 그림 6.65에서처럼 ResNet을 사용한 경우에는 7×7 크기의 특성지도에서 14×14 크기로 디컨볼루션^{De-Convolution}하여 두개의 CNN 층이 포함되어 있고 FPN을 사용한 경우에는 7×7에서 14×14로 디컨볼루션하고 다시 14×14 특성지도를 28×28로 디컨볼루션하는 CNN 층이 포함되어 있다. Mask R-CNN에서 사용한 최종 목적함수는 식 (6.25)와 같이 분류를 위한 로스 ($\mathcal{L}_{class}$), 바운딩 박스를 위한 로스 ($\mathcal{L}_{bbox}$) 그리고 인스턴스 분할을 위한 로스 ($\mathcal{L}_{mask}$)로 구성되어 있다.

$$\mathcal{L} = \mathcal{L}_{class} + \mathcal{L}_{bbox} + \mathcal{L}_{mask} \tag{6.25}$$

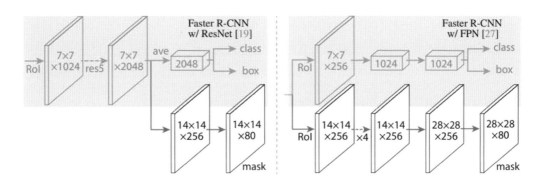

(a) ResNet을 백본으로 사용한 Mask R-CNN   (b) FPN을 백본으로 사용한 Mask R-CNN

그림 6.65 인스턴스 분할을 위한 추가 네트워크 구조 (출처: He et al., Mask R-CNN, 2018)

그림 6.66은 Mask R-CNN에서 이미지 내의 다중 객체를 바운딩 박스와 인스턴스 분할로 추론한 결과를 보여준다.

그림 6.66 Mask R-CNN에서 바운딩 박스 및 분할로 영역을 추출한 사례 (데이터셋: COCO, 백본 네트워크: ResNet-101, 출처: He et al., Mask R-CNN, 2018)

6.4.6 YOLO 알고리즘 (You Only Look Once)

YOLO^{You Only Look Once}는 이름이 말해주는 것처럼 한 번에 이미지 내에 있는 다중객체^{multiple objects}를 빠르게 찾아내는 것을 목표로 하고 있다. YOLO는 워싱턴 대학교^{University of Washington} 컴퓨터 비전 분야의 박사과정 학생인 조셉 레드먼^{Joseph Redmon}이 주도적으로 개발한 프로젝트다. 조셉 레드먼은 YOLO의 초기 버전인 YOLO v1를 시작으로 YOLO v2, YOLO v3 개발을 주도하였으며 최근 2020년에 발표된 YOLO v4에는 조셉 레드먼은 참여하지 않았다.

	Pascal 2007 mAP	Speed	
DPM v5	33.7	.07 FPS	14 s/img
R-CNN	66.0	.05 FPS	20 s/img
Fast R-CNN	70.0	.5 FPS	2 s/img
Faster R-CNN	73.2	7 FPS	140 ms/img
YOLO	63.4	45 FPS	22 ms/img

표 6.4 이미지 객체 추출 알고리즘 성능 비교 (출처: https://pjreddie.com, YOLO v1)

표 6.4 에서 보여주는 것처럼 YOLO 는 mAP 정확성에 있어서는 R-CNN 계열 알고리즘 보다 성능이 다소 떨어진다. 그러나 YOLO 는 정확성 보다는 분석 속도에 강점을 보여주고 있다. 표 6.4 에서 나타난 것처럼 YOLO 는 초당 45 프레임^{45 Frames Per Second} 까지 이미지 분석이 가능하여 실시간 동영상 이미지 분석에서는 차별화된 알고리슴으로 평가되고 있다.

그림 6.67은 YOLO 구조를 보여준다. YOLO는 기본적으로 GoogLeNet을 백본 네트워크로 사용하고 있으며 24개의 컨볼루션 층과 2개의 FC 층을 가지고 있다. 사전학습^{pre-training} 단계에서는 컨볼루션 네트워크 20개 층과 FC 층 한 개로 이루어진 모델을 사용하고 있고, 데이터셋은 ILSVRC^{ImageNet Large Scale Visual Recognition Challenge}에 사용된 1000-class 이미지를 사용하였다.

이때 사전학습에 소요된 연산시간은 약 1주일이 소요되었다[13]. 사전학습을 하는 이유는 일종의 전이학습transfer learning 과정을 통해 컨볼루션 신경망이 이미지의 특성을 정확히 추출하도록 학습 변수를 사전에 조율하기 위해서다. 즉 사전학습을 통해 기울기 소멸을 방지하여 학습속도와 정확도 개선 효과를 얻을 수 있다.

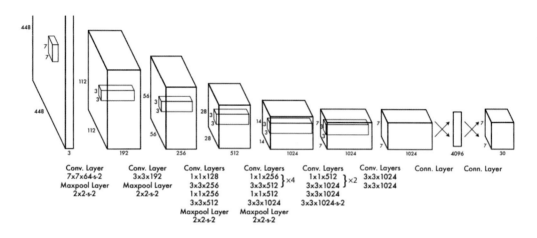

그림 6.67 YOLO 구조 (출처: https://pjreddie.com)

이미지의 특성을 추출하기 위한 사전학습이 완료되고 나면 본 과업task인 이미지 객체 추출을 위한 학습을 한다. 이때 사전학습 모델에 추가적으로 컨볼루션 층을 4개 더해주고 FC 층을 한 개 더한 최종 24개 컨볼루션과 2개 FC 구조를 만든다. 그리고 객체추출 학습에 사용된 이미지의 크기는 224×224에서 448×448로 확대한다. 이미지 크기를 두배로 늘린 이유는 객체 추출의 효율성을 높이기 위해서다.

그림 6.68은 YOLO에 적용된 이미지 객체 추출을 위한 학습과정을 단계별로 설명하고 있다.

---

13 Redmon et al., You Only Look Once: Unified, Real-Time Object Detection, CVPR, 2016

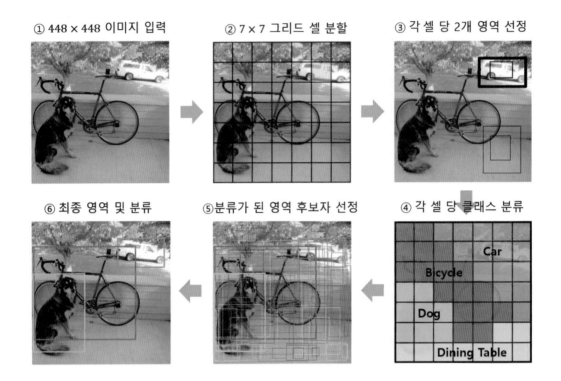

그림 6.68 YOLO 객체 추출 과정 (출처: https://pjreddie.com)

① 448 × 448 크기의 이미지를 입력 받는다

② 이미지를 7 × 7 그리드 셀로 분할한다

③ 각 셀은 2개의 영역을 후보로 선정하고 영역 내에 객체가 있을 확률, $\Pr(Object)$ 를 신뢰도confidence 라고 정의한다

④ 각 셀마다 해당하는 객체의 분류 확률, $\Pr(Car|Object)$을 계산한다

⑤ 각 셀마다 객체분류가 된 영역을 정의한다. 즉 각 셀은 두개의 영역이 존재하고 각각의 영역마다 한가지의 객체분류 확률이 할당되어 있다

⑥ Non-Maximum Suppression 과정을 거쳐 객체분류 신뢰도 중에서 가장 큰

영역을 최종 영역으로 선정한다

이러한 과정을 거쳐 최종 출력층에서 만들어진 특성지도는 그림 6.69와 같이 $7 \times 7 \times 30$ 크기를 가지는데 각 셀마다 30개의 벡터를 출력한다. 30개의 벡터는 2개의 바운딩 박스 정보 (c, x, y, w, h)와 20개의 클래스에 해당하는 각 확률값이 저장되어 있다. 여기서 c는 해당 영역이 임의의 객체를 포함하고 있는지에 대한 확률, $\Pr(Object)$를 말하며 이를 '신뢰도'라고 정의한다. 그리고 (x, y)는 이미지 크기로 정규화된 바운딩 박스의 중심이고 (w, h)는 영역의 가로, 세로 크기를 의미한다. 마지막 20개의 실수는 20개의 클래스를 분류하기 위해 각 클래스마다 영역이 예측하는 확률값, $\Pr(Class|Object)$이 저장되어 있다. 만약 100개의 객체를 분류하고자한다면 이 크기가 100이 되어야 할 것이다.

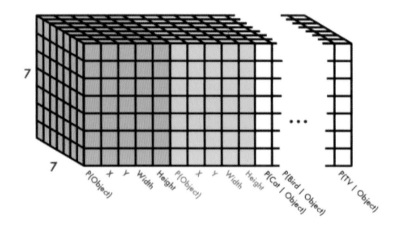

그림 6.69 YOLO 최종 출력 텐서 구성 (출처: https://pjreddie.com)

예를 들면 다음과 같이 각 셀마다 벡터를 가지고 있다고 하면 첫번째 5개 실숫값은 첫번째 영역에서의 객체를 포함하고 있는지에 대한 신뢰도 (0.86)와 바운딩 박스 정보 (0.3, 0.2, 0.1, 0.2)이고 두번째 5개의 실숫값은 두번째 영역에서의 신뢰도 (0.12)와 바운딩 박스 정보 (0.3, 0.2, 0.2, 0.4)다. 마지막 20개의 실숫값은 20개 클래스에 대한 영역이 예측하는 확률이 저장되어 있다.

$$[(0.86, 0.3, 0.2, 0.1, 0.2), (0.12, 0.3, 0.2, 0.2, 0.4), (0, 0, 0.09, 0, 0.56, 0, 0, 0, \dots, 0.14, 0.21)]$$

모든 학습이 완료된 후 테스트에 사용된 이미지는 PASCAL VOC 데이터셋을 사용하였다.

6.4.7 SSD 알고리즘 (Single Shot MultiBox Detection)

SSD는 YOLO와 마찬가지로 End-to-End 단일 컨볼루션 순전파 과정에서 이미지 내에 객체 영역 선정과 동시에 분류를 수행한다. 표 6.5는 최근까지 개발된 이미지 객체추출 알고리즘 간에 성능 비교를 보여준다. 표 6.5에서 보여주는 것처럼 SSD는 mAP와 시간당 분석 가능한 프레임 수 등에서 양호한 성능을 보여준다. FPS 부분에서 SSD의 성능이 YOLO보다 다소 우위에 있는 이유는 SSD에서 입력된 이미지의 크기 (300×300)가 YOLO에서 다루는 크기 (448×448) 보다 작기 때문이라고 판단된다. 여기서 # Boxes는 입력된 한 장의 이미지에서 선정할 수 있는 후보 영역의 개수를 의미하고 Input Resolution은 입력된 이미지 크기를 의미한다.

Method	mAP	FPS	batch size	# Boxes	Input resolution
Faster R-CNN (VGG16)	73.2	7	1	~ 6000	$\sim 1000 \times 600$
Fast YOLO	52.7	155	1	98	448×448
YOLO (VGG16)	66.4	21	1	98	448×448
SSD300	74.3	46	1	8732	300×300

표 6.5 이미지 객체 추출 알고리즘 성능 비교 (출처: Liu et al., SSD: Single Shot MultiBox Detector, 2016)

그림 6.70은 SSD와 YOLO의 기본적인 모델 구조를 보여준다. 그림 6.70에서 보여주는 것처럼 SSD는 VGGNet-16 모델을 특성추출을 위한 백본 네트워크로 사용하고 있으며 여기에 객체 의 영역선정을 위해 컨볼루션 층을 추가적으로 더해주었다.

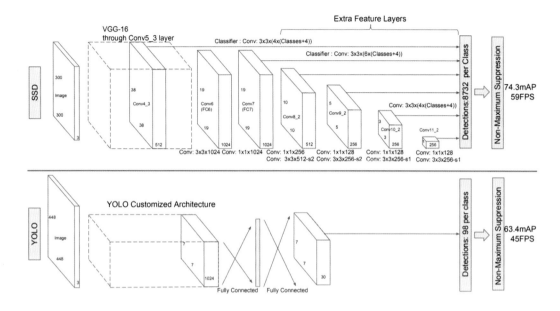

그림 6.70 SSD와 YOLO 구조 비교 (출처: Liu et al., SSD: Single Shot MultiBox Detector, 2016)

YOLO와 비교해서 SSD의 가장 큰 차이점은 SSD는 이미지 내에 객체의 영역을 선정하면서 동시에 분류도 병행한다는 점이다. YOLO는 객체 영역과 영역내에 객체가 존재하는지 유무를 판단하는 단계가 있는데 SSD는 이 과정이 생략되어 있다. 그리고 SSD는 그림 6.71에서 보여주는 것처럼 각 셀마다 후보 영역인 앵커박스anchor box가 4개로 설정되어 있다. 4개의 앵커박스는 두 종류 크기와 두 종류의 가로-세로 비율을 가지고 있다.

그림 6.71처럼 바운딩 박스 형태로 레이블된 이미지가 입력되면 특성추출을 위해 VGGNet-16을 사용하고 이후 객체 영역선정을 위해 추가로 도입된 컨볼루션 층에서 그림 6.71 (b), (c)와 같이 각 특성지도마다 앵커박스를 기반으로 영역을 선정한다.

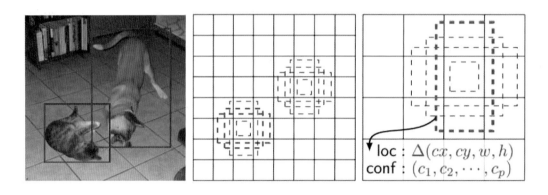

(a) 바운딩 박스 레이블   (b) 8×8 특성지도   (c) 4×4 특성지도

그림 6.71 SSD에서 영역 선정 방법 (출처: Liu et al., SSD: Single Shot MultiBox Detector, 2016)

SSD에서 사용한 영역선정과 객체 분류를 위한 목적함수는 다음과 같다.

$$\mathcal{L} = \frac{1}{N}(\mathcal{L}_{class} + \alpha\mathcal{L}_{bbox}) \tag{6.26}$$

여기서 N은 실제 레이블된 바운딩 박스와 매칭된 앵커박스의 개수이고 $\mathcal{L}_{class}$ 는 분류를 위한 로스 함수이며 $\mathcal{L}_{bbox}$ 는 바운딩 박스를 위한 로스 함수가 된다. α 는 분류를 위한 로스 함수와 바운딩 박스를 위한 로스 함수의 밸런스를 위한 가중치다. 여기서 $\mathcal{L}_{class}$ 와 $\mathcal{L}_{bbox}$ 는 다음과 같이 표현할 수 있다.

$$\mathcal{L}_{class} = -\sum_{i \in Pos}^{N} x_{ij}^{p} \log(\hat{c}_{i}^{p}) - \sum_{i \in Neg} \log(\hat{c}_{i}^{0}) \tag{6.27}$$

$$\mathcal{L}_{bbox} = \sum_{i \in Pos}^{N} \sum_{m \in \{x,y,w,h\}} x_{ij}^{p} L_{1}^{smooth}(t_{m} - d_{m}(P))^{2} \tag{6.28}$$

$\mathcal{L}_{class}$ 에서 $\hat{c}_i^p$ 는 소프트맥스 ^{softmax} 로 표현된 확률값이고 $\mathbf{Pos}$(itive)는 앵커박스와 바운딩 박스 레이블이 일치되는 상태를 의미한다. 반대로 $\mathbf{Neg}$(ative)는 앵커박스와 레이블이 일치하지 않거나 불확실한 경우를 의미한다.

$\mathcal{L}_{bbox}$에서 $x_{ij}^p = \{1,0\}$는 식별자 ^{indicator} 라고 하는데 i번째 앵커박스와 j번째 바운딩 박스가 일 치하고 클래스, p가 일치하면 1 로 할당되는 일종의 원 핫 인코딩 $^{one\ hot\ encoding}$ 역할을 한다. $\{x, y, w, h\}$는 입력된 이미지 크기로 정규화된 앵커박스의 중심 좌푯값과 가로 및 세로의 길이다. L_1^{smooth}는 L^1 놈 규제화 ^{regularization} 를 의미하며 $(t_m - d_m(P))^2$는 R-CNN에서 제안되었던 영 역 선정 후 회귀법 ^{regression} 을 통해 바운딩 박스를 조정하는 과정이다 (R-CNN 파트에서 바운딩 박스 리그레션 부분 참조).

6.5 이미지 분할 Image Segmentation

이미지 내에서 목표객체를 추출할 때 외곽선을 따라 픽셀 단위로 객체만을 추출하는 방법을 이 미지 분할 $^{image\ segmentation}$ 이라고 한다. 이미지 분할에는 시맨틱 분할 $^{semantic\ segmentation}$ 과 인스 턴스 분할 $^{instance\ segmentation}$ 이 있다. 앞서 설명한 바와 같이 시맨틱 분할은 클래스가 같은 객체 는 같은 그룹으로 묶어 분할하는 것이고 인스턴스 분할은 클래스가 같더라도 각각의 객체를 분 리해서 분할하는 방법이다 (그림 6.4 참조).

input   ground truth   prediction

그림 6.72 이미지 분할 예시 (출처: Zhao et al., Pyramid Scene Parsing Network, CVPR, 2017)

컴퓨터 알고리즘이 이미지 분할을 하기 위해서는 그림 6.72 와 같이 입력된 이미지에 픽셀 단위로 각 객체의 영역을 표시하는 주석 레이블이 필요하다. 이렇게 준비된 학습 데이터로 지도학습을 하게 되면 그림 6.72 에서처럼 입력된 이미지에 대해 픽셀단위로 객체를 분할한 예측값을 만든다.

이미지 분할은 이미지 내의 객체를 바운딩 박스 영역으로 인지하기보다는 정확히 객체의 형상을 추출해내는 것이 필요한 분야에 활용된다. 예를 들면 제조 공정에서 제품을 이미지로 감지하여 불량위치를 형태로 잡아낸다거나 용접을 하거나 조립을 할 때 로봇 팔이 작업 위치를 정확히 찾아야 할 때 이미지 분할은 핵심적인 기능을 제공한다. 최근 자율주행자동차 분야에서도 이미지 분할은 매우 중요한 역할을 한다. 자율주행 알고리즘은 자동차에 설치된 카메라 또는 라이다 LIDAR로 감지한 주변 상황을 이미지로 입력받아 보행자나 주변 차량 그리고 차선과 교통 표지판 등의 윤곽을 정확히 추출해서 실제 모양대로 인지해야만 어떤 행동을 해야 하는지를 판단할 수가 있다. 최근 GeoAI Geospatial Artificial Intelligence 분야에서는 이미지 분할 기술을 적용하여 항공사진이나 위성사진에 있는 객체들 (예를 들면, 건물이나 도로, 하천, 논, 밭, 임야 등)을 분리해 내어 신속하게 국토 개발 현황이나 환경 변화를 분석하는데 활용하기도 한다.

6.5.1 이미지 분할을 위한 학습 방법

이미지 분할을 위한 데이터 레이블링 작업의 예시는 그림 6.73과 같다. 그림 6.73에서 보는 것과 같이 ① 하늘 sky, ② 나무 tree, ③ 도로변 road side, ④ 가드레일 guard-rail, ⑤ 도로 road 5개의 개체를 분할하는 문제의 학습 데이터는 각 픽셀에 해당하는 클래스의 인덱스를 저장하여 레이블을 만든다. 이를 마스킹 Masking 데이터라고 한다.

알고리즘 학습 시에 목적함수를 구하는 과정에서 마스킹 데이터는 원 핫 인코딩 포맷으로 전환된다 (그림 6.74). 이미지 분할을 위한 CNN 모델이 초기에 입력된 이미지 크기로 최종 예측값을 만들면 원 핫 인코딩으로 변환된 레이블과 크로스 엔트로피 계산을 통해 목적함수를 만든다.

그림 6.73 마스킹 데이터: 시맨틱 분할에서 레이블링 포맷

만약 그림 6.73과 같이 5개의 객체를 분할하고자 한다면 알고리즘은 컨볼루션 과정을 통해 그림 6.75과 같은 결과를 예측한다. 즉 클래스 개체의 개수만큼의 깊이$^{(d:\ depth)}$와 입력된 이미지와 같은 크기$^{(w:\ 너비,\ h:\ 높이)}$를 가지는 3차원 텐서 형태로 최종 결과물을 만들고 이를 그림 6.74와 같이 정의된 원 핫 인코딩 포맷의 레이블과 크로스 엔트로피를 통해 분류를 위한 목적함수를 계산한다.

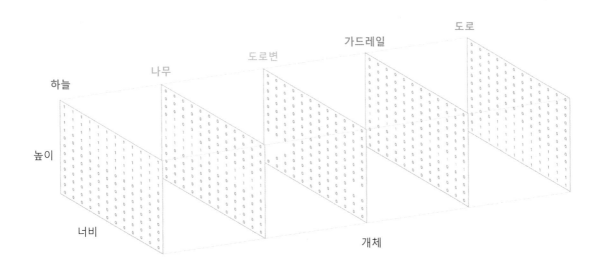

그림 6.74 마스킹 데이터의 픽셀별 원 핫 인코딩 포맷

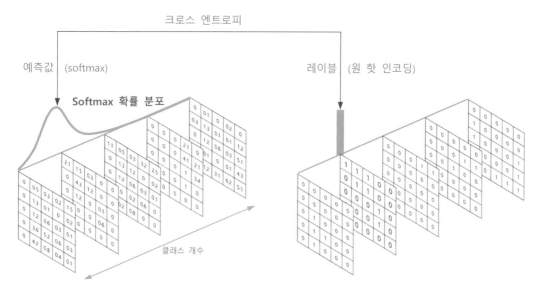

그림 6.75 예측값과 레이블 (ground truth)의 크로스 엔트로피 계산

6.5.2 FCN 알고리즘 (Fully Convolutional Networks)

FCN[14]은 컨볼루션 신경망을 기반으로 하는 초기 이미지 분할 모델이다. FCN은 이미지 특성 추출을 위한 백본 네트워크로 AlexNet, VGGNet-16, GoogLeNet의 3개 모델을 사용하였다. AlexNet은 ILSVRC12에서 우승한 모델이고 VGGNet-16과 GoogLeNet는 ILSVRC14에서 각각 준우승 및 우승을 한 모델이다. 위 3개의 모델을 백본 네트워크로 사용하여 PASCAL VOC 데이터셋을 대상으로 이미지 분할 결과를 비교하였는데 IoU Intersection over Union 의 정확성에서는 VGGNet-16이 56%를 기록하면서 가장 우수하였다. AlexNet과 GoogLeNet은 각각 39.8%와 42.5%였다. GoogLeNet이 IoU 정확노 관섬에서 VGGNet-16보다 뒤치진 이유는 Inception이라는 다중 필터 커널을 사용하여 특성지도를 수직으로 쌓으면서 concatenation 이미지의 위치 정보가 소멸된 원인으로 판단된다.

---

[14] Long et al., Fully Convolutional Networks for Semantic Segmentation, CVPR, 2015

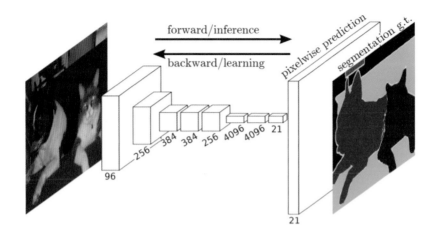

그림 6.76 FCN (fully Convolutional networks) 구조 (출처: Long et al., Fully Convolutional Networks for Semantic Segmentation, CVPR, 2015)

그림 6.76은 FCN 모델 구조를 보여준다. FCN은 임의 크기의 이미지를 입력받으면 백본 네트워크를 통해 특성을 추출하고 최종 $10 \times 10 \times C$ 크기의 압축된 특성지도 텐서를 만든다. 여기서 C는 분할하고자 하는 이미지 클래스 개수다. 그림 6.76에서는 $C = 21$로 되어 있음을 알 수 있다. 이때 $10 \times 10 \times C$ 특성지도 텐서를 초기 입력된 이미지 크기 $w \times h$로 복원하기 위해 업샘플링upsampling 과정을 적용한다. 업샘플링을 하기 위해 사용되는 기법을 디콘볼루션deconvolution 이라고 하는데 디콘볼루션은 다른 말로 역 컨볼루션backward convolution 또는 전치 컨볼루션transposed convolution 이라고도 한다. 업샘플링이 완료되면 $w \times h \times C$ 크기의 예측값이 생성되고 이 예측값과 같은 크기의 원 핫 인코딩으로 마스킹된 레이블과 크로스 엔트로피를 계산하여 다음과 같은 목적함수를 구한다.

$$\mathcal{L} = \sum_{i,j} cross\ entropy\left(p(\bar{y}_{ij}), q(y_{ij})\right)$$

여기서 $p(\bar{y}_{ij})$는 $w \times h \times C$ 크기의 예측값 텐서에서 i, j요소의 채널 방향으로 예측값 확률 분포를 의미한다. 마찬가지로 $q(y_{ij})$는 $w \times h \times C$ 크기 레이블에서 i, j요소의 채널방향으로 원 핫 인코딩 확률분포를 의미한다.

이때 FCN에서 사용하는 업샘플링이라는 용어는 디컨볼루션을 의미한다는 사실을 명심해야 한다. 왜냐하면 텐서플로우나 파이토치 등의 프레임워크에서 제공하는 Upsampling2D 또는 Upsample 모듈이 있는데 이것은 이미지의 크기를 보간법에 의해 정해진 배율로 크게 해주는 것이다. FCN에서 사용하는 업샘플링은 디컨볼루션이므로 텐서플로우의 **Conv2DTranspose** 나 파이토치의 **ConvTranspose2d**를 사용해야 한다. 프레임워크에서 디컨볼루션을 사용하게 되면 학습변수로 구성된 디컨볼루션 커널이 학습을 통해 갱신된다. 다음은 텐서플로우와 파이토치에서 제공하는 업샘플링과 디컨볼루션 라이브러리다.

```
## 텐서플로우를 이용한 업샘플링, 디컨볼루션
import tensorflow as tf
tf.keras.layers.Conv2DTranspose
tf.keras.layers.UpSampling2D

## 파이토치를 이용한 업샘플링, 디컨볼루션
import torch as th
th.nn.ConvTranspose2d
th.nn.UpSample
```

그림 6.77 은 컨볼루션 계산과정과 디컨볼루션 [또는 전치 컨볼루션] 계산과정을 비교하여 보여주고 있다. 디컨볼루션 계산과정은 정확히 컨볼루션 계산과정이 역으로 backward 진행된다고 보면 된다.

소스 source 특성지도의 픽셀 한 개 값이 필터 커널 요소에 곱해져서 디컨볼루션된 특성지도에 필터 커널 크기만큼 할당 저장된다. 그림 6.77에서는 필터 커널이 3×3 이므로 3×3크기의 디컨볼루션된 값이 저장됨을 알 수 있다. 디컨볼루션 필터 커널은 이동폭 stride 만큼 이동하면서 같은 계산이 반복되며 필터 커널과 이동폭 차이만큼 중복되어 디컨볼루션 특성지도에 저장된다. 예를 들면 필터 커널이 3×3이고 이동폭이 1이면 수평방향으로 이동하면서 3×2 만큼 중복이 되고 수직방향으로도 2×3 만큼 중복되므로 전체적으로 2×2크기의 픽셀영역이 4번 중복된다. 최종 디컨볼루션 결과를 보게 되면 체커보드 checkerboard 무늬가 보이는 경우가 있는데 그 이유는 이동폭 만큼 반복적으로 이동하면서 중복되는 영역이 생기기 때문이다.

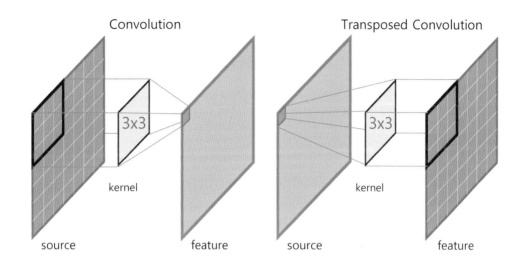

그림 6.77 Convolutional과 Transposed Convolution 비교

6.5.3 U-Net 알고리즘

U-Net 은 그림 6.78 과 같이 현미경에서 촬영한 세포의 세포막을 추출하기 위해 개발된 알고리즘으로 그 성능이 우수하여 다양한 이미지 분할 분야에서 도입하여 활용되고 있다. 그림 6.79 는 U-Net 모델의 구조를 보여준다. 그림에서 표현된 것처럼 모델구조가 'U' 자형 모양을 가지고 있어 모델명을 U-Net 이라고 하였다.

U-Net 은 크게 인코더-디코더 Encoder-Decoder 구조를 가지는데 'U' 자형 모양에서 맨 아래 1024 텐서를 가지는 꼭지점을 중심으로 왼쪽을 인코더 encoder 라고 한다. 인코더는 다운샘플링 downsampling 과정이며 원본 이미지 또는 데이터를 축소하여 함축된 특성 텐서를 생성한다. U-Net 의 꼭지점에 있는 특성텐서를 잠재변수 latent 라고도 한다. U-Net 의 구조는 나중에 설명할 오토인코더 AutoEncoder 와 유사한데 데이터 특성을 압축하는데 매우 효과적인 구조다.

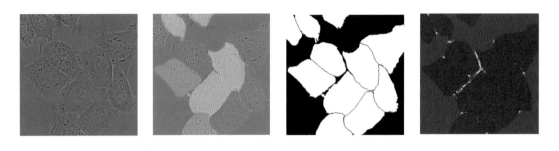

|(a) 현미경 세포 사진|(b) 세포 Cell 레이블|(c) 마스킹 데이터|(d) 세포막 예측값|

그림 6.78 U-Net을 이용한 세포막 추출 사례 (출처: Ronneberger et al., U-Net: Convolutional Networks for Biomedical Image Segmentation, 2015)

U-Net 모델의 꼭지점을 중심으로 오른쪽을 디코더 ^{decoder} 라고 한다. 디코더는 업샘플링 ^{upsampling} 과정이며 인코더로 함축된 특성을 기반으로 분할된 이미지 또는 데이터로 복원하는 기능을 수행한다. 이때 복원된 또는 출력된 이미지의 크기는 원본 이미지 크기와 동일하다.

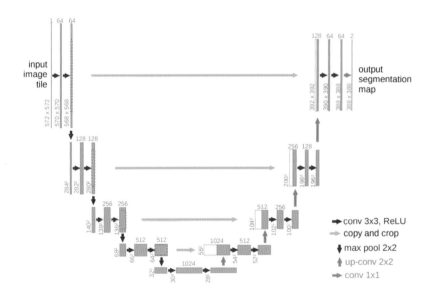

그림 6.79 U-Net 아키텍처 (출처: Ronneberger et al., U-Net: Convolutional Networks for Biomedical Image Segmentation, 2015)

U-Net 모델에서 또 하나의 특징은 인코더에서 특성지도를 같은 레벨의 디코더로 전달하며 (그림 6.79 에서 수평으로 표시된 회색 화살표) 디코더에서는 인코더에서 전달받은 특성지도를 U-Net 꼭지점인 1024 크기의 함축된 특성 텐서 ^{latent} 로부터 디컨볼루션된 (여기서는 Up-Conv 로 표현) 특성지도와 깊이 방향으로 합한다 ^{concatenation}. 인코더에서 전달받은 특성지도와 디컨볼루션된 특성지도를 합하는 과정을 그림 6.79 에서는 디코더 부분에서 흰색 박스와 파란색 박스가 포개져 있는 것으로 표현하였다. 이것은 마치 ResNet 에 있는 스킵 커넥션 $^{Skip\ Connection}$ 과 유사한 구조인데 초기 데이터를 컨볼루션이 이루어진 이후에 다시 반영시킴으로써 컨볼루션 과정에서 소멸될 수 있는 정보를 최소화하는 효과가 있다.

특성지도 텐서의 크기는 수직으로 표시된 $284^2, 140^2, 64^2$ 는 특성지도의 너비, 높이를 의미하고 수평으로 표시된 64, 128, 256 등은 특성지도 채널 또는 깊이를 의미한다. FCN 과 마찬가지로 최종 $388 \times 388 \times 2$ 로 디컨볼루션된 분할 지도 $^{segmentation\ map}$ 와 원 핫 인코딩 $^{one\ hot\ encoding}$ 으로 마스킹된 레이블과 크로스 엔트로피를 계산하여 목적함수를 구한다. 여기서 최종 분할 지도의 깊이가 2 인 이유는 그림 6.79 (c)에서처럼 세포와 배경 두가지 레이블이 있기 때문이다.

6.5.4 DeepLab V1, V2, V3 V3+ 알고리즘

DeepLab 모델 시리즈는 구글이 주도적으로 개발한 이미지 분할 알고리즘이다. DeepLab 모델에서 가장 큰 특징은 Atrous 라는 필터 커널을 도입한 것이다. Atrous 프랑스 원어로 à trous 이며 구멍 ^{holes} 이라는 뜻이다. 즉 필터 커널에 구멍이 있는 것처럼 듬성듬성 필터 커널을 만들어 컨볼루션을 하면 매우 효과적으로 이미지의 특성을 추출함을 알게 되었다. Atrous 는 확장된 ^{dilated} 필터 커널이라고도 한다.

DeepLab 모델에서 또 하나의 특징은 DeepLab V2 부터 사용된 ASPP $^{Atrous\ Spatial\ Pyramid\ Pooling}$ 라는 기법이다. ASPP 는 확장된 필터 커널을 이용한 컨볼루션 (dilated convolution 또는 Atrous convolution) 적용시 다양한 확장비율 $^{dilation\ rate}$ 을 가지는 필터 커널을 이용하여 각각

의 특성지도를 만든 후 깊이 방향으로 마치 피라미드처럼 겹겹이 쌓는 것을 말한다. 이렇게 ASPP 와 같이 입체적인 특성지도 텐서를 만들면 다음 단계의 컨볼루션에서 여러 특성의 조합을 통해 보다 효과적인 특성추출이 가능하다.

다음은 개발된 순서에 따라 DeepLab 모델의 특징을 소개하고자 한다.

① DeepLab V1[15]

2015년에 발표된 DeepLab V1은 이미지 분할 분야를 포함한 컴퓨터 비전 분야에 처음으로 확장된 필터 커널을 도입하여 뛰어난 성능을 입증하였다. 그림 6.80은 확장된 필터 커널을 보여주고 있다. 그림 6.80에서처럼 3 × 3 필터 커널을 사용할 경우 확장비율(dilation rate)이 달라지면서 필터 커널 형태가 달라짐을 알 수 있다. 즉 확장비율에 따라 이웃하고 있는 픽셀의 특성을 넓게 또는 좁게 반영할 수 있게 된다. 따라서 확장된 필터 커널을 이용한 컨볼루션은 좁은 영역에 몰려 있는 객체나 넓은 영역에 퍼져 있는 객체 특성을 다양한 관점에서 추출할 수 있다.

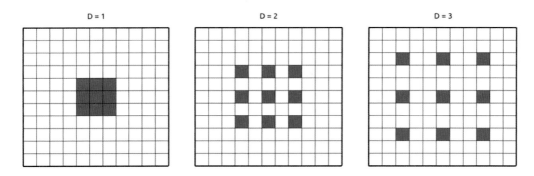

그림 6.80 Atrous Convolution (Dilated convolution) 필터 커널 (D는 Dilation을 의미)

---

[15] Chen et al., SEMANTIC IMAGE SEGMENTATION WITH DEEP CONVOLUTIONAL NETS AND FULLY CONNECTED CRFS, ICLR, 2015

DeepLab V1 에서는 이미지 분할 시 영역선정의 정확도를 향상시키기 위해 CRF^{Conditional} ^{Random Field} 를 사용하였다. CRF 는 일반적으로 언어모델에서 자연어 처리, 바이오인포매틱스 ^{bioinformatics} 에서 염기서열 분석 등에 사용되고 있는데 특히 컴퓨터비전 분야에서는 이미지 분할 에 적용되어 노이즈를 제거해주는데 중요한 역할을 한다.

DeepLab V1에서 사용한 FC CRF^{Fully Connected CRF}[16]는 이미지 분할에 자주 사용되는 방법이다. FC CRF의 기본적인 개념은 이미지의 각 픽셀이 레이블을 예측하는 가능성^{unary potential} 과 각 픽 셀이 이미지내 모든 픽셀 간의 연관된 가능성^{pairwise potential} 을 에너지로 표현한 목적함수로 정의 하고 이를 최소화하는 방법이다. 즉 FC CRF의 목적함수인 에너지 함수는 다음과 같다.

$$E(x) = \sum_i \theta_i(x_i) + \sum_{i,j} \theta_{i,j}(x_i, x_j) \tag{6.29}$$

여기서 x_i 는 레이블이 할당된 픽셀을 의미한다. 그리고 첫번째 항은 **unary potential** 이고 두번 째 항은 **pairwise potential** 이다. unary potential 과 pairwise potential 은 각각 다음과 같이 정의한다.

$$\theta_i(x_i) = -\log P(x_i) \tag{6.30}$$

$$\theta_{i,j}(x_i, x_j) = \sum_{m=1}^{K} w_m \cdot k^m(f_i, f_j) \tag{6.31}$$

여기서 $P(\cdot)$는 가능도^{likelihood} 이고 K는 필터 커널의 개수다. w_m 은 각 필터 커널, k^m 의 가중치 를 의미한다. (f_i, f_j)는 픽셀 (x_i, x_j)에서 추출된 특성을 의미한다. 여기에서 k^m 은 가우시안 커

---

[16] Krahenbuhl, P. and Koltun, V. Efficient inference in fully connected CRFs with gaussian edge potentials. NIPS, 2011

널을 의미하는데, 각 픽셀의 위치와 강도 등 두가지만 고려하게 되면 커널은 다음과 같이 표현할 수 있다 (즉 $K = 2$인 경우).

$$k = w_1 \exp\left(-\frac{\|p_i - p_j\|^2}{2\sigma_\alpha^2} - \frac{\|I_i - I_j\|^2}{2\sigma_\beta^2}\right) + w_2 \exp\left(-\frac{\|p_i - p_j\|^2}{2\sigma_\gamma^2}\right) \qquad (6.32)$$

여기서 p_i, p_j 와 I_i, I_j 는 각각 픽셀 x_i, x_j 의 위치 특성과 강도 특성을 의미한다. 그리고 $\sigma_\alpha, \sigma_\beta, \sigma_\gamma$ 는 일종의 하이퍼파라메터로 가우시안 커널의 크기를 조절하는데 사용된다.

참고로 DeepLab V1에서는 VGGNet-16 모델을 백본 네트워크로 사용하였다.

② DeepLab V2[17]

확장된 필터 커널 Atrous Convolution 은 DeepLab V2 에서도 계속 사용되고 있다. DeepLab V2 에서 확장된 필터 커널은 이미지의 해상도 resolution 에 매우 효과적으로 대응할 수 있게 할 뿐만 아니라 학습변수의 개수나 계산 시간을 늘리지 않더라도 같은 특성을 공유하는 영역을 더 넓게 관측할 수 있게 해주는 효과를 확인하였다. 이것을 FOV Field of Views 의 확대라고 한다.

DeepLab V2 에서의 특이할 만한 기여는 ASPP Atrous Spatial Pyramid Pooling 라는 기법을 제안하여 이미지 분할의 정확도를 개선한 것이다. 그림 6.81 은 ASPP 구조를 보여준다. ASPP 는 확장비율을 달리하면서 컨볼루션한 특성지도를 깊이방향으로 쌓아 특성지도 텐서를 만드는 과정이다. ASPP 가 만들어지면 1×1 컨볼루션을 적용하여 깊이가 1 인 특성지도를 만든다.

그림 6.81은 ASPP-L(arge) 모델로 확장비율을 {6,12,18,24}를 사용하였고 ASPP-S(mall) 모델에서는 확장비율을 {2,4,8,12}를 사용하였다.

---

[17] Chen et al., DeepLab: Semantic Image Segmentation with Deep Convolutional Nets, Atrous Convolution, and Fully Connected CRFs, 2017

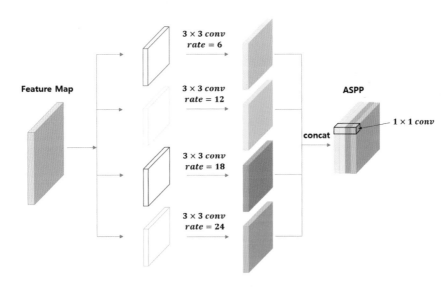

그림 6.81 ASPP (Atrous Spatial Pyramid Pooling) 예시

DeepLab V2에서도 최종 예측값의 노이즈를 제거하고 이미지 분할시 IoU 정확도를 높이기 위해 Fully Connected CRF를 사용하고 있다. 그림 6.82는 Fully Connected CRF를 적용한 DeepLab V2의 전체적인 처리 과정을 보여준다. DeepLab V2에서는 백본 네트워크로 VGGNet-16과 더불어 ResNet-101도 추가하여 사용하였다.

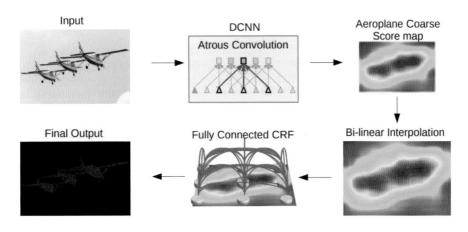

그림 6.82 DeepLab V2 처리 과정

③ DeepLab V3[18]

DeepLab V3 모델은 DeepLab V2 모델 구조와 거의 유사하나 크게 두가지 차이점이 있다. 그 첫번째는 ASPP를 여러가지 확장된 필터 커널 Atrous Convolution 조합을 통해 성능을 개선한 것이 다. 특히 1 × 1 컨볼루션을 ASPP에 추가하여 필터 커널의 중심점에 가중치를 더해주는 효과를 얻을 수 있었다. 그리고 ASPP에 평균적 풀링 average pooling 을 도입하여 이미지의 일부가 아닌 모든 정보를 전달해 주도록 하였다.

DeepLAb V3에서 사용한 ASPP 구성은 1개의 1 × 1 컨볼루션 필터 커널, 3개의 확장비율, rate={6,12,18}을 가지는 확장된 컨볼루션 필터 커널, 그리고 1개의 평균적 풀링 커널로 되어 있다. 그림 6.83은 DeepLab V3의 구조를 보여준다.

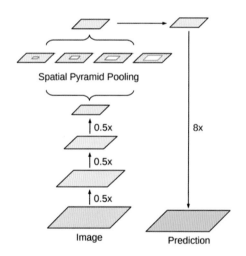

그림 6.83 DeepLab V3 모델 구조

두번째로 DeepLab V3 에서 새롭게 시도한 것은 백본 네트워크로 ResNet-101 과 ResNet-50 두개를 중심으로 실험을 한 것이다. 이 실험을 통해 앞서 설명한 ASPP 최적화와 함께 ResNet

---

[18] Chen et al., Rethinking Atrous Convolution for Semantic Image Segmentation, 2017

백본 네트워크의 깊이를 증가시키면 정확도가 높아짐을 보였다. 이러한 이유로 DeepLab V3 에서는 DeepLab V2 까지 사용된 FC CRF 과정을 적용하지 않는다.

결과적으로 DeepLab V3 에서는 개선된 ASPP 구조와 깊은 ResNet 실험을 통해 FC CRF 과정 없이 SOTA$^{State\ of\ the\ Art}$[19] 정확도를 달성할 수 있었다.

④ DeepLab V3+ [20]

DeepLab V3+ 모델은 DeepLab V3 모델구조와 거의 동일하다. 그림 6.84 는 DeepLab V3+ 모델 구조를 보여준다. DeepLab V3+ 에서 가장 큰 변화는 U-Net 에서 보여준 인코더-디코더$^{Encoder-Decoder}$ 기법을 적용한 것이다.

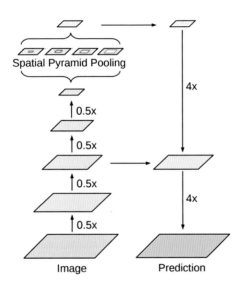

그림 6.84 DeepLab V3+ 모델 구조

DeepLab V3+ 모델에서도 DeepLab V3 모델과 동일한 ASPP를 사용한다. 즉 DeepLab V3+ 모델에서 ASPP도 1개의 1×1 컨볼루션 필터 커널, 3개의 확장비율, rate={6,12,18}을 가지는 확장된 컨볼루션 필터 커널, 그리고 1개의 평균적 풀링 커널을 사용하고 있다. 이렇게 ASPP로 만들어진 특성지도는 1×1 필터 커널을 이용하여 컨볼루션하여 디코더로 전달한다. 이때 특성 지도의 크기를 4배로 증가시키는 업샘플링^{upsampling} (또는 디컨볼루션^{deconvolution})과정을 거친다.

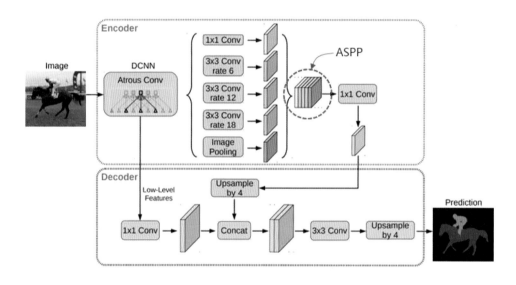

그림 6.85 DeepLab V3+ 모델에서 이미지 분할 처리 과정

U-Net의 구조를 부분적으로 도입한 DeepLab V3+ 모델에서는 인코더 부분에서 ASPP 과정 전에 생성된 특성지도를 디코더로 전달하고 ASPP에서 업샘플링된 특성지도와 깊이방향으로 합 친다 (그림 6.85).

이렇게 만들어진 특성지도는 1×1 컨볼루션과 업샘플링 과정을 통해 최종 특성지도 텐서를 만든다. 최종 특성지도 텐서는 마스킹 레이블과 크로스 엔트로피 목적함수를 통해 학습을 한다. 참고로 최종 특성지도 텐서는 최초 입력된 이미지의 크기와 분할하고자 하는 클래스 개수 만큼의 깊이를 가지는 3차원 배열 형태가 된다.

6.6 학습 데이터 보완

이미지 분석을 위한 CNN 모델 학습과정에서 원본 이미지를 합성하고 변형하여 부족한 학습 데이터를 보충하는 방법을 데이터 증강Data Augmentation 이라고 한다. 데이터 증강 기법을 사용하여 더 충분한 학습 데이터를 확보하게 되면 결과적으로 오버피팅을 방지하고 일반화 성능을 높일 수 있다.

실제 업무에 적용할 이미지 분석 프로젝트를 진행할 때 모든 클래스에 대한 데이터를 균등하게 확보할 가능성은 현실적으로 희박하기 때문에 데이터 증강에 대한 요구는 매우 빈번히 발생한다. 만약 학습하고자 하는 모든 클래스의 데이터를 균등하게 확보하였다면 프로젝트 시작부터 큰 행운을 안고 시작하는 셈이 된다. 실제 상황에서는 학습 데이터의 개수가 클래스별로 불균형을 이루고 있는 경우가 일반적이어서 텐서플로우나 파이토치 같은 딥러닝 프레임워크는 데이터 증강과 같은 불균등 데이터 조정을 위한 라이브러리를 기본적으로 제공하고 있다.

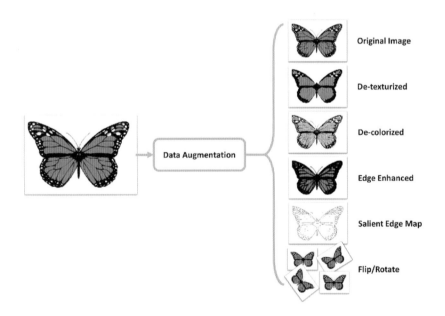

그림 6.86 이미지 데이터 증강 기법 예시

6.6.1 학습 데이터 증강 (Data Augmentation)

이미지 데이터 증강 Data Augmentation 은 확보된 원본 이미지를 이용하여 여러가지 이미지 변환을 통해 여러 장의 이미지를 합성하여 생성하는 방법이다. 그림 6.86 은 일반적인 이미지 데이터 증강의 예를 보여주고 있다. 가장 보편적인 이미지 데이터 증강은 원본 이미지를 회전 rotation 시킨 다거나 대칭변환 flip 시키는 방법이 있다. 추가적으로는 이미지 데이터 안에 있는 각 객체 경계선의 명도를 변환시키기도 하고 이미지의 질감 등을 변환시키는 방법 등을 사용하기도 한다.

다음 예제에 있는 파이썬 코드는 텐서플로우 케라스에서 제공하는 이미지 데이터 증강 라이브러리를 이용하여 원본 이미지를 합성한 경우를 보여준다. 텐서플로우가 제공하는 **ImageDataGenerator** 는 여러가지 데이터 증강 옵션을 제공한다. 다음 예제에서 합성한 이미지는 **ImageDataGenerator** 옵션 중 다음과 같이 몇 가지 예시 방법 등을 사용하여 합성한 것이다.

- **rotation_range = 120**
- **horizontal_flip = True**
- **vertical_flip = True**

다음은 텐서플로우에서 제공하고 있는 이미지 데이터 증강 라이브러리 사용 예를 보여준다.

```
## 텐서플로우 케라스의 ImageDataGenerator를 이용한 학습데이터 보깅

from numpy import expand_dims
from tensorflow.keras.preprocessing.image import load_img
from tensorflow.keras.preprocessing.image import img_to_array
from tensorflow.keras.preprocessing.image import ImageDataGenerator
from matplotlib import pyplot
```

```
# load the image
image = load_img('choki.jpg')

# convert to numpy array
data = img_to_array(image)

# expand dimension to one sample
samples = expand_dims(data, 0)

# data augmentation generator 를 이용한 이미지 회전
datagen = ImageDataGenerator(rotation_range=120,horizontal_flip=True,
        vertical_flip=True)

# prepare iterator
it = datagen.flow(samples, batch_size=1)
fx, plots = pyplot.subplots(3,3, figsize=(20,20))


#---------------------------------------------------------------


# generate samples and plot
for i in range(3):
    for j in range(3):
        batch = it.next()
        result = batch[0].astype('uint8')
        plots[i][j].imshow(result)
        plots[i][j].axis('off')

# show the figure
pyplot.tight_layout()
pyplot.show()
```

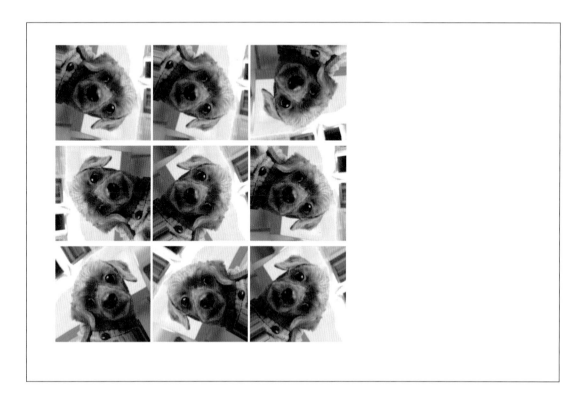

파이토치 프레임워크에서도 동일한 기능을 지원한다. 다음은 이미지 데이터 증강을 위한 파이토치 라이브러리를 설명하고 있다.

```
## 파이토치 torchvision.transforms를 이용한 학습데이터 보강
import torch
import torchvision.transforms as transforms
import matplotlib.pyplot as plt
import numpy as np
import torchvision

# define pytorch transforms
transform = transforms.Compose([
    transforms.ToPILImage(),
    transforms.Resize((300, 300)),
```

```
       transforms.CenterCrop((100, 100)),
       transforms.RandomCrop((80, 80)),
       transforms.RandomHorizontalFlip(p=0.5),
       transforms.RandomRotation(degrees=(-90, 90)),
       transforms.RandomVerticalFlip(p=0.5),
       transforms.ToTensor(),
       transforms.Normalize((0.5, 0.5, 0.5), (0.5, 0.5, 0.5)),
       ])
```

6.6.2 가중치를 이용한 데이터 빈도수 조정

이미지를 포함한 다양한 데이터 분류^{Classification} 모델을 구현할 때 데이터 클래스별 확보한 데이터 개수의 불균형을 해소하기 위한 방법 중 비교적 간단한 방법이 가중치 벡터를 사용하는 것이다. 즉 다음과 같은 계산식을 이용하여 목적함수에 가중치 벡터를 요소간 곱으로 계산하면 된다.

$$\mathcal{L} = -\sum_{i=1}^{N} \Phi_i \otimes loss\ function(w) \tag{6.33}$$

여기서 N 은 배치크기를 의미하고 w는 학습변수다. 그리고 Φ_i는 데이터 빈도수 조정을 위한 가중치 벡터이며 $\otimes$는 벡터의 요소간 곱^{element-wise production}을 의미한다.

가중치 벡터 Φ_i는 데이터 특성이나 목적함수가 바뀌더라도 동일한 방법으로 적용할 수 있다. 예를 들면 식 (6.34)는 식 (6.33)에 목적함수로 크로스 엔트로피, $p_{label}^i \ln(p_{pred}^i)$를 사용할 경우이며 이때 가중치 벡터 Φ_i는 식 (6.35)와 같이 계산할 수 있다.

$$\mathcal{L} = -\sum_{i=1}^{N} \Phi_i \otimes p_{label}^i \ln(p_{pred}^i) \tag{6.34}$$

$$\Phi_i^j = \frac{\sum_{j=1}^{C} num\_class_j}{num\_class_j} \tag{6.35}$$

즉 Φ_i^j는 각 클래스마다 확보된 데이터 개수를 모든 데이터 개수로 정규화^{normalization} 한 값을 역수로 하는 벡터가 된다. 이처럼 데이터 빈도수를 조정하는 가중치는 Φ_i^j 목적함수와 관계없이 확보된 데이터의 수량으로만 결정이 된다.

다음은 텐서플로우에서는 제공하고 있는 가중치 벡터 기법의 예를 보여준다.

```
import tensorflow as tf
model = tf.keras.Model()
model.fit(class_weight = weights)
```

여기서 **weights**는 각 클래스의 데이터 숫자를 저장한 딕셔너리^{dictionary} 자료형이다. 예를 들면 4개의 클래스가 있는 **weights**는 다음과 같이 표현할 수 있다.

weights={0:12, 1:120, 2:33, 4:57}

여기서 **12, 120, 33, 57**은 각 클래스별 데이터 개수가 된다.

파이토치에서는 다음과 같은 방식으로 가중치 벡터를 반영한다.

```
import torch
weights = [1/12, 1/120, 1/33, 1/57]
class_weights = torch.FloatTensor(weights)
torch.nn.CrossEntropyLos(weight = class_weights)
```

07

순차적 데이터 학습 모델 – RNN

7.1 순차적인 데이터

7.1.1 스냅샷 데이터와 시퀀셜 데이터 (Snapshot Data & Sequential Data)

데이터는 형태에 따라 이미지, 동영상, 텍스트, 음성, 다양한 로그 데이터, 센서 측정값 등이 있다. 이러한 데이터 중 특정한 시점에서 정지된 스냅샷^{snapshot} 데이터를 분석하는 방법이 있고 순서에 따라 또는 시간에 따라 발생되는 순차적인 데이터^{sequential data}를 분석하는 방법이 있다. 그림 7.1 에서 (a)의 데이터를 분석하게 되면 '농구선수가 공을 잡고 있다'라는 정도의 정보를 추출할 수 있다. 즉 이러한 정보가 필요한 경우에는 스냅샷의 입력 데이터 분석이면 충분하다. 그림 7.1 (b) 의 데이터는 농구공이 움직이는 모습을 저장한 순차적인 데이터다. 이러한 순차적인 데이터를 분석하면 농구공이 어디서 어디로 전달되는지를 분석할 수 있다.

(a)　스냅샷 데이터　　　　　　　　　　　(b)　시퀀셜 데이터

그림 7.1 스냅샷 데이터와 시퀀셜 데이터 예시

시간이 진행되면서 기록된 데이터 또는 사건이 진행되면서 전후 순서에 따라 발생된 데이터를 순차적 데이터^{sequential data}라고 한다. 예를 들면 우리가 얘기하는 언어 (이를 자연어^{natural language} 라고 한다), 매시간마다 측정된 날씨 데이터, 자동차 엔진의 여러 부품에서 생성되는 센서 데이 터, 분/초 단위로 기록되는 금융시장의 거래현황 데이터, 실시간으로 측정되는 교통정보 등이 여 기에 해당한다. 특히 시간의 흐름에 따라 기록된 데이터를 시계열 데이터^{time series data}라고 한다. 그림 7.2는 금융분야의 시계열 데이터인 미국 나스닥^{NASDAQ} 종합주가지수를 보여주고 있다.

그림 7.2 금융 시계열 데이터 예시: 미국 나스닥 종합주가지수

7.1.2 순환신경망 활용 사례

정지된 스냅샷 데이터를 분석하는 것이 아니라 날씨나 주식시장처럼 순차적인 데이터를 분석하기 위해서는 새로운 형태의 신경망 모델이 필요하다. 동영상은 정지된 이미지가 순차적으로 연결되어 만들어진 것처럼 순차적인 데이터를 분석하는 모델도 정지된 데이터를 분석하는 신경망 모델을 연속적으로 반복해서 연결하면 된다.

이러한 모델이 바로 순환신경망 또는 반복신경망RNN: Recurrent Neural Network이다. 즉 순환신경망은 정지된 데이터를 분석하는 신경층이 수직방향[1]으로 구성된 MLP나 CNN과 같은 구조를 순차적인 사건의 진행방향인 수평방향으로 반복되도록 한 신경망 모델이다. 각 수직방향의 신경층이 순차적 데이터의 발생횟수만큼 수평방향으로 반복적으로 전개되면서 데이터가 입력되기도 하고 출력되기도 한다. 이때 신경망의 중간에 있는 각 은닉층은 앞 신경망에서 전달된 데이터와 이전 시간단계에 자기 자신으로부터 전달되는 데이터를 합산하고 활성화함수를 거쳐 다음 신경망 단

---

[1] 신경망에서 데이터가 전달되는 피드포워드 방향을 여기에서 수직방향이라고 정의하였다.

계의 신경층과 다음 시간단계의 은닉층으로 전달한다.

이처럼 순차적인 사건을 분석하는 순환신경망 모델을 통해 활용될 수 있는 분야는 다음과 같다.

- 기계번역^{machine translation}: 자연어는 전형적인 순차적 데이터다. '나는 영화를 좋아한다'라는 문장처럼 '나'라는 주어가 나오고 다음에 '영화'라는 목적어와 '좋아한다'라는 서술어가 문법에서 정해진 순서대로 나온다. '좋아한다 영화를 나는'이라고 순서가 뒤바뀌면 무슨 의미인지 알기 어렵다. 지구상에는 여러가지 종류의 자연어가 존재하는데 저마다의 문법과 어휘를 가지고 있다. 순환신경망을 이용한 기계번역 알고리즘은 입력언어^{input language}의 어휘 및 순서와 목표언어^{target language}의 어휘 및 순서의 연관성을 학습을 통해 익힌 후 새롭게 입력되는 입력언어를 목표언어로 변환시켜준다.

- 언어모델^{language model}: 언어 모델은 전형적으로 순환신경망 모델이 가장 잘 적용되는 모델이다. 언어 모델이란 앞에서 나타난 어휘를 이어받아 다음에 나올 어휘가 무엇인지 예측하는 모델이다. 예를 들면 셰익스피어 문학 작품으로 학습한 언어모델은 초깃값으로 최초 어휘를 입력받으면 셰익스피어의 문체를 닮은 소설을 창작해 낸다.

- 챗봇^{chatbot}: 챗봇은 간단한 질의응답을 위한 순환신경망을 이용한 알고리즘이다. 예를 들면 스마트폰의 은행 앱을 실행시킨 후 '마이너스 통장을 만들려고 합니다'하고 챗봇 창에 입력하면 챗봇 알고리즘은 '안녕하세요? 고객님. 다음은 마이너스 통장을 만드는 절차입니다'라고 답변한다. 기계번역이나 다른 언어모델과 마찬가지이지만 챗봇을 학습시키기 위해서는 다양한 상황에서 발생된 질문과 답변이 쌍으로 이루어진 데이터셋이 필요하다. 챗봇은 seq2seq^{sequence-to-sequence}라는 순환신경망이 개발되면서 정확도가 획기적으로 향상되었고 점점 디지털 데이터가 축적되면서 사람이 응답하는 수준까지 발전되었다. 최근에는 단순한 질의 응답 연관성을 찾는 수준을 넘어 질의 내용을 분석하여 질의자가 얻고자 하는 의도를 유추하는 '추론^{reasoning}' 연구도 매우 활발히 진행되고 있다. 결국 궁극적인 챗봇은 고도화된 추론엔진을 기반으로 상식^{common sense}을 활용할 수 있는 알고리즘 개발이 필요하다.

- 스마트 팩토리^{smart factory}: 4차 산업혁명에 빠짐없이 등장하는 스마트 팩토리의 최종목표는 무인공장이다. 제조공장의 최적모델은 생산성을 극대화하는 것이다. 즉 불량품을 최소화하고 제조단가를 낮추며 단위 시간당 생산량을 최대화하는 공장을 만드는 것이 스마트 팩토리의 목표다. 예를 들면 CNN 모델을 이용하여 제조공정의 진행상황 이미지를 분석해서 불량제품을 검출하고, 제조공정 라인에 부착된 센서에서 수집된 시계열 데이터를 RNN 모델로 분석하여 향후 발생될 수 있는 상황을 예측한다. 이러한 과업을 인공지능이 수행하여 의도하지 않은 시스템의 비정상적인 작동을 사전에 방지함으로써 생산성을 높일 수 있다.

- 금융 시장 예측^{finance market forecasting}: 최근 투자은행을 중심으로 자본시장의 시계열 분석을 위해 순환신경망과 같은 인공지능 알고리즘을 도입하기 시작했다. 세계적으로 벌어지고 있는 다양한 현상들, 예를 들면 기후변화, 정치상황, 농작물의 작황, 자연재해, 물가지수, 환율, 유가, 감염병 및 질병의 확산 등의 빅데이터를 분석하여 미래에 벌어질 자본시장의 상황을 예측하여 최적의 투자를 결정한다. 순환신경망 알고리즘을 이용하여 시계열 예측을 할 뿐만 아니라, 알파고^{AlphaGo}와 같은 강화학습 알고리즘으로 학습된 에이전트^{agent}가 최적 투자의 의사결정까지 하기도 한다.

- 기상 예측^{weather forecasting}: 기상을 예측하는 것은 오랜 인류의 숙제였다. 거시적 관점에서는 기상변화는 농업을 비롯한 다양한 산업에 영향을 줄뿐더러 우리의 의식주에 매우 밀접하게 관여하고 있다. 예를 들어 일기예보는 오늘 출근할 때 우산을 가져가야 할지 두꺼운 외투를 입고 가야 할지를 결정하는데 꼭 필요하다. 최근 인공지능 기술을 이용하여 자연재해를 예측하는 연구가 진행되고 있다. 알파고를 만들었던 구글 딥마인드^{DeepMind}는 인공지능을 이용하여 지진, 태풍, 홍수 등 자연재해를 예측하여 피해를 줄일 수 있는 연구를 하겠다고 공개하기도 했다. 그림 7.3은 인공지능을 기상예측에 적용한 구글의 사례를 보여준다. 지금까지는 기상물리학^{meteophysics} 연구원들이 대기변화를 설명하는 나비에-스톡스 방정식^{Navier-Stokes equation}이라는 유체동력학^{fluid dynamics} 지배방정식을 수치해석으로 풀어낸 후 기상을

예측하였다. 그런데 최근 구글이 사용한 방법은 지난 수십년간 축적된 기상 시계열 데이터를 사용하여 인공지능 알고리즘을 학습시킨 후 학습된 인공지능 알고리즘이 기상물리학자 대신 기상을 예측한다. 이때 시간에 흐름에 따라 변화되는 기상 시계열 데이터를 분석하고 학습하여 예측하는 인공지능 모델이 바로 순환신경망이다.

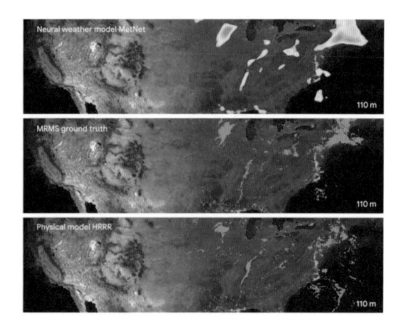

그림 7.3 (위) 구글 MetNet 알고리즘이 예측한 미국 기상변화 (중간) 인공위성이 관측한 실제 기상변화 (아래)
기상 물리학에서 사용되는 지배 방정식으로 시뮬레이션한 결과

그림 7.4는 기상변화 예측을 위해 구글이 개발한 MetNet 알고리즘 개념도를 보여준다. 시간의 흐름에 따라 매 순간 나나 인공위성이 촬영한 여러가지 기상관련 이미지 데이터[16개]와 지상에 설치된 레이더 관측 데이터[1개]를 $[t, 1024, 1024, 17]$인 4차원 텐서로 입력한 후 $[t, 64, 64, 256]$ 크기의 텐서로 공간적 다운샘플링spatial downsampling한다. 이것을 컨볼루션 LSTM 순환신경망에 입력하여 순차적인 사건의 전개 즉 대기변화를 학습한다. 이 과정을 MetNet에서는 시간적 인코딩temporal encoding이라고 정의하였다. 이때 사용하는 필터 커널은

[3 × 3] 크기를 가지며 최종 출력되는 텐서는 [64 × 64 × 384] 크기를 가진다.

최종 출력된 텐서를 기반으로 4개의 가로축과 4개의 세로축으로 16개의 상관관계 attention 를 분석하여 정해진 목표시간 lead time 만큼 강우량을 예측한다. 예측된 강우량은 각 픽셀 (지역) 마다 0 mm/h ~ 102.4 mm/h까지 512개로 이산화한 discretize 후 크로스 엔트로피로 목적함 수를 만든다. 학습이 완료되면 일정시간 동안 확보된 과거 데이터를 입력하여 향후 벌어질 기상변화를 예측하게 된다.

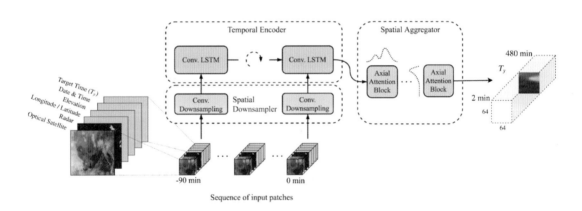

그림 7.4 Google MetNet Convolutional LSTM 알고리즘 개요[2]

MetNet의 예측 정확도는 1~2시간 정도의 가까운 미래는 기상물리학 방식과 거의 유사 하나 이후 시간이 경과되면서 점차 정확도가 떨어짐을 보인다. 장기예측 정확도 관점에서 는 아직 MetNet이 전통적인 기상물리학 방식 보다는 부족하지만 예측에 필요한 컴퓨팅 소요시간 관점에서는 매우 의미 있는 사실이 발견된다. 즉 MetNet의 예측시간에 소요되 는 컴퓨팅 시간은 분 단위인데 반해 기상물리학에 사용되는 시뮬레이션 기법은 슈퍼컴퓨 터로 수시간이 필요하다. 몇시간 이후를 신속하게 예측하는 기상예보에서는 적은 연산으 로 예측이 가능한 MetNet 같은 인공지능 방식이 큰 의미가 있다고 할 수 있다.

---

2 Sønderby et al., MetNet: A Neural Weather Model for Precipitation Forecasting, 2020

7.2 순환신경망 RNN: Recurrent Neural Network

7.2.1 순환신경망의 구조

앞에서 간략히 설명한 바와 같이 순환신경망 모델은 수직방향으로 신경층이 쌓인 MLP와 CNN
과 같은 신경망이 수평방향으로 반복되는 구조를 가진다. 그림 7.5에서 보듯이 왼쪽의 수직방향
으로 구성된 전형적인 MLP에서 반복적으로 시계열 데이터가 전개되면서 각 은닉층의 데이터는
다음 시간단계[time step]의 자기 자신의 은닉층으로 전달되는 것이 기본적인 RNN 구조다. 여기서
데이터가 전달된다는 것은 순전파 또는 피드포워드[feedforward]된다라는 의미이다.

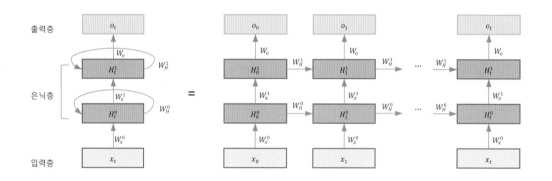

그림 7.5 순환신경망 구조

시간단계, t 가 진행될 때마다 입력값, x_t 가 입력되고 이것은 신경망 웨이트 또는 학습변수 텐서,
W_x^0에 곱해져 수직방향으로 다음 신경망, H_t^0로 전달된다. 여기서 명확한 의사 전달을 위해 수직
방향으로 다음 신경망에 전달되는 것을 '수직전달'이라고 표현하기로 한다. 즉 수직전달은 $x_t \rightarrow$
$H_t^0 \rightarrow H_t^1 \rightarrow o_t$ 로 데이터가 전달되는 것으로 정지된 스냅샷 데이터를 분석하는 MLP 형태의
순전파라고 할 수 있겠다. 이와 동시에 앞 시간단계 $(t-1)$ 은닉층으로부터 내보내는 벡터형태
의 상태값[state value]에 은닉층의 상태값 학습변수 텐서 W_H^0를 곱한 후 자기 자신 은닉층으로 순환
해서 전달한다. 이것도 마찬가지로 명확한 이사전달을 위해 여기서는 '수평전달'이라고 정의하기

로 한다. 즉 수평전달은 $H_0^0 \rightarrow H_1^0 \rightarrow H_2^0 \rightarrow \cdots \rightarrow H_t^0$ 로 데이터가 전달되는 것으로 자기자신의 신경층으로 순환하듯이 전달되는 것이다. 결국 은닉층 H_t^0는 수평전달 및 수직전달된 값을 합산한 후 활성화 함수에 적용하고나서 다음 단계에 있는 신경망 H_t^1 로 수직전달하고 동시에 다음 시간단계 자기 자신 은닉층으로 수평전달한다.

수직방향 신경층이 여러 개가 있고 순차적인 반복이 여러 번 발생되면 수직전달과 수평전달이 동일하게 반복되면서 최종 출력층, o_t까지 데이터가 순전파된다. 이때 주의해야할 점은 입력층에서의 입력값 벡터크기 그리고 은닉층에서의 상태벡터의 크기에 유의해야 한다.

만약 입력값의 벡터크기가 N차원이고 $(x \in \mathcal{R}^N)$ 은닉층에서의 상태벡터의 크기가 M 차원 $(h \in \mathcal{R}^M)$이면 신경망 웨이트^{학습변수} 텐서, W_x^0는 $M \times N$ 크기의 텐서가 되고 W_x^1은 $M \times M$ 크기의 텐서가 된다. 이때 W_x^1의 크기가 $M \times M$인 이유는 은닉층 H_t^1의 입력벡터와 출력벡터의 크기가 모두 M 차원이기 때문이다. 그리고 은닉층 상태값 텐서 W_H^0, W_H^1은 각각 $M \times M$ 크기가 된다. 같은 방법으로 마지막 출력층으로 전달되는 웨이트 텐서 W_o의 크기는 $P \times M$가 된다 (출력층의 벡터크기가 P차원인 경우).

지금까지 내용을 다시한번 정리하면, RNN에서는 각 시간단계마다 입력된 값이 수직으로 순전파되는 동시에 (이는 전형적인 MLP와 CNN 모델에서 데이터가 순전파되는 모습과 같다) 이전 시간단계에서 전달되어온 데이터가 수평으로도 전달된다. 이때 각 은닉층은 앞 시간단계 $t-1$에서 수평전달된 데이터에 은닉층 상태 텐서를 곱한 값^{벡터}과 이전 신경망에서 수직전달된 데이터에 신경망 웨이트 텐서를 곱한 값^{벡터}을 요소간 합산^{element-wise addition}하고 여기에 활성화 함수를 적용하여 다시 수직전달 및 수평전달을 한다.

각 시간단계에서의 출력값, o_t은 이전 시간단계에서 전달받은 데이터와 현재 시간단계에서 입력받은 값을 합산하기 때문에 순차적인 특성이 반영되었다는 의미가 된다. 즉 시간단계 $t-1$까지 수평전달된 데이터는 $t = T_0 \rightarrow t = T_1 \rightarrow t = T_2 \rightarrow \cdots t = T_{t-2} \rightarrow t = T_{t-1}$ 순차적인 데이터의 순전파 과정을 거치면서 데이터의 순차적인 특성이 추출되어 저장되고 있다라고 설명할 수 있다.

7.2.2 기본 순환신경망에서의 연산

앞에서 설명한 RNN에서의 데이터 전달과정을 좀더 직관적으로 설명해 보기로 하자. 그림 7.6은 은닉층 H_t^0가 데이터를 처리하는 과정을 보여준다. 이때 은닉층 H_t^0을 RNN에서는 셀[cell]이라고 부르기도 한다. 그림 7.6은 RNN에서 가장 기본적인 셀 구조다.

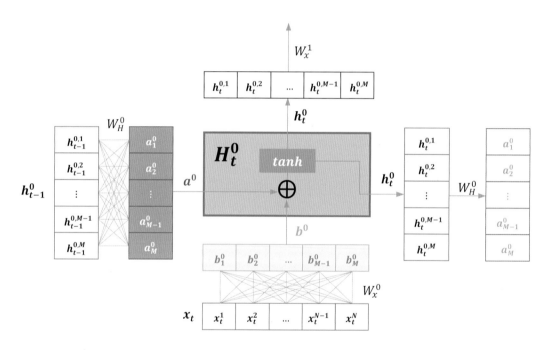

그림 7.6 기본 순환신경망에서의 연산

$$a^0 = W_H^0 h_{t-1}^0 \tag{7.1}$$

$$b^0 = W_x^0 x_t \tag{7.2}$$

$$h_t^0 = \tanh(a^0 \oplus b^0) \tag{7.3}$$

시간단계 t에서 N 차원의 입력값이 벡터형태로 입력되면 (x_t), 신경망 웨이트 텐서, W_x^0가 곱해져서 M 차원 b_i^0 벡터를 만든다. 벡터 b_i^0 에서 0 은 0 번째 은닉층을 의미하고 i는 M 차원 벡터의 i번째 요소를 뜻한다. 한편 이전 시간단계의 은닉층에서 전달된 M 차원 상태값 벡터 $h_{t-1}^{0,i}$ 는 은닉층 상태값 텐서 W_H^0가 곱해져서 a_i^0 벡터를 만든다. 벡터 a_i^0 의 0 과 i의 의미는 벡터 b_i^0와 동일하다.

벡터 a_i^0와 벡터 b_i^0는 요소간 덧셈 (element-wise addition, 기호 $\oplus$)으로 합해진 후 tanh 활성화 함수를 적용하면 $h_t^{0,i}$ 벡터가 된다. 벡터 $h_t^{0,i}$ 다음 신경망으로 수직전달되고 동시에 다음 시간단계로 수평전달된다. $h_t^{0,i}$에서 아래 첨자 t는 시간단계를 의미하고 위 첨자 0은 은닉층 단계를 뜻한다. i는 M차원 벡터의 i번째 요소를 의미한다. 이와 같은 계산이 신경망의 층수만큼 그리고 순차적인 입력 데이터의 횟수만큼 반복된다.

참고로 은닉층에서 상태벡터_{state vector} 크기를 파이토치에서는 **hidden_size**라고 정의하고 텐서플로우에서는 **units**으로 정의한다. 그림 7.6에서 **hidden_size** 또는 **units**의 크기는 M이다. M 값은 일종의 하이퍼파라메터_{hyperparameter}로 사용자가 정의한다.

다음은 텐서플로우와 파이토치에서 사용되는 전형적인 RNN 구현 예를 보여준다.

```
# tensorflow
import tensorflow as tf
tf.keras.layers.SimpleRNN(units, return_sequences=False,
return_state=False, **options)
```

여기서 '**return_sequences=False**'이면 매 시간단계에서 은닉층의 상태벡터 h_t^l를 수직전달하지 않겠다는 뜻이다. '**return_state=False**' 이면 반복되는 마지막 시간단계에서 셀의 은닉층 상태벡터, h_t^l을 수평전달하지 않겠다는 뜻이다. 모두 **False**가 기본값_{default}이다.

```
# PyTorch
import torch
torch.nn.RNN(input_size, hidden_size, num_layers, **options)
```

여기서 **num_layers**는 수직으로 연결되는 RNN 셀 층수를 의미한다.

7.3 LSTM과 GRU

순환신경망에서 그림 7.6과 같은 기본적인 셀은 반복의 횟수가 늘어나면 오래 전 시간단계에서 발생된 데이터 정보가 순환신경망을 통해 전달되면서 점차 사라지는 단점이 있다. 예를 들면 시간단계가 10까지 전개되는 순환신경망이 있다고 했을 때 시간단계 $t = 1$ 에서 입력된 데이터의 특성이 시간단계 $t = 9$ 정도 반복되는 시점에서는 사라지는 현상이다. 이를 기억의 소실이라고 하며 신경망에서는 경사 소멸gradient vanishing이라고 한다. 이처럼 기본적인 RNN 셀에서 나타나는 오래된 사건을 잊어버리는 장기기억long term memory 소멸의 단점을 극복하고자 개발된 방법이 LSTM과 GRU다.

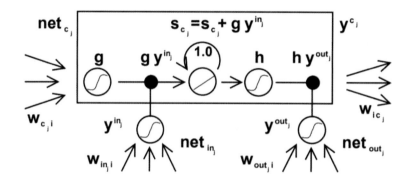

그림 7.7 호치라이터와 슈미트후버 논문에서 표현한 초기 LSTM 셀 구조

7.3.1 LSTM (Long Short Term Memory)

LSTMLong Short Term Memory은 기본적인 RNN 셀에서 나타나는 장기기억소멸 문제를 해결하기 위해서 개발된[3] 순환신경망 셀이다. 그림 7.7은 호치라이터와 슈미트후버가 1997년 논문에서

---

[3] 1997년 셉 호치라이터 *Sepp Hochreiter*; 위르겐 슈미트후버 *Jürgen Schmidhuber*, "long Short-Term Memory", Neural Computation

발표한 초기 LSTM의 구조를 보여주고 있다. 초기에 발표된 LSTM에서 몇 가지 기능이 개선된 셀이 그림 7.8이다.

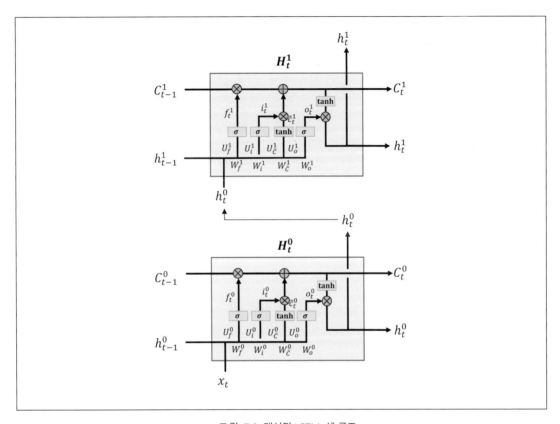

그림 7.8 개선된 LSTM 셀 구조

그림 7.8에서 두개의 LSTM 셀이 수직으로 쌓인 모습을 보여주고 있는데 H_t^l은 시간단계 t에서 l번째 은닉층을 의미하며 x_t는 시간단계 t에서의 입력벡터를 의미한다. h_{t-1}^l와 h_t^l는 각각 은닉층 l에서 시간단계 $t-1$과 t에서의 은닉상태벡터^{hidden state vector}이며 단기기억^{short term memory} 정보를 처리한다. C_{t-1}^l와 C_t^l는 각각 은닉층 l에서 시간단계 $t-1$과 t에서의 셀상태벡터^{cell state vector}이고 장기기억^{long term memory} 정보를 담당한다. LSTM 셀 내부에는 입력벡터^{input vector}과 은닉상태벡터^{hidden state vector} 그리고 셀상태벡터^{cell state vector}을 처리하는 다양한 기능이 있는데 이 것들을 다음과 같이 정의한다.

- forget gate vector: $f_t^l = \sigma(U_f^l h_{t-1}^l + b_{uf}^l + W_f^l h_t^{l-1} + b_{wf}^l)$

- input/update gate vector: $i_t^l = \sigma(U_i^l h_{t-1}^l + b_{ui}^l + W_i^l h_t^{l-1} + b_{wi}^l)$

- output gate vector: $o_t^l = \sigma(U_o^l h_{t-1}^l + b_{uo}^l + W_o^l h_t^{l-1} + b_{wo}^l)$

- cell input vector: $\tilde{C}_t^l = tanh(U_{\tilde{C}}^l h_{t-1}^l + b_{u\tilde{C}}^l + W_{\tilde{C}}^l h_t^{l-1} + b_{\widetilde{wC}}^l)$

- cell state vector: $C_t^l = (f_t^l \otimes C_{t-1}^l) \oplus (i_t^l \otimes \tilde{C}_t^l)$

- hidden state vector: $h_t^l = o_t^l \otimes tanh(C_t^l)$

시간단계 $t-1$에서 은닉상태벡터, h_{t-1}^l은 데이터를 forget gate (f_t^l), input/update gate (i_t^l), output gate (o_t^l), cell input ($\tilde{C}_t^l$)으로 순전파할 때 각각 U_f^l, U_i^l, U_o^l, $U_{\tilde{C}}^l$ 텐서를 곱한 후 전달된다. 마찬가지로 입력벡터, x_t가 위에서 설명한 각 게이트^{gate}로 전달될 때 각각 W_f^l, W_i^l, W_o^l, $W_{\tilde{C}}^l$ 텐서를 곱한 후 전달된다. 여기서 b_{uf}^l, b_{ui}^l, b_{uo}^l, $b_{u\tilde{C}}^l$, b_{wf}^l, b_{wi}^l, b_{wo}^l, $b_{w\tilde{C}}^l$는 벡터형태의 편향값^{bias}이다. σ와 $tanh$ 는 각각 시그모이드 및 $tanh$ 활성화 함수를 뜻한다. 그리고 $\oplus$와 $\otimes$는 벡터의 요소끼리^{element-wise} 덧셈 및 곱셈 연산자를 의미한다.

Forget gate vector 는 시그모이드 활성화 함수가 적용된 값이기 때문에 $0 < f_t^l < 1$의 값을 갖는다. 따라서 이전 시간단계 $t-1$에서 전달된 셀상태벡터, C_{t-1}^l가 기억될 필요가 있다고 판단되면 1 에 가까운 수가 되도록 학습될 것이다. 반대로 셀상태벡터, C_{t-1}^l가 기억될 필요가 없다고 판단되면 0 에 가까운 수가 되도록 학습될 것이다.

장기기억을 담당하는 셀상태벡터^{cell state vector}, C_t^l은 이전 시간단계 셀상태벡터, C_{t-1}^l에 forget gate vector를 요소별로 곱한 벡터와 input gate vector와 cell input vector를 요소별로 곱한 벡터를 각각 요소별로 합해서 구한다.

수직전달과 수평전달할 은닉상태벡터, h_t^l 은 셀상태벡터에 활성화 함수 $tanh$ 를 적용한 것과 output gate vector의 요소별로 곱해서 구할 수 있다. 셀 H_t^1 에서의 입력값은 셀 H_t^0 에서의 수직 전달 벡터, h_t^0을 취한다. LSTM 셀이 입력셀 (H_t^0)인 경우에는 $h_t^{l-1} = x_t$ 가 된다.

다음은 텐서플로우와 파이토치에서 LSTM 셀 사용 예를 보여준다.

```
# TensorFlow
import tensorflow as tf
tf.keras.layers.LSTM(units,return_sequences=False,
                     return_state=False,**options)
```

여기서도 RNN과 마찬가지로 '**return_sequences=False**'이면 매 시간단계에서 은닉층의 상태벡터 h_t^l를 수직전달하지 않겠다는 뜻이고 '**return_state=False**' 이면 반복되는 마지막 시간단계에서 셀의 은닉층 상태벡터, h_t^l 와 셀상태벡터, C_t^l 을 수평전달하지 않겠다는 뜻이다. LSTM에서는 수평전달할 값에 셀상태벡터가 추가되었다. 여기서도 모두 **False**가 기본값_{default} 이다.

만약 LSTM 셀을 수직으로 여러 층 쌓는다면 **return_sequences=True** 로 설정하여야 한다. 그래야 하위 LSTM 셀에서 계산한 은닉상태벡터를 전달받을 수 있다. **return_state** 경우에 는 나중에 다시 설명하겠지만 다음과 같은 의미가 있다. 만약 순환신경망 모델을 인코더-디코더 encoder-decoder 형태의 seq2seq 모델을 사용할 경우 인코더 신경망에는 **return_state=True** 로 정의하여야 한다. 그래야 인코더에서 만들어진 상태벡터가 디코더로 전달된다. 다른 방법으로 는 명시적으로 상태벡터를 매개변수로 정의하고 디코더에 전달할 수도 있다.

```
# PyTorch
import torch
torch.nn.LSTM(input_size, hidden_size, num_layers, **options)
```

여기서 **num_layers**는 수직으로 쌓일 LSTM 셀 층수를 의미한다.

7.3.2 GRU (Gated Recurrent Units)

LSTM은 기본적인 순환신경망에서 보여주는 장기기억 소멸의 단점을 극복한 매우 창의적인 순환신경망 셀 구조다. 그러나 LSTM은 셀 구조가 복잡하여 추가적인 학습변수^{파라메터}가 필요하고 상태벡터도 셀상태벡터와 은닉상태벡터 두개를 다루어야 하는 단점이 있다. 즉 셀에서 셀상태벡터와 은닉상태벡터를 두 갈래 통로^{path}로 정보를 내보내야 한다. GRU$^{Gated\ Recurrent\ Unit}$는 기본적인 LSTM 개념을 유지한 채 앞에서 제기한 LSTM의 단점을 개선하기 위해 개발[4]되었다.

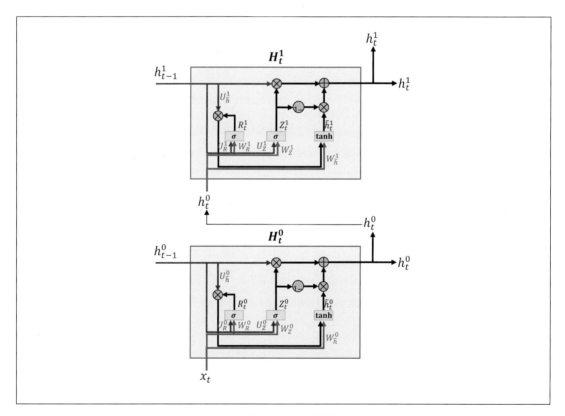

그림 7.9 GRU 셀 구조

[4] Cho et al., "Learning Phrase Representations using RNN Encoder–Decoder for Statistical Machine Translation", Empirical Methods in Natural Language Processing (EMNLP 2014)

그림 7.9는 두개의 GRU 셀이 쌓인 구조를 보여주고 있다. 여기서 그림 7.8의 LSTM 신경망 구조와 마찬가지로 H_t^l은 시간단계 t에서 l번째 은닉층을 의미하며 x_t는 시간단계 t에서의 입력벡터를 의미한다. h_{t-1}^l와 h_t^l는 각각 은닉층 l에서 시간단계 $t-1$과 t에서의 은닉상태벡터 hidden state vector 다. GRU는 기본적인 RNN 셀과 동일하게 은닉상태벡터, h_t^l과 입력벡터, x_t만 다룬다.

GRU는 LSTM에서 다루는 장기기억담당 셀상태벡터 (C_t^l)와 단기기억을 담당하는 은닉 상태벡터 (h_t^l)를 통합한 은닉상태벡터만을 다루므로 GRU의 은닉상태벡터 (h_t^l)는 장기기억과 단기기억을 모두 저장하고 있다고 할 수 있다. GRU 셀에서 계산되는 과정은 다음과 같다.

- reset gate vector: $R_t^l = \sigma(U_R^l h_{t-1}^l + b_{uR}^l + W_R^l h_t^{l-1} + b_{wf}^l)$

- update gate vector: $Z_t^l = \sigma(U_Z^l h_{t-1}^l + b_{uZ}^l + W_Z^l h_t^{l-1} + b_{wZ}^l)$

- candidate hidden state vector: $\tilde{h}_t^l = tanh(W_o^l h_t^l + b_{wo}^l + R_t^l \otimes (U_{\tilde{h}}^l h_{t-1}^l + b_{u\tilde{h}}^l))$

- hidden state vector: $h_t^l = (1 - Z_t^l) \otimes \tilde{h}_t^l + Z_t^l \otimes h_t^{l-1}$

위에서 설명한 계산과정에서 보듯이 GRU는 LSTM에서사용한 셀상태벡터가 없기 때문에 연산 두단계의 처리과정이 생략되었다. GRU의 전체적인 처리과정은 LSTM과 마찬가지로 수직방향으로 또는 수평방향으로 순전파되는 모습을 볼 수 있는데 LSTM과 다른 한가지는 Reset Gate 에서 재귀적 recursive 으로 반복되는 과정이 구현되어 있다. 이 과정이 GRU에서는 장기 메모리와 단기 메모리를 처리하는 과정이라고 할 수 있다.

셀 H_t^1에서의 입력값은 셀 H_t^0에서 수직전달한 벡터, h_t^0을 취한다. 만약 GRU 셀이 입력셀 (H_t^0) 인 경우에는 $h_t^{l-1} = x_t$가 된다.

다음은 텐서플로우와 파이토치에서 GRU 셀의 사용 예를 보여준다.

```
# TensorFlow
import tensorflow as tf
tf.keras.layers.GRU(units, return_sequences=False,
                    return_state=False, **options)
```

GRU는 은닉상태벡터가 h_t^l 한 개이므로 RNN 구조와 유사하다. 그러므로 RNN의 경우와 마찬가지로 '**return_sequences=False**'이면 매 시간단계에서 은닉층의 상태벡터 h_t^l를 수직전달하지 않겠다는 뜻이고 '**return_state=False**'이면 반복되는 마지막 시간단계에서 셀의 은닉층 상태벡터, h_t^l 을 수평전달하지 않겠다는 뜻이다. 여기서도 모두 **False**가 기본값^{default}이다. 참고로 미니배치로 학습할 때 앞서 진행됐던 과정을 그대로 이어받아 학습을 할 경우엔 '**stateful=True**'로 정의한다. 이 옵션^{option}은 모든 순환신경망 모델에서 사용할 수 있다.

```
# PyTorch
import torch
torch.nn.GRU(input_size, hidden_size, num_layers, **options)
```

여기서 **num_layers**는 수직으로 쌓일 GRU 셀 층수를 의미한다.

7.4 학습 목적에 따른 순환신경망 구조

순환신경망 구조는 순차적인 데이터의 입력형태와 출력형태에 따라 다음과 같은 몇 가지 구조^{architecture}를 가진다. 순차적인 입력데이터를 기반으로 단일 출력값을 도출할 경우가 있고, 순차적인 데이터를 입력 받아 순차적인 출력값을 표현할 경우도 있다. 한 시점에서 데이터를 한 번만 입력 받아 순차적인 출력값을 구할 수도 있고 또는 전반부는 순차적으로 데이터가 입력되고 후반부는 순차적인 출력값이 생성되는 모델도 있다.

순환신경망을 구현할 때 입력 데이터의 형태와 출력 데이터의 형태에 따라 다음과 같은 모델들을 선택할 수 있다.

7.4.1 many-to-one 모델

many-to-one 모델은 순차적인 데이터가 입력되면서 마지막 시간단계에서만 출력을 하는 모델이다. 예를 들면 제조공정에 설치된 진동센서 또는 소음센서에서 측정된 시계열 데이터를 입력받아 정상/비정상 여부를 탐지한다거나, 인터넷 매체에 실린 기사를 순차적으로 입력하고 긍정적 기사인지 부정적 기사인지를 판단하는 분야에 활용된다. 또는 영화나 드라마 동영상을 순차적으로 입력받아 장르^{Genre}를 분류하기도 한다.

시계열 데이터 기반의 비정상 예측 모델을 한 단계 예측^{one-step prediction}이라고 하고 입력된 문장 또는 문단 등을 긍정 또는 부정 등으로 분류하는 것을 감정분석^{sentiment analysis}이라고 한다.

그림 7.10은 일반적인 many-to-one 모델을 보여준다. 사용자는 정확도 개선을 위해 은닉층의 셀 개수와 벡터의 크기를 조절할 수 있으며 입력값 x_t는 스칼라, 벡터, 2D 이미지가 될 수 있다. 시계열 데이터의 정상/비정상을 판단하거나 날씨온도나 주식가격과 같은 특정한 숫자를 예측하는 경우 그리고 주어진 문장의 감정을 분석하는 과업은 전형적인 지도학습^{supervised learning}에 해당된다. 그러므로 이러한 과업을 수행하도록 학습시키기 위해서는 센서 데이터와 같은 시계열 입력 데이터와 정상/비정상 레이블이 쌍^{pair}으로 되어 있는 데이터셋, 기압 풍향 등의 기상 시계열 입력 데이터와 실제 온도 레이블이 쌍으로 되어 있는 데이터셋 그리고 문장 또는 문단의 입력 데이터와 감정을 설명하는 레이블이 쌍으로 되어 있는 학습 데이터가 필요하다.

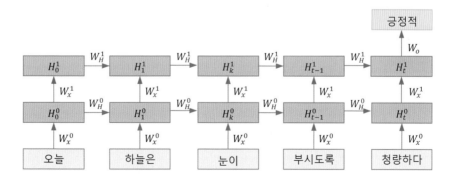

그림 7.10 many-to-one 순환신경망 구조

7.4.2 one-to-many 모델

one-to-many 모델은 초기에 데이터가 한번 입력되고 순차적으로 출력이 발생하는 모델이다. 이 모델을 사용하는 대표적인 분야는 언어모델^{language model}과 이미지 캡셔닝^{image captioning} 분야 다. 언어모델이란 초기 어휘가 주어지면 이후에 나타날 가장 가능성 있는 단어를 순차적으로 선정하여 문장을 완성하는 모델이다. 이미지 캡셔닝은 순환신경망 초기에 이미지를 입력하면 이미지를 설명하는 문구를 스스로 작성하는 모델이다.

그림 7.11 은 one-to-many 모델을 이용하여 이미지를 캡셔닝하는 개념을 보여주고 있다. 이미지 캡셔닝을 하는 과정은 먼저 입력된 이미지는 CNN 알고리즘으로 객체^{object}를 추출한 후 각 객체가 만들 수 있는 최적의 문장을 언어모델로 학습된 순환신경망이 완성하는 방식이다. 예를 들면 그림 7.11 에서 곰인형을 껴안고 있는 강아지 사진이 입력되면 CNN 을 통해 2D 이미지가 1D 의 특성벡터로 추출되고 이 특성벡터는 은닉층으로 전달된다.

학습을 하는 경우에는 입력 이미지를 설명하는 문장 (이미지 캡셔닝 학습에서의 레이블은 문장이 된다)의 각 어휘와 one-to-many 모델이 매 시간단계마다 출력하는 예측값의 차이를 기반하는 목적함수를 최소화하도록 신경망의 학습변수 텐서를 계산한다. 참고로 '강아지', '곰인형', '함께', '놀고 있다' 등의 어휘는 word2vec 이라는 알고리즘으로 벡터화 하여 모델이 예측한 벡터값과 비교를 통해 목적함수를 구한다.

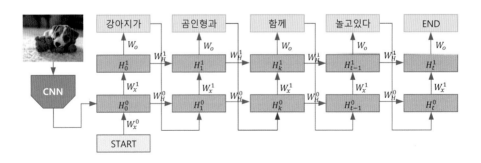

그림 7.11 one-to-many 순환신경망 구조

7.4.3 many-to-many 모델

many-to-many 모델 중 그림 7.12와 같은 구조는 각 순차적인 입력 데이터마다 매핑^{mapping}되는 순차적인 예측값을 출력하는 모델이다.

이러한 구조의 many-to-many 모델은 비디오 태깅^{tagging}이나 핸드라이팅^{handwriting} 인식 등과 같은 과업에 적당하다. 비디오 태깅이란 동영상이 진행되면서 장면 장면 마다 이미지의 특징을 찾아 정보를 저장하는 것을 말한다. 예를 들면 동영상이 진행되면서 등장인물을 태깅한다거나 화면에 나오는 상품이나 객체를 태깅하는 것이다.

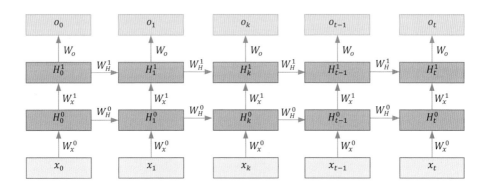

그림 7.12 many-to-many 순환신경망 구조

그림 7.13 은 핸드라이팅을 인식하는 것을 보여주고 있다. 여기서 각 행^{row} 이 의미하는 것은 다음과 같다.

- Row #1: 필기되고 있는 것을 인식 후 인쇄체로 변환
- Row #2: 컴퓨터 메모리 셀 상태
- Row #3: 사람이 필기하여 입력하는 모양 (학습모델은 x와 y 좌표값을 인지함)
- Row #4: 현재 필기되고 있는 글자의 x와 y값이 역전파되는 모양

그림 7.13에서 사용자가 필기체를 써내려가면 (row#3) 컴퓨터는 이것을 순환신경망에 순차적인 데이터로 입력하고 (row#2) 필기체의 각 획을 인식하여 해당하는 인쇄체로 변환시켜준다 (row#1).

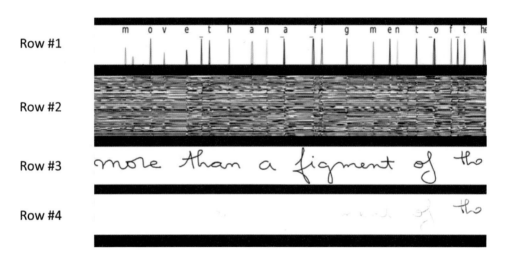

Row #1

Row #2

Row #3

Row #4

그림 7.13 many-to-many (seq2seq) 순환신경망 구조 (출처: Alex Grave, DeepMind)

7.4.4 many-to-many 모델 (seq2seq)

seq2seq 모델[5]은 many-to-many 모델 중에 하나다. seq2seq 모델은 기계번역machine translation을 위해 개발되었는데 기계번역의 정확성을 한단계 발전시킨 기술로 기계번역의 새로운 패러다임을 가져온 알고리즘이라 할 수 있다.

그림 7.14와 같이 seq2seq 모델에서 전반부 순환신경망을 인코더encoder라고 하고 후반부 순환 신경망을 디코더decoder라고 한다. 기계번역에 사용될 경우 인코더에서는 번역하고자 하는 언어 (이를 source language 라고 한다)가 입력되고 디코더에서는 번역되는 언어 (이를 target

---

[5] Sutskever et al., "Sequence to Sequence Learning with Neural Networks", 2014 NIPS

language라고 한다)가 나온다. 학습시에는 target language가 레이블[label]이 된다. 학습이 완료되면 source language를 입력하면 번역된 언어를 출력한다.

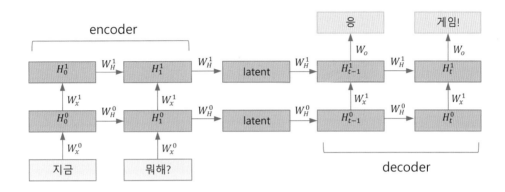

그림 7.14 many-to-many (seq2seq) 순환신경망 구조

만약 seq2seq 모델을 챗봇[chatbot]에 사용하고자 할 때에는 인코더 부분에서는 질문을 source sentence로 입력하고 디코더 부분에서는 대답을 target sentence 레이블로 쌍을 이루어 학습을 시킨다. 학습이 완료된 챗봇 앱[application] 또는 웹[web] 프로그램은 사용자가 질문한 문장을 입력받게 되면 학습된 것을 기반으로 답변을 하게 되는데 만약 학습된 패턴의 질문이 아닌 경우 예상하지 못한 잘못된 답변을 출력할 수 있다. 따라서 이러한 경우를 피하기 위해서는 가능하면 모든 경우의 질의 응답 또는 챗 메시지[chat messages] 데이터셋이 필요하다.

seq2seq 모델 학습 시 전반부 순환신경망인 인코더는 디코더로 넘어가기 전 마지막 은닉층에서 함축벡터[latent vector]를 만드는데 함축벡터는 전반부 순환신경망의 순차적인 특성이 함축되어 저장되어 있다고 설명할 수 있다. 후반부 순환신경망 디코더는 이러한 함축벡터를 이어받아 전반부의 특성을 조건으로 하는 출력값과의 관계를 순차적으로 찾도록 학습한다. 인코더에서 만들어진 함축벡터[은닉상태벡터]를 디코더로 보낼 때 **`return_state=True`** 옵션을 선택한다. 만약 이 옵션을 사용하지 않을 경우에는 명시적으로 함축벡터를 매개변수로 정의하고 디코더에 전달할 수도 있다.

7.5 순환신경망에서의 역전파

순환신경망 모델은 수직방향으로 신경층이 쌓인 MLP와 CNN과 같은 신경망이 수평방향으로 재귀적으로 반복되는 구조를 가진다. 따라서 학습을 하기 위해서는 수직방향으로 역전파를 통해 신경망의 학습변수를 업데이트하고 동시에 순차적으로 사건이 수평전달되는 순서의 역방향으로 역전파하면서 신경망의 학습변수 파라미터를 업데이트 한다. 이것을 순환신경망 모델에서는 시간에 따른 역전파 backpropagation through time 이라고 하며 줄여서 BPTT라고 한다. 다음은 순환신경망에서 BPTT가 어떻게 계산되는지 이론적 배경과 도출 과정을 설명하고 있다.

7.5.1 BPTT: Back Propagation Through Time

BPTT를 설명하기 위해 그림 7.15와 같은 가장 일반적인 순환신경망 모델을 예로 살펴보기로 하자. 직관적인 설명을 위해 여기서 예시하고 있는 RNN 셀은 그림 7.6과 같은 기본적인 셀이다.

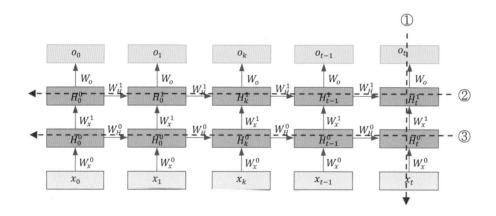

그림 7.15 순환신경망 모델에서의 역전파: BPTT

그림 7.15 에 보는 것처럼 순환신경망에서의 역전파는 수직전달의 역전파 (①)와 수평전달의 역전파 (②, ③)를 통해 순환신경망의 학습변수 텐서인 W_o, W_x^1, W_x^0, W_H^1, W_H^0를 구하면 된다.

먼저 시간단계, t에서의 목적함수를 다음과 같이 정의한다고 하면 이 목적함수가 최적값을 갖도록 시간단계, t에서 각 ①, ②, ③ 방향으로 역전파를 통해 신경망의 학습변수를 구한다.

$$\mathcal{L}_t \equiv \mathcal{L}(o_t, \bar{o}_t) \tag{7.4}$$

여기서 $\bar{o}_t$는 시간단계 t에서의 레이블$^{\text{ground truth}}$ 이다.

만약 각 학습변수를 계산하기 위해 경사하강법을 이용한다면 원하는 학습변수에 대해 목적함수의 기울기를 구하면 된다.

먼저 신경망의 학습변수 W_o를 구하기 위해 목적함수, $\mathcal{L}_t$를 W_o대한 기울기를 다음과 같이 계산한다.

$$\frac{\partial \mathcal{L}_t}{\partial W_o} = \frac{\partial \mathcal{L}(o_t, \bar{o}_t)}{\partial W_o} \tag{7.5}$$

여기서 최종 노드 H_t^1의 출력값은 $o_t = g(W_o h_t^1 + b_t^1)$라고 표현할 수 있다. 이때 h_t^1는 노드 H_t^1에서 내보내는 상태값 벡터$^{\text{state value vector}}$ 이고 b_t^1는 편향값이다. 그리고 $g(\cdot)$는 활성화 함수를 의미한다. 식 (7.5)에 연쇄법칙을 적용하면 다음과 같다.

$$\frac{\partial \mathcal{L}_t}{\partial W_o} = \frac{\partial \mathcal{L}(o_t, \bar{o}_t)}{\partial o_t} \cdot \frac{\partial o_t}{\partial W_o} \tag{7.6}$$

$\mathcal{L}(o_t, \bar{o}_t)$는 o_t로 미분 가능하고 o_t는 W_o로 미분 가능함을 알 수 있다. 예를 들면 $\mathcal{L}(o_t, \bar{o}_t)$가 MSE를 사용한다면 식 (7.6)의 연쇄법칙 첫번째 미분값은 다음과 같이 구한다.

$$\frac{\partial \mathcal{L}(o_t, \bar{o}_t)}{\partial o_t} = \frac{\partial (o_t - \bar{o}_t)^2}{\partial o_t} = 2(o_t - \bar{o}_t) \tag{7.7}$$

그리고 활성화 함수, $g(\cdot)$가 시그모이드 함수, $sigm(\cdot)$라고 한다면 최종 노드 H_t^1의 출력값 o_t는 다음과 같이 표현할 수 있다.

$$o_t = g(W_0 h_t^1 + b_t^1)$$

$$= sigm(W_0 h_t^1 + b_t^1)$$

$$= \frac{1}{1 + e^{-(W_0 h_t^1 + b_t^1)}}$$

$$= \frac{1}{1 + e^{-\xi}} \tag{7.8}$$

여기서 $\xi = W_0 h_t^1 + b_t^1$ 이다. 그러면 식(7.6)의 연쇄법칙 두번째 미분값 $\frac{\partial o_t}{\partial W_o}$ 는 다음과 같이 정리할 수 있다.

$$\frac{\partial o_t}{\partial W_o} = \frac{\partial sigm(W_o h_t^1 + b_t^1)}{\partial W_o} = \frac{\partial (1 + e^{-\xi})^{-1}}{\partial \xi} \cdot \frac{\partial \xi}{\partial W_o} \tag{7.9}$$

이때 시그모이드 함수 $sigm(\xi)$의 미분은 다음과 같다.

$$\frac{\partial sigm(\xi)}{\partial \xi} = \frac{\partial (1 + e^{-\xi})^{-1}}{\partial \xi} = \frac{1}{1 + e^{-\xi}}\left(1 - \frac{1}{1 + e^{-\xi}}\right) \tag{7.10}$$

그리고 $\frac{\partial \xi}{\partial W_o}$ 계산은 다음과 같다.

$$\frac{\partial \xi}{\partial W_o} = \frac{\partial W_o h_t^1 + b_t^1}{\partial W_o} = h_t^1 \tag{7.11}$$

시간단계, t에서의 학습변수 W_o에 대한 기울기 $\frac{\partial \mathcal{L}_t}{\partial W_o} = \frac{\partial \mathcal{L}(o_t, \bar{o}_t)}{\partial o_t} \cdot \frac{\partial o_t}{\partial W_o}$를 구했으므로 따라서 경사하강법을 적용하여 학습변수 W_o는 다음과 같이 업데이트한다.

$$W_o = W_o - \alpha \frac{\partial \mathcal{L}_t}{\partial W_o} \tag{7.12}$$

여기서 α는 학습률이다.

다음은 W_x^1을 구해보도록 하자. W_x^1은 W_o 와는 달리 이전 시간단계에서 h_{t-1}^1의 데이터가 수평 전달되기 때문에 BPTT 개념이 포함된다. 먼저 역전파를 적용하 W_x^1에 대한 목적함수, $\mathcal{L}_t$의 기울기는 마찬가지로 연쇄법칙을 이용하여 다음과 같이 구할 수 있다.

$$\frac{\partial \mathcal{L}_t}{\partial W_x^1} = \frac{\partial \mathcal{L}(o_t, \bar{o}_t)}{\partial o_t} \cdot \frac{\partial o_t}{\partial h_t^1} \cdot \frac{\partial h_t^1}{\partial W_x^1} \tag{7.13}$$

여기서 $\frac{\partial \mathcal{L}(o_t, \bar{o}_t)}{\partial o_t}$는 앞에서 보여준 식 (7.7)과 같고 $\frac{\partial o_t}{\partial h_t^1}$는 식 (7.9)와 같은 방법으로 연쇄법칙을 이용하여 h_t^1에 대해서 미분하면 된다.

다음은 $\frac{\partial h_t^1}{\partial W_x^1}$ 계산인데 h_t^1은 수평전달되면서 시간단계별 순차적인 종속성을 가지고 있기 때문에 BPTT 개념이 적용된다. 다음은 $\frac{\partial h_t^1}{\partial W_x^1}$을 구하는 방법을 설명하고 있다.

$$\frac{\partial h_t^1}{\partial W_x^1} = \frac{\partial sigm\left(\left(W_H^1 h_{t-1}^1 + b_h^1\right) \oplus \left(W_x^1 h_t^0 + b_x^1\right)\right)}{\partial W_x^1} \tag{7.14}$$

여기서 $\oplus$는 요소간의 합 element-wise addition 이다. 식 (7.14) 계산을 간략화하기 위해 분자를 다음과 같이 치환하여 정리한다. 즉 분자의 치환식은 다음과 같다.

$$\xi = \left(W_H^1 h_{t-1}^1 + b_h^1\right) \oplus \left(W_x^1 h_t^0 + b_x^1\right) \tag{7.15}$$

그리고 연쇄법칙을 적용하면 식 (7.14)는 다음과 같이 표현할 수 있다.

$$\frac{\partial h_t^1}{\partial W_x^1} = \frac{\partial sigm(\xi)}{\partial \xi} \cdot \frac{\partial \xi}{\partial W_x^1} \tag{7.16}$$

$\frac{\partial sigm(\xi)}{\partial \xi}$는 앞에서 설명한 방법으로 계산하면 되고 $\frac{\partial \xi}{\partial W_x^1}$는 다음과 같다.

$$\frac{\partial \xi}{\partial W_x^1} = \frac{\left(W_H^1 h_{t-1}^1 + b_h^1\right) \oplus \left(W_x^1 h_t^0 + b_x^1\right)}{\partial W_x^1}$$

$$= \frac{W_H^1 \cdot \partial h_{t-1}^1}{\partial W_x^1} + h_t^0 \tag{7.17}$$

여기서 W_H^1는 W_x^1에 대해 상수로 취급되며 $\frac{\partial h_{t-1}^1}{\partial W_x^1}$는 다음과 같이 표현할 수 있다.

$$\frac{\partial h_{t-1}^1}{\partial W_x^1} = \frac{\partial sigm(\xi)}{\partial \xi} \cdot \frac{\partial \xi}{\partial W_x^1} \tag{7.18}$$

여기서 ξ는 새롭게 정의된 것으로 다음 식 (7.19)와 같이 표현할 수 있다. 이때 시간단계가 $t - 1 \rightarrow t - 2$, $t \rightarrow t - 1$ 로 바뀌었음을 주목하자.

$$\xi = \left(W_H^1 h_{t-2}^1 + b_h^1\right) \oplus \left(W_x^1 h_{t-1}^0 + b_x^1\right) \tag{7.19}$$

그러므로 식 (7.18)은 다음과 같이 정리된다.

$$\frac{\partial h_{t-1}^1}{\partial W_x^1} = \frac{\partial sigm(\xi)}{\partial \xi} \cdot \frac{\partial \xi}{\partial W_x^1}$$

$$= \frac{\partial sigm(\xi)}{\partial \xi} \cdot \left(\frac{W_H^1 \cdot \partial h_{t-2}^1}{\partial W_x^1} + h_{t-1}^0\right) \tag{7.20}$$

식 (7.20)을 식 (7.17)에 대입하면 다음과 같다.

$$\frac{\partial \xi}{\partial W_x^1} = \frac{W_H^1 \cdot \partial h_{t-1}^1}{\partial W_x^1} + h_t^0$$

$$= W_H^1 \left(\frac{\partial sigm(\xi)}{\partial \xi} \cdot \left(\frac{W_H^1 \cdot \partial h_{t-2}^1}{\partial W_x^1} + h_{t-1}^0\right)\right) + h_t^0 \tag{7.21}$$

$\frac{\partial h^1_{t-2}}{\partial w^1_x}$ 값도 앞서 구한 방법과 마찬가지로 h^1_0 시간단계까지 재귀적으로 계산한다. 이 과정이 바로 BPTT이다. 목적함수, $\mathcal{L}_t$를 W^1_x에 대해 기울기를 구했으면 최종적으로 경사하강법을 적용하여 다음과 같이 W^1_x를 업데이트 한다.

$$W^1_x = W^1_x - \alpha \frac{\partial \mathcal{L}_t}{\partial W^1_x} \tag{7.22}$$

W^1_x와 마찬가지로 BPTT 개념을 적용하여 W^0_x를 계산하면 된다.

다음은 W^1_H를 구하는 과정을 살펴보기로 하자.

$$\frac{\partial \mathcal{L}_t}{\partial W^1_H} = \frac{\partial \mathcal{L}(o_t, \bar{o}_t)}{\partial o_t} \cdot \frac{\partial o_t}{\partial h^1_t} \cdot \frac{\partial h^1_t}{\partial W^1_H} \tag{7.23}$$

여기서 $\frac{\partial \mathcal{L}(o_t, \bar{o}_t)}{\partial o_t} \cdot \frac{\partial o_t}{\partial h^1_t}$는 앞에서 계산한 방법과 마찬가지로 구하면 되며 $\frac{\partial h^1_t}{\partial W^1_H}$는 다음과 같이 계산한다.

$$\frac{\partial h^1_t}{\partial W^1_H} = \frac{\partial sigm\left(\left(W^1_H h^1_{t-1} + b^1_h\right) \oplus \left(W^1_x h^0_t + b^1_x\right)\right)}{\partial W^1_H}$$

$$= \frac{\partial sigm(\xi)}{\partial \xi} \cdot \left(\frac{\partial W^1_H \cdot h^1_{t-1}}{\partial W^1_H} + \frac{W^1_H \cdot \partial h^1_{t-1}}{\partial W^1_H}\right)$$

$$= \frac{\partial sigm(\xi)}{\partial \xi} \cdot \left(h^1_{t-1} + \frac{W^1_H \cdot \partial h^1_{t-1}}{\partial W^1_H}\right) \tag{7.24}$$

여기서 $W^1_x h^0_t + b^1_x$ 는 W^1_H 에 대해 상수이므로 0이 되고 $W^1_H h^1_{t-1} + b^1_h$ 에 곱함수의 미분법 derivative product rule 인 $\frac{\partial (W^1_H \cdot h^1_{t-1})}{\partial W^1_H} = \frac{\partial W^1_H \cdot h^1_{t-1}}{\partial W^1_H} + \frac{W^1_H \cdot \partial h^1_{t-1}}{\partial W^1_H}$ 에 적용된 이유는 h^1_{t-1}가 신경망 파라메터 W^1_H를 이전 시간단계에서 포함하고 있기 때문이다.

이때 $\frac{\partial h_{t-1}^1}{\partial W_H^1}$는 재귀적으로 다음과 같이 정의된다.

$$\frac{\partial h_{t-1}^1}{\partial W_H^1} = \frac{\partial sigm\left(\left(W_H^1 h_{t-2}^1 + b_h^1\right) \oplus \left(W_x^1 h_{t-1}^0 + b_x^1\right)\right)}{\partial W_H^1}$$

$$= \frac{\partial sigm(\xi)}{\partial \xi} \cdot \left(\frac{\partial W_H^1 \cdot h_{t-2}^1}{\partial W_H^1} + \frac{W_H^1 \cdot \partial h_{t-2}^1}{\partial W_H^1}\right)$$

$$= \frac{\partial sigm(\xi)}{\partial \xi} \cdot \left(h_{t-2}^1 + \frac{W_H^1 \cdot \partial h_{t-2}^1}{\partial W_H^1}\right) \tag{7.25}$$

식 (7.25)를 식 (7.24)에 대입하면 다음과 같다.

$$\frac{\partial h_t^1}{\partial W_H^1} = \frac{\partial sigm(\xi)}{\partial \xi} \cdot \left(h_{t-1}^1 + W_H^1 \left(\frac{\partial sigm(\xi)}{\partial \xi} \cdot \left(h_{t-2}^1 + \frac{W_H^1 \cdot \partial h_{t-2}^1}{\partial W_H^1}\right)\right)\right) \tag{7.26}$$

$\frac{\partial h_{t-2}^1}{\partial W_H^1}$ 도 BPTT 방법을 적용하여 h_0^1 시간단계까지 재귀적으로 계산한다. 이 과정이 완료되면 경사하강법을 적용하여 다음과 같이 W_H^1를 업데이트한다. W_H^0도 같은 방법이 적용된다.

$$W_H^1 = W_H^1 - \alpha \frac{\partial \mathcal{L}_t}{\partial W_H^1} \tag{7.27}$$

7.5.2 TBPTT: Truncated Back Propagation Through Time

순환되는 반복과정이 길어지게 되면 BPTT 로 학습하는 컴퓨팅 자원 소모가 커지게 된다. 실무적인 관점에서 보다 효율적으로 순환신경망을 학습시키는 방법이 바로 Truncated BPTT 다. 말뜻 그대로 전체 순환구간에 대해 BPTT 를 하지 않고 전 구간을 적당한 시간 간격의 하위 구간으로 나누어 각 구간에 대해서 하나씩 하나씩 BPTT 를 실행하는 방법이다.

TBPTT 는 윌리엄스 [Williams] 와 펭 [Peng6]이 제안한 방법으로 컴퓨팅 자원을 효율적으로 사용하는 실용적인 장점이 있어 많이 활용되고 있으나 정확도는 BPTT 보다 떨어진다.

일반적으로 텐서플로우나 파이토치와 같은 딥러닝 프레임워크를 이용하여 순환신경망 모델을 구현할 경우에는 먼저 RNN 셀을 선정하고 신경망 구조를 모델링한 후 목적함수를 정의한다. 그리고 SGD, RMSprop, Adam 등과 같은 최적화 기법을 선정하여 학습 데이터로 학습을 시작하면 프레임워크 내부에서 자동적으로 BPTT 가 수행된다. 순환신경망의 학습방법인 BPTT 는 텐서플로우나 파이토치의 기본설정으로 되어있어 자동으로 실행되지만 TBPTT 방법은 프레임워크에 따로 정의되어 있지 않다.

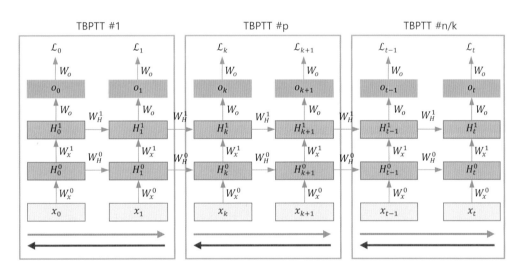

그림 7.16 TBPTT 적용 예시

만약 사용자가 TBPTT 를 사용하고자 한다면 크기 n 만큼의 순차적인 길이[sequence length] 를 가지는 입력값을 k 길이만큼 분할하여 배치 [batch] 데이터셋을 만들고 학습시키면 된다. 이와 같이 분

---

6 Ronald J. Williams and Jing Peng, An Efficient Gradient-Based Algorithm for On-Line Training of Recurrent Network Trajectories, 1990

할하게 되면 k 길이를 가지는 $\frac{n}{k}$개의 입력 데이터가 생성된다. 이때 주의해야할 것은 길이 n의 입력값을 k 길이만큼 분할한 $\frac{n}{k}$개의 배치 데이터셋으로 학습을 시킬 때, 순환신경망 셀 옵션에 '**stateful = True**'를 사용해야한다. 이 옵션은 여러 개의 데이터를 배치로 묶어 학습시킬 때 각 배치 데이터셋 학습 시 저장된 최종 은닉층 벡터를 다른 배치 데이터셋으로 새롭게 시작하는 순환신경망의 초기 은닉층으로 그대로 전달하는 기능이다. 따라서 n개의 길이를 가지는 순차적 데이터를 k 길이만큼 분할하여 $\frac{n}{k}$개의 배치 데이터셋으로 학습 데이터를 만들고 '**stateful = True**'를 사용하여 BPTT 로 학습을 하게 되면 Truncated BPTT 인 TBPTT 를 구현하는 효과를 얻을 수 있다.

7.5.3 양방향 순환신경망 (BRNN: Bidirectional RNN)

순환신경망을 이용하여 순차적인 데이터를 분석할 때 역방향의 문맥을 알게 되면 더욱 정확도가 높아질 수 있다. 예를 들면 "나는 생각할 때 **눈을** 감는다"라는 문장과 "나는 바다에 내리는 **눈을** 좋아한다"라는 문장이 있다고 했을 때 순방향으로만 학습하게 되면 눈^{eye}과 눈^{snow}를 구별하는 데 정확도가 떨어지는 문제가 있다.

만약 순방향과 동시에 역방향으로도 학습을 하게 되면 다양한 학습 데이터를 통해서 눈^{eye} 또는 눈^{snow}에 해당하는 서술어를 사전에 학습하게 된다. 결국 양방향^{bidirectional}으로 학습하고 난 후 순방향으로 언어모델을 활용하면 눈과 같이 다중의미를 가지고 있는 어휘 뒤에 나올 수 있는 단어를 더욱 정확하게 선정할 수 있게 된다.

그림 7.17은 양방향 순환신경망$^{Bidirectional\ RNN,\ BRNN}$을 보여준다. 그림에서 보듯이 은닉층은 순방향 은닉층과 역방향의 은닉층이 존재한다. 즉 각 은닉층은 양방향 은닉상태 학습변수 텐서를 가지게 된다. 여기서는 순방향일 경우 W_H^0가 되고 역방향일 경우 W_H^{-0}가 된다. 그리고 은닉층은 출력층으로 전달되는 과정에서 순방향 은닉층은 W_0의 학습변수 텐서와 역방향 은닉층은 W_{-0}의 학습변수 텐서를 각각 갖는다.

각 방향마다의 은닉층에서 수직 전달된 상태벡터는 출력층에서 요소별 합산^{element-wise addition} 을 하고 최종 출력값을 계산한다.

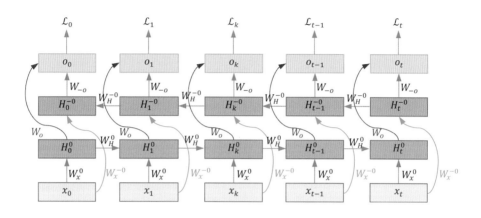

그림 7.17 양방향 순환신경망 모델 예시

다음은 텐서플로우와 파이토치에서 사용되는 BRNN 예를 보여준다.

```
# TensorFlow
import tensorflow as tf
FORW_LSTM=tf.keras.layers.LSTM(units, return_sequences=False,
                    return_state=False, **options)
tf.keras.layers.Bidirectional(FORW_LSTM, backward_layer=None, **options)
```

여기서 **'backward_layer=None'** 이면 역방향 은닉층 셀도 정의된 FORW_LSTM을 사용하 겠다는 의미이며 만약 역방향 은닉층 셀을 다른 구조를 적용하고자 할 경우에는 FORWD_LSTM을 정의한 방법과 같이 BACK_LSTM을 정의하고 **'backward_layer = BACK_LSTM'** 이라고 설정하면 된다.

파이토치에서 BRNN 구현은 비교적 텐서플로우보다 간단하다. 다음은 파이토치에서 BRNN 을 구현하는 방법을 보여준다.

```
# PyTorch
import torch
torch.nn.LSTM(input_size, hidden_size, num_layers, bidirectional= True,
**options)
```

퍼이토치에서는 셀 구조를 정의할 때 **bidirectional = True** 옵션을 정의하면 된다. 이렇게 되면 순방향 은닉층의 셀 구조와 동일한 역방향 셀 구조를 기반으로 하는 양방향 RNN 모델이 구현된다.

7.5.4 GRU를 이용한 독일 예나지역 기후예측 예제

다음은 케글Kaggle에 등록된 독일 예나Jena Germany 지역의 시계열time series 날씨 데이터셋을 사용하여 날씨예측을 위한 순환신경망 모델을 구현한 예를 보여준다. 순환신경망RNN 구현을 위해 텐서플로우 프레임워크를 사용하였고 학습 방식은 [120 시간단계 × 10분 = 20시간] 과거 데이터 패턴을 조건으로 [12 시간단계 × 10분 = 2시간] 향후 온도를 예측하는 모델이다. 이 예제에서는 텐서플로우가 지원하는 순환신경망 셀 중에서 GRU 셀을 사용하였다.

머신러닝 모델을 개발할 때 중요한 것 중에 하나가 과업목표를 달성할 수 있도록 학습을 시킬 때 필요한 학습 데이터를 정제하는 것이다. 다음은 예제코드를 검토하기 전에 먼저 다중변수 예측multivariate forecasting 문제에서 다루는 학습 데이터 정제 방법을 간단히 보여준다. 다중변수 예측 문제란 다중변수가 매 시간단계별 입력되는 순차적인 사건에서의 예측 문제를 말한다. 일반적으로 순환신경망에서 나루는 입력 데이터는 매 시간단계마다 여러 개의 실숫값이 포함된 벡터 형태가 되는데 이것을 다중변수multivariate 라고 한다. 각 시간단계별로 다중변수를 가지는 입력 데이터 벡터는 원하는 시간영역time range 또는 순차적 길이sequence length 동안 순환 또는 반복해서 입력되므로 순환신경망에서의 입력 데이터는 [순차적 길이 × 다중변수 길이] 배열로 작성된다. 회귀식과 같은 예측 모델에서 레이블은, (i) 한단계 예측one-step prediction인 경우에는 한 개의 실숫값이 되고, (ii) 다중단계 예측$^{multi-step\ prediction}$인 경우에는 다중단계 만큼의 벡터가 된다.

그림 7.18은 케글에서 내려 받은 예나^{Jena} 날씨 데이터를 가지고 우리가 사용할 학습 데이터를 정제하는 과정을 보여준다. 그림 7.18에서처럼 만약 매 시간단계마다 6개의 특성 벡터$^{(p,\ T,\ rho,}$ $^{VPact,\ VPdef,\ sh)}$를 10번 순차적으로 입력하고 이를 조건으로 향후 5 시간단계의 온도^{T,degC}를 예측 하도록 학습을 시킨다고 한다면 그림 7.18에서 보여주듯이 입력 데이터$^{(파란박스)}$와 온도 데이터$^{(묶은}$ $^{박스)}$를 쌍^{pair}으로 묶어서 데이터를 만든다. 그리고 이동단계^{stride} 만큼 이동하여 같은 방식으로 데 이터를 만든다. 이렇게 단일 데이터를 만들고 나서 만약 미니배치 경사법$^{(MBGD:\ Mini\ Batch\ Gradient}$ $^{Descent)}$을 사용하게 되면 단일 데이터를 배치 크기만큼 묶어 사용한다.

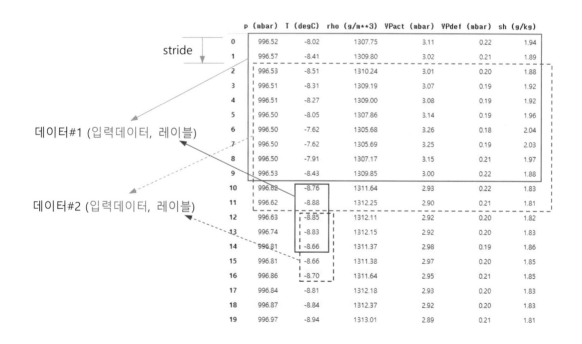

그림 7.18 순환신경망 모델에 사용되는 시계열 학습데이터 작성 예시

다음은 텐서플로우를 이용하여 기후를 예측하는 순환신경망 모델을 구현한 것이다. 여기서 사용 된 코드는 TensorFlow.org에 있는 예제를 참조하였다

```python
# 필요한 라이브러리 불러오기
import tensorflow as tf
import matplotlib as mpl
import matplotlib.pyplot as plt
import numpy as np
import os
import pandas as pd

# 독일 예나지역 기상 데이터 다운로드
zip_path = tf.keras.utils.get_file(
    origin='https://storage.googleapis.com/tensorflow/tf-keras-
datasets/jena_climate_2009_2016.csv.zip',
    fname='jena_climate_2009_2016.csv.zip',
    extract=True)
csv_path, _ = os.path.splitext(zip_path)

# CSV 학습 데이터 입력
df = pd.read_csv(csv_path)
df.head()

# 분석에 사용할 특성추출
features_considered = ['p (mbar)', 'T (degC)', 'rho (g/m**3)', 'VPact (mb
ar)', 'VPdef (mbar)', 'sh (g/kg)']
features = df[features_considered]

# 항목명을 제외한 데이터만 추출
dataset = features.values

# 넘파이 라이브러리를 이용한 평균값과 표준편차 계산
data_mean = dataset.mean(axis=0)
data_std = dataset.std(axis=0)

# 정규화
dataset = (dataset-data_mean)/data_std
dataset
```

```python
# 학습데이터, 레이블 작성
# 순환신경망에 입력될 입력데이터 양식에 맞추어 단일 데이터를 만들고 리스트에 저장
def dataset_build(dataset, target, start_index, end_index, past_size,
                  target_size, step, single_step=False):
  data = []
  labels = []

  start_index = start_index + past_size
  if end_index is None:
    end_index = len(dataset) - target_size

  for i in range(start_index, end_index):
    indices = range(i-past_size, i, step)
    data.append(dataset[indices])

    if single_step:
      labels.append(target[i+target_size])
    else:
      labels.append(target[i:i+target_size])

  return np.array(data), np.array(labels)

# 어느정도 과거 데이터로 미래를 예측할 지 파라메터 설정
past_timestep = 120
future_timestep = 12
# 단일 데이터 생성시 stride 거리
STEP = 1

# 학습 데이터 / 검증 데이터 분리
TRAIN_SPLIT = 300000

x_train, y_train = dataset_build(dataset, dataset[:, 1], 0,
                                 TRAIN_SPLIT, past_timestep,
                                 future_timestep, STEP)
x_val, y_val = dataset_build(dataset, dataset[:, 1],
                             TRAIN_SPLIT, None, past_timestep,
                             future_timestep, STEP)
```

```
# 한번에 입력할 데이터 수량
BATCH_SIZE = 256

# 셔플링할 때 목표 데이터 수량 (학습데이터를 골고루 섞기 위해서)
BUFFER_SIZE = 300000

train_data = tf.data.Dataset.from_tensor_slices((x_train, y_train))
train_data = train_data.cache().shuffle(BUFFER_SIZE).batch(BATCH_SIZE).re
peat()

val_data = tf.data.Dataset.from_tensor_slices((x_val, y_val))
val_data = val_data.batch(BATCH_SIZE).repeat()

# 분석결과 가시화를 위한 Plot 함수 설정
# 시간축 x 값 생성
def build_time_steps(length):
  return list(range(-length, 0))

def result_plot(past, true_future, pred_future):
  plt.figure(figsize=(12, 6))
  num_in = build_time_steps(len(past))
  num_out = len(true_future)

  plt.plot(num_in, np.array(past[:, 1]), label='Past')
  plt.plot(np.arange(num_out)/STEP, np.array(true_future), 'b-',
          label='True Future')
  if pred_future.any():
    plt.plot(np.arange(num_out)/STEP, np.array(pred_future), 'r-',
            label='Pred Future')
  plt.legend(loc='upper left')
  plt.show()

# 순환신경망 모델 설계
# GRU 기반의 시계열 예측모델
# kera 에서는 Sequential()을 선언하면 model.add()로 신경망을 계속
쌓을 수 있도록 되어 있음
```

```
model = tf.keras.models.Sequential()
model.add(tf.keras.layers.GRU(32, activation='relu',
                                return_sequences=True))
model.add(tf.keras.layers.GRU(32, activation='relu',
                                return_sequences=True))
model.add(tf.keras.layers.GRU(32, activation='relu'))

# Dense(N)에서 최종 출력 벡터크기는 예측하고자 하는 timestep 수와 일치
# Dense(N) = pred_future(N)
model.add(tf.keras.layers.Dense(12))

# RMSprop 최적화 함수 사용. MSE 로스 함수 적용
model.compile(optimizer=tf.keras.optimizers.RMSprop(clipvalue=1.0), loss
='mse')

# 에폭마다 학습 반복횟수
EVALUATION_INTERVAL = 200

# 학습 에포크 정의
EPOCHS = 20

# 학습 시작
model.fit(train_data, epochs=EPOCHS,
          steps_per_epoch=EVALUATION_INTERVAL,
          validation_data=val_data,
          validation_steps=50)


Epoch 1/20
200/200 [==================] - 53s 247ms/step - loss: 0.2659 - val_loss: 0.0162
Epoch 2/20
200/200 [==================] - 49s 245ms/step - loss: 0.0222 - val_loss: 0.0167
Epoch 3/20
200/200 [==================] - 49s 246ms/step - loss: 0.0172 - val_loss: 0.0147
Epoch 4/20
200/200 [==================] - 49s 246ms/step - loss: 0.0157 - val_loss: 0.0089
Epoch 5/20
200/200 [==================] - 49s 247ms/step - loss: 0.0142 - val_loss: 0.0144
Epoch 6/20
```

```
200/200 [==================] - 49s 247ms/step - loss: 0.0136 - val_loss: 0.0110
Epoch 7/20
200/200 [==================] - 50s 248ms/step - loss: 0.0131 - val_loss: 0.0099
Epoch 8/20
200/200 [==================] - 50s 249ms/step - loss: 0.0127 - val_loss: 0.0080
Epoch 9/20
200/200 [==================] - 49s 247ms/step - loss: 0.0120 - val_loss: 0.0088
Epoch 10/20
200/200 [==================] - 50s 248ms/step - loss: 0.0119 - val_loss: 0.0085
Epoch 11/20
200/200 [==================] - 50s 248ms/step - loss: 0.0117 - val_loss: 0.0074
Epoch 12/20
200/200 [==================] - 50s 248ms/step - loss: 0.0114 - val_loss: 0.0071
Epoch 13/20
200/200 [==================] - 49s 246ms/step - loss: 0.0112 - val_loss: 0.0083
Epoch 14/20
200/200 [==================] - 49s 246ms/step - loss: 0.0106 - val_loss: 0.0067
Epoch 15/20
200/200 [==================] - 49s 245ms/step - loss: 0.0104 - val_loss: 0.0100
Epoch 16/20
200/200 [==================] - 49s 245ms/step - loss: 0.0102 - val_loss: 0.0087
Epoch 17/20
200/200 [==================] - 49s 245ms/step - loss: 0.0098 - val_loss: 0.0068
Epoch 18/20
200/200 [==================] - 49s 246ms/step - loss: 0.0098 - val_loss: 0.0066
Epoch 19/20
200/200 [==================] - 49s 246ms/step - loss: 0.0096 - val_loss: 0.0071
Epoch 20/20
200/200 [==================] - 49s 246ms/step - loss: 0.0095 - val_loss: 0.0066

# 검증: 예측 결과 출력
for x, y in val_data.take(4):
  result_plot(x[0], y[0], model.predict(x)[0])
```

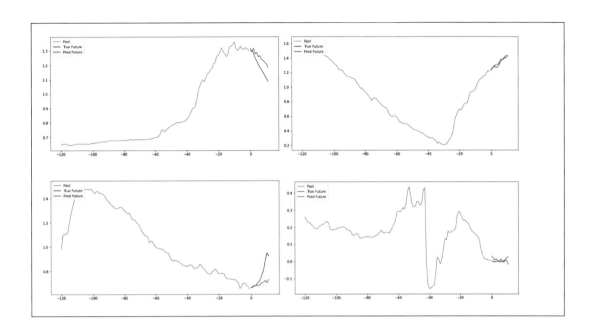

7.6 언어모델 Language Model

언어모델은 자연어처리^{Natural Language Processing} 분야에서 사용되는 모델이다. 자연어처리는 일반 적으로 언어를 이해하는 분야^{natural language understanding}와 언어를 생성하는 분야^{natural language generation} 로 구별된다.

언어를 이해한다는 것은 언어에 내포된 의미 분석, 감정 분석, 문장 간 유사성 분석, 추론 분석 등을 수행하는 것을 의미하며, 언어를 생성한다는 것은 주어진 초기 어휘를 기반으로 이후 문장 을 완성한다거나 어떤 이미지를 설명하는 캡셔닝을 한다거나 다음에 나올 알맞은 문장을 찾는 것 등을 말한다.

언어모델에서 가장 관심이 있는 분야가 기계번역^{MT: Machine Translation}이다. 컴퓨터를 이용하여 번 역하는 MT의 기본 아이디어는 1949년 미국의 수학자 워렌 위버^{Warren Weaver}의 "Translation"[7]

---

[7] Weaver, W., "Translation." [Machine translation of languages: fourteen essays] W.N. Locke and A.D. Booth, 15-

에서 시작되었다고 보고 있다.

이후 1950 년대 ~ 1980 년대에는 주로 언어학자를 중심으로 어휘나 문법 등을 기반으로 언어간 규칙을 찾는 규칙기반 기계번역 RBMT: Rule-Based Machine Translation 이 연구되었다. 1980 년대 ~ 2000 년대에는 디지털 언어 데이터가 충분히 축적되고 여기에 통계학 모델이 적용이 되어 통계적 기계번역 SMT: Statistical Machine Translation 모델이 주요 연구대상이었다. 초기 구글 번역 Google Translate 서비스는 SMT 를 기반으로 하였다.

1997년 라몬 네코 Ramon Neco 와 미켈 포카다 Mikel Forcada[8]는 현재 기계번역기에 핵심 알고리즘으로 사용되고 있는 "인코더-디코더 encoder-decoder" 개념을 발표하였고, 2003년에는 몬트리올 대학의 요슈아 벤지오 Yoshua Bengio 와 그의 연구팀은 처음으로 신경망을 기반으로 하는 기계번역 알고리즘을 발표하였다[9]. 이 연구는 SMT에서 나타나는 데이터 희소성 문제들을 개선하였고 지금의 신경망 기반 기계번역 NMT: Neural Machine Translation 의 기초가 된다.

2014년 구글의 서스케버 Sutskever 와 그의 동료들은 "인코더-디코더" 개념을 적용하여 seq2seq[10] RNN 모델을 개발하였는데 RNN 셀에 LSTM을 적용하여 길이가 긴 문장 번역시 발생되는 장기 기억 소멸을 해결하여 뛰어난 번역 정확도[11]를 보여주었다. 요수아 벤지오와 연구팀은 seq2seq 모델에 어텐션 attention 개념을 적용한 NMT 알고리즘[12] 을 제안했는데 어텐션 attention 모델은 구글의 딥마인드 DeepMind 연구원들이 발표한 순차적인 이미지 분석 연구[13]를 참

23. Cambridge, Mass.: Technology Press of M.I.T., 1949

[8] Neco, R. P., & Forcada, M. L., Asynchronous translations with recurrent neural nets. In *Neural Networks, 1997., International Conference on* (Vol. 4, pp. 2535–2540). IEEE.

[9] Bengio, Y., Ducharme, R., Vincent, P., & Jauvin, C. (2003). A neural probabilistic language model. *Journal of machine*

[10] Ilya Sutskever et al., Sequence to Sequence Learning with Neural Networks, NIPS 2014

[11] 기계번역의 성능은 주로 BLEU(Bilingual Evaluation Understudy) score로 측정을 하는데 n-gram이라는 방법을 사용하여 예측값과 정답이 어느정도 일치하는가를 측정한다

[12] Bahdanau, D., Cho, K., & Bengio, Neural machine translation by jointly learning to align and translate. 2014

[13] Mnih, V., Heess, N., & Graves. Recurrent models of visual attention. In Advances in neural information

조한 것이다.

2017 년에 구글 연구팀은 어텐션 ^{attention} 개념과 인코더-디코더 개념을 기반으로 하는 "트랜스포머 ^{Transformer}"[14]라는 모델은 발표하였는데 이 모델은 현재 사용되고 있는 모든 NMT 의 기본 개념으로 사용되고 있고 일반적인 언어모델로 확산 적용되고 있다. 여기서 특이한 사실은 트랜스포머 ^{Transformer} 는 언어모델을 지향하지만 순환신경망을 사용하지 않은 다는 점이다. 순환신경망에서 순서대로 입력되는 순차적인 특성을 트랜스포머 모델에서는 Positional Encoding ^{PE} 기법을 이용하여 자연어처리 ^{NLP} 에서의 순차적인 특성을 반영한다. 최근 이러한 트랜스포머의 개념은 기계번역을 넘어 언어모델과 다른 시계열 분석 모델까지 확장되는 있는 추세다.

2018년 2월에 알렌 인공지능연구소 ^{Allen AI} 와 워싱턴 대학교 ^{University of Washington} 연구팀이 양방향 LSTM 셀을 기반으로 하는 순환신경망 모델을 적용한 ELMo ^{Embeddings from Language Models}[15] 라는 언어모델을 개발하였다 (그림 7.19 c). ELMo 언어모델 연구에서 기여한 것은 위키피디아 ^{Wikipedia} 와 같은 방대한 텍스트 데이터를 기반으로 사전학습 ^{pre-training} 을 통한 언어모델 개발이 가능하다는 것을 보여준 것이다.

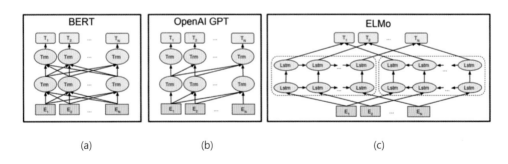

| (a) | (b) | (c) |

그림 7.19 언어모델 비교: (a) BERT (b) GPT (c) ELMo

---

processing systems, 2014

[14] Vaswani A, Shazeer N, Parmar N, Uszkoreit J, Jones L, Gomez AN, Kaiser Ł, Polosukhin I. Attention is all you need. NeurIPS. 2017

[15] Matthew E. Peters et al., Deep contextualized word representations, 2018

OpenAI의 연구팀은 2018년 5월 트랜스포머의 디코더 부분을 12층으로 쌓아 개선한 GPT Generative Pretrained Transformer 모델을 발표[16]하였다. GPT는 이후 계속해서 후속 모델이 발표되는데 최초로 발표된 것을 GPT-1이라고 한다. GPT-1은 순방향으로만 학습을 하며 트랜스포머에서와 마찬가지로 셀프-어텐션 self-attention 과 12개의 멀티-헤드 어텐션 multi-head attention 기법을 사용하여 입력된 데이터끼리의 상관성을 찾는다. GPT-1에서 각 신경층의 상태벡터의 차원은 768 차원으로 정의하였고 PE Positional Encoding 크기는 3,072로 하였다. 참고로 PE 크기는 데이터의 특성 개수로 이해하면 된다. GPT-1에서 사용된 학습변수의 개수는 1억 천 7백만개[117 Million]이다. 2019년 11월 GPT-1 모델을 발표했던 OpenAI 언어모델 연구팀은 GPT-1 모델의 기본 구조를 유지한 채 48개의 신경층을 쌓고 각 신경층마다의 상태벡터의 크기를 768에서 1,600 차원으로 증가시킨 GPT-2 모델을 발표하였다[17]. 이 모델의 학습변수 개수는 15억 4천 2백만 1,542 Million 개다. 2020년 5월 OpenAI 언어모델 연구팀은 다시 GPT-2를 개선한 GPT-3 모델을 발표하였는데 이 모델의 학습변수 개수는 천 7백 50억[175 Billion] 개다. 현존하는 언어모델 중 가장 규모가 큰 GPT-3 모델은 현재 마이크로소프트 Microsoft 사와 OpenAI 가 공동으로 상용화를 준비중에 있다.

2018 년 10 월, 구글의 언어모델 연구팀은 OpenAI 의 GPT 에 영감을 얻어 트랜스포머 모델에서 인코더 부분만을 사용하여 BERT Bidirectional Encoder Representation from Transformer 라는 언어모델을 발표하였다[18]. BERT 모델을 소개한 연구논문 제목에서 트랜스포머 Transformer 라는 단어를 사용한 것에서 알 수 있듯이 GPT 와 마찬가지로 기본적인 아이디어는 트랜스포머를 기반으로 하고 있기 때문에 어텐션 attention 개념과 PE Positional Encoding 개념을 기반으로 하고 있다. BERT 의 차별점은 레이블이 없는 텍스트를 가지고 양방향으로 사선학습 pre training 을 진행하는 것이다.

---

[16] Alec Radford et al., Improving Language Understanding by Generative Pre-Training

[17] Alec Radford et al., Language Models are Unsupervised Multitask Learners. 2019

[18] Jacob Devlin et al., BERT: Pre-training of Deep Bidirectional Transformers for Language Understanding, 2019

BERT 는 이 기법을 이용하여 다양한 분야의 언어모델에서 정확도를 획기적으로 향상시키는 결과를 가져왔다.

2019 년 7 월에는 구글 브레인^{Brain} 팀과 카네기멜론 대학교^{CMU, Carnegie Mellon University} 연구팀이 XLNet 이라는 모델을 발표[19]하였고, 페이스북 인공지능 연구소^{FAIR} 와 워싱턴 대학교 연구팀은 RoBERTa 라는 언어모델을 발표[20]하였다. XLNet 은 GPT 의 단방향성으로 순차적으로 학습하는 AR^{Auto Regression} 방법과 BERT 의 양방향성 학습방식인 AE^{Auto Encoder} 방식의 장점을 취합한 방법으로 당시 가장 성능이 좋았던 BERT 를 능가하는 성능을 보여주었다. RoBERTa 는 BERT 에서 수행해 보지 못한 다양한 하이퍼파라메터에 대한 벤치마킹테스트를 통해 GLUE^{General Language Understanding Evaluation}, SQuAD^{The Stanford Question Answering Dataset}, RACE^{ReAding Comprehension dataset from Examination} 등의 언어모델 성능평가 테스트에서 가장 좋은 성능을 보여주었다.

2020년 2월에는 구글과 TTIC^{Toyota Technological Institute at Chicago} 팀에서 ALBERT 모델을 발표[21]하였다. ALBERT는 BERT 보다 약 1/5 정도 밖에 안되는 학습변수를 사용하고도 우수한 성능을 보여주었다.

2020년 7월에는 구글 연구팀이 T5^{Text-to-Text Transfer Transformer}라는 언어모델을 발표[22]하였다. T5 모델은 구글 연구원팀이 논문에서도 설명한 것처럼 새로운 모델은 아니지만 다양한 벤치마킹테스트를 통한 세부 보정^{fine-tuning}으로 GLUE나 SQuAD 등과 같은 여러가지 성능평가에서 각 리더보드 상위에 랭크되었다. T5 연구에서의 기여는 C4^{Colossal Clean Crawled Corpus}라는 언어모델 데이터셋을 개발하고 배포하여 이후 언어모델 연구에 많은 도움을 주고 있다. C4는 인터넷에 있는 다양한 텍스트 데이터를 수집하여 제공하고 있는 'Common Crawl (commoncrawl.org)'

---

[19] Zhilin Yang et al., XLNet: Generalized Autoregressive Pretraining for Language Understanding, 2019

[20] Yinhan Liu et al., RoBERTa: A Robustly Optimized BERT Pretraining Approach, 2019

[21] Zhenzhong Lan et al., ALBERT: A LITE BERT FOR SELF-SUPERVISED LEARNING OF LANGUAGE REPRESENTATIONS, ICLR 2019

[22] Colin Raffel et al., Exploring the Limits of Transfer Learning with a Unified Text-to-Text Transformer, Journal of Machine Learning Research 21, 2020

비영리 재단이 확보하고 있는 데이터 셋을 다시 언어모델이 바로 활용할 수 있도록 정제한 데이터 셋을 말한다.

현재 언어모델 개발의 주요 접근방법은 트랜스포머라는 신경망 구조에 C4와 같은 인터넷에서 수집한 방대한 데이터를 비지도 방식으로 사전 학습시키고[pre train], 이를 전이학습[transfer learning]을 통해 특정한 과업[task]을 수행하도록 세부 보정[fine-tuning] 하는 지도학습으로 최종 학습을 시킨다. 최근에는 GPT나 BERT에서 효과를 발휘했던 자기지도학습[self-supervised learning]을 사용하는 것이 일반화되었다. 자기지도학습은 사전학습과정에서 언어모델이 레이블이 없는 텍스트 데이터셋을 가지고 스스로 레이블을 만들어 학습하는 방법을 말한다. 자기지도학습이 최근 비지도학습의 대안으로 떠오르면서 인공지능 분야에서 많은 관심을 가지고 있는데 '**10장 AGI로 가는 길**'에서 좀더 구체적으로 살펴보기로 한다.

트랜스포머와 GPT 그리고 BERT 모델은 현재 언어모델의 중심이라고 해도 과언은 아니다. 또한 트랜스포머에 사용된 개념과 자기지도학습 방식은 여러 다른 영역으로 확산 및 응용되고 있는 추세여서 위 주제에 대해 조금 더 구체적으로 다루어 보고자 한다.

7.7 Sequence-to-Sequence 모델 Seq2Seq Model

2014년 구글의 서스케버[Sutskever]와 그의 동료들이 발표한 seq2seq 모델은 그림 7.14의 many-to-many RNN 구조 중 인코더-디코더의 sequence-to-sequence 형태를 가진다. 그들은 논문에서 ABC 라는 소스 문장[source sentence]이 인코더[encoder]로 입력되면 입력부의 순차적인 특성이 마지막 은닉층에 압축되어 저장이 되고 이 특성은 디코더[decoder]의 WXYZ 출력에 영향을 준다라고 설명한다 (그림 7.20). 그림 7.20에서 <EOS>는 <End of Sentence>의 뜻으로 문장이 종결됐다는 것을 의미하는 하나의 토큰[token][23]이다.

---

[23] 자연어처리에서 사용되는 토큰은 단어 또는 각종 부호라고 생각하면 된다.

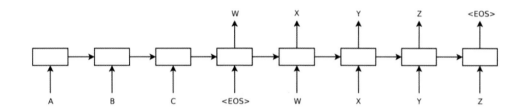

그림 7.20 서스케버 논문에서 보여주는 seq2seq RNN 구조

그들이 사용한 seq2seq 모델은 LSTM 을 사용한 RNN 모델인데 초기에는 기계번역을 위해 개발되었다. 이 모델을 통해 신경망 기반의 기계번역 [NMT] 모델이 확률적인 기계번역 [SMT] 보다 성능면에서 앞선다는 것을 보여주었고 이후 인코더-디코더 형태의 seq2seq 신경망 모델은 언어모델의 주류를 형성하게 된다.

그런데 seq2seq 모델의 단점은 인코더 부분에서의 순차적인 특성이 인코더 마지막 시간단계에서의 은닉층에 오버랩[overlap] 되듯이 저장되기 때문에 데이터의 순차적인 특성이 사라지게 된다. 이를 개선한 모델이 바로 Seq2Seq with Attention 모델이다.

기계번역이나 챗봇 등에 주로 활용되는 seq2seq 모델은 인코더 부분에 나오는 데이터의 순서와 디코더 부분에 나오는 데이터[예측값] 순서의 관계를 찾는 것이 중요하다. 따라서 Seq2Seq with Attention 모델에서는 인코더에서 나오는 데이터 순서와 디코더에서 나오는 데이터 순서를 어텐션[attention]이라는 개념으로 연결시켜준다.

Seq2seq with Attention 모델의 구체적인 설명은 다음 절에서 다루어 보고자 한다.

7.8 Seq2Seq with Attention 모델

Seq2Seq with Attention 모델 (여기서는 줄여서 어텐션[attention] 모델이라고 하자)은 앞에서 설명한 seq2seq 모델과 어텐션[attention] 개념을 결합한 것이다. 어텐션이라는 아이디어는 구글의 딥마인드 연구원들이 2D 이미지를 분석할 때 전체 입력 이미지에 CNN 기법을 적용하는 대신 전체 이미지를 n 등분하여 각 부분 이미지를 순차적으로 CNN 을 적용하면서 제안되었다. 그들은 어텐션 아이디어를 적용하여 전체 이미지에 CNN 을 적용한 기존의 방법보다 적은 메모리를 사용하고도 높은 정확도를 얻어냈다. 그들은 원래 이미지를 n 등분하면서 각 n 등분된 이미지를 CNN 을 사용하여 순차적으로 분석했는데 이 과정에서 보다 효과적으로 원래 이미지의 특성을 집중하여 찾아낼 수 있다고 하여 어텐션이라는 용어를 사용하였다.

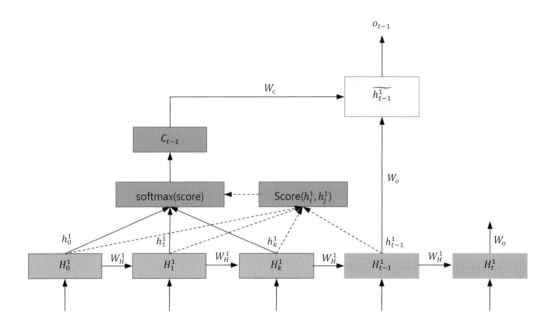

그림 7.21 Seq2Seq Attention 모델 구조

그림 7.21은 seq2seq에서 어텐션 모델이 동작되는 과정을 보여준다. 어텐션 모델에서 디코더 파트의 최상위에 있는 은닉층, H_{t-1}^1 이 출력층으로 상태벡터, h_{t-1}^1 을 내보낼 때 인코더에 있는 컨텍스트^{context} 벡터인 C_{t-1} 와 합해져서 출력되며, 이 합해진 벡터를 어텐션 은닉상태 벡터 $(\widetilde{h_{t-1}^1})$ 라고 한다. 이때 $\widetilde{h_{t-1}^1}$ 이 계산되는 과정은 다음과 같다.

$$\widetilde{h_{t-1}^1} = g(W_c C_{t-1} \oplus W_0 h_{t-1}^1) \tag{7.28}$$

여기서 $g(\cdot)$는 활성화 함수이고 $\oplus$는 요소간 합 element-wise addition 이다. 어텐션 은닉상태 벡터의 의미는 디코더가 각 시간단계마다 출력하는 은닉벡터에 인코더의 순차적인 데이터 특성을 반영하겠다는 것이다. 마찬가지로 시간단계 t에서 디코더의 은닉층, H_t^1이 출력층으로 상태벡터, h_t^1를 출력할 때도 같은 과정을 거친다.

다음은 컨텍스트 벡터, C_{t-1}이 도출되는 과정을 살펴보기로 하자.

먼저 인코더의 각 은닉상태벡터, h_i^1는 디코더의 각 은닉상태벡터, h_j^1와 연관성 계산을 하고 이것을 스코어 score 라고 한다. 스코어를 계산하는 방법 중 하나로 각 은닉벡터간 스칼라 곱 scalar product 을 사용할 수 있다. 즉 스칼라 곱을 사용한 스코어 계산을 다음과 같이 구할 수 있다.

$$score_i = h_i^1 \cdot h_{t-1}^1 \quad i = 0, 1, 2, \dots, k \tag{7.29}$$

여기서 h_i^1는 시간단계 i에서 인코더의 은닉층 H^1에서 내보내는 은닉벡터이고, h_{t-1}^1는 시간단계 $t-1$에서 디코더의 은닉층 H_{t-1}^1에서 내보내는 은닉벡터다. 그러므로 순차적으로 출력되는 $k+1$개의 인코더 은닉벡터와 시간단계 $t-1$에서 디코더의 은닉벡터간 스칼라 곱은 $k+1$개의 스칼라 값이 되며 이것을 저장한 벡터를 스코어 벡터라고 한다. 즉 스코어 벡터의 크기는 인코더의 순차적인 데이터 개수와 같다. 이후 스코어 벡터에 소프트맥스 함수를 적용하게 되면 스코어 벡터의 각 요소값은 인코더의 각 시간단계별 출력하는 은닉벡터와 디코더의 시간단계 $t-1$에서 출력하는 은닉벡터 간의 상관정도를 확률적으로 정량화한 것이 된다. 즉 확률개념의 softmax(score)는 인코더의 각 시간단계별 출력하는 은닉벡터에 곱해져서 요소간 합을 한 것이 바로 컨텍스트 벡터, C_{t-1}가 된다.

$$C_{t-1} = \sum_{i=0}^{k} softmax(score_i) h_i^1 \tag{7.30}$$

시간단계 $t-1$에서 구해진 컨텍스트 벡터를 적용할 때, Luong 방법은 같은 시간단계 $t-1$에 적용하고, Bahdanau 방법은 다음 시간단계인 t에 컨텍스트 벡터를 적용한다.

학습과정에서는 디코더에 정답$^{\text{ground truth}}$ 인 레이블을 입력하여 학습을 진행한다. 이를 티처 포싱 $^{\text{teacher forcing}}$ 이라고 한다. 예를 들면 **한국어 → 스페인어** 기계번역기를 학습시키고자 한다면 다음과 같이 티처 포싱으로 학습시킨다.

"누구를 위하여 좋은 울리나" → "Para quien suena la campana" 번역 학습

● 인코더 입력:

$x_0 =$"누구를", $x_1 =$"위하여", $x_2 =$"좋은", $x_3 =$"울리나"

● 디코더 입력:

$y_0 =$"START", $y_1 =$"Para", $y_2 =$"quien", $y_3 =$"suena", $y_4 =$"la", $y_5 =$"campana"

● 디코더 레이블:

$o_0 =$"Para", $o_1 =$"quien", $o_2 =$"suena", $o_3 =$"la", $o_4 =$"campana", $o_5 =$"EOS"

즉 학습할 때 정답을 입력하여 정답을 맞히도록 가이드를 주는 방식이 티처 포싱이다. 이렇게 티처 포싱으로 학습을 시키고 난 후 활용할 경우에는 시간단계 t에서 예측한 값을 다음 시간단계 $t+1$로 이어받아 입력하여 시간단계 $t+1$을 예측하는 식으로 순환적으로 반복하면서 예측하게 된다. 이것을 자기회귀$^{\text{Auto Regressive}}$ 방식이라고 한다. 티처 포싱 방식의 학습은 인코더-디코더 모델의 지도학습에서는 보편적으로 사용된다.

7.9 트랜스포머 Transformer

2017년에 구글 언어모델 연구팀이 발표한 트랜스포머라는 모델은 현재 진행되고 있는 대부분의 언어모델의 실무적 표준$^{\text{de facto}}$ 모델로 사용되고 있다. 트랜스포머에서 제시한 창의적인 개념은 셀프-어텐션$^{\text{Self-Attention}}$, 멀티-헤드 어텐션$^{\text{Multi-Head Attention}}$ 그리고 Positional Encoding^{PE}이

다. 특히 PE는 RNN 모델을 사용하지 않고 순차적인 데이터를 분석할 수 있는 방법을 제시한다.

그림 7.22는 트랜스포머 모델 구조를 보여준다. 여기서 인코더, 디코더 부분에서 박스로 표현된 처리과정이 신경망 형태로 동일하게 N번 쌓여 반복되는 것을 의미한다. 신경망 처리과정인 박스 안에 있는 합^{Add}과 정규화^{Norm}는 각각 요소간 합$^{element-wise\ addition}$과 정규화^{Normalization}를 의미한다. 합^{Add} 계산은 ResNet에서 사용된 스킵 케넥션$^{skip\ connection}$ 방식으로 by-pass 전달되는 은 닉벡터와 웨이트와 곱해져서 순전파로 전달되는 벡터를 요소간 합을 한다는 의미이다.

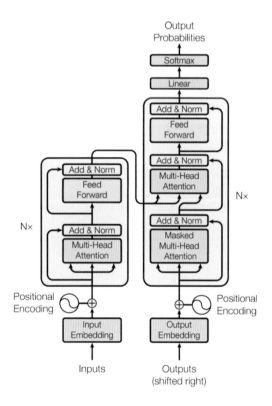

그림 7.22 Transformer 모델 구조 (출처: Attention is All You Need)

그림 7.22에서 왼쪽에 있는 부분이 인코더 파트인데 인코더 부분에서는 처리되는 과정은 다음과 같다.

트랜스포머의 인코더 과정

① 입력벡터$^{input\ embedding}$에 PE 벡터를 요소간 합산을 하여 데이터의 위치정보가 더해진 인코더의 입력벡터를 만든다

② 위치정보가 포함된 입력벡터를 멀티-헤드 어텐션으로 계산하고 동시에 스킵 케넥션으로 by-pass 전달한다

③ 멀티-헤드 어텐션으로 계산된 벡터와 스킵 케넥션으로 전달된 두개의 벡터를 요소간 합을 하고 정규화한다

④ 다시 정규화된 벡터를 FC$^{fully\ connected}$ 신경망 웨이트를 곱해 순전파$^{feed\ forward}$하고 동시에 스킵 케넥션 방식으로 by-pass로 전달한다.

⑤ FC로 순전파 된 벡터와 스킵 케넥션된 두개의 벡터를 요소간 합하고 정규화한다.

⑥ ①~⑤ 과정을 N번 반복하여 최종 계산된 벡터는 디코더 부분의 N개의 신경망 처리과정에서 두번째 멀티-헤드 어텐션 모듈로 각각 전달한다

그림 7.22에서 오른쪽에 있는 부분이 디코더 파트인데 디코더 부분에서는 처리되는 과정은 다음과 같다.

트랜스포머의 디코더 과정

① PE 벡터로 위치정보가 포함된 디코더의 입력벡터$^{output\ embedding}$를 만든다

② 입력벡터를 멀티-헤드 어텐션으로 계산하고 동시에 스킵 케넥션으로 전달한다

③ 멀티-헤드 어텐션을 적용한 벡터와 스킵 케넥션으로 전달된 벡터를 요소간 합을 하고 정규화를 한다.

④ 정규화된 벡터는 다음 신경층으로 다시 스킵 케넥션으로 전달하고 동시에 인코더에서 전달받은 은닉벡터와 함께 멀티-헤드 어텐션을 적용한 후 다음 신경망으로 전달한다

⑤　전달된 벡터는 다시 요소간 합을 하고 정규화를 한다

⑥　정규화된 벡터를 신경망 웨이트를 곱해 순전파한 벡터와 스킵 케넥션된 벡터를 요소간 합하고 정규화한다

⑦　①~⑥ 과정을 N번 반복하고 최종 정규화된 벡터는 FC 선형신경망을 거쳐 소프트맥스^{softmax}를 취한 후 목적함수를 구한다.

7.9.1 Positional Encoding (PE)

트랜스포머 모델에서 가장 큰 특징은 순차적인 데이터를 분석할 때 순환신경망을 사용하는 대신에 PE를 사용하는 것이다. LSTM이나 GRU를 도입하여 순환신경망에서 나타나는 장기기억소멸 문제를 개선하였으나 입력 데이터의 길이가 길어질 때 여전히 장기기억이 소멸되는 ^{gradient} ^{vanishing} 문제는 해결되지 않는다. 즉 연관성 있는 데이터가 큰 시간격차를 가지고 위치하게 되면 불가피하게 연관성의 강도가 약해질 수밖에 없다. 트랜스포머에서 PE 개념을 사용하게 되면 순차적인 데이터 분포를 마치 스냅샷^{snapshot}에서 한 번에 측정하는 것과 같아 RNN에서의 시간 전개에 따른 장기기억 소멸의 단점이 제거된다.

트랜스포머 모델을 제안한 구글의 연구팀은 논문에서 PE를 다음과 같이 정의하였다.

$$PE(i, 2j) = \sin\left(\frac{i}{10000^{\frac{2j}{d_{model}}}}\right) \tag{7.29}$$

$$PE(i, 2j + 1) = \cos\left(\frac{i}{10000^{\frac{2j}{d_{model}}}}\right) \tag{7.30}$$

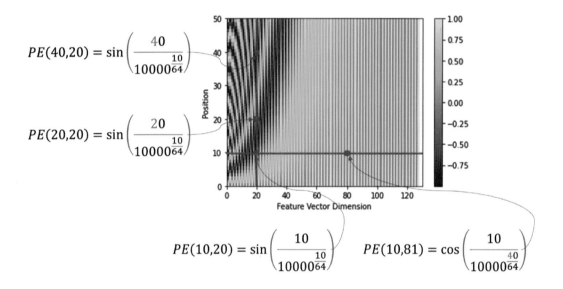

그림 7.23 Positional Encoding 예시 (128 개 특성 벡터와 50 개의 시퀀스)

여기서 i 는 입력 데이터의 순서 또는 위치이고 $2j, 2j+1$ 은 각 입력 데이터의 벡터크기 (입력 데이터 벡터 크기는 입력값의 특성 개수라고 볼 수 있다)가 d_{model} 인 벡터에서의 index 가 된다.

만약 순차적인 데이터의 길이는 10 이고 입력 데이터 벡터의 크기, d_{model} 이 128 이라면 (입력 데이터 벡터의 특성 개수가 128 개라 할 수 있음) $i = 0$ 인 순서를 가지는 첫번째 데이터의 PE 벡터는 다음과 같이 구할 수 있다.

$PE(0,:)$

$$= \left(\sin\left(\frac{0}{1}\right), \cos\left(\frac{0}{1}\right), \sin\left(\frac{0}{10000^{\frac{1}{64}}}\right), \cos\left(\frac{0}{10000^{\frac{1}{64}}}\right), ..., \sin\left(\frac{0}{10000}\right), \cos\left(\frac{0}{10000}\right) \right)$$

$$= (0, 1, 0, 1, ..., 0, 1)$$

여기서 $PE(0)$ 벡터의 크기는 128이 된다.

같은 방법으로 $i = 1$인 두번째 순서의 데이터 PE는 다음과 같다.

$$PE(1,:)$$

$$= \left(\sin\left(\frac{1}{1}\right), \cos\left(\frac{1}{1}\right), \sin\left(\frac{1}{10000^{\frac{1}{64}}}\right), \cos\left(\frac{1}{10000^{\frac{1}{64}}}\right), \dots, \sin\left(\frac{1}{10000}\right), \cos\left(\frac{1}{10000}\right) \right)$$

$$= (0.017, 0.999, 0.015, 0.999, \dots, 0, 1)$$

마찬가지 방법으로 세번째 데이터 PE는 다음과 같다.

$$PE(2,:)$$

$$= \left(\sin\left(\frac{2}{1}\right), \cos\left(\frac{2}{1}\right), \sin\left(\frac{2}{10000^{\frac{1}{64}}}\right), \cos\left(\frac{2}{10000^{\frac{1}{64}}}\right), \dots, \sin\left(\frac{2}{10000}\right), \cos\left(\frac{2}{10000}\right) \right)$$

$$= (0.035, 0.999, 0.180, 0.984, \dots, 0, 1)$$

그림 7.23은 위와 같은 방법으로 PE 벡터를 가시화한 것이다. 그림에서 보듯이 포지션 벡터 PE 는 수평으로 전개된 벡터를 사용하면 되고 이것은 유일한^{unique} 값을 가짐을 보여준다.

PE의 필요조건 중에서 유일함^{uniqueness}의 성질을 가지는 것 외에 순차적인 데이터간 상대적 위치 관계$_{relationship\ between\ relative\ position}$를 측정하는 간단한 방법을 제공해야한다. 이를 위해 트랜스포머 모델을 개발한 구글의 연구팀은 sin과 cos과 같은 삼각함수를 사용하였다고 설명하고 있다. 다음은 삼각함수를 사용하여 위치 상관성을 선형으로 쉽게 계산할 수 있음을 보여준다.

먼저 PE 벡터에서 사용되는 삼각함수의 주기를 다음과 같이 정의하기로 하자.

$$\omega_j = \frac{1}{10000^{\frac{2j}{d_{model}}}} \tag{7.31}$$

순차적인 데이터에서 i 번째 그리고 $i + p$ 번째 있는 PE 벡터는 다음과 같이 표현할 수 있다.

$$PE(i,k) \equiv \begin{cases} \sin(\omega_{2j}\, i), & if \;\; k = 2j \\ \cos(\omega_{2j}\, i), & if \;\; k = 2j + 1 \end{cases} \tag{7.32}$$

$$PE(i+p,k) = \begin{cases} \sin(\omega_{2j}\, (i+p)), & if \;\; k = 2j \\ \cos(\omega_{2j}(i+p)), & if \;\; k = 2j + 1 \end{cases} \tag{7.33}$$

두개의 PE 벡터 간 위치 상관성을 정의하는 행렬을 M 이라고 하면 다음과 같이 표현할 수 있다.

$$\mathcal{M} \cdot PE(i) = PE(i+p,k) \;\; \rightarrow \;\; \mathcal{M} \cdot \begin{bmatrix} sin(\omega_{2j}\, i) \\ cos(\omega_{2j}\, i) \end{bmatrix} = \begin{bmatrix} sin(\omega_{2j}\, (i+p)) \\ cos(\omega_{2j}\, (i+p)) \end{bmatrix} \tag{7.34}$$

위 식의 우변을 정리하면 다음과 같다.

$$\mathcal{M} \cdot \begin{bmatrix} sin(\omega_{2j}\, i) \\ cos(\omega_{2j}\, i) \end{bmatrix} = \begin{bmatrix} sin(\omega_{2j}\, i)cos(\omega_{2j}p) + cos(\omega_{2j}\, i)sin(\omega_{2j}p) \\ cos(\omega_{2j}\, i)cos(\omega_{2j}p) - sin(\omega_{2j}\, i)sin(\omega_{2j}p) \end{bmatrix} \tag{7.35}$$

이것을 만족하는 $\mathcal{M}$ 은 다음과 같다.

$$\mathcal{M} = \begin{bmatrix} cos(\omega_{2j}p) & sin(\omega_{2j}p) \\ -sin(\omega_{2j}p) & cos(\omega_{2j}p) \end{bmatrix} \tag{7.36}$$

즉 위치벡터 PE는 sin과 cos 삼각함수를 이용하여 각 벡터의 위치, i와 관계없이 간격 p 만큼의 상관성을 $\mathcal{M}$과 같이 선형 변환 행렬 linear transformation matrix 로 표현할 수 있다.

7.9.2 셀프 어텐션 (Self-Attention)

트랜스포머 모델에 적용된 특징 중에 하나는 셀프 어텐션 self-attention 이다. 다양한 어텐션 기법 중에서 트랜스포머에서는 인코더와 디코더 부분에서 각각 입력되는 순차적인 데이터 간 스칼라 곱 scalar product 을 계산하여 어텐션을 정의한다. 이러한 이유로 트랜스포머에서는 셀프 어텐션을 'Scaled Dot-Product Attention'이라고 한다.

인코더에 그림 7.24와 같은 데이터가 벡터형태로 입력된다고 하면 각 입력데이터 (여기서는 단어1, 단어2, 단어3 등이다)에 쿼리행렬$^{query\ matrix}$ W^Q, 키 행렬$^{key\ matrix}$ W^K, 밸류 행렬 $^{value\ matrix}$ W^V을 **MatMul**을 이용하여 곱하여 쿼리 벡터 Q, 키 벡터 K, 밸류 벡터 V를 각각 구한다.

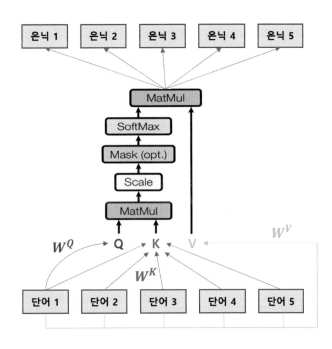

그림 7.24 Self-Attention 처리과정

만약 입력데이터의 벡터크기가 d_{model}이고 쿼리 벡터 Q의 크기는 d_Q, 키 벡터 K의 크기는 d_K, 밸류 벡터 V의 크기는 d_V라고 한다면 쿼리 행렬은 $d_Q \times d_{model}$, 키 행렬은 $d_K \times d_{model}$, 밸류 행렬은 $d_V \times d_{model}$ 크기를 각각 가진다. 이때 스칼라 곱$^{scalar\ product}$ 계산을 위해 $d_Q = d_K$로 정의한다. 각 행렬요소는 학습변수인$^{learnable\ parameter}$이며 학습을 통해 업데이트 된다.

$$Q_j = W^Q x_j \tag{7.37}$$

$$K_i = W^K x_i \tag{7.38}$$

$$V_i = W^V x_j \tag{7.39}$$

여기서 x_j는 d_{model}의 크기를 가지는 입력 데이터 벡터다.

다음 단계는 쿼리 x_j와 각 데이터간 어텐션 스코어를 다음과 같이 구한다. 즉 입력 데이터 x_j와 다른 입력 데이터의 상관성을 스코어로 정량화하는 단계다.

$$score(x_j) = \frac{Q_j \cdot K_i^T}{\sqrt{d_K}} \tag{7.40}$$

위와 같이 입력 벡터 x_j에 대한 어텐션 스코어를 소프트맥스에 적용하여 어텐션 웨이트를 계산한다. 그리고 어텐션 스코어를 순차적인 입력 데이터의 개수만큼 있는 밸류 벡터 V에 각각 곱한 후 요소간 합하여 다음과 같이 은닉층 벡터, z_j를 만든다.

$$z_j = \sum_i softmax\left(\frac{Q_j \cdot K_i^T}{\sqrt{d_K}}\right) V_i \tag{7.41}$$

여기서 $\sqrt{d_K}$로 스코어의 스케일을 조정하는 이유는 스칼라 곱인 $Q_j \cdot K_i^T$ 값이 커지게 되면 나중에 어텐션 웨이트를 구할 때 소프트맥스를 적용하게 되는데 소프트맥스의 기울기가 작아지는 것을 방지하기 위함이다.

7.9.3 멀티헤드 어텐션 (Multi-Head Attention)[24]

멀티헤드 어텐션은 CNN에서 여러 개의 컨볼루션 필터를 사용하는 것과 마찬가지로 h 개의 셀프어텐션을 적용하여 어셈블 assemble 하는 방법이다. 그림 7.25는 트랜스포머 Transformer에서 멀티헤드 어텐션을 처리하는 과정을 보여준다.

---

[24] Vaswani et al., Attention Is All You Need, NIPS, 2017

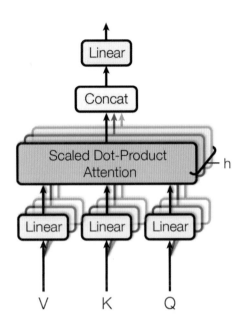

그림 7.25 멀티-헤드 어텐션 처리과정 (출처: Attention is All You Need)

입력 데이터의 벡터크기가 d_{model} 이라고 한다면 쿼리 벡터 Q 의 크기 d_Q, 키 벡터 K 의 크기 d_K, 밸류 벡터 V 의 크기 d_V 를 $\frac{d_{model}}{h}$ 로 정하고 h 개의 셀프 어텐션을 구한 후 합하는 방식이다.

$$d_Q = d_K = d_V = \frac{d_{model}}{h} \tag{7.42}$$

결국 멀티헤드 어텐션에서의 은닉벡터, Z_j^{MH} 는 다음과 같이 구할 수 있다.

$$Z_j^{MH} = concat(z_j^1, z_j^2, z_j^3, \dots, z_j^h)W^O \tag{7.43}$$

여기서 z_j^i 는 i 번째 헤드에서의 셀프 어텐션이고, concat은 벡터 z_j^i 를 연속적으로 연결시켜 저장한 벡터가 된다. 즉 concat 벡터의 크기는 $1 \times d_V h$ 이다. 그리고 concat 벡터를 취합해주는 행렬 W^O 의 크기는 $d_V h \times d_{model}$ 이 된다.

7.10 GPT 모델과 BERT 모델

트랜스포머 모델에서 파생된 GPT[Generative Pretrained Transformer]와 BERT[Bidirectional Encoder Representation from Transformer] 모델은 현재 언어모델에서 가장 보편적으로 활용되고 있는 모델이다.

OpenAI가 개발한 GPT는 트랜스포머의 디코더 부분을 12층으로 쌓아 순방향으로 선행학습시킨 모델이고 구글이 개발한 BERT는 트랜스포머의 인코더 부분만을 가지고 레이블이 없는 텍스트를 가지고 양방향으로 사전학습시킨 모델이다.

다음에서는 현재 언어모델에서 가장 영향력있는 언어모델 구조를 제공하고 있는 GPT와 BERT 모델에 대해 상세하게 다루어 보기로 한다.

7.10.1 GPT 모델

GPT 초기 모델인 GPT-1[25] 구조는 그림 7.26과 같다. 그림에서 보듯이 트랜스포머의 디코더를 기반으로 구현이 되었고 차이점이 있다면 트랜스포머 모델에서는 기본 구조가 6층으로 반복적으로 쌓여 있는 반면에 GPT에서는 12층을 이루고 있다. 그리고 은닉층의 벡터 크기는 768이며 멀티헤드 어텐션에 사용되는 헤드[head]의 개수는 12개를 사용하였다.

GPT-1에서는 사전학습을 위해 다양한 장르의 출판되지 않은 7,000 여권의 BooksCorpus 데이터셋을 사용하였고 언어모델에서 학습되지 않은 어휘를 예측할 수 없는 OOV[Out-Of-Vocabulary] 문제를 해결하기 위해 40,000 번의 반복과정으로 결합된 BPE[26] 기법을 사용하였다.

기타 다른 하이퍼파라메터로는 최적화 라이브러리는 Adam을 사용하였고 0.01의 페널티 계수

---

[25] Radford et al., Improving Language Understanding by Generative Pre-Training, 2018

[26] BPE(Byte Pair Encoding)는 파일 압축에 사용되었던 알고리즘이다. 언어모델에서는 알파벳과 같은 캐릭터를 기본으로 하여 Wikipedia 같은 corpus를 읽어 들인 후 가장 빈번하게 연결되어 있는 캐릭터를 찾아 어휘 후보자로 만드는 방식이다

를 가지는 L^2 규제화와 0.1의 비율을 가지는 dropout을 적용하였다. 학습방식은 그림 7.19 (b) 와 같이 순방향의 학습만을 진행하였다.

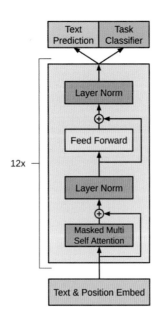

그림 7.26 GPT-1 모델 구조 (출처: Improving Language Understanding by Generative Pre-Training)

사전학습이 완료되면 그림 7.27과 같은 세부학습을 통해 원하는 과업^{task}을 수행하는 언어모델을 만들 수 있다. 예를 들면 감정 분석^{sentiment analysis}을 하고자 할 때는 한 개의 문장을 입력하고 여기에 해당하는 레이블을 가지고 분류^{classification}하는 학습을 시킨다. 문장의 함의^{entailment}를 구하는 과업에서는 전제^{premise}와 가설^{hypothesis}를 입력하고 함의 여부를 레이블로 하여 학습한다. 그리고 두 문장의 유사성을 알아내는 과업에서는 두개의 문장을 입력하고 두 문장의 유사도를 레이블로 사용한다. 마지막으로 질의에 대한 선택형 응답을 하는 과업에서는 지문과 질문 그리고 가능한 응답을 하나의 셋으로 하여 학습을 시킨다.

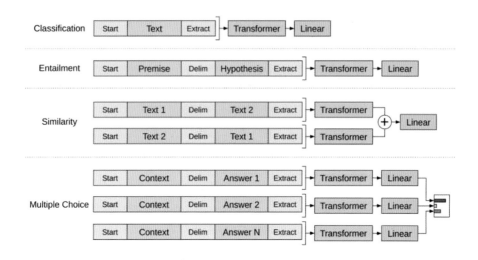

그림 7.27 GPT-1 세부학습 (출처: Improving Language Understanding by Generative Pre-Training)

7.10.2 BERT 모델

BERT[27]는 구글의 언어모델 연구팀이 트랜스포머와 OpenAI 의 GPT 에 영감을 얻어 개발한 모델이다. BERT 는 트랜스포머의 인코더 부분을 그대로 사용하였으며 멀티헤드 어텐션과 FC Fully Connected 층이 결합된 기본구조가 반복되는 층수를 늘렸으며 동시에 은닉층 벡터의 크기 그리고 멀티헤드 어텐션의 헤드 head 수 등에 변화를 주었다.

예를 들면 BERT_base 모델은 12개의 기본 모듈 층수를 가지며 은닉층 벡터 크기를 768로 하고 멀티헤드의 헤드 수를 12개로 한 모델이고, BERT_large 모델은 24개의 기본 모듈 층수에 1,024 차원의 은닉층 벡터 그리고 16개의 헤드를 갖는다.

이렇게 만들어진 BERT 모델은 순방향으로만 학습을 하는 GPT 모델과는 다르게 순전파 방향과 역방향 모두 양방향으로 학습을 한다.

---

[27] Devlin et al., BERT: Pre-training of Deep Bidirectional Transformers for Language Understanding, 2018

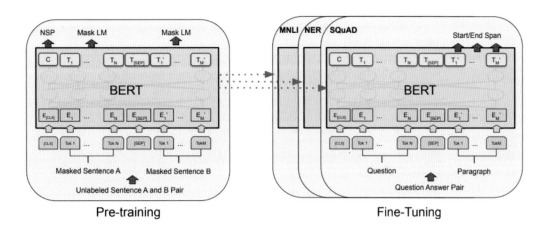

그림 7.28 BERT 의 사전학습 및 세부학습 (출처: BERT: Pre-training of Deep Bidirectional Transformers for Language Understanding)

BERT는 800만 단어를 포함하고 있는 BooksCorpus 데이터셋과 2,500만 단어를 포함하고 있는 위키피디아Wikipedia를 사용하여 사전학습을 하였다. 위키피디아를 사용할 때에는 그림과 테이블 등은 제거한 데이터셋을 사용하였다.

BERT에서는 두가지 방식으로 사전학습pre-train을 수행하였는데 그림 7.28에서 보는 것처럼 다음 문장을 예측하는 NSPNext Sentence Prediction 학습과 가려진 단어Masked LM를 찾는 학습을 사전에 학습한다. 이러한 방법을 자기지도학습self-supervised learning이라고 하는데 최근 많은 관심을 받는 중요한 학습 방법이어서 '10장 AGI로 가는 길'에서 조금 더 구체적으로 다루어 보기로 한다.

BERT는 데이터를 입력할 때 그림 7.29와 같은 방법을 사용하여 특수기호를 포함한 모든 어휘는 토큰 임베딩token embedding, 세그먼트 임베딩segment embedding, 포지션 임베딩position embedding을 통해 d_{model} 차원의 벡터형으로 표현한다.

참고로 인코더-디코더 구조를 가지는 언어모델에서 입력과 출력의 문장길이는 매번 다르기 때문에 최대 문장길이를 사전에 설정하고 문장 끝 이후부터는 패딩padding이라는 더미dummy 데이터를 저장하고 이를 학습에서 제외하는 마스킹masking 처리를 한다.

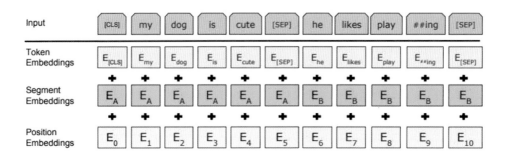

그림 7.29 BERT 의 데이터 입력 방식 (출처: BERT: Pre-training of Deep Bidirectional Transformers for Language Understanding)

토큰 임베딩에서 토큰token이란 특수기호 및 모든 어휘를 유니크unique한 정수integer로 정의한 것을 말한다. 이러한 토큰을 N차원 좌표공간에 위치시키는 여러가지 임베딩embedding 기법을 사용하여 d_{model}차원의 벡터형으로 표현하는 것을 토큰 임베딩이라고 한다.

세그먼트 임베딩은 복수의 문장이 섞여 있을 때 각 특수문자 및 어휘 등이 어느 문장에 속하는지 벡터화하는 것을 말한다.

포지션 임베딩은 트랜스포머 모델에서 사용한 개념으로 sin, cos과 같은 삼각함수를 사용하여 각 어휘의 위치를 벡터형태로 표현하는 것을 말한다.

사전학습을 완료하고 나면 언어모델이 여러가지 과업을 수행할 수 있도록 세부학습을 진행한다. 예를 들면 "민수는 2016년에 명문대학교에 입학했다"라는 문장에서 '민수'는 사람 이름이고 '2000'은 년도 그리고 '명문대학교'는 단체라고 레이블이 되어 있는 데이터셋인 Named-Entity Recognition NER을 가지고 문장에 있는 가준 어휘 및 숫자 이름을 찾는 학습을 한다. 함의 Entailment 학습을 위해 약 43만개의 문장과 함의가 저장된 데이터셋인 MNLI Multi-Genre Natural Language Inference을 이용하고 질의응답 학습을 위해 SQuAD The Stanford Question Answering Dataset 데이터셋을 사용한다.

08

신경망 기반 강화학습 - DRL

8.1 강화학습 Reinforcement Learning

1959년 IBM의 연구원이었던 아서 사무엘$^{Arthur\ Samuel}$은 강화학습을 이용하여 알파고^{AlphaGo}의 조상이라 할 수 있는 인공지능 체커^{checkers} 게임 프로그램을 개발했다. 그는 이 연구논문에서 처음으로 '머신러닝$^{machine\ learning}$'이라는 용어를 사용했다. 이보다 약 8년 전인 1951년에는 프린스턴^{Princeton} 대학의 박사과정 학생이었던 마빈 민스키$^{Marvin\ Minsky}$와 딘 애드먼드$^{Dean\ Edmonds}$는 최초의 인공신경망 컴퓨터를 개발하고 있었는데 그것은 쥐가 미로를 찾는 것을 시뮬레이션하는 컴퓨터였다. 이 컴퓨터는 40개의 뉴런^{neuron}을 가진 컴퓨터로서 SNARC$^{Stochastic\ Neural\ Analog}$ $^{Reinforcement\ Computer}$이라고 불렀다. 프로젝트 이름에서 보듯이 그들은 강화학습$^{reinforcement\ learning}$의 개념을 적용하여 미로를 찾는 컴퓨터를 개발하고자 했으나 아쉽게도 이 프로젝트는 성공하지 못했다. 민스키와 에드먼드는 SNARC을 구성하는 40개의 뉴런을 구현하기 위해 3,000개의 진공관을 사용했는데 지금은 분해된 SNARC의 일부 장치만 남아있다 (그림 8.1).

그림 8.1 분해된 SNARC의 일부

우리에게 인공지능이라는 잠재력을 일깨워 주었던 알파고가 강화학습 방식으로 개발되었다는 이유로 강화학습이라는 기술이 최신 기술로 생각할 수 있지만 이처럼 꽤 오래전부터 시작된 머신러닝 기술 중에 하나다. 일반적으로 강화학습은 인공지능 에이전트를 학습시키는데 사용하지만 강화학습 개념을 경사하강법과 같이 최적화 문제에서 최적값을 구하는 방법으로 사용하기도 한다. 예를 들면 메타학습^{Meta Learning} 모델을 최적화하거나 NAS^{Neural Architecture Search} 같은 파라메터 최적화^{parameters optimization} 분야에서 강화학습 개념이 사용된다. 강화학습을 이용한 최적화 내용은 '10장 AGI로 가는 길'에서 조금 더 자세히 다루도록 하겠다.

한편 최근에는 다양한 분야에서 성공적인 성과를 보여준 신경망 기반의 딥러닝 기술이 강화학습과 결합하여 파생된 심층강화학습^{Deep Reinforcement Learning}이라는 연구가 매우 활발하게 진행되고 있다. 많은 인공지능 전문가들은 딥러닝^{DL: Deep Learning}과 강화학습^{RL: Reinforcement Learning}의 결합이 진정한 의미의 인공지능^{AI: Artificial Intelligence}이라고 표현하기도 한다.

인공지능 ≡ 딥러닝 + 강화학습

(AI ≡ DL + RL)

사람의 뉴런과 시냅스 구조를 모방한 딥러닝과 행동심리학 관점에서 시행착오로 학습하는 강화학습의 결합이 결국 사람이 학습하는 방식과 가장 유사하다는 판단인 듯하다. 본 장에서는 강화학습의 개념과 여기에 적용된 다양한 기법들을 다시한번 정리해 보고 최근 활발하게 연구되고 있는 심층강화학습에 대해 살펴보고자 한다.

8.1.1 강화학습 모델 구성요소

강화학습 모델을 만들기 위해서는 먼저 의사결정의 주체인 컴퓨터 에이전트^{agent}와 에이전트가 관측할 수 있는 환경^{environment}을 정의해야 한다. 다음은 강화학습 모델을 설계할 때 핵심적인 구성 요소인 에이전트와 환경이라는 개념과 용어 그리고 관련된 변수들을 설명하고 이러한 변수들이 어떻게 강화학습 모델에 적용되는지 알아보기로 한다.

환경 Environment

환경은 에이전트가 관측할 수 있는 모든 영역을 말한다. 즉 에이전트가 관측할 수 없는 것은 환경이라 말할 수 없다. 그리고 에이전트는 환경을 변경한다거나 제어할 수 없다. 강화학습에서 다루는 환경은 이산환경^{discrete environment}이며 환경은 에이전트 행동에 따라 전이^{transition}되는 이산상황^{discrete situation} 즉 상태(S)를 만든다. 이때 이전 상태에서 다음 상태로 전이할 때 결정된 상태로 전이^{deterministic transition}될 경우도 있고 또는 확률적으로 전이^{stochastic transition}될 수도 있다. 상태가 확률적으로 전이할 경우 그 확률을 상태전이확률^{state transition probability}라고 한다.

● **상태**^{State}: 상태는 에이전트가 관측하게 된 이산환경의 상황이다. 마치 동영상에서 한 시점의 스냅샷^{snapshot}과 같이 순차적으로 벌어지는 일련의 상황에서 특정한 시점, t에서의 상황이 된다. 상태는 에이전트가 취한 행동이 원인으로 작용하여 환경이 만들어내는 다음 상황이기 때문에 전이된 상태를 기반으로 보상값이 결정된다. 즉 에이전트가 취한 행동으로 발생된 다음 상태가 사용자 관점에서 바람직한 것인지 또는 그렇지 않은 것인지에 따라 보상함수를 정의한다.

● **상태전이확률**^{State Transition Probability}: 시간단계 t에서 시간단계 $t + 1$로 상태가 전이될 때 두 가지 경우가 있을 수 있다. 첫번째는 결정적 전이^{deterministic transition}라는 경우인데 결정적 전이는 시간단계 t 상태에서 에이전트가 행동을 했을 때 다음 상태는 유일하게 결정되어 있는 경우다. 예를 들면 체스를 둘 때 폰^{Pawn}이라는 말을 선택하면 결정된 상태인 앞으로 한 칸 이동하는 것에 해당한다. 두번째는 확률적인 전이^{stochastic transition}이다. 확률적인 전이는 에이전트가 행동을 선택하면 다음에 나올 상태는 환경이 확률적으로 정하는 경우다. 예를 들면 '얼어 있는 호수 건너기^{Frozen Lake}'라는 OpenAI gym이 제공하는 게임 환경에서 에이전트가 얼음 위에서 한 칸 이동하는 행동을 하면 미끄러지는 상황을 고려하여 환경은 다음 상태를 확률적으로 결정한다.

에이전트^{Agent}

에이전트는 컴퓨터 알고리즘으로 학습자^{learner} 또는 의사결정권자^{decision maker}라고도 한다. 강화학습에서 학습 대상이 된다. 즉 에이전트는 강화학습 과정에서 매 순간 처해진 상태에서 가장 최선의 행동을 선택하도록 학습한다. 강화학습에서 에이전트를 설계한다는 것은 에이전트가 취할 수 있는 행동셋$^{Action Set}$과 어떤 상태에서 취할 수 있는 행동을 확률로 결정하는 정책^{Policy}을 정의하는 것이다. 강화학습은 최적의 정책을 찾도록 학습하는 방법이다.

- **행동**^{Action}: 매 순간마다 직면한 환경의 상태에서 에이전트가 취할 수 있는 선택을 행동(a)이라고 한다. 그리고 그 환경에서 에이전트가 취할 수 있는 모든 행동을 모아 놓은 것을 행동셋$^{Action Set}$이라고 한다. 행동셋에서 행동의 종류는 유한해야 하며 각 행동에 대한 범위는 연속일 수도 있고 이산일 수도 있다. 예를 들면 자율주행 자동차에서 가속, 제동, 조향^{steering}, 방향지시등 등 이런 것들이 에이전트의 행동(a)이 되고 행동셋은 {가속, 제동, 조향, 방향지시등}이 된다. 이때 제동이나 방향지시등 점멸과 같은 행동은 on/off 또는 왼쪽/오른쪽 두가지로 결정할 수 있는 이산행동$^{discrete action}$이고 가속이나 조향은 연속행동$^{continuous action}$이다. 이때 연속행동은 정해진 범위를 유한한 구간으로 나누어 이산행동을 변환할 수도 있다.

- **정책**^{Policy}: 에이전트가 어떤 상태에 처해 있을 때 행동셋 중에서 특정한 행동을 선택하는 근거를 정책^{policy}이라고 하고 수식으로는 $\pi(a|s)$로 표현한다. 여기서 정책 $\pi(\cdot)$은 확률 개념이며 a는 행동이고 s는 상태를 의미한다. 즉 정책은 상태, s가 주어지면 행동, a를 취하는 근거를 확률로 결정한다. 따라서 각 상태에서 취할 수 있는 모든 정책의 합은 1이된다.

$$\sum_{a \in A} \pi(a|s) = 1$$

앞서 설명한 바와 같이 강화학습에서 환경은 일반적으로 시간 또는 순서에 대해 이산화된^{discrete} 환경이다. 순서 또는 시간 t에 대해 환경의 스냅샷^{snapshot}이 상태$^{(State, S)}$이고 에이전트가 관찰 가능해야 한다. 에이전트가 행동을 취하면 환경은 다음 상태(S)를 보여주는데 결정적 환경$^{deterministic environment}$에서는 그 다음 상태가 고정되어 있고, 미결정 환경$^{nondeterministic environment}$에서는 확률적으로 다음 상태(S)를 결정한다. 그래서 미결정 환경을 확률적 환경$^{stochastic environment}$라고도 한다.

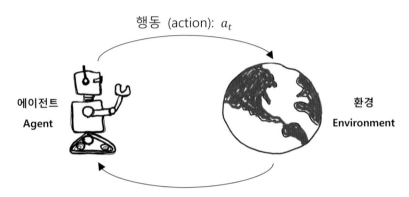

행동 (action): a_t

에이전트
Agent

환경
Environment

보상 (reward): r_{t+1} & 상태 (state): s_{t+1}

$$s_0 \rightarrow a_0 \rightarrow r_1 \rightarrow s_1 \rightarrow a_1 \rightarrow r_2 \rightarrow s_2 \rightarrow a_2 \rightarrow \cdots$$

그림 8.2 강화학습 시퀀스

에이전트가 시간단계 t인 상태, S_t에서 행동 A_t를 취하면 확률적인 환경은 상태전이확률을 기반으로 다음 상태, S_{t+1}를 보여준다. 이때 강화학습 모델 설계자는 이 상태가 바람직한지, 즉 에이전트가 올바른 행동을 했는지에 대한 평가를 해야 하는데 이것을 보상값Reward, R이라고 한다. 보상값, R은 스칼라 값이며 강화학습 설계자가 개입하여 상태(S)를 조건으로 하는 함수로 정의한다.

일련의 상태 → 행동 → 보상 → 상태 → 행동 ··· ($S_0 \rightarrow A_0 \rightarrow R_1 \rightarrow S_1 \rightarrow A_1 \rightarrow R_2 \rightarrow S_2 \rightarrow A_2 \rightarrow \cdots$)을 시퀀스sequence, 에피소드episode, 궤적trajectory이라고 한다. 이때 각 시퀀스에서 첨자로 표기된 시간단계를 주목할 필요가 있다. 즉 시간단계 $t = 0$에서 상태와 행동 (S_0, A_0)이 이루어지고 다음 시간단계, $t = 1$에서 발생되는 상태, S_1을 기반으로 보상값, R_1이 결정된다.

여기서 강화학습의 에이전트는 행동을 하고나서 즉각적으로 받는 보상값을 기준으로 학습을 하지 않는다. 대신 에이전트는 에피소드가 진행되면서 일정한 단계동안 누적된 향후에 얻게 될 보상값의 합을 기준으로 학습을 한다. 이러한 보상값의 합을 반환값Return이라고 하는데 다음과 같이 표현할 수 있다.

$$G_t = \sum_{k=t+1}^{T} R_k = R_{t+1} + R_{t+2} + R_{t+3} + \cdots + R_{T-1} + R_T \tag{8.1}$$

여기서 주목해야할 부분은 반환값 G_t 는 시간단계 t 기준이다. 즉 반환값 G_t 는 시간단계 t 다음에 벌어질 모든 보상값의 합이다. 따라서 강화학습 에이전트의 학습방식은 미래지향적이다. 이때 T 는 종료상태^{termination state}를 의미하며 경우에 따라 $T = \infty$ 일 수도 있다. 한참 후에 받는 보상값을 바로 직후에 받는 보상값과 같은 가치로 평가하지 않고 감가상각을 하는데 이것을 감쇄계수^{discount factor}, γ 라고 한다. 그러므로 식 (8.1)의 반환값에 감쇄계수를 적용하면 다음과 같다.

$$G_t = \sum_{k=t+1}^{T} \gamma^{k-t-1} R_k = R_{t+1} + \gamma R_{t+2} + \gamma^2 R_{t+3} + \cdots + \gamma^{T-t-2} R_{T-1} + \gamma^{T-t-1} R_T \tag{8.2}$$

$\gamma = 0$이면 반환값은 바로 직후에 받는 보상값과 동일한데 미래에 받는 보상값은 고려하지 않는다는 뜻이다. 이를 탐욕적^{greedy} 또는 근시안적^{myoptic}이라고 표현하기도 한다. 만약 γ 가 1에 가까워지면 미래의 보상값도 현재의 보상값과 가치를 동등하게 고려한다는 의미이며 알파고와 같은 바둑 프로그램에 적합하다. 즉 알파고에서 바로 다음 수와 10번째 후의 수 그리고 100번째 후의 수의 보상값 가치는 같다고 보는 것이다. 여기서 주의할 것은 일반적으로 $\gamma < 1$의 값을 정하는데 에피소드가 무한대로 진행될 경우라도 반환값을 유한하게 제한하기 위해서다. 참고로 알파고에 사용된 감쇄계수는 $\gamma = 0.99$ 였다.

강화학습 에이전트는 이러한 에피소드를 시행착오 개념으로 여러 번 실행하면서 반환값의 평균 또는 기댓값을 최대로 하는 행동을 찾는데 이것을 수식화한 것이 바로 벨만 방정식^{Bellman Equation}이다. 이때 반환값의 평균 또는 기댓값은 상태(S) 또는 행동(a) 관점에서 정의할 수 있는데 상태에 대한 반환값의 평균을 상태가치^{state value}라고 하며 행동 관점에서의 반환값 평균을 행동가치^{action value}라고 한다. 상태가치, V 와 행동가치, Q 를 상태 s, 행동 a로 표현하면 다음과 같다.

$$V(s) = \mathbb{E}[G|s] \tag{8.3}$$

$$Q(s,a) = \mathbb{E}[G|s,a] \tag{8.4}$$

여기서 $\mathbb{E}[\cdot]$는 여러 에피소드에서 반환값의 기댓값 즉 평균값을 의미한다.

결국 강화학습은 에이전트가 두개의 가치인 상태가치 V와 행동가치 Q를 최대로 하는 정책, $\pi(a|s)$를 찾는 것이 강화학습의 목표다.

8.1.2 강화학습 문제 정의: MDP (Markov Decision Process)

MDP는 에이전트와 환경 간의 상호작용interaction 프로세스를 정의한 수학적인 프레임워크다. 즉 MDP는 어떤 환경에 속해 있는 에이전트가 각 상태마다 적절한 행동을 선택하여 최종적인 목표를 달성할 수 있도록 학습하는 절차를 수학적으로 설명한 것이라 할 수 있다.

MDP에서 가장 핵심적인 개념은 마코프 프로세스Markov Process다. 마코프 프로세스는 마코프 체인Markov Chain이라고도 하는데 마코프 특성Markov Property을 기반으로 하는 확률적인 프로세스라고 정의한다. 마코프 특성은 러시아 수학자 안드레이 마코프Andrey Markov가 제안한 성질로 다음과 같이 표현할 수 있다.

$$\mathcal{P}[S_{t+1}|S_t] = \mathcal{P}[S_{t+1}|S_1, \cdots, S_t] \tag{8.5}$$

여기서 S_{t+1}는 시간단계 $t+1$에서의 상태이고 S_t는 시간단계 t에서의 상태다. 즉 시간단계 t의 상태 S_t에서 시간단계 $t+1$의 상태 S_{t+1}로 전이하는 확률은 앞서 벌어졌던 상태와는 무관하다는 의미다. 예를 들면 자전거 타기를 배울 때 왼쪽으로 기울어진 현재상태에서 다음 오른쪽으로 기울어질 상태로 전이할 확률은 한시간 전에 있었던 상황과 전혀 관계가 없다는 뜻이다. 이러한 마코프 특성을 기반으로 정의한 확률적 프로세스를 마코프 체인 또는 마코프 프로세스라고 한다.

예를 들면 그림 8.3 (왼쪽)과 같이 상태 E와 상태 A가 발생되는 환경이 있다고 하면, 상태 E에서 상태 A로 전이될 확률은 0.7인데 그전에 어떤 상황이 벌어졌던 상관없이 에이전트가 상태 E에 처해 있으면 0.7의 확률로 상태 A로 전이된다.

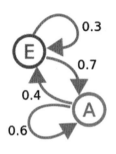 

그림 8.3 (왼쪽) 마코프 프로세스 예시 (오른쪽) 러시아의 수학자 안드레이 마코프

이러한 마코프 프로세스에 에이전트가 개입하여 각 상태마다 행동을 선택하는 의사결정을 하면서 환경과의 상호작용을 통해 원하는 목표를 성취할 수 있도록 전체적인 환경 ↔ 에이전트 상호작용 프로세스가 바로 MDP다. 그림 8.2는 개념적인 MDP 예시가 된다.

MDP에서 에이전트의 목표는 식 (8.3)과 식 (8.4)의 상태가치와 행동가치를 최대화하는 것이다. 즉 강화학습에서의 목적함수는 두개의 가치함수가 된다. 에이전트가 개입된 상태가치함수는 각 상태가 얼만큼 가치가 있는지를 표현해 준다. 이러한 의미로 상태가치함수를 효용함수utility function라고도 한다. 상태가치함수는 식 (8.2)와 식 (8.3)을 이용하여 다음과 같이 표현할 수 있다. 이때 첨자 π는 에이전트의 정책을 뜻하는 기호로 행동을 선택하는 의사가 반영되었다는 의미다.

$$V_\pi(s) = \mathbb{E}_\pi[G_t|S_t = s] = \mathbb{E}_\pi\left[\sum_{k=t+1}^{\infty} \gamma^{k-t-1}R_k \,|S_t = s\right]$$

$$= \mathbb{E}_\pi[R_{t+1} + \gamma R_{t+2} + \gamma^2 R_{t+3} + \cdots |S_t = s]$$

$$= \mathbb{E}_\pi[R_{t+1} + \gamma(R_{t+2} + \gamma^1 R_{t+3} + \cdots)|S_t = s]$$

$$= \mathbb{E}_\pi[R_{t+1} + \gamma G_{t+1}|S_t = s] \tag{8.6}$$

마찬가지로 행동가치함수는 식 (8.2)와 식 (8.4)를 이용하여 다음과 같이 표현할 수 있다.

$$Q_\pi(s,a) = \mathbb{E}_\pi[G_t|s_t = s] = \mathbb{E}_\pi\left[\sum_{k=t+1}^{\infty} \gamma^{k-t-1} R_k \,|S_t = s, A_t = a\right]$$

$$= \mathbb{E}_\pi[R_{t+1} + \gamma R_{t+2} + \gamma^2 R_{t+3} + \cdots|S_t = s, A_t = a]$$

$$= \mathbb{E}_\pi[R_{t+1} + \gamma(R_{t+2} + \gamma^1 R_{t+3} + \cdots)|S_t = s, A_t = a]$$

$$= \mathbb{E}_\pi[R_{t+1} + \gamma G_{t+1}|S_t = s, A_t = a] \tag{8.7}$$

행동가치함수 식 (8.7)은 상태가치함수 식 (8.6)과 거의 동일하다. 행동가치함수는 상태와 행동을 조건으로 행동이 얼만큼 가치가 있는지를 표현한다.

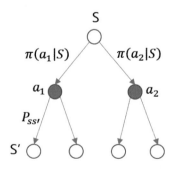

그림 8.4 MDP의 백업 다이어그램 backup diagram

그림 8.4는 간략화한 MDP 구조를 보여준다. 이것을 백업 다이어그램backup diagram이라고 한다.

강화학습에서 사용하는 백업_{backup}이라는 용어는 상태가치나 행동가치를 계산할 때 이후에 벌어지는 상태가지와 행동가지를 순서 또는 시간의 역방향_{backward}의 위쪽으로 합산한다는 의미다. 그림 8.4와 같이 상태, S에서 에이전트가 취할 수 있는 행동은 a_1과 a_2이고 에이전트가 각 행동을 취하게 되면 환경은 상태전이확률 $P_{ss\prime}$에 의해 다음 상태를 보여준다. 이러한 MDP를 기반으로 백업방식으로 계산한 상태가치함수, $V_\pi(s)$와 행동가치함수, $Q_\pi(s,a)$는 다음과 같이 표현할 수 있다.

$$V_\pi(s) = \pi(a_1|s)Q_\pi(s,a_1) + \pi(a_2|s)Q_\pi(s,a_2) = \sum_{a \in A} \pi(a|s)Q_\pi(s,a) \qquad (8.8)$$

$$Q_\pi(s,a) = \sum_{s' \in S} P_{ss'}^a \left(\mathcal{R}_{ss'}^a + \gamma V_\pi(s') \right) = \mathcal{R}_s^a + \gamma \sum_{s' \in S} P_{ss'}^a V_\pi(s') \qquad (8.9)$$

식 (8.8)과 같이 상태 s에서의 상태가치함수는 그림 8.4에서 보여주듯이 상태 S에서 발생할 수 있는 행동가치의 평균값 즉 행동가치에 확률적 개념인 정책을 곱한 후 더한 값이라 볼 수 있다.

마찬가지로 그림 8.4를 참고하여 식 (8.9)의 행동가치함수를 설명하면, 각 행동가치는 즉시 받는 보상값, $\mathcal{R}_{ss\prime}^a$에 상태전이확률을 반영한 평균값, $\mathcal{R}_s^a$와 다음 시간단계에서의 상태가치에 상태전이확률을 곱해 평균값을 더한 값이다. 다음 시간단계의 상태가치를 고려하기 때문에 상쇄계수, γ를 반영한다.

식 (8.8)에 식 (8.9)를 대입하면 다음과 같이 표현된다.

$$V_\pi(s) = \sum_{a \in A} \pi(a|s)Q_\pi(s,a) = \sum_{a \in A} \pi(a|s) \sum_{s' \in S} P_{ss'}^a \left(\mathcal{R}_{ss'}^a + \gamma V_\pi(s') \right) \qquad (8.10)$$

같은 방법으로 식 (8.9)에 식 (8.8)를 대입하면 다음과 같이 표현된다.

$$Q_\pi(s,a) = \sum_{s' \in S} P_{ss'}^a \left(\mathcal{R}_{ss'}^a + \gamma V_\pi(s') \right) = \sum_{s' \in S} P_{ss'}^a \left(\mathcal{R}_{ss'}^a + \gamma \sum_{a' \in A} \pi(a'|s') Q_\pi(s', a') \right) \quad (8.11)$$

식 (8.10)과 식 (8.11)을 각각 상태가치함수와 행동가치함수의 벨만 방정식 ^{Bellman equation}이라고 한다.

강화학습은 결국 두개의 가치함수에 대한 벨만 방적식을 푸는 것이라고 볼 수 있다. 다소의 혼란을 피하기 위해서 좀더 정확히 말하면 강화학습의 에이전트가 주어진 상태에서 최선의 행동을 할 수 있도록 하는 것이 목적이기 때문에 벨만 방정식의 가치함수를 최대화하는 최적의 정책 ^{optimal policy}, $\pi^*(a|s)$를 구하는 것이 강화학습의 목표가 된다.

벨만 방적식을 기반으로 두개의 가치함수 즉 상태의 가치와 행동의 가치를 구한 후 최적의 정책, $\pi^*(a|s)$를 찾는 경우를 가치기반의 접근방법^{value-based approach}이라고 한다. 이처럼 **가치기반 강화학습은 직접 최적의 정책 $\pi^*(a|s)$를 찾지 않고 상태가치 및 행동가치를 표현하는 벨만 방정식을 최대화하여 간접적인 방식으로 최적 정책을 찾는다.** 이와는 반대로 학습변수를 가지는 정책함수를 이용하여 최적의 정책 $\pi^*(a|s)$ 를 직접 찾는 기법을 정책기반 접근방법^{policy-based approach}이라고 한다. **정책기반 접근 방식에서는 가치함수를 최적의 정책을 찾는 목적함수로 직접 이용하지 않고 다만 학습변수를 가지는 정책함수의 결과를 평가하는 데만 사용한다.**

가치기반 강화학습에는 다음과 같은 방법이 있다.

가치기반 강화학습 (value-based reinforcement learning)

- 동적 계획법 (Dynamic Programming Method)
- 몬테카를로 방법 (Monte Carlo Method)
- 시간차 방법 (Temporal Difference Method)

여기서 동적 계획법$^{Dynamic\ Programming}$은 나중에 설명하겠지만 에이전트가 환경의 모든 상황을 알고 있다고 전제하기 때문에 known-MDP 또는 모델 기반$^{Model-based}$ 강화학습이라고 한다. 좁은 의미로는 강화학습에 포함하지 않고 계획법^{planning}이라고 정의하기도 한다.

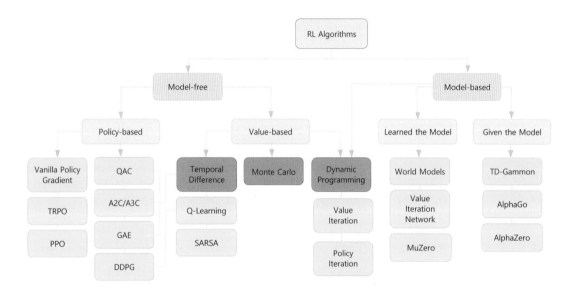

그림 8.5 강화학습 알고리즘 분류표

강화학습의 목표는 최적의 정책을 찾는 것이기 때문에 상태가치나 행동가치 등의 계산을 최종 목표로 하지 않고 직접 정책을 구하는 방법이 정책기반 접근 방법이다. 정책기반 접근방법은 목적함수를 최적화하기 위해 경사상승법$^{Gradient\ Ascent}$ [1]을 사용하기 때문에 정책 기울기 방법$^{Policy\ Gradient\ Method}$라고도 한다. 경사상승법을 사용하는 정책기반 접근법은 구현하기 쉽고 최적으로 수렴하는데 매우 안정적^{stable}이라는 장점이 있다. 정책기반 접근방법의 또다른 장점은 정책을 연속적인 확률 개념으로 표현하기 때문에 에이전트가 취할 수 있는 행동을 연속적으로 정의할 수 있다. 정책을 정의하는 정책함수는 학습변수를 가지는 임의의 함수를 사용할 수 있으며 최근에

---

[1] 강화학습에서 목적함수인 보상값의 총합 즉 성능 (performance)의 최댓값을 찾는데 경사법을 사용한다

는 인공신경망을 정책함수로 사용하는 것이 일반적인 방법이 되었다. 다음은 여러가지 정책기반 강화학습 알고리즘을 보여준다.

정책기반 강화학습 (policy-based reinforcement learning)

- REINFORCE 방법
- 자연적 기울기 방법 (Natural Gradient Method)
- 액터-크리틱 방법 (Advantage Actor-Critic Method)
- 신경망 기반 결정된 정책 기울기 (DDPG: Deep Deterministic Policy Gradient)

가치기반 접근방식과 정책기반 접근방식은 모두 모델 프리$^{\text{Model-Free}}$ 강화학습이라고 한다 (동적 계획법은 모델 기반이다). 모델 프리 강화학습은 환경과 에이전트 간에 연동작용을 설명하는 모델없이 에이전트가 환경으로부터 행동을 통해 얻은 보상값으로 학습을 하는 방식이라 학습시간이 오래 걸리는 단점이 있다. 이러한 단점을 개선하기 위해 환경과 에이전트의 연동 방식을 모델링하여 이 모델을 기반으로 사전학습하는 방식을 모델기반 강화학습이라고 한다. 모델기반 강화학습은 학습시간을 단축할 수 있으며 모델을 일반화하여 다른 환경에 적용하여 전이학습을 통한 활용이 가능하다. 모델기반 강화학습은 다음과 같은 방법이 있다.

모델기반 강화학습 (model-based reinforcement learning)

- 정해진 전이모델 기반 명시적인 계획법 (Explicit Planning on Given Transition)
- 학습된 전이모델 기반 명시적인 계획법 (Explicit Planning on Learned Transition)
- 전과정 계획 및 모델 동시 학습법 (End-to-End Learning of Planning and Transition)

8.2 가치기반 강화학습 Value-based Reinforcement Learning

가치기반 강화학습value-based reinforcement learning은 벨만 방적식으로 표현된 두개의 가치함수인 상태가치함수와 행동가치함수를 구한 후 각 상태(S)에서 최적의 가치를 유도하는 정책, $\pi^*(a|s)$를 찾는 방법이다. 즉 가지기반 강화학습은 벨만 방정식을 기반으로 간접적으로 최적의 정책을 찾는 방법이라 할 수 있다. 다음은 가치기반 강화학습에서는 사용되는 여러가지 방법들을 소개하고자 한다.

8.2.1 동적 계획법 (Dynamic Programming Method)

동적 계획법은 리차드 벨만Richard Bellman이 제안한 방법으로 강화학습 뿐만 아니라 다양한 분야에서 적용가능한 일반적인 문제해결 방법이다. 여기서 프로그래밍programming이라는 용어는 최적화optimization의 의미를 가진다. 동적 계획법의 일반적인 정의는 한 번에 다룰 수 없는 규모가 큰 문제를 크기가 작은 부분 문제subproblem로 분할하고 각 부분 문제를 해결하는 방법을 만들어 재사용reuse하는 방식으로 재귀적으로recursive 큰 문제를 해결하는 방법이다.

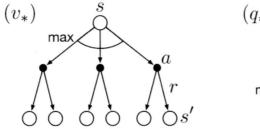
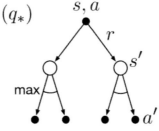

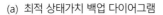

(a) 최적 상태가치 백업 다이어그램   (b) 최적 행동가치 백업 다이어그램

그림 8.6 최적 가치를 표현하는 백업 다이어그램 (출처: Sutton & Barto, Reinforcement Learning: An Introduction 2nd Edition)

강화학습에서 MDP를 정의하는 벨만 방정식을 동적 계획법으로 해결할 때 다음과 같은 두가지 방식이 있다. 첫번째는 정책 반복법 (Policy Iteration)이고 두번째는 가치 반복법 (Value Iteration)이다. 이때 동적 계획법에서는 벨만 방정식 대신에 벨만 최적 방정식 (Bellman Optimality Equation)을 이용한다. 벨만 방정식은 식 (8.10)과 (8.11)로 표현된 것을 말하는데 벨만 최적 방정식과 혼동을 피하기 위해 벨만 방정식을 벨만 예측 방정식 (Bellman Expectation Equation)이라고 부르는 경우도 있다.

벨만 최적 방정식은 다음과 같이 표현된다.

$$V_*(s) = \max_\pi V_\pi(s) = \max_{a \in A} Q(s, a) \tag{8.12}$$

$$Q_*(s, a) = \max_\pi Q_\pi(s, a) = R_s^a + \gamma \sum_{s' \in S} P_{ss'}^a V_*(s') \tag{8.13}$$

행동가치 벨만 방정식 식 (8.9)를 식 (8.12)에 대입하면 다음과 같다.

$$V_*(s) = \max_{a \in A} \left(\mathcal{R}_s^a + \gamma \sum_{s' \in S} P_{ss'}^a V_\pi(s') \right) \tag{8.14}$$

벨만 최적 방정식인 식 (8.13)과 식 (8.14)를 풀게 되면 다음과 같이 강화학습의 목표인 최적 정책을 구할 수가 있게 된다.

$$\pi_*(a|s) = \begin{cases} 1 & if\ a = \underset{a \in A}{\mathrm{argmax}}\, Q_*(s, a) \\ \\ 0 & otherwise \end{cases} \tag{8.15}$$

즉 최적 정책optimal policy은 최적 행동가치를 만드는 행동을 선택하는 확률을 '1'로 결정deterministic한 것을 말한다.

● **정책 반복법 (PI: Policy Iteration)**

정책 반복법은 최적 정책 optimal policy이 적용된 벨만 방정식으로 상태가치를 구하고 (이를 정책의 평가 policy evaluation라고 한다) 다시 상태가치가 적용된 **벨만 최적 방정식**으로 최적 정책을 구한다 (이를 정책 개선 policy improvement라고 한다). 이러한 과정을 반복하면서 최적 정책을 구하는 방법이다. 이러한 절차를 간략화하면 다음과 같다.

$$\pi_0 \xrightarrow{\textit{Eval}} V_{\pi_0} \xrightarrow{\textit{Improve}} \pi_1 \xrightarrow{\textit{Eval}} V_{\pi_1} \xrightarrow{\textit{Improve}} \pi_2 \cdots \xrightarrow{\textit{Eval}} V_* \xrightarrow{\textit{Improve}} \pi_*$$

정책 반복법의 계산 절차는 다음과 같다.

---

① 정책을 초기화 한다: $\pi \leftarrow \pi_0$

② 정책을 업데이트한다: $\pi \leftarrow \pi'$

③ 정책 평가 반복 계산 (Policy Evaluation): 최적 정책이 반영된 상태가치를 구한다

$$v_{old} = V_\pi(s)$$

모든 상태(s)를 방문하면서 상태가치를 업데이트 한다

$$V_\pi(s) = \sum_{a \in A} \pi(a|s) \sum_{s' \in S} P_{ss'}^a \left(\mathcal{R}_{ss'}^a + \gamma V_\pi(s') \right)$$

$v_{old} \approx V_\pi(s)$ 때까지 반복한다

④ 정책 개선 (Policy Improvement): 상태가치가 반영된 벨만 최적 방정식을 기반으로 최적 정책을 구한다

$$\pi_{old} = \pi'(s)$$

모든 상태(s)를 방문하면서 최적 정책을 업데이트 한다

$$\pi'(s) = \operatorname*{argmax}_{\pi} V_\pi(s) = \operatorname*{argmax}_{a} \sum_{a \in A} \pi(a|s) \sum_{s' \in S} P_{ss'}^a \left(\mathcal{R}_{ss'}^a + \gamma V_\pi(s') \right)$$

⑤ $\pi_{old} \approx \pi'$ 수렴할 때까지 ②~④ 과정을 반복한다

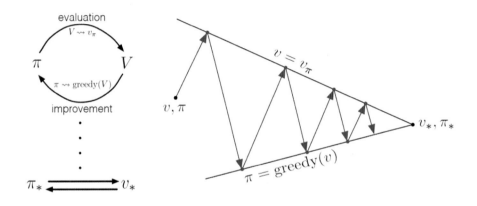

그림 8.7 정책 평가와 정책 개선을 반복하면서 최적 정책을 도출하는 과정 (출처: Sutton & Barto, Reinforcement Learning: An Introduction 2nd Edition)

그림 8.7은 정책 평가와 정책 개선을 반복하면서 최적 정책을 구하는 과정을 보여준다. 여기서 $\pi(s) = greedy(V)$는 $\pi(s) = \operatorname*{argmax}_{a} V_\pi(s)$를 의미한다. 정책 반복법은 $\mathcal{O}(AS^2)$의 연산 복잡도를 가지는 알고리즘이어서 상대적으로 수렴속도가 빠르다. 여기서 A는 행동의 개수이고 S는 상태의 개수다. 그리고 정책 반복법은 바로 정책을 구할 수 있는 장점이 있다.

● 가치 반복법 (VI: Value Iteration):

가치 반복법은 식 (8.14) **벨만 최적 방정식**을 이용하여 각 상태의 가치를 찾는 방법이다. 다음은 가치 반복법으로 최적 정책을 구하는 과정을 보여준다.

---

① 상태가치함수, $V(s)$를 초기화한다

② 모든 상태를 방문한다: $s \in S$

- 모든 행동을 취한다: $a \in A$

  각 행동에 대한 행동가치를 구한다

$$Q(s,a) = \mathcal{R}_s^a + \gamma \sum_{s' \in S} P_{ss'}^a V_\pi(s')$$

- 최대의 행동가치를 상태가치로 업데이트한다

$$V(s) = \max_{a \in A} Q(s,a)$$

③ 상태가치함수 $V(s)$가 수렴할 때까지 ② 과정을 반복한다

가치 반복법은 모든 상태를 방문하고 각 상태에서 모든 행동을 취한 후 상태가치를 결정하기 때문에 연산 복잡도는 $O(A^2 S^2)$가 된다. 일반적으로 가치 반복법은 정책 반복법보다는 수렴 속도가 느리고 최적 정책을 찾기 위해 각 상태에서 다음 상태의 가치를 탐색하는 **one-step lookahead search** 절차가 필요한 단점이 있다.

8.2.2 몬테카를로 방법 (Monte Carlo Method)

몬테카를로 방법은 모델 프리^{model-free} 강화학습에 속한다. 모델 프리 방법은 에이전트가 상태전이확률이나 보상 조건을 모르는 환경에서 여러가지 행동을 취해보고 각 행동에 대한 보상값을 기반으로 최적의 정책을 찾는 방법을 말한다. 모델 프리인 몬테카를로 방법은 에피소드가 종료되어 그 결과를 반영할 필요가 있는 경우 사용된다. 바꾸어 말하면 에피소드가 종료되지 않은 문제에서는 몬테카를로 방법을 적용할 수 없다. '몬테카를로'라는 용어는 일반적으로 '임의의 방법

으로 예측'random estimation'이라는 의미로 사용되는데 여기서는 모든 임의의 에피소드에서 '평균 반환값mean returns'이라는 뜻으로 사용되고 있다. 몬테카를로 방법으로 학습된 강화학습 알고리즘으로는 알파고AlphaGo나 알파스타AlphaStar와 같은 인공지능 게임 프로그램이 있다. 즉 몬테카를로 방법은 게임처럼 마지막 결과가 각 상태의 최적 정책에 영향을 주는 경우에 적당하다.

몬테카를로 방법에서는 에이전트가 종료상태termination state까지 에피소드를 경험하고 나서 각 상태(S)에서의 반환값return을 구한다. 에이전트는 이러한 에피소드를 반복적으로 다양하게 경험하면서 각 상태(S)에서의 평균적인 반환값을 기반으로 최적 정책을 찾는다. 이때 에이전트가 여러 가지 다른 경로path의 에피소드를 경험하면서 어떤 상태(S)는 여러 에피소드에도 공통적으로 나타날 수 있다. 또한 **단일 에피소드**에서도 에이전트가 어떤 상태(S)를 여러 번 방문할 수도 있는데 이런 경우에는 다음과 같은 두가지 방식으로 반환값을 계산한다.

첫번째는 '첫 방문first-visit 몬테카를로 방법'인데 이 경우에는 첫번째 방문했을 때 반환값을 그 상태의 반환값으로 사용한다. 두번째는 '모든 방문every-visit 몬테카를로 방법'인데 이 경우에는 방문한 횟수로 평균하여 사용한다. 강화학습에서는 오랜 동안 '첫 방문 몬테카를로 방법'을 사용하고 있어 여기에서도 '첫 방문 몬테카를로 방법'을 중심으로 설명하기로 한다.

첫 방문 몬테카를로 방법에서 상태가치를 구하는 절차는 다음과 같다. 참고로 '첫 방문 몬테카를로 방법'과 '모든 방문 몬테카를로 방법'은 에피소드가 여러 번 반복적으로 시행되면 접근적으로asymptotically 서로 수렴한다.

---

① 시간단계 t에서 상태(S)를 처음 방문했을 때 반환값을 G_t라고 정의

② 상태, S를 방문할 때마다 횟수 증가: $N(s) \leftarrow N(s) + 1$

③ 상태, S를 방문할 때마다 반환값 증가: $S(s) \leftarrow S(s) + G_t$

④ 평균 반환값 계산 → 상태가치: $V(s) \leftarrow S(s)/N(s)$

이처럼 몬테카를로 방법은 여러 번의 에피소드를 경험할 때마다 모든 상태의 평균 반환값을 구하는데 이것을 점진적인 평균$^{incremental\ mean}$이라고 한다. 점진적인 평균은 다음과 같이 표현할 수 있다.

$$\mu_k = \frac{1}{k}\sum_{i=1}^{k} x_i$$

$$= \frac{1}{k}\left(x_k + \sum_{i=1}^{k-1} x_i\right)$$

$$= \frac{1}{k}(x_k + (k-1)\mu_{k-1})$$

$$= \mu_{k-1} + \frac{1}{k}(x_k - \mu_{k-1}) \tag{8.16}$$

즉 어떤 에피소드에서 에이전트가 어떤 상태(S)를 만나게 되었을 때 그 상태(S)가 k번 누적되어 발생되었다고 한다면 i번째 발생된 상태의 반환값을 x_i라고 하고, 그때까지 평균 반환값은 μ_i라고 정의하자. 그렇다면 식 (8.16)과 같이 k번째까지 반복 경험하게 된 상태(S)의 평균 반환값, μ_k는 $(k-1)$번째까지 평균 반환값 μ_{k-1}과 k번째 반환값, x_k와 μ_{k-1}의 차이를 k로 평균한 값을 더한 것과 같다. 이원리를 적용한 것이 바로 몬테카를로 방법이다. 즉 몬테카를로 방법은 다음과 같이 표현할 수 있다.

① 에피소드 $S_0, A_0, R_1, \cdots, S_T$ 경험

② 각 상대 S_t에서 반환값은 G_t로 계산

$$N(S_t) \leftarrow N(S_t) + 1 \tag{8.17}$$

$$V(S_t) \leftarrow V(S_t) + \frac{1}{N(S_t)}\big(G_t - V(S_t)\big) \tag{8.18}$$

여기서 G_t는 현재 에피소드에서 시간단계 t에서 상태가치를 의미하고 $V(S_t)$는 지금까지 누적된 평균적인 상태가치를 의미한다. 따라서 식 (8.18)은 식 (8.16)과 같이 점진적인 평균^{incremental}^{mean}을 계산하는 과정을 보여주고 있다. 만약 각 상태(S)의 방문횟수, $N(S_t)$를 상수로 치환하여 일반화하면 식 (8.19)와 같이 몬테카를로 방법 공식을 얻을 수 있다. 이렇게 방문횟수를 상수로 치환하게 되면 상황이 변동되는^{non-stationary} 문제에서 지난 에피소드의 결과에 영향을 받지 않는 일반식이 된다.

$$V(S_t) \leftarrow V(S_t) + \alpha\big(G_t - V(S_t)\big) \qquad (8.19)$$

이때 α를 스텝 크기^{step-size} 또는 학습률이라고 한다.

상태가치와 함께 행동가치도 같은 방식으로 다음과 같이 표현할 수 있다.

$$Q(S_t, a_t) \leftarrow Q(S_t, a_t) + \alpha\big(G_t - Q(S_t, a_t)\big) \qquad (8.20)$$

이렇게 상태가치를 구하고 나면 다음과 같이 정책을 구한다.

$$\pi(s) = \underset{\pi}{\mathrm{argmax}}\, V_\pi(s) = \underset{a}{\mathrm{argmax}}\, Q_\pi(s, a) \qquad (8.21)$$

8.2.3 시간차 방법 (Temporal Difference Method)

시간차 방법은 몬테카를로 방법과 같이 모델 프리^{model-free} 강화학습이다. 그리고 시간차 방법은 부트스트래핑^{bootstrapping} 방법이라고도 한다. 부트스트랩은 부츠를 쉽게 신을 수 있도록 하는 부츠 신발 뒷부분에 있는 끈인데 여러 분야에서 조금씩 다른 개념으로 각 분야에 해당하는 동작 원리를 설명할 때 사용하는 용어다. 강화학습에서 부트스트래핑이란 1~2개의 추정된 값을 기반으로 새로운 값을 업데이트하는 것을 말한다. 시간차 방법에서는 에이전트가 한두 번의 행동을 취했을 때 (일반적으로 n번의 행동) 예상되는 반환값을 기반으로 상태가치나 행동가치를 업데이트하는 기법을 부트스트래핑 방법이라고 설명하고 있다. 앞서 설명했던 동적 계획법도 부트스트래핑 방법을 사용하고 있다고 말할 수 있다. 그러나 몬테카를로 방법은 전체 에피소드를 다 경험하고 나서 상태가치를 업데이트 하기 때문에 부트스트래핑 방법이 아니다.

시간차 방법은 몬테카를로 방법과 동일하나 종료상태$^{terminal\ state}$까지 가지 않고 부트스트래핑 기법을 이용하여 몇번의 행동으로 학습을 한다. 이러한 이유로 시간차 방법은 동적 계획법과 몬테카를로 방법을 조합한 것이라 할 수 있다. 시간차 방법에서의 상태가치 함수와 행동가치 함수는 다음과 같이 구할 수 있다.

$$V(S_t) \leftarrow V(S_t) + \alpha\big(R_{t+1} + \gamma V(S_{t+1}) - V(S_t)\big) \qquad (8.22)$$

$$Q(S_t, A_t) \leftarrow Q(S_t, A_t) + \alpha\big(R_{t+1} + \gamma Q(S_{t+1}, A_{t+1}) - Q(S_t, A_t)\big) \qquad (8.23)$$

식 (8.22)와 식 (8.23)은 한번의 행동으로 확보된 정보 (다음 상태의 가치와 즉시 받는 보상값)를 기반으로 학습을 하기 때문에 한단계 시간차 방법$^{one\ step\ temporal\ difference}$ 또는 TD(0)라고 정의한다. 여기서 α는 학습률이고 γ는 감쇄계수$^{discount\ factor}$다.

이 경우는 현재 시간단계, t에서의 상태가치, $V(S_t)$나 행동가치, $Q(S_t, A_t)$를 업데이트하기 위해 행동을 한 번만 취한 후 바로 얻게 되는 보상값, R_{t+1}과 다음에 벌어질 상태 S_{t+1}에서의 상태가치 또는 행동가치를 감쇄계수를 고려하여 반환값을 구하고 이것이 과거의 상태가치, $V(S_t)$나 행동가치, $Q(S_t, A_t)$와 차이^{에러}가 있다면 학습률 만큼 업데이트한다는 의미다. 한두 번의 행동 또는 n번의 행동으로 추정된 반환값을 기반으로 현 상태의 가치를 업데이트하기 때문에 많은 반복 학습이 필요하다.

시간차 방법은 다음 시간단계, $t + 1$에서 상태가치, $V(S_{t+1})$와 행동가치, $Q(S_{t+1}, A_{t+1})$를 구하는 방식에 따라 Q-Learning 방식과 SARSA 방식으로 나뉜다.

● Q-Learning

Q-Learning은 **off-policy** 시간차 방법이라고 한다. '**off-policy**'라는 것은 '**목표를 달성하기 위해 어떤 경험도 사용한다**'라는 의미다. Q-Learning을 off-policy라고 하는 이유는 시간차 방법 식 (8.23)에서 시간단계 $t + 1$ 시점의 행동가치, $Q(S_{t+1}, A_{t+1})$를 구하는 방식에서 찾을 수 있다. 식 (8.24)와 같이 Q-Learning에서는 $Q(S_{t+1}, A_{t+1})$를 구하기 위해 상태, S_{t+1}에서 취할 수 있는 모든 행동에 대한 행동가치 중에서 최댓값을 사용한다. 이처럼 에이전트가 상태 S_{t+1}에 직면했을 때 지금까지 학습된 정책으로 결정된 행동에 따른 가치로 계산하지 않고 지금까지 업데이트된 행동가치 중에서 가장 큰 값을 취하기 때문에 off-policy라고 한다.

$$Q(S_t, A_t) \leftarrow Q(S_t, A_t) + \alpha \left(R_{t+1} + \gamma \max_a Q(S_{t+1}, a) - Q(S_t, A_t) \right) \qquad (8.24)$$

다음은 Q-Learning을 구현하는 과정을 보여준다.

---

① 학습률, α와 $\varepsilon - greedy$ 계수 ε 정의

② 행동가치함수, $Q(s, a)$ 초기화: $s \in S, \ a \in A$

③ 모든 에피소드 반복 경험

● 상태 S 초기화

· 상태 S에서 행동 A 선택

· 보상값 R과 다음 상태 S' 관측

· 만약 rand() $> \varepsilon$

$$Q(S, A) \leftarrow Q(S, A) + \alpha \left(R_{t+1} + \gamma \max_a Q(S', a) - Q(S, A) \right)$$

· 만약 rand() $< \varepsilon$

$$Q(S, A) \leftarrow Q(S, A) + \alpha \left(R_{t+1} + \gamma Q(S', A_{rand}) - Q(S, A) \right)$$

- $S \leftarrow S'$ 할당
- $S = 종료상태(terminal\ state)$ 까지 반복

④ 모든 에피소드 실행

여기서 $\varepsilon - greedy$ 계수인 ε은 0과 1사이의 작은 수로 에이전트가 탐험^{exploration}을 하게 해주는 계수이고 rand()는 0과 1사이의 실수를 임의로 추출하는 함수다. 에이전트는 ε 계수의 확률만큼 최댓값의 행동가치를 선택하는 대신에 임의의 행동을 취하게 되는데 이를 통해 에이전트는 좀더 많은 경험을 쌓을 수 있다. 즉 학습된 시점까지 한정된 상황에서 저장된 최댓값 행동가치만을 취하는 것을 피해 보다 다양한 행동을 시도해 봄으로써 새로운 최댓값를 찾을 수 있게 한다. 그러므로 $\varepsilon - greedy$의 적용은 궁극적으로 에이전트가 최적 행동가치를 찾을 수 있게 해주는 방법이라 할 수 있다.

Q-Learning은 현재상태의 행동가치를 업데이트 할 때 off-policy 기반으로 다음 상태 S'에서의 최적 행동가치를 사용하는데 지역최적 (local optima) 문제에 빠지지 않기 위해 $\varepsilon - greedy$ 확률만큼 에이전트가 최적이 아닌 행동을 취하게 하는 시간차 학습 방법이다.

- SARSA

SARSA의 명칭은 상태(S)-행동(A)-보상(R)-상태(S)-행동(A)의 MDP 순서에서 유래되었다. SARSA는 **on-policy** 시간차 방법이라고 하는데 'on-policy'라는 것은 '**오로지 내가 행동한 것으로만 학습한다**'라는 의미다. 이러한 의미로 SARSA의 행동가치는 다음과 같은 방법으로 구한다.

SARSA 방법에서 현재 시간단계에서 행동가치는 에이전트가 행동을 취했을 때 나타난 다음 시간단계의 상태에서 에이전트가 지금까지 학습한 정책대로 행동을 취했을 때 행동가치를 반영하여 계산한다. 식 (8.25)는 SARSA에서 행동가치를 업데이트하는 방법을 정의하고 있다.

$$Q(S_t, a) \leftarrow Q(S_t, a) + \alpha\big(R_{t+1} + \gamma Q(S_{t+1}, A_{t+1}) - Q(S_t, a)\big) \qquad (8.25)$$

다음은 SARSA를 구현하는 과정을 보여준다.

---

① 학습률, α와 $\varepsilon - greedy$ 계수 정의

② 행동가치함수, $Q(s, a)$ 초기화: $s \in S, \ a \in A$

③ 모든 에피소드 반복 경험

● 상태 S 초기화

· 상태 S에서 행동 A 선택

· 보상값 R과 다음 상태 S' 관측

· 상태 S'에서 학습된 정책을 기반으로 행동 A' 선택

$$Q(S, A) \leftarrow Q(S, A) + \alpha\big(R_{t+1} + \gamma Q(S', A') - Q(S, A)\big)$$

● $S \leftarrow S', A \leftarrow A'$ 할당

● $S = 종료상태(terminal\ state)$ 까지 반복

④ 모든 에피소드 실행

SARSA에서도 $\varepsilon - greedy$ 계수를 도입하여 지금까지 학습된 정책 기반의 행동이 아닌 $\varepsilon - greedy$ 계수만큼의 확률로 다른 행동을 선택할 수 있다. SARSA는 on-policy 기반으로 학습을 하기 때문에 최적 정책에 수렴하는 속도가 Q-Learning 보다 늦어지는 경향을 보인다.

그림 8.8은 Q-Learning과 SARSA의 백업 다이어그램을 보여준다. 여기서 우리는 off-policy와 on-policy의 차이를 직관적으로 확인해 볼 수 있다. 그림에서 s와 a는 각각 현재 시간

단계에서 상태와 행동을 의미하고, S'과 a'은 다음 시간단계에서 상태와 행동을 의미한다. A'은 다음 시간단계에서 지금까지 학습된 정책으로 결정된 행동을 의미한다. 그리고 R은 행동을 취한 후 바로 받는 보상값이다.

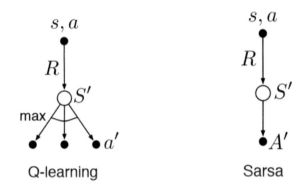

그림 8.8 Q-Learning과 SARSA 백업 다이어그램 (출처: Sutton & Barto, Reinforcement Learning: An Introduction 2nd Edition)

그림 8.9는 강화학습에서 자주 다루는 절벽 걷기^{Cliff Walking}라는 예제다. 에이전트가 아랫변이 절벽으로 되어 있는 환경에서 S로 표기된 시작점을 출발하여 G로 표기된 목표지점에 도착하는 과업을 학습하는 문제다. 이때 절벽에 떨어지면 (−100)이라는 보상값을 받고 한칸씩 이동할 때마다 (−1)의 보상값을 받는다. 절벽으로 떨어지면 시작점 S에서 다시 시작한다. 그림에서 보듯이 최적 경로^{optimal path}로 표현된 경로로 이동하면 이동하는 횟수가 적기 때문에 전체 보상값의 합인 반환값은 최댓값이 되나 절벽에 떨어질 위험이 있다. 반대로 안전한 경로^{safer path}로 이동하면 절벽에 떨어질 확률은 줄어들지만 이동량이 많아져 반환값은 작아진다. 이러한 문제를 두개의 시간차 방법인 Q-Learning과 SARSA로 풀어본 결과가 오른쪽 그래프다. 수평좌표축은 에피소드 반복횟수이고 수직좌표축은 각 에피소드 반복횟수에 대한 전체 반환값의 크기를 의미한다.

절벽 걷기 예제에서 SARSA는 $\varepsilon - greedy$ 없이 학습된 정책을 기반으로 행동을 취하고 Q-Learning 학습 방식은 $\varepsilon - greedy$ 계수, $\varepsilon = 0.1$을 가지고 학습을 진행하였다. 이 예제의 결과를 보면 이동하는 횟수는 많지만 절벽에서 멀리 떨어져 이동하려고 학습하는 SARSA가 0.1의 확률로 임의 행동을 취하는 Q-Learning 보다 큰 반환값을 가지는 것을 확인할 수 있다. Q-Learning 방법으로 학습하는 경우 off-policy인 $\max_a Q(S', a)$를 다음 상태의 행동가치로 취하게 되는데 이것은 절벽 가까이에 있는 최적 경로로 에이전트를 유도하게 된다. 에이전트가 최적경로로 이동하면서 ε 확률만큼 임의로 행동을 취하게 되면 경우에 따라 절벽으로 떨어지는 상황이 발생되어 전체적인 반환값이 SARSA보다 작게 된다.

이론적으로는 ε 계수를 조절하면서 충분히 많은 에피소드를 경험하게 되면 SARSA와 Q-Learning의 결과는 비슷해진다. 기본적으로 SARSA와 Q-Learning은 큰 차이는 없지만 문제에 따라 최적값에 수렴하는 속도와 최적값에 근접하는 정도에 차이를 보이고 있어 사용자는 두 개의 학습방법 중 적용하고자 하는 문제에 적당하다고 판단되는 방법을 선택하여 사용하면 된다.

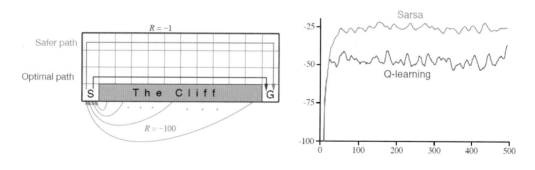

그림 8.9 절벽 걷기 예제에서 Q-Learning과 SARSA 결과 (출처: Sutton & Barto, Reinforcement Learning: An Introduction 2nd Edition)

강화학습 문제에서 상태(S)나 행동(a)의 규모가 크지 않은 경우 모든 상태가치나 행동가치를 테이블table에 저장하여 학습할 수 있다. 만약 시간차 학습 방법 중에서 Q-Learning 방법을 사용한다면 행동가치를 저장한 테이블을 Q-Table이라고 한다. 다음은 Q-Table 예를 설명하기 위해 OpenAI gym에서 제공하는 '얼어 있는 호수 건너기Frozen Lake' 환경을 이용하여 에이전트가 호수를 건널 수 있도록 학습하는 방법을 소개하고자 한다.

그림 8.10 얼어 있는 호수 건너기 (Frozen Lake) 환경 예시

그림 8.10은 펭수라는 에이전트가 얼어 있는 호수를 건너는 문제의 환경을 보여준다. 이 환경은 시작점 상태 S와 목적지 상태 G를 포함해서 총 16개의 상태가 있다. 상태 F는 얼어 있는 호수를 의미하고 상태 H는 구멍 난 호수다. 에이전트는 얼어 있는 상태 F로 진행하면 안전하게 다음 상태로 이동할 수 있고 구멍 난 상태 H로 가면 시작점, S에서 다시 시작한다. 에이전트가 취할 수 있는 행동은 {왼쪽 이동, 오른쪽 이동, 위쪽 이동, 아래쪽 이동}하는 4가지다. 보상값은 OpenAI gym의 Frozen Lake 환경을 설계한 사람에 의해 정의되었는데 목적지에 도달할 경우에만 '1'이라는 보상값을 주고 나머지 경우에는 보상값이 없도록 설정되어 있다. 여기서 하이퍼 파라미터인 학습률과 감쇄계수는 사용자가 임의로 정의하면 된다. 16개의 상태와 각 상태마다 4가지의 행동의 강화학습 문제이므로 모든 행동가치를 저장할 **16 × 4** 크기의 테이블을 만들면 된다 (그림 8.11). 이렇게 저장된 테이블이 바로 Q-Table이다.

앞에서 설명한 Q-Learning 학습 알고리즘을 이용하여 모든 행동가치를 구하고 그림 8.11과 같은 Q-Table 저장하면 된다. 예를 들면 상태 S_1에서 행동 a_3를 취했을 때 Frozen Lake 환경은 에이전트에게 상태 S_4를 보여준다면 상태 S_4의 행동가치 중에서 가장 큰 행동가치를 선택하여 즉시 받는 보상값 R과 이전 행동가치, $Q(S_1, a_3)$를 기반으로 업데이트하고 나서 그 값을 Q-Table의 $Q(S_1, a_3)$ 칸에 저장하면 된다. 만약 S_4의 행동가치 중에서 가장 큰 행동가치가 $Q(S_4, a_2)$라고 한다면 $Q(S_1, a_3)$는 다음과 같이 계산된다.

$$Q(S_1, a_3) \leftarrow Q(S_1, a_3) + \alpha\big(R_{t+1} + \gamma Q(S_4, a_2) - Q(S_1, a_3)\big)$$

이러한 Q-Learning 반복 학습 과정을 통해 모든 행동가치가 수렴하게 되면 학습을 종료한다. 이렇게 완성된 Q-Table은 'Frozen Lake'이라는 환경에서 호수를 건너는 과업을 위한 에이전트의 경험이 된다. 에이전트는 16가지 상태 중에서 어떤 상태를 만나게 되면 그 상태에서 가장 큰 행동가치에 해당하는 행동을 취하게 되면 무사히 호수를 건널 수 있게 된다.

상태 (S)	Action			
	a_1(왼쪽)	a_2(오른쪽)	a_3(위쪽)	a_4(아래쪽)
S_1	$Q(S_1, a_1)$	$Q(S_1, a_2)$	$Q(S_1, a_3)$	$Q(S_1, a_4)$
S_2	$Q(S_2, a_1)$	$Q(S_2, a_2)$	$Q(S_2, a_3)$	$Q(S_2, a_4)$
S_3	$Q(S_3, a_1)$	$Q(S_3, a_2)$	$Q(S_3, a_3)$	$Q(S_3, a_4)$
S_4	$Q(S_4, a_1)$	$Q(S_4, a_2)$	$Q(S_4, a_3)$	$Q(S_4, a_4)$

그림 8.11 Frozen Lake에 사용되는 Q-Table 예시

만약 상태나 행동의 규모가 큰 문제인 경우에는 테이블로 모든 행동가치를 저장하는 데는 한계가 있다. 이러한 문제를 개선하기 위해 최근에 개발된 것이 인공신경망을 이용한 DRL[Deep Reinforcement Learning]이다. 강화학습 모델에 인공신경망을 처음으로 도입한 사례는 TD-Gammon[2]이라는 모델이 있었는데 TD-Gammon은 은닉층이 하나인 MLP 모델이어서 깊은 신경망인 딥러닝 모델은 아니다. 깊은 신경망을 이용한 DRL로서 최초의 모델은 구글의 딥마인드가 개발한 DQN[Deep Q-Network]일 것이다. DQN은 아케이드[arcade] 게임인 아타리[Atari] 비디오 게임들을 스스로

[2] 신경망을 사용한 최초의 강화학습 프로그램은 1995년에 발표된 TD-Gammon이다. TD-Gammon은 간단한 MLP를 이용하여 시간차 방법으로 Backgammon이라는 게임을 학습한 프로그램이다 (출처: Gerald Tesauro, Temporal Difference Learning and TD-Gammon, Communications of the ACM, 1995)

학습하여 전문가 수준으로 게임을 할 수 있는 강화학습 모델이다. 이때 DQN으로 에이전트를 학습시키기 위해 아케이드 학습 환경ALE: Arcade Learning Environment이라는 아타리 시뮬레이션 환경을 사용하였다. 신경망으로 구성된 DQN의 입력값은 DQN이라는 에이전트가 관측하는 상태가 되어야 하므로 화면의 모든 픽셀이 상태가 되고 출력값은 조이스틱joystick을 조정하는 방법이 된다.

DQN의 구현 방법을 간략하게 살펴보기 위해 앞에서 설명한 얼어 있는 호수 건너기Frozen Lake 문제에 적용해 보기로 하자. Frozen Lake에 적용할 Q-Network을 그림 8.12와 같이 간단한 MLP 구조로 구현해 보았다. 즉 Q-Network 모델은 θ라고 정의한 학습변수learnable parameters를 가지며 상태가 입력되면 각 행동에 해당하는 행동가치를 예측하는 인공신경망이다. 이때 Q-Table을 이용할 경우에는 각 상태의 고유번호로 상태를 구별할 수 있지만 Q-Network 에서는 테이블이 아니기 때문에 각 상태의 특성값을 입력해야 한다. 예를 들면 전후좌우 상태의 특성이라든가 아니면 시작점과 목표지점 간의 거리 등을 상태 각 상태의 특성으로 정의할 수 있다. 이러한 상태의 특성이 입력되면 Q-Network은 순전파feedforward를 통해 각 행동가치를 예측한다.

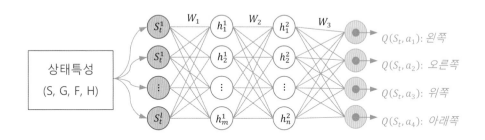

그림 8.12 Frozen Lake에 사용될 Q-Network 예시

아타리 게임을 학습하는 DQN은 경험 재생experience replay이라는 재생 메모리replay memory 방법을 사용하도록 개발됐다. 재생 메모리 방법은 DQN이 이전 학습과정에서 수행했던 모든 에피소드를 메모리라는 기억장소에 저장해 놓고 배치batch로 추출한 후 재활용하는 방식으로 학습하는 방법이다. 여기서는 Q-Network의 간단한 개념을 이해하기 위해 재생 메모리 과정 없이 각 상태(S)별 학습과정을 간략히 설명하고자 한다. Q-Network의 학습과정은 다음과 같다.

깊은 Q-Network (Deep Q-Network)

① 학습률, α와 $\varepsilon - greedy$ 계수 ε 정의

② Q-Network로 표현된 행동가치함수, $Q_\theta(s, a)$ 초기화: $s \in S, \ a \in A$

③ 상태 s 를 관측

  ● 만약 $rand() \geq \varepsilon$

  $a_t = \max_a Q_\theta(s, a)$

  $target\_Q = Q_\theta(s, a_t)$

  ● 만약 $rand() < \varepsilon$

  임의의 행동 a_t 선정

  $target\_Q = Q_\theta(s, a_t)$

④ 행동 a_t를 취하면 Frozen Lake 환경은 보상값 R과 다음 상태 s'를 보여줌

⑤ Q-Network에 s'를 입력하여 최대 행동가치를 계산

  $predict\_Q = R + \alpha \max_a Q_\theta(s', a)$

⑥ Q-Network 목적함수 계산

  $$\mathcal{L}_\theta = (predict\_Q - target\_Q)^2 = \left(R + \alpha \max_a Q_\theta(s', a) - Q_\theta(s, a_t) \right)^2$$

⑦ 경사하강법을 이용한 Q-Network 학습변수 계산

  $$\theta = \theta - \eta \frac{\partial \mathcal{L}_\theta}{\partial \theta}$$

⑧ ③~⑦ 에피소드 반복

Q-Network은 학습이 완료되면 학습된 경험은 신경망의 학습변수에 저장된다. 그런데 기본적인 Q-Network은 행동가치를 다소 과대평가하는 경향이 있다. 이러한 문제를 해결하기 위해 제안된 방법이 이중 Q-Network (DDQN: Double Deep Q-Network)[3]이다.

이중 Q-Network (Double Deep Q-Network)

이중 Q-Network의 개념은 두개의 Q-Network를 사용하여 행동가치를 계산한다. 하나는 학습 이전 학습변수를 θ^- 를 가지는 Q-Network이고 하나는 현재 학습변수, θ 를 가지는 Q-Network이다. 이 두개의 Q-Network을 이용하여 다음과 같이 반환값을 구한다.

$$predict\_Q = R + \alpha Q_{\theta^-}\left(s', \underset{a'}{\mathrm{argmax}}\, Q_\theta(s',a')\right) \tag{8.26}$$

기본적인 Q-Network에서는 Q-Learning 학습 방식을 사용하므로 모든 상태에서 모든 행동을 불필요하게 계산하고, 이중 Q-Network은 두개의 신경망을 학습시키는 단점이 있다. 이러한 문제를 해결하기 위해 제안된 방법이 경쟁 Q-Network[Duel Q-Network][4]이다.

경쟁 Q-Network (Duel Q-Network)

경쟁 Q-Network은 그림 8.13과 같이 한 개의 네트워크에 출력층을 두개로 나누는 FC[Fully Connected] MLP 형태의 신경망이다. 한개의 신경망은 행동과 무관한 상태가치함수를 출력하고 다른 하나는 행동에 영향을 받는 어드밴티지 함수를 출력한다. 이때 상태가치함수는 스칼라로 표현되고 어드밴티지 함수는 행동셋 크기만큼의 벡터로 표현된다. 여기서 어드밴티지 함수라는 개념이 도입되는데 그 정의는 다음과 같다.

[3] Hasselt et al., Deep Reinforcement Learning with Double Q-learning, 2015

[4] Wang et al., Dueling Network Architectures for Deep Reinforcement Learning, NIPS, 2016

$$A_\pi(s,a) = Q_\pi(s,a) - V_\pi(s) \tag{8.27}$$

두개로 나뉜 Q-Network에서 공통된 신경망의 학습변수는 θ로 정의하고 어드밴티지를 출력하는 신경망의 학습변수는 α 그리고 상태가치를 출력하는 신경망의 학습변수는 β로 각각 정의한다. 경쟁 Q-Network은 구개의 값을 합해서 다음과 같은 최종 행동가치를 구한다 (그림 8.13에서 초록색 과정).

$$Q(s,a;\theta,\alpha,\beta) = V(s;\theta,\beta) + A(s,a;\theta,\alpha) \tag{8.28}$$

마지막 단계로 경쟁 Q-Network 모델에서 목적함수에 대입할 반환값은 식 (8.28)을 기반으로 다음과 같이 구한다.

$$predict\_Q = R + \alpha Q(s',a';\theta,\alpha,\beta) \tag{8.29}$$

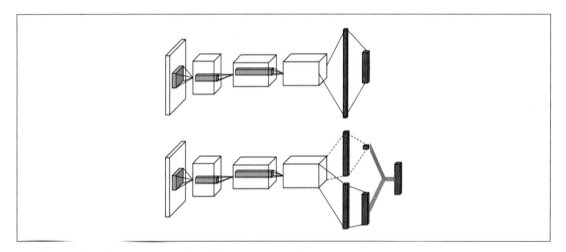

그림 8.13 (위) 기본 Q-Network (아래) 경쟁 Q-Network (출처: Wang et al., Dueling Network Architectures for Deep Reinforcement Learning, NIPS, 2016)

Q-Network은 아타리 게임과 같은 분야에서 성공적인 결과를 보여주었지만 Q-Network이 가지고 있는 한가지 단점은 이산 행동 공간 discrete action space 에서만 적용 가능하다. 즉 아타리 게임과 같이 조이스틱을 왼쪽, 오른쪽으로 움직인다거나 버튼을 on/off 하는 식의 불연속 행동셋에만

적용 가능하다. 로보틱스나 자율주행자동차인 경우에는 행동셋의 규모가 클 뿐만 아니라 각 행동의 형태도 연속적이다. 이러한 경우에는 다음에 설명할 정책기반 강화학습이 사용된다.

8.3 정책기반 강화학습 Policy-based Reinforcement Learning

정책기반 접근방법은 학습변수 learnable parameters 를 가지는 정책함수 parameterized policy function 를 사용하여 직접 최적 정책을 찾는 방법이다. 학습변수를 가지는 정책함수는 임의의 함수를 사용할 수 있지만 최근 인공신경망 모델을 일반적으로 사용한다.

정책기반 접근방법의 개념은 정책함수가 예측한 행동이 반영된 목적함수를 최적화하는 방법이다. 즉 정책기반 접근방법은 정책평가 policy evaluation 와 정책개선 policy improvement 이 반복적으로 상호 보완하면서 최적의 정책함수를 구한다. 여기서 정책평가는 정책이 반영된 가치함수를 업데이트하는 것을 말하고 정책개선은 가치함수가 반영된 목적함수를 최대화하도록 정책함수를 업데이트하는 과정이다. 이때 목적함수에 포함되는 정책함수와 가치함수를 정의하는 방법에 따라 정책기반 강화학습 모델은 몇 개의 그룹으로 분류된다. 여기서 가치함수는 정책함수의 목적함수를 '평가' 하는 것에만 사용될 뿐 행동을 결정하지 않기 때문에 가치기반 강화학습과 구분된다.

정책기반 강화학습의 목적함수를 최적화하는 방법에는 여러가지 방법이 있는데 일반적으로 경사 상승법 gradient ascent 을 사용한다. 경사상승법을 사용하는 이유는 목적함수를 최대화하기 때문이다. 이러한 이유로 정책기반 접근방법을 정책 최적화 방법 policy optimization method 라고도 한다.

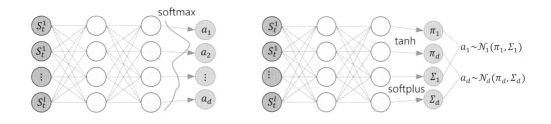

그림 8.14 신경망 기반 정책 함수: (왼쪽) 이산 행동의 경우 (오른쪽) 연속 행동의 경우

경사상승법을 사용하는 정책기반 접근법은 구현하기 쉽고 최적으로 수렴하는데 매우 안정적 stable 인 장점이 있다. 정책기반 접근방법의 또다른 장점은 정책을 연속적인 확률 개념으로 표현하기 때문에 에이전트가 취할 수 있는 행동을 연속적으로 정의할 수 있다.

신경망을 이용하여 정책함수를 정의하는 것은 그림 8.14와 같이 2가지 방법이 있다. 첫번째는 에이전트의 행동이 이산 공간에서 이루어지는 경우다. 이경우는 그림 8.14의 왼쪽과 같이 정책함수 신경망의 출력층에 행동셋의 개수만큼 노드 node 를 만들고 소프트맥스 함수를 적용하여 행동을 선택하도록 설계한다. 예를 들면 아타리 게임이나 바둑, 체스 같은 문제를 해결할 때 사용할 수 있다. 두번째는 그림 8.14 오른쪽과 같이 에이전트가 연속적인 행동을 취하는 경우다. 이경우는 정책함수의 마지막 출력층에 행동셋의 두배만큼의 노드를 만들고, $tanh$ 활성화 함수로 행동셋 개수만큼 가우시안 Gaussian 평균값 (μ)을 출력하고 또다른 행동셋 개수만큼 소프트플러스 softplus 활성화 함수를 적용하여 가우시안 표준편차값 (Σ)을 출력한다. 각 행동셋의 연속적인 행동은 가우시안 평균값과 가우시안 표준편차값을 기준으로 표본추출된 가우시안 확률로 결정한다. 예를 들면 다관절을 가진 로보틱스 문제에서 각 관절에 있는 모터에 전류를 보낼 때 연속적인 행동을 해야 경우 이러한 신경망 기반 정책함수를 사용한다.

정책기반 접근법은 목적함수를 경사상승법으로 구하기 때문에 지역최적값 local optima 으로 수렴하는 단점이 있다. 그리고 정책기반 접근법의 또 하나의 단점은 정책을 평가하는 단계에서 각 시나리오 마다 확률적으로 정의된 정책 stochastic policy function 이 사용되므로 최적 행동의 결과가 달라지는 즉 분산값 variance 이 커지는 경향이 있다. 따라서 정책기반 접근법의 다양한 알고리즘은 이러한 문제를 개선하기 위해 개발되고 있고 특히 **분산값을 최소화하는 기법이 가장 주요한 연구** 주제라 할 수 있다.

정책기반 강화학습을 시작하기 위해 먼저 학습변수, θ로 표현된 정책함수를 다음과 같이 정의한다. 이때 정책함수는 여러가지 함수를 사용할 수 있지만 최근 인공신경망을 일반적으로 사용하고 있으므로 여기에서도 정책함수는 신경망이라고 정의하겠다.

$$\pi_\theta(a|S) \text{ 또는 } \pi(a|s, \theta)$$

그리고 이러한 정책함수, $\boldsymbol{\pi_\theta}$ 가 만들어내는 가치함수가 포함된 목적함수를 다음과 같이 정의한다.

$$J(\theta) \equiv V_{\pi_\theta}(s_0) \tag{8.30}$$

여기서 $\boldsymbol{V_{\pi_\theta}}$ 는 정책함수 $\boldsymbol{\pi_\theta}$ 를 기반으로 하는 가치함수를 의미하고 $\boldsymbol{J(\theta)}$ 는 학습변수 θ 를 포함하는 목적함수가 된다. 그리고 $\boldsymbol{s_0}$ 는 시작 시점의 상태(S)다. 참고로 목적함수를 표현하는 기호를 강화학습에서는 $\boldsymbol{J}$ 라고 표현한다. 경사법을 이용하여 목적함수를 최적화하므로 목적함수의 기울기는 다음과 같이 표현할 수 있다.

$$\nabla J(\theta) \equiv \nabla V_{\pi_\theta}(s_0)$$

$$= \nabla \left[\sum_a \pi_\theta(a|S) Q_\pi(s, a) \right]$$

$$= \sum_a \nabla \pi_\theta(a|S) Q_\pi(s, a) + \pi_\theta(a|S) \nabla Q_\pi(s, a)$$

$$= \sum_a \nabla \pi_\theta(a|S) Q_\pi(s, a) + \pi_\theta(a|S) \nabla \left(\mathcal{R}_s^a + \gamma \sum_{s' \in S} P_{ss'}^a V_\pi(s') \right)$$

$$= \sum_a \nabla \pi_\theta(a|S) Q_\pi(s, a) + \pi_\theta(a|S) \nabla \gamma \sum_{s' \in S} P_{ss'}^a V_\pi(s')$$

$$= \sum_a \nabla \pi_\theta(a|S) Q_\pi(s, a) + \pi_\theta(a|S) \gamma \sum_{s' \in S} P_{ss'}^a \nabla \left[\sum_{a'} \pi_\theta(a'|S) Q_\pi(s', a) \right]$$

$$= \sum_a \nabla \pi_\theta(a|S) Q_\pi(s,a)$$

$$+ \pi_\theta(a|S) \gamma \sum_{s' \in S} P_{ss'}^a \left(\sum_a \nabla \pi_\theta(a|S) Q_\pi(s,a) + \pi_\theta(a|S) \nabla Q_\pi(s,a) \right) \quad (8.31)$$

식 (8.31)과 같이 순차적으로 발생하는 상태에 대한 기울기를 반복적으로 구하게 되면 다음과 같은 비례식을 얻게 된다.

$$\nabla J(\theta) \propto \sum_s \rho(s) \sum_a \nabla \pi_\theta(a|S) Q_\pi(s,a) \quad (8.32)$$

비례식 (8.32)를 '정책 기울기 정리$^{\text{policy gradient theorem}}$'라고 한다. 여기서 $\rho(s)$는 행동 a를 취했을 때 상태전이 확률을 의미한다.

그리고 정책함수 기울기 $\nabla \pi_\theta(a|S)$는 다음과 같이 변형해서 표현할 수 있다.

$$\nabla \pi_\theta(a|S) = \pi_\theta(a|S) \frac{\nabla \pi_\theta(a|S)}{\pi_\theta(a|S)}$$

$$= \pi_\theta(a|S) \frac{\partial \log \pi_\theta(a|S)}{\partial \theta}$$

$$= \pi_\theta(a|S) \nabla_\theta \log \pi_\theta(a|S) \quad (8.33)$$

식 (8.33)을 스코어 함수라고 정의한다. 식 (8.33)을 식 (8.32)에 대입하면 정책 기울기 강화학습의 최종 목적함수가 된다.

$$\nabla J(\theta) = \mathbb{E}_{\pi_\theta}[\nabla_\theta \log \pi_\theta(a|S) Q_\pi(s,a)] \quad (8.34)$$

목적함수의 기울기인 식 (8.34)가 계산되면 경사상승법에 의하여 정책함수의 학습변수가 다음과 같이 갱신된다.

$$\theta_{t+1} = \theta_t + \alpha \nabla J(\theta) \tag{8.35}$$

여기서 α는 단계크기 step-size 또는 학습률 learning rate 이다.

정책기반 강화학습 모델은 크게 정책 기울기 policy gradient 방법과 액터-크리틱 actor-critic 방법으로 나뉜다. 각 모델 모두 정책의 변화에 따라 발생되는 분산값 variance 을 최소화하여 보다 정확한 최적 정책함수를 효율적으로 찾는 것이 목표이며 다음과 같은 다양한 방법들이 있다.

8.3.1 REINFORCE 알고리즘

REINFORCE 알고리즘[5]은 몬테카를로 정책 기울기 Monte Carlo Policy Gradient 방법이라고도 하는데 가장 기본적인 정책 기울기 방법을 사용한 모델이다. 즉 에이전트가 마지막 상태까지 시나리오 또는 궤적을 만들고 이렇게 롤아웃 rollout 된 결과를 기반으로 정책함수를 업데이트한다. 정책함수 가 업데이트된다는 것은 강화학습 에이전트가 학습을 한다는 의미다. 업데이트된 정책함수로 다 시 롤아웃하고 그 결과로 정책함수가 반복적으로 업데이트되는 방법이다. 따라서 REINFORCE 알고리즘은 on-policy 방법을 사용한다라고 할 수 있다. REINFORCE의 목적함수는 다음과 같 이 정책 기울기 정리에서 시작한다.

$$\nabla J(\theta) = \mathbb{E}_{\pi_\theta} \left[\sum_a \nabla \pi_\theta(a|S_t) Q_\pi(S_t, a) \right]$$

---

[5] Ronald Williams, Simple statistical gradient-following algorithms for connectionist reinforcement learning, Machine Learning,1992

$$= \mathbb{E}_{\pi_\theta}\left[\sum_a \pi_\theta(a|S_t)Q_\pi(S_t,a)\frac{\nabla\pi_\theta(a|S_t)}{\pi_\theta(a|S_t)}\right]$$

$$= \mathbb{E}_{\pi_\theta}\left[G_t\frac{\nabla\pi_\theta(A_t|S_t)}{\pi_\theta(A_t|S_t)}\right] \tag{8.36}$$

REINFORCE 알고리즘에서 정책함수의 학습변수는 식 (8.36)을 경사상승법에 적용하여 다음과 같이 구할 수 있다.

$$\theta_{t+1} = \theta_t + \alpha\nabla J(\theta)$$

$$= \theta_t + \alpha\mathbb{E}_{\pi_\theta}\left[\frac{\nabla\pi_\theta(A_t|S_t)}{\pi_\theta(A_t|S_t)}G_t\right]$$

$$= \theta_t + \alpha\mathbb{E}_{\pi_\theta}[\nabla_\theta\log\pi_\theta(a|S)\,G_t] \tag{8.37}$$

여기서 A_t, S_t는 특정 시간단계 t에서의 행동과 상태를 의미하고 G_t는 반환값을 의미한다. 우리는 여기서 식 (8.37)이 정책 기울기 정리인 식 (8.35)와 일치함을 알 수 있다.

REINNFORCE 알고리즘은 한번 롤아웃할 때마다 정책함수가 업데이트 되기 때문에 학습시간이 오래 소요되는 단점이 있다. 만약 여러 개의 롤아웃을 만들고 배치^{batch} 경사상승법을 이용하게 되면 롤아웃하는 과정에서는 정책함수가 학습되지 않은 상태에서 롤아웃이 진행되기 때문에 후반에는 분산값^{variance}이 증가하는 경향을 보여준다.

REINFORCE 방법에서 분산값을 줄이기 위해 제안된 방법이 베이스라인^{Baseline}을 가지는 REINFORCE 방법이다. 이 방법을 여기서는 **REINFORCE-B**로 표기하기로 한다. **REINFORCE-B(aseline)** 방법의 개념은 매우 간단하다. REINFORCE에서 각 시나리오 마다 분산값을 줄이기 위해 상태(S)에만 영향을 받는 간단한 스칼라 값을 평균값으로 도입하는 것이다. 즉 식 (8.36)에서 G_t를 다음과 같이 베이스라인, $b(S_t)$를 이용하여 대체한다.

$$\theta_{t+1} = \theta_t + \alpha \mathbb{E}_{\pi_\theta}[(G_t - b(S_t))\nabla_\theta \log \pi_\theta(a|S)] \tag{8.38}$$

여기서 베이스라인 $b(S_t)$는 행동과 무관한 스칼라 값이다. 식 (8.38)과 같이 REINFORCE-B 알고리즘에서 베이스라인 $b(S_t)$를 도입하면 각 시나리오마다 계산된 가치함수, G_t 가 베이스라인을 중심으로 분산값이 줄어드는 효과가 있다. 여기서 의미 있는 베이스라인 $b(S_t)$를 결정하는 것이 중요한데 한가지 효과적인 방법 중에 하나가 상태가치를 사용하는 방법이다. 베이스라인 $b(S_t)$에 상태가치를 사용하는 경우 계산된 가치함수를 어드밴티지^{advantage} 라고 한다. 즉 어드밴티지는 다음과 같이 정의한다.

$$A_t = G_t - b(S_t) = Q_t(s, a) - V_t(s) \tag{8.39}$$

그림 8.4의 백업 다이어그램과 식 (8.8)을 참조하면 상태가치 (V_t)는 다음에 벌어질 행동가치 (Q_t)를 정책 (π)으로 평균한 값이기 때문에 어드밴티지가 양수 (+)라는 의미는 선택된 행동이 그 상태에서는 상대적으로 좋은 행동이라는 의미가 있다. 따라서 어드밴티지가 음수 (-)인 경우에는 그 반대가 된다. REINFORCE-B 알고리즘은 베이스라인 개념을 적용하여 매우 효율적으로 분산값을 줄일 수 있다.

8.3.2 신뢰구간 정책 최적화 (TRPO: Trust Region Policy Optimization)[6]

REINFORCE 알고리즘과 같은 기본적인 정책 기울기 방법^{vanilla policy gradient method}는 단계크기 또는 학습률에 따라 최적 정책을 찾는데 어려움이 있고 표본추출의 효율성이 떨어지는 단점이 있다. 이러한 문제를 해결하고 궁극적으로는 적은 학습으로 최적정책을 찾는 방법들이 연구되고 있는데 신뢰구간 정책 최적화^{TRPO} 알고리즘은 그 중에 하나다.

---

[6] Schulman et al., Trust Region Policy Optimization, 2017

TRPO 알고리즘은 정책 기울기 방법에 속한다. 그리고 TRPO 방법은 정책에 의해 생성된 궤적 trajectory 을 기준으로 가치함수를 계산하기 때문에 on-policy 방법이라 할 수 있다. 특히 TRPO 경우를 기본적인 정책 기울기 방법과 구분하기 위해서 자연 기울기 방법natural gradient method이라 고 한다.

TRPO는 정책함수 최적화에 초점을 맞춘 알고리즘이라 할 수 있다. 수학적으로 검증된 이론을 기반으로 강건하게 개발된 TRPO는 단조적인 향상monotonic improvement을 보증하고 적은 표본추 출로 효과적인 학습을 제공한다. TRPO에서 제안하는 방법은 다음 두가지가 핵심이다.

---

1.   성능 향상을 보증하는 새로운 목적함수 제안

2.   급격한 정책변화를 방지하여 안정적인 수렴 보장

첫번째 경우는 정책함수의 최적화 문제다. 먼저 다음과 같은 관계식으로 시작한다.

$$\eta(\tilde{\pi}) = \eta(\pi) + \mathbb{E}_{\tau \sim \tilde{\pi}} \left[\sum_{t=0}^{\infty} \gamma^t A_\pi^t(s_t, a_t) \right] \tag{8.40}$$

여기서 $\eta(\cdot)$는 가치함수이고 γ는 감쇄계수다. 그리고 A_π^t는 시간단계 t에서 정책 π에 의한 어드 밴티지다. 식 (8.40)은 Kakade와 Langford[7] 가 제안한 관계식으로 어떤 상태(S)에서 정책 $\tilde{\pi}$에 의한 가치, $\eta(\tilde{\pi})$는 다음 두 항term의 합과 같다. 여기서 두 항이란 (i) 정책 π에 의한 가치, $\eta(\pi)$ 항과 (ii) 정책 $\tilde{\pi}$에 의해 만들어진 에피소드 $\tau \sim \tilde{\pi}$의 경로를 따라가면서 정책 π에 의해 만들어진 어드밴티지를 감쇄누적한 반환값의 기댓값의 항을 말한다. 이 의미는 만약 두번째 항인 $\mathbb{E}_{\tau \sim \tilde{\pi}}[\sum_{t=0}^{\infty} \gamma^t A_\pi^t(s_t, a_t)]$의 값이 양수가 되면 기존 정책 π보다 새로운 정책 $\tilde{\pi}$는 개선되었다고

---

[7] Kakade & Langford, Approximately optimal approximate reinforcement learning. ICML, 2002.

말할 수 있다. 따라서 우리는 $\eta(\tilde{\pi})$를 정책기반 강화학습의 목적함수로 사용할 수 있다. 식 (8.40)
을 다시 정리하면 다음과 같다.

$$\eta(\tilde{\pi}) = \eta(\pi) + \sum_{t=0}^{\infty} \sum_{s} P(s_t = s | \tilde{\pi}) \sum_{a} \tilde{\pi}(a|s) \gamma^t A_\pi^t(s,a)$$

$$= \eta(\pi) + \sum_{s} \sum_{t=0}^{\infty} \gamma^t P(s_t = s | \tilde{\pi}) \sum_{a} \tilde{\pi}(a|s) A_\pi^t(s,a)$$

$$= \eta(\pi) + \sum_{s} \rho_{\tilde{\pi}}(s) \sum_{a} \tilde{\pi}(a|s) A_\pi^t(s,a) \tag{8.41}$$

여기서 $P(s_t = s | \tilde{\pi})$는 상태전이확률이다. 그리고 $\rho_{\tilde{\pi}}(s)$는 방문 빈도수 visitation frequency 라고 하
는데 시간단계 관점의 누적개념을 상태관점으로 전환해주는 역할을 한다. 즉 다음과 같이 표현
할 수 있다.

$$\rho_{\tilde{\pi}}(s) = P(s_0 = s) + \gamma P(s_1 = s) + \gamma^2 P(s_2 = s) + \gamma^3 P(s_3 = s) + \cdots,$$

즉 $\rho_{\tilde{\pi}}(s)$는 정책 $\tilde{\pi}$ 기반으로 롤아웃을 하여 궤적 trajectory 또는 에피소드 episode 를 만드는 과정에
서 특정한 상태를 만나는 확률을 감쇄계수를 고려하여 계산한 것이다. 이때 신경망 기반의 정책
함수로 문제를 풀고 있기 때문에 근사해 approximation 에서 기인하는 오차는 불가피하다. 이로 인해
어떤 상태에서는 $\sum_a \tilde{\pi}(a|s) A_\pi^t(s,a) < 0$ 경우가 발생되어 식 (8.41)의 최적화가 어려워질 수
도 있다. 즉 TRPO는 단조적인 향상 monotonic improvement 을 보장하는 방법이기 때문에 가능하면
항상 $\sum_a \tilde{\pi}(a|s) A_\pi^t(s,a) \geq 0$을 만족하도록 $\rho_{\tilde{\pi}}(s)$ 대신 $\rho_\pi(s)$를 사용하여 다음과 같이 목적함
수를 정의한다. 이것을 대리 목적함수 surrogate objective 라고 한다 (식 8.42).

$$\mathcal{L}_\pi(\tilde{\pi}) = \eta(\pi) + \sum_{s} \rho_\pi(s) \sum_{a} \tilde{\pi}(a|s) A_\pi^t(s,a) \tag{8.42}$$

따라서 식 (8.42)는 점진적으로 최대화되므로 대리 목적함수^{surrogate objective}를 이용한 정책함수 기반 강화학습은 단조적인 향상이 보장된다. 실무적인 관점에서 식 (8.42)를 기반으로 최적화하고자 하는 최종 목적함수는 다음과 같이 정의할 수 있다.

$$J(\theta) = \sum_s \rho_\pi(s) \sum_a \tilde{\pi}(a|s) A_\pi^t(s, a)$$

$$= \mathbb{E}_{\tau \sim \tilde{\pi}}[\tilde{\pi}(a|s) A_\pi(s, a)] \tag{8.43}$$

여기서 관심있게 봐야할 부분은 최적화하고자 하는 목적함수, 식 (8.43)에 향후 업데이트하고자 하는 미래의 정책 $\tilde{\pi}$이 포함되어 있다는 점이다. 그래서 현재 정책 π를 기반으로 식 (8.43)을 정의하기 위해 우리는 **중요도 표본추출**^{importance sampling} 기법을 도입한다.

중요도 표본추출 기법은 다음과 같이 정의한다.

$$\mathbb{E}_{x \sim q}[f(x)] = \int f(x)p(x)dx = \int f(x)\frac{p(x)}{q(x)}q(x)dx = \mathbb{E}_{x \sim q}\left[f(x)\frac{p(x)}{q(x)}\right] \tag{8.44}$$

즉 식 (8.44)와 같이 중요도 표본추출 기법은 표본추출이 어려운 확률분포 $p(x)$ 대신에 표본추출이 용이한 확률분포 $q(x)$를 사용하여 임의변수^{random variable} $f(x)$의 기댓값을 계산할 때 사용한다. 여기서 $\frac{p(x)}{q(x)}$를 샘플 비율^{sampling ratio}, 샘플 가중치^{sampling weight} 또는 가능도 비율^{likelihood ratio}이라고 한다. 따라서 이 비율값만 알게 되면 확률분포 $p(x)$를 대신해서 $q(x)$를 사용하여 $f(x)$의 기댓값을 계산할 수 있다. 중요도 표본추출 기법을 식 (8.43)에 적용하면 다음과 같다.

$$J(\theta) = \mathbb{E}_{\tau \sim \pi}\left[\frac{\tilde{\pi}(a|s)}{\pi(a|s)} A_\pi(s, a)\right] \tag{8.45}$$

이러한 이유로 TRPO를 가능도 비율^{likelihood ratio}을 이용한 정책 최적화 방법이라고 분류하기도 한다.

두번째는 급격한 정책변화를 방지하여 안정적인 수렴을 보장하는 문제다. 정책 π에서 정책 $\tilde{\pi}$로 업데이트되는 과정에서 적당한 학습단계 또는 시간단계를 선정하면 되는데 현실적으로는 이것에 대한 명시적인 가이드라인은 없다. TRPO에서는 다음과 같이 적당한 정책변화 방법을 제안한다.

$$\mathbb{E}_t\big[D_{KL}[\pi_{old}(\cdot\,|s_t) \,\|\, \pi_{new}(\cdot\,|s_t)]\big] < \delta \qquad\qquad (8.46)$$

여기서 D_{KL} 는 두개의 확률분포의 유사성을 측정하는 쿨백–라이블러 발산 Kullback–Leibler Divergence 이고 δ는 정책변화의 임계값을 정의하는 하이퍼파라메터다.

TRPO에서는 식 (8.46)의 구속조건을 가지는 식 (8.45)의 목적함수를 구하는 최적화 방법을 제시한다. 구속조건인 식 (8.46)을 해결하는 여러가지 방법 중 페널티 방법 penalty method 을 이용하여 단일 목적함수를 정의할 수 있다. 다음은 페널티 방법을 이용하여 TRPO를 계산하는 절차를 간략히 설명하고 있다

---

① 정책 π를 기반으로 궤적 또는 에피소드를 만든다: $\tau \sim \pi$

② 페널티 계수 β를 이용하여 구속조건이 포함된 목적함수를 최대화하는 학습변수를 구한다

$$\theta_{new} = arg\max_\theta \left[\, \mathbb{E}_{\tau\sim\pi}\left[\frac{\tilde{\pi}(a|s)}{\pi(a|s)}A_\pi(s,a)\right] - \beta\,\mathbb{E}_t\big[D_{KL}[\pi_{old}(\cdot\,|s_t) \,\|\, \pi_{new}(\cdot\,|s_t)]\big]\,\right]$$

③ θ_{new}가 수렴할 때까지 반복한다

여기서 페널티 계수 β는 하이퍼파라메터다. 이처럼 구속조건이 포함된 목적함수의 최적해를 구하기 위해 TRPO 방법에서는 직선탐색 line search 이라는 최적화 기법을 사용한다. 직선탐색 기법

은 학습률을 정할 때 경사법^{gradient method}과 같이 '적당히 작은 수'로 고정된 값을 사용하는 것이 아니라 가장 큰 이동폭을 가지는 최적의 학습률을 찾아 수렴속도를 가속화할 수 있는 기법이다. 예를 들면 직선탐색 방법 중에 하나가 '3장 다양한 최적화 기법'에서 설명한 식 (3.7), (3.8)과 같이 목적함수의 2차 미분인 헤시안 행렬^{Hessian matrix}을 이용하는 방법이다. 즉 뉴턴 방법^{Newton method}이 전형적인 직선탐색 기법을 사용하는 최적화 방법이라 할 수 있다. 직선탐색을 사용하게 되면 현재 지점에서 목적함수의 기울기로 수렴방향^{line direction}을 정하고 헤시안 역행렬^{inverse of Hessian} 크기만큼 이동하면서 최적값을 찾는다. 이처럼 직선탐색을 사용하는 TRPO 알고리즘은 최적의 학습률로 인해 수렴을 위한 반복횟수는 크게 줄어드나 목적함수의 2차 미분인 헤시안 행렬^{Hessian matrix}과 그 역행렬을 구하는 연산량이 증가하는 단점이 있다.

8.3.3 근접 정책 최적화 (PPO: Proximal Policy Optimization)⁸

근접 정책 최적화^{PPO} 알고리즘은 앞에서 설명한 신뢰구간 정책 최적화^{TRPO} 알고리즘 개념을 대부분 승계하고 있으며 TRPO 보다 구현하기 쉽고 보다 일반화가 가능하게 개발되었다. 특히 PPO는 TRPO보다 표본추출의 효율성 관점에서 개선되었다. PPO 방법은 기본적으로 TRPO를 기반으로 하기 때문에 on-policy 방법이라 할 수 있다.

수학적으로 매우 탄탄하게 검증된 TRPO의 유일한 단점은 목적함수의 최적해를 구할 때 2차 미분을 해야 하는 헤시안 행렬을 구하는 과정이다. 2차 미분을 통해 최적화를 해야 하는 이유는 결국 정책의 급격한 변화를 방지하기 위해 구속조건으로 도입된 쿨백-라이블러 발산 D_{KL}의 최적화가 주요 원인이다. PPO 알고리즘은 영역제한^{clipping}이라는 간단한 개념을 도입하여 TRPO의 장점을 유지하면서 목적함수의 2차 미분을 회피하는 방법을 제안한다. 영역제한 기법을 설명하기 전에 먼저 중요도 표본추출에서 샘플 비율 또는 가능도 비율을 살펴보기로 하자.

---

8 Schulman et al., Proximal Policy Optimization Algorithms, 2017

$$r_t(\theta) = \frac{\pi_\theta(a_t|s_t)}{\pi_{\theta_{old}}(a_t|s_t)} \tag{8.47}$$

가능도 비율 $r_t(\theta)$에서 $\theta = \theta_{old}$ 경우에는 $r_t(\theta_{old}) = 1$이 된다. 가능도 비율은 두개의 확률 간의 비율이므로 모두 0보다 크며 범위는 무한대까지 확장된다. 영역제한의 개념은 급격한 정책 변화를 방지하기 위해 가능도 비율이 '1'을 경계로 $\pm\epsilon$ 만큼으로 선택영역을 클립함수, $clip(r_t(\theta))$로 정의하는 것이다. 클립함수로 정의된 PPO에서의 목적함수는 다음과 같이 표현된다.

$$J^{clip}(\theta) = \mathbb{E}_t[min(r_t(\theta)A_t, clip(r_t(\theta), 1 - \epsilon, 1 + \epsilon)A_t)] \tag{8.48}$$

즉 식 (8.48)은 가능도 비율을 정의할 때 비율의 중심인 1을 기준으로 경계 $\pm\epsilon$ 만큼의 값 중에서 가장 최소의 값을 가능도 비율로 선택한 후 어드밴티지와 곱한 기댓값을 PPO의 목적함수로 정의한다. 즉 $r_t(\theta)A_t$와 $clip(r_t(\theta), 1 - \epsilon, 1 + \epsilon)A_t$ 중 최솟값을 선정한다.

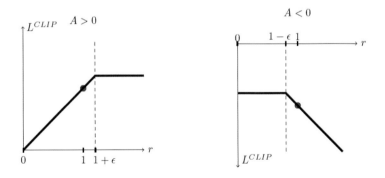

그림 8.15 영역선정 (clipping) 기법을 이용한 가능도 비율 선정 (출처: Schulman et al., Proximal Policy Optimization Algorithms, 2017)

그림 8.15에서 보는 것처럼 어드밴티지가 (+)이면 변경된 정책이 기존 정책보다 개선되었다는 의미이므로 그 비율인 가능도 비율을 경계 $1 + \epsilon$ 한도내에서 증가시킨다. 반대로 어드밴티지가

(−)인 경우에는 변경된 정책이 기존 정책보다 나쁜 상황을 만들었으므로 그 비율인 가능도 비율을 경계 $1 - \epsilon$ 한도내에서 감소시킨다.

PPO에서는 영역제한 ^{clipping} 기법을 사용하지 않고 정책변화를 제한하는 두번째 방법을 제안하고 있다. 이를 위해 PPO에서도 TRPO가 사용한 방법인 쿨백-라이블러 발산 D_{KL} 을 다시 고려하고 있다. 그러나 PPO 방법은 TRPO에서 사용한 2차 미분 방식인 헤시안 행렬을 사용하지 않고 페널티 방법을 이용한 단순한 1차 미분인 경사상승법을 사용한다. 다음은 D_{KL} 을 이용한 두번째 PPO 계산절차를 간략히 보여주고 있다.

---

① 정책 π 를 기반으로 궤적 또는 에피소드를 만든다: $\tau \sim \pi$

② 페널티 계수 β 를 이용하여 구속조건이 포함된 목적함수를 최대화하는 학습변수를 구한다

$$\theta_{new} = arg\max_{\theta} \left[\mathbb{E}_{\tau \sim \pi} \left[\frac{\tilde{\pi}(a|s)}{\pi(a|s)} A_{\pi}(s, a) \right] - \beta \, \mathbb{E}_t \left[D_{KL}[\pi_{old}(\cdot|s_t) \| \pi_{new}(\cdot|s_t)] \right] \right]$$

$$if \; D_{KL}[\pi_{old}(\cdot|s_t) \| \pi_{new}(\cdot|s_t)] \geq 1.5\delta \; then \; \beta_{k+1} = 2\beta_k$$

$$if \; D_{KL}[\pi_{old}(\cdot|s_t) \| \pi_{new}(\cdot|s_t)] \geq \delta/1.5 \; then \; \beta_{k+1} = \beta_k/2$$

③ θ_{new} 가 수렴할 때까지 반복한다

8.3.4 액터-크리틱 방법 Actor-Critic Method: QAC TD-AC, A2C, A3C, GAE

액터-크리틱 방법은 REINFORCE 방법의 단점을 개선하기 위해 제안된 알고리즘이다. 앞에서 설명한 바와 같이 REINNFORCE 알고리즘은 한번 롤아웃 ^{rollout} 할 때마다 on-policy 기준으로 정책함수가 업데이트 되기 때문에 롤아웃이 진행되는 후반에는 그때 그때 다르게 업데이트된 확률적 정책으로 인해 가치함수의 분산값 ^{variance} 이 증가하는 단점이 있다. 이처럼 여러 개의 에피

소드를 만드는 롤아웃 과정에서 발생되는 분산값을 최소화하기 위해 크리틱이라는 방법을 도입한다. 크리틱은 액터 (에이전트의 정책함수)가 행동한 것에 대한 평가를 하는 가치함수라고 할 수 있다.

REINFORCE 방법에서는 정책함수에 따라 만들어진 상태를 기준으로 보상값이 계산되고 이 보상값을 기반으로 가치함수가 만들어진다. 이것과는 다르게 액터-크리틱 방법에서는 동일한 크리틱 함수가 평가한 가치로 가치함수를 만든다. 이러한 이유로 액터-크리틱 방법은 분산을 최소화할 수 있다. 이때 동일한 크리틱 함수가 평가한 가치를 사용하기 때문에 액터-크리틱 방법은 off-policy 방법이라 할 수 있다. 크리틱을 위한 가치함수는 상태가치함수 또는 행동가치함수를 사용할 수 있다. 이때 액터와 크리틱은 학습변수를 가지는 임의의 함수로 표현이 가능하며 최근에는 일반적으로 신경망 모델을 이용하여 구현한다.

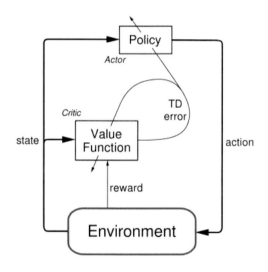

그림 8.16 액터-크리틱 알고리즘 개념도 (출처: Sutton & Barto, 1998)

그림 8.16은 액터-크리틱 알고리즘의 개념을 보여준다. 액터-크리틱의 기본적인 개념은 정책함수인 액터가 행동을 결정하면 이 행동에 대한 다음 상태의 가치를 가치함수로 정의된 크리틱이

평가하여 그 결과를 정책함수인 액터에 반영한다. 크리틱에서 평가한 가치를 기반으로 정책이 업데이트 되기 때문에 REINNFORCE에서 발생되는 분산을 최소화할 수 있다. 따라서 액터-크리틱 방법은 REINNFORCE 방법을 그대로 사용하며 단 가치함수를 구하는 과정만 다르다. 즉 다음과 같이 액터-크리틱 방법을 수식화 할 수 있다.

$$\theta_{t+1} = \theta_t + \alpha \mathbb{E}_{\pi_\theta}[\nabla_\theta \log \pi_\theta(a|S)\, Q_t^w] \tag{8.49}$$

Q 액터-크리틱 (Q Actor-Critic)

Q 액터-크리틱 방법은 식 (8.49)와 같이 롤아웃된 에피소드에서 계산된 가치, G_t 대신에 학습변수 w를 가지는 가치함수 q_w가 평가한 가치 Q_t^w를 가지고 정책함수를 구하는 방법이다. 다음은 Q 액터-크리틱 방법의 진행과정을 간략히 설명한 것이다.

① 정책함수 (액터), π_θ와 가치함수 (크리틱), q_w를 정의: 이때 θ와 w는 정책함수와 가치 함수의 학습변수다

② 현재 정책함수 (액터)를 기반으로 에피소드 생성 (롤아웃): $\tau \sim \pi_\theta$

③ 에피소드에 따라 가치함수 (크리틱)가 만든 행동가치로 정책함수 (액터) 업데이트: π_θ

$$\theta_{t+1} = \theta_t + \alpha \mathbb{E}_{\pi_\theta}[\nabla_\theta \log \pi_\theta(a|S)\, Q_t^w]$$

④ 에피소드를 기반으로 가치함수 (크리틱) 업데이트: q_w

$$\delta = r + \gamma Q_{t+1}^w - Q_t^w$$

$$w_{t+1} = w_t + \alpha \nabla_w (r + \gamma Q_{t+1}^w - Q_t^w)^2$$

$$= w_t + \alpha(r + \gamma Q_{t+1}^w - Q_t^w)\nabla_w Q_t^w$$

⑤ 학습변수, θ_t와 w_t가 수렴할 때까지 반복

TD $^{\text{Temporal Difference}}$ 액터-크리틱 (TD Actor-Critic)

TD 액터-크리틱 방법은 가치기반 학습의 시간차 방법으로 학습한다. 즉 에이전트가 종료상태 $^{\text{terminal state}}$까지 가지 않고 n-step을 취한 상태에서 평가된 가치를 기준으로 액터와 크리틱을 업데이트한다. 따라서 TD 액터-크리틱 방법은 기본적인 액터-크리틱 방법과 동일하나 가치를 평가하는 시간단계가 $n - step$ 까지만 고려하는 것이 다르다. 이때 사용하는 가치함수 (크리틱) 로는 시간차 방법에서 사용되는 SARSA나 Q-Learning을 사용할 수 있다.

어드밴티지 액터-크리틱 (A2C: Advantage Actor-Critic)

A2C 방법은 정책 기울기 정리에서 가치함수 대신에 어드밴티지로 대체하는 방법이다. 즉 A2C 에서의 목적함수는 다음과 같다.

$$\nabla J(\theta) = \mathbb{E}_{\pi_\theta}[\nabla_\theta \log \pi_\theta(a|S) A_\pi(s,a)] \tag{8.50}$$

여기서 어드밴티지는 앞에서 설명한 식 (8.39)와 같다. 즉 다음과 같이 표현된다.

$$A_t = Q_t(s,a) - V_t(s) \tag{8.51}$$

앞에서 설명한 바와 같이 어드밴티지가 양수 (+)라는 의미는 선택된 행동이 그 상태에서는 상대적으로 좋은 행동이라는 의미가 있고 반대로 어드밴티지가 음수 (-)라는 의미는 선택된 행동이 그 상태에서는 상대적으로 나쁜 행동이라 할 수 있다. A2C에서의 목적함수 기울기인 식 (8.50) 을 기반으로 정책함수 (액터)의 학습변수는 다음과 같이 구한다.

$$\theta_{t+1} = \theta_t + \alpha \mathbb{E}_{\pi_\theta}[\nabla_\theta \log \pi_\theta(a|S) A_t] \tag{8.52}$$

가치함수 (크리틱)의 학습변수는 기본적인 액터-크리틱 방법과 동일하다.

신경망으로 구현된 정책함수는 에이전트의 이산 행동과 연속 행동 방법에 따라 그림 8.14에서와 같은 구조로 설계하면 된다. 가치함수(크리틱)는 그림 8.17과 같이 설계할 수 있다.

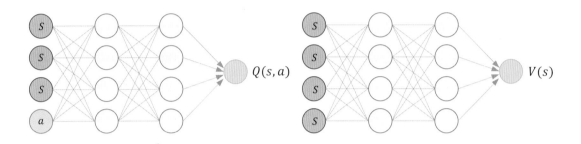

그림 8.17 신경망 기반의 가치함수 (크리틱) 예시

비동기 어드밴티지 액터-크리틱 (A3C: Asynchronous Advantage Actor-Critic)

A3C 방법은 병렬컴퓨팅parallel computing를 이용한 일반적인 강화학습[9] 방법을 어드밴티지 액터-크리틱A2C 알고리즘에 적용한 경우다. A3C의 기본 개념은 글로벌 네트워크global network라고 하는 마스터 A2C 알고리즘이 N개의 쓰레드 어드밴티지 액터-크리틱thread A2C 알고리즘에서 계산된 학습변수를 취합하고 업데이트한 후 다시 분배하여 계산 성능을 개선한 알고리즘이다. 그러므로 정책함수나 가치함수를 계산하는 알고리즘 관점에서는 A2C 방법과 동일하다. 여기서 비동기asynchronous의 의미는 N개의 thread A2C 알고리즘이 각각 순서에 관계없이 비동기적으로 학습을 하기 때문이다. 그리고 글로벌 네트워크라고 정의한 이유는 N개의 thread A2C 알고리즘에서 사용하는 정책함수와 가치함수의 학습변수를 글로벌 변수로 공유하기 때문이다.

---

[9] Mnih et al., Asynchronous Methods for Deep Reinforcement Learning, ICML, 2016

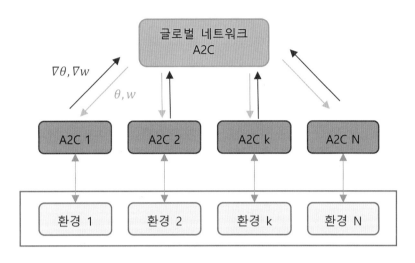

그림 8.18 A3C 모델 개념도

A3C는 그림 8.18에서와 같이 N개의 thread A2C 알고리즘이 각각 비동기적으로 에피소드를 경험한 후 정책함수 및 가치함수의 학습변수 기울기 ($\nabla\theta, \nabla w$)를 글로벌 네트워크로 보낸다. 글로벌 네트워크는 각각의 thread A2C에서 비동기적으로 보내온 학습변수 기울기를 취합한 후 경사상승법으로 최적화를 진행하여 학습변수 (θ, w)를 구한 후 일정한 주기마다 다시 N개의 thread A2C로 보내 정책함수 및 가치함수를 각각 업데이트 한다.

일반화된 어드밴티지 추정법 (GAE: Generalized Advantage Estimation)

GAE (일반화된 어드밴티지 추정법)[10] 방법은 어드밴티지 액터-크리틱 (A2C) 방법과 시간차 방법 중에 하나인 TD(λ)[11]를 조합한 방법이다. TD(λ) 방법은 1 단계, 2 단계, 3 단계, ⋯, 최종 상태 단계 (몬테카를로)까지 모든 시간차 방법의 가치함수를 계산한 후 λ 라는 가중치를 사용하여 평균값을 구하는 방법이다 (그림 8.19). TD(λ)에서 만약 $\lambda = 0$ 이면 1 단계 시간차 방법이 되고

---

[10] Schulman et al., HIGH-DIMENSIONAL CONTINUOUS CONTROL USING GENERALIZED ADVANTAGE ESTIMATION, ICLR, 2018

[11] Sutton & Barto, Introduction to Reinforcement Learning, MIT Press, 1998

$\lambda = 1$ 이면 몬테카를로 방법이 된다.

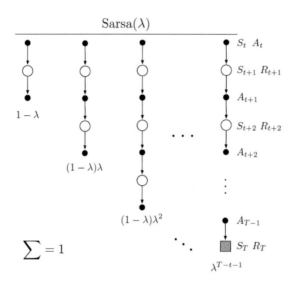

그림 8.19 SARSA를 이용한 TD(λ) 예시 (출처: Sutton & Barto, Introduction to Reinforcement Learning, MIT Press, 1998)

먼저 A2C에서 목적함수의 기울기를 다음과 같이 다시한번 상기해 보자.

$$\nabla J(\theta) = \mathbb{E}_{\pi_\theta}[\nabla_\theta \log \pi_\theta(a|S) A_\pi(s,a)] \tag{8.53}$$

여기서 어드밴티지를 계산할 때 시간단계, $T = k$ 만큼 롤아웃을 하고 TD(λ)와 같은 방식으로 각 단계마다 어드밴티지를 구한다.

$$A_t^1 = r_t + \gamma V(s_{t+1}) - V(s_t)$$

$$A_t^2 = r_t + \gamma r_{t+1} + \gamma^2 V(s_{t+2}) - V(s_t)$$

$$A_t^3 = r_t + \gamma r_{t+1} + \gamma^2 r_{t+2} + \gamma^3 V(s_{t+3}) - V(s_t)$$

$$\vdots$$

$$A_t^k = r_t + \gamma r_{t+1} + \gamma^2 r_{t+2} + \cdots + \gamma^{k-1} r_{t+k-1} + \gamma^k V(s_{t+k}) - V(s_t)$$

각 시간단계 마다 계산된 어드밴티지를 TD(λ) 방법으로 취합하여 계산한 것을 A_t^{GAE} 라고 정의하고 다음과 같이 표현한다.

$$A_t^{GAE(\gamma,\lambda)} = (1-\lambda)(A_t^1 + \lambda A_t^2 + \lambda^2 A_t^3 + \cdots)$$

$$= \sum_{l=0}^{\infty} (\gamma\lambda)^l \delta_{t+l}^V \qquad (8.54)$$

여기서 $\delta_{t+l}^V = r_{t+l} + \gamma V(s_{t+1+l}) - V(s_{t+l})$이다. 그러므로 $\lambda = 0$ 또는 $\lambda = 1$ 일 때 $A_t^{GAE(\gamma,\lambda)}$는 다음과 같이 구할 수 있다.

$$A_t^{GAE(\gamma,0)} = \delta_t^V = r_t + \gamma V(s_{t+1}) - V(s_t)$$

$$A_t^{GAE(\gamma,1)} = \sum_{l=0}^{\infty} (\gamma)^l \delta_{t+l}^V = \sum_{l=0}^{\infty} \gamma^l r_{t+l} - V(s_t)$$

즉 $\lambda = 0$인 경우에는 1 단계 시간차 방법과 유사한데 분산값(variance)은 크지 않지만 편향(bias)이 커지는 경향이 있고, $\lambda = 1$인 경우에는 몬테카를로 방법과 유사하며 분산값이 커지는 경향을 보인다. GAE 방법에서는 $0 < \lambda < 1$ 인 값 중에서 여러가지 변수조정을 통해 최적값을 정한다.

GAE 방법은 결국 일반화된 어드밴티지 추정값인 식 (8.54)를 식 (8.53)에 대입하여 목적함수 기울기를 구하고 정책 기울기 정리를 이용하여 정책함수를 구한다.

$$\nabla J(\theta) = \mathbb{E}_{\pi_\theta} \left[\sum_{t=0}^{\infty} \nabla_\theta \log \pi_\theta(a|S) \, A_t^{GAE(\gamma,\lambda)} \right]$$

$$= \mathbb{E}_{\pi_\theta} \left[\sum_{t=0}^{\infty} \nabla_\theta \log \pi_\theta(a|S) \sum_{l=0}^{\infty} (\gamma\lambda)^l \delta_{t+l}^V \right] \qquad (8.55)$$

즉 목적함수의 기울기인 식 (8.55)를 이용하여 정책함수의 학습변수는 다음과 같이 구한다.

$$\theta_{t+1} = \theta_t + \alpha \nabla J(\theta) \tag{8.56}$$

이때 가치함수를 크리틱으로 정의해서 액터-크리틱 방법으로 정책함수를 구할 수도 있고 TRPO 방법을 사용하여 구할 수도 있다.

8.3.5 신경망 기반 결정적 정책 기울기 (DDPG: Deep Deterministic Policy Gradient)

DDPG 신경망 기반 결정적 정책 기울기는 결정적 정책 기울기DPG: Deterministic Policy Gradient[12] 방법에 신경망 모델을 도입한 방법이다. DPG는 기본적으로 액터-크리틱 방법을 사용하고 있으며 특히 목적함수를 정의할 때 결정적 정책을 기반으로 하는 가치함수를 적용한다. 일반적으로 정책은 확률분포로 정책을 정의하는 확률적 정책stochastic policy을 사용하는데 DPG에서는 이름에서 알 수 있듯이 결정적 정책deterministic policy을 사용한다. 좀더 정확히 표현하면 결정적 정책이란 정책의 분산값이 0에 접근할 때 확률적 정책의 특수한 경우라고 할 수 있다. DPG에서는 만약 결정적 정책함수의 기울기를 구할 수 있다면 매우 효율적으로 정책이 개선된다고 보고 있다. 결국 DPG 방법도 정책의 분산값을 최소화하는 것을 목표로 하고 있다.

액터-크리틱 방법에서 사용하는 가치함수를 $Q_\mu(s, a)$라고 한다면 목적함수는 다음과 같이 표현된다.

$$J(n_\theta) = \mathbb{E}_{s \sim \rho^\mu}\left[Q_\mu(s, a)\right] \tag{8.57}$$

여기서 ρ^μ는 감쇄계수가 고려된 상태 분포 확률이고 μ는 결정적 정책이다. 결정적 정책확률의 기울기Deterministic Policy Gradient는 연쇄법칙chain rule을 이용하여 식 (8.57)을 다음과 같이 표현할

---

[12] Silver et al., Deterministic Policy Gradient Algorithms, ICML, 2014

수 있다.

$$\nabla J(\pi_\theta) = \mathbb{E}_{s \sim \rho^\pi} \left[\frac{\partial \mu_\theta(s)}{\partial \theta} \frac{\partial Q_\mu(s,a)}{\partial \mu_\theta} \right]$$

$$= \mathbb{E}_{s \sim \rho^\pi} \left[\nabla_\theta \mu_\theta(s) \nabla_a Q_\mu(s,a)|_{a=\mu_\theta(s)} \right] \tag{8.58}$$

DPG에서는 가치함수 $Q_\mu(s,a)$를 시간차 방법에서 SARSA나 Q-Learning를 모두 사용할 수 있다.

DPG 방법에 가치함수와 정책함수를 신경망으로 정의한 것이 바로 DDPG 방법[13]이다. 특히 DDPG는 가치함수를 정의할 때 아타리 비디오 게임에 적용되었던 DQN (Deep Q-Network)을 사용하였다. 결국 DDPG는 DQN을 이용한 액터-크리틱 방법이라 할 수 있다. DDPG는 DQN에서 다룰 수 없었던 연속적인 행동이 관여된 강화학습 문제를 정책 기울기 방법으로 접근하는 방법이다. 다음은 DDPG의 계산과정을 간략히 보여준다.

---

① 가치함수 (크리틱) 네트워크 정의: $Q_w(s,a)$

　　초기 네트워크 학습 변수와 목표 네트워크 학습 변수: w, w'

② 정책함수 (액터) 네트워크 정의: $\mu_\theta(s)$

　　초기 네트워크 학습 변수와 목표 네트워크 학습 변수: θ, θ'

③ 리플레이 버퍼 replay buffer R 초기화

④ 에피소드 생성 후 리플레이 버퍼에 저장: $R = \{(s_t, a_t, r_{t+1}, s_{t+1})\}$

　　여기서 $a_t = \mu_\theta(s_t) + \mathcal{N}_t$ (여기서 $\mathcal{N}_t$는 임의의 노이즈)

---

[13] Lillicrap et al., CONTINUOUS CONTROL WITH DEEP REINFORCEMENT LEARNING, ICLR, 2016

⑤ 미니배치 표본추출: $(s_i, a_i, r_{i+1}, s_{i+1}) \sim R$

⑥ 가치함수 목적함수 및 기울기 계산

$$y_i = y_i + \gamma Q_{w'}(s_{i+1}, \mu'(s_{i+1}))$$

$$\mathcal{L}_w = \sum_i \left(y_i - Q_w(s_i, a_i)\right)^2$$

$$\nabla \mathcal{L}_w = \sum_i \left(y_i - Q_w(s_i, a_i)\right) \nabla Q_w(s_i, a_i)$$

⑦ 정책함수의 목적함수 기울기 계산

$$\nabla J_\theta = \sum_i \nabla_\theta \mu_\theta(s) \nabla_a Q_\mu(s_i, a)|_{a = \mu_\theta(s_{i+1})}$$

⑧ 가치함수 및 정책함수의 학습변수 업데이트

$$w_{t+1} = w_t + \alpha \nabla \mathcal{L}_w$$

$$\theta_{t+1} = \theta_t + \alpha \nabla J_\theta$$

8.4 모델기반 강화학습 Model-based Reinforcement Learning

가치기반 강화학습과 정책기반 강화학습 방식은 모두 모델 프리^{model free} 강화학습이라고 한다.
단 가치기반 강화학습 방법 중에서 동적 계획법^{Dynamic Programming Method}은 모델기반이다. 여기서
모델이라는 것은 다음과 같이 정의할 수 있다.

> **모델:** 환경에서 상태 (state)의 전이 (transition)와 보상값 (reward)의 생성 메커니즘을
> 설명하는 일종의 함수

모델은 상태 (s) → 행동 (a) → 상태 (s')로 진행되는 일련의 순차적인 사건을 설명하는 것이기 때문에 동적변화 dynamics 또는 전이 transition 라고도 한다. 보상값은 강화학습의 에이전트를 설계하는 사람이 상태(S)에 따라 주관적으로 정의할 수 있기 때문에 모델에서 주요 관심사는 전이함수라고 할 수 있다. 환경에서 전이함수를 정의할 수 없다는 것은 마치 블랙박스와 같은 환경이 에이전트가 취한 행동에 대해 다음 상태를 보여주는 것과 비슷한 상황이라 할 수 있다. 그러므로 모델 프리 강화학습은 상태의 전이를 예측하지 못하는 환경에서 오로지 에이전트가 취한 일련의 행동을 통해 환경에서 보여주는 상태를 관찰하여 최적의 가치를 유발하는 정책을 찾는 방법이다. 이처럼 모델 프리 강화학습은 최적의 정책을 찾기 위해서는 무수히 많은 행동을 해야 한다. 에이전트가 환경에서 일련의 행동을 취해보는 것을 강화학습에서는 표본추출 sampling 이라고 하는데 모델 프리는 일반적으로 표본추출 관점에서 매우 비 효율적이라고 할 수 있다.

모델 기반 강화학습은 이러한 모델 프리 강화학습의 단점을 개선하기 위해 최근 매우 활발히 연구되고 있는 분야다. 환경이라는 것은 여전히 상태전이의 성질을 정확히 모르는 '블랙박스'이지만 에이전트가 취했던 행동과 이러한 행동에 대해 환경이 만들어준 다음 상태의 데이터를 사용하여 환경을 근사적으로 추측하는 모델을 만들 수 있다면 이 모델을 기반으로 매우 효과적인 학습이 가능하다. 즉 모델기반 강화학습 model-based reinforcement learning 은 블랙박스처럼 작동하는 환경으로부터 표본추출된 데이터셋으로 모델링한 근사환경을 대상으로 최적 정책을 찾는 강화학습이다. 즉 이렇게 학습된 모델은 실제 환경을 부분적 또는 근사적으로 대표한다고 보는 것이다.

가치기반 강화학습 모델 중 동적 계획법은 가장 기본적인 모델 기반 강화학습이라 할 수 있다. 동적 계획법은 known MDP 강화학습이라고 정의하듯이 환경의 상태전이함수를 이미 알고 있는 상황에서 반복적으로 상태가치를 구한다. 예를 들면 가치 반복법 Value Iteration 에서 모든 상태 ($s \in S$)를 순환하면서 모든 행동 ($a \in A$)을 취해보고 가장 최적의 행동가치, $\max_a Q(s, a)$를 상태가치에 저장하는 방식이므로 매우 빠르게 최적가치 또는 최적정책으로 수렴한다. 동적 계획법은 에이전트가 시행착오 방식으로 학습하지 않기 때문에 **계획** planning 이라고 한다. 동적 계획법으로 구해진 최적정책이나 최적 가치함수는 정확해 exact solution 에 가깝다. 이처럼 환경을 알고 있으면 강화학습의 에이전트는 매우 효과적으로 계획planning이라는 방식으로 학습learning할 수가 있다. 즉 모델기반 강화학습은 에이전트가 환경에서 표본추출한 데이터를 기반으로 환경을 근사하는 모델을 만들고 이 모델을 기반으로 동적 계획법과 같이 계획법으로 효과적인 학습을 하는 방법이다. 다음은 모델 프리 강화학습과 모델 기반 강화학습의 장단점을 비교한 표이다.

강화학습 모델	장점	단점
모델 프리 (model free)	● 동적변화 (dynamics) 모델을 사전에 알 필요 없음 ● 어떤 환경이든지 구현이 용이	● 느린 학습 속도 ● 실제 에이전트에 적용시 파손 등의 물리적인 부담
모델 기반 (model based)	● 에이전트와 환경 간에 적은 횟수의 상호작용으로 학습 가능 ● 최적정책으로 빠른 수렴	● 동적변화 모델에 의존 ● 모델의 정확도가 학습 결과에 큰 영향을 줌

표 8.1 모델 프리 강화학습과 모델 기반 강화학습 비교

강화학습의 기본이 되는 학문 분야가 행동심리학Behavioral Psychology과 제어이론Control Theory이라고 보면 모델 프리 강화학습은 행동심리학 관점의 학습 방법이고 모델 기반 강화학습은 제어이론 관점의 강화학습이라고 할 수 있다. 따라서 모델 기반 강화학습은 최적제어optimal control 분야와 매우 밀접하다. 이러한 이유로 모델 기반 강화학습은 최적제어에 사용되는 기법들이 자주 이용되고 있고 활용되는 분야 역시 로보틱스나 공정 제어와 같은 최적제어 분야가 많다.

모델 기반 강화학습은 지금까지 발표된 강화학습 모델들을 분석하여 표현방법representation, 계획방법planning 그리고 모델의 이해 수준 등 여러가지 기준으로 분류하고 있는데 여기에서는 최근에 발표된 현황분석 논문[14]을 참고하여 분류하였다.

---

[14] Plaat et al., Model-Based Deep Reinforcement Learning for High-Dimensional Problems, a Survey, 2020

8.4.1 정해진 전이모델 기반 명시적인 계획법 (Explicit Planning on Given Transition)

정해진 전이모델 기반 명시적인 계획법은 사전에 환경을 대표하는 전이모델 또는 동적변화 모델을 알고 있는 경우 학습하는 방법이다. 예를 들면 아타리 비디오 게임이나 바둑 그리고 체스 같은 경우처럼 환경의 규칙rule을 알고 있는 경우 전이함수를 알 수 있다. 알파고AlphaGo나 TD-Gammon 등이 이러한 방법으로 학습한 프로그램이다. TD-Gammon의 학습모델은 80개의 노드를 가지는 한 개의 은닉층으로 구성된 간단한 MLP를 사용하였고 계획법은 알파-베타 방법을 사용하였다. 학습모델이란 에이전트와 환경의 상호작용에서 발생된 데이터셋을 기반으로 학습된 환경을 부분적으로 대표하는 모델을 의미하고 계획법이란 일련의 상태-행동-상태를 탐색하여 정책함수 및 가치함수를 업데이트하는 방법을 말한다. 알파고는 ResNet 구조를 가지는 가치망 Value Network과 정책망 Policy Network 두개의 신경망으로 되었 있는 학습모델을 사용한다. 그리고 계획법은 MCTS Monte Carlo Tree Search 방법을 사용했다.

정리해 보면 **'정해진 전이모델 기반 명시적인 계획법'**은 규칙이 있는 환경에서 계획법을 사용하여 최적의 정책함수와 가치함수를 찾아가는 방법이다. 동적 계획법과 같이 이미 유한한finite 상태와 행동의 동적변화 또는 전이 상황을 알고 있는 경우에는 각 상태와 행동을 순회하면서 정책함수 및 가치함수를 구하지만 게임과 같은 환경에서는 상태와 행동에 대한 경우의 수가 너무 많기 때문에 계획법으로 탐색되어 한정된 경우의 수를 기반으로 학습한다.

8.4.2 학습된 전이모델 기반 명시적 계획법 (Explicit Planning on Learned Transition)

학습된 전이모델 기반 명시적인 계획법은 가장 보편적으로 사용되고 있는 모델기반 강화학습 방법이다. 이 방법은 그림 8.20에서 개념적으로 보여주고 있다. 에이전트는 정책함수 및 가치함수를 기반으로 행동을 취하면 환경은 행동에 대한 다음 상태를 보여준다. 이렇게 생성된 데이터 즉 표본추출^{sampling}된 데이터를 기반으로 환경을 대표하는 모델을 학습시킨다. 학습된 모델은 표본 추출된 데이터가 표현하는 환경의 일부라고 볼 수 있다. 마치 동적 계획법으로 known MDP 문제를 풀 듯이 학습된 모델을 대상으로 계획법을 이용하여 정책함수 및 가치함수를 업데이트한다. 이러한 과정은 업데이트된 정책함수가 수렴될 때까지 반복된다.

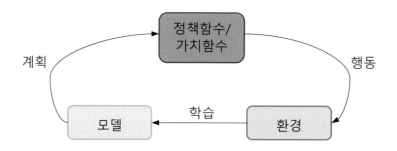

그림 8.20 학습된 전이모델 기반 명시적인 계획법 개념 (출처: Plaat et al., Model-Based Deep Reinforcement Learning for High-Dimensional Problems, a Survey, 2020)

다음은 앞에서 설명한 학습된 전이모델 기반 명시적인 계획법의 학습절차를 간략히 정리한 것이다.

---

① 환경 E에서 표본추출하여 데이터셋 $D = \{(s, a, r', s')\}$를 만든다

② 데이터셋 D를 이용하여 모델 $M_\theta(s'|s, a)$을 학습시킨다

③ 모델 M을 이용하여 계획법에 따라 정책 $\pi(s, a)$를 업데이트한다

④ π가 수렴할 때까지 ①~③을 반복한다

이때 모델은 일반적으로 신경망을 기반으로 구현되기 때문에 역전파 과정을 통해 학습이 되고 정책은 계획법 탐색을 통해 lookahead 방식으로 업데이트 된다.

학습된 전이모델 기반 명시적인 계획법은 특히 로보틱스 분야에 많이 적용되고 있는데 다양한

학습 방법들의 성능을 비교하기 위해 OpenAI에서 제공하고 있는 가상 로보틱스 환경인 MuJoCo를 이용한다.

8.4.3 전과정 계획 및 전이모델 동시 학습법 (End-to-End Learning of Planning and Transition)

전과정 계획 및 전이모델 동시 학습법은 모델과 정책함수를 신경망과 같은 학습변수가 있는 함수로 정의하고 단계별 학습을 하는 방식이다. 이 방법은 학습된 전이모델 기반 명시적인 계획법을 설명하는 그림 8.20과 유사하나 계획을 통해 정책함수를 구할 때 신경망 모델과 같은 학습변수가 있는 함수를 사용하는 점이 다르다. 학습 가능한 계획자 ^{planner}를 구현하기 위해 가우시안 프로세스 ^{Gaussian Process} 방법이나 가우시안 혼합 모델 ^{GMM: Gaussian Mixture Model} 또는 신경망 모델 등을 사용할 수 있다.

VIN (Value Iteration Network) 모델

VIN 모델은 '**전과정 계획 및 전이모델 동시 학습법**'을 사용하는 모델이다. 모델 이름에서처럼 VIN 모델은 동적 계획법의 가치 반복법을 신경망으로 구현하였다. 강화학습에서 일반적으로 직면하고 있는 문제는 일반화다. 예를 들면 그림 8.21 (a)와 같은 그리드 월드 ^{grid world} 문제에서 에이전트는 검은색 블록으로 표현된 장애물을 피해 시작점을 출발해서 목표지점에 가장 빠르게 도착하도록 학습한다. 이러한 문제에서 그림 8.21 (a)의 왼쪽과 같은 환경에서 학습한 에이전트가 그림 8.21 (a)의 오른쪽과 같은 환경에서도 과업을 수행할 수 있도록 일반화하는 것이 일반적인 강화학습의 목표다.

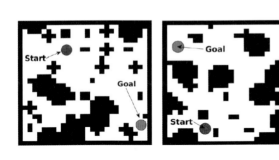 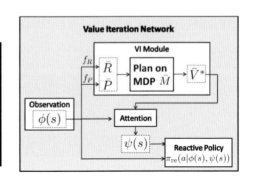

(a) 그리드 월드에서 일반화 문제   (b) VIN 모델 진행 과정

그림 8.21 VIN 모델 (출처: Tamar et al., Value Iteration Networks, NIPS, 2016)

VIN 모델은 이러한 문제를 해결하기 위해 제안되었다. VIN 모델은 그림 8.21 (b)와 같은 과정으로 학습이 진행된다. 에이전트가 어떤 상태를 관측하게 되면 ($\phi(s)$) 관측된 상태를 기반으로 $\bar{M}$ 이라는 축소된 MDP를 만든다. 축소된 MDP인 $\bar{M}$는 아직까지 unknown MDP다. 이때 $\bar{M}$에서 예상되는 보상값과 상태전이확률을 각각 $\bar{R}, \bar{P}$이라고 정의한다. VIN 모델의 1차적인 목표는 아직까지 제한적인 MDP $\bar{M}$를 명확히 정의해가는 것이다. 이를 위해 VIN 모델은 $\bar{M}$를 풀 수 있는 학습가능한 정책함수를 구현한다. 이렇게 정의된 정책함수를 기반으로 반복적인 표본추출과정을 통해 $\bar{M}$가 특정되면 여러가지 계획법을 이용하여 최적가치 $\bar{V}^*$를 구할 수 있다. 최적가치 $\bar{V}^*$를 유발하는 특정한 상태특성 ($\psi(s)$, 이를 어텐션 ^{attention}이라고 한다) 벡터와 최초 입력된 상태 벡터 $\phi(s)$를 동시에 고려하는 일반화된 정책함수, $\pi_{re}(a|\phi(s), \psi(s))$를 구한다.

월드 모델 (World Models)

월드 모델도 '**전과정 계획 및 전이모델 동시 학습법**'을 사용하는 모델기반 강화학습이다. 사람이 어떤 상황에서 행동을 할 때 과거 경험을 통해 습득한 지식을 기반으로 예측한 상태를 기반하여 행동을 취하는 경우가 있다. 예를 들어 자전거 타기를 할 때 머릿속에 자신의 자전거 타는 상황을 생각하면서 균형을 유지하고 야구 배팅을 할 때도 공의 궤적을 예측해서 스윙을 한다. 이러한 경우를 사람의 정신적 모델 ^{mental model} 이라고 하는데 이것을 알고리즘으로 구현한 것이 월드 모델이다. 월드 모델의 기본적인 개념은 그림 8.22와 같이 2개의 모델로 나뉜다. 첫번째는 시각인지 ^(V: Vision) 모델이고 두번째는 기억 ^(M: Memory) 모델이다. 제어 ^(C: Controller) 는 월드 모델이 예측한 상황을 기반으로 행동을 하는 모델이다

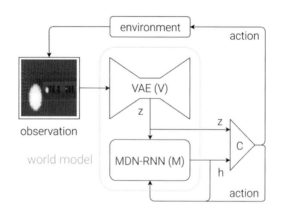

그림 8.22 World Model 개념도 (출처: David Ha & Jürgen Schmidhuber, World Models, NIPS, 2018)

시각인지 모듈 (V)은 환경에서 관측한 상태를 저차원으로 압축하여 잠재변수, z를 만드는 역할을 한다. 이때 V 모듈은 VAE ^{Variational AutoEncoder} 모델을 사용한다. VAE 모델은 실제 환경에서 표본으로 추출된 즉 관측된 상태를 기반으로 비지도학습을 한다. 학습된 VAE 모델 중 인코더 ^{encoder} 부분을 떼어내어 월드 모델에서 사용한다. 즉 VAE 모델의 인코더는 새로운 상태를 관측하면 압축된 잠재변수, z를 월드 모델의 메모리 모듈, M으로 보내는 역할을 한다.

메모리 모듈은 MDN ^{Mixed Dense Network} 구조를 가지는 순환신경망 ^{RNN: Recurrent Neural Network} 모델이다. 강화학습이 순차적인 상태에서 최적의 행동을 선택하는 과업을 학습하는 것이기 때문에 순환신경망 구조는 강화학습에 매우 잘 어울린다. 메모리 모듈 M은 순차적으로 관측된 상태와 앞서 진행되었던 행동을 은닉벡터, h로 전달하면서 다음 시간단계에서 적당한 행동을 결정하기 위해 필요한 정보를 제공한다. 이러한 과정은 다음 시간단계에서 행동을 결정하기 위한 예측 과

정이라고 볼 수 있다.

월드 모델에서 예측한 상황을 기반으로 제어 모듈, C는 적당한 행동을 취하면 환경은 다음 상태를 보여준다. 동시에 제어 모듈의 행동은 다시 메모리 모듈로 피드백되어 다음 시간단계의 상황을 예측하는 정보로 활용한다. 다음은 OpenAI gym 라이브러리를 이용하여 그림 8.22 월드 모델에서 일련의 행동^{rollout}을 구현한 파이썬 가상 코드[15]다.

```python
import gym
env = gym.make('environment')
def rollout(controller):
  obs = env.reset()
  h = rnn.initial_state()
  done = False
  cumulative_reward = 0
  while not done:
    z = vae.encode(obs)
    a = controller.action([z, h])
    obs, reward, done = env.step(a)
    cumulative_reward += reward
    h = rnn.forward([a, z, h])
  return cumulative_reward
```

롤아웃^{rollout}을 통해 축적된 반환값을 기반으로 제어 모듈은 학습을 하는데 제어 모듈 학습변수 정의에 따라 여러가지 학습 방법이 가능하다. 여기에서는 적자생존^{survival of the fittest} 또는 자연선택^{natural selection}과 같은 유전적 진화론 방법^{genetic evolution method}로 학습을 한다. 유전적 진화론 방법은 다수의 개체^{population}를 만들고 각 개체마다 임의로 학습변수를 변경하여 (일종의 돌연변이^{mutation} 효과) 가장 좋은 결과를 만든 상위 모델로 선택하여 계속 진화시키는 방법이다.

---

[15] 출처: David Ha & Jürgen Schmidhuber, World Models, NIPS, 2018

감성을 지닌 컴퓨터 - 생성모델

9.1 창작을 하는 인공지능

9.1.1 크리스티 경매에서 팔린 인공지능이 그린 초상화

'**Edmond de Belamy**'는 Obvious가 개발한 인공지능 알고리즘이 그려낸 초상화다 (그림 9.1). Obvious는 예술가와 인공지능 개발자 3명이 모여 2018년에 설립한 스타트업 ^{startup}으로 프랑스 파리에 기반을 두고 있다.

그림 9.1 Edmond de Belamy: GAN (Generative Adversarial Network) 인공지능 알고리즘으로 그려진 초상화 (출처: https://obvious-art.com)

캔버스에 잉크젯 프린터로 인쇄된 이 작품은 딥러닝 모델에서 생성모델 중에 하나인 **생성적 대립 네트워크** GAN: Generative Adversarial Networks이라는 컴퓨터 알고리즘에 의해 창작되었다. '**Edmond de Belamy**' 초상화의 주인공 'Belamy'는 프랑스어로 'bel ami' 즉 '좋은 친구'라는 뜻으로 Obvious 팀이 GAN이라는 딥러닝 모델을 발명한 이안 굿펠로우[Ian Goodfellow][1]에게 경의를 표하기 위해서 그의 이름을 빌려 작명하였다고 한다. 'Edmond de Belamy' 초상화는 2018년 10월 크리스티[Christie] 경매에 등장하였는데 경매 전 추정치인 $ 7,000에서 $ 10,000을 훨씬 뛰어 넘어 $ 432,500에 팔렸다. 크리스티에서 인공지능을 사용하여 만든 최초의 예술 작품이 팔린 역사적인 사건이었다. 'La Famille de Belamy' 라는 Belamy 가계도 역시 Obvious가 개발한 인공지능 알고리즘이 창작한 작품이다 (그림 9.2).

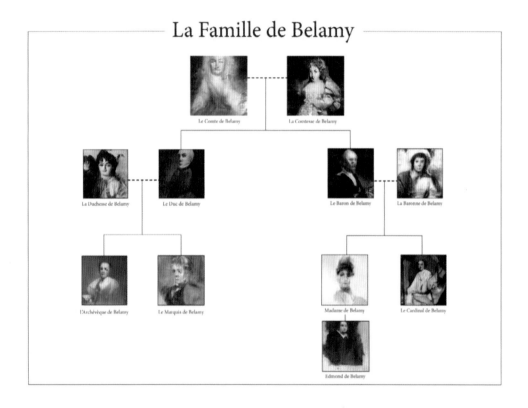

그림 9.2 Obvious가 개발한 인공지능 알고리즘이 만든 Belamy 가계도 (출처: https://obvious-art.com)

---

[1] Ian Goodfellow는 인공지능 과학자로 GAN이라는 모델을 제안함. Université de Montréal에서 요슈아 벤지오의 지도로 박사 학위를 받고, OpenAI, Google을 거쳐 현재 Apple에 재직 중임

9.1.2 생성모델은 주관식

앞서 설명한 바와 같이 딥러닝을 포함한 머신러닝에는 크게 두가지 모델이 있다. 하나는 판별모델discriminative model이고 다른 하나는 생성모델generative model이다. 일반적으로 머신러닝 분류문제classification에 있어 판별모델은 입력값, x에 대해 레이블, y를 예측하는 조건부 확률, $p(y|x)$을 찾는 모델이다. 반면에 생성모델은 입력값, x와 레이블, y를 만족하는 결합확률 $p(x, y)$을 찾는다. 즉 생성모델은 주어진 입력값과 레이블을 기반으로 $p(x, y)$를 최대화하도록 학습하다가 $p(y|x)$을 만족하는 가장 높은 확률 $p(y)$를 선택한다. 이때 $p(y|x)$를 계산하기 위해 베이즈 룰Bayes Rules을 이용하여 $p(x|y)$를 통해 간접적으로 구한다. 이러한 이유로 생성모델을 분류문제에서는 간접적인 indirect 학습모델이라고 한다. 반면에 판별모델은 매우 직관적이고 직접인 방식으로 학습을 한다. 여러 연구[2]들은 분류문제인 경우에는 판별모델이 보다 효과적임을 밝히고 있다.

생성모델은 분류문제가 아닌 영역에서, 예를 들면 주어진 특성을 만족하는 객체를 표현representation하는 문제에서는 독보적인 능력을 보여준다. 최근 CNN 알고리즘과 연동하여 매우 의미 있는 결과물을 만들어 내고 있다. 이러한 상황들을 바탕으로 판별모델과 생성모델의 차이를 보다 쉽게 이해하기 위해 다음과 같이 비유해 볼 수 있겠다.

> 판별모델 : 생성모델 = 객관식 : 주관식

비유적인 위 관계식을 통해 분류classification 같은 객관식 문제를 푸는 경우에는 판별모델이 우수하고, 주관식과 같이 어떤 특성을 지니는 객체를 표현하는 경우에는 생성모델이 효과적이다라는 의미로 이해하면 될 듯하다. 이와 같은 경우를 보다 직관적인 이해를 돕기 위해 다음 그림과 같이 예시를 통해 표현해 보았다.

---

2 (1) V. N. Vapnik, Statistical Learning Theory, John Wiley & Sons, 1998

(2) Andrew Y. Ng & Michael I. Jordan, On Discriminative vs. Generative classifiers: A comparison of logistic regression and naïve Bayes, NIPS, 2001

● 판별모델 (객관식)

[문제] 이 사진은 다음 중 무엇인가?

① 강아지   ② 코끼리   ③ 자동차

④ 비행기   ⑤ 사람

[답] ② 코끼리

그림 9.3 판별모델 ≡ 객관식

● 생성모델 (주관식)

[문제] 동물 중 코끼리를 그려보시오

그림 9.4 생성모델 ≡ 주관식

판별모델과 생성모델을 정의할 때 입력값, x와 레이블, y를 기반으로 하는 확률적 모델로 설명한다. 생성모델을 보다 직관적으로 접근하기 위해 레이블, y를 조금 의미를 확대하여 최종 특성 벡터 또는 잠재변수 벡터, z와 같은 개념이라고 대체해서 설명하면 이해가 좀더 쉬워진다. 즉 다음과 같은 관계를 정의할 수 있다.

$$y \approx z$$

위 관계식은 레이블 y가 의미하는 것과 최종 특성벡터, z가 의미하는 것은 같다는 것을 표현한 것이다. 예를 들어 분류를 위한 신경망 모델이 있다고 한다면 마지막 출력층에 스코어를 저장하고 있는 최종 특성벡터 z는 레이블 y를 표현하는 가장 잘 추출된 특성셋이므로 z는 레이블을 대체할 수 있는 표현값 representation 이라고 말할 수 있다. 왜냐하면 크로스 엔트로피와 같은 목적함수를 최소화한다는 의미는 원 핫 인코딩으로 표현된 레이블, y의 분포와 최종 특성 벡터 z의 분포가 같게 만드는 과정이기 때문이다.

지금까지 설명한 바와 같이 레이블 y의 역할을 최종 특성벡터 또는 잠재변수 z가 대신한다고 하면 이제 판별모델과 생성모델을 정의하는 것은 조금 더 쉬워진다. 그림 9.5와 같은 그래프 형식으로 표현하면 직관적인 이해가 가능하다.

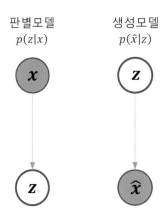

그림 9.5 판별모델과 생성모델 비교

생성모델은 여러가지 방식의 학습을 통해 잠재변수, z를 조건으로 하는 $\hat{x}$을 찾는다. 일반적으로 잠재변수, z는 일차원 벡터 형태를 가지며 생성모델이 생성한 결괏값, $\hat{x}$은 최종적으로 이미지 데이터, 음성 데이터, 텍스트 데이터 등으로 표현될 수 있다.

9.1.3 잠재변수 (Latent)

잠재변수 ^{latent}라는 용어는 생성모델 뿐만 아니라 머신러닝 전반에 걸쳐 사용되고 있는데 이 뜻
은 '**함축된 특성**'이라고 보면 된다. 일반적으로 잠재변수는 벡터나 2D 필터커널 형태의 자료구조
로 다루어 진다. 잠재변수를 이해하기 위해 그림 9.6을 한번 살펴보자.

바위
눈 덮인 산
푸른 하늘
호수
청량함
흰 구름

그림 9.6 잠재변수 (latent)의 의미

그림 9.6 왼쪽 이미지를 보면서 우리는 '**바위**', '**눈 덮인 산**', '**푸른 하늘**', '**호수**', '**청량함**', '**흰 구름**'
이라는 단어를 떠올린다. 만약 다른 사람에게 왼쪽 이미지를 보여주지 않은 채 이러한 단어들을
알려주고 유사한 이미지를 찾아보라고 했을 때 오른쪽과 같은 이미지를 보여준다면 '**바위**', '**눈
덮인 산**', '**푸른 하늘**', '**호수**', '**청량함**', '**흰 구름**' 이라는 단어들은 왼쪽 이미지를 잘 표현하는 특성
이라고 볼 수 있다.

머신러닝에서 특성을 추출한다는 것은 이처럼 원본 데이터의 본질을 잘 표현할 수 있는 한정된
정보를 찾아낸다는 의미다. 잠재변수는 이러한 특성을 최소한의 개수로 함축한 것을 의미한다.
CNN ^{Convolutional Neural Network} 기반의 판별모델을 예로 들면 다양한 필터커널을 사용하여 컨볼루
션하는 과정이 바로 특성을 추출하는 과정이고 FC ^{fully connected} 레이어를 거쳐 최종 출력층에 저

장된 벡터값이 잠재변수라고 볼 수 있다.

생성모델에서 잠재변수는 그림 9.6과 같이 '바위', '눈 덮인 산', '푸른 하늘' 등과 같은 것이다. 즉 생성모델에서는 이러한 잠재변수를 기반으로 '눈 덮인 바위산'을 만들어낸다. GAN이나 VAE 같은 실제 생성모델에서는 실숫값이 저장된 벡터를 잠재변수로 사용한다. 그리고 생성모델에서는 잠재변수를 힌트 hint 또는 노이즈 noise 라고도 한다. 힌트라는 의미는 어느정도 짐작이 가겠지만 노이즈라는 의미는 나중에 구체적으로 설명하겠지만 생성모델에서 초기 입력값을 가우시안 분포에서 랜덤하게 샘플링하기 때문이다.

9.1.4 오토인코더 (AutoEncoder)

오토인코더는 인공신경망 모델 중에 하나로 그림 9.7과 같이 인코더encoder 부분과 디코더decoder 부분으로 이루어져 있다. 오토인코더의 전체적인 구조를 보았을 때 신경망의 층 배열을 세로로 세워져 있게 표현하면 나비 모양을 하고 있고 신경망 층 배열이 가로로 배치되도록 표현하면 모래시계hourglass 모양을 하고 있다. 중간에 있는 신경층을 잠재변수latent 라고 하고 잠재변수 신경층을 중심으로 대칭적인 구조를 갖는다.

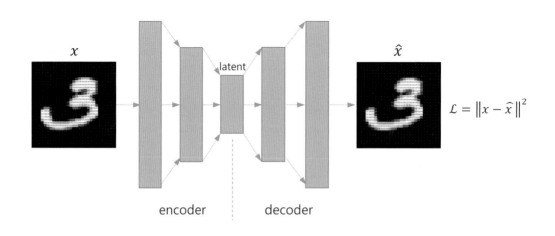

$$\mathcal{L} = \|x - \hat{x}\|^2$$

encoder   decoder

그림 9.7 오토인코더 구조

오토인코더는 초기에 인공신경망의 사전학습^{pre-train}을 위해 개발되었다. 인공신경망의 깊이가 깊어질수록 소위 기울기 소멸^{gradient vanishing} 문제가 발생이 되자 이를 개선하기 위해 입력된 데이터를 그대로 복원하도록 예측하여 예측값의 MSE^{Mean Squared Error}가 최소가 되도록 비지도학습^{unsupervised learning}을 하는 것이다. 즉 오토인코더 모델의 목적함수는 다음과 같이 표현된다.

$$\mathcal{L} = \| x - \hat{x} \|^2 \tag{9.1}$$

여기서 x는 입력값이고 $\hat{x}$은 예측값이 된다.

이렇게 비지도학습 방식으로 사전학습을 하고 나서 인코더 부분만 따로 떼어내어 레이블이 있는 데이터를 가지고 지도학습^{supervised learning}을 하게 되면 사전에 신경망의 학습변수들이 어느정도 조정이 되었기 때문에 기울기 소멸 없이 효과적으로 학습을 할 수 있다. 레이블이 있는 데이터로 지도학습을 하는 과정을 미세 조정^{fine tuning}이라고 한다.

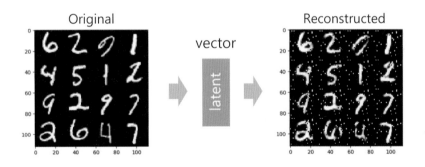

그림 9.8 오토인코더 학습 결과 예시

그림 9.8은 MNIST 데이터셋을 가지고 오토인코더로 학습하고 난 후 검증 데이터^{original}를 입력했을 때 복원한 결과를 보여준다. 복원된^{reconstructed} 결과를 보면 흰 점들로 보이는 결점^{defect}들이 발견된다. 만약 결점들이 거의 없다면 (즉 MSE의 로스값, $\mathcal{L} = \| x - \hat{x} \|^2$이 0에 가까워진 경우) 이것은 오토인코더로 만들어진 잠재변수는 매우 훌륭한 원시 데이터의 함축된 특성이라고

할 수 있겠다. 왜냐하면 잠재변수를 기반으로 복원한 예측값이 원본과 거의 일치하기 때문이다.

이러한 이유로 오토인코더 모델을 차원축소에 사용하기도 한다. 다음은 오토인코더를 차원축소에 사용하는 과정을 보여준다.

---

① 데이터의 레이블은 고려하지 않은 채 입력값과 복원된 출력값의 차이를 최소화하도록 비지도학습을 한다

② 원하는 데이터를 비지도학습으로 학습된 오토인코더에 대입시키고 나서 잠재변수를 얻는다

③ 잠재변수를 축소된 주성분 특성값으로 활용한다.

예를 들면 $28 \times 28 = 784$개의 픽셀값을 가지는 MNIST 입력 데이터를 잠재변수의 크기가 10으로 설계된 오토인코더에 사전학습을 시키고 나서 **784**개의 데이터를 가지고 있는 원하는 MNIST 데이터를 오토인코더에 대입해서 얻은 잠재변수는 784에서 10으로 차원축소된 특성값이라 할 수 있다.

오토인코더의 특성추출 성능이 매우 우수하다 보니 인코더-디코더 구조가 여러 인공신경망 모델에 적용되고 있다. 예를 들면 앞서 설명한 이미지 분할 모델인 U-Net이나 DeepLab V3+ 같은 경우 오토인코더의 인코더-디코더 개념을 사용하고 있는 것을 볼 수 있다.

9.2 생성모델 Generative Models

생성모델은 잠재변수라는 함축된 특성을 가지는 원본 데이터 수준의 결과물을 생성하는 모델이다. 여기서 원본 데이터 수준이라는 것은 입력값에 사용된 학습 데이터 수준을 말한다. 생성모델은 특히 컴퓨터 비전 분야에서 다양한 연구가 시도되었고 그야말로 눈부신 성과들을 보

여주었다. 지금까지 여러가지 생성모델들이 개발되고 발표되었는데 그 중에서 대표적인 생성모델인 RBM^{Restricted Boltzmann Machines}, PixelRNN/PixelCNN, VAE^{Variational AutoEncoder}, GAN^{Generative Adversarial Networks}에 대해 조금 더 구체적으로 알아보기로 한다.

9.2.1 제한된 볼츠만 머신 (RBM: Restricted Boltzmann Machines)

RBM 모델은 볼츠만 머신^{Boltzmann Machines}에서 변형된 것으로 이분 그래프^{bipartite graph3} 구조를 가지고 있다. 즉 모든 노드 ^{node}가 연결되어 있는 볼츠만 머신을 두개의 층으로만 연결되도록 제한한^{restricted} 모델이다. RBM은 최초 'Harmonium'[4] 이라는 모델로 소개되었는데, 토론토 대학의 제프리 힌튼^{Geoffrey Hinton} 교수 연구팀이 Harmonium을 인공신경망에 적용[5]하면서 널리 알려지게 되었다. 지금은 차원축소, 협업 필터링^{CF: Collaborative Filtering} 기반의 추천엔진 그리고 생성모델 등 여러 분야에 활용되고 있다.

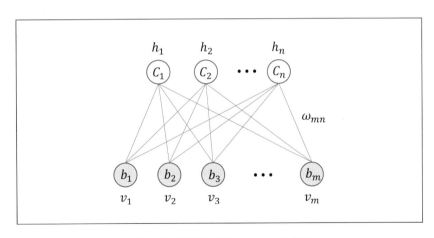

그림 9.9 RBM의 이분 (bipartite) 구조

---

³ 두개의 층으로만 이루어진 모델을 이분 그래프라고 한다

⁴ Paul Smolensky, Chapter 6: Information Processing in Dynamical Systems: Foundations of Harmony Theory, Parallel Distributed Processing, 1986

⁵ 힌튼 교수 연구팀은 2000년대 초기에 딥러닝 deep learning에서 빈번히 발생되었던 기울기 소멸 (gradient vanishing) 문제를 해결하기 위해 사전학습 (pre-training)의 방법으로 RBM을 사용하였다

RBM의 기본적인 개념은 입력된 ~~visible 또는 observed~~ 데이터셋이 은닉층 ~~hidden~~ 또는 잠재변수 ~~latent~~ 로 전달되고 이것이 다시 가시화되었을 때 가시화된 결괏값의 가능도 분포를 구하는 것이다. 만약 가시층에 있는 데이터를, v라고 하고 은닉층에 있는 데이터를 h라고 한다면 결합확률 $p(v, h)$가 목적함수가 되고 이를 최대화하도록 학습을 한다.

그림 9.9는 RBM 모델을 보여준다. RBM은 이분 구조이기 때문에 입력층과 은닉층 2개의 층으로만 구성돼 있는 단층 신경망이다. 입력층은 m개의 가시 유닛 ~~visible unit~~, v_i가 있고 각 가시 유닛은 편향값 ~~bias~~ b_i를 갖는다. 가시 유닛이라고 하는 이유는 입력층에 입력된 데이터는 확인이 가능한 ~~visible 또는 observed~~ 상태이기 때문이다. 은닉층에는 n개의 은닉 유닛 ~~hidden unit~~, h_j가 있고 각 은닉 유닛은 마찬가지로 편향값 c_j를 갖는다. 이때 가시 유닛 v_i와 은닉 유닛 h_j를 연결하는 신경망은 가중치 ~~학습변수~~ 텐서 ω_{ij}를 갖는다. 모든 가시 유닛은 은닉 유닛과 연결돼 있고, 같은 층에 있는 유닛은 연결이 불가능하다. 즉, 같은 층에 있는 유닛 또는 노드끼리는 연결이 '제한(restricted)'돼 있다. 이러한 입력층과 은닉층으로 이루어진 모델이 다음과 같은 에너지를 가지고 있다고 RBM 모델을 정의한다.

$$E(v, h) = -\sum_{i=1}^{m} b_i v_i - \sum_{j=1}^{n} c_j h_j - \sum_{i=1}^{m}\sum_{j=1}^{n} v_i h_j \omega_{ij} \tag{9.2}$$

이처럼 RBM은 에너지라는 물리적 개념을 사용하고 있는데 이것은 RBM의 원조 모델인 볼츠만 머신 ~~Boltzmann Machines6~~이 에너지 기반의 물리적 모델 ~~Physics-based Model~~이기 때문이다. 이러한 이유로 RBM을 에너지 기반의 모델 ~~EBM: Energy-Based Model~~이라고도 한다. 여기서 가시 유닛과 은닉 유닛은 모두 이진값 ~~binary~~ 을 깆는다. 예를 들면, $v_i, h_j \in \{0,1\}$라고 힐 수 있다. 이렇게 에너지 개념을 적용하여 가시 유닛과 은닉 유닛을 연결하는 단층 신경망에서 결합 확률, $p(v, h)$를 다음과 같이 정의할 수 있다.

---

[6] 통계적 역학 (statistical mechanics) 모델에서 다양한 상태 (state)를 포함하는 어떤 시스템 내에 있는 입자의 분포를 $F(state) \propto e^{-E}$와 같이 정의하고 이것을 볼츠만 분포 (Boltzmann distribution) 또는 깁스 분포 (Gibbs distribution) 이라고 한다

$$p(v, h) = \frac{1}{Z} e^{-E(v,h)} \tag{9.3}$$

여기서 Z는 여기서 분할 함수$^{\text{partition function}}$라고 하며 가시 유닛과 은닉 유닛의 모든 가능한 쌍의 깁스 분포$^{\text{Gibbs distribution}}$의 합이다.

$$Z = \sum_{v,h} e^{-E(v,h)} \tag{9.4}$$

위 결합 확률 $p(v, h)$를 모든 은닉 유닛에 대해 주변 확률$^{\text{marginal probability}}$을 계산하면 다음과 같다.

$$p(v) = \frac{1}{Z} \sum_{h} e^{-E(v,h)} \tag{9.5}$$

이때 에너지 $E(v, h)$가 작아지면 확률 $p(v)$가 커지므로 이 확률이 할당된 신경망은 결과에 미치는 영향도가 증가하게 된다. 이러한 원리를 이용해 RBM에서는 확률 $p(v)$가 목적함수가 되고 확률 $p(v)$을 최댓값으로 만드는 가중치와 각 층에 있는 편향값을 구한다.

그 첫 번째 단계로 먼저 계산의 편의성을 위해 $p(v)$에 로그를 적용한다. 이를 학습 데이터 v에 대한 로그 가능도$^{\text{log-likelihood}}$라고 한다. 두 번째 단계로는 앞에서 구한 로그 가능도를 가중치 ω_{ij} 대해 미분하여 기울기를 구하고 가중치 ω_{ij}를 경사상승법을 이용해 업데이트한다.

$$\frac{\partial \ln p(v)}{\partial \omega_{ij}} = \frac{\partial \ln\left(\sum_{h} e^{-E(v,h)}\right)}{\partial \omega_{ij}} - \frac{\partial \ln\left(\sum_{v,h} e^{-E(v,h)}\right)}{\partial \omega_{ij}}$$

$$= -\frac{1}{\sum_{h} e^{-E(v,h)}} \sum_{h} e^{-E(v,h)} \frac{\partial E(v,h)}{\partial \omega_{ij}} + \frac{1}{\sum_{v,h} e^{-E(v,h)}} \sum_{v,h} e^{-E(v,h)} \frac{\partial E(v,h)}{\partial \omega_{ij}}$$

$$= -\sum_{h} p(h|v) \frac{\partial E(v,h)}{\partial \omega_{ij}} + \sum_{v,h} p(h,v) \frac{\partial E(v,h)}{\partial \omega_{ij}}$$

$$= \sum_{h} p(h|v) v_i h_j - \sum_{v} p(v) \sum_{h} p(h|v) v_i h_j$$

$$= p(h_j = +1|v) v_i - \sum_{v} p(v) \, p(h_j = +1|v) v_i$$

$$= \langle v_i h_j \rangle_{data} - \langle v_i h_j \rangle_{model} \tag{9.6}$$

이때 $\langle \cdot \rangle_{data}$ 는 임의의 입력 데이터 분포에서의 기댓값이고, $\langle \cdot \rangle_{model}$ 은 생성모델에서의 기댓값이다. 위 식에서 학습률 α 를 적용하면 ω_{ij} 의 증가분인 $\Delta \omega_{ij}$ 를 구할 수 있다.

$$\Delta \omega_{ij} = \alpha \big(\langle v_i h_j \rangle_{data} - \langle v_i h_j \rangle_{model} \big) \tag{9.7}$$

여기서 $\langle v_i h_j \rangle_{data}$ 항은 계산이 비교적 간단하다. 즉, $p(h_j = +1|v)$ 는 조건부확률로 풀어 쓰면 $\frac{p(v, h_j = +1)}{p(v)}$ 로 표현이 되고 여기에 식 (9.3)과 (9.5)를 이용하면 다음과 같이 시그모이드 함수인 $sigm(x) = \frac{1}{1+e^{-x}}$ 형태로 표현할 수 있다.

$$p(h_j = +1|v) = sigm(c_j + \sum_{i=1}^{m} v_i \omega_{ij}) \tag{9.8}$$

따라서 $\langle v_i h_j \rangle_{data}$ 는 다음과 같이 계산된다.

$$\langle v_i h_j \rangle_{data} = sigm(c_j + \sum_{i=1}^{m} v_i \omega_{ij}) \, v_i \tag{9.9}$$

마찬가지 방법으로 은닉 유닛에서 가시 유닛으로의 확률 $p(v_i = +1|h)$는 다음과 같다.

$$p(v_i = +1|h) = sigm(b_i + \sum_{j=1}^{n} h_j \omega_{ij}) \qquad (9.10)$$

같은 방법으로 가시 유닛과 은닉 유닛에서의 임계치 증가분 Δb_i와 Δc_j도 다음과 같이 구할 수 있다.

$$\frac{\partial \ln p(v)}{\partial b_i} = v_i - \sum_v p(v) v_i$$

$$= \langle v_i \rangle_{data} - \langle v_i \rangle_{model} \qquad (9.11)$$

$$\Delta b_i = \alpha(\langle v_i \rangle_{data} - \langle v_i \rangle_{model}) \qquad (9.12)$$

$$\frac{\partial \ln p(v)}{\partial c_j} = p(h_j = +1|v) - \sum_v p(v) p(h_j = +1|v)$$

$$= \langle h_j \rangle_{data} - \langle h_j \rangle_{model} \qquad (9.13)$$

$$\Delta c_j = \alpha(\langle h_j \rangle_{data} - \langle h_j \rangle_{model}) \qquad (9.14)$$

앞에서 설명한 바와 같이 $\Delta \omega_{ij}$을 계산할 때 첫 번째 항인 $\langle v_i h_j \rangle_{data}$ 계산은 비교적 간단하나 두 번째 항인 $\langle v_i h_j \rangle_{model}$는 계산의 복잡도 _{complexity}가 2^{m+n}가 되어 수학적으로 다루기 힘들다 _{intractable}. 수학적으로 다루기 힘든 문제를 풀기 위해서는 근사해를 제공하는 효율적인 알고리즘 이 필요하다.

위 두 번째 항을 푸는 방법 중 하나로 마코프 체인 몬테카를로^{MCMC: Markov Chain Monte Carlo} 방법 이 있다. MCMC는 현대 통계학에서 가장 많이 사용되고 있는 통계학적 추론 알고리즘으로 그 중 깁스 샘플링^{Gibbs sampling} 알고리즘이나 메트로폴리스-헤스팅스^{Metropolis-Hastings} 알고리즘이 대표적이다. 여기서 마코프 체인은 강화학습에서 정의한 것과 같이 마코프 특성 _{Markov property}을 가지면서 시간적으로는 이산된^{discrete} 확률적 프로세스로 강화학습에서 정의한 내용과 동일하다. 즉, 마코프 체인을 수학적으로 표현하면 다음과 같다.

$$\mathcal{P}[X_{t+1} = x_{t+1} | X_t = x_t, \ldots, X_0 = x_0] = \mathcal{P}[X_{t+1} = x_{t+1} | X_t = x_t] \tag{9.15}$$

몬테카를로 방법은 반복적인 임의의 샘플링을 이용해 모집단의 평균 또는 최댓값 등을 알아내는 방법으로 모집단의 규모가 너무 크거나 계산이 불가능한 경우에 사용된다.

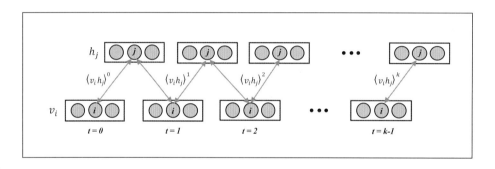

그림 9.10 MCMC 방법에서 $\langle v_i h_j \rangle_{model}$을 도출

그림 9.10은 MCMC 방법을 이용해 기댓값 $\langle v_i h_j \rangle_{model}$을 구하는 과정을 보여준다. $\langle v_i h_j \rangle_{model}$에서 가장 계산이 많이 소요되는 부분이 $\sum_{i,j}(\cdot)$인데 MCMC 방법은 이를 샘플링을 통해 계산량을 줄였다. 즉, 그림 9.10과 같이 마코프 체인에 의해 확률 분포 $p(h|v^t)$로부터 은닉 유닛 h^t를 샘플링하고 이를 연결해 확률 분포 $p(v|h^t)$로부터 가시 유닛 v^{t+1}를 샘플링한다. 이 과정을 $\langle v_i h_j \rangle_{model}$이 수렴할 때까지 반복한다. 이렇게 되면 기댓값 $\langle v_i h_j \rangle_{model}$에 적용할 샘플이 유의미한 분포를 가지는 데이터가 된다. 이때 사용되는 샘플링 방법을 깁스 샘플링 _{Gibbs sampling}이라고 한다.

이 같은 MCMC 방법은 샘플링을 통해 전체 합을 구하는 과정을 상당히 줄이긴 했지만 여전히 $\langle v_i h_j \rangle_{model}$ 값이 수렴하기까지 많은 반복 계산이 필요하다. 이를 개선하기 위해 토론토 대학의 제프리 힌튼 교수와 그의 연구팀은 CD$^{\text{contrastive divergence}}$라는 알고리즘을 개발했다. CD 알고리즘은 MCMC의 샘플링 단계를 단 1~2번의 계산으로 $\langle v_i h_j \rangle_{model}$의 근사값을 구할 수 있음을 보였다. 현재 CD는 RBM의 표준적인 학습 알고리즘으로 사용되고 있다. 위에 설명된 알고리즘은 k-step CD 방법을 이용해 $\Delta \omega_{ij}$, Δb_i 그리고 Δc_j를 구하는 과정을 보여준다.

---

k-step CD을 이용한 RBM 학습 알고리즘

입력값: 학습 데이터 $V \equiv \{v^1, \ldots, v^M\}$

출력값: $\Delta \omega_{ij}$, Δb_i, Δc_j

1: 초기화: $\Delta \omega_{ij} = \Delta b_i = \Delta c_j = 0\ for\ i = 1, \ldots, m, j = 1, \ldots, n$

2: 모든 $v^i \in V$에 대해

3:    $v^0 \leftarrow v$

4:     for $t = 0, \ldots, k-1$

5:         for j = $1, \ldots,$ n $p(h_j|v^t)$에서 샘플 h_j^t 계산

6:         for i = $1, \ldots,$ m $p(v_i|h^t)$에서 샘플 v_i^{t+1} 계산

7:     for $i = 1, \ldots, m,\ j = 1, \ldots, n$

8:         $\Delta \omega_{ij} = \Delta \omega_{ij} + p(h_j = +1|v^0)v_i^0 - p(h_j = +1|v^k)v_i^k$

9:         $\Delta b_i = \Delta b_i + v_i^0 - v_i^k$

10:        $\Delta c_j = \Delta c_j + p(h_j = +1|v^0) - p(h_j = +1|v^k)$

기본적인 RBM 모델의 단점은 이분^{bipartite} 구조로 되어 있는 단층 신경망이기 때문에 특성추출에 제한적이다. DRBM$^{\text{Deep RBM}}$은 이러한 단점을 개선하기 위해 은닉층^{잠재변수}을 여러 개로 늘리고 은닉 유닛의 크기를 변화시킨 모델인데 결과적으로 생성 이미지의 해상도를 높이는데 성공하였다. 그림 9.11은 DRBM 모델이 생성한 MNIST 이미지를 보여준다.

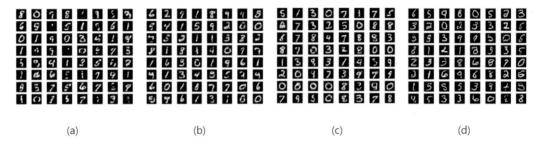

(a)   (b)   (c)   (d)

그림 9.11 깊은 제한된 볼츠만 머신 (DRBM, Deep Restricted Boltzmann Machines) 모델이 생성한 MNIST 이미지 예시 (a) 한 개의 은닉층에 1000 개의 유닛을 가지는 RBM (b) 두 개의 은닉층에 각각 500 개 및 1000 개의 은닉 유닛을 가지는 DRBM (c) 세 개의 은닉층에 각각 500 개, 500 개 및 1000 개의 은닉 유닛을 가지는 DRBM (b) 컨볼루션 층을 도입한 DRBM (출처: Hu et al., Deep Restricted Boltzmann Networks, 2016)

9.2.2 PixelRNN/PixelCNN

PixelRNN과 PixelCNN은 픽셀^{pixel}이라는 모델명에서 알 수 있듯이 이미지 데이터를 기반으로 하는 생성모델이다. 이 두 모델은 모두 구글 연구원들이 개발한 것인데 동일한 프로젝트[7]에서 좀 더 효과적인 모델구현을 위해 여러가지 실험을 하다가 PixelRNN과 PixelCNN이라는 각각 독립적인 모델이 만들어지게 되었다.

PixelRNN과 PixelCNN은 생성모델이지만 잠재변수가 없고 대신 순서에 따라 배열된 픽셀을 힌트 ^{hint}로 사용한다. 즉 생성하고자 하는 픽셀 이전에 배열된 픽셀들을 잠재변수, z로 생각하면 된다. 따라서 PixelRNN과 PixelCNN의 기본 개념은 이전 픽셀값을 조건으로 또는 잠재변수로 하고 다음 픽셀값을 예측 또는 생성하는 것이다. 이러한 이유로 PixelRNN과 PixelCNN을 자기 회귀$^{AR:\ Auto\ Regressive}$ 모델이라고도 한다.

먼저 PixelRNN에 대해 기본적인 개념을 알아보자. 만약 이미지 X가 있다고 한다면 PixelRNN 의 목표는 이미지 X에 대한 결합확률분포$^{joint\ probability\ distribution}$ $p(X)$를 찾는 것이다. 이미지 X 는 픽셀 $x_i \in X$ 로 구성되어 있기 때문에 $p(X) = p(x_1 \cap x_2 \cdots x_{n^2})$와 같은 결합확률분포가 된

---

[7] Oord et al., Pixel Recurrent Neural Networks, ICML, 2016

다. 이때 픽셀 x_i는 서로 독립이 아니라 이전 픽셀 x_{i-1}에 영향을 받기 때문에 결국 결합확률분포, $p(X)$는 다음과 같이 표현할 수 있다.

$$p(X) = \prod_{i=1}^{n^2} p(x_i|x_1, x_2, \cdots, x_{i-1}) \tag{9.16}$$

여기서 $p(x_i|x_1, x_2, \cdots, x_{i-1})$ 조건부확률은 그림 9.12 (a)와 같이 픽셀값 x_i가 생성될 확률을 픽셀 x_i 앞에 있는 픽셀값 $x_1, x_2, \cdots, x_{i-1}$ 를 조건으로 정의할 수 있다. 그런데 조건부확률, $p(x_i|x_1, x_2, \cdots, x_{i-1})$을 구하는 연산량이 n^2 크기를 가지므로 이미지의 크기가 커질 경우 계산시간이 매우 길어지게 된다.

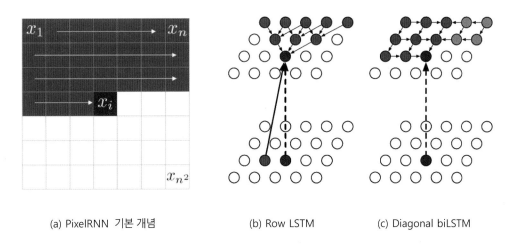

(a) PixelRNN 기본 개념   (b) Row LSTM   (c) Diagonal biLSTM

그림 9.12 두개의 PixelRNN 모델: Row LSTM과 Diagonal biLSTM (출처: Oord et al., Pixel Recurrent Neural Networks, ICML, 2016)

PixelRNN은 기본적으로 위와 같은 조건부확률 개념을 적용하고 있으나 계산시간을 단축하기 위해 이미지의 행 row 별로 컨볼루션 기법을 도입하였다. 컨볼루션 기법이 도입된 PixelRNN은 두가지 형태의 모델이 있는데 첫번째 모델을 Row LSTM이라고 한다 (그림 9.12 (b)).

Row LSTM은 기본적으로 LSTM 순환신경망 셀을 이용하고 있고 이미지의 Row를 3×1 필터 커널을 이용하여 컨볼루션한다. 그림 9.12 (b)에서 보는 것처럼 붉은색 픽셀, x_i를 예측하기 위해 x_{i-1}을 현재 시점 입력값으로 입력하고 과거 시점의 순차적인 입력값은 3×1 필터커널로 컨볼 루션된 값을 입력한다. 이러한 기법을 통해 과거의 픽셀값을 모두 순차적인 조건으로 하지 않고 컨볼루션으로 추출된 특성을 조건으로 하게 되어 계산시간이 획기적으로 줄어들게 된다. 이때 이미지의 크기나 해상도resolution에 따라 필터커널의 크기는 조정될 수 있다. 참고로 파란색 픽셀 은 이미 계산된 과거 시점의 데이터이고 흰색 픽셀은 예측을 하고자 하는 아직까지 결정되지 않 은 픽셀을 의미한다. 붉은색 픽셀은 바로 다음 시점에 예측하고자 하는 픽셀을 의미한다.

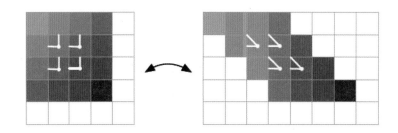

그림 9.13 Diagonal biLSTM 계산을 위한 비스듬한 이미지 (출처: Oord et al., Pixel Recurrent Neural Networks, ICML, 2016)

PixelRNN의 두번째 모델은 **Diagonal BiLSTM**이다 (그림 9.12 (c)). Diagonal BiLSTM 모델 명에서 표현된 것처럼 양방향 학습을 하는 Bidirectional LSTM 순환신경망을 사용하였고 과거 데이터를 대각선 픽셀을 사용한다. 그림 9.13에서 보여주는 것과 같이 대각선에 위치한 픽셀은 예측하고자 하는 픽셀 기준으로 각각 왼쪽 픽셀과 바로 윗쪽 픽셀이며 필터커널의 크기는 1×2 가 된다 (⌐로 표시된 것이 왼쪽과 윗쪽 픽셀의 컨볼루션을 의미함). 이때 대각선 픽셀의 컨볼루 션 계산을 편리하게 하기 위해서 이미지의 행row 마다 한칸씩 오른쪽으로 이동하여 비스듬하게 만든skewed 이미지를 사용한다 (그림 9.13). 비스듬한skewed 이미지를 사용하게 되면 1×2 컨볼 루션을 할 때 예측하고자 하는 붉은색 픽셀 기준으로 왼쪽 위아래에 있는 두개의 픽셀에 적용하면 되기 때문에 계산이 쉬워진다. 참고로 비스듬한 이미지를 사용하기 때문에 위, 아래 픽셀값의 세로 벡터에 필터커널을 적용해야 하므로 필터커널은 2 × 1이 아닌 1 × 2을 사용한다.

Diagonal BiLSTM은 양방향 순환신경망 모델이기 때문에 이미지의 오른쪽 맨 위에 위치한 꼭 지점 픽셀부터 역방향으로도 학습을 한다. 그림 9.12 (c)에서 밝은 파란색으로 표현된 픽셀들은 바로 BiLSTM의 역방향 학습을 위한 데이터 흐름을 보여준다. 이때 주의해야 할 것은 흰색 픽셀 은 아직 계산된 값이 아니기 때문에 대각선 픽셀 선정 시 예측하고자 하는 픽셀의 바로 윗쪽에 있는 픽셀과 오른쪽이 아닌 그 위에 있는 픽셀을 선택하여 컨볼루션해야 한다.

PixelCNN은 2차원 컨볼루션 기법으로 추출된 특성 조건을 기반으로 다음 픽셀값을 생성하는 모델이다. 즉 이미지의 일정한 영역을 필터커널을 이용한 컨볼루션 기법을 사용하여 한 번에 특 성을 추출하고 이를 조건으로 다음 픽셀값을 생성한다. 그림 9.14는 PixelCNN에서 3 × 3 필터 커널을 이용하여 컨볼루션하는 과정을 보여준다. 이때 그림 9.14에서 보듯이 3 × 3 필터커널에 는 붉은색과 흰색으로 표시된 요소는 0으로 처리한다. 이것을 마스킹^{masking}이라고 하는데 이처 럼 마스킹을 하는 이유는 이 요소에 해당하는 픽셀이 아직 계산되지 않은 값이므로 컨볼루션에 서 제외시켜야 하기 때문이다. PixelCNN 모델은 이러한 컨볼루션 과정을 여러 층으로 쌓아 진 행하며 이때 이미지의 크기와 해상도를 유지하기 위해 풀링^{pooling} 층은 사용하지 않는다. 그리고 이미지 크기를 동일하게 유지하기 위해 패딩^{padding} 처리를 한다.

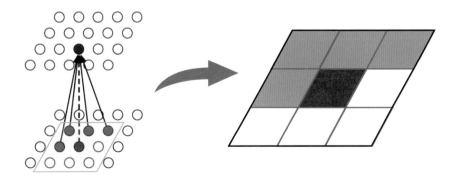

그림 9.14 PixelCNN에서 사용된 마스크 컨볼루션 예시

지금까지 PixelRNN과 PixelCNN의 개념을 살펴보았듯이 두개의 모델 모두 새로운 픽셀값을 생성하기 위해 앞서 계산된 사전 정보를 조건값으로 사용한다. PixelRNN 모델과 같이 순차적으로 배열된 픽셀값을 조건으로 할 수 있고 PixelCNN 모델과 같이 일정한 영역 주변에 픽셀들의 특성을 조건으로 할 수 있다. 만약 입력된 이미지가 컬러 이미지 인경우에는 각 픽셀이 RGB 채널 별 총 3개의 실숫값을 가지고 있으므로 RGB 값에 대해서도 조건부 설정이 필요하다.

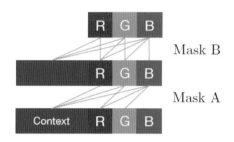

그림 9.15 각 픽셀별 RGB 채널 마스킹 예시 (출처: Oord et al., Pixel Recurrent Neural Networks, ICML, 2016)

그림 9.15에서 Mask A는 RGB 채널 마스킹을 보여주고 있다. 처음 이미지를 입력하게 되면 7×7 크기의 Mask A 필터커널을 이용하여 초기 컨볼루션을 한다. Mask A 타입의 컨볼루션은 식 (9.17)에서 보여주듯이 픽셀에서 R 채널은 오로지 앞에 위치한 정보인 context만을 조건으로 하고, G 채널은 context와 R 값을 조건으로 하며 그리고 B 채널은 context, R 그리고 G 채널값을 조건으로 확률을 예측한다.

$$p(x_{i,R}|X_{<i})p(x_{i,G}|X_{<i}, x_{i,R})p(x_{i,B}|X_{<i}, x_{i,R}, x_{i,G}) \qquad (9.17)$$

여기서 $X_{<i}$는 앞서 계산된 픽셀값으로 그림 9.15에서 'Context'를 의미한다. 그리고 $x_{i,R}$, $x_{i,G}$, $x_{i,B}$ 는 픽셀 x_i의 RGB 채널값을 의미한다. Mask A 타입의 필터커널을 이용하여 초기 컨볼루션된 특성지도는 그림 9.12 (b),(c) 그리고 그림 9.14에서 두개의 층 중에서 아래층 (화살표가 시작되는 층)에 해당된다. Mask B는 아랫층에서 윗층으로 컨볼루션할 때 적용된다.

그림 9.16은 PixelRNN의 결과를 보여준다. 그림 9.16에서 오른쪽 끝 열에 있는 것은 정답 이미

지들이고 맨 왼쪽 열에 있는 것은 정답 이미지에 일정 부분을 가린 occluded 데이터로 생성모델에 입력될 이미지들이다. 그리고 중간에 있는 8개 열의 이미지 들은 PixelRNN이 일정 부분을 가린 입력 데이터를 기반으로 생성한 이미지가 된다.

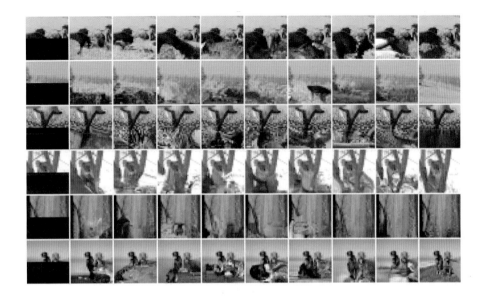

그림 9.16 PixelRNN에서 생성된 이미지 (출처: Oord et al., Pixel Recurrent Neural Networks, ICML, 2016)

PixelRNN 모델인 Row LSTM과 Diagonal BiLSTM 그리고 PixelCNN 모델을 CIFAR-10과 이미지넷 ImageNet 등의 이미지 데이터셋으로 테스트를 해본 결과 NLL Negative Log Likelihood 측정지표 기준으로 Diagonal BiLSTM이 다른 모델에 비해 근소하게 우수함을 보였다.

9.2.3 변분법을 이용한 오토인코더 (VAE: Variational AutoEncoder)

VAE Variational AutoEncoder[8] 모델은 입력된 데이터, $X \in R^d$의 잠재변수를 가능하면 표준정규분포,

---

[8] Diederik P. Kingma & Max Welling, Auto-Encoding Variational Bayes, NIPS, 2014

$\mathcal{N}(0, I)$로 만들고 이러한 잠재변수를 기반으로 생성된 결괏값의 분포가 입력된 데이터 분포와 유사하도록 학습하는 모델이다. VAE 모델은 이처럼 결괏값의 분포가 입력값과 유사하도록 학습하기 때문에 명시적인 가능도 함수 explicit likelihood function 를 가지는 생성모델이라고 한다. VAE라는 모델명에서 보여주는 것처럼 이러한 개념을 가장 잘 구현할 수 있는 방식이 변분법 variational 과 오토인코더 AutoEncoder 모델을 이용하는 것이다. VAE 개념은 두가지 관점에서 설명할 수 있는데 첫번째가 **인공신경망 관점**이고 두번째는 **그래픽 모델 관점**이다.

먼저 **신경망 관점**에서 VAE 모델을 살펴보기로 하자. 그림 9.17은 신경망 모델로 표현한 VAE 구조를 보여준다. 신경망 모델에서는 $q_\phi(z|x)$ 로 표현되는 인코더 encoder 신경망이 있고, $p_\theta(\hat{x}|z)$로 표현되는 디코더 decoder 신경망이 있다. 여기서 x와 $\hat{x}$은 각각 입력값과 생성값이다. 인코더와 디코더에서 ϕ 와 θ 는 각 신경망의 학습변수를 의미한다. 그리고 z 는 잠재변수이고 $p(z)$는 표준정규분포로 표현된 잠재변수의 확률분포다. 인코더는 표준정규분포와 비교되는 확률분포를 예측하는 신경망이므로 인코더의 결과값은 평균, μ과 표준편차, Σ의 확률분포가 된다. 디코더는 인코더가 생성한 평균, μ과 표준편차, Σ의 확률분포에서 잠재변수, z를 표본추출 sampling 하여 입력 데이터로 사용하고 최종 결괏값, $\hat{x}$의 분포를 예측한다.

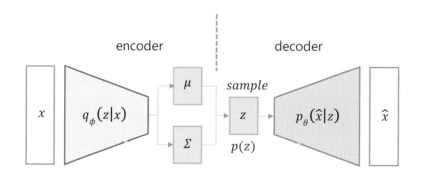

그림 9.17 신경망 모델로 표현한 VAE

VAE 모델의 목표가 모든 입력데이터의 분포가 잠재변수에서는 표준정규분포가 되도록 하고 이렇게 변환된 잠재변수를 기반으로 생성한 출력값이 입력데이터와 유사하도록 하는 것이므로 목적함수는 다음과 같이 정의할 수 있다.

- **목적함수 1**: 모든 입력데이터의 잠재변수 확률분포가 표준정규분포와 유사하도록 학습한다.

$$D_{KL}\left(q_\phi(z|x) \parallel p(z)\right) \tag{9.18}$$

- **목적함수 2**: 잠재변수를 기반으로 생성한 출력값이 입력값과 유사하도록 학습한다. 이 의미는 입력된 값의 가능도 likelihood 가 최대가 되도록 하는 것이다. 즉 다음과 같이 표현된다.

$$p(x) = \int p_\theta(z)p_\theta(x|z)dz$$

$$= \mathbb{E}_{z \sim q_\phi(z|x)}[\log p_\theta(x|z)] \tag{9.19}$$

목적함수 1에서 $D_{KL}(\cdot)$은 쿨백-라이블러 발산 Kullback-Leibler Divergence 이다. 즉 $D_{KL}\left(q_\phi(z|x) \parallel p(z)\right)$가 0에 가까울수록 확률분포 $q_\phi(z|x)$와 $p(z)$ 유사하다는 의미다. 그러므로 VAE 모델은 목적함수 1을 최소화하도록 학습을 하며 목적함수 1은 VAE 모델의 규제화 regularization 역할을 하는 의미를 가진다.

목적함수 2는 $\int p(z)p(x|z)dz$를 기댓값 $\mathbb{E}_{z \sim q_\phi(z|x)}[\log p_\theta(x|z)]$으로 대체할 수 있다. 즉 목적함수 1에서 쿨백-라이블러 발산을 이용하여 잠재변수, z 가 표준정규분포 $p(z)$와 유사한 분포를 가지는 인코더 $q_\phi(z|x)$가 되도록 학습했으므로 식 (9.19)에서 잠재변수의 확률분포 $p(z)$를 $q_\phi(z|x)$에서 z를 표본추출한 것으로 대체하여 기댓값을 구한다. 이때 $\log p_\theta(x|z)$에서 로그를 취한 이유는 계산의 편의성과 안정성 stability 을 위해서다.

따라서 인공신경망 관점에서 VAE 모델의 목적함수는 다음과 같이 정의할 수 있으며 이 목적함수를 최소화하도록 학습을 한다. 이때 가능도인 $\mathbb{E}_{z \sim q_\phi(z|x)}[\log p_\theta(x|z)]$ 항은 최대가 되도록 학습하여야 하므로 최종 목적함수에는 (−)를 취했다.

$$l_i = -\mathbb{E}_{z \sim q_\phi(z|x_i)}[\log p_\theta(x_i|z)] + D_{KL}\left(q_\phi(z|x_i) \| p(z)\right) \tag{9.20}$$

$$\mathcal{L} = \sum_{i=1}^{N} l_i \tag{9.21}$$

참고로 식 (9.20)은 한 개의 데이터 x_i에 대한 목적함수이고 만약 배치 크기가 N인 경우에는 식 (9.21)이 최종 목적함수가 된다.

다음은 **그래픽 모델 관점**에서 VAE 모델의 개념을 살펴보기로 하자. 그림 9.18은 그래픽 모델로 표현한 VAE 구조를 보여준다. 그림에서 x는 생성된 관측값이고 z는 잠재변수다. 그리고 실선은 생성모델 $p_\theta(x) = p_\theta(z)p_\theta(x|z)$ 를 의미하고 점선은 $p_\theta(z|x)$ 분포의 변분 근사값 ^{variational} $_{approximation}$ $q_\phi(z|x)$다. θ와 ϕ는 각각 생성모델과 변분 확률분포 함수의 학습변수를 의미한다.

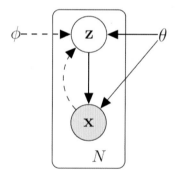

그림 9.18 그래픽 모델로 표현한 VAE 구조 (출처: Diederik P. Kingma & Max Welling, Auto-Encoding Variational Bayes, NIPS, 2014)

그래픽 모델에서 관심있는 것은 '어떤 잠재변수, z가 관측값, x를 생성하는가'이다. 즉 수학적으로는 다음과 같은 확률분포를 찾는 것이 목표다.

$$p(x|z) = \frac{p(x|z)p(z)}{p(x)} \tag{9.22}$$

그런데 식 (9.22)에서 분모 $p(x) = \int p(z)p(x|z)dz$는 수학적으로 정해^{exact solution}를 구하기 어렵다. 수학식에서 근사해^{approximation}가 아닌 정해를 구하기 어려운 경우를 수학적으로 다루기 어렵다^{intractable}라고 한다. 따라서 $p(x|z)$를 정해로 구하는 대신에 변분법을 사용하여 근사해로 대체하는 방법이 그래픽 모델 관점의 VAE 개념이다. 그림 9.19는 변분법을 이용한 근사 ^{variational approximation}기법을 설명하고 있다.

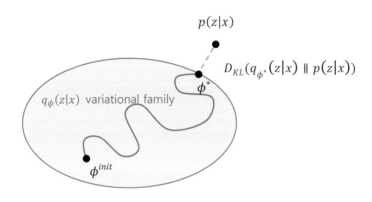

그림 9.19 p(z|x)를 구하기 위한 변분 근사 (출처: David Blei, NIPS2016 tutorial)

그림 9.19에서 학습변수, ϕ를 가지는 확률분포 $q_\phi(z|x)$를 변분 그룹 ^{variational family}이라고 정의하고 이 중 $p(x|z)$에 가장 근사한 것을 근사값으로 대체하는 것이다. 이때 변분 그룹 $q_\phi(z|x)$는 수학적으로 계산하기 편한 가우시안 ^{Gaussian}분포 형태를 선택한다. 그리고 가장 근사한 후보자 확률분포를 찾기 위해 쿨백–라이블러 발산, D_{KL} 공식을 적용한다.

$$D_{KL}\big[q_\phi(z|x) \parallel p_\theta(z|x)\big] = \int q_\phi(z|x) \log \frac{q_\phi(z|x)}{p_\theta(z|x)} \, dz \tag{9.23}$$

$$= \int q_\phi(z|x) \log \frac{q_\phi(z|x)p_\theta(x)}{p_\theta(z,x)} \, dz \tag{9.24}$$

$$= \int q_\phi(z|x) \log \frac{q_\phi(z|x)}{p_\theta(z,x)} \, dz + \int q_\psi(z|x) \log p_\theta(x) \, dz \tag{9.25}$$

$$= \int q_\phi(z|x)\left[\log q_\phi(z|x) - \log p_\theta(z,x)\right]dz + \log p_\theta(x) \qquad (9.26)$$

$$= \mathbb{E}_{q_\phi(z|x)}\left[\log q_\phi(z|x)\right] - \mathbb{E}_{q_\phi(z|x)}\left[\log p_\theta(z,x)\right] + \log p_\theta(x) \quad (9.27)$$

식 (9.24)는 $p_\theta(z|x) = p_\theta(z,x)/p_\theta(x)$ 조건부확률과 결합확률의 관계식을 사용한 것이고 식 (9.25)는 log 법칙에 의해 곱셈을 덧셈으로 분리한 것이다. 식 (9.25)에서 $\log p_\theta(x)$는 dz에 대해 상수이고 $\int q_\phi(z|x)dz = 1$ 이므로 $\int q_\phi(z|x)\log p_\theta(x)\,dz = \log p_\theta(x)$가 된다.

식 (9.27)에서 $\log p_\theta(x)$를 남겨두고 모두 이항하면 식 (9.28)이 된다

$$\log p_\theta(x) = -\mathbb{E}_{q_\phi(z|x)}\left[\log q_\phi(z|x)\right] + \mathbb{E}_{q_\phi(z|x)}\left[\log p_\theta(z,x)\right] + D_{KL}\left[q_\phi(z|x) \parallel p_\theta(z|x)\right] \; (9.28)$$

식 (9.28)에서 $\log p_\theta(x)$는 생성된 결괏값의 가능도 분포이므로 이를 최대화하는 것이 목표가 된다. 즉 $\log p_\theta(x)$가 그래픽 모델 관점에서 VAE 모델의 목적함수가 된다. 그런데 앞서 설명한 바와 같이 $\log p_\theta(x)$는 수학적으로 정해를 구할 수 없는 'intractable' 하기 때문에 간접적인 방법을 취한다. 즉 식 (9.28)을 다음과 같이 치환해 보기로 하자

$$\log p_\theta(x) = A \qquad (9.29)$$

$$-\mathbb{E}_{q_\phi(z|x)}\left[\log q_\phi(z|x)\right] + \mathbb{E}_{q_\phi(z|x)}\left[\log p_\theta(z,x)\right] = B \qquad (9.30)$$

$$D_{KL}\left[q_\phi(z|x) \parallel p_\theta(z|x)\right] = C \qquad (9.31)$$

그러므로 식 (9.28)은 다음과 같이 표현된다.

$$A = B + C \qquad (9.32)$$

여기서 $C \geq 0$ (쿨백-라이블러 발산값은 항상 0보다 크거나 같다) 이기 때문에 $A \geq B$ 인 관계

가 된다. 즉 A를 최대화하기 위해서는 B를 최대화하는 것과 동일하다.

결국 $-\mathbb{E}_{q_\phi(z|x)}\big[\log q_\phi(z|x)\big] + \mathbb{E}_{q_\phi(z|x)}\big[\log p_\theta(z,x)\big]$ 를 최대화하는 것이 학습목표가 되고
식 (9.33)이 최종 그래픽 모델에서 목적함수가 된다.

$$\mathcal{L}(\theta,\phi,x) = \mathbb{E}_{q_\phi(z|x)}[\log p_\theta(x,z)] - \mathbb{E}_{q_\phi(z|x)}\big[\log q_\phi(z|x)\big] \tag{9.33}$$

식 (9.33)을 variational lower bound 또는 Evidence lower bound (ELBO)라고 한다. Lower
bound라고 한 이유는 식 (9.33)이 intractable한 목적함수의 하위경계$^{lower\ bound}$이기 때문이고
variational이라고 한 이유는 변분 그룹으로 $p_\theta(z|x)$를 근사했기 때문이다. Evidence 라는 것은
$p_\theta(x)$가 식 (9.22)의 베이즈 법칙$^{Bayes\ Rule}$에서 Evidence 또는 Marginal 이기 때문이다.

그래픽 모델에서 최종 목적함수로 결정된 ELBO는 다음과 같이 정리할 수 있다.

$$\mathcal{L}(\theta,\phi,x) = \mathbb{E}_{q_\phi(z|x)}[\log p_\theta(x,z)] - \mathbb{E}_{q_\phi(z|x)}\big[\log q_\phi(z|x)\big] \tag{9.34}$$

$$= \mathbb{E}_{q_\phi(z|x)}[\log p_\theta(x|z)p_\theta(z)] - \mathbb{E}_{q_\phi(z|x)}\big[\log q_\phi(z|x)\big] \tag{9.35}$$

$$= \mathbb{E}_{q_\phi(z|x)}[\log p_\theta(x|z)] + \mathbb{E}_{q_\phi(z|x)}[\log p_\theta(z)] - \mathbb{E}_{q_\phi(z|x)}\big[\log q_\phi(z|x)\big] \tag{9.36}$$

$$= \mathbb{E}_{q_\phi(z|x)}[\log p_\theta(z)] - \mathbb{E}_{q_\phi(z|x)}\big[\log q_\phi(z|x)\big] + \mathbb{E}_{q_\phi(z|x)}[\log p_\theta(x|z)] \tag{9.37}$$

$$= -\mathbb{E}_{q_\phi(z|x)}\left[\log \frac{q_\phi(z|x)}{p_\theta(z)}\right] + \mathbb{E}_{q_\phi(z|x)}[\log p_\theta(x|z)] \tag{9.38}$$

$$= -D_{KL}\big[q_\phi(z|x) \parallel p_\theta(z)\big] + \mathbb{E}_{q_\phi(z|x)}[\log p_\theta(x|z)] \tag{9.39}$$

그래픽 모델로 도출한 VAE 모델의 최종 목적함수 식 (9.39)는 인공신경망 모델로 도출한 목적
함수 식 (9.20)과 동일함을 알 수 있다. 단 식 (9.39)는 최대화하도록 학습을 하고 식 (9.20)은

최소화하도록 학습을 한다. 이제 그래픽 모델로 도출한 식 (9.39)의 목적함수를 구현할 수 있는 모델 구조를 선정하는 것이 남아 있다. VAE에서는 $q_\phi(z|x)$와 $p_\theta(x|z)$기능을 수행할 충분한 학습변수를 가지고 있고 복잡한 문제를 다룰 수 있는 모델 구조로 오토인코더 신경망 모델을 사용하였다.

이제 신경망 모델 또는 그래픽 모델로 도출한 목적함수를 학습하는 과정이 필요하다. 모두 오토인코더 구조를 가지는 신경망 모델을 사용하므로 학습변수, θ와 ϕ를 구하기 위해 일반적인 신경망 학습 순서인 순전파 feedforward 후 경사하강법 gradient descent 기반의 역전파 backpropagation 하는 과정이 적용된다. 인코더에서 만들어진 잠재변수를 표본추출한 후 디코더에 입력하여 최종 생성 데이터의 분포를 만드는 순전파 과정에서는 큰 문제는 없다. 그러나 역전파하는 과정에서 가우시안 분포로 표현된 평균, μ와 표준편차, Σ를 확률적으로 표본추출한 값에 대한 기울기를 구하는 것이 불가능하다. VAE 모델에서는 이를 극복하기 위해 변수조정 reparameterization 기법을 도입하였다.

그림 9.20은 VAE 모델에서 구현한 변수조정 기법을 설명하고 있다. 그림 9.20의 왼쪽 그림은 원래 VAE 모델인데 잠재변수, z는 가우시안 분포로 표현된 평균, μ와 표준편차, σ에서 표본추출된 확률값이기 때문에 확정적으로 deterministically 기울기를 구할 수 없다. 그러나 그림 9.20의 오른쪽 그림은 변수조정을 적용하여 잠재변수, z의 기울기를 구할 수 가 있다. 즉 변수조정 기법이 사용되는 오른쪽 그림에서 평균, μ와 표준편차, σ는 가우시안 분포가 아니고 인코더 신경망에서 순전파된 텐서이기 때문에 이전 신경망의 학습변수만이 포함되어 있다. 여기에 표준정규분포에서 추출한 ε를 표준편차에 곱해서 잠재변수, z를 만들어 디코더에 입력하기 때문에 역전파시 기울기는 각각 평균, μ와 표준편차, σ에 대해서만 구하면 된다.

이때 잠재변수 (z), 평균 (μ), 표준편차 (σ) 그리고 표본추출계수 (ε)는 모두 벡터 형태의 텐서로 표현되며 크기는 사용자가 정의한다. 따라서 $z = \mu + \sigma \odot \varepsilon$ 에서 연산자 $\odot$ 는 요소별 곱 element-wise production 을 의미한다.

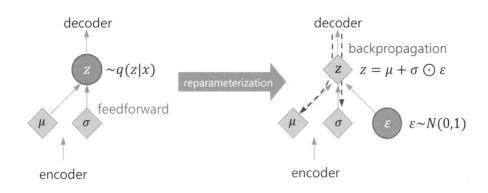

그림 9.20 VAE에서 에러의 역전파 계산을 위한 변수조정

그림 9.21은 MNIST 데이터셋을 이용하여 VAE 모델을 학습하고 난 후, 원본 데이터 $_{original}$를 입력했을 때 얻어지는 평균값과 표준편차를 기반으로 생성한 필기체 숫자 이미지를 보여주고 있다. 이 예제에서는 잠재변수의 크기를 10개로 사용하였는데 오토인코더 보다 결점이 많이 사라졌음을 알 수 있다. 비지도학습 모델인 오토인코더와 생성모델인 VAE의 차이점은 주어진 잠재변수 또는 힌트를 기반으로 표현되는 결괏값의 분포를 생성할 수 있는지 여부다. 즉 오토인코더는 잠재변수의 분포와 생성된 결괏값에 대한 분포를 예측할 수 없기 때문에 표준정규분포, $\mathcal{N}(0, I)$에서 추출한 힌트를 가지고 아무것도 복원할 수 없다. 반면에 VAE 모델은 표준정규분포, $\mathcal{N}(0, I)$에서 추출한 잠재변수를 특성으로 가지고 있는 필기체 숫자를 생성할 수가 있다.

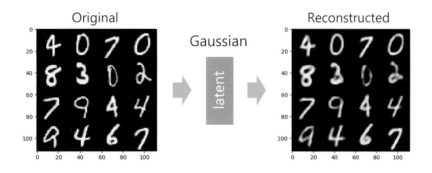

그림 9.21 MNIST 데이터셋으로 학습한 VAE 모델이 생성한 필기체 숫자

그림 9.22는 잠재변수의 개수를 2개로 하고 MNIST 데이터셋을 이용하여 VAE 모델을 학습시킨 결과다. 그림에서 가로축이 잠재변수 z_1 이 되고 세로축이 잠재변수 z_2 가 된다. 즉 MNIST의 필기체 숫자들은 인코더의 결과로 z_1 축과 z_2 축으로 각각 표준정규분포로 표현되고 여기서 추출된 잠재변수를 기반으로 디코더가 필기체 숫자를 생성하게 되면 그림 9.22 오른쪽과 같은 이미지를 얻게 된다.

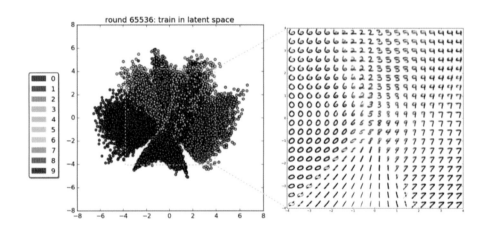

그림 9.22 MNIST 데이터의 잠재변수와 VAE 생성데이터 관계 (출처: Diederik P. Kingma & Max Welling, Auto-Encoding Variational Bayes, NIPS, 2014)

기본적인 VAE는 생성된 결괏값의 명시적인 explicit 가능도 분포를 찾는 것이 목적이기 때문에 확률적 기반으로 생성된 이미지는 일반적으로 흐릿하게 되는 단점이 있었다. VAE 모델의 이러한 단점을 개선하기 위해 자기회귀 AR: Auto Regressive 기법과 여러 층의 잠재변수를 가지는 구조가 보완된 VQ-VAE Vector Quantized Variational AutoEncoder9 모델이 제안되었다. 그림 9.23은 자기회귀 방식의 생성모델인 PixelRNN 기법과 그리고 U-Net 모델과 같이 인코더 파트에서의 여러 층에 있는 잠재변수를 디코더로 전달하는 방식을 VAE 모델에 적용하여 고화질의 이미지를 생

---

9 Razavi et al., Generating Diverse High-Fidelity Images with VQ-VAE-2, NIPS, 2019

성하는 예를 보여준다. 그림에서 맨 오른쪽의 이미지가 원본이고 왼쪽부터 인코더 파트에 잠재
변수 층을 하나만 두는 경우 (h_{top}), 두개를 두는 경우 (h_{top}, h_{middle}) 그리고 세개를 두는 경우
(h_{top}, h_{middle}, h_{bottom})에 따른 생성된 이미지의 결과를 보여준다.

h_{top} $h_{\text{top}}, h_{\text{middle}}$ $h_{\text{top}}, h_{\text{middle}}, h_{\text{bottom}}$ Original

그림 9.23 VQ-VAE 모델이 재현한 이미지 (출처:Razavi et al., Generating Diverse High-Fidelity Images with VQ-VAE-2, NIPS, 2019)

9.2.4 생성적 대립 네트워크 (GAN: Generative Adversarial Networks)

GAN[10] 모델은 표준정규분포, $\mathcal{N}(0, I)$으로부터 표본추출(sampling)된 잠재변수 또는 노이즈를 입력
받은 생성자(generator)가 입력된 잠재변수의 특성을 지니는 결괏값을 생성하는 모델이다. 따라서
GAN 모델에는 다른 생성모델과 달리 목적함수에 사용할 명시적인 가능도 분포(explicit likelihood
distribution)가 없다. 명시적인 가능도 분포 없이 GAN 모델이 학습하는 방법은 생성자(generator)가 만
들어낸 결괏값을 판별자(discriminator)가 판별하는 '**진짜 real**' 또는 '**가짜 fake**'의 결과를 기준으로
학습을 한다. 이러한 이유로 GAN 모델은 암시적 가능도 분포(implicit likelihood distribution)로 학습한
다고 한다. 그림 9.24는 GAN 모델에서 처리되는 과정을 개념적으로 보여주고 있다.

---

[10] Goodfellow et al., Generative Adversarial Nets, NIPS, 2014

$$\min_{G} \max_{D} V(D, G) = \mathbb{E}_{x \sim p_{data}(x)}[log\, D(x)] + \mathbb{E}_{z \sim p_z(z)}\left[log\left(1 - D\big(G(z)\big)\right)\right]$$

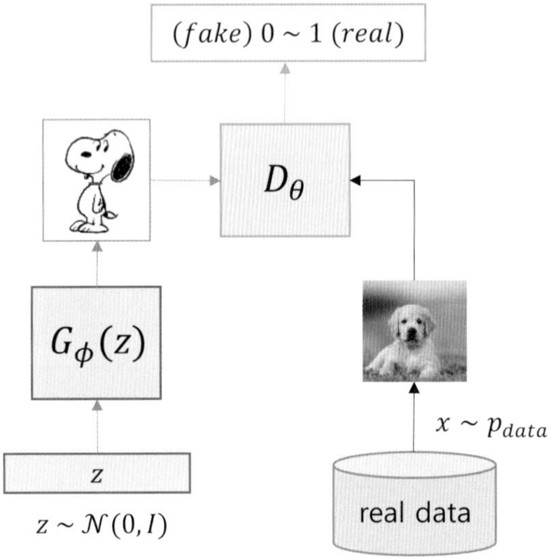

그림 9.24 GAN 모델 구조

그림 9.24에서 d의 크기를 가지는 잠재변수 벡터, $z \in R^d$의 각 요소는 표준정규분포, $\mathcal{N}(0, I)$ 으로부터 표본추출 되어 생성자 (G_ϕ)에 입력된다. 생성자는 학습변수 ϕ를 가지는 충분히 복잡한 함수로 일반적으로 신경망 모델을 사용한다. 한편으로는 실제 데이터셋에서 데이터를 표본 추출한다. 이렇게 표본 추출된 실제 데이터를 $x \sim p_{data}(x)$라고 표현한다. 생성자가 만들어 낸 가짜 데이터와 동시에 실제 데이터셋에서 추출된 실제 데이터는 판별자, D_θ에 입력되고 판별 자는 가짜와 진짜를 판별하는 의미로 0과 1 사이의 실숫값을 출력한다. 이때 판별자는 학습변수 θ를 가지는 충분히 복잡한 함수로 역시 신경망 모델을 사용한다.

만약 판별자가 입력된 데이터가 가짜라고 판단되면 0을 출력하고 진짜라고 판단되면 1을 출력 한다. 사실 조금 더 정확히 표현하면 판별자는 입력된 데이터의 가짜와 진짜의 신뢰도에 따라 0 과 1 사이의 실숫값으로 출력을 한다. 예를 들면 판별자의 출력값이 1에 가까울수록 더욱 높은 신뢰도로 진짜라고 판단하는 것이고 0에 가까울수록 가까운 정도만큼 높은 신뢰도로 가짜라고 판단하는 것이다.

$$\min_G \max_D V(D,G) = \mathbb{E}_{x \sim p_{data}(x)}[\log D(x)] + \mathbb{E}_{z \sim p_z(z)}\big[\log(1 - D(G(z)))\big] \quad (9.40)$$

식 (9.40)은 GAN 모델의 최종 목적함수다. 일반적으로 머신러닝에서는 목적함수를 최대화하거나 최소화하도록 학습을 하는데 GAN 모델에서는 목적함수, $V(D,G)$를 판별자 (D) 관점에서 최대화하고 생성자 (G) 관점에서는 최소화하는 **min max** 문제를 풀어야 한다.

그림 9.25는 이러한 **min max** 최적화 문제를 형상화한 것으로 흔히 '말 안장 모양의 최적화 ^{saddle} $^{point\ optimization}$' 문제라고 한다. 즉 GAN 모델은 말 안장 모양의 목적함수, $V(D,G)$에서 정점 $_{global\ optimum}$을 만족하는 D와 G를 찾는 것이다.

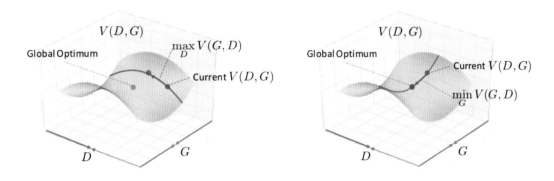

그림 9.25 GAN 모델의 목적함수 V(D, G)의 min max 문제

이때 $\mathbb{E}_{x \sim p_{data}(x)}[\log D(x)]$는 모든 실제 데이터에 대한 판별자의 로그 기댓값을 의미하며 $\mathbb{E}_{z \sim p_z(z)}\big[\log(1 - D(G(z)))\big]$는 생성자가 생성한 가짜 데이터 $G(z)$에 대한 판별자의 결과를 1에서 뺀 로그 기댓값을 의미한다. 여기서 로그 ^{log}를 사용한 이유는 계산의 편의성과 안정성을 위한 것으로 일반적으로 가능도 목적함수에 로그를 적용한다 (확률의 곱으로 표현된 가능도에 로그를 적용하면 덧셈이 되므로 안정정이다). GAN 모델의 목적함수, $V(D,G)$를 **min max** 방식으로 학습하는 절차는 다음과 같다.

- $\underset{D}{\text{maximize}} \ \mathbb{E}_{x \sim p_{data}(x)}[\log D(x)] + \mathbb{E}_{z \sim p_z(z)}[\log(1 - D(G(z)))]$

- $\underset{G}{\text{minimize}} \ \mathbb{E}_{z \sim p_z(z)}[\log(1 - D(G(z)))]$

먼저 판별자를 학습시키기 위해서 다음 목적함수를 최대화한다.

$$\mathbb{E}_{x \sim p_{data}(x)}[\log D(x)] + \mathbb{E}_{z \sim p_z(z)}[\log(1 - D(G(z)))]$$

판별자가 제대로 판별을 한다는 의미는 실제 데이터 x 가 판별자에 입력되면 판별자는 1에 가까운 실숫값을 예측해야 하고 가짜 데이터 $G(z)$ 가 판별자에 입력되면 판별자는 0에 가까운 실숫값을 예측해야 한다는 것이므로 위 목적함수를 최대화하도록 하는 것이 결국 판별자를 학습시키는 것이다. 신경망 모델을 사용하는 판별자를 학습시키는 방법은 역전파를 이용하는데 이때 경사상승법 gradient ascent 을 적용하여 판별자의 학습변수 θ 를 구한다. 이때 경사하강법 gradient descent 이 아닌 경사상승법을 적용하는 이유는 목적함수의 최댓값을 찾도록 최적화하기 때문이다.

판별자를 학습시키고 나면 바로 생성자를 학습시킨다. 판별자를 학습시키는 방법과 마찬가지로 생성자를 학습시키기 위해서는 생성자의 목적함수인 $\mathbb{E}_{z \sim p_z(z)}[\log(1 - D(G(z)))]$ 을 최소화한다. 이 목적함수를 최소화한다는 의미는 생성자가 만들어낸 가짜 데이터 $G(z)$ 를 판별자가 1 (real, 진짜 데이터) 에 가까운 실숫값을 예측하도록 목표하겠다는 뜻이다. 즉 생성자가 만들어낸 가짜 데이터를 판별자가 진짜 데이터로 잘못 판단할 정도로 생성자를 학습시키는 것이다. 생성자도 판별자와 마찬가지로 신경망 모델을 사용하고 있으므로 역전파를 통해 생성자의 학습변수 ϕ 를 찾는다. 이때 사용하는 최적화 기법은 경사하강법을 적용한다.

이론적으로는 GAN 모델 학습이 성공적으로 진행되면 가짜 데이터가 입력되거나 또는 진짜 데이터가 입력되는 두 경우 모두 판별자의 예측값은 0.5에 수렴해야 한다. 즉 판별자와 생성자가 대립적 adversarial 으로 동반 학습을 하면서 궁극적으로는 생성자가 만들어낸 가짜 데이터가 진짜처

럼 정교해진다는 의미다. 그러나 말 안장 모양을 하고 있는 GAN 모델의 목적함수 특성상 실무
적으로는 판별자의 예측값이 0.5가 되는 경우는 매우 드물다.

다음은 실제 데이터 $\{x^{(1)}, \cdots, x^{(m)}\}$와 표준정규분포에서 표본추출된 노이즈 $\{z^{(1)}, \cdots, z^{(m)}\}$를
입력 받아 생성자가 생성한 데이터셋 m개를 미니배치로 만들어 **min max** 를 구하는 과정을 보여
준다.

GAN minmax 알고리즘

---

for number of training iterations **do**
    for k steps **do**
- Sample minibatch of m noise samples $\{z^{(1)}, \ldots, z^{(m)}\}$ from noise prior $p_g(z)$.
- Sample minibatch of m examples $\{x^{(1)}, \ldots, x^{(m)}\}$ from data generating distribution $p_{\text{data}}(x)$.
- Update the discriminator by ascending its stochastic gradient:

$$\nabla_{\theta_d} \frac{1}{m} \sum_{i=1}^{m} \left[\log D\left(x^{(i)}\right) + \log\left(1 - D\left(G\left(z^{(i)}\right)\right)\right) \right].$$

end for
- Sample minibatch of m noise samples $\{z^{(1)}, \ldots, z^{(m)}\}$ from noise prior $p_g(z)$.
- Update the generator by descending its stochastic gradient:

$$\nabla_{\theta_g} \frac{1}{m} \sum_{i=1}^{m} \log\left(1 - D\left(G\left(z^{(i)}\right)\right)\right).$$

end for
The gradient-based updates can use any standard gradient-based learning rule. We used momentum in our experiments.

출처: Goodfellow et al., Generative Adversarial Nets, NIPS, 2014

여기서 'for number of training iterations do'는 전체 반복학습 구간을 의미하며
'for k steps do'는 판별자 학습 구간을 k번 만큼 정하여 생성자 보다 더 많은 학습을 시킨
다는 의미다. 즉 판별자가 제 역할을 수행해야 생성자의 학습속도를 향상시킬 수 있다는 판단에
서다. 이때 k는 사용자가 정의하는 하이퍼파라미터다. 여기서 표현한 판별자와 생성자의 학습변
수는 각각 $\theta = \theta_d$와 $\phi = \theta_g$다.

최초 GAN 모델에서는 생성자의 목적함수로 $[\log(1 - D(G(z)))]$를 사용하였는데 그림 9.26과 같이 $D(G(z))$가 0에 가까워질수록 기울기가 0에 수렴하기 때문에 경사법^{gradient method}을 사용할 때 학습속도가 매우 느린 단점이 있다. 이를 개선하기 위해 최근에 사용되는 생성자의 목적함수로 $-\log(D(G(z)))$를 사용하고 이를 최대화하도록 학습을 한다. 이렇게 되면 그림 9.26과 같이 초기에 $D(G(z))$가 0에 가까워지더라도 기울기가 크기 때문에 학습이 빠르다. 따라서 다음과 같이 치환된 생성자의 목적함수를 사용한다.

$$\underset{G}{\text{minimize}}\ \mathbb{E}_{z \sim p_z(z)}\big[\log(1 - D(G(z)))\big] \ \rightarrow \ \underset{G}{\text{maximize}}\ \mathbb{E}_{z \sim p_z(z)}\big[-\log(D(G(z)))\big]$$

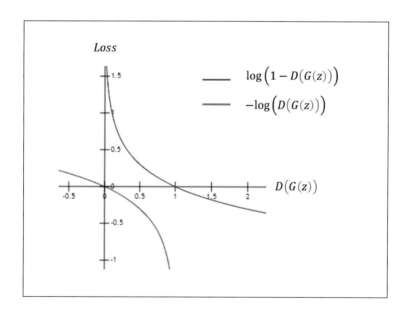

그림 9.26 GAN의 생성자 목적함수 비교

그림 9.27은 NVIDIA 연구팀에서 개발한 GAN 모델이 생성한 얼굴 이미지다. 그림에서 보듯이 이 모델이 만들어낸 합성 이미지는 가짜 이미지라고 보기에 힘들 정도로 정교하다. 또 하나 이

모델이 가지고 있는 놀라운 성능 중에 하나는 이미지 스타일 (예를 들면, 성별, 머리 스타일, 인종, 나이, 안경 착용 등)과 잠재변수 간의 연관성을 특정할 수 있고 나아가서 잠재변수의 조절을 통해 생성된 이미지의 스타일을 변화시킬 수 있다. 그림 9.27은 스타일 스케일 ^{style scale} ψ가 변할 때 생성되는 얼굴 이미지가 바뀌는 것을 보여주고 있다. 여기서 흥미로운 것은 ψ의 부호가 반대인 경우 생성된 이미지도 성별, 연령, 머리 길이, 안경 착용 유무, 얼굴 각도 등의 스타일에서도 반대가 된다는 사실이다. 예를 들면 그림 9.27 아래 사진에서 $\psi = 1$인 경우의 생성 이미지는 남자, 안경 착용, 오른쪽 각도, 짧은 머리의 얼굴인데, $\psi = -1$인 경우에 생성된 이미지는 여자, 안경 미착용, 왼쪽 각도, 긴 머리의 얼굴이다. 그리고 $\psi = 0$인 경우는 학습된 모든 데이터를 기준으로 가장 평균적인 값을 가지는 얼굴이라고 볼 수 있다.

그림 9.27 GAN 모델이 생성한 가상 이미지 (출처: Karras et al., A Style-Based Generator Architecture for Generative Adversarial Networks, 2019)

9.2.5 가짜와의 전쟁: DeepFake

미디어 장치에 저장되어 있는 여러 형태의 이미지를 자유자재로 조작하는 기술은 다양한 분야에서 늘 필요로 하는 중요한 능력이 아닐까 한다. 특히 영화, TV, 게임, 광고 등 미디어 산업에서는 더욱더 필요한 핵심 기술이며 다른 경쟁업체와 차별화할 수 있는 역량이라고 볼 수 있다. 최근 급격하게 발전되고 있는 IT기술 특히 컴퓨터 비전 ^{Computer Vision}이나 컴퓨터 그래픽스 ^{Computer}

Graphics 기술은 이러한 디지털 이미지의 복잡한 합성이나 상상의 세계를 현실처럼 표현하는 요구를 큰 어려움 없이 충족시켜주고 있다. 가상현실 Virtual Reality 이라는 컴퓨터 그래픽스 기술은 그야말로 진짜 같은 가짜를 만들어주는 기술이다. 이와 같이 상상의 세계를 현실처럼 보여주는 컴퓨터 그래픽 기술 덕분에 과거에는 엄두도 내지 못했던 시나리오를 영화로 만들어 우리에게 즐거움을 주기도 하고 무한한 상상의 세계를 경험할 수 있게 해준다. 이렇게 진짜 같은 가짜의 디지털 이미지는 고도로 훈련된 컴퓨터 그래픽스 전문가가 몇일 몇주 몇달 동안 작업 끝에 탄생된다.

최근에는 딥러닝 모델과 같은 인공지능 기술이 급속히 발전되면서 컴퓨터 그래픽스 전문가가 아닌 컴퓨터 알고리즘이 가상현실 특히 가상 인물을 생성하는 사례가 매우 빈번해지고 또한 점점 정교해지고 있다. 이처럼 딥러닝 기술을 이용한 가상의 인물을 생성하는 것을 총칭하여 딥 페이크 DeepFake[11] 라고 한다. 딥deep 이라는 말은 딥뉴럴넷DNN: Deep Neural Network 또는 딥러닝 DL: Deep Learning[12] 과 연관된 단어로 일반적으로 인공신경망 모델을 의미할 때 사용한다.

인공신경망 기반의 생성모델인 VAE Variational AutoEncoder 와 GAN Generative Adversarial Networks 이 대표적으로 딥 페이크를 만들어 내는 주요 알고리즘으로 사용되고 있다. 특히 GAN 모델은 이미지의 해상도와 스타일 스케일 변화를 통한 이미지 제어가 우수하기 때문에 딥 페이크 생성모델로 많이 사용된다. 최근 이러한 이미지 생성모델과 트랜스포머Transformer 라는 언어모델이 개량된 다양한 언어모델 (GPT-3, BERT 등) 그리고 음성 합성을 하는 WaveNet[13] 이라는 알고리즘이 결합되어 다량의 가짜 뉴스disinformation 들이 쏟아져 나오고 있다.

아마존 웹서비스 AWS, 페이스북 Facebook 그리고 마이크로소프트 Microsoft 사는 최근에 공동으로 딥 페이크 탐지 대회DFDC: DeepFake Detection Challenge 를 위한 케글[14] 프로젝트를 만들어 딥 페이크

---

[11] "DeepFake"라는 용어 사용은 소셜 뉴스 웹사이트인 Reddit 사용자가 설정한 ID 명에서 처음 시작되었다
[12] 인공신경망에서 신경층을 여러 개 쌓은 모델을 딥뉴럴넷이라고 하고 이러한 모델로 학습을 시키는 방식을 딥러닝이라고 한다
[13] 구글 딥마인드가 개발한 text-to-speech 알고리즘. 텍스트를 입력하면 사람과 거의 유사한 목조리를 생성해 낸다
[14] 2010년 설립된 예측모델 및 분석 대회 플랫폼으로 기업 및 단체에서 데이터와 해결과제를 등록하면, 데이터 과학자들이 이를 해결하는 모델을 개발하고 경쟁한다 (출처: 위키피디아)

확산 방지를 위해 노력하고 있다. 일반적으로 딥 페이크 탐지는 두가지 관점의 영역이 있는데 첫
번째는 새롭게 생성된 이미지를 탐지하는 영역이다. 그림 9.28과 같이 생성모델이 만든 이미지
중에서 결점이 있는 이미지를 보여주고 있다. 최근에 개발된 VAE나 GAN과 같은 생성모델은
사람의 개입없이 잠재변수를 기반으로 실숫값을 계산하여 이미지를 생성하는 컴퓨터 알고리즘이
기 때문에 비 현실적인 결괏값이 나올 수 있다. 예를 들면 생성된 이미지 안에 물방울 무늬가 있
다거나 배경에 비정상적인 형태가 있는 경우다. 그리고 생성모델이 학습을 할 때 이미지 안에 있
는 안경이나 눈썹 등과 같은 객체의 대칭성 개념이 목적함수에 포함되어 있지 않기 때문에 대칭
적인 객체를 생성하기 어렵다. 특히 머리카락의 경우에는 전체적인 형상은 매우 사실감 있게 생
성을 하나 머리카락의 끝이 머리 두피와 연결되지 않고 허공에 떠있는 경우가 자주 발생된다.

그림 9.28 GAN 모델이 생성한 결점이 있는 이미지.

딥 페이크 탐지에서 두번째 영역은 페이스 스왑face swap이다. 페이스 스왑은 실존하는 인물의 얼

굴을 바꾸는 경우가 많아 사회적인 이슈가 된다. 딥 페이크가 딥러닝의 부정적인 역기능으로 언급되고 있기 때문에 페이스 스왑이 좁은 의미로 딥 페이크라고 정의하는 경우가 많다. 그림 9.29는 DeepFakeLab이라는 프로그램으로 페이스 스왑을 한 예를 보여준다. 그림 9.29에서 타겟 이미지에 얼굴만을 분할segmentation하여 소스 이미지의 얼굴을 대체한 결과다. 이때 타겟 이미지와 소스 이미지는 모두 실제 데이터이고 페이스 스왑된 결과 이미지는 생성된 합성 이미지다.

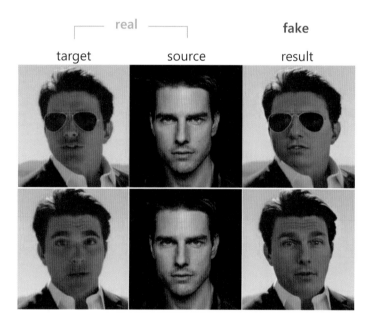

그림 9.29 DeepFake의 페이스 스왑 예시 (출처: Perov et al., DeepFaceLab: A simple, flexible and extensible face swapping framework, 2020)

페이스 스왑을 구현하는 알고리즘의 기본적인 개념은 다음과 같다.

- 얼굴 이미지 A와 이미지 B를 준비한다 (그림 9.30)

- 각 이미지를 오토인코더 신경망 모델을 이용하여 비지도학습을 진행한다: 이것은 각 이미지의 함축된 특성인 잠재변수를 만드는 학습과정이다 (그림 9.30)

● 이미지 A로 학습한 오토인코더와 이미지 B로 학습한 오토인코더에는 각각 이미지의 특성을 압축한 잠재변수 ^{latent}가 생성된다 (그림 9.30)

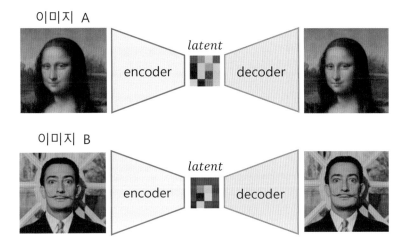

그림 9.30 이미지 A와 이미지 B를 오토인코더 모델을 통한 비지도학습

● (만약 이미지 A의 얼굴을 이미지 B로 바꾼다고 한다면) 이미지 A의 얼굴 영역을 추출 ^{detection}하고 분할 ^{segmentation}한다 (그림 9.31)

● 분할된 이미지 A의 얼굴을 이미지 A를 학습했던 오토인코더에 입력하여 잠재변수를 생성한다 (그림 9.31)

● 이미지 A의 얼굴만 분할하여 인코딩된 잠재변수를 이미지 B를 학습했던 오토인코더에 잠재변수로 대체하여 디코더로 입력한다. 이렇게 이미지를 만들면 이미지 A의 얼굴의 특성을 지니면서 전체적으로는 이미지 B의 얼굴이 생성된다 (그림 9.31)

● 이미지 B의 디코더가 생성한 얼굴을 이미지 A의 얼굴부위에 대체$^{face\ swap}$하고 나서 이미지 B의 얼굴이 이미지 A에 잘 혼합되도록 조정한다. 즉 경계 픽셀이 서로 어울리도록 잘 섞고^{blending} 경계를 선명하게 ^{sharpening} 한다 (그림 9.32)

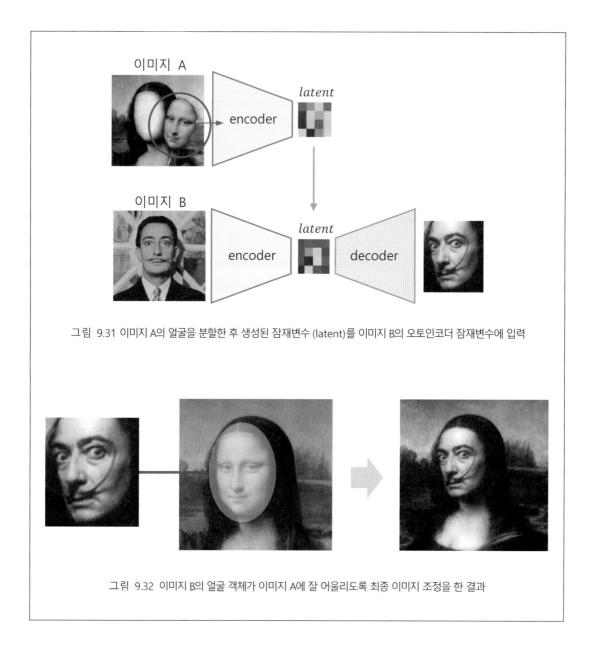

그림 9.31 이미지 A의 얼굴을 분할한 후 생성된 잠재변수 (latent)를 이미지 B의 오토인코더 잠재변수에 입력

그림 9.32 이미지 B의 얼굴 객체가 이미지 A에 잘 어울리도록 최종 이미지 조정을 한 결과

최근에는 이러한 기본적인 페이스 스왑 알고리즘에 GAN의 판별자^{discriminator}와 같은 신경망을 보강하여 보다 현실적인 이미지 생성 결과들을 보여주고 있다.

10

AGI로 가는 길

10.1 특이점 Singularity

10.1.1 선형 대 지수 (Linear vs. Exponential)

인류는 지구상에 존재하는 모든 생명체 중에서 가장 지능이 높은 종족이라고 알려져 있다. 그러나 인류의 지능은 그동안 진화해 온 지난 수백만 년 전과 비교해서 그렇게 현저하게 발달된 것은 아니다. 물론 지금 인류의 지능은 인류학이나 유전학적으로 우리의 조상이라고 얘기하고 있는 호모 사피엔스[Homo Sapiens]보다는 당연히 높지만 진화된 기간을 고려하면 그렇게 큰 변화가 있다고는 볼 수 없다. 이때 지능은 기본 능력치를 비교하는 것이므로 지식과 경험은 배제한 것을 말한다. 이러한 추론의 근거는 지능은 뇌의 표면적과 어느정도 비례관계가 있다는 신경과학의 이론과 인류의 조상이라고 하는 약 30만년전 호모 사피엔스의 뇌의 용적과 현대인의 뇌의 용적은 거의 동일하다는 것에 바탕을 둔다[1].

영국의 수학자 앨런 튜링[Alan Turing]이 1936년 『On Computable Numbers, with an Application to the Entscheidungsproblem』 이라는 논문에서 튜링 머신[Turing Machine]이라는 컴퓨터 개념을 최초로 제안하고 난 후 진공관으로 시작된 컴퓨터가 지금 수준의 컴퓨터로 발전되어 온 것은 불과 100년이 채 되지 않는다. 집적회로[IC: Integrated Circuit][2]의 발명과 이를 초집적한 마이크로프로세서[microprocessor]의 탄생으로 시작된 현대의 컴퓨터는 무어의 법칙[Moore's law][3]을 넘어 이젠 양자 컴퓨터[4]의 시대가 열리면서 그 성능은 하루가 다르게 지수급으로 진화되고 있다.

---

[1] 호모 사피엔스의 뇌의 용적은 약 1,300 cc ~ 1,450 cc로 추정되며 현대인의 평균적인 뇌의 용적은 약 1,350cc 다

[2] 1958년 집적회로를 발명한 텍사스 인스트루먼트(Texas Instrument) 사 연구원 잭 킬비(Jack Kilby)는 이에 대한 공로로 2000년에 노벨 물리학상을 수상한다

[3] 인텔의 공동 설립자인 고든 무어(Gordon Moore)가 제안한 것으로 컴퓨터의 처리 속도가 18개월마다 2배로 빨라진다는 법칙

[4] 이진수로 계산되는 전통적인 컴퓨터 계산 방식과 달리, 0과 1 사이의 임의의 수를 계산하면서 중첩 등과 같은 양자의 성질을 이용해 기존 방식보다 몇천배 빠른 컴퓨터

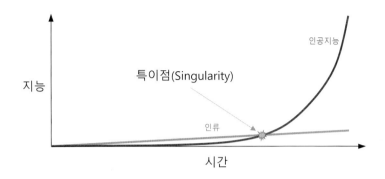

그림 10.1 특이점: 인공지능이 사람의 지능을 앞서는 시점

인류 지능의 진화 속도는 매우 완만한 선형식^{linear}이라면 컴퓨터 하드웨어와 알고리즘의 진화 속도는 지수급^{exponential}이라 할 수 있다. 그리고 인터넷으로 연결되어 있는 전세계의 정보망은 마치 지구상의 모든 사람들의 뇌가 연결되어 있는 것처럼 다양한 사람들의 생각이 실시간으로 공유될 수 있게 해준다. 예를 들면 **arXiv.org** 라는 논문 데이터베이스 웹사이트는 불과 몇일전에 발표된 논문을 열람할 수 있게 해주어 현재 진행중인 전세계 연구현황을 파악할 수 있어 이를 통해 중복연구를 방지하고 부족한 부분을 해결하는 발전적인 연구를 가능하게 한다. 그리고 **github**이라는 인터넷 플랫폼은 그야 말로 각양각색의 아이디어로 개발된 프로그램 소스 코드를 서로 공유하게 하여 여기에 추가적인 새로운 아이디어가 결합되면서 자연스럽게 돌연변이와 같은 새로운 프로그램이 탄생되는 유전적 진화 환경을 제공한다.

거의 수평적 기울기를 가지는 직선식 모양의 인류의 지능 발달 추세선과 인공지능의 지수급 발달 곡선은 언젠가는 서로 교차할 것인데 그 시점이 21세기 내에 이루어지리라고 많은 사람들이 예측하고 있다. 인공지능 커뮤니티에서는 그 시점을 특이점^{singularity}이라고 부르며, 특이점은 컴퓨터의 지능이 사람의 지능을 앞서기 시작하는 시점이라고 정의한다.

특이점에 대한 예견은 사실 오래전부터 논의가 되었다. 1965년 영국의 수학자 어빙 존 굿 ^{Irving John Good}은 그의 논문 『첫번째 초지능 컴퓨터에 관한 추측 Speculations Concerning the First Ultraintelligent Machine』에서 초지능 컴퓨터^{Ultraintelligent Machines}의 등장이 야기하는 상황을 추

측하고 있다. 그는 논문에서 사람보다 모든 지적활동능력 (예를 들면 체스를 두거나 퀴즈 풀이를 하는 등의 활동)이 앞서는 초지능 컴퓨터가 존재한다는 가정에서 그의 추측을 전개한다. 이러한 가정에서 초지능 컴퓨터는 컴퓨터 설계 능력도 사람보다 월등할 것이기 때문에 스스로 보다 나은 컴퓨터를 지속적으로 만들어 낸다면 결국 "지능의 폭발 Intelligence Explosion"이 일어날 것이며 이로 인해 컴퓨터의 지능이 사람의 지능을 앞서는 상태가 될 것이라고 추측하고 있다. 지능의 폭발 시점이 바로 특이점이 되는 것이다. 그러므로 그는 첫번째 초지능 컴퓨터의 발명은 인류의 마지막 발명품 last invention이 될 것이라고 말하고 있다.

2. Ultraintelligent Machines and Their Value

Let an ultraintelligent machine be defined as a machine that can far surpass all the intellectual activities of any man however clever. Since the design of machines is one of these intellectual activities, an ultra-intelligent machine could design even better machines; there would then unquestionably be an "intelligence explosion," and the intelligence of man would be left far behind (see for example refs. [22], [34], [44]). Thus the first ultraintelligent machine is the *last* invention that man need ever make, provided that the machine is docile enough to tell us how to keep it under control. It is curious that this point is made so seldom outside of science fiction. It is sometimes worthwhile to take science fiction seriously.

그림 10.2 어빙 존 굿의 초지능 컴퓨터의 등장에 관련된 논문 일부 (출처: The Last Invention: Irving John Good, Speculations Concerning the First Ultraintelligent Machine, Advanced in Computers, 1965)

10.1.2 일반 인공지능 (AGI: Artificial General Intelligence)

정보의 저장 능력과 연산 능력에서는 이미 오래전부터 컴퓨터가 사람보다 앞서 나갔고 질문의 의도를 파악하여 정답을 제시하는 질의 응답 Question & Answer 분야에서도 이미 이 사실은 검증되었다. 2011년 IBM 왓슨 Watson 이 미국 퀴즈 쇼 프로그램인 제퍼디! Jeopardy!에서 그 당시까지 최고의 실력을 가진 두명의 인간 경쟁자를 물리치고 우승을 차지했다. 체스와 바둑과 같은 고도의 두뇌 경기에서도 이미 알파제로AlphaZero 라는 인공지능이 사람을 앞지르기 시작했고 최근에는 실시간 전략 게임에서도 알파스타AlphaStar 인공지능 프로그램이 99.8%의 승률로 프로 게이머gamer 를 제압했다. 자동차 운전에서도 사람 수준의 인공지능 자율주행차가 시범운행 중이고 GPT-3Generative Pre-trained Transformer-3 라는 트랜스포머Transformer 알고리즘 기반의 언어모델은 전문가 수준의 번역실력을 보여주고 있고 SQuADStanford Question Answering Dataset 형태의 테스트에서도 사람의 평균적인 수준을 넘어서고 있다. 이미지 분석 분야 중 이미지 분류에서는 오차율이 2 % 초반까지 정확해지면서 사람의 평균적인 오차율인 5%를 앞지르고 있다.

그림 10.3 알파스타 AlphaStar: 구글 딥마인드가 개발한 StarCraft 2 인공지능 프로그램

이처럼 특정한 분야의 과업을 수행하는 인공지능을 약한 인공지능weak intelligence 또는 좁은 인공지능ANI: Artificial Narrow Intelligence 이라고 한다. 현재의 인공지능 수준은 ANI 를 구현하는 정도이지만 사람의 능력을 앞서 나가는 분야가 하나 둘 씩 늘어나고 있는 추세다. 결국 ANI 의 수평적인 확산은 기술문제 보다는 시간문제가 될 것으로 보인다. 최근 딥러닝의 다양한 기술들이 서로 융복합되고 변형되면서 발전하고 있으며 여기에 새로운 아이디어가 더해져서 인공지능은 더욱 정확하게 주어진 과업을 수행할 뿐만 아니라 그 적용 분야도 매우 빠르게 확대될 것이라 예상하고 있다.

다양한 분야에서 성공적인 ANI 구현을 통해 인공지능 커뮤니티는 더욱 강력한 인공지능의 구현 가능성에 대해 어느정도 자신감이 붙은 것처럼 보인다. 이러한 여세에 따라 글로벌 IT 기업과 학계를 중심으로 서서히 강한 인공지능Strong Intelligence 또는 일반 인공지능AGI: Artificial General Intelligence의 연구가 서서히 시작되고 있다. 글로벌 IT 업계에서는 구글의 딥마인드와 오픈AI OpenAI 가 가장 활발한 연구를 하고 있고 학계에서는 이론적인 연구에 치중하고 있는 상황이다. 각 국가별 국공립 연구소는 보안상 비밀 프로젝트stealth project 형태로 AGI 연구를 진행하고 있는 지는 모르나 뚜렷하게 공개된 연구결과는 아직까지 보이지 않는다.

AGI는 사람과 모든 면에서 동등한 지적 능력을 가지는 인공지능을 말한다. 오래전에 어빙 존 굿 이 그의 논문에서 얘기한 것처럼 AGI의 완성은 곧 초 인공지능ASI: Artificial Super Intelligence의 등장을 의 미한다. 많은 인공지능 전문가들은 만약 AGI가 구현된다면 ASI의 등장은 순식간에 이루어질 것이라고 예측하고 있다. 왜냐하면 컴퓨터의 시간 단위는 우리가 경험하는 물리적인 시간 단위 와 다르기 때문이다. 우리는 이미 이러한 상황을 알파고라는 인공지능 바둑 프로그램을 목격하 면서 경험했다. 알파고는 컴퓨터라는 가상환경 속에서 단 6개월동안 몇백년 이상에 해당되는 바 둑 수련을 할 수 있었고 결국 20~30년 이상 바둑을 연구했던 세계 챔피언들을 꺾을 수 있었다.

그러나 모든 사람들이 AGI의 실현 가능성에 대해 긍정적인 입장은 아니다. 첫번째는 우선 AGI 의 목표인 사람의 지능에 대한 정확한 이해가 아직까지 부족하다는 것이고 두번째는 AGI를 구 현하기 위해 선제적으로 해결해야할 기술적인 문제들이 너무 많다는 것이다. 예를 들면 IBM 왓 슨이 이미지 분류를 할 수 없고 알파제로가 기계번역을 할 수 없으며 GPT-3가 자율주행에 사 용될 수 없다. 즉 각각의 독립된 과업에 대해 훈련된 알고리즘을 어떻게 하나의 알고리즘meta algorithm으로 통합하느냐가 가장 풀기 어려운 문제다. 페이스북의 한 인공지능 연구원은 AGI는 허상에 불과하고 컴퓨터가 인간을 앞지르는 일은 영원히 없을 것이다라고 말하고 있다.

진정한 의미의 AGI로 한 번에 도달하기는 불가능 하다. AGI 연구원들은 AGI의 목표는 구체적이 고 실현 가능한 수준으로 하되 단계별로 확장하는 방식으로 연구를 진행하고 있다. 예를 들면 범 용general purpose 인공지능 시스템을 구현해 보는 것인데 이것은 여러가지 과업을 동시에 수행할 수 있는 단일 컴퓨터 시스템을 말한다. 최근 이러한 단일 시스템을 구축하기 위해 선행되어야 할 기술적인 문제들을 먼저 정의하고 이러한 것들을 우선 해결하려는 연구들이 진행되고 있다. 다음은 AGI를 목표로 지금까지 시도된 다양한 연구들을 보여주고 있다.

- 메타학습/학습을 위한 학습 (Meta Learning/Learning to Learn): 메타학습은 여러가지 관점에서 정의되고 있는데 그중 메타학습은 **'학습을 위한 학습**^{learning to learn}**'**이라고 이해하는 것이 가장 명확할 것이다. 조금 더 보완적으로 설명한다면 메타학습은 **'어떻게 학습을 하는 지를 학습**^{learning how to learn}**하는 것'**이라고 보면 좋다. 한가지 과업을 수행하도록 학습하는 것을 기본학습^{base learning}, 낮은 단계 학습^{lower learning}, 내측학습^{inner learning}이라고 한다면 여러 개의 개별적인 과업을 수행할 수 있도록 학습하는 기본학습 모델들이 각각 어떻게 학습하는지를 학습하는 방식을 메타학습^{meta learning}, 높은 단계 학습^{upper learning}, 외측학습^{outer learning}이라고 정의할 수 있다. 즉 메타학습은 가장 바깥쪽의 학습 루프에서 안쪽에 있는 여러 개의 기본학습 모델들을 한 단계 위의 관점에서 어떻게 학습이 이루어지는지를 학습한다. 이렇게 개별적인 기본학습 모델들이 학습하는 방식을 한 단계 위의 관점에서 모두 관찰하고 학습하게 되면 유사한 과업이나 전혀 새로운 과업에 대해 더욱 빠르게 학습할 수 있게 된다. 아직까지는 메타학습의 연구 수준은 초기 단계이며 AGI로 연결시켜 주는 확실한 기술로 평가받지는 못한 상태다. 그러나 현재까지 메타학습이 만들어낸 성과 중에서 퓨샷 학습^{few shot learning}나 NAS^{Neural Architecture Search} 알고리즘은 매우 주목할 만한 결과물로 인정받고 있다. 퓨샷 학습은 단 몇 장의 학습 이미지로만 학습을 해도 테스트 이미지를 정확하게 분류할 수 있는 알고리즘이고 NAS는 사람의 개입이 최소한으로 이루어진 상태에서 스스로 이미지 분류나 기계번역의 과업을 수행하는 최적의 신경망 구조를 찾아내는 알고리즘이다.

- 전이학습 (Transfer Learning): 전이학습이란 인공지능이 어떤 한 분야에서 특정 과업을 수행하도록 학습하고 나서 다른 분야의 다른 과업을 수행하도록 학습을 할 때 앞 단계 학습에서 습득한 경험과 지식을 전이 ^{transfer} 하여 보다 빠르고 정확하게 학습하게 하는 것을 말한다. 예를 들면 체스를 학습한 인공지능이 체스에서 배운 지식과 경험을 바둑을 배울 때에

도 적용하는 것이다. 또 다른 예로는 동물 이미지를 분류하도록 학습한 CNN 모델이 있다면 이때 축적된 학습 변수의 가중치들을 고스란히 식물 이미지를 분류하도록 학습을 할 때에도 적용하는 것이다. 일반적으로 이렇게 인공지능 모델이 전이학습을 하게 되면 학습 속도가 빨라지고 학습 후 모델의 예측 정확도가 향상된다. 전이학습을 메타학습의 영역에 포함하는 경우도 있고 메타학습과 유사하나 별도의 학습 분야로 정의하는 경우도 있는데 메타학습을 어떻게 정의하는 지에 따라 달라진다.

- **도메인 적응 (Domain Adaptation):** 도메인 적응은 레이블된 데이터가 풍부한 원천 데이터셋 (또는 소스 도메인 source domain)을 기반으로 레이블이 없는 목표 데이터 (또는 타겟 도메인 target domain)의 레이블을 예측하도록 학습하는 것을 말한다. 예를 들면 레이블이 되어 있고 학습이 용이한 MNIST 데이터셋을 소스 도메인으로 하고 집주소를 표시하는 숫자 이미지 SVHN[5]을 목표 도메인으로 하여 SVHN 이미지의 숫자를 분류하는 과업을 학습할 때 사용된다. 도메인 적응도 전이학습과 마찬가지로 메타학습을 정의하는 기준에 따라 메타학습의 영역에 포함할 수도 있고 그렇지 않을 때도 있다.

- **상식과 추론 (Common Sense & Reasoning):** 현재 인공지능 분야에서 가장 구현에 어려움을 겪고 있는 분야가 바로 상식과 추론일 것이다. 사람은 다양한 경험을 통해 원인과 결과를 이해하고 그것에 공통적으로 적용되는 이치를 터득한다. 우리는 이러한 공통적인 이치 또는 상식을 어떤 과업을 수행할 때 그 과업이 서로 성격이 다르더라도 성공적으로 적용할 수 있음을 안다. 예를 들면 **'불** fire **은 열을 낸다'**라는 상식을 음식을 조리할 때 적용하기도 하고 증기기관의 증기를 만드는데도 적용한다. 이러한 상식을 과연 인공지능이 체득하여 서로 다른 다양한 과업을 수행하는데 적용할 수 있을까? 인공지능에 상식을 구현하는 것이 AGI 로 가는 길에 매우 중요한 숙제라 할 수 있다. 그리고 추론은 경험과 지식 그리고 관측된 사실을 기반으로 가설을 세우거나 논리적 결론을 도출하는 것을 말한다. 예를 들면 논리

---

[5] SVHN (Street View House Number)은 머신러닝 이미지 분석에 활용되도록 만든 실제 숫자 이미지 데이터셋으로 구글 스트리트 뷰 이미지에서 가정집이나 빌딩의 주소로 부착된 다양한 패턴의 숫자를 이미지로 추출하여 만들었다.

적 공리 ^{logical axiom} 기반의 연역법 ^{deduction} 과 통계적 공리 ^{probability axiom} 기반의 귀납법 ^{induction} 이 대표적인 추론법이다. 이러한 추론 능력을 학습을 통해 인공지능으로 구현하고자 하는 연구가 진행되고 있는데 현재 수준은 매우 초보적인 단계라 할 수 있다.

- **비지도학습 또는 자기지도학습 (Unsupervised Learning, Self-Supervised Learning)**: 자기지도학습은 레이블이 없는 데이터를 가지고 학습모델이 스스로 레이블을 생성하여 지도학습을 하는 방법을 말한다. 자기지도학습은 일반적으로 사전학습 ^{pre-train} 과정에서 많이 활용되고 있다. 사전학습 모델 중 비지도학습 방식으로 하는 학습하는 모델이 있는데 대표적인 모델이 오토인코더 ^{AutoEncoder} 다. 오토인코더는 비지도학습 기반의 사전학습을 통해 입력 데이터를 가장 잘 대표할 수 있는 함축된 특성인 잠재변수를 생성하기 때문에 잠재변수를 축소된 특성값으로 사용하는 차원 축소 ^{dimensionality reduction} 분야에 사용된다. 그리고 사전학습된 오토인코더에서 인코더 부분을 떼어내어 레이블이 있는 학습 데이터로 미세조정 ^{fine tuning} 하는 지도학습 모델로 사용하기도 한다. 오토인코더는 전형적인 비지도학습 모델로서 레이블을 참조하지 않고 입력된 데이터와 복원된 데이터 간의 유사성 비교를 통한 학습을 하기 때문에 스스로 레이블을 생성하지 않는다. 반면에 자기지도학습은 레이블이 없는 데이터를 입력 받아 스스로 레이블을 만들어 학습을 한다. 예를 들면 언어모델인 GPT ^{Generative Pre-trained Transformer} 모델이 여기에 해당한다. GPT 모델명에 있는 **'Pre-trained'**이라는 말뜻처럼 GPT 모델은 레이블이 없는 텍스트 데이터를 입력 받아 임의의 단어를 마스킹 ^{masking} 하여 마스킹된 단어를 예측하거나 다음 문장 전체를 예측하는 사전학습을 한다. 이때 마스킹된 단어나 다음 문장이 바로 학습모델 자기 스스로 만들어낸 레이블이라고 할 수 있고 레이블을 맞추도록 학습하기 때문에 지도학습이 된다.

- **셀프 플레이 (Self Play)**: GAN 모델은 진짜 ^{real} 같은 가짜 ^{fake} 결과물을 생성하는 생성자 ^{generator} 를 학습시키기 위해 판별자 ^{discriminator} 를 도입하여 생성자와 판별자가 서로 대립 ^{adversarial} 하면서 학습을 진행한다. 이처럼 GAN은 명시적인 가능도 분포 ^{Explicit Likelihood Distribution} 없이 학습이 진행되기 때문에 암시적인 가능도 분포 ^{Implicit Likelihood Distribution} 기

반의 학습 모델이라고 한다. GAN모델은 다른 과업을 학습하는 생성자와 판별자라는 구조가 단일 신경망 내에 구축되어 서로 대립적인 방식으로 학습을 한다. 이에 반해 셀프 플레이는 하나의 알고리즘이 동일한 임무를 수행하도록 학습을 하는데 시간단계마다 역할을 바꾸어 가며 자기자신과 경쟁 competitive 하는 방식으로 학습을 한다. 셀프 플레이 방식의 학습은 특히 강화학습 분야에서 경쟁적인 강화학습 competitive reinforcement learning 이라는 주제로 활발히 적용되고 있다.

10.2 AGI를 향한 도전

10.2.1 메타학습 (Meta Learning/Learning to Learn)

사람은 기린을 판별하기 위해 몇 백장의 기린 사진을 가지고 학습하지 않는다. 대신 기린을 식별해 내기 위해서 사람한테 필요한 학습 데이터는 단 몇 장의 기린 사진이면 충분하다. 메타학습의 최초 동기는 이처럼 머신러닝 알고리즘도 사람과 같이 적은 수의 데이터로 빠른 시간에 학습할 수 있는 방법을 찾고자 시작되었다.

메타학습은 1980년대 말[6] ~ 1990년대 초[7]에 기본적인 아이디어 제안 수준에서 초기 연구가 시작되었고 1990년대 말에는 매우 구체적인 이론적 정의가 발표[8]되었다. 최근에는 이미 다양한 분야에서 눈부신 성과를 보여주면서 그 잠재력을 입증한 딥러닝 기술을 활용하면서 메타학습 연구들이 더욱 탄력을 받고 있는 모습이다. 이러한 상황에서 메타학습이 의미 있는 결과들을 만들어 내면서 'AGI로 가는 길'에 중요한 역할을 할 것이라는 기대감이 커지고 있다. 본 장에서는 지금까지 발표된 여러가지 메타학습 방법들을 다양한 관점에서 소개함으로써 메타학습의 발전 방향성에 대한 이해를 돕고자 한다.

---

[6] Jürgen Schmidhuber, Evolutionary Principles in Self-Referential Learning, Thesis, 1987

[7] Bengio et al., Learning a synaptic learning rule, IJCNN, 1991

[8] Sebastian Thrun. Lifelong Learning Algorithms. In Learning to learn, pages 181–209. Springer, 1998.

그림 10.4 메타학습의 동기: 사람처럼 적은 데이터로 학습을 할 수 있는 방법 개발

전이학습 Transfer Learning 과 다중과업 학습 Multi Task Learning을 메타학습 범위에 포함시키는 경우도 있는데 여기에서는 메타학습의 정의를 '새로운 과업을 쉽고 빠르게 수행하는 방법을 학습하는 것'이라 보고 전이학습과 다중과업 학습은 메타학습 범위에서 제외하기로 한다. 그러나 전이학습 과 다중과업 학습은 메타학습과 유사한 학습 모델이므로 그 개념을 이해할 필요가 있어 간략하 게 살펴보기로 한다. 그림 10.5는 다중과업 학습과 메타학습을 비교한 예를 보여준다. 다중과업 학습은 여러 개의 과업을 동시에 학습하면서 각각의 과업을 수행하는데 빠르게 학습하는 방법이 고 메타 학습은 여러 개의 과업을 동시에 학습하는 동안 각각의 학습 방법을 공유하여 새로운 과업을 수행하는 방법을 배우게 된다.

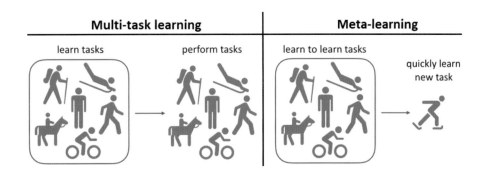

그림 10.5 다중과업 학습과 메타학습 비교 (출처: Huisman et al., A Survey of Deep Meta-Learning, 2020)

최근까지 발표된 메타학습에 관련된 다양한 연구들을 종합적으로 정리하고 분석한 서베이 survey[9] 논문들은 메타학습의 현황과 여러가지 기술적인 이슈 등의 정보를 매우 유용하게 공유해 주고 있다. 이러한 서베이 논문은 메타학습 분야에 있어 향후 연구방향 설정에 중요한 정보를 주고 있는데, 몇 가지 현황분석 논문에 따르면 최근 메타학습은 다음과 같은 분류 taxonomy 기준으로 연구가 진행되고 있다고 기술하고 있다.

---

① 적용되는 학습 분야: 지도학습, 강화학습

② 최적화 기법: 경사하강법, 강화학습 기법, 유전적 진화론 기법

③ 학습 방식: 측정값 기반 metric-based 학습, 모델 기반 model-based 학습,
　　　　　최적화 기반 optimization-based 학습

다음은 메타학습이 주로 적용되는 학습 분야인 지도학습과 강화학습에서 어떻게 메타학습이 구현되는지를 설명하고 있다.

[① 학습분야-지도학습]

지도학습에서 일반 기본학습 Base Learning 은 다음과 같이 표현할 수 있다.

$$\theta = \underset{\theta}{\operatorname{argmin}} \, \mathcal{L}(D, f_\theta(D)) \tag{10.1}$$

여기서 $D = \{(x_1, y_1), (x_2, y_2), \cdots, (x_m, y_m)\}$는 m개의 입력 데이터, x_i와 레이블 y_i를 가지는 데이터셋이고 $f_\theta(\cdot)$는 학습변수 θ를 가지는 신경망 모델이다. 지도학습으로 정의된 목적함수를 최소화하는 학습변수 θ를 찾는 것이 일반적인 기본학습이 된다. 지도학습 분야의 메타학습은 다음과 같이 표현할 수 있다.

---

[9] (1) Hospedales et al., Meta-Learning in Neural Networks: A Survey, 2020

(2) Huisman et al., Survey of Deep Meta-Learning, 2020

$$w = \underset{w}{\text{argmin}} \; \mathbb{E}_{T_j \sim p(T)} \left[\mathcal{L}_{T_j} \big(g_w(T_j, \mathcal{L}(D, f_\theta(D)) \big) \right] \tag{10.2}$$

여기서 $T_j \sim p(T)$는 여러가지 과업을 포함하는 과업집합 ^{Task Set}에서 확률적으로 T_j 과업을 표본 추출한다는 뜻이며 w는 메타학습 모델의 변수로 메타지식 ^{meta-knowledge}이라고 한다. 즉 지도학 습의 메타학습은 과업 (T_j)별로 정의된 기본학습 모델 $f_\theta(D)$를 아우르는 메타학습 알고리즘 g_w 를 최적화하는 메타학습 모델의 메타지식 변수 w 를 구하는 것이 목표다. 이때 $\left[\mathcal{L}_{T_j} \big(g_w(T_j, \mathcal{L}(D, f_\theta(D)) \big) \right]$ 부분을 내부학습 ^{inner learning}이라고 하고 기본학습모델의 학습변수인 θ를 구하는 과정이다. 그리고 $\underset{w}{\text{argmin}} \; \mathbb{E}_{T_j \sim p(T)}$를 외부학습 ^{outer learning}이라고 하며 메타학습의 변수인 w를 구하는 과정이다.

[① 학습분야-강화학습]

다음은 강화학습에 메타학습이 적용되는 모델을 살펴보기로 하자. 먼저 강화학습의 기본학습은 다음과 같이 표현할 수 있다.

$$\theta = \underset{\theta}{\text{argmax}} \; \mathbb{E}_{Traj} \sum_{t=0}^{T} \gamma^t r(s_t, \pi_\theta(s_t)) \tag{10.3}$$

여기서 $\mathbb{E}_{Traj}$는 여러가지 에피소드 또는 궤적 ^{trajectories}에 따른 반환값 ^{return}의 기댓값이고, γ^t 는 시간단계 t에서 누적된 감쇄계수 ^{discount factor}를 의미한다. s_t는 시간단계 t에서의 상태를 뜻하 고 π_θ는 학습변수 θ를 가지는 강화학습 에이전트 ^{agent}의 학습모델이다. 이때 π_θ는 정책기반 ^{policy-based} 신경망 모델을 사용할 수도 있고 Q-Learning을 이용한 가치기반 ^{value-based} 신경망 모델을 사용할 수도 있다. 강화학습 분야의 메타학습은 다음과 같이 표현할 수 있다.

$$w = \underset{w}{\text{argmax}} \; \mathbb{E}_{T_j \sim p(T)} \left[\mathbb{E}_{Traj} \sum_{t=0}^{T} \gamma^t r(s_t, \pi_{\theta^*}(s_t)) \right] \tag{10.4}$$

식 (10.4)에서 다중과업을 수행하는 각 에이전트의 학습변수를 $\theta^* = g_w(T_j, \mathcal{L}_{T_j})$로 정의할 수 있는다. 즉 메타학습변수 w가 포함되어 있는 기본학습 모델은 과업집합$^{Task\ Set}$에서 표본추출된 과업 T_j에 대한 목적함수 $\mathcal{L}_{T_j}$를 최적화하도록 학습을 하면 각 기본모델의 학습변수 θ^*가 구해진다. 이때 메타학습변수 w는 기본학습변수 θ^*에 대해 상수로 취급된다. 각 기본학습모델의 학습변수 θ^*가 구해지면 그 다음엔 모든 기본학습을 통합하는 메타학습 알고리즘 g_w를 최적화한다. 즉 메타학습 모델의 메타지식 학습변수인 w는 외부학습의 최적화 과정인 $\underset{w}{\text{argmax}}\ \mathbb{E}_{T_j \sim p(T)}$에서 찾는다.

다음은 메타학습에서 정의된 목적함수를 구하는 최적화 기법에 따라 메타학습을 분류하는 예를 살펴보자. 여러가지 기본학습 모델을 통합하는 메타학습 모델의 학습변수 w를 찾는 방법인데 여기에는 경사하강법, 강화학습 기법, 유전적 진화론 기법이 있다.

[② 최적화 기법–경사하강법]

먼저 경사하강법$^{gradient\ descent}$을 이용한 목적함수 최적화 기법이다. 일반적으로 메타학습 모델은 학습변수 w를 가지는 변수모델$^{parametric\ model}$이기 때문에 메타학습의 최적화 기법으로 경사하강법을 가장 많이 사용하고 있다. 즉 메타학습 모델의 목적함수인 $\mathcal{L}^{meta}$를 최소화하기 위한 메타학습 변수 w를 구하는 경사하강법은 다음과 같이 표현할 수 있다.

$$w = w - \alpha \frac{\partial \mathcal{L}^{meta}}{\partial w} \qquad (10.5)$$

여기서 연쇄법칙$^{chain\ rule}$을 사용하여 기본학습 모델의 학습변수인 θ를 매개변수로 적용하면 다음과 같이 메타학습 모델의 학습변수를 경사하강법으로 구할 수 있다.

$$w = w - \alpha \frac{\partial \mathcal{L}^{meta}}{\partial \theta} \frac{\partial \theta}{\partial w} \qquad (10.6)$$

[② 최적화 기법-강화학습 방법]

다음은 강화학습 방법을 이용하여 최적화하는 방법이다. 만약 기본학습 모델 또는 메타학습 모델이 변수모델이 아닌 경우 non-parametric model 또는 목적함수의 기울기를 구할 수 없는 경우 (예를 들면 목적함수가 미분 불가능한 경우) 경사하강법을 사용할 수 없기 대문에 강화학습 방법을 이용하여 최적화한다. 일반적으로 기본모델은 신경망과 같은 이미 검증된 모델을 사용하기 때문에 기본모델의 목적함수를 최적화하는 것은 문제가 되지 않는다. 메타학습 모델의 목적함수 $\mathcal{L}^{meta}$의 기울기를 구하기 어려울 경우 강화학습의 정책 기울기 policy gradient 로 목적함수를 대체하고 정책 기울기의 최적화를 통해 메타학습을 한다. 즉 강화학습 에이전트로 구현된 메타학습 모델이 반복적인 에피소드마다 계산된 반환값의 기댓값을 목적함수로 하고 이를 최대로 하는 정책 기울기 학습변수 w를 구한다.

[② 최적화 기법-유전적 진화론 기법]

메타학습의 최적화 기법 중에서 마지막 방법인 유전적 진화론 기법 GEA: Genetic Evolution Algorithm 이다. 유전적 진화론 기법은 블랙박스 최적화 기법 black box optimization algorithm 중에 하나로 자연선택 natural selection 또는 적자생존 survival of the fittest 과 같은 자연진화 natural evolution 에서 영감을 얻은 직관적인 선택 절차 기법 heuristic selection procedures 이다. GEA의 개념은 모든 반복계산과정 (자연진화에서는 "generation")마다 모델의 학습변수 w (자연진화에서는 "genotype")를 임의로 조정하고 (자연진화에서는 "mutated") 이것이 만들어내는 목적함수 (자연진화에서는 "fitness")를 평가한다. 이때 가장 좋은 결과를 만들어 내는 학습변수를 다음 계산과정에 반영하고 동일한 과정이 반복되면서 목적함수가 충분히 수렴될 때까지 반복한다. GEA의 장점은 경사하강법이나 강화학습 기법에서 공통적으로 사용되는 기울기 계산이나 역전파 backpropagation 를 사용하지 않기 때문에 미분가능 여부나 지역최적값 local optima 문제를 고민할 필요가 없다. 그러나 GEA의 단점은 학습모델의 학습변수가 증가할 때 데이터셋의 크기 (자연진화에서는 "population")도 증가해야 하고 각 반복과정마다 학습변수의 변경 (자연진화에서는 "mutation")이 하이퍼파라메터 설정에 따라 매우 민감하다. 무엇보다 GEA의 가장 큰 단점은 일반적으로 목적함수의 최적화 효율이 정확성과 계산시간 관점에서 경사하강법과 같은 최적화 기법보다 부족하다는 점이다.

다음은 마지막으로 메타학습을 학습 방식에 따라 측정값 기반, 모델 기반, 최적화 기법 기반으로 분류하는 경우를 알아보도록 하자.

[③ 학습 방식-측정값 기반 메타학습]

먼저 측정값 기반^{metric-based} 메타학습은 현재까지 대부분 지도학습에 활용되고 있고 특히 퓨샷 학습^{few-shot learning}에 주로 사용되고 있다. 측정값 기반 메타학습은 전통적인 지도학습 알고리즘 중에 하나인 k-NN^{k Nearest Neighbor} 개념과 정규분포를 기반으로 임의변수^{random variable}의 확률밀도함수를 추정하는 커널밀도추정^{KDE: Kernel Density Estimation} 개념을 주요 이론으로 사용하고 있다. 측정값 기반 메타학습의 목적함수는 다음과 같이 정의할 수 있다.

$$P_\theta(y|x,S) = \sum_{(x_i,y_i)\in S} k_\theta(x,x_i)\, y_i \qquad (10.7)$$

여기서 주어진 학습 데이터셋, $(x_i, y_i) \in S$ (이것을 메타학습에서는 서포트^{support} 데이터셋이라고 한다)와 새롭게 주어진 데이터, x 간 유사성 분포 $k_\theta(x,x_i)$를 구한 후 이것을 서포트 데이터 레이블과 곱하여 전체 예상되는 확률 $P_\theta(y|x,S)$을 구하고 이를 최대화하는 학습변수, θ를 찾는다. 이때 $k_\theta(x,x_i)$를 유사성 커널^{similarity kernel} 또는 어텐션 커널^{attention kernel}이라고 하고 이것을 학습하는 것이 측정값 기반 메타학습의 주요 과정이다. 여러가지 방법으로 유사성 커널을 정의할 수 있는데 다음과 같은 코사인 유사성의 의미를 가지는 커널을 사용할 수 있다.

$$k_\theta(x,x_i) = \frac{x \cdot x_i^{\ T}}{\|x\| \cdot \|x_i\|} \qquad (10.8)$$

여기서 x_i는 서포트 데이터이고 x는 새롭게 입력될 데이터다. $\|\cdot\|$는 벡터의 크기를 정하는 놈

^{norm}인데 일반적으로 L^2 놈, $\|x\|_2 = \sqrt{(\sum_i |x_i|^2)}$을 사용한다. 즉 유사성을 잘 표현할 수 있는 커널을 학습하는 것이 측정값 기반 메타학습의 목표가 된다. 이러한 방식으로 학습하는 메타학습 모델은 주로 퓨샷 학습에 적용되고 있는데 그림 10.6과 같이 매칭 네트워크$^{Matching\ Networks}$ 모델이나 그림 10.7과 같은 프로토타입 네트워크$^{Prototypical\ Networks}$ 모델이 대표적인 측정값 기반 메타학습 모델이다.

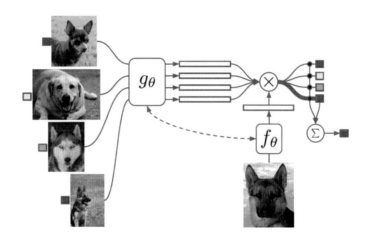

그림 10.6 원샷 러닝을 위한 매칭 네트워크 모델 개요 (출처: Vinyals et al., Matching Networks for One Shot Learning, NIPS, 2016)

그림 10.6과 같이 매칭 네트워크 모델은 CNN 기반 임베딩 함수 f_θ와 g_θ를 사용하여 입력된 이미지를 벡터화하고 $(x, x_i \in R^D)$ D차원 벡터 공간에 임베딩된 두개의 데이터 x와 x_i 간 유사성을 코사인 거리$^{cosine\ distance}$로 정의한다. 그리고 유사성 커널을 구하는데 매칭 네트워크에서는 다음과 같이 유사성 커널을 정의한다. 이때 임베딩 함수 f_θ와 g_θ는 같은 함수를 사용할 수 있다.

$$k_\theta(x, x_i) = \frac{exp^{\cos(f(x), g(x_i))}}{\sum_{j=1}^{k} exp^{\cos(f(x), g(x_j))}} \tag{10.10}$$

여기서 $\cos\left(f(x), g(x_i)\right)$는 코사인 거리 기반 유사성을 의미한다. 이렇게 계산된 유사성 커널 $k_\theta(x, x_i)$을 식 (10.7)에 대입하면 예측값의 확률분포를 얻을 수 있다. 식 (10.11)과 같이 이 예측값 확률분포를 최대화하는 다음의 목적함수를 구하는 것이 매칭 네트워크의 개념이다.

$$\theta = \underset{\theta}{\text{argmax}}\ \mathbb{E}_{S \sim T}\left[\mathbb{E}_{B \sim S}\left[\sum_{(x_i, y_i) \in B} \log P_\theta(y|x, B)\right]\right] \qquad (10.11)$$

여기서 $S \sim T$는 과업집합^{task set}, T 에서 서포트 데이터셋 S를 표본추출한 것이고 $B \sim S$는 표본추출된 서포트 데이터셋 S에서 미니배치 B 크기만큼 데이터셋을 만드는 것을 의미한다.

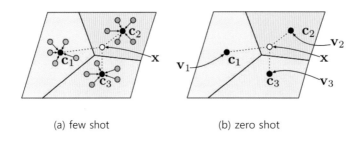

(a) few shot   (b) zero shot

그림 10.7 퓨샷 러닝을 위한 프로토타입 네트워크 개요 (출처: Snell et al., Prototypical Networks for Few-shot Learning, NIPS, 2017)

그림 10.7은 다른 형태의 측정값 기반 메타학습 모델인 프로토타입 네트워크^{Prototypical Networks}를 보여준다. 이 모델의 가장 큰 특징은 유사성 정의를 코사인 거리가 아닌 유클리드 거리^{Euclidean distance}로 계산하고 유클리드 거리의 기준점을 각 클래스 마다 서포트 데이터의 평균벡터로 한다. 즉 그림 10.7과 같이 퓨샷인 경우에는 그 기준점이 각 클래스 마다 서포트 데이터의 평균값이고 원샷/제로샷¹⁰의 경우에는 한 개의 서포트 데이터 임베딩 위치가 기준점이 된다. 만약

---

¹⁰ 분류모델에서 원샷학습(one-shot learning)은 각 클래스별 서포트 데이터와 레이블을 한 개씩 가지고 학습을 하는 경우이고 제로샷학습(zero-shot learning)은 각 클래스별 서포트 데이터는 있는데 어떤 클래스에는 레이블이 없는 상태에서 학습을 하는 경우를 말한다

N개의 클래스가 있다면 각 클래스별 중심은 C_n이다. 이때 각 클래스별 서포트 데이터의 개수가 k개가 되면 $N-way\,k-shot$ 메타학습이라고 말한다. 예를 들면 클래스가 {강아지, 고양이, 자동차, 자전거, 비행기}와 같이 5개이고 각 클래스별 주어진 서포트 이미지가 1장씩 주어졌을 때 새롭게 입력된 이미지의 클래스를 맞추는 문제를 $5-way\,1-shot$ 메타학습 문제라고 한다.

프로토타입 네트워크에서는 새롭게 입력될 데이터 x의 유클리드 거리를 식 (10.12)와 같이 소프트맥스 함수로 표현한 확률분포를 목적함수로 한다.

$$P_\theta(y=l|x)=\frac{exp^{(-\,\mathrm{d}(f_\theta(x),C_l))}}{\sum_{j=1}^{k}exp^{(-\,\mathrm{d}(f_\theta(x),C_j))}} \tag{10.12}$$

여기서 C_l은 다음과 같이 표현된다.

$$C_l=\frac{1}{|S_l|}\sum_{(x_i,y_i)\in S}f_\theta(x_i) \tag{10.13}$$

식 (10.12)에 $(-1)\log$를 취한 후 최소화하는 θ를 구한다. 이때 $\log$를 취하는 이유는 계산의 편리성과 안정성 stability 에 유리하기 때문이다. 안정성이란 곱셈으로 표현된 식에 로그를 취해 덧셈으로 표현하면 0에 가까운 실수로 곱하거나 나누는 경우 그 결과가 매우 민감하게 변경되는 경우를 방지하는 성질을 말한다.

$$\theta=\underset{\theta}{\mathrm{argmax}}(-\log P_\theta(y=l|x)) \tag{10.14}$$

이처럼 측정값 기반 메타학습은 메타지식을 위한 학습변수를 새로 추가하지 않고 서포트 데이터와 새롭게 입력된 데이터간 유사성 similarity 이라는 측정값을 기준으로 학습을 한다. 여기서 소개한 모델 이외에도 다양한 모델들이 발표되었는데 예를 들면 매칭 네트워크에 영향을 준 샴 신경망 모델[Siamese Neural Networks11], 프로토타입 네트워크를 발전시킨 연관성 네트워크[Relation Networks12] 그리고 샴 신경망 모델과 프로토타입 네트워크 모델을 결합한 그래프 신경망 모델[Graph Neural Networks13] 등이 있다. 측정값 기반 메타 학습은 간단하게 효과적인 메타학습을 구현할 수 있는 장점이 있지만 단점은 지도학습 분야에만 적용이 가능하다.

[③ 학습 방식-모델기반 메타학습]

메타학습을 학습 방식에 따라 분류할 때 두번째 방식은 모델기반[model-based] 메타학습 모델이다. 모델기반 메타학습은 측정값 기반 메타학습과는 대비적으로 모델 내부적으로 메타학습이 이루어지며 과업에 따라 적응형으로 학습이 된다. 즉 모델기반 메타학습은 여러 과업들을 모델안에 모두 내재화[internalization]하는 개념이다. 이러한 이유로 모델기반 메타학습을 블랙박스[black box] 형 학습모델이라고 한다.

$$P_\theta(y|x, S) = f_\theta(x, S) \tag{10.15}$$

식 (10.15)와 같이 모델기반 메타학습은 모든 메타학습 메커니즘이 전체 메타학습 모델, $f_\theta(\cdot)$안에 구현되어 있다. 즉 학습변수 θ를 가지는 메타학습 모델 $f_\theta(\cdot)$는 모든 과업을 수행하는 기본학습 모델이 내재화된 모델이다. 따라서 모델기반 메타학습 모델은 각 과업에 따른 서포트 데이터 셋, S를 기반으로 먼저 학습한 후 새롭게 입력된 데이터 x에 대한 예측값의 확률분포, $P_\theta(y|x, S)$를 최적화하는 메타지식변수 θ를 찾도록 학습한다.

---

[11] Koch et al., Siamese Neural Networks for One-shot Image Recognition, ICML, 2015

[12] Sung et al., Learning to Compare: Relation Network for Few-Shot Learning, CVPR, 2018

[13] Garcia & Bruna, Few-Shot Learning with Graph Neural Networks, ICLR, 2017

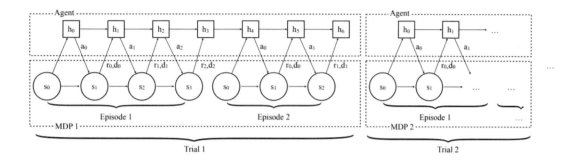

그림 10.8 강화학습에 적용하는 모델기반 메타학습 예시 (출처: Duan et al., RL²: FAST REINFORCEMENT LEARNING VIA SLOW REINFORCEMENT LEARNING, ICLR, 2017)

그림 10.8은 메타학습을 강화학습 분야에 적용하고 이때 사용할 최적화 기법은 다시 강화학습을 사용한 모델기반 메타학습을 보여준다. 그림 10.8에서 내측학습 inner learning인 에피소드 1, 에피소드 2는 식 (10.4)에서 $\mathbb{E}_{Traj} \sum_{t=0}^{T} \gamma^t r(s_t, \pi_{\theta^*}(s_t))$에 해당한다. 또 다른 과업에 대한 외측학습 outer learning은 그림 10.8에서는 시도 Trial라고 정의하고 있는데 이것은 독립적인 MDP Markov Decision Process를 구하는 과정이다. 이 과정은 식 (10.4)의 $\mathbb{E}_{T_j \sim p(T)}$에 해당한다.

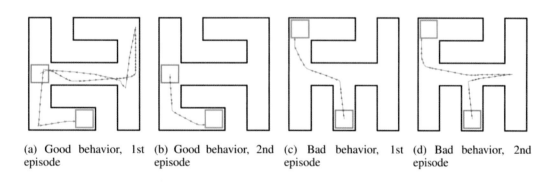

(a) Good behavior, 1st episode   (b) Good behavior, 2nd episode   (c) Bad behavior, 1st episode   (d) Bad behavior, 2nd episode

그림 10.9 강화학습에 적용하는 모델기반 메타학습 예시 (출처: Duan et al., RL²: FAST REINFORCEMENT LEARNING VIA SLOW REINFORCEMENT LEARNING, ICLR, 2017)

그림 10.9는 위에서 설명한 모델기반 메타학습을 간단한 미로 찾기에 적용한 경우를 보여준다. 에이전트가 파란색 박스를 출발하여 빨간색 박스에 도착하도록 학습하는 문제다. 그림 10.9의

(a)와 (b)는 메타학습을 통해 에이전트가 학습되기를 원하는 목표다. 즉 초기 에피소드에서는 여러가지 시행착오를 하다가 두번째 에피소드부터는 이전에 학습된 경험을 활용하여 실패하는 확률을 줄이는 것이다. 그러나 실제로 학습을 하는 동안 빈번히 그림 10.9의 (c)와 (d)와 같은 상황이 벌어진다. 이것은 이전에 학습한 경험을 활용하는 메타학습의 이론적인 목표가 현실적으로는 생각만큼 잘 이루어지고 있지 않은 사례를 보여준다.

여러가지 과업을 단일한 메타학습 모델에 내재화하는 방식인 모델기반 메타학습은 측정값 기반 메타학습보다는 여러가지 과업을 학습하는데 태생적으로 보다 유연하다. 그 뿐만 아니라 학습모델의 적용분야도 지도학습 분야는 물론 강화학습 분야에도 추가적인 노력없이 확장적으로 적용할 수 있다. 그러나 모델기반 메타학습은 이러한 모델구현의 일반성 때문에 특정한 과업을 학습시키는 지도학습 분야에서는 그래프 신경망Graph Neural Networks과 같은 측정값 기반 메타학습 모델보다 성능이 떨어지는 경우가 발생된다. 특히 데이터셋의 규모가 커질 때 이러한 현상이 두드러지는 단점이 있다.[14]

여기서는 다루고 있지 않지만 모델기반 메타학습은 선행학습의 경험을 저장하는 메모리의 구현 방식에 따라 다양한 모델들이 개발되었다. 예를 들면 학습과 추론을 동시에 하는 신경망 통계처리기Neural Statistician[15], 가우시안 프로세스GP: Gaussian Process를 신경망으로 구현한 조건부 신경망 프로세스CNP: Conditional Neural Processes[16], 그리고 순환신경망RNN: Recurrent Neural Network을 기반으로 지도학습과 강화학습을 동시에 학습하는 간단한 신경망 어텐션 메타학습기SNAIL: Simple Neural Attentive Meta-Learner[17] 모델 등이 그것이다. 모델기반 메타학습은 강화학습 분야의 메타학습 모델로 자주 활용되고 있어 이 분야에 특히 관심있는 독자는 위에서 예시한 연구들을 한번 살펴보는 것도 좋다.

---

[14] Huisman et al., A Survey of Deep Meta-Learning, 2020

[15] Edwards & Storkey. Towards a Neural Statistician. In International, ICLR, 2017

[16] Garnelo et al., Conditional neural processes, JMLR, 2018

[17] Mishra et al., A Simple Neural Attentive Meta-Learner, ICLR, 2018

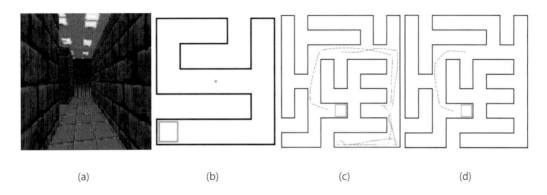

그림 10.10 SNAIL 메타학습 모델이 미로 찾기 강화학습에 적용된 사례 (출처: Mishra et al., A Simple Neural Attentive Meta-Learner, ICLR, 2018)

그림 10.10은 SNAIL 메타학습 모델이 미로 찾기를 하는 강화학습에 적용된 예를 보여준다. 그림 10.10 (a)는 실제 에이전트가 관측하는 고해상도의 환경이고 (b)(c)(d)는 실제 환경을 간략화한 미로 환경을 표현한 것이다. 그림 10.10 (b)(c)(d)에서 파란색 박스가 목표지점이 되고 에이전트는 빨간색 점에서 시작한다. 순환신경망을 기반으로 MDP를 구하는 SNAIL 메타학습 모델은 그림 10.10 (c)의 에피소드 1보다는 그림 10.10 (d)의 에피소드 2에서 빠르게 목표지점에 도착하는 것을 보여주고 있다.

[③ 학습 방식-최적화 기반 메타학습]

학습 방식을 기준으로 메타학습을 분류하는 방법 중 마지막으로 최적화 기법에 따라 분류하는 방법이 있다. 최적화 기반 메타학습은 앞서 설명한 측정값 기반과 모델기반 메타학습과는 다르게 구조적으로 메타학습 부분을 최적화하는 방법을 적용하였다. 즉 최적화 기반 메타학습의 구조적인 특징은 2단계 최적화 bi-level optimization 과정을 가지는데 내측단계 inner-level 에서는 기본학습 base learning 이 진행되고 외측단계 outer-level 에서는 메타학습 meta learning 이 진행된다. 이러한 2단계 최적화 과정을 통해 최적화 기반 메타학습은 보다 빠른 학습과 좀더 일반화된 메타학습 방법을 목표로 하고 있다. 최적화 기반 메타학습에서 2단계 최적화 과정을 수식화하면 다음과 같다.

$$P_\theta(y|x, S) = f_{\theta(S)}(x) \tag{10.16}$$

$$\theta(S) = g_w\big(\theta, \mathcal{L}_\theta(x_i, y_i)\big) \ \text{여기서} \ (x_i, y_i) \in S \tag{10.17}$$

식 (10.17)에서 외측단계의 메타학습을 최적화하는 기법으로 앞서 설명한 3가지 최적화 기법 중에서 경사하강법과 강화학습을 이용한다. 여기에 최근 순환신경망인 LSTM^{Long-Short Term Memory} 셀을 이용한 최적화 기법이 추가로 소개되었다.

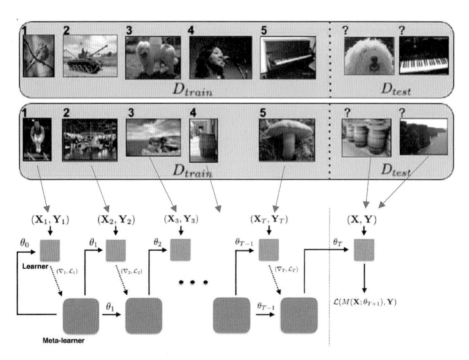

그림 10.11 LSTM을 이용한 메타학습 모델 (출처: Ravi & Larochelle, OPTIMIZATION AS A MODEL FOR FEW-SHOT LEARNING, ICLR, 2017)

그림 10.11은 LSTM 순환신경망을 메타학습 모델의 최적화 기법을 보여준다. 이 예시에서는 $5-way\ 1-shot$ 문제를 다루고 있는데 그림에서 보듯이 5개의 영역과 각 영역마다 레이블을 포함한 1개의 학습 데이터 또는 서포트 데이터, D_{train}이 있고 레이블이 없는 테스트 데이터,

D_{test} 가 있다. 이미지 형태의 D_{train} 데이터는 CNN ^{Convolutional Neural Networks} 으로 설계된 기본학습 모델 ^{base learner} 에 입력되면 기본학습 모델은 분류를 위한 목적함수, $\mathcal{L}$를 구한다. 여기서 기본학습 모델의 학습변수는 θ 라고 정의한다. 그림 10.11에서 기본학습 모델은 녹색 박스로 표현되어 있다. 여기서 LSTM을 기반의 메타학습 최적화 기법에서 제시한 새로운 아이디어는 다음과 같이 일반적인 경사하강법을 순환신경망에 적용한 것이다.

일반적인 경사하강법은 식 (10.18)과 같이 표현된다.

$$\theta_t = \theta_{t-1} - \alpha_t \nabla_{\theta_{t-1}} \mathcal{L}_t \qquad (10.18)$$

여기서 t 는 반복단계를 의미하고 α_t 는 학습률이며 $\nabla_{\theta_{t-1}} \mathcal{L}_t$ 는 목적함수의 기울기다. 그리고 LSTM 셀의 계산과정은 다음과 같이 표현된다.

$$C_t = f_t \odot C_{t-1} + i_t \odot \tilde{C}_t \qquad (10.19)$$

식 (10.19)에서 $f_t = 1$, $C_t = \theta_t$, $C_{t-1} = \theta_{t-1}$, $i_t = \alpha_t$, $\tilde{C}_t = -\nabla_{\theta_{t-1}} \mathcal{L}_t$로 치환하면 식 (10.18)이 된다. 이 점에 착안하여 메타학습 모델을 LSTM 순환신경망을 사용하여 기본학습 모델의 학습변수인 $C_t = \theta_t$ 를 최적화하는 방식이다. 이때 메타학습 모델의 학습변수는 LSTM의 셀 변수, Θ_d로 정의한다. 그림 10.11에서 파란색 박스로 표현된 것이 LSTM 메타학습 모델이다.

다음은 LSTM 메타학습 최적화 기법을 사용하여 메타학습 모델을 최적화하는 과정을 간략히 정리한 것이다.

① D_{train}에서 학습데이터 X_t, Y_t를 표본추출한다

② X_t, Y_t 데이터를 CNN 기본학습 모델, $\mathcal{M}$에 대입하여 목적함수를 구한다:

$$\mathcal{L}_t = \mathcal{L}\big(\mathcal{M}_{\theta_{t-1}}(X_t), Y_t\big) \qquad\qquad (10.20)$$

③ 식 (10.19)를 이용하여 LSTM 메타학습 모델에 $\nabla_{\theta_{t-1}}\mathcal{L}_t, \mathcal{L}_t$를 대입하여 θ_t를 업데이트한다

④ ①~③ 과정을 클래스 개수만큼 반복한다 (만약 5-way 문제이면 5번 반복)

⑤ D_{test}에서 표본추출된 테스트 데이터 X, Y를 최종 업데이트된 기본학습 모델, $\mathcal{M}_{\theta_T}$에 대입하고 이때 생성된 메타학습의 목적함수, $\mathcal{L}_{test} = \mathcal{L}\big(\mathcal{M}_{\theta_T}(X), Y\big)$를 메타학습 모델 학습변수인 Θ_d에 대해 경사하강법으로 계산한다: $\nabla_{\Theta_{d-1}}\mathcal{L}_{test}$

메타학습 모델의 최적화 기법 중에서 최근 가장 많이 연구되고 있는 분야가 경사하강법을 이용한 방법이다. LSTM 모델이나 강화학습 모델과 같이 복잡한 구조를 이용한 최적화 기법보다는 간단한 경사하강법을 사용하여 보다 효과적인 메타학습 모델의 최적화를 구할 수 있다. 경사하강법 기반 메타학습 최적화 기법은 여러가지 과업을 수행하는 각 기본학습 base learning 모델의 학습변수를 초기화하는데 목표를 두고 있다. 즉 메타학습에서 각 기본학습의 학습변수를 최적으로 초기화해주면 각 기본학습은 빠르게 각자의 과업을 수행할 수 있도록 학습이 된다는 개념이다.

그림 10.12는 경사하강법을 이용한 메타학습 모델의 학습 개념을 보여준다. 메타학습 모델의 학습변수를 θ라고 정의하고 각 기본학습 모델의 학습변수를 $\theta_1^*, \theta_2^*, \theta_3^*$라고 정의하면 메타학습 모델은 경사하강법을 이용하여 각 기본학습의 초기 학습변수를 구한다. 그리고 그 다음 단계로 각 기본학습 모델은 메타학습 모델이 계산한 초기 학습변수를 기반으로 각각의 과업을 수행하면서 보다 정확한 과업수행을 위해 학습변수, $\theta_1^*, \theta_2^*, \theta_3^*$를 역시 경사하강법으로 구한다.

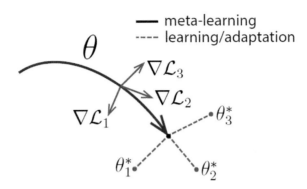

그림 10.12 경사하강법을 이용한 메타학습 최적화 기법: MAML (출처: Finn et al., Model-Agnostic Meta-Learning for Fast Adaptation of Deep Networks, NIPS, 2017)

경사하강법 기반으로 메타학습 모델을 학습하는 방법 중에서 대표적인 방법이 MAML^{Model-Agnostic Meta Learning} 방법인데 다음은 MAML의 계산 절차를 보여준다.

① 과업집합 ^{task set}, $\mathcal{T}$와 과업을 추출하는 확률분포, $p(\mathcal{T})$를 정의한다

② 기본학습과 메타학습의 경사하강법에 적용할 하이퍼파라메터인 학습률을 각각 α, β 로 정의한다

③ 메타학습 모델 f_θ를 정의하고 학습변수 θ를 θ_0로 초기화한다

④ 과업집합에서 과업을 표본추출한다: $\mathcal{T}_i \sim p(\mathcal{T})$

⑤ 표본추출된 모든 과업, $\mathcal{T}_i$에 대해 초기화된 학습변수 θ_0를 기반으로 각 기본학습은 순전파하여 목적함수를 구한 후 학습변수, θ_i^*를 경사하강법으로 구한다. 이 과정은 메타학습이 제공한 초기화된 학습변수, θ를 기반으로 각 과업을 수행하는 기본학습 모델이 미세조정 ^{fine tuning}하는 과정이라고 볼 수 있다

$$\theta_i^* = \theta - \alpha \nabla_\theta \mathcal{L}_{\mathcal{T}_i}(f_\theta) \qquad (10.21)$$

⑥ 과정 ⑤가 완료되면 각 기본학습이 모두 좋은 결과를 만들도록 메타학습의 학습변수 인 θ를 경사하강법으로 구한다. 즉 각 기본학습의 결과를 모두 좋게 하는 메타학습 을 학습시키기 위해 과정 ⑤에서 업데이트된 각 기본학습 모델, $f_{\theta_i^*}$가 순전파해서 만 든 목적함수의 합을 최적화한다는 의미다.

$$\theta = \theta - \beta \nabla_\theta \sum_{\mathcal{T}_i \sim p(\mathcal{T})} \mathcal{L}_{\mathcal{T}_i}(f_{\theta_i^*}) \qquad (10.22)$$

⑦ ⑤~⑥ 과정을 반복하면서 각 기본학습 모델을 최적화하는 메타학습 모델의 학습변 수 θ를 구한다.

경사하강법을 이용한 메타학습 모델의 학습 방식인 MAML은 모델 이름에서 표현한 것처럼 특 정한 모델에 관계없이[Model-Agnostic] 적용 가능하며 또한 경사하강법이라는 검증된 최적화 기법을 사용하고 있기 때문에 매우 강건한 모델이라 할 수 있다. 또한 MAML은 이미지 분류나 객체 추출 그리고 강화학습 에이전트 학습과 같은 다양한 과업을 수행하는 기본학습 모델들을 모두 수용할 수 있는 장점이 있다. 그러나 MAML은 메타학습 모델의 학습변수를 구할 때 역전파를 통한 경사하강법을 적용해야 하기 때문에 많은 연산 시간과 메모리 사용량이 요구된다. 최근 이 러한 MAML의 단점을 개선하기 위해 제안된 방법이 iMAML[18]이다.

iMAML[implicit Model-Agnostic Meta Learning]은 MAML의 역전파를 통한 경사하강법 (그림 10.13에서 computation이라고 표기된 초록색 화살표) 대신에 각 과업을 수행하는 기본학습이 최적화되도 록 암시적[implicit]으로 메타학습 변수를 설정하는 방법이다. 그림 10.13에서 ϕ_i는 i번째 기본학습 이 순전파 과정[path]을 거쳐 예측된 결괏값을 의미하고 Alg_i는 이러한 과정[path] 없이 결괏값만 ϕ_i 와 일치하는 근사해를 구하는 알고리즘이라고 정의한다. 여기서 $-\nabla_{\phi_i}\hat{\mathcal{L}}_i(\phi_i)$은 i번째 기본학습

---

[18] Rajeswaran et al., Meta-Learning with Implicit Gradients, NIPS, 2019

목적함수의 기울기이므로 i 번째 기본학습이 최적값으로 수렴하는 방향이 된다. 마지막 $\sum_i \frac{\partial \mathcal{L}_i(\phi_i)}{\partial \theta}$ 는 모든 기본학습의 목적함수를 더한 후 메타학습의 학습변수로 미분한 값이다. 즉 이 값이 바로 각 기본학습 모두를 최적으로 유도하는 메타학습 모델 목적함수의 기울기가 된다. 따라서 이 미분값을 경사하강법에 적용하여 메타학습의 학습변수를 업데이트하게 된다.

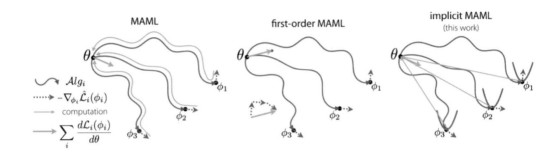

그림 10.13 암시적 경사하강법을 이용한 메타학습 최적화 기법: iMAML (출처: Rajeswaran et al., Meta-Learning with Implicit Gradients, NIPS, 2019)

MAML 또는 iMAML 기법은 메타학습 모델 학습변수인 θ 를 잘 예측해서 각 기본학습 모델의 예측 정확도가 높아지게 하는 것이다. 이러한 목표를 달성하기 위해 그림 10.13에서 두번째 경우와 같은 FOMAML$_{\text{First Order MAML}}$ 방식의 간단한 아이디어를 제안할 수 있다.

FOMAML은 각 기본학습 모델의 기울기 (보라색 화살표)를 단순히 더한 기울기 (주황색 화살표)를 메타학습의 목적함수 기울기로 정하는 것이다. 즉 MAML에서 설명한 것처럼 모든 기본학습의 목적함수를 메타학습변수로 미분하지 않고 각 기본학습의 목적함수를 각 기본학습변수로 미분된 기울기를 합한 것을 메타학습변수 업데이트에 사용하는 것이다. 이렇게 업데이트된 메타학습 모델을 이용하여 다시 각 기본학습은 순전파하여 각각의 목적함수와 목적함수의 기울기를 구한다. 이렇게 진행되는 FOMAML 방식은 순전파 과정을 거치면서 각 기본학습의 비선형성 학습결과가 반영되지 못하기 때문에 결과적으로 부정확한 기본학습을 만든다.

iMAML은 MAML과 FOMAML의 단점을 개선하기 위해 암시적인 $_{\text{implicit}}$ 경사하강법을 이용

하여 메타학습 모델의 학습변수를 구한다. iMAML의 전체적인 계산과정은 2단계 최적화 과정인 bi-level optimization 으로 다음과 같다.

$$\theta_{ML}^* = \underset{\theta}{\text{argmin}}\, F(\theta)\,, where\ F(\theta) = \frac{1}{T}\sum_{i=1}^{T}\mathcal{L}\big(Alg\big(\theta, D_i^{train}\big), D_i^{test}\big) \qquad (10.23)$$

여기서 $\theta_{ML}^* = \underset{\theta}{\text{argmin}}\, F(\theta)$ 는 외측단계 학습이고 $Alg\big(\theta, D_i^{train}\big)$ 는 내측단계 학습이다. 이때 외측단계 학습 $\theta_{ML}^* = \underset{\theta}{\text{argmin}}\, F(\theta)$ 를 다음과 같이 경사하강법으로 표현할 수 있다.

$$\theta = \theta - \eta\frac{\partial F(\theta)}{\partial \theta} \qquad (10.24)$$

즉 iMAML은 식 (10.24)에서 $\frac{\partial F(\theta)}{\partial \theta}$ 를 암시적으로 구하는 방법이며 그 순서는 다음과 같다.

---

① 과업집합 task set, $\mathcal{T}$ 와 과업을 추출하는 확률분포, $p(\mathcal{T})$ 를 정의한다

② 메타학습의 학습변수, θ 와 경사하강법에 적용할 학습률 η 를 정의한다

③ 규제화를 위한 페널티 상수 λ 를 정의한다

④ 각각의 과업에 대한 메타학습 변수의 암시적인 기울기 $g_i(\mathcal{T}_i, \theta, \lambda)$ 를 구한다

· $\|\phi_i - Alg_i^*(\theta)\| \le \delta$ 를 만족하는 ϕ_i 를 구한다 (여기서 δ 는 임계값에 대한 하이퍼파라메터다)

· 각 기본학습 ϕ_i 에 대한 부분 기울기를 구한다: $v_i = \nabla_\phi \mathcal{L}_{\mathcal{T}}(\phi_i)$

· $\left\| g_i - \left(I + \frac{1}{\lambda}\nabla^2 \hat{\mathcal{L}}_i(\phi_i)\right)^{-1} v_i \right\| \le \delta'$ 을 만족하는 메타학습 모델의 학습변수의 암시적 기울기 g_i 를 구한다 (여기서 δ' 은 임계값에 대한 하이퍼파라메터다)

---

⑤　$\nabla F(\theta) = \frac{1}{B}\sum_{i=1}^{B} g_i$ 를 계산한다 (여기서 B는 배치 크기^{batch size}다)

⑥　$\theta = \theta - \eta\nabla F(\theta)$ 를 계산한다

⑦　④~⑥ 수렴시까지 반복한다

10.2.2 전이학습 (Transfer Learning)

앞서 설명한 바와 같이 전이학습이란 인공지능이 어떤 한 분야에서 특정 과업을 수행하도록 학습하고 나서 다른 분야의 다른 과업을 수행하도록 학습을 할 때 앞 단계 학습에서 습득한 경험과 지식을 전이하여 보다 빠르고 정확하게 학습하는 것을 말한다. 실무적인 관점에서는 전이학습은 사전학습^{pre training} 후 미세조정^{fine tuning}으로 학습하는 방식이라고 설명할 수 있다. 즉 사전학습에서 얻어진 지식을 미세조정에 적용하여 더욱 효과적인 학습을 가능하게 한다. 특히 지도학습을 통해 분류나 예측과 같은 과업을 수행하는 모델을 구현하고자 할 때 만약 확보된 데이터셋이 부족할 경우 충분하게 확보가능한 유사한 형태의 데이터셋을 기반으로 사전학습을 하고 부족한 데이터셋으로 최종 미세조정을 하는 전이학습을 하게 되면 개선된 정확도를 얻을 수 있다.

예를 들면 그림 10.14와 같이 만화영화에 나오는 주인공을 맞히는 CNN 모델을 구현하고자 하는데 CNN 모델에 지도학습으로 사용할 만화영화 이미지 데이터셋이 충분하지 않을 경우 전이학습을 활용할 수 있다. 즉 이미지넷^{ImageNet} 사이트에서 제공하는 다양한 이미지를 이용하여 CNN 모델을 사전학습시키고 나서 확보된 만화영화 이미지로 마지막 미세조정 학습을 한다. 그렇게 되면 부족한 데이터셋으로도 만족할 만한 정확도를 가지는 만화영화 주인공을 분류하는 CNN 모델을 완성할 수 있다.

미세조정 학습을 할 때 CNN 모델에 있는 컨볼루션 층의 학습변수는 고정시키고 마지막 출력층 또는 마지막 FC^{Fully Connected} 층만 미세조정할 수도 있고 또는 전체 CNN 모델의 학습변수를 미

세조정할 수도 있다. 미세조정한다는 의미는 확보된 데이터셋을 기반으로 경사하강법을 이용하여 학습변수를 업데이트 한다는 의미다. 자신이 새로운 CNN 모델을 만들 수도 있지만 누군가가 VGGNet 이나 Inception, ResNet 같은 백본 네트워크를 기반으로 이미 학습시킨 모델 (학습된 학습변수도 함께 저장된 경우)을 공유해 준다면 그대로 가져와서 본인이 가지고 있는 데이터셋으로 최종 미세조정 학습을 하여 사용하는 것도 가능하다.

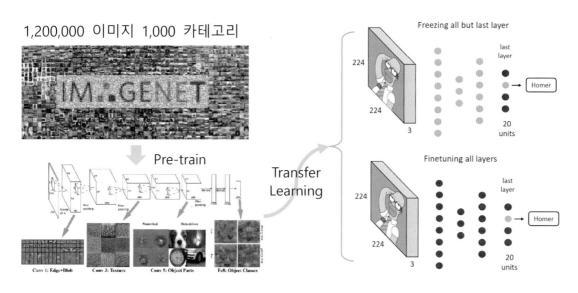

그림 10.14 전이학습 활용 예시 (오른쪽 그림 출처: Miguel González-Fierro)

알파고를 개발한 구글 딥마인드의 창업자인 데미스 하사비스 (Demis Hassabis) 는 전이학습에 대해 다음과 같이 얘기하고 있다. "나는 전이학습이 일반 인공지능의 핵심이라고 생각합니다. 그리고 그 전이학습을 구현하는 핵심은 어디서 배웠는지에 대한 인지적 상세를 추상화한 개념적 지식을 습득하는 것이라고 생각합니다. I think transfer learning is the key to general intelligence. And I think the key to doing transfer learning will be the acquisition of conceptual knowledge that is abstracted away from perceptual details of where you learned it from."

그는 전이학습을 AGI 로 가는 한가지 방법일수도 있다고 얘기하고 있다.

10.2.3 도메인 적응 (Domain Adaptation)

레이블이 있는 데이터셋으로 학습하는 지도학습 분야에서 머신러닝과 딥러닝 모델은 다양한 문제들에 적용되어 매우 만족할 만한 결과를 도출하면서 그 잠재력이 검증되었다. 특히 여러 단계로 구성된 신경망과 충분히 많은 학습변수를 가지는 딥러닝 모델은 많은 분야에서 다양하고 복잡한 문제들을 해결해 내면서 머신러닝의 핵심모델로 자리잡고 있다. 딥러닝 모델이 지금 수준까지 발전된 배경 중에 하나는 에러의 역전파라는 체계적인 학습 방식이 있었기 때문일 것이다.

실무적인 관점에서 딥러닝을 포함한 머신러닝 모델을 분류나 예측과 같은 과업을 수행하도록 지도학습을 진행하기 위해서는 레이블된 데이터셋 확보가 필수적이다. 그러나 레이블된 데이터셋을 만드는 것은 적지 않은 시간과 비용이 소요되며 어떤 경우에는 레이블된 데이터셋을 구할 수가 없는 경우도 있다. 도메인 적응은 이러한 문제를 해결하기 위해서 시작되었다. 즉 도메인 적응은 구하기 쉽고 학습하기 쉬운 레이블된 데이터셋을 기반으로 레이블이 없는 데이터셋의 레이블을 예측하는 데 활용된다. 이때 구하기 쉽고 학습하기 쉬운 레이블된 데이터셋을 원천 데이터셋 (또는 소스 도메인 source domain)이라고 하고 레이블이 없는 데이터셋을 목표 데이터셋 (또는 타겟 도메인 target domain)이라고 한다.

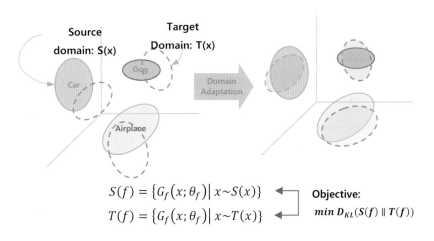

$$S(f) = \{ G_f(x; \theta_f) | x \sim S(x) \}$$
$$T(f) = \{ G_f(x; \theta_f) | x \sim T(x) \}$$

Objective:
$$min\ D_{KL}(S(f) \parallel T(f))$$

그림 10.15 도메인 적응의 개념도

그림 10.15는 도메인 적응을 위한 개념을 보여준다. 도메인 적응은 그림 10.15와 같이 {Car, Dog, Airplane}의 레이블을 가지는 데이터셋 특성분포, $S(f)$와 {Car, Dog, Airplane}중 한개의 레이블에 해당될 것이라고 예상되는 레이블이 없는 데이터셋 (점선으로 표시)의 특성분포, $T(f)$ 를 같게 하도록 학습을 하면 점선으로 표시된 데이터가 입력되었을 때 여기에 해당하는 레이블 을 예측하는 방법이다. 여기서 $x{\sim}S(x), T(x)$는 소스 도메인과 타겟 도메인에서 입력데이터 x를 표본추출하는 것이고 f는 신경망 모델 $G_f(x; \theta_f)$에서 추출한 특성셋이다.

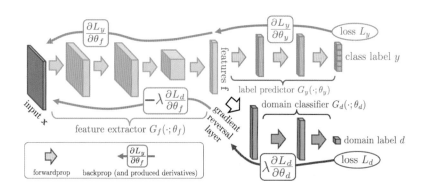

그림 10.16 DANN (Domain-Adversarial Neural Network) 도메인 적응 모델 (출처: Ganin et al., Domain-Adversarial Training of Neural Networks, JMLR, 2016)

도메인 적응을 위한 모델 중 그림 10.16은 하나의 신경망 모델안에 클래스를 분류하는 지도학습 신경망, G_y(파란색)와 도메인을 구별하는 지도학습 신경망, G_d (빨간색)가 서로 대립하면서 동시 에 학습을 진행하는 모델을 보여준다. 이러한 대립적인 학습[19]이 진행되면 입력된 데이터 x에서 특성을 추출하는 신경망 G_f (초록색)가 소스 도메인의 특성분포, $S(f)$와 타겟 도메인의 특성분 포, $T(f)$가 유사하도록 G_f의 학습변수가 업데이트 될 것이다. 이렇게 학습이 완료되고 나서 적 용하는 단계에서는 다음과 같이 진행된다. 즉 타겟 도메인의 데이터, x를 입력하게 되면 특성분

---

[19] 이 모델에서는 대립적이라는 용어를 사용하였으나 min-max를 통한 최적화 문제가 아니므로 엄격히 얘기하면 대립적인 모델은 아니고 두개의 목적함수를 동시에 만족하는 모델이라고 할 수 있다

포가 일치하도록 학습된 G_f를 통해 순전파된 후 여기서 생성된 특성벡터를 다시 클래스 분류 신경망, G_y 과정을 통과하게 되면 데이터 x에 해당하는 레이블을 예측하게 된다. 이러한 처리 과정을 다음과 같이 정리할 수 있다.

---

① G_f : CNN 모델 (데이터가 이미지인 경우) 또는 MLP 모델 (데이터가 벡터인 경우)

G_y : MLP 모델 (출력층의 크기는 클래스의 개수와 일치)

G_d : MLP 모델 (출력층의 크기는 한 개인 로지스틱 회귀 모델)

② $\mathcal{L}_y \equiv Cross\ Entropy$

$\mathcal{L}_d \equiv Binary\ Cross\ Entropy$

$$= d_i \log \frac{1}{G_d\left(G_f(x_i)\right)} + (1 - d_i) \log \frac{1}{1 - G_d\left(G_f(x_i)\right)}$$

③ $\theta_f = \theta_f - \alpha \left(\frac{\partial \mathcal{L}_y}{\partial \theta_f} - \lambda \frac{\partial \mathcal{L}_d}{\partial \theta_f} \right)$

$\theta_y = \theta_y - \alpha \frac{\partial \mathcal{L}_y}{\partial \theta_y}$

$\theta_d = \theta_d - \alpha \lambda \frac{\partial \mathcal{L}_d}{\partial \theta_d}$

여기서 λ는 두개의 목적함수 $\mathcal{L}_y$와 $\mathcal{L}_d$ 사이에 균형을 맞추기 위한 가중치이고 $-\lambda \frac{\partial \mathcal{L}_d}{\partial \theta_f}$에서 $(-)$ 부호가 있는 이유는 이진 크로스 엔트로피Binary Cross Entropy인 목적함수 $\mathcal{L}_d$는 최대가 되어야하기 때문이다. 그리고 목적함수 $\mathcal{L}_d$에서 $d_i = 0$, $x_i \sim S(x)$ 이고 $d_i = 1$, $x_i \sim T(x)$ 이다. 즉 데이터 x_i가 소스 도메인에서 표본추출되면 도메인 분류값인 d_i를 '0'이라고 정의하고 데이터 x_i가 타겟 도메인에서 표본추출되면 도메인 분류값인 d_i를 '1'이라고 정의한다는 의미다.

10.2.4 NAS (Neural Architecture Search)

기계번역이나 이미지 분석 등 다양한 분야에서 뛰어난 성능을 보여준 신경망 모델들은 스마트한 인공지능 전문가들의 아이디어에서 출발하여 오랜 동안의 연구와 수많은 시행착오 등을 거쳐 개발된 것이다. 하나의 우수한 신경망 모델이 나오면 얼마 후 또다시 보다 우수한 모델이 나온다. 즉 최근까지 가장 훌륭한 모델은 한시적인 지역 최적값$^{local\ optima}$에 해당하는 모델인 것이다.

이러한 문제점들을 해결하기 위한 연구분야 중에 하나가 NAS다. 사람의 개입을 최소화하고 알고리즘 스스로 최적의 신경망을 찾는 NAS 연구가 최근 메타학습 분야와 함께 매우 활발하게 진행되고 있다. NAS는 경사하강법 및 강화학습 등의 최적화 기법을 사용하여 새로운 신경망 구조를 찾는 의미로 일반적으로 메타학습의 영역으로 구분하는 경우가 많은데 다른 관점으로 보면 파라메터 최적화$^{Parameter\ Optimization}$ 영역으로 보는 경우도 있다.

그림 10.17 NAS의 개념적 실행 절차 (출처: Thomas Elsken et al., Neural Architecture Search: A Survey, JMLR 2019)

NAS의 기본적인 개념은 탐색공간$^{search\ space}$이라고 하는 장소에 구현 가능한 모든 신경망 구조를 생성해 놓고 이 탐색공간에 있는 후보 신경망 구조 중에서 목표로 하는 과업을 가장 잘 수행하는 최적 신경망 구조를 찾는 것이다. 이러한 개념은 탐색공간$^{search\ space}$, 탐색전략$^{search\ strategy}$ 그리고 성능평가전략$^{performance\ estimation\ strategy}$의 3단계로 진행된다. 다음은 각 단계별 구체적인 내용을 설명하고 있다.

- **탐색공간** Search Space: 탐색공간 단계에서는 신경망 구조에 보편적으로 사용되는 기본적인 모듈[20]을 기반으로 ResNet 모델과 같은 스킵 커넥션skip connection, Inception, Xception 모델과 같은 네트워크-인-네트워크Network-in-Network 구조, 그리고 DenseNet과 같은 모든 신경망이 연결된 구조나 LSTM과 같은 다양한 셀 구조를 기반으로 임의의 신경망 구조Neural Architecture 후보들이 포함되어 있는 전체집합 $\mathcal{A}$를 만든다. 이때 기본적인 모듈이나 모듈단위의 주요한 연결구조가 있는 빌딩블록 풀building block pool을 만드는 과정에서 전문가의 개입이 발생한다.

- **탐색전략** Search Strategy: 탐색전략 단계에서는 탐색공간에 있는 후보자 신경망 구조 중에서 목표로 하는 과업을 최적으로 수행하는 신경망 구조를 찾는다. 최적의 신경망 구조를 찾기 위해 최적화 기법이 사용되는데 여기서 사용되는 최적화 기법은 메타학습에서도 사용되었던 최적화 기법과 동일하다. 즉 ① 경사하강법gradient descent 기법 ② 강화학습reinforcement learning 기법 ③ 유전적 진화론 기법GEA: Genetic Evolution Algorithm의 최적화 기법을 사용하여 탐색공간에 있는 후보 신경망 구조 중 최적의 모델을 찾는다. 이때 사용되는 목적함수는 이후 단계인 성능평가전략 단계에서 계산된 학습결과를 피드백 받아 사용한다.

- **성능평가전략** Performance Estimation Strategy: 성능평가전략 단계에서는 탐색전략 단계에서 선정된 후보 신경망 구조를 가지고 목표로 하는 과업을 수행할 수 있도록 학습시키고, 학습 후 그 성능을 평가한다. 목표과업의 예를 들면 이미지 분류나 이미지내 객체를 추출하는 과업이 될 수도 있고 챗봇chatbot이나 기계번역machine translation 또는 일반적인 시계열 데이터 분석과 같은 순차적인 데이터 분석 등의 과업이 될 수도 있다. 이러한 목표과업에 맞게 준비된 학습 데이터셋으로 후보 신경망 모델을 학습시키고 나서 검증 데이터셋으로 예측한 결과를 평가하여 그 결과를 다시 탐색전략 단계로 피드백feedback한다.

---

[20] 이를 빌딩블록 (building block)이라고도 하는데 예를 들면 $n \times n$ 컨볼루션 필터, 풀링필터 그리고 여러가지 활성화 함수 등이 있다

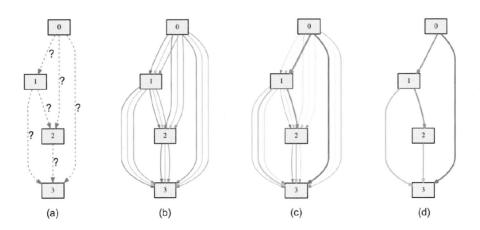

그림 10.18 NAS의 탐색전략 과정 (a) 미지 신경망 구조 (b) 초기 신경망 구조 (c) 중간 단계 신경망 구조 (d) 최종 도출된 최적 신경망 구조 (출처: Liu et al., DARTS: DIFFERENTIABLE ARCHITECTURE SEARCH, ICLR, 2019)

그림 10.18은 NAS에서 탐색전략의 간단한 예를 보여준다. '0'으로 표시된 박스는 입력 노드이고 '1'과 '2'로 표시된 박스는 은닉 노드다. 그리고 '3'으로 표시된 박스는 출력 노드다. 여기에서는 녹색 화살표, 파란색 화살표 그리고 주황색 화살표는 각각 3×3 convnet, 5×5 convnet 그리고 맥스풀링Max Pooling이라고 정의하였다. 이렇게 구조화된 부분그래프subgraph를 여러 개 쌓아 후보 신경망 구조를 만들고 성능평가전략 단계에서 넘겨받은 목적함수를 최소화하는 과정에서 각 화살표에 할당된 학습변수의 크기가 작은 것부터 제거해 나간다. 이를 완화작용relaxation이라고 하는데 그림 10.18 (d)는 최종 완화작용이 완료된 후 최적화된 신경망 구조가 된다.

10.2.5 AutoML (Automatic Machine Learning)

지금까지 머신러닝 알고리즘을 개발하는 것은 전문가의 몫이었고 전문가 조차도 우수한 알고리즘을 구현하기 위해서는 상당한 시간이 소요된다. NAS는 사람의 개입을 최소화하면서 스스로 특정 과업을 수행하는 머신러닝 알고리즘을 찾아내고 이렇게 찾아낸 머신러닝 알고리즘은 이미지를 분류하거나 이미지 객체를 추출하는 분야에서 전문가가 개발한 것보다 뛰어남을 증명하였다. 최근에는 전과정End-to-End 머신러닝 모델 개발 프로세스에서 사람의 개입을 최소화하고 전과정을 컴퓨터가 스스로 해결하는 방법을 구현하는 연구가 매우 활발하다. 이러한 기술을 자동화된 머신러닝AutoML: Automatic Machine Learning이라고 한다.

머신러닝을 구현하기 위해서는 크게 3가지 주요영역이 필요하다. 첫번째가 데이터다. 머신러닝 모델을 학습시키기 위해서는 필요한 데이터를 확보하고 저장하고 학습에 맞게 정제작업을 해야 한다. 두번째는 머신러닝 모델 설계 및 구현이다. CNN 모델을 사용할 수도 있고 MLP나 LSTM 기반 RNN 모델을 사용할 수 있다. 지금은 NAS 기술이 이 부분을 전문가 수준까지 대행해주고 있는 상황이다. 즉 NAS는 AutoML 개념을 가능하게 해준 코어기술이라 할 수 있다. 마지막으로는 전산자원이다. 머신러닝 개발 전과정은 컴퓨터 상에서 이루어지고 있으며 특히 NAS는 신경망 구조를 찾는 최적화 과정에서 충분한 전산자원을 전제로 한다. AutoML은 데이터 수집/저장/정제 → 머신러닝 모델 선정 및 학습 → 미세조정fine tuning 및 서비스의 전과정을 자동적으로 수행하는 기술이다. 이처럼 AutoML은 다양한 분야에 있는 대용량 데이터를 저장 및 가공을 해야 하고 NAS를 이용한 최적 모델을 찾기 위해 충분한 컴퓨팅 파워가 필요하기 때문에 클라우드cloud 서비스[21]와 어울리는 기술이라 볼 수 있다. 현재 구글의 Cloud AutoML, 아마존 AWS의 SageMaker, IBM Watson의 AutoAI, Microsoft의 Azure ML, 오라클의 AutoML 등이 클라우드 기반으로 제공되고 있는 대표적인 AutoML 서비스다.

NAS를 기반으로 하는 AutoML은 여전히 전문가의 개입에 의해 탐색공간Search Space에 제공될 신경망 모듈이 정의된다. AutoML-Zero는 알파고AlphaGo가 기보를 이용한 지도학습 없이 스스로 학습하는 알파고 제로AlphaGo-Zero로 진화한 것에 영감을 얻어 개발된 AutoML 모델이다. AutoML-Zero의 학습과정은 마치 딥러닝 모델을 개발하려는 초보 개발자가 중급 수준 이상의 개발자로 발전하는 과정과 유사하다. AutoML-Zero는 기본적으로 텐서플로우나 파이토치와 같은 딥러닝 프레임워크의 사용법과 넘파이numpy라는 파이썬 라이브러리를 사용할 수 있다는 것을 바탕으로 시작한다. 즉 AutoML-Zero가 스스로 만든 모델을 학습시킬 때는 텐서플로우나 파이토치 같은

---

21 각 지역의 거점마다 있는 대규모 인터넷 데이터센터(IDC)에서 IT 서비스를 제공하는 기술 또는 사업 방식

딥러닝 프레임워크에서 제공하는 역전파 및 최적화 함수를 사용한다. 그리고 데이터의 특성을 추출하고 이를 순전파 시킨 후 결과를 예측하는 모델을 만들 때는 넘파이가 지원하는 여러가지 행렬 및 벡터 그리고 스칼라 연산을 하는 64개의 함수를 사용하게 된다. AutoML-Zero가 기본적으로 사용하는 64개의 함수들은 예를 들면 {+, −, ×, ÷} 등의 사칙연산과 sin, cos과 같은 삼각함수, $N(\mu, \sigma)$와 같은 가우시안 분포 등과 같은 넘파이에서 제공하는 함수들이다.

이러한 기본적인 프로그램 작성에 필요한 자원을 확보한 AutoML-Zero는 **Setup()**, **Predict()**, **Learn()**이라는 3개의 컴포넌트 함수를 구현하는 방법을 *'tabular rasa'*[22] 방식으로 배워 나간다. 즉 초기 AutoML-Zero의 **Setup()**, **Predict()**, **Learn()** 컴포넌트 함수는 완전히 비어 있는 것으로 시작한다. 여기서 **Setup()** 함수를 설정한 의도는 학습률이나 배치 크기 등과 같은 여러가지 하이퍼파라메터를 스스로 찾도록 하는 목적이고 **Predict()** 함수는 결과를 예측하는 즉 표현^{representation}의 기능을 하도록 설정하였다. **Learn()** 함수는 **Predict()**가 예측한 결과와 레이블을 비교하여 목적함수를 만들고 이를 최적화하여 학습변수를 업데이트하는 기능을 수행하도록 설정하였다. AutoML-Zero가 학습하는 방식은 메타러닝에서 사용되는 최적화 방식 중에 하나인 유전적 진화론 기법$^{GEA:\ Genetic\ Evolution\ Algorithm}$이 사용된다.

그림 10.18은 AutoML-Zero의 컴포넌트 함수인 **Setup()**, **Predict()**, **Learn()**이 유전적 진화론 기법을 이용하여 진화되는 과정을 보여준다. $Type(i)$는 각 컴포넌트 함수에 새로운 명령어를 삽입하거나 또는 삭제한다. $Type(ii)$는 이전 컴포넌트 함수에서 적용하였던 넘파이 함수를 임의로 변경한다. $Type(iii)$는 컴포넌트 함수내 변수를 변경한다. $Type\ (i)$, (ii), (iii)과 같은 과정을 유전적 진화론 기법에서 돌연변이^{mutation} 과정이라고 정의한다. 이러한 돌연변이 과정을 거치면 그림 10.19와 같이 적자생존의 법칙이 적용된다.

그림 10.19에서 Step 1 ~ Step 4는 한 세대^{generation}라 할 수 있고 각 step 마다 있는 박스로 표현된 컴포넌트 함수의 조합은 한 개의 개체^{population}라고 이해할 수 있다. 예를 들면 그림 10.19에

---

[22] 인지과학에서 사용하는 용어로 아무런 지식도 없는 백지상태에서 학습을 시작하는 방식을 말함

서 Step 1에서는 5개의 개체가 있다. Step 1에서 가장 오래된 개체는 퇴화되고 나머지 4개 개체 중에서 가장 성능이 좋은 3개가 선택된다. 선택된 3개 중에서도 가장 성능이 좋은 한 개의 컴포넌트 함수 조합을 복사하여 그림 10.18과 같이 돌연변이 과정을 적용한다. 이러한 과정을 반복하면서 AutoML-Zero는 **Setup(), Predict(), Learn()** 컴포넌트 함수에 주어진 과업을 가장 잘 수행할 수 있도록 하는 명령어를 채워 넣도록 진화된다. 이렇게 최종 완성된 AutoML-Zero는 CIFAR-10이나 MNIST 이미지를 분류하는 신경망 모델을 구현할 수 있는 수준까지 스스로 학습을 하게 된다.

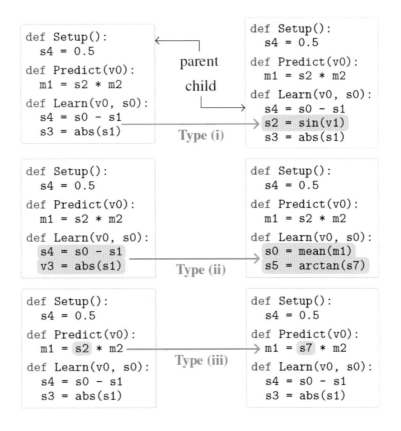

그림 10.18 Setup(), Predict(), Learn() 컴포넌트 함수의 진화과정 (출처: Esteban Real et al., AutoML-Zero: Evolving Machine Learning Algorithms From Scratch, ICML, 2020)

그림 10.20은 AutoML-Zero가 전체적으로 진화하는 과정을 보여준다. AutoML-Zero의 컴포넌트 함수인 **Setup()**, **Predict()**, **Learn()** 이 초기에는 완전히 비어 있는 상태에서 시작하여 유전적 진화론 기법을 기반으로 유의미한 명령어를 채워 넣는 모습을 볼 수 있다. 이 과정에서 학습률과 같은 하이퍼파라메터를 변경한다거나 활성화 함수를 최적화하는 과정이 목격된다. 여기서 주목할 만한 사항은 **Setup()**, **Predict()**, **Learn()** 의 컴포넌트 함수들이 각각 초기 의도한 목적대로 명령어를 찾아 진화한다는 사실이다.

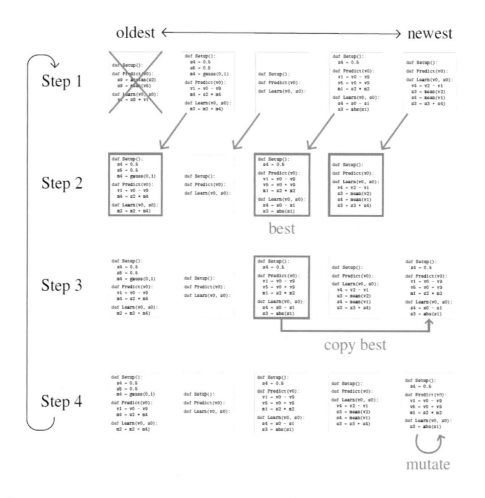

그림 10.19 Setup(), Predict(), Learn() 컴포넌트 함수의 적자생존 과정 (출처: Esteban Real et al., AutoML-Zero: Evolving Machine Learning Algorithms From Scratch, ICML, 2020)

AutoML-Zero는 탐색공간이 매우 방대하다. 그 이유는 전문가의 개입이 거의 없는 스크래치
scratch 상태에서 64개의 기본적인 넘파이 함수만을 가지고 신경망 모델을 구현하는 방법을 학습
하기 때문이다. AutoML-Zero에서는 이렇게 방대한 탐색공간에서도 매우 효과적으로 최종 모델
을 구할 수 있는 이유를 유전적 진화론 기법을 사용한 것이라고 설명하고 있다.

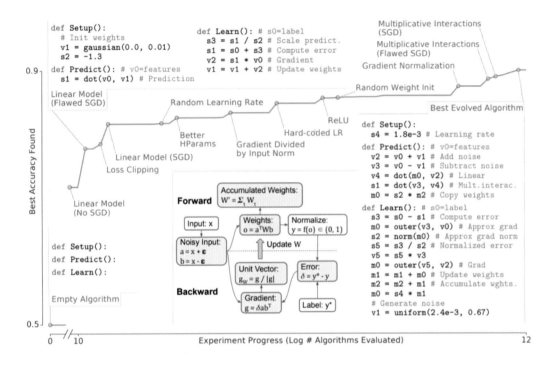

그림 10.20 AutoML-Zero의 진화 과정 예시 (출처: Esteban Real et al., AutoML-Zero: Evolving Machine Learning
Algorithms From Scratch, ICML, 2020)

10.2.6 신경망 기반 추론 모델 (Deep Reasoning Model)

사람의 지능 중에서 다른 영장류와 비교했을 때 가장 뛰어난 능력은 아마도 상식 common sense 과
추론 reasoning 일 것이다. 오랜 동안 상식과 추론을 컴퓨터 알고리즘으로 구현하려는 연구가 진행
되어 왔지만 주목할 만한 성과를 보여주지 못하고 있다가 최근 딥러닝 기술의 발전과 함께 의미

있는 연구결과들이 발표되고 있다. 특히 추론 분야에서는 이미지와 언어가 결합된 다중모드 multimodal 환경에서 이미지 데이터 기반의 질의응답 VQA: Visual Question Answering 과업에 대한 인공지능 모델 개발이 주요한 주제로 부각되고 있다.

인공지능 알고리즘이 VQA를 수행하기 위해서는 먼저 자연어로 입력된 데이터를 처리하는 NLP Natural Language Processing 학습이 필요하다. 또한 이미지 데이터 분석에서는 이미지 내에 있는 다중 객체를 추출하고 각 객체의 속성 (예를 들면 크기, 색깔, 재질, 모양 등)을 분류해야 하며 각 객체 간 상대적인 위치와 개수 세기 그리고 필요에 따라 다양한 기본적인 상식의 적용이 필요하다.

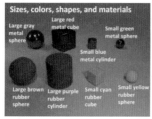 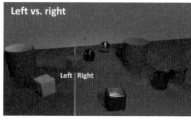 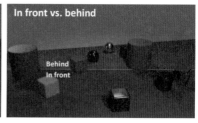

(a) 객체 속성   (b) 객체 상대 위치 (좌우)   (c) 객체 상대 위치 (앞뒤)

그림 10.21 이미지 데이터의 이해 (출처: Johnson et al., CLEVR: A Diagnostic Dataset for Compositional Language and Elementary Visual Reasoning, CVPR, 2017)

그림 10.21은 CLEVR Compositional Language and Elementary Visual Reasoning 데이터셋[23]을 기반으로 VQA를 위한 이미지 데이터를 분석하는 방법을 보여준다. 이러한 이미지 데이터의 분석을 완료하고 나면 질문에 대한 답을 준비한다. VQA에서의 질문은 통상적으로 크기, 개수, 위치, 재질, 색깔, 모양에 대한 답을 기대하는 질문이다. 일반적으로 질문이 길어질 경우 컴퓨터 알고리즘은 답을 추론하기 어려워진다. 그 이유는 질문이 길어진다는 의미는 객체간 상대적인 관계를 조건으로 하는 경우의 수가 많아지고 복잡해지기 때문이다.

---

[23] 스탠포드 대학교와 페이스북 인공지능 연구팀이 제공하는 VQA 학습을 위한 데이터셋

(a) 단순 객체 추출 및 비 연관성 (non-relation) 추론

Q: What's the color of the object?
A: Green.
Q: Is there any cube?
A: Yes.

(b) 단순 객체 추출 및 연관성 (relation) 추론

Q: How many objects are right of the red object?
A: 2.
Q: How many objects have the same material as the cube?
A: 2

(c) 연관성 (non-relation) 추론 기반 복잡한 질의 이해

Q: How many objects are both right of the green cylinder
and have the same material as the small blue ball?
A: 3

그림 10.22 다양한 시각적인 질의 응답 예시 (출처: Mao et al., THE NEURO-SYMBOLIC CONCEPT LEARNER: INTERPRETING SCENES, WORDS, AND SENTENCES FROM NATURAL SUPERVISION, ICLR, 2019)

그림 10.22는 컴퓨터 알고리즘이 여러가지 VQA 과업을 수행하는 예를 보여주고 있다. 그림 10.22 (a)의 질문은 이미지 데이터의 객체 속성만 분석할 수 있으면 답을 하는데 크게 어려움은 없다. 그림 10.22 (b)의 질문은 이미지에 있는 객체들 간에 상대적인 위치를 추론해야 하고 객체 수를 세는 작업이 요구된다. 그림 10.22 (c)의 경우에는 질문의 문장 길이가 길어지면서 더욱 복잡한 상관성을 조건으로 하는 질문이 된다. 이렇게 복잡한 상관성을 조건으로 하는 질문은 통상적으로 그 답변에 대한 정확도가 크게 낮아지는 경향이 있다. 이렇게 복잡한 질문을 효율적으로 이해하고 대응하기 위해서는 처음에는 쉽고 간단한 환경에서 학습을 하다가 점차 복잡한 환경으로 전이하는 과정학습curriculum learning 방식을 사용한다.

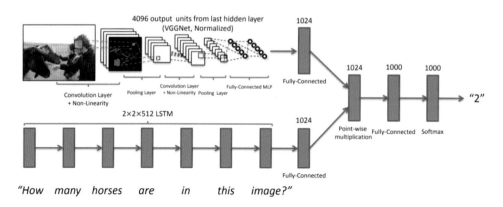

그림 10.23 CNN 모델과 RNN 모델을 단순 결합한 VQA 모델 개념도 (출처: Agrawa et al., VQA: Visual Question Answering. ICCV, 2016)

그림 10.23은 이미지 분석을 위해 VGGNet을 사용하고 자연어처리를 위해 LSTM 셀을 기반으로 하는 순환신경망을 결합하여 만든 VQA 모델을 보여주고 있다.

그림 10.24는 그림 10.23의 모델을 개선한 GVQA 모델의 개념을 보여준다.

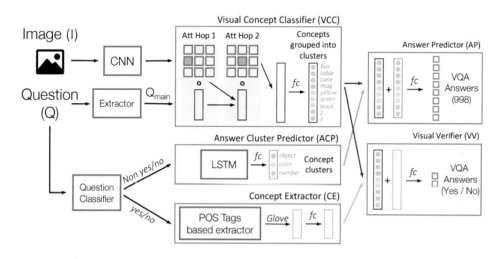

그림 10.24 GVQA (Grounded Visual Question Answering model) 모델 개념도 (출처: Agrawa et al., Don't Just Assume; Look and Answer: Overcoming Priors for Visual Question Answering, CVPR, 2018)

그림 10.24에서 이미지 분석을 하는 VCC^{Visual Concept Classifier}는 VGGNet 모델을 사용하였다. VCC는 이미지의 속성을 분석하여 yes/no 질문이 아닌 속성을 물어보는 것에 대응한다. 질문에 대한 자연어처리 영역에서는 먼저 yes/no 질문인지 yes/no 질문이 아닌지를 분류하고 yes/no 질문인 경우에는 POS^{part-of-speech} 태그[24]를 추출한 후 GloVe^{Global Vectors for Word Representation}라는 word2vec 알고리즘으로 질문의 특성을 변별력 있게 만든다. 그리고 이정보를 VCC에서 넘겨받은 이미지 속성 정보 벡터와 결합하여 최종 yes/no 답변을 위한 이진분류 FC 신경망에 순전파한다. 만약 질문이 yes/no가 아닌 경우 LSTM 모델로 구현된 ACP^{Answer Cluster Predictor}가 질문을 분류한 후 VCC 가 추출한 특성벡터와 결합하여 다중분류 모델인 AP^{Answer Predictor}로 전달한다.

그림 10.25 NSM (Neural State Machine)의 GQA 데이터셋을 기반으로 VQA 추론 과정 예시 (출처: Drew A. Hudson & Christopher D. Manning, Learning by Abstraction: The Neural State Machine, NeurIPS, 2019)

그림 10.25에서 이미지 분석을 위해 Mask R-CNN 모델을 사용한 NSM^{Neural State Machine} 모델의 VQA 처리 과정을 보여준다. NSM 모델의 개념은 Mask R-CNN으로 객체를 추출한 후 각 객체를 그래프 모델의 노드에 할당한다. 이후 질문을 분석하여 객체에 해당하는 속성은 노드에 할당하고 위치나 상태에 관한 정보는 그래프 엣지^{edge}에 할당한다. 이렇게 완성된 것을 'state machine'이라고 정의하고 이 state machine을 기반으로 최종 질문에 대한 답을 도출한다.

---

[24] POS (part-of-speech) 태그는 자연어처리에서 사용되는 품사 분류 (word class) 태그다

10.2.7 자기지도학습 (Self-Supervised Learning)

자기지도학습은 비지도학습에 포함된다. 왜냐하면 사람이 인위적으로 주석처리를 하지 않은 데이터를 컴퓨터 알고리즘 스스로 레이블을 만들어 지도학습을 하기 때문이다. 준지도학습^{semi-supervised learning}과 자기지도학습이 가끔 혼동되기도 하는데, 준지도학습은 레이블이 없는 데이터셋과 레이블이 있는 소량의 데이터셋으로 학습하는 방식이므로 차이가 있다. 즉 자기지도학습은 레이블이 없는 데이터셋을 기반으로 알고리즘이 스스로 여러가지 방법을 사용하여 레이블을 만들어 학습함으로써 학습 효율성을 높이는 방법이라 할 수 있다.

그림 10.26 언어모델에 사용된 자기 레이블링 예시

언어모델인 GPT^{Generative Pre-Trained Transformer} 모델이 사전학습^{pre training}하는 단계에서 스스로 레이블을 만드는 셀프 레이블링^{self labelling}을 활용하여 매우 효과적인 학습결과를 보여주었다. 그림 10.26은 GPT 모델이 사용한 셀프 레이블링 방법을 보여준다. GPT 모델은 레이블이 없는 테스트 데이터를 읽어 들인 후 적당한 위치의 단어를 마스킹^{masking}하여 마스킹된 단어를 레이블로 사용하거나 또는 다음 문장 전체를 레이블로 설정하여 예측하는 지도학습을 한다. 이러한 셀프 레이블링 방식은 이미지 분석에서도 사용되고 있다 (그림 10.27).

CNN 모델에서 셀프 레이블링 하는 방식은 입력된 이미지의 해상도로 낮춘 후 1차원 벡터 형태로 만들고 PixelRNN 모델과 같이 자동회귀AR: Auto Regression 방식으로 차례차례 다음 픽셀그룹을 예측하도록 학습을 한다. 또는 GPTGenerative Pre-trained Transformer나 BERTBidirectional Encoder Representations from Transformers와 같은 언어모델의 사전학습과 같이 특정한 픽셀그룹을 마스킹한 후 이것을 예측하는 학습을 한다.

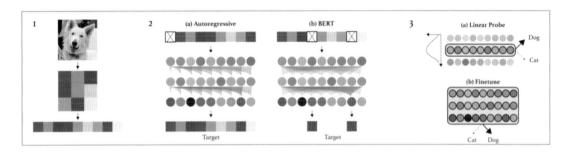

그림 10.27 CNN 모델에 사용된 자기지도학습 예시 (출처: Mark Chen et al., Generative Pretraining from Pixels, ICML, 2020)

이미지 분석 모델에서 자기지도학습을 시키기 위해 위에서 앞서 설명한 셀프 레이블링된 데이터로 지도학습을 하는 경우도 있지만 최근 pretext task 학습이라는 자기지도학습 방식이 많은 관심을 받고 있다. 이미지 분석 모델이 이미지의 특성을 추출하는 능력을 사전에 학습하는 의미로 오토인코더AutoEncoder의 인코더 부분도 일종의 pretext task 학습이라고 할 수 있다.

(a) 임의의 퍼즐 맞추기 (randomized jigsaw)   (b) 채색 학습 (colorization)

그림 10.28 pretext task 학습 예시

Pretext task 학습에서 이미지 분석 모델은 레이블이 없는 임의의 이미지를 입력 받아 그림 10.28 (a)와 같이 퍼즐 맞추기를 학습할 수도 있고 그림 10.28의 (b)와 같이 컬러 이미지를 그레이 이미지로 변환하고 컬러 픽셀을 맞추도록 학습할 수도 있다. 또는 그림을 90°, 180°, 270° 회전시키고 나서 이미지가 몇 도로 회전 되었는지를 맞추는 학습을 할 수도 있다. 이러한 pretext task 학습을 하고 나서 최종 레이블이 있는 데이터로 지도학습을 하는데 이것을 다운스트림 태스크^{downstream task}라고 하며 미세조정^{fine tuning} 학습과정과 동일한 개념으로 이해할 수 있다.

10.2.8 셀프 플레이 (Self Play)

2016년에 당시 바둑 세계 챔피언이었던 이세돌 9단을 꺾었던 알파고^{AlphaGo}는 학습 초기에는 지금까지 기록된 기보를 기반으로 지도학습으로 학습하고 이후 강화학습을 통해 완성된 인공지능 바둑 프로그램이다. 지도학습 후 강화학습 과정에서 알파고는 알파고 복제본을 만들어 서로 대국을 두면서 학습을 진행했다. 이후 알파고는 여러가지 알고리즘 수정과 학습 방식을 변경하여 알파고 제로^{AlphaGo Zero}라는 보다 강력한 인공지능으로 진화하였는데 알파고 제로는 기보를 학습하지 않고 바둑 규칙만을 배운 뒤 곧바로 스스로 학습을 시작하는 방식을 사용했다. 이때 알파고 제로가 사용한 학습 방식이 **'셀프 플레이'**라는 방법이다. 알파고 제로는 셀프 플레이 방법으로 스스로 강화학습을 시작한 이후 약 30여시간 만에 알파고의 실력을 넘어서게 되었다.

셀프 플레이는 동일한 알고리즘내에서 시간단계 마다 또는 차례대로 행동을 하는 각 순서마다 스스로 역할을 바꾸어 가며 학습을 하는 방식이다. 예를 들면 알파고 제로가 바둑을 둘 때 흑과 백을 혼자서 번갈아 가며 게임을 하면서 학습하는 방법이다. 즉 알파고 제로는 '흑'을 둘 때 최고의 선택을 하도록 학습하며 동시에 '백'을 둘 때 백의 관점에서 최고의 선택을 하도록 학습하기 때문에 그 학습효과가 매우 뛰어나다.

알파고 제로는 다시 알파제로^{AlphaZero}로 진화하였는데 알파제로는 셀프 플레이를 통해 그야말로 제로 기반에서 출발하여 체스, 바둑, 쇼기^{일본 장기} 게임을 모두 마스터하고 최고의 플레이어로 탄생하게 되었다.

최근에는 알파제로가 아타리^Atari 게임까지 영역을 확장하여 학습하고 나서 뮤제로^MuZero 라는 범용 인공지능 게임 프로그램으로 진화되었다. 여기서 특이할 만한 사항은 뮤제로는 알파제로 이전의 모델과는 다르게 게임의 룰을 전혀 알지 못한 상태에서 셀프 플레이를 통해 학습을 한 최초의 인공지능 게임 프로그램이라는 점이다.

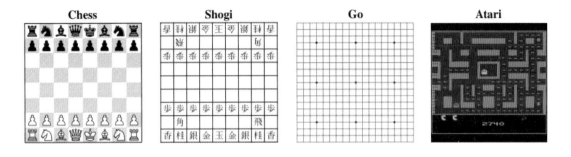

그림 10.29 뮤제로 MuZero가 동시에 학습한 게임 (출처: Schrittwieser et al., Mastering Atari, Go, Chess and Shogi by Planning with a Learned Model, Nature, 2020)

짧은 시간에 알파고로 시작하여 뮤제로까지 눈부신 성장을 하게 된 것은 아마도 스스로 진화할 수 있는 장치가 매우 정교하게 설계된 강화학습 알고리즘이라고 판단된다. 특히 보드 게임과 아케이드 게임과 같은 환경에서 매우 효과적으로 적용될 수 있는 셀프 플레이라는 강력한 학습 방식이 있었고 여기에 메타학습 방법과 같은 다양한 과업을 수행할 수 있도록 일반화된 학습 알고리즘이 주요한 역할을 했기에 가능한 일이라고 생각된다. 그리고 한가지 간과하지 말아야 할 것은 셀프 플레이를 포함한 여러가지 학습 알고리즘 등이 의미 있는 시간내에 학습이 완료되어 의미 있는 결과를 만들어 내는 것이 가능했던 배경에는 컴퓨터 메모리나 CPU와 같은 충분한 연산 환경을 지원하는 분산 병렬 컴퓨팅^distributed parallel computing 기술도 큰 몫을 하고 있다는 사실이다.

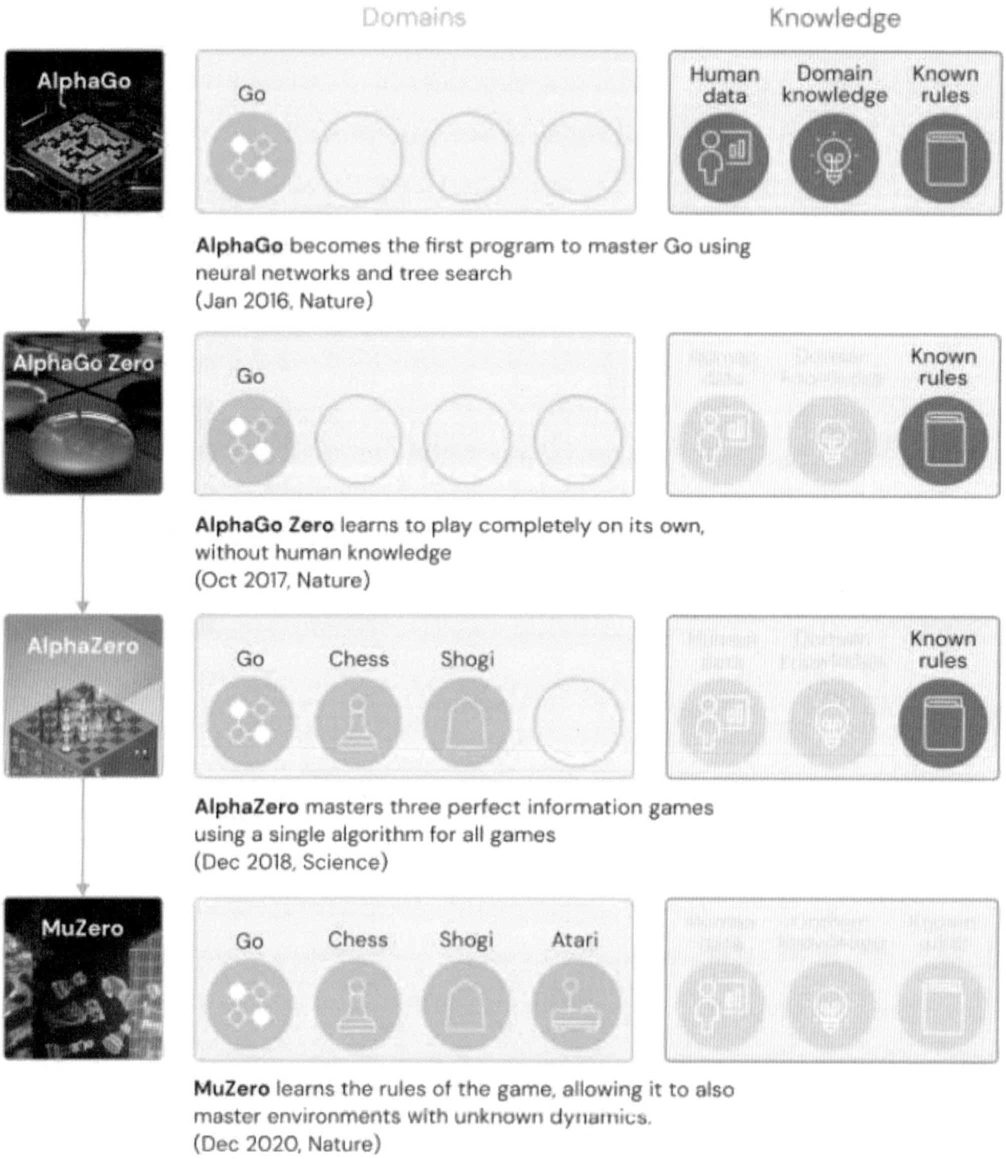

그림 10.30 알파고에서 뮤제로까지 진화 과정 (출처: https://deepmind.com/blog/article/muzero-mastering-go-chess-shogi-and-atari-without-rules)

10.3 AGI로 가는 길

튜링머신^{Turing Machine}이라는 컴퓨터 개념을 처음으로 제시한 앨런 튜링^{Alan Turing}은 당시 인공지능이라는 기술이 구체적으로 구현되지 않은 상황에서 '튜링 테스트^{Turing test}'라는 매우 효과적인 인공지능 측정 방법을 제안했다. 70여년 전인 1950년에 처음으로 튜링 테스트가 제안되고 난 이후 최근까지도 이 방법이 사용되고 있다는 사실이 놀랍다. 한가지 예를 들면 CAPTCHA^{Completely Automated Public Turing test to tell Computers and Humans Apart}라고 하는 테스트가 바로 튜링 테스트다.

CAPTCHA는 인터넷에 로그인 할 때 찌그러진 텍스트를 바로 입력했는지를 판단하는 장치인데 컴퓨터 프로그램인 봇^{bot}과 같은 알고리즘이 로그인하는 것을 방지하기 위한 전형적인 튜링 테스트다. 즉 CAPTCHA는 사람과 봇을 구별하는 테스트다. 튜링 테스트는 지금까지도 여러 분야에서 사용되고 있지만 인공지능을 측정하는 방법으로는 다음과 같은 단점을 가지고 있다[25].

- 튜링 테스트는 지능이 아닌 의인화 정도를 측정한다
- 튜링 테스트는 채점하듯이 정량화하기가 어렵다
- 튜링 테스트는 속이기 쉽기 때문에 현장에서 사용하기에 부적절하다
- 튜링 테스트는 사람의 판단이 필요하다

현재의 인공지능 수준은 튜링 테스트가 제안된 당시보다 여러모로 비교할 수 없을 정도의 격차를 보여주고 있기 때문에 이제는 인공지능을 측정하는 새로운 방법이 필요해 보인다.

최근 여러가지 과업을 수행하는 딥러닝 모델이 다양한 분야에서 눈부신 성과를 보여줌으로써

---

[25] José Hernández-Orallo & David L. Dowe, Measuring universal intelligence: Towards an anytime intelligence test, Artificial Intelligence, 2010

ANI[Artificial Narrow Intelligence]에 대한 자신감이 인공지능 커뮤니티에 어느정도 생겨난 듯하다. 이러한 분위기로 인해 AGI[Artificial General Intelligence]에 대한 논의가 특정 집단을 벗어나 점차 일반화되고 있는 상황이다. 사실 AGI로 가는 길은 현재로서는 뚜렷해 보이지 않지만 AGI의 목표는 명확하다. 즉 AGI의 목표는 사람과 같은 수준의 인공지능을 구현하는 것이다.

"측정할 수 없으면 개선할 수 없다. If you cannot measure it, you cannot improve it."라는 윌리엄 톰슨[William Thompson][26]의 말처럼 AGI로 가기 위해서는 인공지능을 측정하는 방법도 인공지능 기술과 병행해서 연구가 필요하다. 그리고 사람과 끊임없이 비교하여 사람과 같은 수준의 인공지능을 구현하기 위해서는 "보편적인[universal]" 인공지능 측정 방법이 제시되어야 한다.

다음은 보편적인 인공지능 측정 방법을 설계하기 위해 전제가 되야 하는 필요조건들을 설명하고 있다.[27]

- "보편적[universal]"이어야 한다. 즉 특정 유형을 측정하거나 선호하도록 설계하면 안 되고 생물학적이건 또는 컴퓨터로 구현된 것이건 모든 종류의 지능형 시스템을 측정할 수 있어야 한다

- 잘 검증된 기반에서 도출되어야 한다. 그 기반은 환경, 행동, 목표, 점수, 시간 등과 같은 측정값으로 공식화된 연산법칙 및 원리를 말한다

- 의미가 있어야 한다. 즉 측정되는 것은 가장 일반적인 지능 개념을 설명할 수 있어야 한다

- 정량화가 가능해야 한다. 현재 지능형 시스템이나 미래에 구축될 모든 시스템을 평

---

[26] 윌리엄 톰슨 (1824~1907)은 제1대 켈빈 남작 (Lord Kevin)으로도 알려져 있는 영국의 수학자, 물리학자, 공학자로 전기와 열역학 분야에 많은 공헌을 남겼다. 절대온도 단위인 켈빈 온도를 제안하였다.

[27] José Hernández-Orallo & David L. Dowe, Measuring universal intelligence: Towards an anytime intelligence, Artificial Intelligence, 2010

가하고 점수를 매길 수 있어야 한다. 이를 통해 사람의 지능에 이르기까지 다양한
세대의 지능형 시스템을 비교할 수 있다.

- 모든 수준의 지능을 평가할 수 있어야 한다. 부적절하고 뛰어난 시스템 (모든 지능
수준)뿐만 아니라 매우 느리거나 매우 빠른 시스템 (모든 시간 규모) 상관없이 시스
템의 모든 지능 수준과 모든 시간 척도를 기준으로 평가할 수 있어야 한다

- 평가의 품질^(예. 정밀도)은 조정할 수 있어야 하며 대부분 제공된 시간에 따라 달라야
한다. 측정을 위해 평가는 언제든지 중단될 수 있고 중단된 시점을 기준으로 지능
에 대한 근사치를 생성할 수 있어야 한다

다음은 보편적인 인공지능 측정 방법을 수식화한 것이다.[28]

$$\Upsilon(\pi) \equiv \sum_{\mu \in E} 2^{-K(\mu)} V_\mu^\pi$$

(10.25)

여기서 $\Upsilon(\pi)$는 에이전트 π의 지능지수를 의미하고 $\mu \in E$는 환경 E에 속하는 과업 μ를 의미한
다. 그리고 $K(\mu)$는 콜모고로프^{Kolmogorov}의 복잡도 함수인데 다음과 같이 정의한다.

---

28 Shane Legg & Marcus Hutter, Universal Intelligence: A Definition of Machine Intelligence, Minds & Machines, 2007

$$K(\mu) = \min_{\mu} \{l(\mu): \mathcal{U}(\mu) = x\} \tag{10.26}$$

콜모고로프의 복잡도 함수 $K(\mu)$는 과업 μ를 수행해서 결과물 x를 만드는데 과업의 길이 $l(\mu)$가 가장 짧은 즉 가장 간단하게 과업을 수행하는 것을 콜모고로프의 복잡도 함수 $K(\mu)$라고 정의하였다. 이때 $K(\mu)$에 (−)를 취한 후 2의 지수로 올라간 이유는 오컴의 면도날 $^{\text{Occam's razor}}$ 이론인 단순성의 원리처럼 인공지능이 과업 μ를 복잡하게 해석하게 되면 오히려 지능에 감점요소가 된다고 정의한 것이다. 그리고 V_μ^π는 과업 μ를 여러 번 수행하고 획득한 보상값 합의 기댓값이다. 이를 수식화하면 다음과 같다.

$$V_\mu^\pi(\gamma) = \frac{1}{\Gamma} E\left(\sum_{i=1}^{\infty} \gamma^i r_i\right) \tag{10.27}$$

여기서 γ^i는 감쇄계수이고 r_i는 에피소드에서 i번째 행동에 대한 보상값이다. Γ는 정규화를 위한 상수인데 다음과 같이 계산된다. 그리고 에피소드의 길이는 ∞로 설정하였다.

$$\Gamma = \sum_{i=1}^{\infty} \gamma^i \tag{10.28}$$

참고문헌 / 찾아보기

참고문헌

01 장 인공지능과 머신러닝

1. 호아킨 M. 푸스테르, <신경과학으로 보는 마음의 지도: 인간의 뇌는 대상을 어떻게 지각하고 기억하는가?>, 휴먼사이언스, 2014

2. 이대열, 지능의 탄생, 바다출판사, 2017

3. Russell, Stuart J. and Norvig, Peter, <Artificial Intelligence: A Modern Approach (2nd ed.)>, Prentice Hall, 2003

4. http://www.scienceabc.com

5. Edward Thorndike, <Animal intelligence: An experimental study of the associative processes in animals>, The Psychological Review: Monograph Supplements, Vol 2(4), Jun 1898

6. IBM Journal of Research and Development (Volume:3, Issue: 3), 1959

7. David Leavitt, <The Man who Knew too much: Alan Turing and the invention of the computer>, Atlas Books, 2005

8. Turing, A. M., <On Computable Numbers, with an Application to the Entscheidungsproblem>, Proceedings London Mathematical Society, Volume s2-42, Issue 1, pp 230-265, 1936

9. P. Werbos. Beyond Regression: New Tools for Prediction and Analysis in the Behavioral Sciences. PhD thesis, Harvard University, Cambridge, MA, 1974

10. Church, A., <An Unsolvable Problem of Elementary Number Theory>, Amer. J. Math. 58, 345-363, 1936.

11. Turing, A. M., <Computing machinery and intelligence>, Mind, 49, 433–46, 1950

12. Donald Olding Hebb, <The Organization of Behavior>, New York: Wiley & Sons, 1949

13. Rosenblatt, F., <The perceptron: A probabilistic model for information storage and organization in the brain>, Psychological Review, Vol 65(6), 386-408, Nov. 1958

14. Marvin Minsky and Seymour Papert, <Perceptrons: An Introduction to Computational Geometry>, The MIT Press, Cambridge MA, 1969

15. Minsky, M., <Steps toward artificial intelligence>, Proc. IRE, 49(1), 8–30, 1961

16. Arthur Samuel, <Studies in Machine Learning Using the Game of Checkers> IBM Journal of Research and Development (Volume:3, Issue: 3), 1959

17. Jaime G. Carbonell, <Learning by Analogy : formulating and generalizing plans from past experience>, Carnegie Mellon University Tech Report, CMU-CS-82-126, 1982

18. Tom M. Mitchell, "Machine Learning", McGraw-Hill Science, 1997

19. Jaime G. Carbonell, Ryszard S. Michalski and Tom M. Mitchell, <Machine Learning: A Historical and Methodological Analysis>, The AI Magazine, 1983

20. Pedro Domingos, <A Few Useful things to Know about Machine Learning>, CACM, 2012

21. Anil K. Jain and Richard C. Dubes, <Algorithms for Clustering Data>, Prentice Hall, 1988

22. Andrew W. Moore, <Lecture Note: Decision Tree>, Carnegie Mellon University, 2001

23. Quinlan J.R., <C4.5: Programs for Machine Learning>, Morgan Kaufmann, 1993

02 장 인공지능의 중심 딥러닝

1. Warren S. McCulloch and Walter Pitts, <A logical calculus of the ideas immanent in nervous activity>, Bulletin of mathematical biophysics, vol. 5, pp. 115–133, 1943

2. Turing, A. M., <On Computable Numbers, with an Application to the Entscheidungsproblem>, Proceedings London Mathematical Society, Volume s2-42, Issue 1, pp 230-265, 1936

3. Donald Olding Hebb, <The Organization of Behavior>, New York: Wiley & Sons, 1949

4. Rosenblatt, F., <The perceptron: A probabilistic model for information storage and organization in the brain>, Psychological Review, Vol 65(6), 386-408, Nov. 1958

5. Marvin Minsky and Seymour Papert, <Perceptrons: An Introduction to Computational Geometry>, The MIT Press, Cambridge MA, 1969

6. Haim Sompolinsky, <Lecture Note - Introduction: The Perceptron>, MIT, 2013

7. Minsky, M., <Steps toward artificial intelligence>, Proc. IRE, 49(1), 8–30, 1961

8. Arthur Samuel, <Studies in Machine Learning Using the Game of Checkers> IBM Journal of Research and Development (Volume:3, Issue: 3), 1959

9. Claude Shannon, <Programming a Computer for Playing Chess>, Philosophical Magazine, 1950

10. Bryson, A. and Ho, Y., <Applied optimal control: optimization, estimation, and control>, Blaisdell Pub. Co., 1969

11. P. Werbos, <Beyond Regression: New Tools for Prediction and Analysis in the Behavioral Sciences>, PhD thesis, Harvard University, Cambridge, MA, 1974

12. Shashi Sathyanarayana, <A Gentle Introduction to Backpropagation>, Numeric Insight, 2014

13. Parker, D. B. (1985). Learning-logic. Technical Report TR-47, Center for Comp. Research in Economics and Management Sci., MIT.

14. D. E. Rumelhart, G. E. Hinton, and R. J. Williams, <Parallel distributed processing: Explorations in the microstructure of cognition>, Learning Representations by BackPropagating Errors, pages 318–362. MIT Press, Cambridge, 1986.

15. LeCun, Y. (1985). Une proc´edure d'apprentissage pour r´eseau `a seuil asym´etrique. Proceedings of Cognitiva 85, Paris, pages 599–604.

16. Yann Le Cun, Learning Processes in a Asymetric Threshold Network, *Disordered Systems and Biological Organization,* 1986

17. S. Becker and Y. LeCun, <Improving the convergence of back-propagation learning with second-order methods>, In Connectionist Models Summer School, pages 29–37, 1989.

18. http://www.tensorflow.org

19. http://www.pytorch.org

20. https://research.facebook.com/blog/fair-open-sources-deep-learning-modules-for-torch/

21. Itamar Arel, Derek C. Rose, and Thomas P. Karnowski, <Deep Machine Learning—A New Frontier in Artificial Intelligence Research>, IEEE COMPUTATIONAL INTELLIGENCE MAGAZINE, NOVEMBER 2010

03 장 다양한 최적화 기법

1. Duchi et al., Adaptive Subgradient Methods for Online Learning and Stochastic Optimization. Journal of Machine Learning Research, 2011

2. Pedro Domingos, <A Few Useful things to Know about Machine Learning>, CACM, 2012

3. Kingma & Ba, Adam: a Method for Stochastic Optimization. ICLR, 2015

4. Ronald Aylmer Fisher, <The use of multiple measurements in taxonomic problems>, Annals of Eugenics, 1936

5. Timothy Dozat, INCORPORATING NESTEROV MOMENTUM INTO ADAM, ICLR, 2016

6. Shimodaira, Hidetoshi. Improving predictive inference under covariate shift by weighting the log-likelihood function. Journal of Statistical Planning and Inference, 90(2):227–244, October 2000.

7. Sergey Ioffe, Christian Szegedy, Batch Normalization: Accelerating Deep Network Training by Reducing Internal Covariate Shift, ICML, 2015

8. Glorot Xavier and Yoshua Bengio, Understanding the difficulty of training deep feedforward neural networks, (AISTATS) 2010

9. Kaiming He, et al., Delving Deep into Rectifiers: Surpassing Human-Level Performance on ImageNet Classification, ICCV, 2015

10. Adam Coates, Brody Huval, Tao Wang, David J. Wu, Andrew Y. Ng and Bryan Catanzaro, <Deep learning with COTS HPC systems>, Proceedings of the 30th International Conference on Machine Learning, Atlanta, Georgia, USA, 2013

04 오버피팅의 해결방안 – 규제화

1. Robert Tibshirani, <Regression Shrinkage and Selection via Lasso>, Journal of the Royal Statistical Society. Series B (Methodological), vol.59 Issue 1, (1996), 267-288

2. Mark Schmidt, Glenn Fung and Romer Rosaless, <Optimization Methods for l1-Regularization>, UBC Technical Report TR-2009-19, 2009

3. Geoff Gordon and Ryan Tibshirani, <Subgradient method: Lecture Note>, Stanford University

4. Jos´e F. de Andrade Jr., Marcello L. R. de Campos and Jos´e A. Apolin´ario Jr. < A complex version of the LASSO algorithm and its application to beamforming>, The 7th International Telecommunications Symposium (ITS 2010)

5. PIERRE BALDI and PETER SADOWSKI, <The Dropout Learning Algorithm>, Artificial Intelligence, Volume 210, May, 2014

6. G. E. Hinton et al., Improving neural networks by preventing co-adaptation of feature detectors, 2012

7. Li Wan et al., Regularization of Neural Networks using DropConnect, ICML, 2013

05 장 벡터형 데이터 학습 모델 - MLP

1. Alex Smola and S.V.N. Vishwanathan, <Introduction to Machine Learning>, Cambridge University Press, 2008

2. Warren S. McCulloch and Walter Pitts, <A logical calculus of the ideas immanent in nervous activity>, Bulletin of mathematical biophysics, vol. 5, pp. 115–133, 1943

3. Rosenblatt, F., <The perceptron: A probabilistic model for information storage and organization in the brain>, Psychological Review, Vol 65(6), 386-408, Nov. 1958

4.   Marvin Minsky and Seymour Papert, <Perceptrons: An Introduction to Computational Geometry>, The MIT Press, Cambridge MA, 1969

5.   Haim Sompolinsky, <Lecture Note - Introduction: The Perceptron>, MIT, 2013

6.   https://www.kaggle.com/stytch16/jena-climate-2009-2016?select=jena_climate_2009_2016.csv

7.   http://scikit-learn.org/stable/

8.   Parker, D. B., <Learning-logic>, Technical Report TR-47, Center for Comp. Research in Economics and Management Sci., MIT, 1985

9.   http://www.mnist.gov

10. Jurgen Schmidhuber, <Deep Learning in Neural Networks: An Overview>, 2014

11. Pearlmutter, B. A., <Fast exact multiplication by the Hessian>, Neural Computation, 6(1):147–160, 1994

12. Geoffrey E. Hinton, Simon Osindero, Yee-Whye Teh, <A fast learning algorithm for deep belief nets>, Neural Computation. 2006

13. Moller, M. F., <Exact calculation of the product of the Hessian matrix of feed-forward network error functions and a vector in O(N) time>, Technical Report PB-432, Computer Science Department, Aarhus University, Denmark, 1993

06 장 이미지 데이터 학습 모델 - CNN

1.   Fukushima, K., <Neural network model for a mechanism of pattern recognition unaffected by shift in position – Neocognitron>, Trans. IECE, J62-A(10):658–665, 1979

2.   Yann LeCun, Leon Bottou, Yoshua Bengio, Patrick Haffner. Gradient-Based Learning Applied to Document Recognition, Proc. Of IEEE, 1998

3.   Matthew D. Zeiler and Rob Fergus, <Visualizing and Understanding Convolutional Networks>, 2013

4.   Krizhevsky et al., ImageNet Classification with Deep Convolutional Neural Networks, NIPS, 2012

5.   Clifford K. Yang, University of Connecticut | UConn · Department of Diagnostic Imaging and Therapeutics

6.   Karen Simonyan & Andrew Zisserman, VERY DEEP CONVOLUTIONAL NETWORKS FOR LARGE-SCALE IMAGE RECOGNITION, ICLR, 2015

7.   Szegedy et al., Rethinking the Inception Architecture for Computer Vision, 2015

8.   Szegedy et al., Inception-v4, Inception-ResNet and the Impact of Residual Connections on Learning, 2016

9.   He et al., Deep Residual Learning for Image Recognition, CVPR, 2016

10. Franc̦ois Chollet, Xception: Deep Learning with Depthwise Separable Convolutions, 2017

11. Simone Bianco et al., Benchmark Analysis of Representative Deep Neural Network Architectures, 2018

12. https://www.cs.toronto.edu/~kriz/cifar.html

13. Yichuan Tang, Department of Computer Science, University of Toronto, 2013

14. David. G. Lowe, Object Recognition from Local Scale-Invariant Features, ICCV, 1999

15. https://www.analyticsvidhya.com

16. http://www.robots.ox.ac.uk

17. Navneet Dalal and Bill Triggs, Histograms of Oriented Gradients for Human Detection, 200

18. Bay et al., Speeded-Up Robust Features (SURF), 2006

19. Liu et al., Deep Learning for Generic Object Detection: A Survey, 2018

20. Szegedy at al., Deep Neural Networks for Object Detection, NIPS, 2013

21. Everingham ·et al., The PASCAL Visual Object Classes (VOC) Challenge

22. Girshick et al., Rich feature hierarchies for accurate object detection and semantic segmentation, CVPR, 2014

23. Uijlings et al., Selective Search for Object Recognition, IJCV, 2012

24. Ross Girshick, Fast R-CNN, ICCV, 2015

25. Ren et al., Faster R-CNN: Towards Real-Time Object Detection with Region Proposal Networks, 2016

26. He et al., Mask R-CNN, 2018

27. Redmon et al., You Only Look Once: Unified, Real-Time Object Detection, CVPR, 2016

28. Liu et al., SSD: Single Shot MultiBox Detector, 2016

29. https://www.jeremyjordan.me/semantic-segmentation

30. https://www.jeremyjordan.me/semantic-segmentation

31. Long et al., Fully Convolutional Networks for Semantic Segmentation, CVPR, 2015

32. Ronneberger et al., U-Net: Convolutional Networks for Biomedical Image Segmentation, 2015

33. Chen et al., SEMANTIC IMAGE SEGMENTATION WITH DEEP CONVOLUTIONAL NETS AND FULLY CONNECTED CRFS, ICLR, 2015

34. Krahenbuhl, P. and Koltun, V. Efficient inference in fully connected CRFs with gaussian edge potentials. NIPS, 2011

35. Chen et al., DeepLab: Semantic Image Segmentation with Deep Convolutional Nets, Atrous Convolution, and Fully Connected CRFs, 2017

36. Chen et al., Rethinking Atrous Convolution for Semantic Image Segmentation, 2017

37. Chen et al., Encoder-Decoder with Atrous Separable Convolution for Semantic Image Segmentation, 2018

38. Ranzato, M. A., Huang, F., Boureau, Y., and LeCun, Y., <Unsupervised learning of invariant feature hierarchies with applications to object recognition>, Proc. Computer Vision and Pattern Recognition Conference, 2007

07 장 순차적인 데이터 학습 모델 - RNN

1. Sepp Hochreiter, <Untersuchungen zu dynamischen neuronalen Netzen>, diploma thesis, Technical University Munich, Institute of Computer Science. 1991

2. James G. March, <Exploration and Exploitation in Organizational Learning>, Organization Science, 1991

3. Sepp Hochreiter; Jürgen Schmidhuber, "long Short-Term Memory", Neural Computation, 1997

4. Cho et al., "Learning Phrase Representations using RNN Encoder–Decoder for Statistical Machine Translation", Empirical Methods in Natural Language Processing (EMNLP 2014)

5. Jurgen Schmidhuber, <Deep Learning in Neural Networks: An Overview>, arXiv:1404.7828v4, [cs.NE], 8 Oct 2014

6. Sutskever et al., "Sequence to Sequence Learning with Neural Networks", 2014 NIPS

7. Ronald J. Williams and Jing Peng, An Efficient Gradient-Based Algorithm for On-Line Training of Recurrent Network Trajectories, 1990

8. Weaver, W., "Translation." [Machine translation of languages: fourteen essays] W.N. Locke and A.D. Booth, 15-23. Cambridge, Mass.: Technology Press of M.I.T., 1949

9. Neco, R. P., & Forcada, M. L., Asynchronous translations with recurrent neural nets. In Neural Networks, 1997., International Conference on (Vol. 4, pp. 2535–2540). IEEE.

10. Bengio, Y., Ducharme, R., Vincent, P., & Jauvin, C. (2003). A neural probabilistic language model. Journal of machine

11. Bahdanau, D., Cho, K., & Bengio, Neural machine translation by jointly learning to align and translate. 2014

12. Mnih, V., Heess, N., & Graves. Recurrent models of visual attention. In Advances in neural information processing systems, 2014

13. Vaswani A, Shazeer N, Parmar N, Uszkoreit J, Jones L, Gomez AN, Kaiser Ł, Polosukhin I. Attention is all you need. NeurIPS. 2017

14. Matthew E. Peters et al., Deep contextualized word representations, 2018

15. Alec Radford et al., Improving Language Understanding by Generative Pre-Training

16. Alec Radford et al., Language Models are Unsupervised Multitask Learners. 2019

17. Jacob Devlin et al., BERT: Pre-training of Deep Bidirectional Transformers for Language Understanding, 2019

18. Zhilin Yang et al., XLNet: Generalized Autoregressive Pretraining for Language Understanding, 2019

19. Yinhan Liu et al., RoBERTa: A Robustly Optimized BERT Pretraining Approach, 2019

20. Zhenzhong Lan et al., ALBERT: A LITE BERT FOR SELF-SUPERVISED LEARNING OF LANGUAGE REPRESENTATIONS, ICLR 2019

21. Colin Raffel et al., Exploring the Limits of Transfer Learning with a Unified Text-to-Text Transformer, Journal of Machine Learning Research 21, 2020

22. Alec Radford et al., Improving language understanding with unsupervised learning. Technical report, OpenAI, 2018

08 장 신경망 기반 강화학습 모델

1. Csaba Szepesvári, <Algorithms for Reinforcement Learning>, Morgan & Claypool, 2010

2. Singh, S. P. and Sutton, R. S., <Reinforcement learning with replacing eligibility traces>, Machine Learning, 22(1), 1996

3. Richard S. Sutton and Andrew G. Barto, <Reinforcement Learning: An Introduction>, The MIT Press, 1998

4. Rick Sutton, <Deconstructing Reinforcement Learning>, ICML, 2009

5. Jen Kober, J. Andrew Bagnell and Jan Peters, <Reinforcement Learning in Robotics: Survey>, International Journal of Robotics Research, 2013

6. Leslie Pack Kaelbling, Michael L. Littman and Andrew W. Moore, <Reinforcement Learning: A Survey>, Journal of Artificial Intelligence Research 4 pp 237-285, 1996

7. David Silver, <Introduction of Reinforcement Learning: http://www0.cs.ucl.ac.uk/staff/d.silver/web/Teaching_files/intro_RL.pdf>

8. David Silver, <Markov Decision Processes: http://www0.cs.ucl.ac.uk/staff/d.silver/web/Teaching_files/MDP.pdf>

9. M.D. Waltz and K.S. Fu, <A heuristic approach to reinforcement learning control>, Automatic Control, IEEE Transactions, 1965

10. Parker, D. B., <Learning-logic>, Technical Report TR-47, Center for Comp. Research in Economics and Management Sci., MIT, 1985

11. Gerald Tesauro, Temporal Difference Learning and TD-Gammon, Communications of the ACM, 1995

12. Yann Le Cun, <Learning Processes in a Asymetric Threshold Network>, Disordered Systems and Biological Organization, 1986

13. Hasselt et al., Deep Reinforcement Learning with Double Q-learning, 2015

14. Wang et al., Dueling Network Architectures for Deep Reinforcement Learning, NIPS, 2016

15. Moller, M. F., <Exact calculation of the product of the Hessian matrix of feed-forward network error functions and a vector in O(N) time>, Technical Report PB-432, Computer Science Department, Aarhus University, Denmark, 1993

16. Pearlmutter, B. A., <Fast exact multiplication by the Hessian>, Neural Computation, 6(1):147–160, 1994

17. Schmidhuber, J., <Learning complex, extended sequences using the principle of history compression>, Neural Computation, 1992

18. Ronald Williams, Simple statistical gradient-following algorithms for connectionist reinforcement learning, Machine Learning,1992

19. Y. Bengio, <Learning deep architectures for A>, Foundations and Trends in Machine Learning, (1):1–127, 2009.

20. G. Hinton, N. Srivastava, A. Krizhevsky, I. Sutskever, and R. R. Salakhutdinov, <Improving neural networks by preventing co-adaptation of feature detectors>, http://arxiv.org/abs/1207.0580, 2012

21. Schulman et al., Trust Region Policy Optimization, 2017

22. Kakade & Langford, Approximately optimal approximate reinforcement learning. ICML, 2002

23. Schulman et al., Proximal Policy Optimization Algorithms, 2017

24. Mnih et al., Asynchronous Methods for Deep Reinforcement Learning, ICML, 2016

25. Schulman et al., HIGH-DIMENSIONAL CONTINUOUS CONTROL USING GENERALIZED ADVANTAGE ESTIMATION, ICLR, 2018

26. Silver et al., Deterministic Policy Gradient Algorithms, ICML, 2014

27. Lillicrap et al., CONTINUOUS CONTROL WITH DEEP REINFORCEMENT LEARNING, ICLR, 2016

28. Plaat et al., Model-Based Deep Reinforcement Learning for High-Dimensional Problems, a Survey, 2020

29. Tamar et al., Value Iteration Networks, NIPS, 2016

30. David Ha & Jürgen Schmidhuber, World Models, NIPS, 2018

09 장 감성을 지닌 컴퓨터 - 생성모델

1. V. N. Vapnik, Statistical Learning Theory, John Wiley & Sons, 1998

2. Andrew Y. Ng & Michael I. Jordan, On Discriminative vs. Generative classifiers: A comparison of logistic regression and naïve Bayes, NIPS, 2001CHRISTOPHE ANDRIEU, NANDO DE FREITAS, ARNAUD DOUCET and MICHAEL I. JORDAN, <An Introduction to MCMC for Machine Learning>, Machine Learning, 50, 5–43, 2003

3. Paul Smolensky, Chapter 6: Information Processing in Dynamical Systems: Foundations of Harmony Theory, Parallel Distributed Processing, 1986

4. Atul S. Kulkarni, <Seminar: Netflix Prize Solution: A

5. Hu et al., Deep Restricted Boltzmann Networks, 2016

6. Asja Fischer and Christian Igel, <An Introduction to Restricted Boltzmann Machines>, CIARP 2012, LNCS 7441, pp. 14–36

7.   Oord et al., Pixel Recurrent Neural Networks, ICML, 2016

8.   Diederik P. Kingma & Max Welling, Auto-Encoding Variational Bayes, NIPS, 2014

9.   Li Deng and Dong Yu, <DEEP LEARNING: Methods and Applications>, Technical Report MSR-TR-2014-21, 2014

10.   David Blei, NIPS2016 tutorial

11.   Razavi et al., Generating Diverse High-Fidelity Images with VQ-VAE-2, NIPS, 2019

12.   Goodfellow et al., Generative Adversarial Nets, NIPS, 2014

13.   Karras et al., A Style-Based Generator Architecture for Generative Adversarial Networks, 2019

14.   Perov et al., DeepFaceLab: A simple, flexible and extensible face swapping framework, 2020

10 장 AGI 로 가는 길

1.   Ray Kurzweil, <The Singularity is Near>, Viking, 2006

2.   Good, I. J., <Speculations Concerning the First Ultraintelligent Machine>, Advances in Computers (Academic Press), 1965

3.   Jürgen Schmidhuber, Evolutionary Principles in Self-Refencial Learning, Thesis, 1987

4.   Bengio et al., Learning a synaptic learning rule, IJCNN, 1991

5.   Sebastian Thrun. Lifelong Learning Algorithms. In Learning to learn, pages 181–209. Springer, 1998

6.   Huisman et al., A Survey of Deep Meta-Learning, 2020

7.   Hospedales et al., Meta-Learning in Neural Networks: A Survey, 2020

8.   Vinyals et al., Matching Networks for One Shot Learning, NIPS, 2016)

9.   Snell et al., Prototypical Networks for Few-shot Learning, NIPS, 2017

10.   Koch et al., Siamese Neural Networks for One-shot Image Recognition, ICML, 2015

11.   Sung et al., Learning to Compare: Relation Network for Few-Shot Learning, CVPR, 2018

12.   Garcia & Bruna, Few-Shot Learning with Graph Neural Networks, ICLR, 2017

13.   Duan et al., RL^2: FAST REINFORCEMENT LEARNING VIA SLOW REINFORCEMENT LEARNING, ICLR, 2017

14.   Edwards & Storkey. Towards a Neural Statistician. In International, ICLR, 2017

15.   Garnelo et al., Conditional neural processes, JMLR, 2018

16.   Mishra et al., A Simple Neural Attentive Meta-Learner, ICLR, 2018

17.   Ravi & Larochelle, OPTIMIZATION AS A MODEL FOR FEW-SHOT LEARNING, ICLR, 2017

18.   Finn et al., Model-Agnostic Meta-Learning for Fast Adaptation of Deep Networks, NIPS, 2017

19.   Rajeswaran et al., Meta-Learning with Implicit Gradients, NIPS, 2019

20.   Ganin et al., Domain-Adversarial Training of Neural Networks, JMLR, 2016

21. Thomas Elsken et al., Neural Architecture Search: A Survey, JMLR 2019

22. Liu et al., DARTS: DIFFERENTIABLE ARCHITECTURE SEARCH, ICLR, 2019

23. Esteban Real et al., AutoML-Zero: Evolving Machine Learning Algorithms From Scratch, ICML, 2020

24. Johnson et al., CLEVR: A Diagnostic Dataset for Compositional Language and Elementary Visual Reasoning, CVPR, 2017

25. Mao et al., THE NEURO-SYMBOLIC CONCEPT LEARNER: INTERPRETING SCENES, WORDS, AND SENTENCES FROM NATURAL SUPERVISION, ICLR, 2019

26. Agrawa et al., VQA: Visual Question Answering. ICCV, 2016

27. Agrawa et al., Don't Just Assume; Look and Answer: Overcoming Priors for Visual Question Answering, CVPR, 2018

28. Drew A. Hudson & Christopher D. Manning, Learning by Abstraction: The Neural State Machine, NeurIPS, 2019

29. Lynne E. Parker, Lecture Note <Notes on Multilayer, Feedforward Neural Networks>, University of Tennessee, 2007

30. Mark Chen et al., Generative Pretraining from Pixels, ICML, 2020

31. Schrittwieser et al., Mastering Atari, Go, Chess and Shogi by Planning with a Learned Model, Nature, 2020

32. https://deepmind.com/blog/article/muzero-mastering-go-chess-shogi-and-atari-without-rules

33. Pearlmutter, B. A., <Fast exact multiplication by the Hessian>, Neural Computation, 6(1):147–160, 1994

34. José Hernández-Orallo & David L. Dowe, Measuring universal intelligence: Towards an anytime intelligence test, Artificial Intelligence, 2010

35. José Hernández-Orallo & David L. Dowe, Measuring universal intelligence: Towards an anytime intelligence, Artificial Intelligence, 2010

36. Shane Legg & Marcus Hutter, Universal Intelligence: A Definition of Machine Intelligence, Minds & Machines, 2007

37. Yoshua Bengio, <Practical Recommendations for Gradient-Based Training of Deep Architectures>, arXiv:1206.5533v2, 2012

38. Yann LeCun, Leon Bottou, Yoshua Bengio and Patrick Haffner. <Gradient-Based Learning Applied to Document Recognition>, Proc. Of IEEE, 1998

찾아보기

4

4차 산업혁명, 326

A

A2C, 434, 437, 438, 439, 440

A3C, 434, 438, 439

ACP Answer Cluster Predictor, 543

Adadelta, 133, 134

Adagrad, 105, 131, 132

Adam, 134, 135, 353, 382

ADAM, 105, 134, 136, 137

advantage, 427

AGI, 368, 385, 497, 500, 502, 503, 505, 506, 528, 549, 550

ALBERT, 367

AlexNet, 238, 239, 242, 304

Alfred North Whitehead, 9

ANI, 501, 502

AP Answer Predictor, 543

API Application Programming Interface, 93

AR Auto Regression, 367

Artificial General Intelligence, 500, 502

Artificial Narrow Intelligence, 501

ASPP, 309, 312, 313, 314, 315, 316

Asynchronous Advantage Actor-Critic, 438

Atrous, 309, 310, 312, 313, 314, 315

AutoML, 30, 534, 535, 536, 537, 538, 539

AutoML-Zero, 535, 536, 537, 538, 539

Azure ML, 535

B

Back Propagation Through Time, 346, 352

Batch Normalization, 137, 139, 141, 246

Belamy, 454, 455

Bellman Equation, 393

BERT, 365, 366, 367, 368, 382, 384, 385, 386, 492, 545

Bertrand Russell, 9

BGD, 124, 125, 126, 127, 137, 158, 357

Bidirectional RNN, 354

BiLSTM, 473, 475

Binary Cross Entropy, 531

bit, 38, 60

BLAS, 96, 100, 172

BLAS Basic Linear Algebra Subprograms, 96, 100, 172

BooksCorpus, 382, 385

BPE Byte Pair Encoding, 382

BPTT, 346, 349, 351, 352, 353, 354

BRNN, 354, 355

C

C4, 367, 368

CAPTCHA, 549

Carnegie Mellon University, 367

cell input vector, 336

ㅎ